Krooß

# Algorithmen und Datenstrukturen

René Krooß

# Algorithmen und Datenstrukturen

Praktische Übungen für die Vorlesungen und Praktika

2. Auflage

HANSER

*René Krooß*, Dortmund

MIX
Papier aus verantwortungsvollen Quellen
FSC® C083411

Print-ISBN: 978-3-446-48326-2
E-Book-ISBN: 978-3-446-48327-9
E-Pub-ISBN: 978-3-446-48329-3



Bibliografische Information der Deutschen Nationalbibliothek:
Die Deutsche Nationalbibliothek verzeichnet diese Publikation in der Deutschen Nationalbibliografie; detaillierte bibliografische Daten sind im Internet unter http://dnb.d-nb.de abrufbar.


Vilshofener Straße 10 | 81679 München | info@hanser.de
*www.hanser-fachbuch.de*
Lektorat: Brigitte Bauer-Schiewek
Copy editing: Petra Kienle, Fürstenfeldbruck
Herstellung: le-tex publishing services GmbH, Leipzig
Coverkonzept: Marc Müller-Bremer, München, www.rebranding.de
Covergestaltung: Thomas West
Titelmotiv: © stock.adobe.com/Alexander Limbach
Satz: Eberl & Koesel Studio, Kempten
Druck: CPI Books GmbH, Leck
Printed in Germany

# Inhalt

# Vorwort

Bücher über Algorithmen gibt es mittlerweile viele und natürlich gibt es noch viel mehr Projekte, die komplexe Algorithmen verwenden. Warum muss es dann noch ein weiteres Buch über Algorithmen geben? Die Antwort ist, dass bei der Flut an Büchern, die es zum Thema Algorithmen mittlerweile gibt, das Thema Studium oft außen vor bleibt. In diesem Buch, das mittlerweile in die zweite Runde geht, geht es deshalb um die Frage, welche Algorithmen speziell für das Studium wichtig sind und welche nicht. Eine zweite wichtige Frage ist natürlich auch die, ob Sie einen einfachen Einstieg in das komplexe Thema Algorithmen und Datenstrukturen finden können, der Ihnen im Studium weiterhilft. Die Antwort ist: Ja, auf jeden Fall, und das mit einem vertretbaren Aufwand. Die Frage, warum Sie sich gerade für dieses Buch entscheiden sollten, ist hiermit beantwortet: Bei den meisten Büchern über Algorithmen und Datenstrukturen, die zumindest ich selbst verwenden musste, steigt die Lernkurve oft schon am Anfang steil an. Auch wird oft Programmcode (oft sogar verschiedener Programmiersprachen) mit komplexen mathematischen Abhandlungen und Beweisen vermischt und dadurch kommt die Praxis zu kurz. Ich dagegen möchte den Schwerpunkt auf die Praxis legen und Ihnen Programmcode vorstellen, der sozusagen out of the box lauffähig ist – zumindest dann, wenn Sie ein einigermaßen modernes Linux mit einem C++-Compiler besitzen. Dabei fange ich ganz einfach an und erkläre zunächst einmal, wie Sie zwei Werte miteinander vertauschen oder Zahlen sortiert in ein Array einfügen können. Ich möchte an dieser Stelle aber nicht an Bücher wie „Algorithmen und Datenstrukturen für Dummies“ anknüpfen, das die meisten Dinge im Comic- oder Pseudocode-Stil erklärt. Ich möchte schon ein oder zwei Stufen höher ansetzen und Ihnen ausführbaren Quellcode in C++ zeigen (C++ werden Sie bestimmt im Studium früher oder später benutzen). Von mir aus können Sie sogar „Algorithmen und Datenstrukturen für Dummies“ parallel zu diesem Buch lesen oder – falls Sie dieses Buch schon gelesen haben – gleich mit diesem Buch weitermachen. Sie haben in diesem Fall quasi Level 1 und 2 schon geschafft und können sich nun Level 3 vornehmen. Ich denke, 10 000 Erfahrungspunkte könnte ich Ihnen als Dungeon-Master schon für die Dummies anschreiben.

Ich will mit dem letzten Absatz keinesfalls ausdrücken, dass all die Bücher, die Sie in Ihrem Studium verwenden müssen, überflüssig sind (im Endeffekt haben sogar die Dummies ihren Reiz, auch wenn man damit nicht wirklich programmieren lernt). Wenn Sie aber vorher gelernt haben, wie Sie so einfache Dinge wie den größten gemeinsamen Teiler oder die Primfaktoren einer natürlichen Zahl berechnen können, dann können Sie später auch komplexe mathematische Verfahren in ein laufendes Programm umsetzen. Grundlegende Kenntnisse in der Programmierung möchte ich natürlich voraussetzen, Erfahrungen mit der Programmiersprache C++ oder auch Java (Java ist stark von C++ beeinflusst) sind an dieser Stelle von Vorteil. Dies heißt natürlich nicht, dass ich Sie mit allerhand unverständlichen komplexen Klassendiagrammen aus der objektorientierten Entwicklung bombardiere, die nur ein Profi verstehen kann. Obwohl ich dies durchaus könnte, möchte ich versuchen, die Programmierung und auch die Mathematik, die hinter vielen Algorithmen steckt, möglichst leicht verdaulich zu präsentieren. Dies bedeutet natürlich, dass ich manchmal Kompromisse eingehe, was mir einige Leser vielleicht ankreiden mögen. So verwende ich z. B. `iostream.h` nicht, weil ich denke, dass man mit `printf()` und `sprintf()` Variablen und Texte viel besser strukturiert in der Konsole ausgeben kann, als mit `cout`. Auch, wenn immer wieder das Gerücht umgeht, dass man, um wirklich C++ zu programmieren, auf jeden Fall `iostream.h` verwenden sollte, ist diese Aussage schlicht falsch – Klassen und Objekte kann man in C++ auch ohne `iostream.h` erstellen.

Kommen wir nun zum Aufbau dieses Buchs. Die einzelnen Kapitel sind jeweils ähnlich gegliedert. Zuerst erfolgt eine kurze Einleitung, worum es geht, und dann schließt sich, falls erforderlich, eine Beschreibung der eventuell erforderlichen Programmiertechniken an. Wenn es mathematische Grundlagen gibt, werden die entsprechenden Funktionen erläutert und auch, welche Variablen diese Funktionen verwenden. Ich habe besonders darauf geachtet, dass Sie zu jedem Algorithmus mindestens ein Listing vorfinden, das anschließend ausführlich erklärt wird. Die Listings sind stets mit den folgenden Zeilen kompilier- und ausführbar:

```
c++ [Programmname].[cpp] -o [Programmname]
(bzw. gcc-c++ [Programmname].[cpp] -o [Programmname])
./[Programmname]
oder aber bei Java-Beispielen
javac [Programmname].[java]
java [Programmname]
```

Getestet wurden die Listings unter Debian Linux auf dem PC und auf dem Raspberry Pi. Wenn Sie ein anderes gängiges Linux-System wie OpenSuSE, Ubuntu oder Mint besitzen, dann dürfte dies auch kein Problem darstellen – auch wenn es sein kann, dass Sie den C++-Compiler oder javac z. B. mit YaST2, RPM oder apt nachinstallieren müssen.

Am Ende jedes Kapitels befindet sich zusätzlich eine Rubrik mit Übungen, die Sie möglichst alle bearbeiten sollten. Dies hat den einfachen Grund, dass die Übungen an den Praktika und Klausuren orientiert sind, deshalb können ähnliche Aufgaben durchaus auch in den Prüfungen vorkommen. Dass die Aufgaben meistens Verständnisfragen sind, hat hier den einfachen Grund, dass die meisten Klausuren auch heute noch nicht im Rechnerpool geschrieben werden, sondern in den Hörsälen – meistens wegen Gerätemangel. Ich weiß nicht, ob sich die Situation im Angesicht immer knapperer Kassen in der nächsten Zeit ändern wird, aber zunächst (Stand 2024) ist dies noch so. Selbstverständlich bin ich kein Politiker und kann hier natürlich keine Aussage über die Zukunft machen und weiß nicht, ob es bald nicht so sein wird, dass die Studenten einfach ihre eigenen Geräte für die Prüfungen und Praktika mitbringen (sogenanntes BIOD (= bring your own device)-Konzept). Ich kann aber versuchen, mit der zweiten Auflage den aktuellen Stand möglichst gut abzubilden.

Zusätzlich zu den Übungen sollten Sie natürlich auch die Hinweise ernst nehmen. In den Kapiteln selbst befinden sich nämlich oft verschiedene Tipps und Hinweise, die auch durch spezielle Kästchen mit der Überschrift „Hinweis" gekennzeichnet sind. Ich empfehle Ihnen, die Hinweise aufmerksam zu lesen, denn so erleichtern Sie sich das Leben, vor allem in Bezug auf Linux.

Ich empfehle Ihnen auch, auf die in den Kapiteln angegebenen Webseiten oder weiterführenden Links zu gehen, denn auch dort erhalten Sie wertvolle Informationen. Auf der Verlagsseite vom Hanser-Verlag finden Sie ferner unter *https://plus.hanser-fachbuch.de/* alle Quellcodes und Dateien, die Sie benötigen, um die einzelnen Beispiele lauffähig zu machen, inklusive eventuell benutzter Include-Dateien. Um die Daten herunterzuladen, geben Sie auf der Webseite *https://plus.hanser-fachbuch.de/* den Code ein, den Sie vorne auf der ersten Seite des Buches finden. Wenn ich also sage „Sie können sich dies oder jenes bei Hanser herunterladen", dann meine ich genau diesen Link. Die Quellcodes liegen im UTF8-Format vor und können so mit jedem beliebigen Linux-Texteditor geöffnet werden. Welchen Texteditor Sie an dieser Stelle benutzen, ist zweitrangig, wenn er die UTF8-Dateien richtig anzeigen kann. Wenn Sie die eBook-Version dieses Buchs besitzen, dann können Sie die Links auch direkt mit Ihrem eBook-Reader anzeigen. Allerdings muss ich an dieser Stelle noch etwas zur direkten Ausführung der Listings sagen, weil einige Leser versucht haben, die Listings direkt mit ihren eBook-Readern zu starten. Natürlich können Sie die Programm-Listings nicht auf eBook-Readern wie z. B. dem Tolino ausführen, obwohl diese angezeigt werden, wenn Sie auf den entsprechenden Link klicken. Bei Tablets mag sich die Sache anders verhalten, weil dort manchmal Linux mit entsprechendem gcc-Compiler vorinstalliert ist. Aber meistens sind die Listings eben nicht direkt mit einem Compiler verknüpft und müssen deshalb auch fast immer von Hand kompiliert werden.

Kommen wir nun zur verwendeten Programmiersprache. Sämtliche Programme in diesem Buch sind in C++ oder einige auch in Java geschrieben. Anders als noch in der letzten Auflage, verwende ich nun durchgehend C++ oder Java und Linux als Basissystem. Obwohl die Programmiersprachen, die auch im Studium verwendet werden, oft zusätzlich Python unter Windows sind, habe ich mich nun dafür entschieden, nur noch C++ oder Java unter Linux zu benutzen. Der Grund dafür ist, dass einige Leser irritiert waren, wenn z. B. nach einem reinen ANSI-C-Programm für Linux plötzlich auf Java oder C++ für Visual Studio unter Windows gewechselt wurde. Auch waren die Listings (vor allem die, die ich mit Visual Studio unter Windows erstellt hatte) z. B. auf einem Pi oder Linux-PC nur mit Anpassungen lauffähig. Natürlich erhielt ich entsprechende (leider nicht immer sehr freundliche) E-Mails. Also musste ich mich dafür entscheiden, dass alle Leser zumindest die Chance erhalten, dieselbe Plattform zu benutzen, auf der auch ich die Listings erstellt habe. Und diese ist nun (auch, weil es sämtliche hier benutzten Compiler und Tools kostenlos zur Verfügung stellt) das aktuelle Debian Linux mit zumindest vorinstalliertem C++-Compiler. Debian verwende ich deshalb, weil dies auch den Raspberry Pi mit abdeckt. Dieser Kleincomputer ist mit der Zeit immer beliebter bei Studenten geworden, deshalb kann ich den Pi eben nicht mehr ignorieren. Mehr noch: Sämtliche Listings wurden auch auf dem Pi getestet, ich kann also sogar garantieren, dass Sie für dieses Buch auch den Pi benutzen können.

Nun möchte ich noch ein paar Worte über die Gliederung dieses Buchs verlieren. In den ersten Kapiteln lernen Sie alle Grundlagen in Bezug auf Algorithmen kennen. Sie lernen, was ein Algorithmus ist, wie und ob man entscheiden kann, ob ein bestimmtes mathematisches Problem überhaupt berechenbar ist und welche grundlegenden (und einfachen) Algorithmen es gibt. An dieser Stelle lernen Sie z. B., wie Sie die Werte zweier Variablen vertauschen können, wie Sie den GGT zweier Zahlen berechnen, wie Sie eine Zahl in ihre Primfaktoren zerlegen oder wie Sie mit nur wenigen Programmzeilen ein einfaches Such- oder Sortierverfahren implementieren können. Auch der Umgang mit beliebig langen Zahlen wird hier erklärt. So erfahren Sie z. B., wie Sie mithilfe der ägyptischen Division beliebig lange Zahlen durcheinander dividieren können.

Anschließend (quasi im zweiten Teil) werden die fortgeschrittenen Themen behandelt, die direkt auf dem ersten Teil aufbauen. Hier geht es um Dinge, die im Studium wichtig sind und die auch in den Vorlesungen und Praktika immer wieder vorkommen. Dies sind z. B. Rekursionen, schnelle Sortierverfahren, effektive Mustersuchen in Texten, Parser, reguläre Ausdrücke, verkettete Listen und Bäume.

In Teil 2 folgt der dritte Abschnitt, der spezielle Themen behandelt, die unter Umständen in Wahlpflichtfächern vorkommen und so nicht unbedingt in den zweiten Teil gehören. Hierzu gehört z. B. die grafische Bildverarbeitung, die Signalverarbeitung oder spezielle Algorithmen für neuronale Netze. Viele Algorithmen im letzten Teil werden Sie wahrscheinlich niemals verwenden, denn vor allem die Wahlpflichtfächer sind oft eine Sache des Geschmacks und der eigenen Vorlieben. Ich habe versucht, möglichst viele wichtige Themenbereiche abzudecken, kann aber auch nicht ausschließen, dass die eine oder andere Sache fehlt. So gibt es z. B. über 100 Sortierverfahren und ebenso viele Suchalgorithmen. Auch über Parser und reguläre Ausdrücke, die nun erstmalig in der zweiten Auflage enthalten sind, gibt es inzwischen mehrere gute Bücher, die ich einfach nicht nochmal schreiben möchte.

Nun wünsche ich Ihnen viel Spaß mit diesem Buch. Sollten während des Lesens Unklarheiten oder Fragen aufkommen, so scheuen Sie sich nicht, mir eine E-Mail zu schicken:

*renekrooss@t-online.de*

Ich freue mich über ein Feedback von Ihnen.

*René Krooß*

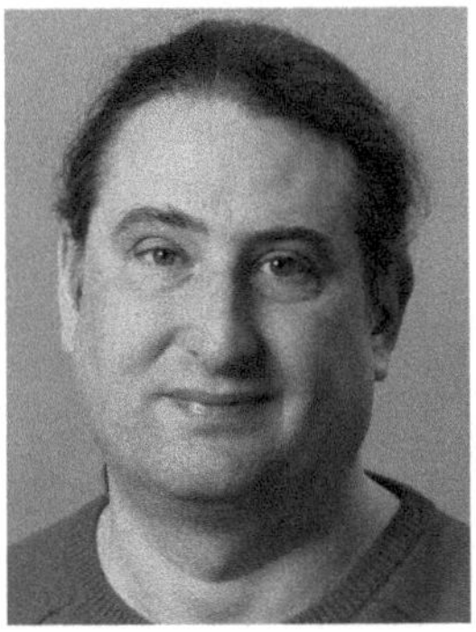

René Krooß ist Diplom-Informatiker, Programmierer und Experte für Computer-Hardware, Videoverarbeitung und 3D-Rendering. Seine Hobbys sind Elektronik, Modellbau und Retro-Computing.

# Teil I: Grundlagen

# 1 Einführung

Was genau ist ein Algorithmus? Auf diese Frage müssen wir zuerst eine Antwort erhalten, wenn wir uns weiter mit dem Thema beschäftigen wollen, sonst ist alles weitere Vorgehen sinnlos. Die Antwort ist aber eigentlich nicht so schwer zu finden, denn was ein Algorithmus ist, ist streng definiert. Die Definition lautet in etwa wie folgt:

> **Definition Algorithmus**
>
> Ein Algorithmus ist eine streng formale, ausführbare Rechenvorschrift, die in einer überschaubaren Zeit für eine bestimmte Ausgangsbedingung (z. B. in Form einer Zahl) ein reproduzierbares Ergebnis liefert. Hierbei ist es zulässig, dass einzelne Rechenschritte mehrmals wiederholt werden.

Ähnliche Definitionen gibt es zuhauf in zahlreichen Lehrbüchern, manchmal sind sie länger, manchmal kürzer. Ich habe eine möglichst kurze Fassung gewählt, weil es mir auf die Essenz ankommt. Außerdem möchte ich von Anfang an Missverständnissen vorbeugen, denn oft werden Algorithmen mit Dingen verglichen, die sie gewiss nicht sind. Einige Lehrbücher vergleichen z. B. Algorithmen mit Kochrezepten, bei deren strikter Einhaltung ein reproduzierbares Gericht herauskommt. Leider ist bei einem Kochrezept schon die Reproduzierbarkeit nicht gegeben, denn jeder Koch kocht anders. Bei dem einen Italiener ist z. B. die Tomatensauce sämiger, bei dem anderen Italiener ist sie schärfer. Außerdem enthalten Kochrezepte Anweisungen, wie „eine Prise Salz" hinzuzugeben oder das Gericht „auf kleiner Stufe" zu garen. Keine dieser Anweisungen ist exakt ausführbar. Aber selbst eine Anweisung wie „1,534 Gramm Salz hinzufügen" oder „bei 102,885 Grad 582,35 Sekunden lang garen" beachtet noch nicht, dass jeder Herd anders ist und dass Wasser bei hohem Luftdruck später kocht als bei niedrigem Luftdruck. Ein klassisches Kochrezept ist also weit davon entfernt, ein Algorithmus zu sein, weshalb Algorithmen auch eher im mathematischen Bereich angesiedelt sind. Dort und nur dort sind streng formale, ausführbare Vorschriften mit einer genau festgelegten Ausgangsbedingung und reproduzierbarem Ergebnis denkbar. Ein gutes erstes Beispiel für einen Algorithmus ist die schriftliche Division zweier Dezimalzahlen a und b. Wenn Sie für a=12 und für b=5 einsetzen, dann erhalten Sie als Ergebnis stets 2,4 – egal wie oft Sie (natürlich in korrekter Weise) nachrechnen.

Kommen wir nun zum letzten Punkt, nämlich zu der Aussage, dass ein Algorithmus „in einer überschaubaren Zeit" ein Ergebnis liefern muss. Für die Division von 12 durch 5 tut die schriftliche Division genau dies: Sie kommt in nur wenigen Schritten zu einem korrekten Ergebnis. Leider ändert sich die Sache schon dramatisch, wenn Sie z. B. 10 durch 3 teilen: Ab dem dritten Schritt wiederholen sich die Ziffern endlos und Sie bekommen 3,3333... heraus, ohne jemals den Rest 0 zu erhalten. Ihr Algorithmus endet also nicht in einer überschaubaren Zeit, wenn Sie keine zusätzliche Abbruchbedingung einfügen. Die Abbruchbedingung, die Sie wahrscheinlich schon aus der Schule kennen, ist die Perioden-Schreibweise. Sobald sich ein Rechenschritt wiederholt, wird der Algorithmus abgebrochen und man gibt eine Periode an.

## 1.1 Berechenbarkeit von Algorithmen

Ein großes (und wahrscheinlich das größte) Problem von Algorithmen ist also zu entscheiden, ob diese berechenbar sind. *Berechenbar* im mathematischen Sinne heißt, dass ein Algorithmus in einer endlichen Anzahl von Schritten anhält und dann auch ein korrektes reproduzierbares Ergebnis liefert. Leider ist die Aussage, dass ein bestimmtes mathematisches Problem berechenbar ist, erst bewiesen, wenn es einen Algorithmus für dieses Problem gibt, der für **jede mögliche** Eingabe (z. B. in Form einer Zahl) stets in einer **endlichen** Anzahl von Schritten ein **korrektes und reproduzierbares** Ergebnis liefert. Genau dieser Beweis ist sehr schwierig und kann oft nur mit einem mathematischen Beweisverfahren wie der vollständigen Induktion erbracht werden. Man kann also innerhalb der Mathematik bestimmte Aussagen beweisen, aber eben nicht alle. So gibt es z. B. keinen perfekten Algorithmus, der mir innerhalb einiger Sekunden für eine beliebig lange Zahl sagt, ob diese eine Primzahl ist, und dieser Algorithmus kann wahrscheinlich auch überhaupt nicht gefunden werden, zumindest kein Algorithmus, der immer eindeutig ist. Weil die Sache mit der Berechenbarkeit in der Mathematik nicht so einfach ist, hat man sie in späteren Definitionen von Algorithmen abgeschwächt – sie ist nun für ein Berechnungsverfahren, das ein Algorithmus „sein möchte", nicht mehr unbedingt nötig, sondern nur noch wünschenswert. Trotzdem ist die Frage nach der Berechenbarkeit mathematischer Probleme an dieser Stelle immer noch nicht ganz beantwortet. Gibt es zumindest ernstzunehmende Versuche, um herauszufinden, wie wir feststellen können, ob eine bestimmte Fragestellung in einer endlichen bzw. vernünftigen Zeit beantwortbar ist? Leider ist es so, dass wir diese Frage bis jetzt nicht beantworten können. In der Vergangenheit, vor allem in den 20er-Jahren des letzten Jahrhunderts, gab es viele Ansätze und Vorschläge aus der Gruppentheorie, die aber spätestens aufgegeben wurden, als der Mathematiker Kurt Gödel bewies, dass es in einem mathematischen Axiomensystem (dies ist quasi eine Sammlung von Regeln, die für eine bestimmte Zahlengruppe wie z. B. die natürlichen Zahlen gilt) immer Annahmen gibt, die weder beweisbar noch widerlegbar sind. Das heißt natürlich auch, dass es immer Algorithmen gibt, von denen man nicht sagen kann, ob sie in einer endlichen Anzahl von Schritten ein Ergebnis liefern. Dennoch gibt es einige populäre Ansätze, um herauszufinden, ob ein bestimmter Algorithmus zumindest nachvollziehbare Ergebnisse liefert. Einer der populäreren Ansätze, den man auch immer im Studium kennenlernt, ist das Verwenden einer Turing-Maschine. Auf den folgenden Seiten werden Sie nun an Beispielen erfahren, wie eine Turing-Maschine arbeitet.

## 1.2 Wie eine Turing-Maschine arbeitet

In seinem berühmten Werk „On computable numbers“ (über berechenbare Zahlen) entwickelte Alan Turing ein Modell, mit dem man feststellen kann, ob ein mathematisches Problem berechenbar ist. Dieses Modell ist die später nach ihm benannte Turing-Maschine. Die Turing-Maschine ist so konstruiert, dass sie immer dann anhält, wenn ein mathematisches Problem berechenbar ist.

Eine Turing-Maschine wird oft in Form einer Eingabeeinheit dargestellt, in die ein unendlich langes Band hineinführt. Dieses Band, das Eingabeband, führt im einfachsten Fall auch direkt wieder aus der Maschine heraus und ist so auch gleichzeitig das Ausgabeband. Auf dem Band können nun – auch schon am Anfang – Symbole stehen. Diese Symbole sind beliebig wählbar, in den meisten Einführungsbeispielen in Bezug auf Turing-Maschinen sind dies aber fast immer Punkte und Striche, Nullen und Einsen oder Zahlen und Buchstaben. Wird die Turing-Maschine nun gestartet (dies kann z. B. durch einen Startknopf oder Hebel geschehen) liest sie zuerst das Symbol ein, über dem sich der Lesekopf zurzeit befindet. Je nachdem, welches Symbol sich nun gerade unter dem Lesekopf befindet, und je nachdem, in welchem Zustand sich die Maschine aktuell befindet, wird eine entsprechende Aktion ausgeführt. Diese Aktion ist meistens eine Ersetzung des Symbols, das sich unter dem Lesekopf befindet, durch ein anderes Symbol, und ein anschließendes Verschieben des Bands nach rechts oder links. Der Ersetzungsschritt kann aber auch entfallen. Nach Ausführen einer Aktion wechselt die Maschine dann in einen anderen Zustand. Welcher Zustand dies ist, entnimmt die Maschine einer internen Tabelle. Gleichzeitig zu den Zustandswechseln können in der internen Tabelle auch noch zusätzliche Kommandos stehen, die z. B. das Band anhalten, wenn ein bestimmter Endzustand erreicht wird.

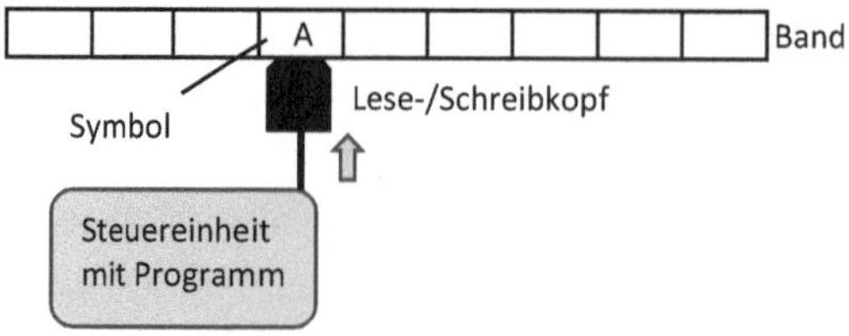


**Bild 1.1** Arbeitsweise einer Turing-Maschine

Wie Sie in Bild 1.1 sehen können, hat das Eingabeband kein Ende und keinen Anfang. Ferner sind die Programme, die die Steuereinheit ausführt, fest verdrahtet. Weil die Turing-Maschine so ähnlich arbeitet wie ein sehr einfacher Computer, wird sie auch im Studium immer irgendwann besprochen. Meistens geschieht dies schon in den Vorlesungen zu den Grundlagen der Informatik, also in den ersten zwei Semestern. Deswegen habe auch ich die Turing-Maschine und die grundlegenden Überlegungen zur Berechenbarkeit mathematischer Probleme an den Anfang dieses Buchs gestellt. Die Betonung liegt hier auf „grundlegend", ich werde also einige einfache Beispiele zu Turing-Maschinen anführen. Die ganzen komplexen mathematischen Formeln aus der Gruppentheorie, die Turing selbst verwendete, um sein Modell zu definieren, werde ich Ihnen natürlich ersparen.

**Hinweise für Linux und den Raspberry Pi**

Ich habe durchgehend dafür gesorgt, dass sämtliche Listings und Programme in diesem Buch unter Linux ausführbar sind. Dies gilt auch für den inzwischen sehr populären Raspberry Pi – sämtliche Listings sind auf dem Pi übersetzbar. Wenn Sie auf dem Pi bestimmte Dinge beachten müssen, wird dies durch separate Kästchen mit dem Titel „Hinweise für den Raspberry Pi" angezeigt.

### 1.2.1 Beispiel 1: Addition zweier Zahlen mit einer Turing-Maschine

Sie kennen wahrscheinlich schon die Binär-Schreibweise von Zahlen und wissen bereits, dass die Zahl 2 im Computer als „10" abgebildet wird. Für die Addition von zwei Zahlen durch eine Turing-Maschine möchte ich aber eine noch einfachere Schreibweise mit Nullen und Einsen verwenden, nämlich die längencodierte Darstellung, die auch schon die ENIAC verwendete. Die ENIAC war der erste wirklich funktionierende Computer, den die Amerikaner entwickelt haben. „Längencodierte Zahlendarstellung" bedeutet nichts anderes, als eine Zahl in Form der entsprechenden Anzahl an Einsen darzustellen. Wenn Sie also in diesem Beispiel die Zahl 5 darstellen wollen, dann schreiben Sie „111110". Dies sind fünf Einsen gefolgt von einer 0, die den Abschluss einer Zahl angibt. In diesem Beispiel müssen Sie also zwei Zahlen durch genau eine Null getrennt hintereinanderschreiben, die Trennung von Zahlen durch mehr als eine Null sei hier nicht erlaubt (Sie können schon an dieser Stelle sehr gut erkennen, dass die korrekte Arbeitsweise einer Turing-Maschine stark von dem Format der Eingabe abhängt).

Kommen wir nun zu unserem ersten Beispiel, in dem die Zahlen 5 und 7 addiert werden sollen. Diese müssen Sie zuerst in folgender Form auf das Band schreiben:

**11111011111110**

In den folgenden Beispielen wird nun stets angenommen (und diese Annahme ist sehr wichtig für das korrekte Funktionieren der Beispiele), dass ein Buchstabe im Text genau ein Symbol auf dem Band der Turing-Maschine abbildet und dass sich der Lesekopf über dem ersten, linken Symbol im Text befindet. Nehmen wir nun an, dass die Turing-Maschine in diesem Beispiel einen Starthebel besitzt, den Sie zuerst umlegen müssen, um die Maschine in Gang zu setzen. Nehmen wir weiter an, dass Sie die Möglichkeit haben, das Band vorher korrekt einzulegen, und so den Lesekopf gezielt auf der ersten Eins (also ganz links) platzieren können. Ferner nehmen wir an, dass die Maschine immer zuerst Zustand Nr. 0 (den Initialisierungszustand) annimmt. Um zwei Zahlen zu addieren, müssen Sie nun die folgenden Regeln aufstellen:

- Wenn sich die Maschine in Zustand 0 befindet und das Symbol unter dem Lesekopf „1“ ist, verschiebe das Band um eine Position nach links (dies ist quasi dasselbe, als ob der Lesekopf nach rechts wandert).
- Wenn sich die Maschine in Zustand 0 befindet und das Symbol unter dem Lesekopf „0“ ist, so drucke das Symbol „1“, verschiebe das Band um eine Position nach links und wechsele zu Zustand 1.
- Wenn sich die Maschine in Zustand 1 befindet und das Symbol unter dem Lesekopf „1“ ist, verschiebe das Band um eine Position nach links.
- Wenn sich die Maschine in Zustand 1 befindet und das Symbol unter dem Lesekopf „0“ ist, verschiebe das Band nach rechts (dies ist quasi dasselbe, als ob der Lesekopf nach links wandert), drucke das Symbol „0“ und halte an.

**Hinweis**

In sämtlichen Beispielen, die dem Einführungsbeispiel folgen, wird nun angenommen, dass alle Eingaben stets im richtigen Format vorliegen und dass sich auch der Lesekopf am Anfang stets auf dem richtigen Symbol befindet. Ferner wird angenommen, dass die Maschine unverzüglich anhält, wenn keine Regel mehr greifen sollte.

Die Maschine startet in diesem Beispiel in Zustand 0 und liest so lange Einsen ein, bis sich die erste Null unter dem Lesekopf befindet. Diese Null wird dann durch eine Eins überschrieben und das Band wird danach um eine Position nach links gerückt. Die zu addierenden Zahlen werden dadurch zusammengefügt. Bevor die Maschine zu

Zustand 1 wechselt, befinden sich nun die folgenden Zeichen auf dem Band (die eckigen Klammern geben die aktuelle Position des Lesekopfs an):

**11111[1]11111110**

Nun haben Sie aber die Zahlen noch nicht richtig addiert. Zählen Sie ruhig nach: Sie haben jetzt 13 Einsen auf dem Band stehen, 5+7 ist aber 12. Um diesen Fehler zu korrigieren, benötigen Sie einen zusätzlichen Zustand, nämlich Zustand 1. Dieser Zustand funktioniert zunächst wie Zustand 0 und rückt das Band so lange um eine Position nach links, bis eine Null gefunden wird. Diese Null ist aber nun das Ende des Addiervorgangs, bei dem die letzte Eins entfernt und danach die Maschine angehalten wird. Das Entfernen von Symbolen läuft dabei so ab: Das Band wird um eine Position zurückgeschoben (also nach rechts) und an diese Stelle wird eine Null geschrieben. Jetzt ist das Ergebnis korrekt und auf dem Band steht:

**111111111111[0]0**

Wahrscheinlich werden Sie mit dem letzten Beispiel einige Probleme gehabt haben, bis Sie es richtig verstanden haben. Das erste Problem war wahrscheinlich die Tatsache, dass die Regeln, nach denen die Maschine arbeitet, in einer relativ unübersichtlichen 4-Punkte-Liste zusammengestellt wurden. Das zweite Problem war wahrscheinlich die Verschiebung des Bands, die umgekehrt zur Verschiebung des Lesekopfs verlaufn musste. Deshalb werde ich ab jetzt annehmen, dass sich der Lesekopf und nicht das Band bewegt, denn dadurch verändere ich nicht die grundlegenden Eigenschaften der Turing-Maschine, sondern nur die Notation der Richtungsangaben (Mathematiker sagen in diesem Fall, ich führe eine eigenschaftserhaltende Transformation durch). Außerdem verwende ich ab jetzt Zustandstabellen, in der Art, wie auch Turing sie später vorschlug, um die Übersichtlichkeit der oft zahlreichen Regeln zu erhöhen. Zustandstabellen können Sie sehr gut in Excel erstellen. Für dieses Beispiel gilt Tabelle 1.1.

**Tabelle 1.1** Zustandstabelle der Turing-Maschine aus Abschnitt 1.2.1

| Zustand | Symbol | Schreibe | Verschiebung | Nächster Zustand |
|---|---|---|---|---|
| 0 | 1 | --- | 1 rechts | 0 |
| 0 | 0 | 1 | 1 rechts | 1 |
| 1 | 1 | --- | 1 rechts | 1 |
| 1 | 0 | --- | 1 links | 2 |
| 2 | --- | 0 | --- | Halt |

Ein kleiner Nachteil der Zustandstabellen bleibt: Für das Entfernen der letzten Eins am Ende der Addition benötigen Sie einen zusätzlichen Zustand, weil die Tabelle immer nur einen Zustandswechsel und eine Lesekopf-Verschiebung pro Schritt abbilden kann. Der Vorteil ist hier aber die gute Abbildbarkeit von Zustandstabellen z. B. auf ein C++-Programm, mit dem Sie dann beliebige einfache Turing-Maschinen simulieren können. Hierbei sind die sogenannten *einfachen Turing-Maschinen*, die nur ein Band und nur einen Lese-/Schreibkopf besitzen.

Kommen wir nun zu der Frage, ob Sie es in dem letzten Beispiel mit einem berechenbaren Problem zu tun haben. Bleibt die Turing-Maschine also für jede Eingabe stehen und liefert sie dann auch stets ein korrektes Ergebnis? Um diese Frage zu beantworten, wähle ich nun folgende fehlerhafte Eingabe aus:

**111001110**

Die Turing-Maschine startet hier wieder in Zustand 0 und liest so lange Einsen, bis sich die erste 0 unter dem Lesekopf befindet. Nach dem Überschreiben der ersten 0 mit einer 1 und dem Verrücken des Lesekopfs nach rechts wechselt die Maschine zu Zustand 1. Das Band sieht nun so aus:

**1111[0]1110**

Nun ist das Symbol unter dem Lesekopf „0" und dies bedeutet, dass die Maschine die Eins vor der Null entfernt und danach anhält. Das Band enthält nun folgende Ausgabe, die sich anschließend auch nicht mehr ändert:

**111[0]01110**

Dieses Ergebnis lässt sich entweder als die Zahl 3 oder als ungültige Ausgabe interpretieren. Auf jeden Fall ist das Ergebnis falsch, obwohl die Turing-Maschine für jede beliebige Eingabe einer endlichen Anzahl von Einsen stehen bleibt. Haben Sie es aber in diesem Beispiel wenigstens mit einem berechenbaren Problem zu tun? Die Antwort, die Turing hier geben würde, ist „nein", denn ein Algorithmus sollte immer das korrekte Ergebnis liefern, und dies tut der Algorithmus in diesem Beispiel für unkorrekte Eingaben nicht. Wenn Sie aber voraussetzen, dass sämtliche Eingaben stets im korrekten Format vorliegen, dann haben Sie es hier in der Tat mit einem berechenbaren Problem zu tun, sofern Sie eine endliche Anzahl an Einsen auf dem Band voraussetzen.

### 1.2.2 Beispiel 2: Suchen und ersetzen

Mit dem Wissen aus dem letzten Beispiel können Sie jetzt eine einfache Zeichenersetzung realisieren. Im nächsten Beispiel sollen alle Buchstaben durch Großbuchstaben ersetzt werden. Wenn das gelesene Symbol bereits ein Großbuchstabe ist, können Sie es einfach durch sich selbst ersetzen. Zahlen, Kommas, Bindestriche und Leerzeichen sollen ignoriert werden und ein Satz soll grundsätzlich durch einen Punkt beendet werden. Ein Punkt soll dann auch die Maschine stets zum Anhalten bringen. Der Ausgangstext soll wie folgt lauten:

**1937 hat Turing seine Turing-Maschine erfunden.**

Die Maschine startet nun wieder in Zustand 0 und findet die Zahl 1. Dieses Symbol wird ignoriert und der Lesekopf rückt um ein Feld nach rechts. Dieser Schritt wird nun für jede Zahl wiederholt und natürlich auch für das Leerzeichen. Das Zeichen „h" wird dann durch das Zeichen „H" ersetzt. Das Band enthält nun folgende Symbole:

**1937 H[a]t Turing seine Turing-Maschine erfunden.**

Auch das Zeichen „a" wird durch das Zeichen „A" ersetzt und der Lesekopf befindet sich anschließend auf dem Zeichen „t". Anscheinend funktioniert unser Ersetzungsalgorithmus einwandfrei, wenn wir Tabelle 1.2 als Regeltabelle verwenden.

**Tabelle 1.2** Zustandstabelle für die Turing-Maschine in Abschnitt 1.2.2

| Zustand | Symbol | Schreibe | Verschiebung Lesekopf | Nächster Zustand |
|---|---|---|---|---|
| 0 | Leerzeichen | Leerzeichen | 1 rechts | 0 |
| 0 | 0 | 0 | 1 rechts | 0 |
| 0 | 1 | 1 | 1 rechts | 0 |
| ... | ... | ... | ... | ... |
| 0 | 9 | 9 | 1 rechts | 0 |
| 0 | a | A | 1 rechts | 0 |
| 0 | b | B | 1 rechts | 0 |
| ... | ... | ... | ... | ... |
| 0 | z | Z | 1 rechts | 0 |
| 0 | . | . | --- | Halt |

Ich habe in Tabelle 1.2 immer dort drei Punkte eingesetzt, wo Sie sich die entsprechenden Einträge dazudenken müssen. So muss ich nicht z. B. sämtliche Zustandsänderungen zwischen den Zahlen 1 und 9 auflisten, sondern Sie können die entsprechenden Ersetzungen zwischen den Zahlen 2 und 8 im Geist ergänzen. An dieser Stelle sehen Sie wahrscheinlich schon den größten Nachteil von Turing-Maschinen: Die Zustandstabellen können wahrlich umfangreich werden, denn Sie müssen dort jedes Symbol einzeln auflisten. Außerdem sind zumindest die einfachen Turing-Maschinen sehr unflexibel und Sie benötigen quasi für jeden Algorithmus eine separate Maschine. Turing führte später den Gedanken einer universellen Maschine ein, den er aber leider aus gesundheitlichen Gründen nicht mehr zu einer vollständigen Theorie ausbaute.

In diesem Buch geht es aber nicht um das wahrlich tragische Schicksal Alan Turings, sondern darum, wie seine Ideen später in der Informatik eingesetzt wurden. Deshalb ist die Frage nun, ob auch das Ersetzungsverfahren in diesem Beispiel ein Algorithmus ist, der auf jeden Fall anhält. Wenn Sie aber etwas nachdenken, kommen Sie schnell darauf, dass das Ersetzungsverfahren in diesem Beispiel z. B. niemals anhält, wenn der Punkt am Satzende fehlt oder wenn ein Zeichen im Text auftaucht, für das keine Ersetzungsregel existiert (in diesem Fall würde die Turing-Maschine einfach nichts tun, und das für immer). Fügen wir nun die folgende implizite Regel ein, auf die ich am Anfang in dem entsprechenden Hinweiskästchen schon eingegangen bin: „Immer, wenn für ein Symbol keine Regel zutrifft oder das betreffende Feld leer ist, halte an." Nun hält unser Algorithmus zwar stets an, liefert aber nicht immer eine vollständige Ersetzung aller Buchstaben durch Großbuchstaben. Nehmen Sie z. B. folgenden Satz als Eingabe an:

**Hallo Klaus! Es regnet, darum bleibe ich heute zu Hause.**

Da für das Zeichen „!" keine Regel existiert, hält die Turing-Maschine dort an und das Band enthält in diesem Fall folgenden Text:

**HALLO KLAUS[!] Es regnet, darum bleibe ich heute zu Hause.**

Ändern wir nun unsere implizite Regel wie folgt ab: „Immer, wenn für ein Symbol keine Regel zutrifft, ersetze das gelesene Symbol durch sich selbst und bewege den Lesekopf um einen Schritt nach rechts. Außerdem halte an, wenn der Lesekopf auf ein leeres Feld trifft." Nun können wir auch den Rest des Satzes in Großbuchstaben umwandeln und sogar den Punkt am Ende weglassen. Wenn wir voraussetzen, dass das Band nur eine endliche Anzahl nicht leerer Felder enthalten darf und dass ferner der Eingabetext nicht durch leere Felder unterbrochen werden darf, wird unser Beispiel aus Abschnitt 1.2.2 berechenbar und liefert auch stets korrekte Ergebnisse.

### 1.2.3 Beispiel 3: Multiplikation zweier Zahlen mit einer erweiterten Turing-Maschine

Wollen wir nun versuchen, zwei Zahlen nicht nur zusammenzufügen, sondern zu multiplizieren (die Multiplikation war übrigens lange Zeit das größte Problem bei der ENIAC). Wir wollen also statt 5+7 5*7 berechnen. Die Ausgangsschreibweise der Zahlen soll wieder wie im allerersten Beispiel erfolgen, nämlich als:

**11111011111110**

Teilen wir nun die Multiplikation erst einmal in zwei Operanden ein, die durch eine „0" getrennt sind. Nun müssen Sie versuchen, die Symbolfolge „1111111" fünfmal hintereinander zu hängen. Dies können Sie wie folgt realisieren: Sie ersetzen erst einmal die erste Eins durch eine Null und suchen danach die nächste Null. Dies ist die Null vor dem zweiten Operanden. Anschließend müssen Sie die Folge „1111111" kopieren. Danach müssen Sie zum ersten Zeichen zurückfinden, das nicht 0 ist, und den Kopiervorgang der Folge „1111111" so lange wiederholen, bis die erste Ziffernfolge des ersten Operanden „aufgebraucht" ist. Ein großes Problem hierbei ist leider, dass Sie Ihre

Operanden in dem Moment verändern, in dem Sie dort eine Zeichenkette anhängen. Das Problem der Multiplikation zweier Zahlen ist in der Tat mit einer Art einfacher Turing-Maschinen realisierbar, die sich „fleißige Biber“ nennen, aber diese nun darzustellen, würde so manchen Leser schon jetzt „aussteigen“ lassen. Ich will natürlich vermeiden, dass Sie schon jetzt aufgeben, Ihnen aber trotzdem ein Gefühl dafür geben, wo die Grenzen der ursprünglichen Turing-Maschinen liegen und was diesen fehlt. Dies sind die folgenden Dinge:

- Turing-Maschinen besitzen kein Gedächtnis in Form eines wie immer gearteten internen Speichers und können sich z. B. nicht daran erinnern, welches Symbol im letzten Schritt gelesen wurde.
- Turing-Maschinen können nicht an eine bestimmte Position direkt zurückspringen, sondern nur den Lesekopf relativ zur aktuellen Position bewegen (man sagt auch, Turing-Maschinen können nur relative Sprünge ausführen).
- Bei Turing-Maschinen kann man das Programm, das ihnen einmal eingegeben wurde, nicht mehr ändern.
- Turing-Maschinen können nicht „lernen“, z. B. indem man ihnen später neue Regeln hinzufügt.

Kommen wir nun zurück zur Multiplikation zweier Zahlen. Dieses Problem können Sie nicht so einfach mit einer einfachen Turing-Maschine lösen, deshalb möchte ich die ursprüngliche Maschine durch einen Puffer erweitern. Ein *Puffer* ist ein Zwischenspeicher, der eine bestimmte Anzahl an Symbolen aufnehmen kann, um diese später bei Bedarf weiterzuverarbeiten. Ich will nun annehmen, dass ein zusätzlicher Puffer in einer erweiterten Turing-Maschine bis zu 100 Symbole aufnehmen kann, und dass ein spezielles Kommando den Pufferinhalt auf das Band schreiben kann, wobei der Lesekopf automatisch um die entsprechende Anzahl an Symbolen weiterbewegt wird. Durch einen Puffer können also Kopiervorgänge relativ einfach realisiert werden. Ferner will ich annehmen, dass es ein spezielles Kommando gibt, mit dem die Maschine sich die aktuelle Position des Lesekopfs merken kann, um später zu dieser Position zurückkehren zu können (Sie können also nun direkte Sprünge ausführen). Mit der erweiterten Turing-Maschine ist die Multiplikation zweier Zahlen nun relativ einfach realisierbar. Schauen Sie sich dazu das Ausgangsbeispiel noch einmal an. Am Anfang enthält das Band folgende Symbole:

**11111011111110**

Die Maschine befindet sich am Anfang in Zustand 0. In diesem Zustand liest sie zunächst das aktuelle Symbol unter dem Lesekopf, das am Anfang eine Eins ist. Wenn das Symbol unter dem Lesekopf eine Eins ist, wird dies durch eine Null ersetzt und der Lesekopf bewegt sich um eine Position nach rechts. Die Maschine merkt sich danach die aktuelle Position P und wechselt zu Zustand 1. In Zustand 1 wird der Lesekopf nun so lange nach rechts bewegt, wie sich unter diesem eine „1“ befindet. Eine

Null dagegen bewegt den Lesekopf um eine Position nach rechts, die Maschine leert danach den Zeichenpuffer und wechselt anschließend zu Zustand 2. In Zustand 2 liest die Maschine nun ebenfalls so lange Einsen vom Band, bis eine Null gefunden wurde, jedoch speichert sie nun jede Eins im Zeichenpuffer. Wurde in Zustand 2 eine Null gefunden, gibt die Maschine daraufhin den Zeichenpuffer aus, bewegt den Lesekopf zurück zu der Position, die sich die Maschine vorher gemerkt hat, und wechselt daraufhin wieder zu Zustand 0. Nun kann der Kopiervorgang erneut stattfinden, bis irgendwann alle Einsen am Anfang „aufgebraucht" sind und sich eine Null unter dem Lesekopf befindet. Dies ist die Null direkt vor dem Multiplikanden.

Wenn Sie jedoch aufgepasst haben, dann haben Sie gemerkt, dass die Maschine ein falsches Ergebnis liefert. Das liegt daran, dass wir ein Problem noch nicht gelöst haben: Immer, wenn an das Ende etwas angehängt wird, ändert sich automatisch der Multiplikand, wodurch beim nächsten Kopiervorgang die doppelte Anzahl Zeichen kopiert wird. Genau deshalb muss die ursprüngliche Zustandstabelle durch Kommandos erweitert werden, die z. B. explizit Zeichen in den Puffer kopieren oder diesen bei Bedarf leeren können. Ferner reichen die Symbole „0" und „1" nicht mehr aus, um z. B. die Eingabe von dem Ergebnis trennen zu können. Deshalb habe ich eine Zwei an der Position eingesetzt, ab der das Ergebnis stehen soll. Die Eingabe lautet also jetzt wie folgt:

**11111011111112**

Schauen wir, ob die Maschine nun korrekt arbeitet. In Zustand 0 liest die Maschine die Zahl 1 ein, ersetzt diese durch eine Null, bewegt den Lesekopf um eine Position nach rechts, merkt sich die aktuelle Position P und wechselt zu Zustand 1. In diesem Zustand werden jetzt so lange Einsen gelesen, bis unter dem Lesekopf eine Null steht. Ist dies der Fall, rückt der Lesekopf um eine Stelle nach rechts, der Zeichenpuffer wird geleert und die Maschine wechselt zu Zustand 2. In diesem Zustand werden nun so lange Einsen gelesen und im Zeichenpuffer gespeichert, bis eine Zwei gefunden wird. Wird eine Zwei gefunden, rückt der Lesekopf eine Position nach rechts und die Maschine wechselt zu Zustand 3. In diesem Zustand werden so lange Einsen gelesen, bis sich unter dem Lesekopf eine Null oder ein leeres Feld befindet. Ist dies der Fall, wird der Zeichenpuffer ausgegeben. Nach dem ersten Kopiervorgang steht auf dem Band Folgendes:

**011110111111121111111[leer]**

Nachdem der Zeichenpuffer ausgegeben wurde, wechselt die Maschine zu Zustand 4. Zustand 4 ist nur dazu da, das Kommando „bewege den Lesekopf zurück zu der vorher gemerkten Position P" auszuführen und anschließend zu Zustand 0 zu wechseln. Dies ist hier die zweite Position auf dem Band, das jetzt folgende Symbole enthält:

**0[1]1110111111121111111**

Da sich unter dem Band eine Eins befindet, wird der Kopiervorgang wiederholt: Zuerst ersetzt die Maschine die 1 durch eine 0, anschließend sucht die Maschine die Zahl

0. Danach leert sie den Zeichenpuffer, liest sämtliche Einsen in den Puffer ein, bis sich die Zwei unter dem Lesekopf befindet, und sucht anschließend das erste leere Feld hinter der letzten Eins. Durch die Trennung von Eingabebereich und Ergebnisbereich werden die Einsen nun korrekt zusammengefügt. Am Ende enthält das Band folgende Ausgabe:

**0000001111111111111111111111111111111111112**

Leider kann auch die erweiterte Turing-Maschine unter Umständen unvorhergesehenes Verhalten zeigen, wie z. B. bei der folgenden Eingabe:

**11111211111112**

Für Zustand 0 wurde nicht definiert, wie bei dem Symbol „2" verfahren werden soll, deshalb friert die Maschine an dieser Stelle ein. Wenn Sie sich wieder dafür entscheiden, vorher die implizite Annahme zu machen, dass die Maschine stehen bleiben soll, falls für ein Symbol keine Regel existiert, wird am Ende das Ergebnis falsch sein. Es folgt die erweiterte Zustandstabelle für das letzte Beispiel:

**Tabelle 1.3** Zustandstabelle für die Touring-Maschine aus Beispiel 1.2.3

| Zustand | Symbol | Schreibe | Verschiebung Lesekopf | Kommando | Nächster Zustand |
|---|---|---|---|---|---|
| 0 | 1 | 0 | 1 rechts | Merke aktuelle Position P | 1 |
| 0 | 0 | --- | --- | --- | Halt |
| 1 | 1 | --- | 1 rechts | --- | 1 |
| 1 | 0 | --- | 1 rechts | Leere Zeichenpuffer | 2 |
| 2 | 1 | --- | 1 rechts | Übertrage Symbol in den Zeichenpuffer | 2 |
| 2 | 2 | --- | 1 rechts | --- | 3 |
| 3 | 1 | --- | 1 rechts | --- | 3 |
| 3 | leer | --- | --- | Ausgabe Zeichenpuffer | 4 |
| 3 | 0 | --- | --- | Ausgabe Zeichenpuffer | 4 |
| 4 | --- | --- | --- | Zurück zu Position P | 0 |

### 1.2.4 Von der Turing-Maschine zum Prozessor

Das letzte Beispiel funktioniert sehr gut für kleine Zahlen bis 100, danach ist entweder der Zeichenpuffer voll oder es dauert (bei einem beliebig erweiterbaren Puffer) sehr lange, um z. B. eine Zahl 1000-mal in den Ergebnisbereich zu übertragen. Kurz: Wir benötigen für komplexere Algorithmen eine alternative Lösung. Diese Lösung ist, die Zahlen anders darzustellen. Statt viele Einsen aneinanderzuhängen, wird mit den Nullen und Einsen ein Stellenwertsystem aufgebaut, das dem gewohnten Zahlensystem mit zehn Ziffern ähnelt. Anstatt jedoch nach der Zahl 9 eine neue Stelle zu benutzen und danach „10" zu schreiben, muss in dem Binärsystem, das Computer benutzen, schon nach der Ziffer 1 (also für die Zahl 2) „10" geschrieben werden. Der Vorteil des Binärsystems ist, dass dies sehr gut in elektronischen Schaltungen realisiert werden kann und die Ziffernfolgen so lang auch wieder nicht sind. Zumindest müssen die Zahlen im Binärsystem nicht so umständlich codiert werden wie die Zahlen in den letzten Beispielen. Eine weitere Überlegung der Ingenieure ab den 50er-Jahren war, mehrere binäre Symbole gleichzeitig zu verarbeiten und auf diese Weise zu Blöcken zusammenzufassen. Mit diesen Blöcken konnten dann auch (wieder durch entsprechende elektronische Schaltungen) grundlegende Operationen, wie z. B. Addition, Subtraktion, Multiplikation und Division, durchgeführt werden. Diese Blöcke von binären Zeichen (dies waren am Anfang oft 4 oder 8 Binärsymbole) nennt man *Register*, die auf diese Weise erweiterten Turing-Maschinen, die auch von sich aus grundlegende Rechenoperationen durchführen können, nennt man *Prozessoren*. Ein Prozessor ist der wichtigste Bestandteil moderner Computer und das elektronische Bauteil, das die Programme ausführt. Ein Prozessor ist quasi der real gewordene Traum Alan Turings, eine universelle Variante seiner Maschine zu bauen.

Eine zusätzliche Maßnahme bei Prozessoren ist, dass die auszuführenden Algorithmen nicht mehr in einer Tabelle fest verdrahtet sind. Was fest verdrahtet ist, sind grundlegende Operationen, wie z. B. einen separaten Speicher anzusprechen oder zwei Zahlen zu addieren. Jede Operation wird durch ein bestimmtes Muster von binären Symbolen bestimmt, die binären Symbole heißen seit den 50er-Jahren Bits (binary digits). Ich will im Folgenden annehmen, dass immer 8 Bits zu einer Einheit zusammengefasst werden (man spricht dann seit den 60er-Jahren von einem Byte) und dass auch ein Register 8 Bit breit ist. Auch die auszuführenden Operationen sollen 8 Bit breit sein und eine spezielle Nummer zwischen 0 (binär 00000000) und 255 (binär 11111111) zugeordnet bekommen. Der Prozessor liest nun erst einmal 8 Bits aus dem Speicher (es gibt also kein Band mehr), bestimmt die zugehörige Zahl, die dahintersteckt, und führt anhand einer internen Tabelle den dazugehörigen Befehl aus (gegebenenfalls werden dazu auch weitere Bytes eingelesen). Die Nummer, die zu einem bestimmten Befehl gehört, nennt man *OP-Code*.

An dieser Stelle ist Turings Traum einer universellen Rechenmaschine Wirklichkeit geworden, anstatt des Bands werden nun Speicherbausteine mit wahlfreiem Zugriff benutzt. An dieser Stelle taucht dann zum ersten Mal der Begriff „random access memory“, kurz RAM, auf. Der wahlfreie Zugriff auf das RAM macht einen Prozessor sehr leistungsfähig, weil die Zeit, die benötigt wird, um auf eine bestimmte Adresse zuzugreifen, hier kaum noch von der Größe des Speichers abhängt. Statt der Position eines Lesekopfs auf einem Band benutzt man also heute *Speicheradressen*. Manchmal wird die Abkürzung „RAM“ in diesem Zusammenhang auch für „random access machine“ (Maschine mit wahlfreiem Zugriff) benutzt. Diese Abkürzung ist schlicht falsch und Sie sollten diese überlesen, wenn sie z. B. in Internetforen auftaucht. Kommen wir aber zurück zu den Prozessoren. Moderne Prozessoren können nämlich noch viel mehr, sie können z. B. Speicheradressen direkt anspringen, um die Programmausführung an genau dieser Stelle fortzusetzen. Dies leisten spezielle Register, wie z. B. der Programmzähler PC (*program counter*). Das Zählregister PC zeigt stets auf die Speicheradresse des nächsten Befehls und wird auch stets automatisch aktualisiert, nachdem ein Befehl ausgeführt wurde.

Nehmen wir nun einen einfachen Prozessor, der zusätzlich zum Programmzähler ein Register besitzt, das 8 Bit breit ist. In dieses Register soll nun mit dem Befehl Nr. 1 eine 8-Bit-Zahl eingelesen werden. Schreiben wir ab jetzt Byte-Werte als Zahlen zwischen 0 und 255 und ersetzen die Bandposition durch eine Speicheradresse, die die Position des Bytes im Speicher angibt. Die Position 0 soll das erste Byte im Speicher darstellen. Nun müssen Sie für die Multiplikation von 5 mit 7 aus unserem letzten Beispiel zuerst die Zahl 5 in das Zahlenregister schreiben, das ich hier mit A abkürzen möchte. Dazu müssen Sie dem Prozessor folgende Bytes übergeben:

**1,5 (Lade den Wert 5 in Register A)**

Nun benötigen Sie noch zusätzliche Befehle für die Grundrechenarten. Seien die OP-Codes 2, 3, 4 und 5 für die Grundrechenarten +, -, * und / vorgesehen. Das Byte, das dem OP-Code folgt, sei der Operand des Befehls. Ein *Operand* ist der Teil einer mathematischen Operation, mit dem gerechnet wird, also der eigentliche Zahlenwert. Bei 5+7 wären die Operanden 5 und 7. Unser Prozessor in diesem Beispiel speichert die Operanden in Register A. Um die Multiplikation aus Beispiel 1.2.3 auszuführen, müssen Sie nun vorher die folgenden Bytes benutzen:

**1,5 (Lade den Wert 5 in Register A)**

**5,7 (Multipliziere A mit 7 und speichere das Ergebnis wieder in Register A)**

Sie sehen an dieser Stelle schon, dass moderne Prozessoren sehr viel effizienter arbeiten als die relativ langsamen Turing-Maschinen. Liefern aber die Algorithmen, die auf modernen Prozessoren laufen, nun endlich immer die richtigen Ergebnisse? Werden nun sämtliche mathematischen Probleme im Prinzip berechenbar? Die Antwort ist leider „nein“, denn die grundlegenden Probleme in Bezug auf die Berechenbarkeit werden auch durch moderne, schnelle Prozessoren nicht gelöst. Mehr noch: Im Prinzip kann ein moderner Prozessor durch eine einfache Turing-Maschine nachgebildet werden, wenn auch die Ausführungsgeschwindigkeit der Programme eher bescheiden ist. In Abschnitt 1.3 werde ich nun eine Methode vorstellen, mit der Sie die Laufzeit von Algorithmen abschätzen können, die in C++ programmiert wurden. Auch dieses Thema ist Bestandteil der Vorlesungen in Allgemeiner Informatik.

## 1.3 Laufzeitanalyse von Algorithmen

Die Grundlage der Komplexitäts- und Laufzeitanalyse von Algorithmen und Computerprogrammen im Allgemeinen ist das *Entscheidungsproblem*: Wie kann entschieden werden, ob eine bestimmte mathematisch-logische Aussage eindeutig wahr oder falsch ist und wie kann man in einer „sinnvollen" Zeit zu einem eindeutigen Ergebnis kommen? Und wenn z. B. eine Berechnung mit einem plausiblen Ergebnis endet, was heißt dann in einer „sinnvollen Zeit"? Einen möglichen Ansatz haben Sie bereits kennengelernt, nämlich die Turing-Maschine. Beginnen wir nun wieder mit einem einfachen Beispiel für eine einfache Turing-Maschine. Es seien auf dem Band vor dem Start folgende Zeichen enthalten:

**aaaaaaaaaaaaabbbbbbbbbbbbaaaaaaaaaaaaaa**

Angenommen, es sollen alle „a" durch „z" ersetzt werden, und die Maschine startet wieder in Zustand 0. Nun genügt im Endeffekt folgende Regel:

Falls ein „a" gelesen wurde, schreibe ein „z" und rücke den Lesekopf um eine Position nach rechts. Das Programm verläuft nach diesen Überlegungen in folgender Schleife ab:

1. Falls ein „a" gelesen wurde, schreibe ein „z".
2. Rücke den Lesekopf um eine Position nach rechts.
3. Zurück zu Schritt 1

An dieser Stelle sehen Sie schon, dass der Algorithmus tut, was er soll – nur stoppt er nicht. Es wurde nämlich nicht definiert, was mit den anderen Zeichen geschehen soll. Da das Eingabeband unendlich lang ist, wird die Turing-Maschine bis in alle Ewigkeit um eine Position weiterrücken. Auch in diesem einfachen Beispiel wird die Turing-Maschine also erst stoppen, wenn ein Endzustand definiert wird. Dies kann z. B. die Regel sein, dass die Maschine immer dann anhält, wenn sich ein leeres Feld unter dem Lesekopf befindet. Der veränderte Algorithmus stoppt in diesem Fall, wenn das erste Leerfeld auftritt. Wenn das erste Eingabezeichen unter dem Lesekopf kein Leerfeld ist, stoppt der Algorithmus nun in einer endlichen Zeit, die sich einfach berechnen lässt:

**Laufzeit=K*[Anzahl der Zeichen bis zum ersten Leerfeld]**

Die Konstante K gibt hier an, wie lange die Turing-Maschine benötigt, um einen einzelnen Schritt inklusive möglicher Zustandswechsel auszuführen. Wenn es also einen definierten Startzustand und einen definierten, erreichbaren Endzustand gibt, lässt sich die Laufzeit des Algorithmus relativ einfach berechnen. Ferner gilt: Jeder Algorithmus, der auf einer Turing-Maschine für sämtliche möglichen Eingaben zu einem Ende kommt, ist auch vollständig berechenbar. Leider liegt das grundlegende Problem genau hier, nämlich bei der Aussage „für sämtliche Eingaben". Da das Eingabeband bei einer Turing-Maschine unendlich lang ist, bedeutet dies, dass für den im letzten Beispiel vorgestellten Algorithmus das Entscheidungsproblem nicht gelöst werden kann – man müsste bei beliebig langen Eingaben auch beliebig lange warten, um zu entscheiden, ob die Turing-Maschine jemals stoppt und ob sie dann eine logisch wahre, plausible und reproduzierbare Antwort liefert. Es gibt in der Mathematik viele Probleme, die sich nicht in einer „vernünftigen" Zeit berechnen lassen. Hier sind einige Beispiele:

- Das Produkt a*b sehr langer Primzahlen (ab etwa 100 Stellen) lässt sich nur sehr schwer faktorisieren, wenn man a und b nicht kennt.
- Die Entscheidung, ob eine zufällig gewählte Zahl eine Primzahl ist, wird mit wachsender Stellenanzahl schwieriger. Der Schwierigkeitsgrad wächst exponentiell mit der Stellenanzahl.
- Es gibt Funktionen, die Einwegfunktionen sind: Eine Berechnung in die eine Richtung ist sehr einfach, während die andere Richtung schwer bis unmöglich zu berechnen ist. Ein Beispiel ist das Produkt langer Primzahlen, ein anderes Beispiel ist z. B. der diskrete Logarithmus.

Sämtliche als „schwer bis unmöglich zu lösen" deklarierten mathematischen Probleme haben die Eigenschaft, dass der Zeitaufwand der Berechnung exponentiell mit der Länge der Eingabe (z. B. der Stellen- oder Bitanzahl) wächst und Sie die Laufzeit nicht mehr durch ein wie immer geartetes Polynom der Art

$$f(x)=a_nx^n+a_{n-1}x^{n-1}+\ldots+a_0x^0$$

ausdrücken können. Stellen Sie sich an dieser Stelle z. B. eine dreifach verschachtelte Schleife vor, die die Variablen i, j und k als Zähler benutzt. Wenn i, j und k nun jeweils den Wert 10 haben, dann wird die äußerste Schleife 10-mal, und die innerste Schleife 1000-mal durchlaufen. Die Laufzeit ergibt sich hier also aus dem Produkt von i, j und k und lässt sich allgemein als Polynom der Form

$$f(x)=ax^3$$

darstellen. Solche Probleme, bei denen sich die Laufzeit durch ein wie immer geartetes Polynom darstellen lässt, sind mit einem modernen Computer noch in einer vernünftigen Zeit berechenbar. Mathematische Algorithmen jedoch, bei denen die Laufzeit wie folgt wächst, sind kaum noch in einer vernünftigen Zeit berechenbar:

$$f(x)=a*e^{bx}$$

Was diese Aussage bedeutet, erfahren Sie in Abschnitt 1.3.

### Das P-NP-Problem

Bis jetzt gilt also folgende Aussage: Für mathematische Probleme, bei denen der Berechnungsaufwand exponentiell mit der Eingabelänge (gemessen in Ziffern bzw. Bits) wächst, gibt es zumindest in der nahen Zukunft trotz Einbeziehung moderner Technologien keine effiziente Lösung. Auf dieser Feststellung basieren einige wichtige Verschlüsselungsverfahren, wie z. B. RSA oder der sichere Schlüsselaustausch mit dem Diffie-Hellman-Verfahren. In der Komplexitätstheorie gibt es drei für die Informatik wichtige Komplexitätsklassen. Diese nennt man P, EXP und NP. P umfasst dabei sämtliche Probleme, bei denen der Berechnungsaufwand polynomial mit der Länge der übergebenen Daten steigt. Der Aufwand lässt sich hier durch eine Funktion der Form

$$t(k)=n*k^b$$

darstellen. t(k) ist der Zeitaufwand in Abhängigkeit von der Eingabelänge k in Bit, b und n sind Konstanten. Bei den Problemen, die zur Komplexitätsklasse EXP gehören, wächst der Zeitaufwand exponentiell mit der Größe der zu berechnenden Zahlen. Der Aufwand lässt sich also hier durch eine Funktion der Form

$$t(k)=n*b^k$$

darstellen. Auch hier sind n und b wieder Konstanten. Die Klasse NP (nicht polynomiale Algorithmen) liegt innerhalb von EXP und umfasst P. Die Klasse NP lässt im Gegensatz zu P und EXP zusätzlich zu den ursprünglichen Turing-Maschinen auch nichtdeterministische Turing-Maschinen zu. Diese Art Turing-Maschinen enthalten an einigen Stellen Zufallselemente, die eine genaue Vorhersage unmöglich machen. Diese Eigenschaft nennt man nicht-deterministisch. Man könnte z. B. die zuletzt genannte Ersetzung von „a“ durch „z“ wie folgt abändern, um eine nicht-deterministische Turing-Maschine zu erzeugen:

**Falls ein „a“ gelesen wurde, schreibe ein „z“ mit einer Wahrscheinlichkeit von 0,8 und schreibe sonst ein „y“. Rücke danach den Lesekopf nach rechts.**

Da sich die Probleme aus P auch nicht-deterministisch lösen lassen, ist P eine Teilmenge von NP. Zurzeit kann nicht beantwortet werden, ob P nur eine untergeordnete Teilmenge von NP ist oder ob sogar P=NP gilt. In diesem Fall (also, wenn P=NP wäre) müssten sich sämtliche mathematischen Probleme in polynomialer Zeit lösen lassen, auch z. B. die Faktorisierung langer Primzahlen oder das Berechnen diskreter Logarithmen. Dies wäre ein großes Problem, weil damit lang bewährte Verfahren wie z. B. RSA oder der sichere Schlüsselaustausch nach Diffie-Hellman unbrauchbar würden.

## 1.4 Laufzeitabschätzungen von C++-Programmen

Moderne Prozessoren können Algorithmen viel schneller ausführen als Turing-Maschinen und arbeiten auch sehr viel effizienter. Die Unterschiede in der Laufzeit unterscheiden sich dennoch nur um einen linearen Faktor. Auch, wenn der Geschwindigkeitszuwachs schon bei einfachen Prozessoren wie z. B. dem in den 80er-Jahren populären 6502-Mikroprozessor im Vergleich zu den Turing-Maschinen etwa dem Faktor 1000 – 10 000 entspricht, so ist der Unterschied trotzdem nicht so gravierend, dass Sie plötzlich ganz andere mathematische Modelle verwenden können. Aber auch der Umstieg auf eine moderne Programmiersprache wie C oder C++ ändert an der Komplexität eines Algorithmus nicht viel, deshalb können Sie statt des umständlichen Maschinencodes auch direkt die C++-Programme analysieren. In den nächsten Beispielen verwende ich nun die Programmiersprache C++, um Ihnen einige Grundlagen der Laufzeitanalyse vorzustellen.

#### Beispiel 1: Geschachtelte Schleifen

Gegeben sei das folgende C++-Programmfragment:

```
for (int x=0; x<n; x++)
{
    for (int y=0; y<n; y++)
    {
        for (int z=0; z<n; z++)
        {
            printf("x=%d,y=%d,z=%d\n",x,y,z);
        }
    }
}
```

Sei **n**=10. In diesem Fall wird jede der drei geschachtelten Schleifen 10-mal durchlaufen. Die Ausgabe der Variablen **x**, **y** und **z** innerhalb der innersten Schleife ist für die Laufzeit des Programms relativ uninteressant, weil dieser Teil nur jeweils einmal pro Schleifendurchlauf ausgeführt wird. In diesem Beispiel ist es nicht wichtig, wie das C++-Programm genau in Maschinencode aussieht. Wichtig ist nur, dass Sie sich die Schleifen genau ansehen.

Wenn Sie sich das Listing ansehen, sehen Sie, dass die drei Schleifen geschachtelt sind. Das heißt, die äußere Schleife für **x** wird nur 10-mal durchlaufen (denn **n** ist 10), die Schleife für **y** 100-mal und die innerste Schleife 1000-mal. In diesem Beispiel würden also 1000 Zeilen mit den jeweiligen Werten für **x**, **y** und **z** ausgegeben. Wenn Sie **n** erhöhen, so verlängern Sie natürlich auch die Laufzeit des Programms. In diesem Beispiel wächst die Laufzeit aber nicht linear mit n, sondern mit der Geschwindigkeit n*n*n. Bei n=100 würde die innerste Schleife also schon Millionen Mal durchlaufen. An dieser Stelle sagt man: Für die Laufzeit des Algorithmus gilt: Es ist $O(n^3)$ und die Laufzeit steigt polynomial, nämlich mit der dritten Potenz von n. Bei vier geschachtelten Schleifen gilt also dann, dass $O(n^4)$ ist. Ich werde nun einige Regeln für die Laufzeitanalyse von Programmen (auch in anderen Programmiersprachen als C++) angeben, die Sie sich gut einprägen sollten.

**Regeln für die Laufzeitanalyse von Programmen**

- Allen einfachen Rechenoperationen und Funktionsaufrufen der Standardbibliothek (falls es eine solche gibt) wird O(1) zugewiesen.
- Einfache `if`-Ausdrücke oder `case`-Anweisungen erhalten O(1), wenn sie keine weiteren Schleifen enthalten.
- Einfache, nicht verschachtelte Schleifen erhalten O(n).
- Verschachtelte Schleifen erhalten $O(n^{\text{Verschachtelungstiefe}})$. Das heißt, wenn z. B. drei Schleifen ineinander verschachtelt werden, erhält dieser Programmteil $O(n^3)$.
- Bei Schleifen, die von einer Bedingung abhängen, wird immer der „Worst-Case" betrachtet und die größtmögliche Laufzeit gewählt (es wird so getan, als ob die längst mögliche Schleife gewählt wird).
- Die geschätzte Laufzeit des gesamten Programms ist die Summe aller analysierten Funktionen der Art O(. . .). Bei Funktionsaufrufen werden sämtliche aufgerufenen Funktionen separat betrachtet.

### Beispiel 2: Eine Worst-Case-Betrachtung

Gegeben sei das folgende C++-Programmfragment:

```
while (Text[i]!=0)
{
    a=Text[i];
    if (a<65)
    {
        for (j=0; j<20; j++)
        {
            for (k=0; k<20; k++)
            {
                ... komplexe Berechnungen mit verschachtelter Schleife ...
            }
        }
    }
    else
    {
        for (j=0; j<20; j++) { ... einfache Berechnungen ... }
    }
    i++;
}
```

In diesem Beispiel wird die äußerste Schleife ausgeführt, solange der Text nicht mit einem Nullzeichen endet. Dieser Schleife wird also O(n) zugewiesen. Die erste der inneren Schleifen mit einer Tiefe von 2 wird nur ausgeführt, wenn a<65 ist. Dies ist zwar nur für nicht-Buchstaben der Fall, kann aber trotzdem auftreten. Obwohl das

Programm fast immer den `else`- Zweig nimmt, muss hier trotzdem der „Worst Case“ betrachtet und $O(n^2)$ für die beiden inneren Schleifen angenommen werden. Es gilt also: $O(n*n^2)=O(n^3)$, wobei n die Anzahl der Zeichen im Text darstellt.

### Beispiel 3: Wort-Case-Betrachtung mit Benutzereingaben

Gegeben sei das folgende Programmfragment:

```
void ClearText(char *Text, long int Len)
{
    for (long int i=0; i<Len; i++)
    {
        Text[i]=0;
    }
}

int main (void)
{
    char C=0;
    long int i=0;
    char Text[10000];
    do
    {
        C=getch( );
        switch (C)
        {
              case '$F1KEY$':
                  ClearText(Text,i);
                  i=0;
              break;
              default:
                  Text[i]=C;
                  printf("%c",C);
                  i++;
              break;
           }
    }
    while (C!='$ESCAPEKEY$')
    Text[i]=0;
    printf("%s\n",Text);
    return(0);
}
```

In dem letzten Beispiel wächst die Laufzeit des Programms mit der Textlänge, der äußeren Schleife wird $O(n)$ zugewiesen. Der „Worst Case“ ist sicherlich, dass der Benutzer mehrere Texte eingibt und am Ende immer F1 statt ESC drückt. In diesem Fall müsste die Funktion `ClearText()` immer wieder aufgerufen werden, und zwar für jeden Text, den der Benutzer eingibt und mit F1 statt mit ESC abschließt. Dies würde so lange geschehen, bis der Benutzer die Geduld verliert. In diesem Fall müsste die Laufzeit $O(n^2)$ betragen, denn die einfache Schleife, die `ClearText()` ausführt, muss separat betrachtet werden und ist deshalb als in der äußeren Schleife geschachtelt zu betrachten.

Leider stoßen Sie bei diesem Programm auf zwei Probleme. Das erste Problem ist die Funktion `getch()`, die so lange wartet, bis eine Taste gedrückt wird – und wenn es ewig dauert. Auf jeden Fall erschlägt die Verzögerung durch `getch()` die Laufzeit sämtlicher anderer Schleifen, weshalb die Laufzeit auch vor allem von der Tippgeschwindigkeit des Benutzers abhängt. Im besten Fall (ohne Fehlbedienung) wächst die Laufzeit nur linear mit der Textlänge und folgt dann O(n). Das zweite Problem ist der Benutzer selbst, der einfach das Programm missverstehen kann. Statt „Drücke ESC zum Beenden und F1 zum Löschen des Textes" liest der Benutzer „Drücke F1 zum Beenden und ESC zum Löschen des Textes". Es gibt nicht wenige Programme, die deswegen abstürzen und auf diese Weise quasi unendlich lange Laufzeiten haben.

### Beispiel 4: Einfache Grafikausgabe

Gegeben sei die folgende C++-Funktion:

```
void DrawRectangle(long int y1, long int x2, long int y2, long int Color)
{
    long int x,y;
    if (x1>x2) { Swap(x1,x2); }
    if (y1>y2) { Swap(y1,y2); }
    for (y=y1; y<y2; y++)
    {
        for (x=x1; x<x2; x++)
        {
          SetPixel(x,y,Color);
        }
    }
}
```

Die Funktion `DrawRectangle()` zeichnet ein Rechteck von (x1,y1) nach (x2,y2). Die Vertauschung der Koordinaten wird nur aufgerufen, falls versehentlich x1>x2 und/oder y1>y2 ist. Die Vertauschungsfunktion `Swap()` bekommt also O(1) zugewiesen. Die Ausgabe des Rechtecks auf dem Bildschirm wird durch eine verschachtelte Schleife realisiert, die jedes Pixel einzeln setzt. Die Laufzeit erhöht sich also mit der Größe des Rechtecks und folgt $O(n^2)$.

Ich habe nun die wichtigsten Grundlagen so weit behandelt, dass ich Ihnen in den nächsten Kapiteln die ersten einfachen Algorithmen zeigen kann. An dieser Stelle muss ich noch einen Hinweis für Einsteiger einfügen: Dieses Buch ist kein C++-Buch und auch kein Buch über die Grundlagen der Programmierung. Es werden hier also keine Themen, wie z. B. Variablendeklaration, Schleifen, bedingte Anweisungen, Strukturen oder Arrays besprochen. Diese Themen sind Bestandteil anderer Bücher und natürlich Ihrer Vorlesungen in Programmierung. Wenn Sie noch nicht programmieren können, ist also dieses Buch nichts für Sie – zumindest nicht, bevor Sie sich die grundlegenden Kenntnisse angeeignet haben. Selbstverständlich können Sie dieses Buch als Studienbegleiter sehen und dieses je nach Bedarf Kapitel für Kapitel durcharbeiten.

## 1.5 Übungen

### Übung 1

Geben Sie die Zustandstabelle einer Turing-Maschine an, mit der Sie eine Zahl b von einer Zahl a subtrahieren können. Hierbei soll stets b<a sein und es soll die längencodierte Zahlendarstellung verwendet werden. Die Zahlen a und b sollen durch genau eine Null getrennt werden und am Ende der Eingabe soll eine 2 stehen.

### Übung 2

Geben Sie die Zustandstabelle einer Turing-Maschine an, mit der Sie zwei Wörter zu einem Wort vereinigen können. Aus „Haus" und „Tür" wird also „Haustür". Die zwei Wörter sollen vorher durch genau ein Leerzeichen getrennt sein und die Eingabedaten sollen durch eine 2 abgeschlossen werden. Am Ende sollen die Wörter zu einem einzigen Wort (mit nur einem Großbuchstaben am Anfang) vereinigt worden sein und durch eine 2 abgeschlossen werden.

### Übung 3

Überlegen Sie, wie Sie mit einer einfachen Turing-Maschine zwei Nibbles (inklusive Übertrag) addieren können. Ein Nibble ist ein halbes Byte und Sie können damit Zahlenwerte zwischen 0 und 15 darstellen. Benutzen Sie hierfür am besten die Hexadezimalschreibweise und schreiben Sie die Symbole 0 – 9 als Zahlen sowie a für 10 und f für 15.

### Übung 4

Überlegen Sie sich, wie Sie mit C++ ein kleines Simulationsprogramm für eine einfache Turing-Maschine erstellen können, mit dem Sie Ihre Ergebnisse aus den Übungen überprüfen können. Verwenden Sie für die Zustandstabelle ein globales Array und für den aktuellen Zustand eine globale Variable.

**Hinweis**
Sämtliche Lösungen zu den Übungsaufgaben befinden sich im Anhang.

# 2 Basisalgorithmen

Im letzten Kapitel wurde die Frage „Was ist ein Algorithmus?“ ausführlich beantwortet. Auf diese Frage musste ich Ihnen zuerst eine Antwort liefern, bevor Sie nun fortfahren können.

Ich möchte Ihnen in diesem Kapitel einige grundlegende Algorithmen vorstellen, die immer wieder in der Informatik auftauchen. Ich nenne diese Algorithmen „Basisalgorithmen“, weil sie die Grundlage darstellen, auf der alle komplexeren Verfahren aufbauen. Stellen Sie sich an dieser Stelle ein solides Fundament vor. Genauso, wie ein Haus ohne Fundament zusammenbricht, brechen komplexe Algorithmen in sich zusammen, wenn die Basis nicht richtig implementiert wird. Dies geschieht schneller, als Sie denken, und betrifft sogar erfahrene Programmierer. Wenn Sie z. B. den Tausch zweier Zahlen nicht richtig umsetzen, handeln Sie sich unter Umständen schwer aufzufindende Bugs ein. Ein *Bug* ist in der Informatik ein Fehler, der ein Programm zu einem Verhalten veranlasst, das der Programmierer nicht vorhergesehen hat. Dies kann ein falsches Ergebnis oder ein Absturz sein. Sie können jedoch die Anzahl Bugs in Ihren Programmen minimieren, wenn Sie sich einen guten Werkzeugkoffer zulegen (in diesen gehören natürlich die Basisalgorithmen auf jeden Fall hinein). Wie jeder gute Handwerker werden Sie dann mit fortschreitender Praxiserfahrung und mit einem stetig umfangreicheren Werkzeugkoffer ein immer besserer Programmierer werden. Dies setzt natürlich (wie alles, was man erst lernen muss) stetige Übung voraus, und genau solche Übungsbeispiele für Ihren Studienalltag möchte ich Ihnen in diesem Buch vorstellen. Ich versuche also, möglichst nah an den Programmierpraktika zu bleiben und keine abgehobenen mathematischen Theorien oder ähnliche Dinge zu behandeln, die nicht zu lauffähigen Programmen führen. Für den Bereich „Theoretische Informatik“ benötigen Sie also ein anderes Buch.

Ich beginne damit, in jedem Unterpunkt einen Basisalgorithmus zu behandeln und am Ende ein Listing für diesen Algorithmus anzugeben. Ich verwende in diesem Buch C++, weil auch im Studium die Basisalgorithmen meistens in der Programmiersprache C oder C++ vorgestellt werden. Auch, wenn im Studium immer öfter Java eingesetzt wird, unterstützt diese Programmiersprache jedoch eine wichtige Sache nicht: die Verwendung von Zeigern, die für dieses Kapitel sehr wichtig sind. An dieser Stelle gilt wieder: Dieses Buch ist kein Programmierhandbuch, sondern setzt voraus, dass Sie an den entsprechenden Programmierpraktika teilnehmen, sich mit der Verwendung von Zeigern und Referenzen auskennen und ferner in der Lage sind, PAPs (Programmablaufpläne, früher auch Flussdiagramme genannt) zu lesen.

## 2.1 Der Ringtausch

Bevor ich die ersten lauffähigen Programme anführe, muss ich noch ein paar Dinge über die Formatierung des Textes sagen. Ich habe Programmierbegriffe, die in den Text eingebunden sind, besonders `hervorgehoben`, z. B. bei `printf()`. Typenangaben, wie z. B. `int` sind Programmierelemente und werden so hervorgehoben, wie z. B. `printf()`. Ferner habe ich Variablennamen und Zeilennummern **fett** hervorgehoben, so können Sie z. B. (wie es z. B. später bei den verketteten Listen der Fall ist) nicht das in den Text eingebundene Wort Nachfolger mit dem Variablennamen **Nachfolger** verwechseln. Ich setze an dieser Stelle wieder voraus, dass Sie sich mit C++ auskennen und wissen, was ein Array ist und wie man eine Variable deklariert. Ich setze auch voraus, dass Sie wissen, was ein Zeiger ist und wie Sie diesen in C++ verwenden. Wenn Sie gerade erst mit dem Studium begonnen haben, kann es sein, dass Sie diese Dinge noch nicht wissen. Dies macht aber nichts, denn in diesem Fall können Sie dieses Buch einfach dann weiterlesen, wenn Sie Zeiger und Arrays behandelt haben. Genauso können Sie auch mit den anderen Kapiteln verfahren und diese genau dann lesen und durcharbeiten, wenn Sie diese benötigen. Sie müssen dieses Buch also nicht von vorne nach hinten lesen wie einen Roman (vor allem hätte ich dann einfach einen Roman geschrieben, wenn ich diesen Anspruch an Sie hätte).

Kommen wir nun zu einer nicht ganz unwichtigen Sache, nämlich der Übersetzung Ihrer Listings in lauffähige Programme. Sämtliche Listings wurden so erstellt, dass sie in der Linux-Konsole laufen und mit dem in Linux integrierten gcc-Compiler übersetzt werden können. Da der gcc-Compiler mittlerweile den vollständigen C++-Standard unterstützt, können Sie sämtliche Listings wie folgt kompilieren und ausführen:

```
c++ [Programmname][.cpp] -o [Programmname]
./[Programmname]
```

Kommen wir nun zurück zum Ringtausch. Vertauschungen kommen sehr oft vor, z. B. bei Sortierverfahren. Auch, wenn einige höhere Programmiersprachen, wie z. B. Java, Sortierverfahren quasi schon „drin" haben, so kann es trotzdem hilfreich sein, den Ringtausch zu verstehen. Fangen wir nun erst einmal sehr einfach an und deklarieren zwei Variablen, nämlich **a** und **b**. Diese Variablen seien vom Typ `int`. Der hier behandelte Ringtausch funktioniert folgendermaßen: Es wird zuerst eine temporäre Variable **temp** erstellt, der der Wert von **a** zugewiesen wird. Anschließend wird `a=b` gesetzt. Die Werte von **a** und **b** sind nun identisch und haben den Wert von **b**. Genau hier benötigen Sie die temporäre Variable, denn Sie setzen nun `b=temp`. Nun ist a=b und b=a, die beiden Werte wurden vertauscht. Sehen Sie sich nun Listing 2.1 an:

**Listing 2.1** Ringtausch.cpp

```
01  #include<stdio.h>

02  void Ringtausch(int &a, int &b)
03  {
04      int temp=a;
05      a=b; b=temp;
06  }

07  int main(void)
08  {
09      int a=47, b=11;
10      Ringtausch(a,b);
11      printf("a=%d,b=%d\n",a,b);
12      return 0;
13  }
```

In Zeile **01** binden Sie zunächst **stdio.h** ein, damit Sie Funktionen wie `printf()` benutzen können. Anschließend folgt in den Zeilen **02–06** die Funktion `Ringtausch()`, der Sie zwei Parameter (**a** und **b**) mit dem Address-Of-Operator übergeben. Diese Art der Parameterübergabe nennt man in C++ „call by reference“, das heißt, dass **a** und **b** als Adressen übergeben werden. Anders als bei reinem (ANSI-)C kann man anschließend in C++ in der Funktion `Ringtausch()` die Variablen **a** und **b** direkt benutzen, ohne zusätzlich eine Dereferenzierung mit dem *-Operator verwenden zu müssen. Trotzdem können **a** und **b** innerhalb der Funktion `Ringtausch()` direkt verändert werden. Anderenfalls (also ohne den &-Operator bei der Parameterübergabe) würden nur Kopien der übergebenen Parameter benutzt und die veränderten Variablen wären außerhalb der Funktion `Ringtausch()` nicht mehr sichtbar. Die Funktion `Ringtausch()` führt nun den Algorithmus aus, der hier am Anfang beschrieben wurde: Erst wird **a** in der Variablen **temp** zwischengespeichert, anschließend wird `a=b` gesetzt. Zum Schluss wird der in der Variablen **temp** gesicherte Wert nach **b** übertragen.

Sie haben an dieser Stelle vielleicht schon den Verdacht gehabt, dass hier eigentlich nur die Speicheradressen von **a** und **b** vertauscht werden, nicht die Werte selbst. Dies ist aber nicht richtig: Es werden hier wirklich die Inhalte der Variablen geändert, und zwar direkt und ohne zusätzliche Schutzmechanismen, die durch den &-Operator ausgehebelt werden. Nur so ist der Tauschvorgang auch nach außen sichtbar. Sie können natürlich auch (wie dies im nächsten Beispiel der Fall ist) für den Ringtausch von Anfang an Zeiger verwenden, und somit sogar lange Zeichenketten vertauschen, ohne sämtliche Daten vorher in einen Puffer kopieren zu müssen. An dieser Stelle müssen Sie jedoch aufpassen: Weil für die Übergabeparameter der Funktion

Ringtausch() im nächsten Beispiel wirklich explizit Zeiger benutzt werden, müssen Sie im Hauptprogramm entsprechend die Parameterübergabe anpassen. Sehen wir uns nun an, wie Sie Zeichenketten vertauschen können, ohne die einzelnen Zeichen kopieren zu müssen.

**Listing 2.2** Ringtausch_Strings.cpp

```
01 #include<stdio.h>
02 #include<stdlib.h>
03 #include<string.h>

04 void Ringtausch(char **a, char **b)
05 {
06     char *temp=*a;
07     *a=*b;
08     *b=temp;
09 }

10 int main(void)
11 {
12     char *a=(char *)malloc(256); strcpy(a,"Hallo");
13     char *b=(char *)malloc(256); strcpy(b,"Welt");
14     printf("%s %s\n",a,b);
15     Ringtausch(&a,&b);
16     printf("%s %s\n",a,b);
17     return 0;
18 }
```

Die Funktion Ringtausch() bekommt nun zwei Parameter (**a** und **b**) vom Typ char** übergeben. Hier wird also ein doppelter Zeiger benutzt, nämlich ein Zeiger, der die Anfangsadresse eines Eintrags in der Variablentabelle enthält, der wiederum auf die Anfangsadresse eines Strings zeigt (Zeichenketten werden oft als *Strings* bezeichnet, ich werde diese Bezeichnung ab jetzt auch benutzen). Wenn Sie nun **a** und **b** vertauschen, vertauschen Sie hier in der Tat nur die Zeigeradressen in der Variablentabelle und nicht den Inhalt der Strings.

Dies funktioniert aber nur, wenn Sie in Zeile **06** die Variable **temp** als String (also als char*) deklarieren und dieser anschließend einen Zeiger auf die Variable **a** (also a*) zuweisen. Mit einer Deklaration von **temp** ohne Zeigertyp und einer Zuweisung wie temp=a würden Sie nur auf das erste Zeichen der Zeichenkette a zugreifen, nicht aber auf die Zeigereinträge in der Variablentabelle. Deshalb wird auch in Zeile **07** *a=*b und nicht a=b gesetzt, sowie in Zeile **08** *b=temp und nicht b=temp. Aber Vorsicht: **temp** ist schon ein Zeiger, also wäre *b=*temp falsch und würde zu einem Compilerfehler der Art „CANNOT CONVERT CHAR* TO CHAR**“ führen.

Das Hauptprogramm funktioniert nun ähnlich wie in Listing 2.1. Zuerst werden in den Zeilen **12** und **13** die zwei String-Variablen **a** und **b** deklariert, **a** bekommt die Zeichenkette „Hallo“ und **b** die Zeichenkette „Welt“ zugewiesen. An dieser Stelle hätte ich auch **a** und **b** als Variablen vom Typ const char* deklarieren und auch so an die Funktion Ringtausch() übergeben können. Da Sie aber hier mit beliebig langen

Strings arbeiten sollen, habe ich in Zeile **02 stdlib.h** eingebunden und den Speicher für die Strings mit `malloc()` reserviert. Eine Alternative, die Sie in C++ verwenden können, ist die Verwendung des `new`-Operators:

```
char *a=new char(256); // bei manchen Compilern auch new char[256]
char *b=new char(256); // bei manchen Compilern auch new char[256]
strcpy(a,"Hallo");
strcpy(b,"Welt");
```

Bei der ersten Ausgabe mit `printf()` in Zeile **14** werden **a** und **b** durch Leerzeichen getrennt ausgegeben, also wird „Hallo Welt" ausgegeben. In Zeile **15** werden nun **a** und **b** getauscht und in Zeile **16** wird noch einmal **a** und **b** durch ein Leerzeichen getrennt ausgegeben. Das Programm gibt bei der Ausführung also Folgendes aus:

**Hallo Welt**

**Welt Hallo**

**Hinweis: Benutzung von Zeigern beim Ringtausch**

Beim Ringtausch müssen Sie sehr achtsam mit den entsprechenden Zeiger-Variablen umgehen, sonst können Sie sich schwer zu findende Fehler einhandeln. Besonders, wenn Sie eine allgemeine Schutzverletzung erhalten oder Ihr Programm abstürzt, sollten Sie Ihre Zeigerdeklarationen nochmal dahingehend prüfen, ob sämtliche Zeiger auf eine gültige Adresse zeigen.

Als abschließendes Beispiel zum Ringtausch möchte ich Ihnen nun zeigen, wie Sie Strukturvariablen miteinander vertauschen können. Dieses Verfahren taucht immer wieder im Studium auf. Eine Standardanwendung ist z. B. das Sortieren von Personendaten mit einem wie immer gearteten Sortierverfahren. Ich werde auf Sortierverfahren noch sehr detailliert eingehen, eine Sache ist jedoch immer wichtig: Sie sollten beim Sortieren stets auf die Performance achten und es vermeiden, Daten hin- und herzukopieren. Deshalb benutzt auch das folgende Beispielprogramm Zeiger. Sehen Sie sich dazu Listing 2.3 an:

**Listing 2.3** Ringtausch_Structs.cpp

```
#include<stdio.h>
#include<string.h>

typedef struct
{
    char Anrede[5];
    char Vorname[50];
    char Nachname[50];
    int Alter;
} Person_t;

void Ringtausch(Person_t *a, Person_t *b)
{
    Person_t temp=*a;
```

```
13      *a=*b;
14      *b=temp;
15  }

16  int main(void)
17  {
18      Person_t a,b;
19      strcpy(a.Anrede,"Herr");
20      strcpy(a.Vorname,"Herbert");
21      strcpy(a.Nachname,"Meyer");
22      a.Alter=42;
23      strcpy(b.Anrede,"Frau");
24      strcpy(b.Vorname,"Erika");
25      strcpy(b.Nachname,"Mustermann");
26      b.Alter=46;
27      Ringtausch(&a,&b);
28      printf("Person 1:\n");
29      printf("Name:%s %s %s\n",a.Anrede,a.Vorname,a.Nachname);
30      printf("Alter:%d\n",a.Alter);
31      printf("Person 2:\n");
32      printf("Name:%s %s %s\n",b.Anrede,b.Vorname,b.Nachname);
33      printf("Alter:%d\n",b.Alter);
34      return 0;
35  }
```

In den Zeilen **01** und **02** wird zusätzlich zu **stdio.h** noch **string.h** eingebunden. Diese Header-Datei ermöglicht es Ihnen, Funktionen wie `strcpy()` zu benutzen. In den Zeilen **03–09** wird nun der strukturierte Datentyp `Person_t` deklariert. Hierzu müssen Sie zusammen mit dem Schlüsselwort `typedef` zusätzlich `struct` verwenden. Auf diese Weise gewährleisten Sie, dass der strukturierte Datentyp `Person_t` auch wirklich als ein eigener Typ betrachtet wird, der stets bei der Variablendeklaration den entsprechenden Speicher zugewiesen bekommt. Wenn Sie einen modernen C++-Compiler verwenden, ist das `typedef` nicht unbedingt nötig, da hier `struct` immer automatisch um ein `typedef` ergänzt wird. Dies ist aber nicht immer der Fall, besonders nicht bei älteren Linux-Versionen.

Die Funktion `Ringtausch()` funktioniert fast wie die Funktion `Ringtausch()` im letzten Beispiel. Die Parameter **a** und **b** werden als Zeiger übergeben und sind vom Typ `Person_t` – strukturierte Datentypen werden also ähnlich abgespeichert wie Strings und es wird nur die Anfangsadresse des Datenblocks in der Variablentabelle abgelegt. Deshalb müssen Sie in Zeile **12** durch `Person_t temp=*a` angeben, dass Sie **temp** eine Zeigeradresse zuweisen wollen. Probieren Sie es ruhig aus und benutzen Sie z. B. `Person_t *temp=a` bzw. `Person_t temp=*a`. Sie erhalten in beiden Fällen Fehlermeldungen in der Art „CANNOT CONVERT PERSON_T TO PERSON_T*".

Auch in den Zeilen **13** und **14** müssen Sie mit Zeigern arbeiten, deshalb schreiben Sie `*a=*b` statt `a=b` und `*b=temp`. Auch hier wäre `*b=*temp` falsch. In diesem Fall würden nämlich am Ende des Tauschvorgangs **a** und **b** auf die gleiche Speicheradresse zeigen. Wenn Sie dann „Glück haben", gibt Ihr Compiler eine entsprechende Warnmeldung aus, die besagt, dass Sie versuchen, nicht kompatible Typen ineinander umzuwandeln.

Im Hauptprogramm werden nun zwei Variablen (**a** und **b**) vom Typ `Person_t` deklariert und anschließend in den Zeilen **18–26** mit entsprechenden Werten gefüllt. Hier benötigen Sie die Funktion `strcpy()`, um die Struktur-Variablen-Elemente **Anrede**, **Vorname** und **Nachname** entsprechend zu initialisieren. Am Ende haben Sie zwei Personen angelegt. Person **a** ist Herr Herbert Meyer (42), Person **b** ist Frau Erika Mustermann (46). Nun wird in Zeile **27** der Ringtausch von **a** und **b** ausgeführt und anschließend werden die Personendaten durch `printf()` ausgegeben. Nun ist Person **a** Erika Mustermann und Person **b** Herbert Meyer. Dies funktioniert aber – wie auch das letzte Beispiel – nur, wenn Sie in Zeile **27** die Parameter **a** und **b** mit dem Address-Of-Operator übergeben. Das Programm gibt bei der Ausführung Folgendes aus:

**Person 1:**

**Name:Frau Erika Mustermann**

**Alter:46**

**Person 2:**

**Name:Herr Herbert Meyer**

**Alter:42**

## 2.2 Einfache Textsuche

Es gibt zahlreiche komplexe Algorithmen, um z. B. ein bestimmtes Wort in einem Text zu finden. Auf einige dieser Algorithmen werde ich später noch detaillierter eingehen. Da komplexe und geschwindigkeitsoptimierte Suchverfahren aber oft gar nicht gebraucht werden, fange ich nun mit einem sehr einfachen Verfahren an, das Sie in nur einer einzigen Praktikumsstunde umsetzen können. Die Grundidee einer einfachen Textsuche ist recht simpel. Es sei eine Variable vom Typ `char*` gegeben, die den zu durchsuchenden Text enthält. Der Einfachheit halber heißt die Variable **Text** und wird wie folgt initialisiert:

```
char *Text="Ich bin ein einfacher Text. Suche bitte in mir nach einem Wort.";
```

Nun benötigen Sie ein Suchmuster, das durch folgende Variable deklariert wird:

```
char *P="bitte";
```

**Hinweis: Der Variablenname P bei Suchalgorithmen**

Der Variablenname **P** taucht in vielen Suchalgorithmen immer wieder auf. Der Name „P" bedeutet „pattern", englisch für „Muster". Die Variablennamen **TextPos** (Aktuelle Textposition) und **PatternPos** (Aktuelle Leseposition im Muster) werden auch oft verwendet, vor allem in Internetforen.

Suchen wir nun nach dem Vorkommen des ersten Zeichens des Worts „bitte" in unserem Text. Dies kann durch die folgende einfache Schleife realisiert werden:

```
TextPos=0;
while ((Text[TextPos]!=P[0])&&(Text[TextPos]!=0))
{
    TextPos++;
}
```

Falls nun das Wort „bitte" oder ein anderes Wort, das mit „b" anfängt, im Text enthalten ist, dann ist irgendwann die Bedingung `Text[TextPos]==P[0]` erfüllt (`true`). In diesem Fall trifft die Bedingung, dass die Schleife irgendwann „aussteigt", weil sie am Textende angelangt ist, nicht zu. Sie prüfen in diesem Fall (also, wenn das Textende noch nicht erreicht ist) in einer zweiten `while`-Schleife, ob nun das vollständige Muster **P** folgt, und brechen die `while`-Schleife vorzeitig ab, wenn dies nicht der Fall ist. Intelligenterweise benutzen Sie hierfür auch wieder die Variable **TextPos**:

```
PatternPos=0;
while ((Text[TextPos]==P[PatternPos])&&(P[PatternPos]!=0))
{
    TextPos++; PatternPos++;
}
```

Wenn die `while`-Schleife abbricht und `P[PatternPos]==0` ist, dann wurde das gesamte Muster **P** im Text gefunden. Dies ist so, weil sämtliche C- und C++-Strings mit einem Null-Byte enden. Falls die `while`-Schleife abbricht und `P[PatternPos]!=0` ist, traf die erste Bedingung zu, nämlich dass vorher im Text ein Zeichen aufgetreten ist, das nicht mehr mit den Zeichen im Suchmuster übereinstimmt. „Genialerweise" enthält dann **TextPos** genau die Position, an der das Programm weitersuchen muss, wenn das Wort „bitte" dann doch nicht gefunden wurde. In diesem Beispiel ist dies an der sechsten Position der Fall (diese ist in eckigen Klammern angegeben):

```
Text="Ich bi[n] ein einfacher Text. Suche bitte in mir nach einem Wort."
```

Bei einem zweiten Durchlauf der `while`-Schleife zum Suchen nach dem Muster **P** wird das Wort „bitte" gefunden. An dieser Stelle können Sie die Suche abbrechen und z. B. von der entsprechenden Suchfunktion die Position zurückgeben lassen, an der zum ersten Mal das Wort „bitte" auftritt. Sehen Sie sich hierzu Listing 2.4 an. Ich empfehle Ihnen auch, sich hierfür zusätzlich den entsprechenden Programmablaufplan anzusehen.

**Listing 2.4** Wortsuche.cpp

```
#include<stdio.h>

int Textsuche(char *Text, char *P)
{
    bool gefunden;
    int TextPos,PatternPos,temp;
    TextPos=0; gefunden=false;
```

```
07      while ((gefunden==false)&&(Text[TextPos]!=0))
08      {
09          while ((Text[TextPos]!=P[0])&&(Text[TextPos]!=0))
10          {
11              TextPos++;
12          }
13          PatternPos=0; temp=TextPos; // Zähler zurücksetzen
14          while ((Text[TextPos]==P[PatternPos])&&(P[PatternPos]!=0))
15          {
16              TextPos++; PatternPos++; // Immer ein Zeichen weiter
17          }
18          if (P[PatternPos]==0) // Die Suche war erfolgreich
19          {
20              gefunden=true;
21          }
22      }
23      if (gefunden==true) { return temp; }
24      else { return -1; }
25  }

26  int main(void)
27  {
28      int Pos;
29      char P[100];
30      char Text[256]="Ich bin ein einfacher Text. Suche bitte in mir
nach einem Wort.";
31      printf("Text:%s\n",Text);
32      printf("Zu suchendes Wort:"); scanf("%s",&P);
33      Pos=Textsuche(Text,P);
34      if (Pos>=0) { printf("Das Wort '%s' wurde an Position %d
gefunden.\n",P,Pos); }
35      else { printf("Das zu suchende Wort wurde nicht gefunden.\n"); }
36      return 0;
37  }
```

Für dieses Programm benötigen Sie nur die Bibliothek **stdio.h**, die Sie in Zeile **01** einbinden. Danach folgt die Funktion `Textsuche()`, der zwei Parameter vom Typ `char*` übergeben werden müssen, nämlich der zu durchsuchende Text und das Suchmuster **P**. Diese Strings müssen in diesem einfachen Beispiel eine konstante Länge haben (also entweder mit `const char *` definiert werden oder so, wie es im letzten Listing geschehen ist). Sie können aber durchaus auch mit einigen kleinen Änderungen und `malloc()` beliebig lange Texte benutzen. Zuerst müssen aber in den Zeilen **04-06** einige Variablen deklariert werden. Dies ist einmal die Variable **gefunden** (Typ `bool`), die einen Wahrheitswehrt enthält, der angibt, ob das gesuchte Muster bereits gefunden wurde. Ferner werden noch die Zähler-Variablen **TextPos**, **PatternPos** und **temp** benötigt. **TextPos** ist zu Beginn der Suche 0 und zeigt auf den ersten Buchstaben des zu durchsuchenden Textes, **gefunden** ist am Anfang `false`. In Zeile **07** folgt nun die erste `while`-Schleife für den Haupt-Suchvorgang, die so lange wiederholt wird, bis entweder **gefunden** wahr wird oder das Textende-Zeichen (das Nullbyte) erreicht wird.

**Hinweis: Verwendung von C statt C++**

Wie gesagt verwende ich C++ als Programmiersprache. Die Listings in diesem Kapitel arbeiten aber auch mit geringen Anpassungen mit reinen C-Compilern zusammen. Die Änderungen betreffen vor allem das Fehlen des new-Operators und mancher Variablentypen wie `bool`. Wenn Sie das vorige Beispiel-Listing auf einem C++-Compiler eingeben, dann können Sie z. B. den Variablentyp `bool` ohne Weiteres benutzen. Bei einem reinen C-Compiler müssen Sie stattdessen entweder **stdbool.h** einbinden oder aber folgende Typendefinition an den Anfang Ihres Programms stellen:

```
typedef enum {false,true} bool;
```

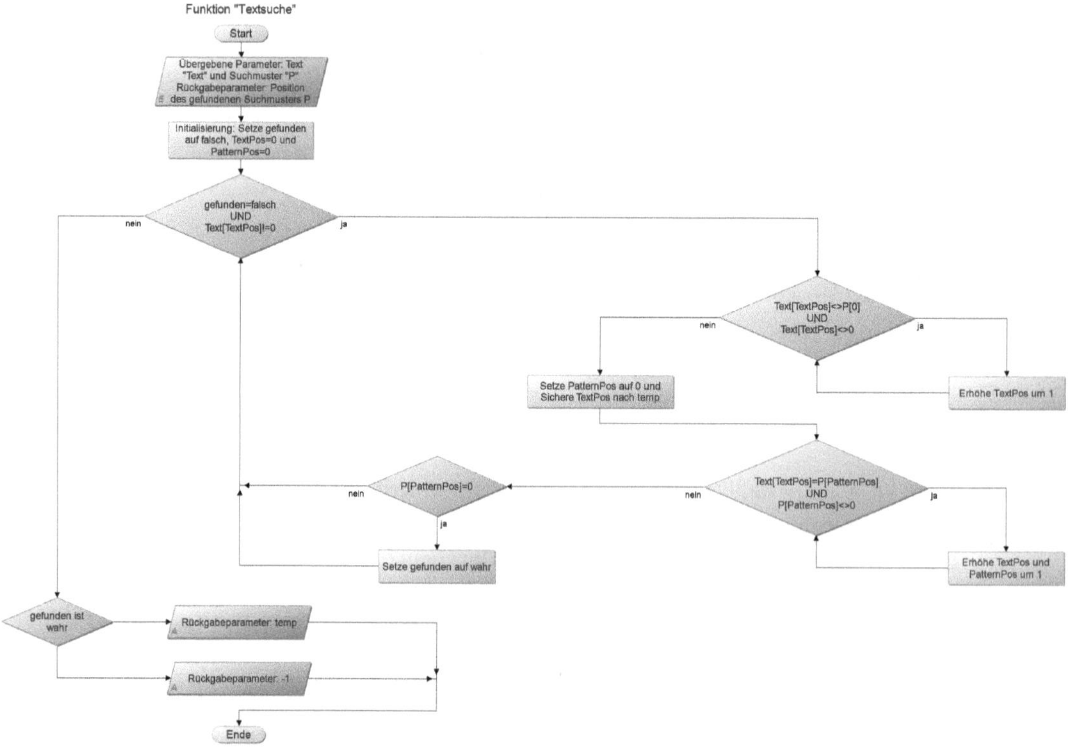


**Bild 2.1** Programmablaufplan der Funktion „Textsuche"

Nun folgt in den Zeilen **09–12** die erste Suchschleife, die Sie schon aus der Einführung kennen – nämlich die Suche nach dem ersten Zeichen des Suchmusters. Wenn dieses Zeichen gefunden wird, ohne vorher das Textende zu erreichen, wird in den Zeilen **14–17** die zweite Suchschleife ausgeführt. Da die zweite Suchschleife die Variable **TextPos** verändert, muss diese vorher in der Variablen **temp** gesichert werden. Die zweite Suchschleife überprüft, ob ab der aktuellen Position **TextPos** das vollständige Suchmuster **P** folgt. Ist dies der Fall, so bricht die zweite Suchschleife ab und `P[PatternPos]` ist 0, woraufhin gefunden auf wahr (`true`) gesetzt wird. Ist allerdings `P[PatternPos]` nicht 0, so bleibt gefunden falsch (`false`) und die Mustersuche wird ab der Position **TextPos** fortgesetzt.

Die Funktion `Textsuche()` kann nun auf zwei Arten beendet werden. Entweder, **gefunden** behält den Wert `false`, was bedeutet, dass das Suchmuster nicht gefunden wurde. In diesem Fall wird in Zeile **24** der Wert -1 zurückgegeben. Wurde das Suchmuster gefunden, wird in Zeile **23** die Position zurückgegeben, an der das Suchmuster zum ersten Mal auftrat. Diese Position wurde zuvor in Zeile **13** in der Variablen **temp** gesichert.

Das Hauptprogramm habe ich sehr einfach gehalten. Zuerst werden in den Zeilen **28–30** die Variable **Pos** (Rückgabewert der Funktion `Textsuche()`), die Variable **P** (für bis zu 100 Zeichen eines Suchmusters) und der zu durchsuchende Text (maximale Länge 256 Zeichen) initialisiert. Anschließend wird in Zeile **31** der zu durchsuchende Text ausgegeben und der Benutzer wird zur Eingabe des zu suchenden Worts aufgefordert. Anschließend wird die Funktion `Textsuche()` aufgerufen. Gibt `Textsuche()` eine positive Zahl zurück, so wird diese Position in der Konsole ausgegeben. Gibt `Textsuche()` -1 zurück, so wurde das vorher eingegebene Wort nicht gefunden und es wird ein entsprechender Hinweis ausgegeben. Das Programm gibt bei der Ausführung z. B. Folgendes aus:

**/home/rene/Listings/Kapitel 2>./wortsuche**

**Text:Ich bin ein einfacher Text. Suche bitte in mir nach einem Wort.**

**Zu suchendes Wort:bitte**

**Das Wort 'bitte' wurde an Position 34 gefunden.**

**/home/rene/Listings/Kapitel 2>./wortsuche**

**Text:Ich bin ein einfacher Text. Suche bitte in mir nach einem Wort.**

**Zu suchendes Wort:Ich**

**Das Wort 'Ich' wurde an Position 0 gefunden.**

**/home/rene/Listings/Kapitel 2>./wortsuche**

**Text:Ich bin ein einfacher Text. Suche bitte in mir nach einem Wort.**

**Zu suchendes Wort:Haus**

**Das zu suchende Wort wurde nicht gefunden.**

Das letzte Beispiel arbeitet tadellos, jedoch gibt es ein kleines Problem: Was ist, wenn ein Wort mehrmals im Text vorkommt? In diesem Fall müsste Ihre Funktion direkt mit der übergebenen Textposition (quasi als Startposition) arbeiten, aber trotzdem noch die Position zurückliefern, an der Ihr Suchmuster auftritt. Dies ist aber nicht allzu schwierig, denn hierzu müssen Sie die Variable **TextPos** nur wie folgt per Referenz (also mit dem Address-Of-Operator) übergeben:

```
int Textsuche(char *Text, char *P, int &TextPos);
```

Bei einer erfolgreichen Suche zeigt nun **TextPos** direkt hinter das gefundene Muster, sodass Sie direkt danach eine neue Suche starten können. Bei einer erfolglosen Suche zeigt **TextPos** auf das Textende und `Textsuche()` gibt den Wert -1 zurück.

**Tipp: Die richtige Verwendung des Address-Of-Operators**

Der Address-Of-Operator & ist nur bei C++ identisch mit einem Zeiger. Dies liegt daran, dass C und C++ unterschiedlich mit den indirekten Adressierungsmodi Ihres Prozessors umgehen. Dies detailliert zu erklären, würde allerdings zu weit führen. Wenn Sie einen reinen C-Compiler verwenden und hierbei Probleme mit der Variante „`int &TextPos`" bekommen, müssen Sie die Variable **TextPos** durch „`int *TextPos`" übergeben und Ihre Funktion notfalls entsprechend anpassen. Da es sehr viele verschiedene Compiler gibt, kann ich Ihnen an dieser Stelle leider keine genauen Anweisungen geben. Studieren Sie auf jeden Fall Ihr Compiler-Handbuch oder die entsprechenden Howtos. Am wenigsten Probleme werden Sie haben, wenn Sie einen modernen Compiler verwenden, der mindestens den C18-Standard unterstützt. Bei Microsoft Visual Studio ist dies auf jeden Fall gegeben. Unter Linux (dies gilt auch für den Pi) müssen Sie dem gcc-Compiler eventuell das Compiler-Flag -std=c18 übergeben, um C18 zu benutzen. Ein Beispiel hierzu wäre:

**cc wortsuche.c -o wortsuche -std=c18**

## 2.3 Einfaches Suchen und Ersetzen

Suchen und Ersetzen, auf Englisch „search and replace", und Kopieren und Einfügen, auf Englisch „copy and paste", sind die Grundlagen jedes modernen Texteditors. Es gibt einige sehr effiziente Lösungen für diese Probleme, nur sind die entsprechenden Algorithmen für einen Anfänger kaum zu bewältigen. Deshalb stelle ich Ihnen nun ein Verfahren vor, dass Sie „mal eben" eingeben können, wenn Sie im Praktikum eine entsprechende Aufgabe bekommen und nur wenig Zeit für die Lösung haben.

Nehmen wir als Test folgenden Ausgangstext:

```
char *Text="Einfaches * und Ersetzen";
```

In diesem Text soll das Sternchen durch das Wort „Suchen" ersetzt werden. Um dies zu erreichen, können Sie die folgenden, einfach umzusetzenden Schritte programmieren:

1. Entfernen des Sternchens: Kopieren sämtlicher Zeichen des Strings **Text** bis zu der Position, an der das Sternchen steht, nach unten (das Sternchen muss dabei korrekt überschrieben werden) und Merken der letzten Position des Sternchens.

2. Einfügen von sechs freien Stellen: Kopieren sämtlicher Zeichen des Strings **Text** ab der Position, an der das Sternchen zuletzt stand, um sechs Positionen nach oben.
3. Einfügen des Worts „Suchen“: Kopieren des Worts „Suchen“ an die Stelle, an der zuletzt das Sternchen stand.

Das hier erläuterte Verfahren ist sehr einfach und hat außerdem den Vorteil, dass Sie nach der Umsetzung noch andere grundlegende Funktionen zur Verfügung haben, wie z. B. das Löschen von Textpassagen oder das Einfügen von Leerzeichen. Zusammen mit der einfachen Textsuche aus Abschnitt 2.2 haben Sie dann grundlegende Funktionen zur Verfügung, um z. B. einen einfachen Texteditor zu erstellen. Selbstverständlich können Sie mit den hier vorgestellten Basisalgorithmen keine Geschwindigkeitsrekorde brechen, trotzdem haben Sie aber schon einmal einen guten Werkzeugkoffer zur Verfügung, mit dem Sie 75 Prozent der Praktikumsaufgaben und Übungen meistern können. Ich möchte Ihnen nun die Schritte, die für das einfache Suchen und Ersetzen notwendig sind, vorstellen. Am Ende steht wieder ein vollständiges C++-Programm zum Suchen und Ersetzen eines Worts durch ein anderes.

### 2.3.1 Entfernen eines Textes aus einer Zeichenkette

Sei unser Text der folgende String:

```
char *Text="Einfaches * und Ersetzen";
```

Angenommen, Sie wissen bereits die Position, an der das Sternchen steht (das ist die Position 10, die Zählung beginnt bei Arrays und Strings ab 0). Nun müssen Sie sämtliche Zeichen ab Position 10 um eine Position nach unten kopieren. Vielleicht denken Sie jetzt an folgende Schleife:

```
int i=0, StartPos=10, Anzahl=1;
int L=strlen(Text);
for (i=StartPos; i<L; i++)
{
        Text[i]=Text[Anzahl+i];
}
```

Sie haben richtig gedacht, diese Schleife ist genau das, was Sie brauchen, und in dem hier vorgestellten Verfahren wird sogar das String-Ende-Zeichen mitkopiert. Sie müssen also nichts Weiteres mehr beachten.

**Tipp: Der richtige Umgang mit Zeichenketten**

Beachten Sie, dass Zeichenketten von C und C++ wie Arrays behandelt werden, in denen jedes einzelne Zeichen durch einen Index angesprochen werden kann. Dieser Index fängt bei 0 und nicht bei 1 an. Achten Sie ferner darauf, auch wirklich jede Zeichenkette mit einem Nullzeichen abzuschließen und hierfür auch den entsprechenden Speicher anzulegen. Beispielsweise können in dem Array `char Text[10]` nur neun Textzeichen abgelegt werden, da hier spätestens die Position 9 das Nullzeichen enthalten muss. An dieser Stelle sage ich immer „Strings sind fast Arrays – aber eben nur fast". Natürlich gilt diese Aussage nicht z. B. für Java, denn dort werden Strings durch eine separate Klasse mit separaten Methoden verwaltet, die viel mächtiger sind als die hier vorgestellten Basisalgorithmen. Auch die C++ -Bibliotheken enthalten String-Klassen, aber der Umgang hiermit ist nur fortgeschrittenen Programmierern ohne Weiteres möglich.

### 2.3.2 Einfügen von Freiräumen in den Text

Wenn Sie Freiräume in den Text einfügen wollen, müssen Sie sämtliche Zeichen nach oben kopieren, in diesem Beispiel also ab der Position, an der zuletzt das Sternchen stand, um sechs Positionen nach oben. Vielleicht kommen Sie jetzt auf die Idee, die Schleife aus dem letzten Punkt wie folgt abzuwandeln:

```
int i=0, StartPos=10, Anzahl=6;
int L=strlen(Text);
for (i=StartPos; i<L; i++)
{
    Text[Anzahl+i]=Text[i];
}
```

Wenn Sie das vorige Programmfragment zur Ausführung gebracht haben und auf die Idee kommen, sich das Zwischenergebnis in der Konsole ausgeben zu lassen, werden Sie allerdings merken, dass hier etwas gewaltig schiefläuft. Es kommt wahrlich nicht das heraus, was Sie sich vorgestellt haben. Der Text lautet nun:

**Einfaches ErsetzErsetz**

Wenn Sie etwas nachdenken, werden Sie aber schnell merken, dass Sie die Zeichen von der falschen Seite aus kopieren und einige Zeichen überschreiben, noch bevor sie korrekt kopiert werden können. Sie müssen also die Schleife für das Kopieren nach oben wie folgt abwandeln:

```
for (i=L; i>=StartPos; i--)
{
    Text[Anzahl+i]=Text[i];
}
```

### 2.3.3 Ein vollständiges Programm zum Suchen und Ersetzen

Nun haben Sie alles zusammen, um ein bestimmtes Wort durch ein anderes zu ersetzen. Das folgende Beispielprogramm liest von der Tastatur einen Text und anschließend zwei Wörter ein. Anschließend wird in dem Text das erste Wort durch das zweite ersetzt. Wird das erste Wort nicht gefunden, wird eine Fehlermeldung ausgegeben. Um das Listing möglichst einfach zu halten, wird das gesuchte Wort nur einmal im Text ersetzt, nämlich an der Position, an der es zum ersten Mal auftritt, und der Programmablauf/Programmablaufplan der Funktion `Suchen()` ist identisch mit dem aus dem letzten Beispiel.

**Listing 2.5** suchen_und_ersetzen.cpp

```
#include<stdio.h>
#include<stdlib.h>
#include<string.h>

long int Suchen(char *Text, char *P)
{
    bool gefunden;
    long int TextPos,PatternPos,temp;
    TextPos=0; gefunden=false;
    while ((gefunden==false)&&(Text[TextPos]!=0))
    {
        while ((Text[TextPos]!=P[0])&&(Text[TextPos]!=0))
        {
            TextPos++;
        }
        PatternPos=0; temp=TextPos; // Zähler zurücksetzen
        while ((Text[TextPos]==P[PatternPos])&&(P[PatternPos]!=0))
        {
            TextPos++; PatternPos++; // Immer ein Zeichen weiter
        }
        if (P[PatternPos]==0) // Die Suche war erfolgreich
        {
            gefunden=true;
        }
    }
    if (gefunden==true) { return temp; }
    else { return -1; }
}

void Entfernen(char *Text, long int StartPos, long int Anzahl)
{
    long int i,L;
    L=strlen(Text);
    for (i=StartPos; i<L; i++)
    {
        Text[i]=Text[Anzahl+i];
    }
}
```

```
37 void Einfuegen(char *Text, long int StartPos, long int Anzahl)
38 {
39     long int i=0,L=strlen(Text);
40     for (i=L; i>=StartPos; i--)
41     {
42         Text[Anzahl+i]=Text[i];
43     }
44 }

45 void Ueberschreiben(char *Text, char *P, long int StartPos, long int L)
46 {
47     long int i=0;
48     for (i=0; i<L; i++)
49     {
50         Text[StartPos+i]=P[i];
51     }
52 }

53 void Ersetzen(char *Text, char *Wort1, char *Wort2, long int Pos)
54 {
55     Entfernen(Text,Pos,strlen(Wort1));
56     Einfuegen(Text,Pos,strlen(Wort2));
57     Ueberschreiben(Text,Wort2,Pos,strlen(Wort2));
58 }

59 int main(void)
60 {
61     long int Pos;
62     char Puffer[100];
63     char *Text,*Wort1,*Wort2;
64     printf("Text:"); fgets(Puffer,100,stdin);
65     Text=(char*)malloc(strlen(Puffer)+1);
66     Puffer[strlen(Puffer)-1]=0; strcpy(Text,Puffer); // newline entfernen
67     printf("Wort:"); fgets(Puffer,100,stdin);
68     Wort1=(char*)malloc(strlen(Puffer)+1);
69     Puffer[strlen(Puffer)-1]=0; strcpy(Wort1,Puffer); // newline entfernen
70     printf("Ersetzen durch:"); fgets(Puffer,100,stdin);
71     Wort2=(char*)malloc(strlen(Puffer)+1);
72     Puffer[strlen(Puffer)-1]=0; strcpy(Wort2,Puffer); // newline entfernen
73     Pos=Suchen(Text,Wort1);
74     if (Pos!=-1)
75     {
76         Ersetzen(Text,Wort1,Wort2,Pos);
77         printf("%s\n",Text);
78     }
79     else
80     {
81         printf("Das gesuchte Wort kann nicht gefunden werden.\n");
82     }
83     return 0;
84 }
```

In den Zeilen **01 – 03** müssen Sie zusätzlich zu **stdio.h** noch **stdlib.h** und **string.h** einfügen, damit Sie im Hauptprogramm die Funktionen `malloc()` und `strcpy()` benutzen können. Die Zeilen **04 – 27** enthalten nichts Neues, sondern implementieren nur die Wort-Suchfunktion, die Sie schon aus dem letzten Beispiel kennen.

In den Zeilen **28–36** wird nun das Entfernen von Zeichen aus einer Zeichenkette in die Funktion `Entfernen()` ausgelagert. `Entfernen()` bekommt drei Parameter übergeben, nämlich den Ausgangstext als String (Typ `char*`), die Startposition als ganze Zahl (Typ `long int`) und die Anzahl Zeichen, die ab der Startposition entfernt werden sollen. Ich verwende hier den Typ `long int`, damit Sie später auch Texte mit einer Länge von mehr als 65535 Zeichen verarbeiten können (auf manchen älteren Systemen ist der Typ `int` nur 16 Bit breit). Die Schleife, die von der Funktion `Entfernen()` zum Löschen von Zeichen verwendet wird, ist identisch mit der Kopierschleife aus Abschnitt 2.3.1.

In den Zeilen **37–44** wird nun das Einfügen von freien Positionen in eine Zeichenkette in die Funktion `Einfuegen()` ausgelagert. `Einfuegen()` bekommt drei Parameter übergeben, nämlich den Ausgangstext als String (Typ `char*`), die Startposition als ganze Zahl (Typ `long int`) und die Anzahl Zeichen, die ab der Startposition „freigeschaufelt" werden sollen. Auch hier verwende ich den Typ `long int`, damit Sie später auch Texte mit einer Länge von mehr als 65535 Zeichen verarbeiten können. Die Schleife, die von der Funktion `Einfuegen()` zum Reservieren von neuen Zeichen verwendet wird, ist identisch mit der Kopierschleife aus Abschnitt 2.3.2. Beachten Sie, dass die Funktion `Einfuegen()` keine neuen Zeichen in die ihr übergebene Zeichenkette schreibt, sondern lediglich sämtliche Zeichen ab einer gewissen Position nach oben verschiebt. Deswegen müssen Sie auch im Hauptprogramm mit `malloc()` vorher genug Speicher für die Variable **Text** reservieren (in diesem Fall das Doppelte der Eingabepuffer-Größe), damit der spätere Zeichen-Kopierprozess nicht an Speichermangel scheitert. Eine Alternative wäre hier die Funktion `realloc()`, die ein Array dynamisch zur Laufzeit vergrößern kann, ohne die alten Daten zu verlieren. Allerdings fügen Sie mit `realloc()` eine zusätzliche Kopierschleife ein, denn Arrays (auch die vergrößerten) werden stets zusammenhängend im Speicher abgelegt.

Da die Funktion `Einfuegen()` nur die entsprechenden Zeichen nach oben kopiert, benötigen Sie noch zusätzlich die Funktion `Ueberschreiben()`, die in den Zeilen **45–52** definiert wird. `Ueberschreiben()` macht nichts anderes, als **L** Zeichen des Musters **P** in die Zeichenkette Text zu kopieren, die Sie im ersten Parameter übergeben haben. Die Startposition wird durch den Parameter **StartPos** übergeben. Die Funktion `Ersetzen()`, die in den Zeilen **53–58** definiert wird, ruft dann lediglich die Funktionen `Entfernen()`, `Einfuegen()` und `Ueberschreiben()` in der richtigen Reihenfolge auf.

**Tipp: Verwendung von Umlauten im Quellcode ist oft nicht möglich**

In C, C++ und auch in anderen Programmiersprachen wie Java gibt es einen Ausführungszeichensatz (dieser ist abhängig vom Compiler) und einen Ausgabezeichensatz für die Ausgabe von Text in der Konsole (der Zeichensatz ist hier fast immer UTF8). Deshalb werden Umlaute in der Konsole oft richtig dargestellt, in Funktionsnamen dürfen sie aber nicht vorkommen, weil Umlaute im Ausführungszeichensatz nicht enthalten sind. Deswegen heißt die entsprechende Funktion in dem letzten Beispiel auch nicht `Überschreiben()`, sondern `Ueberschreiben()` – auch wenn es C++-Compiler gibt, die den Funktionsnamen `Überschreiben()` klaglos akzeptieren.

Kommen wir nun zum Hauptprogramm. Zuerst werden die entsprechenden Variablen deklariert, die Sie benötigen: Dies sind einmal die Variable **Text** vom Typ `char*` sowie die Variable **Wort1** (zu suchendes Wort) und **Wort2** (das Wort, wodurch **Wort1** ersetzt werden soll) vom selben Typ. Um zu erreichen, dass das letzte Beispiel beliebig lange Texte verarbeiten kann, habe ich nur für die Größe des Eingabepuffers einen festen Wert gewählt und reserviere den Speicher für die Variablen **Text**, **Wort1** und **Wort2** dynamisch mit `malloc()`. Ferner lasse ich bei der Eingabe der Texte Leerzeichen zu und verwende `fgets()` zusammen mit einem Eingabepuffer anstatt `scanf()`. Deshalb sieht das Einlesen des zu durchsuchenden Textes so aus:

```
printf("Text:"); fgets(Puffer,100,stdin);
Text=(char*)malloc(2*strlen(Puffer));
Puffer[strlen(Puffer)-1]=0; strcpy(Text,Puffer); // newline entfernen
```

In C++ gibt es hierfür wieder die entsprechende Alternative mit dem `new`-Operator:

```
printf("Text:"); fgets(Puffer,100,stdin);
char *Text=new char(2*strlen(Puffer));
Puffer[strlen(Puffer)-1]=0; strcpy(Text,Puffer); // newline entfernen
```

Sie lesen also die Variable **Text** mit `fgets()` von der Standardeingabe ein und reservieren anschließend mit `malloc()` bzw. `new` für die Variable **Text** neuen Speicher, dessen Größe der doppelten Länge des Eingabepuffers entspricht. Nach Ersetzen des **newline**-Zeichens am Ende des Eingabepuffers durch das Nullzeichen wird der Eingabepuffer mit `strcpy()` in den Zielstring kopiert. Mit den anderen Tastatureingaben verfahren Sie auf dieselbe Weise. Der Vorteil dieses eher umständlichen Vorgehens ist die hohe Flexibilität, die Sie damit erreichen. So können Sie in dem letzten Beispiel durchaus auch ein Wort durch mehrere Worte ersetzen.

**Tipp: Verwenden von Unicode-Zeichen**

Wenn Sie Ihre Locales so konfiguriert haben, dass Ihr System Unicode-Zeichen verwendet, dann belegt ein Zeichen zwei Bytes Speicher. Wenn Sie sich nicht sicher sind, ob Sie ein Unicode-System benutzen, oder aber kein Zugriffsrecht auf das Verzeichnis **/etc/locales** haben, wandeln Sie die `malloc()`-Anweisungen wie folgt ab:

```
printf("Text:"); fgets(Puffer,100,stdin); // Zeichen
Text=(char*)malloc(2*sizeof(char)*strlen(Puffer)); // Bytes
Puffer[strlen(Puffer)-1]=0; strcpy(Text,Puffer); // Zeichen
```

## 2.4 Einfaches Sortieren von Zahlen

Es gibt sehr effiziente Sortierverfahren wie Quicksort, die ich Ihnen natürlich auch später noch vorstellen möchte. Nur sind diese Algorithmen alles andere als „einfach gestrickt" und gehören deswegen nicht zu den Basisalgorithmen, die Sie „mal eben" umsetzen können. Dagegen können Sie mit dem nun vorgestellten Sortierverfahren „Bubble Sort" ein Zahlenarray mit bis zu 1000 Zahlen relativ zügig sortieren. Die Betonung liegt hier auf „relativ", denn bei mehr als etwa 1000 Zahlen wird „Bubble Sort" spürbar langsam. Trotzdem sollten Sie „Bubble Sort" in Ihrem Werkzeugkoffer haben, denn oft ist es überhaupt nicht nötig, große Zahlenkolonnen zu sortieren, und Sie benötigen dagegen eine Methode, die Sie z. B. in einem einzelnen Praktikum umsetzen können.

### 2.4.1 Bubble Sort[1)]

Bubble Sort als der einfachste unter den Sortieralgorithmen arbeitet nach einer sehr simplen Methode: Das zu sortierende Zahlenarray, das ich hier durch die Variable **Zahlen** repräsentiere, wird wiederholt von vorne nach hinten durchlaufen. Hierzu dient ein einfacher Positionszähler, den ich hier **i** nenne. Angenommen, Sie wollen das Array **Zahlen** aufsteigend sortieren. Dann wird das entsprechende Array-Element an der Zähler-Position **i** immer dann mit dem benachbarten Array-Element an der Position **i+1** vertauscht, wenn der Wert dieses Elements größer ist als der des Nachbarelements. Angenommen, das Array **Zahlen** hat **n** Elemente. Dann durchlaufen Sie das Array im ersten Schritt mit folgender Schleife:

```
for (i=0; i<n-1; i++)
{
    if (Zahlen[i]>Zahlen[i+1])
    {
        tausche(Zahlen,i,i+1); // Ringtausch
    }
}
```

1 *https://de.wikipedia.org/wiki/Bubblesort*

Weitere Durchläufe durch Ihr Zahlen-Array führen Sie so lange aus, bis keine Vertauschungen mehr vorgenommen werden müssen. Die Prüfung, ob noch Vertauschungen nötig sind, können Sie z. B. mit einem Zähler erreichen, der vor jedem Durchlaufen des Zahlen-Arrays auf 0 zurückgesetzt wird und der immer dann um 1 erhöht wird, wenn eine Vertauschung nötig ist. Sie können dazu die obige Schleife wie folgt abwandeln:

```
Zaehler=0;
for (i=0; i<n-1; i++)
{
    if (Zahlen[i]>Zahlen[i+1]) { tausche(Zahlen,i,i+1); Zaehler++; }
}
```

Wahlweise können Sie auch eine Variable vom Typ `bool` verwenden, die vor jedem Durchlauf des Zahlen-Arrays auf `false` gesetzt wird und immer dann auf `true` gesetzt wird, wenn doch noch eine Vertauschung nötig ist. Wie Sie vorgehen, ist Geschmackssache, ich bevorzuge jedoch die Variante mit der Variablen vom Typ `bool`. Dies tue ich deswegen, weil Zähler gerne mal überlaufen und dadurch schwer auffindbare Fehler verursacht werden können.

Schauen Sie sich nun das folgende Zahlen-Array mit zehn Zahlen an:

`int Zahlen[10]={13,44,12,78,42,43,78,19,54,60};`

Im ersten Durchlauf werden dann folgende Vertauschungsschritte ausgeführt:

- Die Zahl 44 wird mit der Zahl 12 vertauscht.
- Die Zahl 78 wird mit der Zahl 42 vertauscht.
- Die Zahl 78 wird anschließend noch einmal mit der Zahl 43 vertauscht.
- Die Zahl 79 wird mit der Zahl 19 vertauscht.
- Die Zahl 79 wird anschließend noch einmal mit der Zahl 54 vertauscht.
- Die Zahl 79 wird anschließend noch einmal mit der Zahl 60 vertauscht.

Am Ende des ersten Durchlaufs sieht das Zahlen-Array so aus:

**13,12,44,42,43,78,19,54,79,60**

Wie Sie sehen, rücken bei jedem Durchlauf die Zahlen immer etwas näher an ihren richtigen Platz. Weil die großen Zahlen hier langsam nach oben steigen, wie Schaumblasen an die Wasseroberfläche, heißt der Algorithmus Bubble Sort. Sehen Sie sich nun die restlichen Durchläufe von Bubble Sort an:

2. Durchlauf:

**12,13,42,44,43,19,54,78,60,79**

3. Durchlauf:

**12,13,42,43,19,44,54,60,78,79**

4. Durchlauf:

**12,13,42,19,43,44,54,60,78,79**

5. Durchlauf:

**12,13,19,42,43,44,54,60,78,79**

An diesem Beispiel sehen Sie sehr schön, wie die kleineren Zahlen wie schwerer Sand „nach unten sinken“ und die großen, leichteren Zahlen „nach oben steigen“. Sehen Sie sich nun Listing 2.6 an:

**Listing 2.6** Bubblesort.cpp

```
#include<stdio.h>
#include<string.h>
#include<stdlib.h>
#include<time.h> // für clock()

// Bei reinen C-Compilern bitte den Kommentar vor typedef entfernen
// oder wahlweise stdbool.h inkludieren
// typedef enum{false,true} bool;

void tausche(int *A, int Pos1, int Pos2) // Arrayübergabe als Pointer
{
    int temp=A[Pos1];
    A[Pos1]=A[Pos2];
    A[Pos2]=temp;
}

void BubbleSort(int *A, long int n, bool Testausgabe)
{
    bool getauscht;
    int i;
    do
    {
        getauscht=false; // Initialisierung
        for (i=0; i<n-1; i++)
        {
            if (A[i]>A[i+1])
            {
                tausche(A,i,i+1);
                getauscht=true; // Wird wahr, sobald getauscht wurde
            }
        }
        if (Testausgabe==true) // Die Testausgabe gibt das gesamte Zahlenarray aus
        {
            for (i=0; i<n; i++) { printf("%d ",A[i]); }
            printf("\n");
        }
    }
    while (getauscht==true); // Noch Vertauschungen aufgetreten? In diesem Fall neuen Durchlauf starten
}
```

```
37 int main(void)
38 {
39     int i;
40     int Zahlen[20];
41     char Auswahl[20];
42     printf("Ausgabe der Sortierschritte (j/n)?");
43     scanf("%s",&Auswahl);
44     srand(clock());
45     printf("Erzeuge 20 Zufallsahlen zwischen 1 und 100...");
46     for (i=0; i<20; i++) { Zahlen[i]=rand()%100+1; }
47     printf("\nAusgabe des Zahlen-Arrays:\n");
48     for (i=0; i<20; i++) { printf("%d ",Zahlen[i]); }
49     printf("\nSortiere Zahlen mit Bubble Sort...\n");
50     if (strcmp(Auswahl,"j")==0) { BubbleSort(Zahlen,20,true); }
51     if (strcmp(Auswahl,"n")==0) { BubbleSort(Zahlen,20,false); }
52     for (i=0; i<20; i++) { printf("%d ",Zahlen[i]); }
53     printf("\n");
54     return 0;
55 }
```

Die Funktion `tausche()` muss wahrscheinlich nicht mehr erklärt werden, weil in dieser Funktion nur eine Ringtausch-Variante für `int`-Arrays implementiert wird, die einen entsprechenden Parameter **A** (A steht für Array) per Zeiger übergeben bekommt. In den Zeilen **14–36** folgt die Funktion `BubbleSort()`, die einen `int`-Array per Zeiger übergeben bekommt, sowie die Größe des zu sortierenden Arrays. Der dritte Parameter ist vom Typ `bool` und gibt an, ob das Array nach jedem Durchlauf testweise in der Konsole ausgegeben werden soll. In den Zeilen **16** und **17** werden die benötigten Variablen **getauscht** und **i** (für den Positionszähler des aktuellen Elements im Array **A**) deklariert. Anschließend folgt in den Zeilen **18–35** der Hauptteil des Bubble-Sort-Algorithmus. Dieser beginnt mit einer fußgesteuerten `do`-Schleife. Das bedeutet, dass immer mindestens ein Durchlauf ausgeführt wird.

Ein einzelner Durchlauf sieht wie folgt aus: Zuerst wird in Zeile **20** getauscht auf `false` gesetzt, und anschließend wird in den Zeilen **21–28** das gesamte Array einmal durchlaufen, und zwar bis zum vorletzten Element. Die `if`-Anweisung kennen Sie schon, diese enthält das Tauschverfahren des Bubble-Sort-Algorithmus, das schon weiter oben erläutert wurde. In den Zeilen **29–34** wird noch abgefragt, ob nach jedem Durchlauf eine Testausgabe der Array-Werte in der Konsole ausgegeben wird. Erst danach wird das Ende der fußgesteuerten `do`-Schleife erreicht. Hier wird nun geprüft, ob bei dem Durchlauf Vertauschungen aufgetreten sind. Ist dies der Fall, wird die `do`-Schleife erneut ausgeführt, ansonsten kehrt die Funktion zum Hauptprogramm zurück, weil das Array nun sortiert ist.

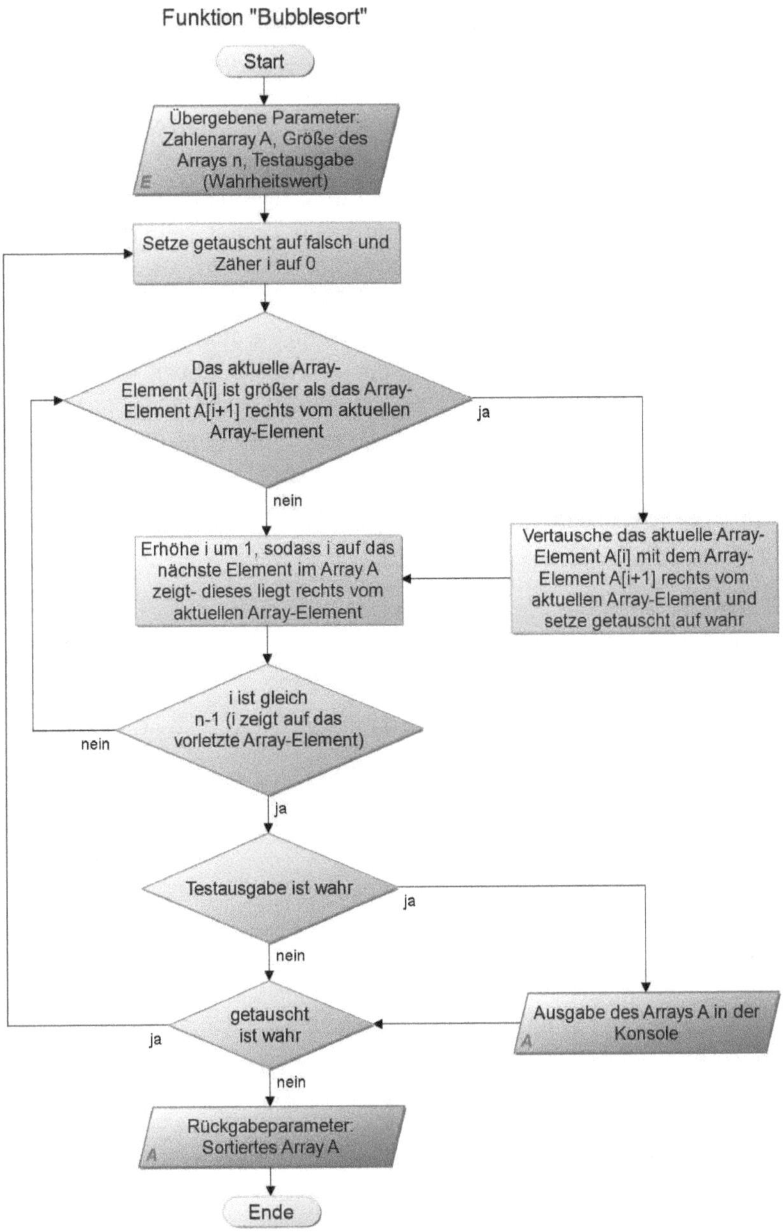


**Bild 2.2** Programmablaufplan für Bubble Sort

Das Hauptprogramm erzeugt am Anfang zuerst 20 Zufallszahlen. Um die entsprechenden Funktionen `rand()` und `srand()` zu benutzen, muss in Zeile **03 stdlib.h** eingebunden werden. Damit aber nicht immer derselbe Startwert für den Zufallszahlengenerator benutzt wird (dadurch würden immer dieselben Zufallsahlen erzeugt), verwende ich einen Trick: Ich benutze die Computeruhr, um den Zufallszahlengenerator zu initialisieren. Hierzu muss in Zeile **04 time.h** eingebunden werden. Bevor der Zufallsgenerator startet, werden Sie in den Zeilen **42** und **43** erst einmal danach gefragt, ob Sie die einzelnen Sortierschritte in der Konsole ausgeben wollen. Hierfür müssen Sie „j" oder „n" auf der Tastatur eingeben. Wie lange Sie dafür genau brauchen, ist nicht von vornherein vorherzusehen und unterliegt dem Zufall. Während Sie also tippen, läuft die Computeruhr weiter und wenn Sie mit dem Tippen fertig sind, wird in Zeile **44** anschließend der Wert der Computeruhr als Startwert an den Zufallsgenerator übergeben. Anschließend wird das ursprüngliche Zahlen-Array noch einmal ausgegeben und anschließend sortiert. Wenn Sie am Anfang angegeben haben, dass Sie die einzelnen Sortierschritte in der Konsole ausgeben wollen, wird die Funktion `BubbleSort()` entsprechend so aufgerufen, dass der dritte Parameter `true` ist. Am Ende wird stets das sortierte Zahlen-Array in der Konsole ausgegeben. Das Programm gibt bei der Ausführung z. B. Folgendes aus:

**Ausgabe der Sortierschritte (j/n)?j**

**Erzeuge 20 Zufallsahlen zwischen 1 und 100...**

**Ausgabe des Zahlen-Arrays:**

**86 25 15 18 70 69 45 18 66 5 69 2 92 12 89 72 22 27 41 57**

**Sortiere Zahlen mit Bubble Sort...**

**25 15 18 70 69 45 18 66 5 69 2 86 12 89 72 22 27 41 57 92**

**15 18 25 69 45 18 66 5 69 2 70 12 86 72 22 27 41 57 89 92**

**15 18 25 45 18 66 5 69 2 69 12 70 72 22 27 41 57 86 89 92**

**15 18 25 18 45 5 66 2 69 12 69 70 22 27 41 57 72 86 89 92**

**15 18 18 25 5 45 2 66 12 69 69 22 27 41 57 70 72 86 89 92**

**15 18 18 5 25 2 45 12 66 69 22 27 41 57 69 70 72 86 89 92**

**15 18 5 18 2 25 12 45 66 22 27 41 57 69 69 70 72 86 89 92**

**15 5 18 2 18 12 25 45 22 27 41 57 66 69 69 70 72 86 89 92**

**5 15 2 18 12 18 25 22 27 41 45 57 66 69 69 70 72 86 89 92**

**5 2 15 12 18 18 22 25 27 41 45 57 66 69 69 70 72 86 89 92**

**2 5 12 15 18 18 22 25 27 41 45 57 66 69 69 70 72 86 89 92**

**2 5 12 15 18 18 22 25 27 41 45 57 66 69 69 70 72 86 89 92**

**2 5 12 15 18 18 22 25 27 41 45 57 66 69 69 70 72 86 89 92**

## 2.4.2 Einfaches, sortiertes Einfügen

Noch einfacher als Bubble Sort ist das direkte sortierte Einfügen in ein leeres bzw. vorsortiertes Array. Dies kann z. B. eine Punkteliste sein, in der die Punkte der 20 besten Spieler aufsteigend sortiert erscheinen. Auch das Verfahren des sortierten Einfügens sollten Sie in Ihrem Werkzeugkoffer haben, weil Sie hierdurch z. B. auch Dinge wie den Median in sehr einfacher Weise berechnen können. Für das sortierte Einfügen benötigen Sie außer dem Array **Zahlen** nur eine einzige zusätzliche Information, nämlich wie viele Zahlen sich bereits in diesem Array befinden. Zu diesem Zweck verwende ich im nächsten Beispiel Zahlen vom Typ `long int` und speichere die Anzahl an Elementen, die sich bereits im Array befinden, an Position 0. In dem nächsten Beispiel sollen 20 Zahlen von der Tastatur eingelesen werden und als Werte vom Typ `long int` sortiert in ein Array eingefügt werden. Das Array nenne ich auch hier wieder **Zahlen**, am Anfang ist `Zahlen[0]=0`.

Das sortierte Einfügen ist nun recht simpel und in einem einzigen Praktikum umsetzbar: Die einzufügende Zahl wird zuerst an die erste noch freie Position im Array geschrieben (also quasi am Ende angehängt), die ich hier **i** nenne. Danach wird eine Schleife für sämtliche Elemente von der Position **i** bis zur Position 1 ausgeführt, die Folgendes tut: Solange die Zahl an der Position **i** kleiner ist als der linke Nachbar im Array (also `Zahlen[i]<Zahlen[i-1]`), werden die beiden Array-Elemente `Zahlen[i]` und `Zahlen[i-1]` vertauscht. Danach wird **i** um 1 erniedrigt und die Schleife erneut ausgeführt. Die Schleife bricht ab, sobald entweder die Bedingung `Zahlen[i]<Zahlen[i-1]` falsch ist oder `i=1` wird (in diesem Fall haben Sie eine Zahl eingefügt, die kleiner als alle anderen Zahlen ist). In C++ sieht der Einfüge-Algorithmus so aus (die einzufügende Zahl ist in der Variablen **Wert** abgelegt):

```
long int i=0;
bool getauscht=true; // Erst einmal annehmen, dass getauscht werden muss
i=Zahlen[0]+1; // Anzahl des bereits eingefügten Elemente ist hier
Zahlen[0]++; // Anzahl der eingefügten Elemente erhöhen
Zahlen[i]=Wert; // Die nächste freie Position ist jetzt in i
while ((i>1)&&(getauscht==true))
{
    if (Zahlen[i]<Zahlen[i-1]) { tausche(Zahlen,i,i-1); } // tauschen
    else { getauscht=false; } // Es muss nicht mehr getauscht werden
    i--; // Abbruch der Schleife spätestens, wenn i=1 wird
}
```

Sehen Sie sich an, was geschieht, wenn Sie die Zahlen 15, 4, 13, 28 und 1 sortiert in ein leeres Array einfügen. Am Anfang ist die erste freie Position die Position 1, an der die Zahl 15 eingesetzt wird. Das Array enthält folgende Zahlen (das Feld mit dem Index 0, das die aktuelle Anzahl der Array-Elemente enthält, wird hier nicht dargestellt):

**15**

Im nächsten Schritt müssen Sie die Zahl 4 einfügen. Diese wird zuerst hinten angehängt. Das Array enthält nun folgende Zahlen:

**15,4**

Nun werden die Zahlen 4 und 15 getauscht, weil 4<15 ist. Anschließend wird **i**=1 und die Einfüge-Schleife bricht ab. Das Array enthält nun folgende Zahlen:

**4,15**

Wenn Sie im nächsten Schritt die Zahl 13 hinzufügen, wird diese nur einmal mit der Zahl 15 vertauscht, danach ist der Ausdruck 13<4 falsch und die Schleife bricht ab. Das Array enthält nun folgende Zahlen:

**4,13,15**

Wenn Sie im nächsten Schritt die Zahl 23 hinzufügen, bricht die Einfüge-Schleife sofort ab (28 ist nicht kleiner als 15). Das Array enthält nun folgende Zahlen:

**4,13,15,28**

Wenn Sie zum Schluss die Zahl 1 einfügen, wird diese so lange mit dem linken Nachbarn vertauscht, bis i=1 ist. Ähnlich, wie bei Bubble Sort sinkt die Zahl 1 nach unten und bleibt „unten liegen“. Am Ende enthält das Array folgende sortierte Zahlenreihe:

**1,4,13,15,28**

Sehen Sie sich nun Listing 2.7 an.

**Listing 2.7** sortiertes_Einfuegen.cpp

```
#include<stdio.h>

void tausche(long int *A, int Pos1, int Pos2) // Arrayübergabe als Pointer
{
    long int temp=A[Pos1];
    A[Pos1]=A[Pos2];
    A[Pos2]=temp;
}

void ZahlEinfuegen(long int *A, int Wert)
{
    long int i=0;
    bool getauscht=true; // Erst einmal annehmen, dass getauscht werden muss
    i=A[0]+1; // Erstes freies Element im Array finden
    A[0]++; // Anzahl Elemente aktualisieren
    A[i]=Wert;
    while ((i>1)&&(getauscht==true))
    {
        if (A[i]<A[i-1]) { tausche(A,i,i-1); } // tauschen
        else { getauscht=false; } // Es muss nicht mehr getauscht werden
        i--; // Abbruch der Schleife spätestens, wenn i=1 wird
    }
}

void Ausgabe(long int *A)
{
    for (long int i=1; i<=A[0]; i++) { printf("%d ",A[i]); }
```

```
25      printf("\n");
26  }

27  int main(void)
28  {
29      long int Zahlen[11]={0}; // Speicher für 10 Zahlen und den
Positionszähler reservieren
30      long int Wert;
31      while ((Wert>=0)&&(Zahlen[0]<10)) // Ende:Wert=-1 oder Array voll
32      {
33          printf("Neuer Wert (-1=Ende):"); scanf("%ld",&Wert); // neuen Wert
einlesen
34          if ((Wert>=0)&&(Zahlen[0]<11)) // Array voll bei Zahlen[0]=10
35          {
36              ZahlEinfuegen(Zahlen,Wert);
37              printf("Zahlen im Array:\n");
38              Ausgabe(Zahlen);
39          }
40      }
41      if (Zahlen[0]==10) { printf("Das Array ist voll.\n"); }
42      else { printf("Das Programm wurde beendet\n"); }
43      printf("Das Array beinhaltet nun folgende Werte:\n");
44      Ausgabe(Zahlen);
45      return 0;
46  }
```

In diesem Beispiel werden außer **stdio.h** keine weiteren Header-Dateien benötigt, deshalb wird in Zeile **01** auch nur **stdio.h** eingebunden. Die Funktion `tausche()` entspricht wieder der Ringtauschfunktion für Array-Elemente. Das sortierte Einfügen erledigt die Funktion `ZahlEinfuegen()`, die ein Array vom Typ `long int*` übergeben bekommt, sowie den einzufügenden Wert (Typ `long int`). Sie können hier theoretisch etwa 2 Milliarden Elemente im Wertebereich zwischen -2147483647 und 2147483648 in ein Array einfügen. In diesem Beispiel werden jedoch nur zehn Zahlen verwendet, an Position 0 im Array muss die Anzahl der bereits eingefügten Elemente gespeichert werden. Das erste freie Element kann also in Zeile **12** durch den Ausdruck `i=A[0]+1` bestimmt werden. Anschließend wird die durch den Parameter **Wert** übergebene Zahl „hinten angehängt", indem diese an der Array-Position `A[0]+1` abgelegt wird. Anschließend wird in Zeile **13** das Array-Element `A[0]` um 1 erhöht, um die Anzahl der bereits eingefügten Werte zu aktualisieren. In den Zeilen **15–20** wird der Einfüge-Algorithmus implementiert. Für die testweise Ausgabe sämtlicher bereits eingefügter Array-Elemente in der Konsole dient die Funktion `Ausgabe()`.

Das Hauptprogramm habe ich relativ einfach gehalten. Ich habe Speicher für genau zehn Zahlen und einen Zähler für die Anzahl bereits eingefügter Array-Elemente reserviert. Wenn Sie zehn Zahlen oder den Wert -1 eingeben (ich habe also nur positive Zahlen als Array-Elemente zugelassen), wird das Programm beendet und es werden vorher noch einmal alle Array-Elemente in der Konsole ausgegeben. Beim Beenden des Programms wird in den Zeilen **41** und **42** eine entsprechende Meldung ausgegeben, dass das Programm entweder durch den Benutzer beendet wurde oder dass das Array voll ist.

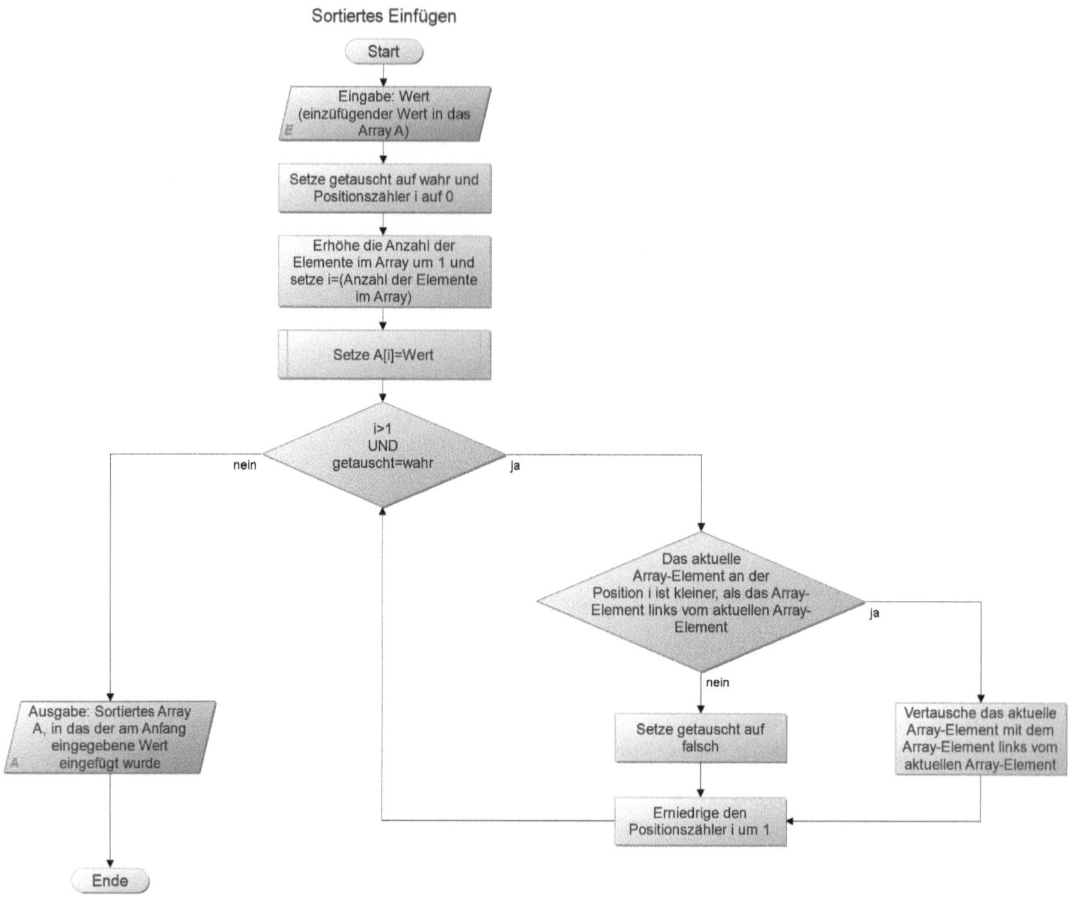


**Bild 2.3** Programmablaufplan für das sortierte Einfügen

## 2.5 Primfaktorzerlegung

Primzahlen kennen Sie wahrscheinlich noch aus Ihrer Schulzeit, aber diese kommen auch im Informatikstudium sehr oft vor. *Primzahlen* sind sämtliche natürlichen Zahlen, die nur durch 1 und sich selbst teilbar sind. In diesem Abschnitt geht es darum, eine Zahl in ihre Primfaktoren zu zerlegen. Eine *Primfaktorzerlegung* durchzuführen, heißt, eine natürliche Zahl als Produkt einer oder mehrerer Primzahlen darzustellen. Dabei können Faktoren auch doppelt auftreten. Beispielsweise kann die Zahl 12 als 2*2*3 geschrieben werden, 2 und 3 sind beides Primzahlen.

Bevor ich Ihnen jedoch den entsprechenden Algorithmus für die Primfaktorzerlegung vorstelle, möchte ich noch die Frage beantworten, wozu denn solche Spielereien nötig sind, außer für diejenigen Studenten, die mathematische Rätsel und Knobelaufgaben mögen. Die Antwort auf die vorige Frage ist recht schnell gegeben: Die wichtigsten Verschlüsselungsalgorithmen, die einen öffentlichen und einen privaten Schlüssel benutzen (sogenannte Public-Key-Verschlüsselungsverfahren), beruhen auf der Schwierigkeit, sehr große Zahlen in ihre Primfaktoren zu zerlegen. Ein oft genutztes Programm, das solche Verfahren für den sicheren Datenaustausch verwendet, ist z. B. das ELSTER-Programm für Ihre elektronische Steuererklärung. In diesem Buch geht es mir zwar nur am Rande um Public Key Verschlüsselungsverfahren wie z. B. RSA, ich möchte aber dennoch, dass Sie verstehen, wie wichtig es für Mathematiker ist, sich mit der Primfaktorzerlegung zu beschäftigen. Wenn nämlich die Mathematiker noch vor den Hackern ein effizientes Verfahren finden, eine Zahl in ihre Primfaktoren zu zerlegen, können Sie z. B. ihre Regierungen und Geheimdienste noch rechtzeitig warnen. Finden die Hacker dieses Verfahren aber noch vor den Mathematikern, dann könnten die Hacker z. B. unbemerkt große Mengen an Schlüsseln und Kundendaten stehlen. Zurzeit gibt es zum Glück noch kein effizientes Verfahren, um eine Zahl in ihre Primfaktoren zu zerlegen (also keines, das über schlichtes Ausprobieren hinausgeht). Methoden des schlichten Ausprobierens aller möglichen Varianten (z. B. eines möglichen Schlüssels) werden auch als *Brute Force* (auf Englisch etwa „Anwenden roher Gewalt“) bezeichnet. Genau diese relativ simple Brute-Force-Methode für die Primfaktorzerlegung möchte ich Ihnen nun vorstellen.

### 2.5.1 Wann ist eine Zahl eine Primzahl?

Es gibt unendlich viele Primzahlen, dies hat schon der Grieche Euklid vor mehr als 2000 Jahren bewiesen. Noch schwerer wiegt aber die Tatsache, dass die Primzahlen quasi willkürlich verteilt sind, auch wenn sich die Primzahlen nach oben hin „ausdünnen“. Um also wirklich zweifelsfrei herauszufinden, ob eine Zahl eine Primzahl ist, müssen Sie sämtliche infrage kommenden Teiler durchprobieren. Sei nun **Zahl** eine Variable vom Typ `long int`. Es sei `Zahl=17`. Die Zahl 17 ist eine Primzahl. Natürlich ist Ihr Programm, das feststellen soll, ob 17 eine Primzahl ist „dumm“, weil es die Information, die Sie sicherlich noch aus Ihrer Schulzeit haben, nicht besitzen kann. Wie kann dieses „dumme“ Programm aber nun herausfinden, ob es eine Zahl gibt, die Teiler von 17 ist? Diese Antwort liefert der Modulo-Operator `%`, den es in vielen modernen Programmiersprachen wie C, C++ und Java gibt. Der Modulo-Operator liefert den Rest einer Division zweier ganzer Zahlen (meist vom Typ `long int`) zurück. Dieser Rest ist genau dann >0, wenn zwei ganze Zahlen nicht durcheinander teilbar sind. So ist z. B. `17%2=1` und `16%2=0`. Um nun sämtliche möglichen Teiler von 17 durchzuspielen, können Sie folgende einfache Schleife verwenden:

```
long int Zahl=17;
bool prim=true; // Erst einmal annehmen, Zahl sei prim
long int i; // Schleifenzähler
for (i=2; i<Zahl; i++) // Teiler zwischen 2 und Zahl-1 prüfen
{
    if ((Zahl%i)==0) { prim=false; break; }
}
```

Die hier vorgestellte Schleife probiert sämtliche möglichen Teiler zwischen 2 und 16 schlicht durch, und bricht die Schleife durch ein `break` ab, wenn ein solcher Teiler gefunden wurde. Bei der Zahl 17 geschieht dies nicht, und die ursprüngliche Aussage, dass 17 eine Primzahl ist, ist damit wahr. Sie können die „Teiler-Suchschleife" noch um den Faktor 2 beschleunigen, wenn Sie sämtliche geraden Zahlen außer 2 ausschließen, denn diese können keine Primzahlen sein:

```
for (i=3; i<Zahl; i+=2)
{
    if ((Zahl%i)==0) { prim=false; break; }
}
```

Natürlich müssen Sie jetzt gerade Zahlen von vornherein von der Prüfung ausschließen, z. B. indem Sie Ihre Primzahl-Prüffunktion sofort beenden und `false` zurückgeben, wenn die übergebene Zahl gerade und >2 ist (2 ist ja die einzig gerade Primzahl):

```
if ((Zahl%2)==0) { return false; }
```

Eigentlich müssen Sie auch nicht alle ungeraden Teiler zwischen 3 und Zahl-1 prüfen. Sie können z. B. Quadratzahlen ausschließen, die Sie dadurch feststellen können, dass Sie die Wurzel aus der entsprechenden Zahl ziehen, und schauen, ob nach dieser Operation ein Nachkommaanteil verbleibt. Eine andere Möglichkeit, die oft benutzt wird, ist die Tatsache, dass die Summe aus einer bestimmten Anzahl an ungeraden Zahlen stets eine Quadratzahl ergibt. Diese ganzen Optimierungen möchte ich Ihnen jedoch ersparen, weil dadurch das Listing nur unnötig kompliziert wird. Ferner ändert sich durch das Ausschließen bestimmter Teiler nicht die Komplexitätsordnung Ihres Algorithmus- die Laufzeit steigt stets exponentiell mit der Größe der Variablen **Zahl** und kann auch niemals polynomial steigen. Der Beschleunigungsfaktor durch sämtliche Optimierungen ist hier also stets linear, und Sie haben auf diese Weise quasi nichts gewonnen.

Es gibt natürlich mittlerweile sehr effiziente Prüfverfahren auch für sehr lange Zahlen, denn sonst wären Verschlüsselungsverfahren wie RSA, die auf der Erzeugung langer Primzahlen basieren, nicht denkbar. Diese Prüfverfahren, wie z. B. der oft eingesetzte Miller-Rabin-Test, erzeugen aber eben keine perfekte Sicherheit. So gibt es z. B. besonders unter den sehr langen Zahlen (also Zahlen, die aus weit mehr als 64 Bits bestehen) Pseudo-Primzahlen. *Pseudo-Primzahlen* sind Zahlen, die Primzahltests wie den Miller-Rabin-Test bestehen, ohne wirklich Primzahlen zu sein. Diese Abhandlungen über schnelle Primzahltests und Pseudo-Primzahlen möchte ich Ihnen aber an dieser Stelle ersparen, weil diese sowieso Bestandteil der Mathematik-Vorlesungen sind.

### 2.5.2 Die Primfaktorzerlegung – das Programm „Primteiler"

Sie haben nun alle Voraussetzungen, um das nun folgende Listing **Primteiler.cpp** zu verstehen. Ein ähnliches Programm gab es übrigens schon auf dem C64 in BASIC. Vielleicht bekommen Sie an dieser Stelle ein Gefühl dafür, was für eine harte Nuss die Primzahlen sind – an dem Stand des Wissens hat sich quasi seit den 80ern nicht viel geändert. Moderne Server können die meisten Rechenschritte der „Probiermethode" zwar parallel und stark optimiert durchführen, aber für einen etwas größeren Zahlenraum (z. B. bei der Verwendung von 2048 Bits statt 32 oder 64) streiken auch solche Programme – zumindest dann, wenn sie anders als der Miller-Rabin-Test eine perfekte Sicherheit gewährleisten müssen. Der Grund hierfür ist, dass die Primfaktorzerlegung mit den herkömmlichen Algorithmen zur Komplexitätsklasse EXP gehört und keine noch so hochgradige Parallelisierung dies beheben kann. Ob moderne Quantencomputer in ein paar Jahrzehnten dazu fähig sein werden, steht noch in den Sternen. Sehen Sie sich nun Listing 2.8 an.

**Listing 2.8** Primteiler.cpp

```
#include<stdio.h>

bool IstPrim(long int Zahl)
{
    long int i,l;
    bool prim=true;
    if ((Zahl%2)==0) { return false; }
    for (i=3; i<Zahl; i+=2)
    {
        if ((Zahl%i)==0) { prim=false; break; }
    }
    return prim;
}

void Primfaktoren(long int Zahl)
{
    bool prim=true;
    long int Teiler=2;
    long int Alt=Zahl;
    while (Teiler<Alt)
    {
        while ((Zahl%Teiler)==0)
        {
            Zahl=Zahl/Teiler;
            printf("%ld",Teiler);
            if (Zahl>1) { printf("*"); }
            prim=false;
        }
        Teiler++;
        while (IstPrim(Teiler)==false) { Teiler++; }
    }
    if (prim==true) { printf("%ld ist eine Primzahl.\n",Alt); }
    else { printf("\n"); }
}
```

```
33 int main(void)
34 {
35     long int Zahl;
36     printf("Primteiler berechnet die Primfaktorzerlegung einer Zahl\n");
37     printf("Zahl:"); scanf("%ld",&Zahl);
38     printf("Primfaktoren von %ld...\n",Zahl);
39     Primfaktoren(Zahl);
40     return 0;
41 }
```

Die Funktion `IstPrim()`, die in den Zeilen **02–12** deklariert wird, gibt einen Wert vom Typ `bool` zurück, der immer dann wahr ist, wenn die im Parameter **Zahl** übergebene Zahl eine Primzahl ist. Um `bool` zu verwenden, müssen Sie auch an dieser Stelle entweder **stdbool.h** einbinden, wenn Sie einen reinen C-Compiler benutzen, oder aber in der ersten Programmzeile das Konstrukt

```
typedef enum {false,true} bool;
```

verwenden. Bei einem C++-Compiler brauchen Sie nichts Weiteres zu beachten, dort ist `bool` vordefiniert. Die Funktion `IstPrim()` führt nun in den Zeilen **07–10** die entsprechende Brute-Force-Methode zum Prüfen aller ungeraden Teiler zwischen 3 und **Zahl**-1 aus. Wenn ein solcher Teiler gefunden wurde, bricht die Prüfschleife mit einem `break` ab und **prim** wird auf `false` gesetzt. In Zeile **06** werden für die Prüfschleife explizit alle geraden Zahlen ausgeschlossen und `IstPrim()` kehrt unverzüglich mit dem Wert `false` zurück, wenn der Parameter **Zahl** gerade ist. Wenn die Prüfschleife jedoch durchläuft, ohne einen Teiler von **Zahl** zu finden, so behält die in Zeile **05** auf `true` gesetzte Variable **prim** den Wert `true`. Die `IstPrim()` übergebene Zahl ist dann eine Primzahl. Entsprechend wird in Zeile **11** dann auch **prim** als Rückgabewert verwendet.

Die Funktion `Primfaktoren()` verwendet die Funktion `IstPrim()`, um die durch den Parameter **Zahl** übergebene Zahl zu faktorisieren und die Faktoren in der Konsole auszugeben. Auch `Primfaktoren()` verwendet eine Methode des schlichten Ausprobierens aller infrage kommenden Teiler, in diesem Fall aller Primzahlen, die kleiner als **Zahl** sind. Am Anfang ist der entsprechende Teiler 2 (das heißt, dass die Primzahl 2 stets separat geprüft wird). In Zeile **16** wird hierfür die Variable **Teiler** vom Typ `long int` deklariert. Auch in der Funktion `Primfaktoren()` nehmen Sie erst einmal an, dass **Zahl** eine Primzahl ist, und setzen **prim** auf `true`. Weil der nun folgende Algorithmus den Parameter **Zahl** verändert, muss die Variable **Zahl** vorher in Zeile **17** in der Variablen **Alt** gesichert werden. Nun folgt die Hauptschleife, die so lange läuft, wie **Teiler** kleiner ist als die am Anfang als Parameter übergebene Zahl.

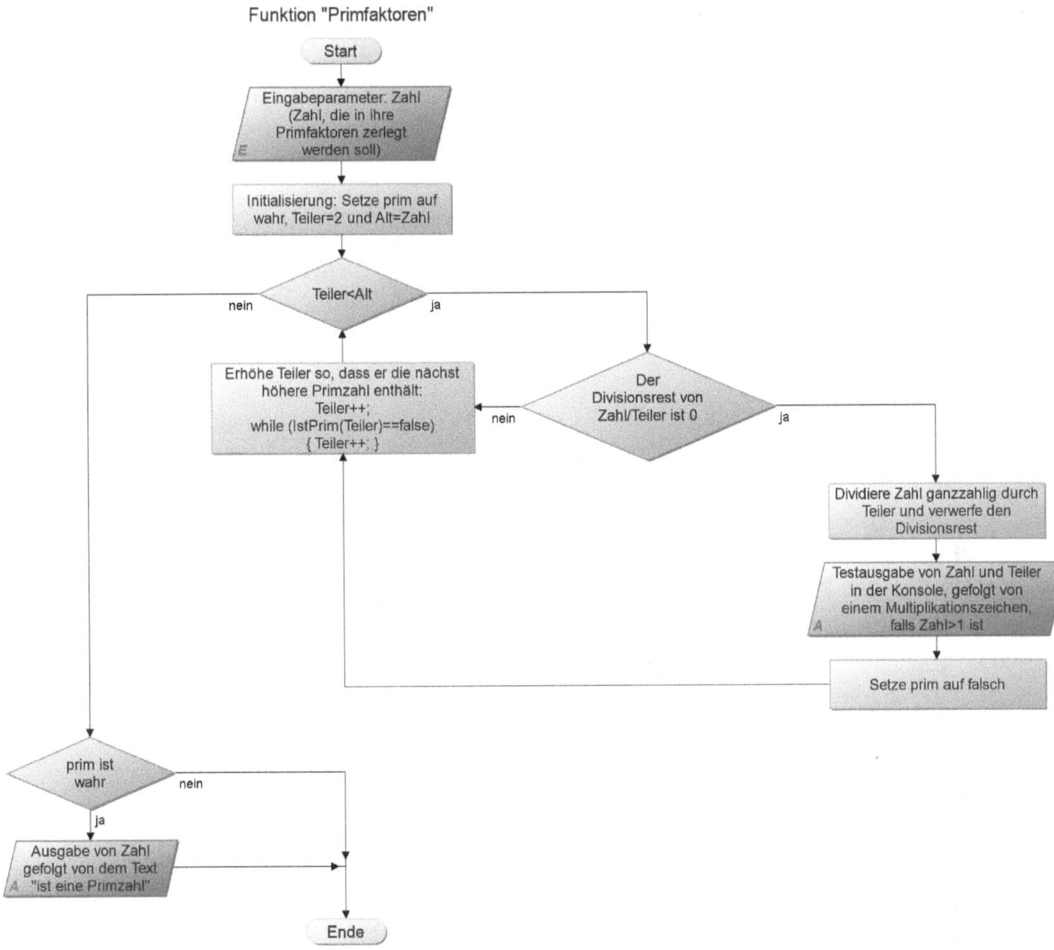


**Bild 2.4** Programmablaufplan für das Programm Primteiler

Nehmen wir nun den Wert 18 als Übergabeparameter, **Zahl** ist also 18. In der `while`-Schleife in den Zeilen **20–26** wird **Zahl** nun so lange durch **Teiler** geteilt (am Anfang ist dieser auch hier wieder 2), bis dies nicht mehr geht und `Zahl%Teiler=0` ist. Immer, wenn bei einem Teilungsschritt `Zahl/Teiler` keinen Rest ergibt, wird in Zeile **23** die Variable **Teiler** ausgegeben. Falls **Zahl** noch nicht den Wert 1 hat und die Primfaktorzerlegung so ihr Ende erreicht hat, wird zusätzlich noch ein Multiplikationszeichen in der Konsole ausgegeben. Natürlich ist, falls **Teiler** ein Primfaktor von **Zahl** ist, die ursprüngliche Annahme, dass der Funktion `Primfaktoren()` eine Primzahl übergeben wurde, falsch. Die Variable **prim** muss in diesem Fall auf `false` gesetzt werden. Nehmen wir nun an, dass die Zahl 18 übergeben wurde. Dann wird in der Konsole zunächst Folgendes ausgegeben:

**2***

18/2 ist 9, deshalb ist schon im zweiten Schritt ein neuer Teiler nötig. Dieser Teiler wird durch schlichtes Ausprobieren weiterer Zahlen ermittelt. Hierzu wird die Variable **Teiler** um 1 erhöht. Anschließend wird in Zeile **28** folgende Schleife ausgeführt:

```
while (IstPrim(Teiler)==false) { Teiler++; }
```

Diese Schleife erhöht **Teiler** so lange um 1, bis dieser die nächste Primzahl enthält. Dieser neue Wert wird für den nächsten Schritt verwendet, falls die Variable **Zahl** noch nicht den Wert 1 hat. Auch im Fall der Zahl 18 ist ein weiterer Durchlauf der Hauptschleife mit dem Teiler 3 nötig. Es wird in der Konsole Folgendes ausgegeben (die alte Ausgabe steht in eckigen Klammern):

**[2*]3*3**

An dieser Stelle hat **Zahl** den Wert 1 und die Funktion `Primfaktoren()` kehrt zurück. Zeile **30** wird in dem letzten Beispiel nicht ausgeführt, denn 18 ist keine Primzahl und **prim** hat den Wert `false`. Das Hauptprogramm ist nun recht simpel und muss nicht weiter erklärt werden: Der Benutzer gibt eine Zahl ein, die an die Funktion `Primfaktoren()` übergeben wird, die anschließend sämtliche Primfaktoren in der Konsole ausgibt. Das Programm „Primteiler" gibt bei der Ausführung z. B. Folgendes aus:

**/home/rene/Kapitel 2>./Primteiler**

**Primteiler berechnet die Primfaktorzerlegung einer Zahl**

**Zahl:11**

**Primfaktoren von 11...**

**11 ist eine Primzahl.**

**/home/rene/Kapitel 2>./primteiler**

**Primteiler berechnet die Primfaktorzerlegung einer Zahl**

**Zahl:100**

**Primfaktoren von 100...**

**2*2*5*5**

**/home/rene/Kapitel 2>./primteiler**

**Primteiler berechnet die Primfaktorzerlegung einer Zahl**

**Zahl:123456**

**Primfaktoren von 123456...**

**2*2*2*2*2*2*3*643**

**/home/rene/Kapitel 2>./primteiler**

**Primteiler berechnet die Primfaktorzerlegung einer Zahl**

**Zahl:1000000000**

**Primfaktoren von 1000000000...**

**2*2*2*2*2*2*2*2*2*5*5*5*5*5*5*5*5*5**

**[an dieser Stelle stürzt das Programm ab]**

An der letzten Ausgabe mit Werten ab einer Milliarde (hier werden alle 32 Bits des Typs `long int` ausgereizt) sehen Sie, dass hier die Komplexität der Primfaktorzerlegung schon so groß ist, dass diese auf einem normalen PC etwa eine Stunde dauert. Wenn Sie dann Ihr Programm noch etwas optimieren und auf einem modernen Prozessor ausführen, können Sie mit dem Typ `long int` bzw. `long long int` (je nach verwendetem Compiler) noch gerade eben 64-Bit-Zahlen verarbeiten. Bei Servern mit Tausenden von Prozessoren kommen Sie bei etwa 256 Bits an die Grenzen des Machbaren. Sichere RSA-Schlüssel benutzen hier die 8- oder 16-fache Bit-Menge, also entweder 2048 oder bei besonders sicherheitskritischen Anwendungen, wie z. B. ELSTER, 4096 Bits.

**Hinweis: Primzahltest vs. Primfaktorzerlegung**

Moderne Primzahltests beschleunigen den Test darauf, ob eine bestimmte Zahl eine Primzahl ist, enorm. Diese Art Tests liefern mittlerweile relativ schnell ein Ergebnis. Effiziente Primzahltests können jedoch nur die Grundlage für die viel schwierigere Primfaktorzerlegung sein. Die Primfaktorzerlegung ist für das Produkt langer Primzahlen ab einer Länge von 256 Bits kaum noch in einer sinnvollen Zeit durchführbar, ein Primzahltest aber schon.

## 2.6 Berechnung des GGT (größter gemeinsamer Teiler)

Den größten gemeinsamen Teiler (GGT) von zwei Zahlen a und b können Sie mit dem *Euklidischen Algorithmus*[2] berechnen. Dieser funktioniert wie folgt: Wenn a die größte der beiden Zahlen ist, dann wird b so lange von a subtrahiert, bis dies nicht mehr geht. Wenn nun ein Rest verbleibt, der größer als 0 ist, dann wird dieser Rest notiert, es wird a=b gesetzt und b enthält nun den Rest. Danach beginnt der Algorithmus von vorn, und zwar so lange, bis bei der Subtraktion von a und b kein Rest mehr verbleibt. Im alten Griechenland gab es noch keine Computer, deshalb konnte Euklid den Rest einer Division nur durch wiederholtes Subtrahieren der kleineren Zahl berechnen. Wir können heute jedoch den Euklidischen Algorithmus wie folgt abwandeln: Wenn a die größte der beiden Zahlen a und b ist, dann berechne a mod b. Wenn nun a mod b>0 ist, dann wird dieser Rest (also a mod b) notiert, es wird a=b gesetzt und b enthält nun den Rest a mod b. Danach beginnt der Algorithmus von vorn. Am Ende ist der GGT der Rest, der als Letztes notiert wurde. In C++ sieht der Euklidische Algorithmus wie folgt aus:

---

2 *https://de.wikipedia.org/wiki/Euklidischer_Algorithmus*

```
Rest=a; temp=0;
while (Rest>0)
{
    Rest=a%b; // Hauptschritt Euklidischer Algorithmus
    if (Rest>0) { temp=Rest; } // Rest>0? Dann Rest zwischenspeichern
    a=b; b=Rest; // a wird zur kleineren Zahl, b zu Rest
}
GGT=temp;
```

Der Programmablaufplan des Euklidischen Algorithmus ist ebenfalls entsprechend simpel:

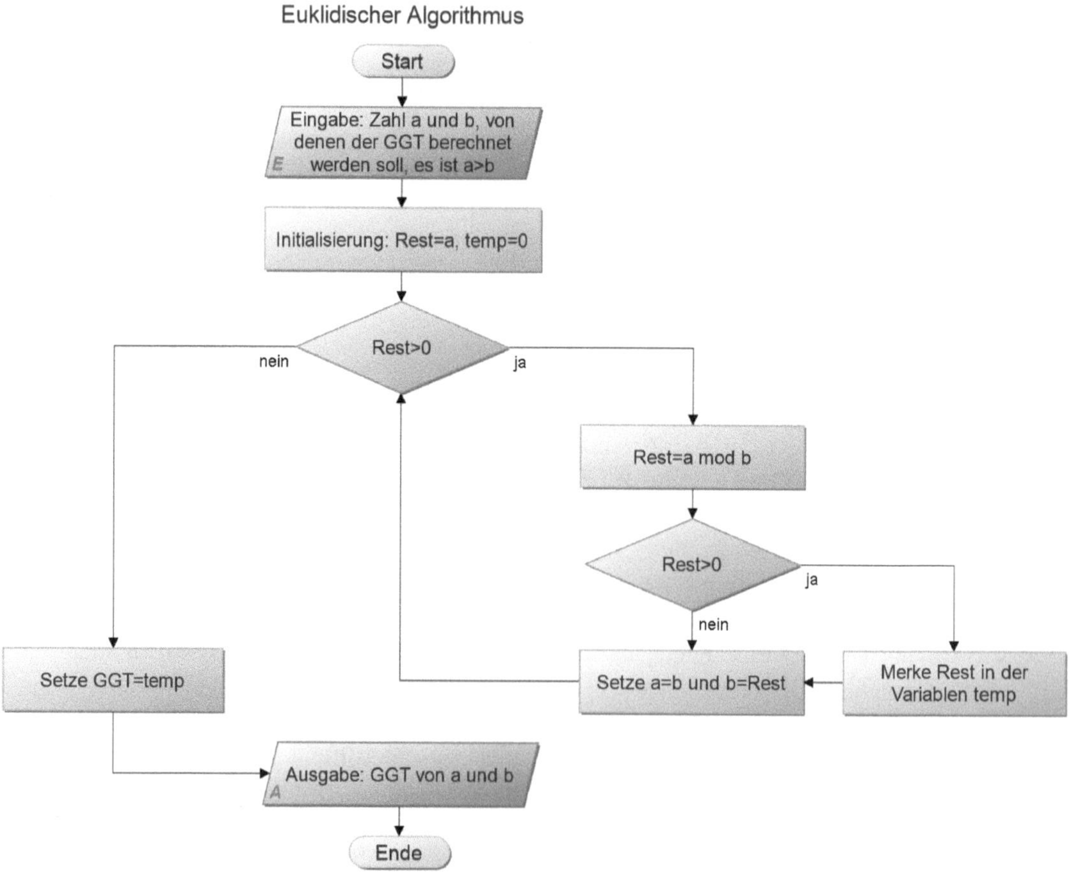


**Bild 2.5** Programmablaufplan des Euklidischen Algorithmus

Es folgt nun mit Listing 2.9 ein Programm, das den größten gemeinsamen Teiler berechnet:

**Listing 2.9** GGT.cpp

```
01 #include<stdio.h>
02 long int GGT(long int a, long int b)
03 {
04     long int Rest,temp;
05     if (a>b)
06     {
07         temp=a; a=b; b=temp; // Ringtausch bei a>b
08     }
09     while (Rest>0)
10     {
11         Rest=a%b; // Hauptschritt Euklidischer Algorithmus
12         if (Rest>0) { temp=Rest; } // Rest>0? Dann Rest zwischenspeichern
13         a=b; b=Rest; // a wird zur kleineren Zahl, b zu Rest
14     }
15     return temp; // Der GTT ist in temp
16 }
17 int main(void)
18 {
19     long int a,b;
20     printf("Berechnung des GGT zweier Zahlen\n");
21     printf("Zahl a:"); scanf("%ld",&a);
22     printf("Zahl b:"); scanf("%ld",&b);
23     printf("Der GGT ist %ld\n",GGT(a,b));
24     return 0;
25 }
```

Die Funktion `GGT()` bekommt als Parameter die zwei Zahlen **a** und **b** übergeben und gibt den GGT von **a** und **b** zurück. Sie müssen jedoch in den Zeilen **05** bis **08** zunächst einen Ringtausch von **a** und **b** durchführen, falls `a<b` ist. Ich verwende an dieser Stelle nicht die Funktion `tausche()`, weil diese die Speicheradressen der als Zeiger übergebenen Parameter **a** und **b** verändern würde, und das ist in diesem Fall nicht erwünscht. In den Zeilen **09** bis **16** wird dann der Euklidische Algorithmus ausgeführt und am Ende wird der GGT als Variable vom Typ `long int` zurückgegeben. Das Hauptprogramm liest nun zwei Zahlen von der Tastatur ein und gibt den GGT dieser zwei Zahlen in der Konsole aus. Dies kann z. B. wie folgt aussehen:

**/home/rene/Kapitel_2>./GGT**

**Berechnung des GGT zweier Zahlen**

**Zahl a:17**

**Zahl b:10**

**Der GGT ist 1**

**/home/rene/Kapitel_2>./GGT**

**Berechnung des GGT zweier Zahlen**

**Zahl a:0815**

**Zahl b:15**

**Der GGT ist 5**

**/home/rene/Kapitel_2>./GGT**

**Berechnung des GGT zweier Zahlen**

**Zahl a:60**

**Zahl b:36**

**Der GGT ist 12**

## 2.7 Gezielte Suche nach Primzahlen mit dem Sieb des Eratosthenes

Auch die gezielte Suche nach Primzahlen gehört in Ihren Werkzeugkoffer, weil diese fast immer in irgendeiner Form in Programmierpraktika vorkommt, meistens zusammen mit dem GGT oder direkt danach. Wenn Sie gezielt nach Primzahlen suchen wollen (z. B. nach sämtlichen Primzahlen zwischen 1 und 100), können Sie eine `for`-Schleife benutzen, die einen Zähler hochzählt. Dieser Zähler wird dann an die Funktion `IstPrim()` weitergegeben und immer dann in der Konsole ausgegeben, wenn `IstPrim()` `true` zurückliefert. Wenn es schnell gehen muss, dann sollten Sie auch genauso vorgehen. Diese Brute-Force-Methode ist jedoch genauso ineffizient wie die Primfaktorzerlegung. Für mehr Effizienz können Sie alternativ das Sieb des Eratosthenes verwenden.

Mit dem *Sieb des Eratosthenes* gibt es ein effizientes Verfahren für die Suche nach Primzahlen. Das Sieb des Eratosthenes ist ein Filteralgorithmus, der aus einem Zahlenarray (z. B. mit Zahlen zwischen 1 und 100) sämtliche Zahlen ausstreicht, die keine Primzahlen sind. Diese Filtermethode ist recht einfach zu programmieren. Am Anfang des Sieb-Algorithmus von Eratosthenes wird die Wurzel aus der größten Zahl im Array gezogen und wenn die Wurzel keine ganze Zahl ist, wird diese auf die nächste ganze Zahl aufgerundet. Diese aufgerundete Wurzel wird nun in der Variablen **L** abgelegt. Im nächsten Schritt werden für sämtliche Zahlen zwischen 2 und **L** jeweils ihre Vielfachen aus dem Array gestrichen, in diesem Beispiel würde also für die Zahl 2 folgende Reihe aus dem Array gestrichen:

**4,8,12,16,20,24,28,32,36,40,44,48,52,56,60,64,68,72,76,80,84,88,92,96**

Angenommen, das Array enthält sämtliche Zahlen zwischen 1 und 100 an ihren jeweiligen Positionen (die Position 0 habe ich hier nicht verwendet). Dann sieht das Array nach dem ersten Filterschritt, in dem alle Vielfachen von 2 gestrichen werden, so aus:

| | | | | | | | | | |
|---|---|---|---|---|---|---|---|---|---|
| 1 | 2 | 3 | | 5 | | 7 | | 9 | |
| 11 | | 13 | | 15 | | 17 | | 19 | |
| 21 | | 23 | | 25 | | 27 | | 29 | |
| 31 | | 33 | | 35 | | 37 | | 39 | |
| 41 | | 43 | | 45 | | 47 | | 49 | |
| 51 | | 53 | | 55 | | 57 | | 59 | |
| 61 | | 63 | | 65 | | 67 | | 69 | |
| 71 | | 73 | | 75 | | 77 | | 79 | |
| 81 | | 82 | | 85 | | 87 | | 89 | |
| 91 | | 93 | | 95 | | 97 | | 99 | |

Im nächsten Schritt werden dann alle Vielfachen von 3 aus dem Array gestrichen. Das Array sieht danach so aus:

| | | | | | | | | | |
|---|---|---|---|---|---|---|---|---|---|
| 1 | 2 | 3 | | 5 | | 7 | | | |
| 11 | | 13 | | | | 17 | | 19 | |
| | | 23 | | | | | | 29 | |
| 31 | | | | | | 37 | | | |
| 41 | | 43 | | | | 47 | | | |
| | | 53 | | | | | | 59 | |
| 61 | | | | | | 67 | | | |
| 71 | | 73 | | | | | | 79 | |
| | | 82 | | | | | | 89 | |
| | | | | | | 97 | | | |

Schon nach dem dritten Schritt sehen Sie, dass sich das Array „ausdünnt“, und wenn Sie dann noch die Vielfachen von 4 und 5 streichen, haben Sie bereits fast alle Primzahlen erfasst. Nach sämtlichen Schritten erhalten Sie folgendes Array, in dem die Primzahlen stehenbleiben:

**1,2,3,5,7,11,13,17,19,23,29,31,37,41,43,47,53,59,61,67,71,73,79,83,89,97**

Bevor ich mit dem Listing fortfahre, das ein Array mit allen Primzahlen zwischen 1 und einer vom Benutzer eingegebenen Zahl erzeugt, darf ich natürlich nicht vergessen, auf die großen Probleme hinzuweisen, die es mit dem Sieb des Eratosthenes gibt. Wahrscheinlich haben Sie auch schon gemerkt, dass der Algorithmus sehr viel Speicher benötigt, für das Finden sehr langer Primzahlen ist das Sieb des Eratosthenes schlicht nicht geeignet. Dies war aber auch nicht das Ziel des alten Griechen, denn dieser wollte nur die Primzahlen zwischen 1 und 10 000 finden. Sie können natürlich jetzt auf die Idee kommen, Ihr Primzahlen-Array auf eine große Festplatte auszulagern und jeder Zahl im Sieb nur ein einziges Bit zuzuordnen, das gelöscht wird, wenn eine Zahl gestrichen wird. Die größten Festplatten, die PC-Nutzer wie Gamer zurzeit besitzen, umfassen zwischen 8 und 32 Terabytes. Dies sind maximal 32 000 Milliarden Bytes, oder 256 000 Milliarden Bits. Die größte Primzahl, die Sie mit einem solchen Sieb finden können, liegt also etwa in der Nähe von 256 000 000 000 000 000. Diese Zahl kann durch einen 64-Bit-Wert dargestellt werden und liegt weit unterhalb der Grenze, die Sie für sichere Verschlüsselungsverfahren benötigen.

Kommen wir nun zum nächsten Listing. Listing 2.10 gibt alle Primzahlen zwischen 1 und einer oberen Grenze aus.

**Listing 2.10** Primzahlsuche.cpp

```
#include<stdio.h>
#include<stdlib.h> // für malloc()
#include<math.h> // für sqrt()

int main(void)
{
    long int *Zahlen; // Zahlenarray
    long int i,j,L,MaxZahl,ArrayGroesse;
    printf("Finden von Primzahlen mit dem Sieb des Eratosthenes\n");
    printf("Bitte geben Sie die größte Zahl in Ihrem Array ein.\n");
    printf("Zahl:"); scanf("%ld",&MaxZahl);
    printf("Erzeuge Primzahlen zwischen 1 und %ld\n",MaxZahl);
    L=(long int)(sqrt(MaxZahl)); L++;
    ArrayGroesse=L*L*sizeof(long int); // Bytes
    Zahlen=(long int *)malloc(ArrayGroesse); // Speicher für das Array reservieren
    for (i=1; i<=MaxZahl; i++) { Zahlen[i]=MaxZahl; } // Initialisierung des Arrays
    for (i=2; i<=L; i++)
    {
    for (j=2*i; j<=MaxZahl; j+=i) { Zahlen[j]=0; } // Gestrichene Zahlen werden zu 0
    }
    for (i=1; i<MaxZahl; i++)
    {
        if (Zahlen[i]!=0) { printf("%ld ",i); }
    }
    printf("\n");
    free(Zahlen); // Speicher für das Array freigeben
    return 0;
}
```

Ich habe das letzte Programm so angelegt, dass das Zahlenarray, in das die Primzahlen geschrieben werden, dynamisch mit `malloc()` erzeugt wird. Deswegen wird das Zahlenarray in der Variablen **Zahlen** vom Typ `long int*` abgelegt. Nachdem der Benutzer die Größe des Arrays durch Eingabe der größten Zahl im Array (Variable **MaxZahl**) festgelegt hat, wird in Zeile **11** eine Information der Art „Erzeuge Primzahlen zwischen 1 und ...“ ausgegeben. In den Zeilen **12** bis **14** wird dann die tatsächliche Größe des zu reservierenden Speichers berechnet. Hierzu wird die Variable **L** gleich der Wurzel der größten Zahl im Array gesetzt und anschließend wird zu **L** 1 addiert. **L** hat z. B. bei `MaxZahl=1000` den Wert 31+1=32. 32*32 ist 1024, also größer als 1000. Diese Vorgehensweise garantiert Ihnen, dass auch wirklich alle 1000 Zahlen in das Zahlenarray passen, was bei `L=31` nicht der Fall wäre (31*31=961). Die Array-Größe in Bytes ist nun die Anzahl der Elemente im Array multipliziert mit `sizeof(long int)`. Dieser Wert wird anschließend an `malloc()` übergeben.

Nun wird das Sieb des Eratosthenes gestartet. Hierzu wird das Zahlenarray erst einmal in Zeile **15** aufsteigend mit den Zahlen zwischen 1 und **MaxZahl** gefüllt, das Element an Position 0 bleibt ungenutzt. In den Zeilen **16** bis **19** wird dann der entsprechende Filteralgorithmus ausgeführt. Der Zähler **i** geht nun sämtliche Zahlen zwischen 2 und **L** durch und in der Schleife in Zeile **18** werden sämtliche Vielfachen von **i** aus dem Array **Zahlen** gestrichen (zu 0 gesetzt), die kleiner oder gleich **MaxZahl** sind. Am Ende werden in den Zeilen **20** bis **23** sämtliche Einträge im Array **Zahlen** ausgegeben, die nicht auf 0 gesetzt wurden. Dies sind die übrig gebliebenen Primzahlen. Nach der Ausgabe der Primzahlen muss in Zeile **25** der für das Zahlenarray reservierte Speicher mit `free()` wieder freigegeben werden. Das Programm gibt bei der Ausführung z. B. Folgendes aus:

**Finden von Primzahlen mit dem Sieb des Eratosthenes**

**Bitte geben Sie die größte Zahl in Ihrem Array ein.**

**Zahl:1000**

**Erzeuge Primzahlen zwischen 1 und 1000**

**1 2 3 5 7 11 13 17 19 23 29 31 37 41 43 47 53 59 61 67 71 73 79 83 89 97 101 103 107 109 113 127 131 137 139 149 151 157 163 167 173 179 181 191 193 197 199 211 223 227 229 233 239 241 251 257 263 269 271 277 281 283 293 307 311 313 317 331 337 347 349 353 359 367 373 379 383 389 397 401 409 419 421 431 433 439 443 449 457 461 463 467 479 487 491 499 503 509 521 523 541 547 557 563 569 571 577 587 593 599 601 607 613 617 619 631 641 643 647 653 659 661 673 677 683 691 701 709 719 727 733 739 743 751 757 761 769 773 787 797 809 811 821 823 827 829 839 853 857 859 863 877 881 883 887 907 911 919 929 937 941 947 953 967 971 977 983 991 997**

## 2.8 Rechnen mit beliebig langen Zahlen

Ihr Prozessor im PC ist wahrscheinlich ein 64-Bit-Prozessor. Das bedeutet, dass der Prozessor Zahlen mit einer Länge von bis zu 64 Bits in einem Schritt addieren kann. Für Zahlen größerer Länge benötigen Sie jedoch spezielle Algorithmen, die ich Ihnen nun zeigen werde. Keine Angst, es folgt jetzt keine ausgiebige Erläuterung einer sogenannten „Langzahlbibliothek“ wie GMP. Ich möchte Ihnen lediglich einige Konzepte erläutern, mit denen quasi seit den 80er-Jahren lange Ganzzahlen behandelt werden. Diese Konzepte sind in keinerlei Weise veraltet, denn vor allem in der modernen Kryptographie spielen sehr lange Ganzzahlen eine wichtige Rolle.

Trotzdem kommen die Konzepte, die ich Ihnen nun zeigen werde, im Studium oft zu kurz, und wenn Sie dann irgendwann wirklich in die Verlegenheit kommen sollten, z. B. sehr lange Zahlen durcheinander zu dividieren, stehen Sie erst einmal auf dem Schlauch. Zumindest ging es mir selbst nicht anders. Diesen Frust möchte ich Ihnen natürlich ersparen.

### 2.8.1 Addition beliebig langer Zahlen

Fangen wir ganz einfach an, nämlich mit der Addition zweier Zahlen im bekannten Dezimalsystem. Um z. B. 18 und 8 zu addieren, müssen Sie 18 als 1*10+8*1 und 8 als 0*10+8*1 darstellen. Bei der Addition erhalten Sie dann folgende Tabelle, die Sie wahrscheinlich noch aus der Schule kennen:

| Operation | Zehner | Einer |
|---|---|---|
| | 1 | 8 |
| + | 0 | 8 |
| Übertrag | 1 | 0 |
| Ergebnis | 2 | 6 |

Da Sie bei den Einern 8 und 8 addieren, passt das Ergebnis (16) nicht mehr in die Einer-Stelle und Sie müssen beim Ergebnis einen Übertrag von 1 zur Zehner-Stelle addieren. Wechseln wir nun vom Zehner-System in das Binärsystem des Computers, fassen aber 8 Bits zu einem Block zusammen, den man allgemein ein *Byte* nennt. In einem *Byte* können Zahlen zwischen 0 und 255 gespeichert werden. Ich mache nun folgenden Trick: Ich stelle die Zahlen als Werte zur Basis 256 dar. Wenn Sie nun 255 und 1 addieren, müssen Sie zum ersten Mal einen Übertrag durchführen. „Genialerweise“ ist ein Byte oft identisch mit dem Typ `unsigned char` und der Datentyp `int` besitzt seit dem C++-11-Standard mindestens die doppelte Breite eines `unsigned char`.

Ferner werden Zeichen beim Auslesen aus einem `char`-Array grundsätzlich in Zahlen vom Typ `int` gewandelt. Wenn Sie nun hergehen und sämtliche Zahlen als Zeichenketten vom Typ `unsigned char*` betrachten, dann können Sie zwei beliebig lange Zahlen einfach dadurch addieren, dass Sie die einzelnen Bytes in den jeweiligen Zeichenketten addieren, die die Zahl repräsentieren. Natürlich müssen Sie die jeweiligen Überträge in die nächste Stelle beachten. Dies ist aber kein Problem, denn der Übertrag kann hier maximal 1 sein (255+255 ist 511). Sie können also am 9. Bit des Ergebnisses (das dann natürlich vom Typ `int` sein muss) erkennen, ob ein Übertrag in das nächste Byte stattgefunden hat. Die englische Bezeichnung für ein Übertrag-Bit ist „Carry-Bit". Das *Carry-Bit* ist 1, wenn bei der Addition zweier Byte-Werte das Ergebnis nicht mehr in ein Byte passt und so ein neuntes Bit verwendet werden muss. Ich werde diese Bezeichnung ab jetzt ebenfalls verwenden.

Das Zahlensystem zur Basis 256 hat nun einen großen Nachteil: Sie müssten 256 verschiedene Zeichen verwenden, um die einzelnen Ziffern darzustellen. Deshalb unterteilt man ein Byte in zwei Hälften und nennt die einzelnen Hälften „Nibbles". Ein *Nibble* ist ein halbes Byte und umfasst 4 Bits. Mit den Zahlen 0 – 9 und den Buchstaben A–F können nun die einzelnen Nibbles dargestellt werden. Das an dieser Stelle oft verwendete Hexadezimalsystem stellt nun die Bits einer Zahl als Nibble-Pakete dar und verwendet für die Nibble-Werte 10 – 15 die Buchstaben A–F bzw. a–f.

Wir wollen nun zunächst die Zahlen 10 000 und 20 000 als Byte-Pakete betrachten und später ein Programm erstellen, das beliebig lange Zahlen korrekt addiert. Zunächst müssen die Zahlen 10 000 und 20 000 in Hexadezimalzahlen umgewandelt werden. Auf diese Weise erhalten Sie die Zahlen a=0x2710 und b=0x4e20 (das Präfix „0x" bedeutet in C++ „Hexadezimalzahl"). Nun werden **a** und **b** als Variablen vom Typ `char*` aufgefasst, wobei die Länge der Zeichenketten zunächst im ersten Byte (also an Position 0) abgelegt wird:

```
unsigned char a[3]={2,0x10,0x27};
unsigned char b[3]={2,0x20,0x4E};
```

Nun ist die Addition von **a** und **b** sehr einfach mit einer `for`-Schleife realisierbar:

```
int i,Sum,Carry,L;
Carry=0;
L=a[0]; // Länge L=erstes Byte von a
for (i=1; i<=L; i++)
{
    Sum=a[i]; Sum+=b[i]; Sum+=Carry; // Sum ist 16 Bit breit
    Carry=Sum>>8; // Carry ist das 9. Bit vom Sum
    a[i]=Sum&0xff; // a[i] enthält die untersten 8 Bits von Sum
}
```

Zugegeben: Ein paar kleine Tricks gibt es bei der Addition schon, nämlich die Verwendung einer logischen Operation und eines Bit-Shifts. Das Carry-Bit ist nämlich im letzten Beispiel so beschaffen, dass es bei der Summierung der einzelnen Bytes stets einfach addiert werden kann, weil es immer den korrekten Übertrag der vorigen Stelle enthält. Dies geschieht dadurch, dass die Summe aus a[i] und b[i] stets als 16-Bit-Zahl betrachtet wird. Im Carry-Bit wird dann das um acht Positionen nach unten verschobene neunte Bit von **Sum** gespeichert. In a[i] werden dann zum Schluss jeweils nur die untersten 8 Bits von **Sum** abgelegt. Dies gewährleistet die Verknüpfung von c[i] mit der AND-Maske 0xff. Bei einer Verknüpfung von **a** und **b** durch AND werden sämtliche Bits von **a** gelöscht, die bei **b** nicht gesetzt (=1) sind. Die Tatsache, dass die Summe wieder in **a** gespeichert wird (der ursprüngliche Inhalt von **a** geht dadurch verloren), ist an dieser Stelle gewollt.

Eine Sache hat sich aber dann doch seit der letzten Auflage verändert, nämlich der Datentyp char und der Datentyp int. Seit 64-Bit-Prozessoren Standard sind, ist schon int mindestens 32 Bit breit, und da es immer mehr Unicode-Systeme gibt, ist schon der Datentyp char 16 Bit breit (es muss ja laut Standard nur garantiert werden, dass der Datentyp int den Datentyp char vollständig aufnehmen kann). Deswegen benötigen Sie mittlerweile auch folgende Variante, die unabhängig von der Bitbreite des Datentyps char und int ist:

```
int i,Sum,Carry,L;
Carry=0;
L=a[0]; // Länge L=erstes Byte von a
for (i=1; i<=L; i++)
{
    Sum=a[i]; Sum+=b[i]; Sum+=Carry; // Sum ist MINDESTENS 16 Bit breit
    if (Sum>255) { Carry=1; } else { Carry=0; }
    a[i]=Sum&0xff; // a[i] enthält die untersten 8 Bits von Sum
}
```

Sehen Sie sich nun Listing 2.11 an, das eine Addition von zwei Zahlen mit einer maximalen Länge von 256 Bytes durchführt.

**Listing 2.11** Addition.cpp

```
#include<stdio.h>
#include<string.h>

int Hex2Dez(int Ziff)
{
    if ((Ziff>='0')&&(Ziff<='9')) { return (Ziff-48); } // ASCII '0'=48
    if ((Ziff>='a')&&(Ziff<='f')) { return (Ziff-87); } // ASCII 'a'=97
    return -1; // Ungültiges Zeichen=-1
}

void Str2Num(unsigned char *Num, char *Str)
{
    long int L,i,j,Shift=0;
    L=strlen(Str)-1; j=1;
    for (i=L; i>=0; i--)
    {
        Num[j]|=Hex2Dez(Str[i])<<Shift;
        Shift+=4;
        if (Shift==8) { Shift=0; j++; Num[j]=0; }
    }
```

```
    Num[0]=j;
}
void println(unsigned char *Num)
{
    long int L,i;
    L=Num[0];
    for (i=L; i>0; i--)
    {
        printf("%02x",Num[i]);
    }
    printf("\n");
}
void Add(unsigned char *a, unsigned char *b)
{
    long int i,L;
    int Carry,Sum;
    Carry=0;
    if (a[0]>=b[0]) { L=a[0]; } // a läger als b?
    if (b[0]>=a[0]) { L=b[0]; } // b länger als a?
    a[0]=L; b[0]=L; // Längen angleichen
    for (i=1; i<=L; i++)
    {
        Sum=a[i]; Sum+=b[i]; Sum+=Carry; // Sum ist 16 Bit breit
        if (Sum>255) { Carry=0; } else { Carry=1; }
        a[i]=Sum&0xff; // a[i] enthält die untersten 8 Bits von Sum
    }
}
int main(void)
{
    unsigned char a[256]={0};
    unsigned char b[256]={0};
    char Puffer[512]={0};
    printf("Zahl a (Hex):"); scanf("%s",Puffer);
    Str2Num(a,Puffer); // Puffer in binäre Langzahl a wandeln
    printf("Zahl b (Hex):"); scanf("%s",Puffer);
    Str2Num(b,Puffer); // Puffer in binäre Langzahl b wandeln
    printf("Berechne a+b:\n");
    Add(a,b); // Addition von Langzahlen a und b
    printf("Ergebnis:");
    println(a); // Ausgabe Ergebnis (ist in a)
    return 0;
}
```

Im nächsten Programm müssen zunächst Hexadezimalzahlen von der Tastatur eingelesen werden. Um Hexadezimalzahlen von der Tastatur einzulesen, kann normalerweise einfach `scanf()` verwendet werden. Leider funktioniert dies hier nicht, weil `scanf()` nur lange Zahlen mit maximal 64 Bit Breite unterstützt. Deshalb muss in Listing 2.11 eine entsprechende Funktion bereitgestellt werden, die einen String mit einem Hexadezimalwert in eine beliebig lange Zahl umwandelt, mit der sich auch rechnen lässt.

Dafür wird zunächst einmal in den Zeilen **03–08** eine Funktion erstellt, die ein ASCII-Ziffernzeichen als Parameter übernimmt und in einen Wert vom Typ `int` wandelt. Dies ist aber nicht sehr schwer, denn der ASCII-Code für die Ziffer 0 ist 48 und der ASCII-Code für die Ziffer 9 ist 57. Wenn also die Bedingung in Zeile **05** erfüllt ist, dass eine Ziffer übergeben wurde, wird mittels `return` der Wert `Ziff-48` zurückgegeben. Ist das übergebene Zeichen dagegen ein Buchstabe im Bereich a bis f, ist die Bedingung in Zeile **06** erfüllt und es wird mittels `return` der Wert `Ziff-87` (=96 – 10) zurückgegeben, sodass der Buchstabe a auf die Zahl 10 abgebildet wird (das kleine a hat also den ASCII-Wert 97). In Zeile **07** wird -1 zurückgegeben, wenn weder eine Ziffer noch ein gültiger Buchstabe übergeben wurde. Auf diese Weise können Sie Ihr Programm später noch um eine Überprüfung der Eingabe auf Fehler erweitern. Sie können das, was `Hex2Dez()` tut, natürlich auch mit Standardfunktionen umsetzen. Ich habe mich aber an dieser Stelle bewusst dafür entschieden, das Rad neu zu erfinden. Ich denke, dass Sie auf diese Weise den Umgang mit Hexadezimalzahlen und Nibbles besser lernen als durch das schlichte Pauken der Standardfunktionen. Ferner können Sie die Funktion `Hex2Dez()` noch beliebig erweitern und z. B. auch (oder nur) Großbuchstaben in Hexadezimalzahlen zulassen.

Die Funktion `Str2Num()` (string to number) in den Zeilen **09–20** wandelt nun eine Eingabe in Textform in eine beliebig lange Zahl in Byte-Form um. Auch dies hätten Sie durch ein paar Standardfunktionen wie `sprintf()` hinbekommen, aber auch an dieser Stelle will ich aus didaktischen Gründen das Rad neu erfinden (Sie werden sich noch wundern, wie oft Sie im Studium ein Zahlenformat in ein anderes überführen müssen). Der der Funktion `Str2Num()` übergebene Parameter **Num** ist vom Typ `unsigned char*` und groß genug, eine Bytekette aufzunehmen – inklusive achtes Bit. **Str** ist vom Typ **char*** und enthält die Textdarstellung der Hexadezimalzahl, die später in **Num** stehen soll. **Num** wird von der Funktion `Str2Num()` als Zeiger übergeben und direkt mit den korrekten Bytes beschrieben. Der Rückgabetyp ist deshalb `void`. In den Zeilen **11** und **12** werden nun erst einmal ein paar lokale Variablen definiert. Die Variable **L** erhält die Länge des Quellstrings **Str**, **i** ist der Schleifenzähler der `for`-Schleife und **j** ist die aktuelle Schreibposition im Ziel-Array **Num**. Da die Byte-Länge des Ziel-Arrays **Num** an Position 0 gespeichert wird, ist am Anfang `j=1`. In der `for`-Schleife in den Zeilen **13–18** wird nun der Quellstring von hinten nach vorne durchlaufen. Dieses Vorgehen ist nötig, weil bei Zahlenwerten die kleinste Stelle hinten steht und die größte vorne. Innerhalb der `for`-Schleife in den Zeilen **13–18** wird nun jedes Zeichen des Quellstrings **Str** in einen Hexadezimalwert umgewandelt und in das Ziel-Array **Num** an die Position **j** kopiert. Anschließend wird **j** entsprechend erhöht. Dies kann aber nicht einfach durch eine Anweisung wie

```
j++;
```

am Schleifenende geschehen. Der Grund hierfür ist, dass bei der Hexadezimalschreibweise eine Ziffer einem Nibble entspricht. Deshalb wird in der Variablen **Shift** zusätzlich eine Verschiebung gespeichert, die 0 oder 4 Bits nach links betragen kann. Die folgenden Anweisungen in Zeile **15** und **16** setzen die Nibbles im Ziel-Array korrekt zusammen:

```
Num[j]|=Hex2Dez(Str[i])<<Shift;
Shift+=4;
```

Da **Shift** am Anfang den Wert 0 hat, werden durch die entsprechende ODER-Verknüpfung mit `Num[j]` zuerst die unteren 4 Bits beschrieben. Im nächsten Schleifendurchlauf ist `Shift=4` und es werden die oberen Bits (7–4) beschrieben, ohne die alten Bits zu löschen. Erst, wenn in Zeile **17** **Shift** den Wert 8 hat, wird **j** um 1 erhöht und **Shift** wird wieder auf 0 zurückgesetzt. Auf diese Weise werden sämtliche Zeichen im Quellstring korrekt in Nibbles umgewandelt. Bevor die Funktion `Str2Num()` zurückkehrt, wird der Zähler **j** an Position 0 im Array **Num** gespeichert, damit dort die korrekte Länge in Bytes eingetragen wird.

Die Funktion `println()` muss nicht gesondert erklärt werden, weil diese nur dazu da ist, die Ergebnisse der Berechnungen korrekt in der Konsole auszugeben. Da die Funktion `printf()` schon existiert, habe ich mich bei der Benennung der Funktion zur Ausgabe langer Zahlen an Java orientiert und diese `println()` genannt. Die Funktion `Add()` in den Zeilen **31–45** leistet nun die Hauptarbeit. `Add()` bekommt als Parameter zwei lange Zahlen vom Typ `char*` übergeben. `Add()` setzt voraus, dass die übergebenen Parameter **a** und **b** bereits in einem korrekten Format vorliegen und dass `a[0]` und `b[0]` die korrekte Länge beider Arrays in Bytes enthalten. Bevor nun der zuvor erläuterte Additionsalgorithmus in den Zeilen **39–44** ausgeführt wird, müssen aber noch einige Vorbedingungen erfüllt sein. Es kann z. B. vorkommen, dass **a** und **b** nicht die gleiche Länge in Bytes haben, weil Sie z. B. 0x01 und 0x1111 addieren wollen. In den Zeilen **36** und **37** wird dies überprüft. Wenn **a** in Bytes gemessen länger ist als **b**, wird `L=a` gesetzt. Ist **b** länger als **a**, wird `L=b` gesetzt. Anschließend erhalten **a** und **b** die Länge **L** – die Länge wird also angeglichen. Sie müssen über die Tastatur keine gleich langen Zahlen eingeben, aber die Längen müssen in Nibbles gemessen gerade sein. Am Ende des Kapitels werde ich dieses Problem noch beheben, zurzeit würde dies jedoch die Listings unnötig verkomplizieren. In der `for`-Schleife in den Zeilen **39–44** wird nun der Additionsalgorithmus implementiert, wie ich ihn zuvor geschildert habe. Die Funktion `Add()` gibt keine Parameter zurück und legt auch keine Sicherheitskopie von **a** an. Sie können also theoretisch **b** in einer Schleife tausendmal zu **a** addieren und Sie erhalten als Ergebnis

**a=1000*b.**

Das Hauptprogramm definiert die zwei `char`-Arrays **a** und **b** mit einer Länge von 256 Bytes. In diese Arrays können danach beliebig lange Zahlen mit einer maximalen Länge von 255 Bytes eingetragen werden. Am Anfang werden beide Arrays mit Null-Bytes vorbelegt und erst später werden in den Zeilen **51** bis **54** die entsprechenden Werte von der Tastatur eingelesen. Dadurch wird gewährleistet, dass `Add()` die Längen von **a** und **b** richtig angleichen kann. In den Zeilen **57** und **58** wird dann das Ergebnis der Addition mit der Funktion `println()` ausgegeben.

### 2.8.2 Subtraktion beliebig langer Zahlen

Jede Subtraktion kann auch als Addition aufgefasst werden. So ist z. B. 5 – 6=5+(-6)=-1. Wie wird jedoch der negative Wert -1 dargestellt? Die Antwort ist, dass wenn Sie von dem Byte-Wert 0 den Wert 1 abziehen, das Byte wieder zu 255 (=0xff) umschlägt, und Sie wieder 0 erhalten, wenn Sie zu 255 (=0xff) den Wert 1 addieren. Diesen Vorgang des Umschlagens bezeichnet man als Überlauf (Overflow). Ein *Overflow* geschieht immer dann, wenn der entsprechende Wertebereich erschöpft ist und z. B. bei einer Addition von 0xffff und 0x0001 zu 0x0000 umschlägt. Einige Prozessoren haben sogar ein spezielles Bit, das auf 1 gesetzt wird, wenn ein Überlauf auftritt. In der Programmierung nutzt man nun Overflows geschickt aus und definiert den Wert -1 als maximalen Wert des Wertebereichs als vorzeichenlose Zahl betrachtet. Hierzu möchte ich ein paar Beispiele anführen, damit der Sachverhalt klarer wird:

**Bytes (short char)**

Ein als vorzeichenlos betrachtetes Byte kann Werte zwischen 0 und 255 aufnehmen. Deshalb wird hier die Zahl -1 eines als vorzeichenbehaftet betrachteten Bytes auf den Hex-Wert 0xff abgebildet und die Zahl -2 auf den Wert 0xfe. Das oberste Bit (Bit 7) zeigt hier deshalb ein negatives Vorzeichen an, wenn es gesetzt (=1) ist. Der bekannte 6510-Prozesor des legendären C64 bildete z. B. die Zahlen als Bytes ab.

**Kurze Integer-Werte (short int)**

Eine als vorzeichenlos betrachtete 16-Bit-Zahl kann Werte zwischen 0 und 65535 aufnehmen. Deshalb wird hier die Zahl -1 eines als vorzeichenbehaftet betrachteten `short int` auf den Hex-Wert 0xffff abgebildet und die Zahl -2 auf den Wert 0xfffe. Das oberste Bit (Bit 15) zeigt hier deshalb ein negatives Vorzeichen an, wenn es gesetzt (=1) ist. Die 8086-Prozessoren in den ersten PCs bildeten z. B. die Zahlen als 16-Bit-Werte ab.

**Lange Integer-Werte (long int)**

Eine als vorzeichenlos betrachtete 32-Bit-Zahl kann Werte zwischen 0 und 4 294 967 295 aufnehmen. Deshalb wird hier die Zahl -1 eines als vorzeichenbehaftet betrachteten `long int` auf den Hex-Wert 0xffffffff abgebildet und die Zahl -2 auf den Wert 0xfffffffe. Das oberste Bit (Bit 31) zeigt hier deshalb ein negatives Vorzeichen an, wenn es gesetzt (=1) ist. Ab dem 386-Prozessor ist es möglich, 32-Bit-Zahlen in nur wenigen Takten zu verarbeiten.

Nun müssen die Regeln für C++-Datentypen auf Zahlen beliebiger Länge übertragen werden. Dies ist aber nicht so schwer, wie Sie vielleicht denken, denn Sie müssen nur Bit Nr. 7 des letzten Bytes in Ihrer langen Zahl als Vorzeichenbit betrachten. Am einfachsten geht dies, wenn Sie bei der Subtraktion für a und b Zahlen gleicher Byte-Länge benutzen. In diesem Fall entsteht dann ein negatives Vorzeichen dadurch, dass Sie sämtliche Bits der entsprechenden positiven Zahl (man spricht hier auch vom Betrag) umdrehen und anschließend zum Ergebnis 1 addieren. So wird z. B. die negative 16-Bit-Zahl -2 wie folgt gebildet:

**|-2|=2=0x0002 (Betrag bilden)**

**NOT 0x0002=0xfffd (Invertieren mit logischem NOT)**

**0xfffd+0x0001=0xfffe (Addieren von 1)**

Da Sie die Addition schon programmiert haben, müssten Sie an dieser Stelle nur noch eine entsprechende Funktion `Invert()` erstellen, die sämtliche Bits einer langen Zahl umdreht. `Invert()` könnten Sie dann später als Basis für die Funktion `Sub()` benutzen, die `Invert()` und `Add()` in der korrekten Reihenfolge aufruft. An dieser Stelle denken Sie vielleicht, dass es von Anfang an Sinn macht, die Addition von a und b als „a=a+b" darzustellen und die Veränderung des Originalwerts für a in Kauf zu nehmen. Die Subtraktion lässt sich so einfach als „a=a+(NOT(b)+1)" schreiben. Sie werden später noch sehen, dass dieses Verfahren Probleme macht und ich dies deshalb in dieser Auflage nicht mehr benutze. Stattdessen verwende ich nun auch bei der Subtraktion ein entsprechendes separates Carry-Flag. Die Programmablaufpläne für die noch zu erläuternde ägyptische Multiplikation und Division werden durch diese Entscheidung nicht beeinflusst, sondern es werden nur die Programme selbst besser lesbar.

Vielleicht fragen Sie sich an dieser Stelle, was eigentlich der Unterschied zwischen einer sehr langen Zahl und einem String ist, der z. B. einen Text enthält. Außer der zusätzlichen Längenangabe besteht aus Sicht des Computers tatsächlich keinerlei Unterschied zwischen einem Text und einer sehr langen Zahl. Mehr noch: Zahlreiche populäre Verschlüsselungsverfahren wie PGP basieren auf der Möglichkeit, z. B. E-Mails als sehr lange Zahlen zu betrachten und auf diesen Zahlen komplexe mathematische Operationen auszuführen. Kommen wir aber nun zum nächsten Beispielprogramm, in dem die Funktion `Sub()` implementiert wird. Sehen Sie sich dazu Listing 2.12 an.

**Listing 2.12** Subtraktion.cpp

```
#include<stdio.h>
#include<string.h>

int Hex2Dez(int Ziff)
{
    if ((Ziff>='0')&&(Ziff<='9')) { return (Ziff-48); } // ASCII '0'=48
    if ((Ziff>='a')&&(Ziff<='f')) { return (Ziff-87); } // ASCII 'a'=97
    return -1; // Ungültiges Zeichen=-1
}

void Str2Num(unsigned char *Num, char *Str)
{
    long int L,i,j,Shift=0;
    L=strlen(Str)-1; j=1;
    for (i=L; i>=0; i--)
    {
        Num[j]|=Hex2Dez(Str[i])<<Shift;
        Shift+=4;
        if (Shift==8) { Shift=0; j++; Num[j]=0; }
    }
```

```
19        Num[0]=j;
20    }
21    void println(unsigned char *Num)
22    {
23        long int L,i;
24        L=Num[0];
25        for (i=L; i>0; i--)
26        {
27            printf("%02x",Num[i]);
28        }
29        printf("\n");
30    }
31    void Sub(unsigned char *a, unsigned char *b)
32    {
33        long int i,L;
34        int Carry,Sum;
35        Carry=0;
36        if (a[0]>=b[0]) { L=a[0]; } // a läger als b?
37        if (b[0]>=a[0]) { L=b[0]; } // b länger als a?
38        a[0]=L; b[0]=L;
39        for (i=1; i<=L; i++)
40        {
41            Sum=a[i]; Sum-=b[i]; Sum-=Carry; // Sum ist 16 Bit breit
42            if (Sum<0) { Carry=1; } else { Carry=0; }
43            a[i]=Sum&0xff; // a[i] enthält die untersten 8 Bits von Sum
44        }
45    }
46    int main(void)
47    {
48        unsigned char a[256]={0};
49        unsigned char b[256]={0};
50        char Puffer[512]={0};
51        printf("Zahl a (Hex):"); scanf("%s",Puffer);
52        Str2Num(a,Puffer); // Puffer in binäre Langzahl a wandeln
53        printf("Zahl b (Hex):"); scanf("%s",Puffer);
54        Str2Num(b,Puffer); // Puffer in binäre Langzahl b wandeln
55        printf("Berechne a-b:\n");
56        Sub(a,b); // Addition von Langzahlen a und b
57        printf("Ergebnis:");
58        println(a); // Ausgabe Ergebnis (ist in a)
59        return 0;
60    }
```

Listing 2.12 gleicht fast Listing 2.11, deshalb erläutere ich an dieser Stelle nur die Funktion `Sub()`.

Die Funktion `Sub()` wird in den Zeilen **31–45** implementiert. `Sub()` unterscheidet sich von der Funktion `Add()` dadurch, dass diese das Carry-Flag anders verwendet, um eine Subtraktion zu realisieren. Zuerst werden – wie auch bei `Add()` – die Byte-Längen der Zahlen **a** und **b** angeglichen. In den Zeilen **39–44** wird dann die Subtraktionsschleife ausgeführt. In dieser Schleife werden **a** und **b** byteweise voneinander subtrahiert. Die Variable **Carry** bewirkt aber im Gegensatz zur Funktion `Add()` aus dem letzten Beispiel, dass von dem Ergebnis `a[i]-b[i]` der Wert 1 subtrahiert wird, wenn das Carry-Flag gesetzt ist. Das Carry-Flag reagiert hier also im Gegensatz zur Funktion `Add()` nur auf negative Werte. Wenn also der Ausdruck `a[i]-b[i]-C` negativ ist, dann wird das Carry-Flag erneut gesetzt (`Carry=1`), ansonsten gelöscht (`Carry=0`). Auch `Sub()` verwendet hier also eine Variante, die unabhängig von der Bitlänge der Typen `char` und `int` ist.

**Tipp: Korrekte Initialisierung von Arrays**

Beachten Sie, dass Sie die Arrays, die später die Zahlen enthalten sollen, wirklich vorher mit Null-Bytes initialisieren müssen. C++-Compiler weisen den einzelnen Array-Elementen erst einen Wert zu, wenn Sie es im Programm selbst tun, z. B. durch eine Schleife. Die einzige Ausnahme sind Zuweisungen wie

```
char a[256]={0};
```

in Zeile **48** und **49**. Solche und nur solche Anweisungen initialisieren ein Array mit Null-Bytes und fügen auch implizit das Schlüsselwort `const` hinzu. Indes ist die Wirkung von Anweisungen wie

```
char a[256]={0,1,0};
```

mit mehr als einem Byte in der Initialisierungsliste vom Compiler abhängig und das Verhalten ist undefiniert. So ist z. B. im C++-Standard nicht festgelegt, ob das Array mit der letzten Zahl in der Initialisierungsliste aufgefüllt wird, wenn mehr als eine Zahl in der Liste steht. Vermeiden Sie möglichst solche Anweisungen, bei denen das Verhalten undefiniert ist.

Das Hauptprogramm liest die Zahlen a und b von der Tastatur ein und subtrahiert diese. Anschließend wird das Ergebnis in der Konsole ausgegeben. Ich habe die Funktion `println()` bewusst nicht so angepasst, dass diese die Zahlen korrekt mit Vorzeichen ausgibt. Auf diese Weise sehen Sie sehr gut, wie negative Zahlen intern dargestellt werden. Probieren Sie es ruhig aus und ziehen Sie z. B. von 0xc0000000 den Wert 0xd0000000 ab.

### 2.8.3 Multiplikation beliebig langer Zahlen (ägyptische Multiplikation)[3]

Die Multiplikation beruht auf der Addition und Sie können z. B. den Ausdruck „10*a“ als „a+a+a+a+a+a+a+a+a+a“ schreiben. Den Ausdruck „-10*a“ bzw. „a*(-10)“ können Sie als „-a-a-a-a-a-a-a-a-a-a“ schreiben. Damit haben Sie bereits einen Algorithmus für die Multiplikation zur Verfügung, der stets das richtige Ergebnis liefert und auch in

3 *https://de.wikipedia.org/wiki/Mathematik_im_Alten_%C3%84gypten*

einer endlichen Zeit anhält. Die entsprechende Schleife, um a und b zu multiplizieren, würde somit so aussehen:

```
for (i=1; i<=b; i++) { a=a+b; }
```

Diese einfache Lösung ist natürlich sehr ineffizient, und außerdem können die in den letzten Beispielen in char-Arrays gespeicherten sehr langen Zahlen nicht einfach ohne zusätzliche Funktionen in einer einfachen Schleife benutzt werden. Deshalb verwende ich an dieser Stelle die ägyptische Multiplikation. Die *ägyptische Multiplikation* von **a** mit **b** funktioniert so: Zuerst wird **a** in die Hilfsvariable **c** übertragen und **b** in die Hilfsvariable **d** übertragen. Anschließend wird **a** zu 0 gesetzt. Es wird nun das unterste Bit von **b** betrachtet. Ist dieses Bit 0, geschieht nichts. Ist dieses Bit 1, so wird **c** zu **a** addiert. Anschließend wird **c** mit 2 multipliziert (dies entspricht in diesem Beispiel einer Verschiebung aller Bits um eine Position nach links) und **b** durch 2 dividiert (dies entspricht in diesem Beispiel einer Verschiebung sämtlicher Bits nach rechts). Dies bedeutet also, dass **b** stets um 1 Bit nach rechts und **c** stets um 1 Bit nach links verschoben wird. Nun beginnt der Algorithmus wieder von vorn, nämlich bei dem nächsten untersten Bit von **b**, das hier auch als *LSB* (least significant bit) bezeichnet wird. Die ägyptische Multiplikation endet, wenn sämtliche Bits von **b** null sind. Nun enthält **a** das Produkt. Am Ende wird dann **d** zurück nach **b** übertragen, um den Ausgangswert für **b** wiederherzustellen.

Sehen Sie sich nun das nächste einfache Beispiel für die Zahlen a=1234 und b=34 an (und nehmen Sie unter Umständen den obigen Programmablaufplan zu Hilfe). Diese Zahlen sollen miteinander multipliziert werden. Die 16-Bit-Binärdarstellung von $1234_{10}$ ist $0000010011010010_2$ und die Binärdarstellung von 34 ist $0000000000100010_2$. Sie erhalten folgende Anfangsbedingungen:

**0000000000000000 (a=0=0x0)**

**0000000000100010 (b=34=0x22)**

**0000010011010010 (c=1234=0x4d2)**

**0000000000100010 (d=34=0x22)**

Nun ist das unterste Bit von **b** nicht gesetzt, deshalb geschieht nichts, außer dass **b** durch 2 geteilt und **c** mit 2 multipliziert wird. Sie erhalten folgende Binärdarstellung für a, b, und c:

**0000000000000000 (a=0=0x0)**

**0000000000010001 (b=17=0x11)**

**0000100110100100 (c=2468=0x9a4)**

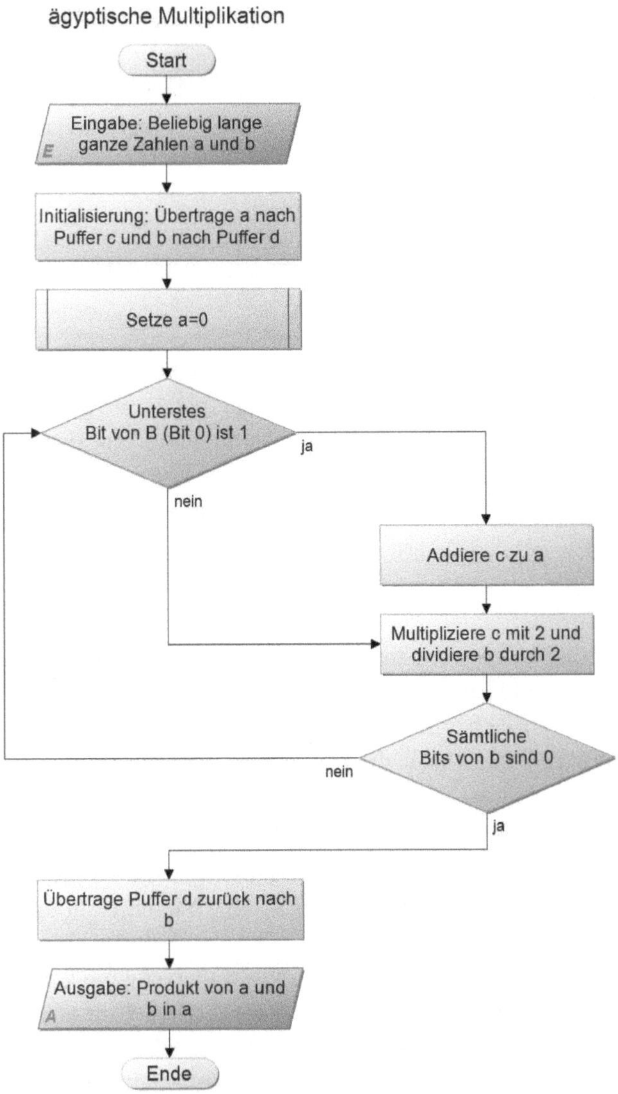


**Bild 2.6** Programmablaufplan der ägyptischen Multiplikation

Nun ist das unterste Bit von **b** gesetzt und deshalb wird `a=a+c=2468`. Anschließend wird **b** zu `b/2=8` und **c** zu `c*2=4936` gesetzt (bei der ganzzahligen Division von **b** durch 2 fällt also der Kommateil weg). In den nächsten drei Schritten geschieht nichts, außer dass **b** durch 2 geteilt und **c** mit 2 multipliziert wird (das unterste Bit von **b** ist hier stets 0). Am Ende erhalten Sie folgende Binärdarstellung:

**0000000000000000 (a=0=0x0)**

**0000000000000001 (b=17=0x11)**

**1001101001000000 (c=39488=0x9a40)**

Nun ist das unterste Bit von **b** gesetzt und deshalb wird **a** zu `a=a+c=2468+39488=41956`. Nach der folgenden Bitverschiebung von **b** um eine Stelle nach rechts ist `b=0` und der Algorithmus stoppt. In **a** steht nun das korrekte Ergebnis von 1234*34=41956. Am Ende wird **b** wieder restauriert, indem der vorher in **d** gesicherte Wert zurück nach **b** kopiert wird.

### 2.8.4 Division beliebig langer Zahlen (ägyptische Division[4])

Die Division beruht – im Gegensatz zur Multiplikation – nicht direkt auf der Addition und Sie können z. B. den Ausdruck a/10 deshalb nicht als Kette der Art „a+a+a+a+a+a+a+a+a+a“ schreiben. Den Ausdruck a/-10 bzw. a/(-10) können Sie dann auch nicht als Kette der Art „–a-a-a-a-a-a-a-a-a-a“ auffassen. Damit haben Sie also keinen Algorithmus für die Division zur Verfügung, zumindest keinen einfachen?

Die Antwort, die Sie vielleicht noch aus der Schule kennen, lautet in der Tat „nein“. Vielleicht erinnern Sie sich noch an die schriftliche Division oder die Polynomdivision, bei der Sie den ersten Faktor schlicht raten mussten. Diese „Ratelösung“ ist natürlich auf einem Computer sehr ineffizient, denn im Endeffekt kann ein „dummes“ Programm nur Brute-Force-Methoden verwenden, um den korrekten „Einstieg“ in die schriftliche Division zu finden. Bei sehr langen Zahlen wächst aber die Ratezeit exponentiell mit der Länge der Zahlen, ähnlich wie bei der Primfaktorzerlegung. Sie benötigen also für lange Zahlen eine Alternative für die „Schul-Lösung“. Zum Glück gibt es diese, doch wird diese Lösung selbst im Studium nur selten gelehrt. Diese Lösung ist die ägyptische Division, die ich selbst auch nur durch Zufall gefunden habe – bei einem Besuch einer Ausstellung im Heinz-Nixdorf-Museum.

Die *ägyptische Division* von a durch b funktioniert so: Zuerst wird **b** in einen Puffer **c** übertragen und ein weiterer Puffer **d** wird zu 1 gesetzt. Nun werden **b** und **d** so lange mit 2 multipliziert (dies ist in unserem Beispiel einfach eine Bitverschiebung nach links), bis **b** größer ist als **a**. Wenn **b** größer ist als **a**, wird der letzte Schritt wieder rückgängig gemacht, indem **b** und **d** durch 2 geteilt werden (dies ist in diesem Beispiel eine Bitverschiebung um 1 Bit nach rechts). Nun wird die Ergebnisvariable **e** initialisiert und erst einmal zu 0 gesetzt. Nach der Initialisierungsphase beginnt der eigentliche Algorithmus: Immer, wenn **b** kleiner oder gleich **a** ist, wird **b** von **a** subtrahiert und außerdem **d** zu **e** addiert, ansonsten geschieht einfach nichts. Anschließend werden **b** und **d** durch 2 geteilt und der Algorithmus beginnt von vorn. Die einzelnen Schritte werden nun so lange wiederholt, bis **d** den Wert 1 hat. Am Ende wird **b** wieder restauriert, indem **c** nach **b** kopiert wird, außerdem wird **e** nach **a** kopiert, damit das Ergebnis in der Variablen **a** steht.

---

4 *https://de.wikipedia.org/wiki/Mathematik_im_Alten_%C3%84gypten*

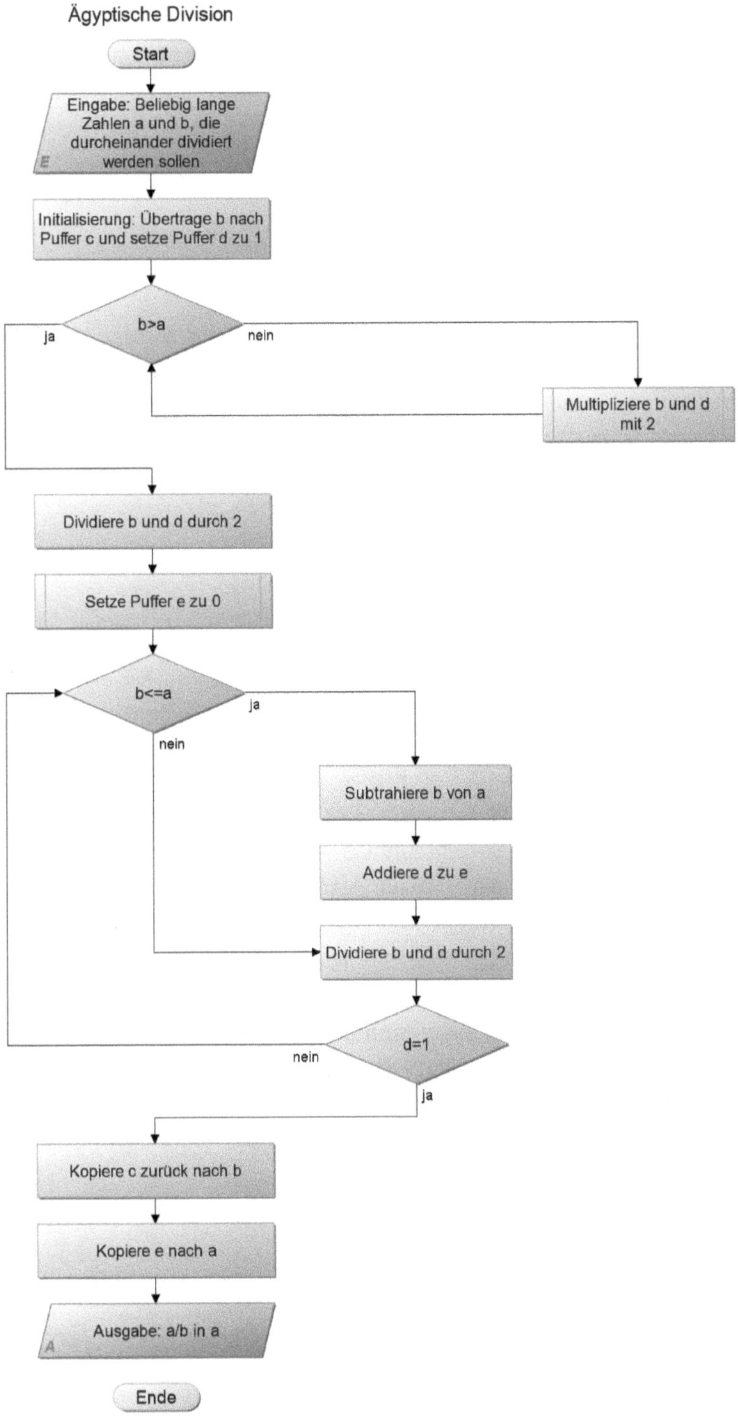


**Bild 2.7** Programmablaufplan ägyptische Division

Sehen Sie sich nun wieder die Zahlen aus dem letzten Beispiel an – am besten auch hier wieder unter Zuhilfenahme des entsprechenden Programmablaufplans. Diesmal soll a=1234 durch b=34 dividiert werden. Die 16-Bit-Binärdarstellung von $1234_{10}$ ist $0000010011010010_2$ und die Binärdarstellung von 34 ist $0000000000100010_2$.

Wenn Sie **b** und **d** um 5 Bits nach links verschieben, erhalten Sie folgendes Ergebnis:

**0000010011010010 (a=1234=0x4d2)**

**0000010001000000 (b=1088=0x440)**

**0000000000100000 (d=32=0x20)**

Sie setzen `a=a-b=146`. Gleichzeitig setzen Sie `e=e+d=32`. Anschließend werden **b** und **d** durch 2 dividiert und Sie erhalten `b=544` und `d=16`. Nun ist `b>a`, also geschieht im nächsten Schritt nichts, außer dass **b** und **d** durch 2 geteilt werden. Nun ist `a=146`, `b=272` und `d=8`. Auch jetzt ist noch `b>a`, also werden wiederum nur **b** und **d** durch 2 geteilt. Jetzt ist `a=146`, `b=136` und `d=4` und es ergibt sich folgende binäre Darstellung:

**0000000010010010 (a=146=0x92)**

**0000000010001000 (b=136=0x88)**

**0000000000000100 (d=4=0x4)**

Sie sehen an dieser Stelle, dass Sie das korrekte Ergebnis, nämlich 36 Rest 10, bis jetzt noch nicht erhalten haben. Da aber nun **b** wieder kleiner als **a** ist, muss `a=a-b=10` gesetzt werden und das Ergebnis wird zu `e=e+d=32+2=36`. Im nächsten Schritt ist `a=10`, `b=68` und `d=2`, also geschieht auch hier nichts, außer dass **b** und **d** durch 2 geteilt werden. Nun ist `d=1` und der Algorithmus endet. Nun wird `a=e` gesetzt und **b** wird restauriert. Bei Bedarf kann noch der in **a** verbleibende Rest in eine separate Variable kopiert werden. Auf diese Weise erhalten Sie eine Division mit Rest, also eine zusätzliche Modulo-Operation. Vor allem diese Art der Division wird in Public-Key-Verfahren wie RSA benutzt.

Auch zu der Multiplikation und der Division möchte ich Ihnen ein Listing vorstellen. Sie werden in dem nächsten Beispiel sehen, dass die einzelnen Funktionen aufeinander aufbauen und z. B. die Multiplikation davon abhängt, dass Sie die Addition richtig implementiert haben. Die Division hängt ferner – wie auch die Multiplikation – davon ab, dass Sie die Subtraktion und die Bitverschiebungen richtig umgesetzt haben. Sehen Sie sich nun Listing 2.13 an.

**Listing 2.13** MulDiv.cpp

```
#include<stdio.h>
#include<string.h>

void WriteLongInt(void *S, long int Pos, long int Val)
{
    char *BOS=(char *)S+Pos; // BOS=begin of string
    long int *NumArray=(long int *)BOS;
    NumArray[0]=Val;
}
```

```
long int ReadLongInt(void *S, long int Pos)
{
    char *BOS=(char *)S+Pos; // BOS=begin of string
    long int *NumArray=(long int *)BOS;
    return NumArray[0];
}

long int GetLen(unsigned char *S)
{
    return ReadLongInt(S,0); // 4 Bytes Pos 0-3
}

void SetLen(unsigned char *S, long int L)
{
    WriteLongInt(S,0,L); // 4 Bytes Pos 0-3
}

int Hex2Dez(int Ziff)
{
    if ((Ziff>='0')&&(Ziff<='9')) { return (Ziff-48); } // ASCII '0'=48
    if ((Ziff>='a')&&(Ziff<='f')) { return (Ziff-87); } // ASCII 'a'=97
    return -1; // Ungültiges Zeichen=-1
}

void Str2Num(char *Num, char *Str) // Hex
{
    long int L,i,j,Shift;
    Shift=0; // Verschiebung am Anfang 0
    L=strlen(Str); // Länge des Eingabestrings holen
    j=4; // Erstes byte der Zahl steht an Position 4
    for (i=L-1; i>=0; i--) // Niederwertigste Ziffer steht am Ende
    {
        Num[j]|=Hex2Dez(Str[i])<<Shift;
        Shift+=4; // Nächstes Nibble
        if (Shift==8) { Shift=0; j++; Num[j]=0; } // Shift=8? Dann nächstes Byte benutzen
    }
    if ((L%2)!=0) { j++; Num[j]=0; } // Die Anzahl der Nibbles muss gerade sein
    SetLen(Num,j); // Am Ende korrekte Länge setzen
    Num[j]=0; // Zahl mit 0-Byte abschließen
}

void println(unsigned char *Num) // Ausgabe einer Zahl mit Zeilenende
{
    long int L,i;
    L=GetLen(Num)+4;
    for (i=L; i>3; i--)
    {
        printf("%02x",Num[i]); // Hex-Ziffern
    }
    printf("\n");
}

void print(unsigned char *Num) // Ausgabe einer Zahl ohne Zeilenende
{
    long int L,i;
    L=GetLen(Num)+4;
```

```
    for (i=L; i>3; i--)
    {
        printf("%02x",Num[i]);
    }
}

void Invert(unsigned char *a)
{
    long int L,i;
    L=GetLen(a)+4; // Länge von a holen
    for (i=4; i<=L; i++)
    {
        a[i]=~a[i]; // Die NOT-Operation (Tilde-Zeichen) dreht die Bits um
    }
}

void Copy(unsigned char *a, unsigned char *b) // Dst,Src
{
    long int L,i;
    L=GetLen(b)+4; // Länge von b holen
    for (i=0; i<=L; i++) // Längenbyte mitkopieren
    {
        a[i]=b[i]; // Byte-Kopierschleife
    }
}

void Clear(unsigned char *a)
{
    long int L,i;
    L=GetLen(a)+4;
    for (i=4; i<=L; i++) { a[i]=0; } // Alle Bytes löschen, bis auf das
Längenbyte
}

void ShiftRight(unsigned char *a)
{
    long int L,i;
    L=GetLen(a)+4;
    for (i=4; i<=L; i++)
    {
        a[i]>>=1; // Die Zahl byteweise um 1 Bit nach rechts verschieben
        if (i<L-1) { a[i]|=(a[i+1]<<7); } // Außer beim letzten Byte muss
das LSB des vorigen Bytes in das MSB des aktuellen Bytes geschoben werden
    }
}

       void ShiftLeft(unsigned char *a)
{
    long int L,i;
    L=GetLen(a)+4;
    for (i=L; i>=4; i--)
    {
        a[i]<<=1; // Die Zahl byteweise um 1 Bit nach links verschieben
        if (i>0) { a[i]|=(a[i-1]>>7); } // Außer beim ersten Byte muss
das MSB des vorigen Bytes in das LSB des aktuellen Bytes geschoben werden
    }
}
```

```
void Add(unsigned char *a, unsigned char *b)
{
    long int L,i;
    int Carry,Sum;
    Carry=0;
    if (GetLen(a)>=GetLen(b)) { L=GetLen(a); } // a läger als b?
    if (GetLen(b)>=GetLen(a)) { L=GetLen(b); } // b länger als a?
    SetLen(a,L); SetLen(b,L); L+=4;
    for (i=4; i<=L; i++)
    {
        Sum=a[i]; Sum+=b[i]; Sum+=Carry; // Sum ist 16 Bit breit
        Carry=Sum>>8; // Carry ist das 9. Bit vom Sum
        a[i]=Sum&0xff; // a[i] enthält die untersten 8 Bits von Sum
    }
}

void Sub(unsigned char *a, unsigned char *b)
{
    int i,L;
    int Carry,Sum;
    char c[256]; // Puffer für den Wert 1
    char d[256]; // Puffer für b
    Copy(d,b);
    Carry=0;
    if (GetLen(a)>=GetLen(b)) { L=GetLen(a); } // a läger als b?
    if (GetLen(b)>=GetLen(a)) { L=GetLen(b); } // b länger als a?
    SetLen(a,L); SetLen(b,L);
    if (a[0]>=b[0]) { L=a[0]; } // a läger als b?
    if (b[0]>=a[0]) { L=b[0]; } // b länger als a?
    SetLen(a,L); SetLen(b,L); SetLen(c,L); c[4]=1; L+=4; // Längen angleichen und c=1 setzen
    for (i=5; i<=L; i++) { c[i]=0; } // c mit Nullen auffüllen
    Invert(b); // Bits von b umdrehen
    Add(b,c); // Zu b 1 addieren
    Add(a,b); // Die Subtraktion als Addition betrachten
    Copy(b,d); // b restaurieren
}

bool IsMore(unsigned char *a, unsigned char *b)
{
    long int L;
    char Buff[256]={0};
    if (GetLen(a)>=GetLen(b)) { L=GetLen(a); } // a läger als b?
    if (GetLen(b)>=GetLen(a)) { L=GetLen(b); } // b länger als a?
    SetLen(a,L); SetLen(b,L);
    Copy(Buff,b);
    Sub(Buff,a);
    if ((Buff[L+4]&0x80)==0x80) { return true; }
    else { return false; }
}

bool IsLess(unsigned char *a, unsigned char *b)
{
    long int L;
    char Buff[256]={0};
    if (GetLen(a)>=GetLen(b)) { L=GetLen(a); } // a läger als b?
    if (GetLen(b)>=GetLen(a)) { L=GetLen(b); } // b länger als a?
    SetLen(a,L); SetLen(b,L);
```

```
    Copy(Buff,a);
    Sub(Buff,b);
    if ((Buff[L+4]&0x80)==0x80) { return false; }
    else { return true; }
}

bool IsEqual(unsigned char *a, unsigned char *b)
{
    bool EQ=true; // Erst einmal annehmen, a und b sind gleich
    long int L,i;
    if (GetLen(a)>=GetLen(b)) { L=GetLen(a); } // a läger als b?
    if (GetLen(b)>=GetLen(a)) { L=GetLen(b); } // b länger als a?
    SetLen(a,L); SetLen(b,L); L+=4;
    for (i=4; i<=L; i++) // einzelne Zeichen durchgehen
    {
        if (a[i]!=b[i]) // a[i] ist nicht b[i]?
        {
            EQ=false; // Dann sind a und b doch nicht gleich
            break; // In diesem Fall, Schleife abbrechen
        }
    }
    return EQ; // Wenn EQ hier immer noch true ist, sind a und b gleich
}

bool IsZero(unsigned char *a)
{
    bool Z=true; // Erst einmal annehmen, a sei 0
    long int L,i;
    L=GetLen(a)+4; // Länge von a holen
    for (i=4; i<=L; i++)
    {
        if (a[i]!=0) // a[i] ist nicht 0?
        {
            Z=false; // Dann ist Z doch nicht 0
            break; // In diesem Fall, Schleife abbrechen
        }
    }
    return Z; // Wenn Z hier immer noch true ist, ist a=0
}

void Mul(unsigned char *a, unsigned char *b, bool Ausgabe)
{
    long int L,i;
    unsigned char c[256]; // Puffer für a
    unsigned char d[256]; // Puffer für b
    unsigned char LSB; // Niederwertigstes Bit=LSB
    Copy(c,a); // a in c puffern
    Copy(d,b); // b sichern
    Clear(a); // a zu 0 setzen
    L=GetLen(b); L*=8; // L=Länge von b in Bits
    for (i=0; i<L; i++)
    {
        LSB=b[4]&0x01; // LSB holen
        if (LSB==1) { Add(a,c); }
        ShiftLeft(c); ShiftRight(b);
        if (Ausgabe==true) // 3. Parameter true? Dann
einzelne Schritte ausgeben
```

```
        {
            printf("a="); print(a);
            printf("b="); print(b);
            printf("c="); print(c);
            printf("d="); println(d); // Hier ist das Zeilenende
        }
    }
    Copy(b,d); // b restaurieren
}

void Div(unsigned char *a, unsigned char *b, bool Ausgabe)
{
    long int i,L;
    unsigned char c[256]; // Puffer für a
    unsigned char d[256]; // Puffer für b
    unsigned char e[256]; // Ergebnis ist in e
    unsigned char LSB; // Niederwertigstes Bit=LSB
    L=GetLen(a);
    SetLen(d,L); SetLen(e,L); // d und e die Länge von a zuweisen
    Copy(c,b); // b in c puffern
    Clear(d); d[4]=1; // d zu 1 setzen
    Clear(e); // e zu 0 setzen
     // Initialisierung
    while (IsMore(b,a)==false)
    {
        ShiftLeft(b); ShiftLeft(d);
    }
    ShiftRight(b); ShiftRight(d); // Letzten Schritt rückgängig machen
    // Haupt-Algorithmus
    GetLen(a); L*=8; // Länge in Bits bestimmen
    for (i=0; i<L; i++)
    {
        if ((IsMore(a,b)==true)||(IsEqual(a,b)==true)) // a>b, dann a=a-b und e=e+d setzen
        {
            Sub(a,b);
            Add(e,d);
        }
        if (Ausgabe==true) // 3. Parameter true? Dann einzelne Schritte ausgeben
        {
            printf("a="); print(a);
            printf("b="); print(b);
            printf("c="); print(c);
            printf("d="); print(d);
            printf("e="); println(e); // Hier ist das Zeilenende
        }
        ShiftRight(b); ShiftRight(d); // b=b/2 und d=d/2 setzen
        if (IsZero(a)==true) { break; }
    }
    Copy(a,e); // Ergebnis nach a kopieren
    Copy(b,c); // Rest (Modulo) nach b kopieren
}

int main(void)
{
    unsigned char a[256]={0};
```

```
268     unsigned char b[256]={0};
269     char Puffer[256]={0};
270     char Puffera[256]={0};
271     char Pufferb[256]={0};
272     printf("Zahl a (Hex):"); scanf("%s",&Puffer);
273     Str2Num(a,Puffer); // Puffer in binäre Langzahl a wandeln
274     printf("Zahl b (Hex):"); scanf("%s",&Puffer);
275     Str2Num(b,Puffer); // Puffer in binäre Langzahl b wandeln
276     Copy(Puffera,a); // a sichern
277     Copy(Pufferb,b); // b sichern
278     printf("Berechne a/b:\n");
279     Div(a,b,true); // Rechenschritte ausgeben
280     printf("Ergebnis:"); println(a); // Ergebnis ist in a
281     printf("Rest:"); println(b); // Rest ist in b
282     Copy(a,Puffera); // a restaurieren
283     Copy(b,Pufferb); // b restaurieren
284     printf("Berechne a*b:\n");
285     Mul(a,b,true); // Rechenschritte ausgeben
286     printf("Ergebnis:"); println(a); // Ergebnis ist in a
287     return 0;
288 }
```

Ich werde nur die Funktionen erläutern, die neu hinzugekommen sind, und nicht noch einmal ausführlich die Addition und Subtraktion beschreiben. Die ersten Funktionen, die neu hinzugekommen sind, sind `WriteLongInt()` (Zeilen **003–008**) und `ReadLongInt()` (Zeilen **009–014**). Diese Funktionen werden benötigt, um einen 32-Bit-Zahlenwert, der als einzelne Bytes vorliegt, direkt in einen String zu schreiben bzw. diesen Wert aus einem String auszulesen. Auf diese Weise können die langen Zahlen eine fast unbegrenzte Länge haben, weil nun für diese Information vier Bytes statt eines Bytes am String-Anfang verwendet werden. `ReadLongInt()` und `WriteLongInt()` benutzen explizites Typecasting, um einen Zeiger auf einen String vom Typ `char*` ab einer bestimmten Position als Array vom Typ `long int*` zu betrachten. Dies leistet einmal die Anweisung „`char *BOS=(char *)S+Pos`", die den als Parameter übergebenen String `char *S` als einen neuen String betrachtet, dessen Startadresse um **Pos** Bytes nach hinten verschoben ist. Zum anderen wird mit der Anweisung „`long int *NumArray=(long int *)BOS`" dieser verschobene String als `long-int`-Array betrachtet. Deshalb können Sie in den Speicherbereich, auf den der Zeiger `(char *) S+Pos` zeigt, ohne Bedenken einen Wert vom Typ `long int` schreiben. Der Variablenname „BOS" ist die Abkürzung für „begin of string". Die Funktion `GetLen()` (Zeilen **015–018**) benutzt in Zeile **017** die Funktion `ReadLongInt()`, um die ersten vier Bytes des übergebenen Strings **S** als Zahl vom Typ `long int` auszulesen und an den Aufrufer zurückzugeben. Die Funktion `SetLen()` in den Zeilen **019–022** benutzt dagegen `WriteLongInt()`, um die übergebene Länge **L** an den Anfang des Strings **S** (Array-Position 0-3) zu schreiben. Auch in dem Listing **MulDiv.c** muss also die Byte-Länge der Zahlen, mit denen später gerechnet wird, separat abgelegt werden – nämlich an der Position 0-3 in dem entsprechenden String, der die einzelnen Bytes der langen Zahl enthält.

Die Funktion Hex2Dez() hat sich nicht geändert, wohl aber die Funktion Str2Num(), die einen String mit einem Hexadezimalwert in eine lange Zahl umwandelt, mit der Sie rechnen können. Die erste Änderung ist, dass die Byte-Werte der Zahl selbst, die in dem Parameter char *Num per Referenz übergeben wird, an Position 4 beginnen, deshalb startet der Umwandlungsalgorithmus auch in Zeile **034** an der Position **j=4**. Wie im Listing **Subtraktion.c** auch, wird der String **Str**, der die Ausgangszahl in Hexadezimaldarstellung enthält, von hinten nach vorn durchlaufen. Allerdings wird am Ende der Funktion ein Problem behoben, dessen Lösung ich bis jetzt aufgeschoben habe: Wenn die Längen der zu benutzenden Zahlen in Nibbles gerechnet nicht gerade ist, können falsche Ergebnisse auftreten. Deshalb wird in Zeile **041** am Ende der Umwandlung noch einmal überprüft, ob die Länge **L** des Ausgangs-Strings, der die Hexadezimaldarstellung enthält, wirklich gerade ist ((L%2)==0). Wenn dies nicht der Fall ist, wird ein zusätzliches Nibble reserviert. Erst danach wird in Zeile **042** die Länge der Zahl **Num** festgelegt.

Die Funktion println() habe ich in zwei Funktionen aufgeteilt. Die Funktion println() gibt nun eine lange Zahl so aus, dass der Cursor am Ende in die nächste Zeile gesetzt wird, die Funktion print() ist mit println() identisch, außer dass der Cursor nach der Ausgabe der langen Zahl nicht in die nächste Zeile gesetzt wird. Die Funktion Invert() in den Zeilen **064–072** benutzt nun auch 4-Byte-Werte für die Längenangaben, weshalb in Zeile **067** die Funktion GetLen() benutzt wird und nicht mehr die Anweisung L=Num[0]. Sonst hat sich an der Funktion Invert() nichts geändert. Neu hinzugekommen sind hingegen die Funktionen Copy() (Zeilen **073–081**) und die Funktion Clear() (Zeilen **082–087**). Copy() bekommt zwei Parameter **a** und **b** übergeben, die jeweils vom Typ char* sind. Der Parameter **a** enthält das Ziel-Array, in das das Quell-Array **b** kopiert werden soll, das die entsprechende lange Ausgangszahl enthält. Zu diesem Zweck wird zunächst in Zeile **076** die Länge der Quellzahl **b** mittels GetLen() ermittelt, und dieser Wert wird um 4 erhöht und an die Variable **L** weitergegeben. Nun enthält **L** die Anzahl der Bytes, die kopiert werden sollen, inklusive der ersten 4 Bytes, die die Länge der Quellzahl in Bytes enthalten. Anschließend wird in der for-Schleife in den Zeilen **077–079** die Quellzahl in den Speicherbereich der Zielzahl kopiert. Die Funktion Clear() funktioniert wie Copy(), nur werden hier sämtliche Bytes außer den Bytes, die die Längenangabe enthalten, mit 0-Bytes überschrieben. Clear() setzt also eine Zahl zu 0.

Die Funktionen Add() und Sub() haben sich nicht wesentlich geändert, außer dass hier wieder GetLen() benutzt wird, um die Länge der übergebenen Zahlen festzustellen. Auch bei Add() und Sub() werden natürlich die Längen der übergebenen Zahlen so angeglichen, dass diese während der Berechnung übereinstimmen. Die Ägyptische Multiplikation und die Ägyptische Division benötigen jedoch die zusätzlichen Funktionen ShiftRight() (Zeilen **088–097**), ShiftLeft() (Zeilen **098–107**) und einige Hilfsfunktionen. ShiftRight() liest die einzelnen Bytes aus der im Parameter **a** übergebenen langen Zahl ein und wendet auf diese eine Bitverschiebung um eine Position nach rechts an. Dies leistet zunächst der Schleifenzähler **i**, der bei jedem Schleifendurchlauf um 1 erhöht wird und der immer auf das aktuelle Array-Element `a[i]` zeigt. Allerdings muss in diesem Fall – außer beim letzten Byte im Array – das niederwertigste Bit (LSB) des vorigen Bytes von oben in das aktuelle Byte geschoben werden. Hierzu dient die entsprechende `if`-Anweisung in Zeile **095**: Wenn `i<L-1` ist und somit das aktuelle Byte nicht das letzte Byte im Array ist, muss durch eine Oder-Verknüpfung von `a[i]` mit `a[i+1]<<7` das erste Bit von `a[i+1]` an die achte Bit-Position von `a[i]` kopiert werden. Nach einer Erhöhung des Zählers **i** um 1 am Schleifenende ist anschließend das Byte `a[i+1]` das aktuelle Byte. `ShiftLeft()` liest nun die einzelnen Bytes aus der im Parameter **a** übergebenen langen Zahl ein und wendet auf diese eine Bitverschiebung um eine Position nach links an. In diesem Fall muss der Zähler **i** jedoch am Ende der Zahl anfangen und stets um 1 erniedrigt werden. Ferner muss – außer beim ersten Byte – das höchstwertigste Bit (MSB) des vorigen Bytes stets in das aktuelle Byte geschoben werden. Hierzu dient die entsprechende `if`-Anweisung in Zeile **105**: Wenn `i>0` ist und somit das aktuelle Byte nicht das erste Byte im Array ist, muss durch eine Oder-Verknüpfung von `a[i]` mit `a[i-1]>>7` das achte Bit von `a[i-1]` an die erste Bit-Position von `a[i]` kopiert werden. Nach einer Erniedrigung des Zählers **i** um 1 am Schleifenende ist anschließend das Byte `a[i-1]` das aktuelle Byte.

Wie gesagt ändern sich die Funktionen `Add()` und `Sub()` kaum, allerdings müssen der Addition und der Subtraktion ein paar zusätzliche Funktionen zur Seite gestellt werden, um die Ägyptische Multiplikation und die Ägyptische Division korrekt implementieren zu können. Die erste Hilfsfunktion ist `IsMore()` (Zeilen **143–154**). `IsMore()` liefert `true` zurück, wenn von den beiden als Parameter übergebenen Zahlen a>b ist. `IsMore()` gleicht in den Zeilen **145–149** zunächst die Längen der als Parameter übergebenen Zahlen an. Anschließend wird die Zahl **b** in den Puffer **Buff** kopiert und von dieser Zahl im Puffer (Variable **Buff**) wird die Zahl **a** subtrahiert. Falls a>b ist, ist b-a negativ und das oberste Bit der Zahl in **Buff** ist gesetzt. In diesem Fall gibt die `if`-Anweisung „`if ((Buff[L+4]&0x80)==0x80)`“ in Zeile **152** den Rückgabewert `true` zurück. Ansonsten ist das Vorzeichenbit der Zahl in **Buff** nicht gesetzt und die Funktion gibt in Zeile **153** `false` zurück. Die Hilfsfunktion `IsLess()` (Zeilen **155–166**) arbeitet genau wie die Funktion `IsMore()`, allerdings wird in Zeile **165** `true` zurückgegeben, wenn nach der Subtraktion von **Buff** und **a** das Vorzeichenbit nicht gesetzt ist. Die Hilfsfunktion `IsEqual()` (Zeilen **167–183**) gibt `true` zurück, wenn die als Parameter übergebenen Zahlen gleich groß sind. Dies ist aber in einfacher Weise festzustellen: Nachdem die Längen von **a** und **b** angeglichen worden sind, werden einfach in einer `while`-Schleife sämtliche Bytes von **a** und **b** auf Gleichheit geprüft. Falls sich nur ein einziges Byte von **a** und **b** unterscheidet, wird die `while`-Schleife abgebrochen und `IsEqual()` gibt `false` zurück. `IsZero()` (Zeilen **184–198**) bekommt dagegen nur den Parameter **a** übergeben und liefert genau dann `true` zurück, wenn sämtliche Bytes der übergebenen Zahl **a** null sind.

Nun haben Sie die Voraussetzungen, um die Ägyptische Multiplikation und die Ägyptische Division zu implementieren. Zugegebenermaßen waren diese Voraussetzungen nicht einfach zu erfüllen und die Lernkurve ist auf den letzten Seiten stark angestiegen. Wenn Sie also inzwischen „nur noch Bahnhof verstehen", bedenken Sie, dass das Arbeiten mit beliebig langen Zahlen im Studium nicht sehr oft vorkommt. Ganz ausklammern wollte ich das Thema aber dann doch nicht, aus dem einfachen Grund, dass ich das Arbeiten mit beliebig langen Zahlen im eigenen Studium schmerzlich vermisst habe. Als ich dann später im Bereich Kryptographie arbeiten musste, stand ich zuerst ziemlich auf dem Schlauch. Die meisten Verfahren zum sicheren Schlüsselaustausch arbeiten nämlich mit sehr langen (Prim-)Zahlen.

Wenn Sie aber die Voraussetzungen erfüllt und die Hilfsfunktionen verstanden haben, können Sie auch die Funktionen `Mul()` (Zeilen **199–223**) und `Div()` (Zeilen **224–264**) meistern. `Mul()` bekommt drei Parameter übergeben, nämlich die lange Zahl **a**, den Multiplikanden **b** und den Parameter **Ausgabe** vom Typ `bool`. Die Länge der Zahlen **a** und **b** steht wieder in den ersten vier Bytes des `char`-Arrays, der direkt danach die Bytes der Zahlen **a** und **b** enthält. Bevor der Haupt-Algorithmus ausgeführt werden kann, müssen vorher die Puffer **c** und **d** angelegt werden, um die Zahl **a** nach **c** und den Multiplikanden **b** nach **d** zu kopieren. Anschließend wird in Zeile **208** mit der Anweisung „`L=GetLen(b); L*=8`" die Länge des Multiplikanden in Bits ermittelt. Nun wird der Haupt-Algorithmus für jedes einzelne Bit des Multiplikanden separat ausgeführt. Am Beginn wird das niederwertigste Bit (LSB) von **b** eingelesen. Das LSB steht stets im fünften Byte der Zahl **b** (also direkt nach der Längenangabe), und zwar im untersten Bit (`LSB=b[4]&0x01`). Falls die Variable **LSB** nun den Wert 1 hat (alle anderen Bits wurden vorher durch die UND-Verknüpfung ausmaskiert), wird die Zahl **c**, die am Anfang den Wert von **a** hat, zu **a** addiert, ansonsten geschieht nichts. Anschließend wird **c** mit 2 multipliziert (dies entspricht einer Verschiebung um 1 Bit nach links) und **b** durch 2 dividiert (dies entspricht einer Verschiebung um 1 Bit nach rechts). Wenn Sie den Parameter **Ausgabe** auf `true` gesetzt haben, wird in den Zeilen **214–220** noch jeder Schritt in der Konsole ausgegeben. Wenn die Multiplikation korrekt bis zum Ende ausgeführt wurde, enthält der übergebene Parameter **a** das Ergebnis `a*b`, jedoch wird der Parameter **b** durch den Algorithmus ebenfalls verändert. Deshalb muss **b** in Zeile **222** restauriert werden. Übrigens verwende ich für die temporären Puffer feste Größen, denn eine dynamische Speicherverwaltung mittels `malloc()` würde die Lernkurve noch einmal stark ansteigen lassen. Deshalb lasse ich nur Zahlenlängen bis maximal 256 Bytes zu.

Kommen wir nun zur Funktion `Div()`, die eine Ägyptische Division ausführt. `Div()` bekommt drei Parameter übergeben, nämlich die lange Zahl **a**, den Dividenden **b** und den Parameter **Ausgabe**. Ist der Parameter **Ausgabe** `true`, so werden – wie bei der Multiplikation auch – die einzelnen Schritte des Algorithmus in der Konsole ausgegeben. Bevor der Haupt-Algorithmus ausgeführt wird, müssen zunächst die Puffer **c**, **d** und **e** angelegt werden. Anschließend werden in Zeile **232** die Längen der Puffer und des Dividenden so angeglichen, dass sie der Länge der Zahl **a** entsprechen. Außerdem muss vorher **b** in den Puffer **c** kopiert sowie `d=1` und `e=0` gesetzt werden (erster Initialisierungsschritt). In den Zeilen **237–240** wird nun eine `while`-Schleife ausgeführt, die so lange **b** und **d** mit 2 multipliziert, bis `b>a` ist. Anschließend wird der letzte Multiplikationsschritt wieder rückgängig gemacht. Sehen Sie sich an dieser Stelle am besten noch einmal Abschnitt 2.8.4 an, in dem erläutert wird, warum die `while`-Schleife in den Zeilen **237–240** nötig ist. Kommen wir nun zum Haupt-Algorithmus, der (wie auch die Ägyptische Multiplikation) für jedes Bit der Zahl **a** separat ausgeführt wird (in Zeile **243** muss also die Länge der Zahl **a** in Bits ermittelt werden, bevor die Schleife in Zeile **244** startet). Für jeden Divisionsschritt wird nun zuerst in Zeile **246** ermittelt, ob `a>b` oder `a=b` (also `a>=b`) ist. Ist dies der Fall, wird von **a** der Dividend **b** subtrahiert und zu **e** wird **d** addiert (am Anfang ist `d=1` und `e=0`). Wenn Sie den Parameter **Ausgabe** vorher auf `true` gesetzt haben, wird nun in den Zeilen **251–258** der aktuelle Divisionsschritt in der Konsole ausgegeben. Am Ende der Schleife wird jeweils **b** durch 2 dividiert (Verschiebung um 1 Bit nach rechts) und **d** mit 2 multipliziert (Verschiebung um 1 Bit nach links). Die Schleife, die den Haupt-Algorithmus wiederholt ausführt, wird entweder abgebrochen, wenn sämtliche Bits von **a** verarbeitet wurden oder wenn `a=0` wird (`break`-Anweisung in Zeile **260**). Wenn der Algorithmus am Ende angelangt ist, wird zum Schluss noch das Ergebnis **e** nach **a** kopiert und der Parameter **b** restauriert.

**Hinweis: Little und Big Endian**

Es gibt Prozessoren, z. B. von Motorola, die die Bits umgekehrt im Speicher ablegen und bei denen das LSB am Ende einer Zahl steht (also an den höheren Speicheradressen). Solche Prozessoren, die als „Little Endian Prozessoren" bezeichnet werden, wurden z. B. in Amigas oder älteren i-Macs oder i-Phones von Apple verbaut. Wenn Sie auf einem solchen System programmieren, dann müssen Sie die letzten Beispiele angleichen und die **Division** durch 2 durch eine Verschiebung um **1 Bit nach links** abbilden. Die **Multiplikation** mit 2 entspräche dann einer Verschiebung um **1 Bit nach rechts**. Wenn Sie auf einem PC oder einem Raspberry Pi, also einem „Big Endian Prozessor", programmieren, müssen Sie nichts Weiteres beachten.

Das Hauptprogramm ist nun relativ einfach gehalten und tut nichts anderes, als zwei lange Zahlen **a** und **b** als Hexadezimalwerte von der Konsole einzulesen und anschließend mit diesen eine Multiplikation und eine Division durchzuführen. Die Zwischenschritte der Multiplikation und Division werden in der Konsole ausgegeben. So können Sie leicht verfolgen, wie die Multiplikation und die Division langer Zahlen funktioniert.

Wenn Sie an dieser Stelle angelangt sind, dann besitzen Sie schon ein solides Grundverständnis und kennen die wichtigsten Werkzeuge, mit denen Sie im Studienalltag schon viel anfangen können. In den nächsten Kapiteln werde ich Ihnen Algorithmen vorstellen, die zur „gehobenen Klasse" gehören und die es auch teilweise „in sich haben".

## 2.9 Übungen

**Übung 1**

Ergänzen Sie das letzte Programm durch eine Funktion, mit der sich auch beliebig lange Zahlen, die Sie vorher von der Tastatur im Dezimalformat eingelesen haben, in eine lange Binärzahl wandeln lassen. Gehen Sie wie folgt vor:

1. Initialisierung einer Zahl a mit dem Wert 1, einer Zahl b mit dem Wert 10 und der Ergebniszahl e mit dem Wert 0
2. Einlesen des nächsten Zeichens aus dem Eingabepuffer und Erzeugen einer langen Zahl zwischen 0 und 9 aus diesem Puffer. Der Puffer muss hierbei von hinten nach vorne durchlaufen werden.
3. Multiplikation der im letzten Schritt erzeugten Zahl mit a
4. Addition von c zur Ergebniszahl e
5. Multiplikation von a mit b (dadurch wird a=10*a)

Die Punkte 2 – 5 in der Liste werden so lange ausgeführt, bis entweder Enter gedrückt wird oder (bei Verwenden eines Eingabepuffers) der Eingabepuffer vollständig verarbeitet wurde.

**Übung 2**

Ergänzen Sie Ihr Programm aus Übung 1 so, dass auch negative Dezimalzahlen in der richtigen Weise eingelesen werden können. Tipp: Bei negativen Zahlen kann der Betrag dadurch ermittelt werden, dass sämtliche Bits umgedreht und anschließend 1 addiert wird.

> **Hinweis:**
> Sämtliche Lösungen inklusive Programmcodes befinden sich im Anhang.

# 3 Rekursive Algorithmen

Im letzten Kapitel haben Sie die Algorithmen kennengelernt, die Sie im Studium fast immer benötigen. In den nächsten Kapiteln dieses Buchs geht es nun um spezielle Themen aus Ihrem Studium. Diese Kapitel mit den ganz speziellen Themen können Sie genau dann durcharbeiten, wenn das entsprechende Thema in Ihren Vorlesungen, Übungen oder Praktika durchgenommen wird. In dem aktuellen Kapitel geht es nun um das spezielle Thema Rekursion. Eine *Rekursion* erhalten Sie, wenn Sie eine Funktion erstellen, die sich wiederholt selbst aufruft. Damit Sie auf diese Weise keine Endlosschleife erhalten, definieren Sie Bedingungen, die das endlose Sich-Selbst-Aufrufen irgendwann beenden. Um das Thema Rekursion besser zu verstehen, werde ich nun erst einmal erklären, wie ein Funktionsaufruf funktioniert und wie dieser auf einem Prozessor umgesetzt wird.

## 3.1 Der Prozessorstapel (Stack)[1)]

Vielleicht haben Sie sich schon einmal gefragt, was bei einem C++-Funktionsaufruf genau geschieht. Wie werden Ihre Parameter übergeben und wie findet das Programm nach einem `return`-Befehl zurück zu der Stelle, an der Sie Ihre Funktion aufgerufen haben? Die Antwort ist, dass Ihr Prozessor nicht nur in der Lage ist, externen Speicher anzusprechen, sondern dass der Prozessor auch ein paar Speicherstellen besitzt, die fest eingebaut sind. Diese Speicherstellen nennt man Register. Ein *Register* ist ein prozessorinterner Speicher, der Zahlen einer bestimmten Größe speichern kann, die Sie in einem Maschinenprogramm (man spricht hier auch von Assembler-Code) entweder als feste Zahlenwerte übergeben oder auch aus dem Hauptspeicher auslesen können. Selbstverständlich können Sie auch durch spezielle Maschi-

1 René Krooß, Jürgen Wolf, C von A bis Z. 5., erweiterte Auflage, aktuell zu C23, ISBN 978-3-8362-9504-8.

nenbefehle Registerinhalte im Speicher ablegen. Mit den Registern können Sie aber auch rechnen oder logische Operationen durchführen. Wie dies im Einzelnen geschieht, ist vom Prozessortyp abhängig und soll hier auch nicht weiter behandelt werden. An dieser Stelle ist nur wichtig, dass manche Register Spezialfunktionen haben. So gibt es z. B. das Register *IP* (instruction pointer), das immer auf den Befehl im Speicher zeigt, der als Nächstes abgearbeitet werden soll. Ferner gibt es das Register *SP* (stack pointer), das auf den nächsten freien Bereich im Speicher zeigt, an dem als Nächstes ein Wert abgelegt wird, wenn dieser auf den Stapel geschoben wird. Der *Prozessorstapel* (auch Stack genannt) funktioniert nun in der Tat wie ein Kartenstapel. Sie können z. B. einen Pik-Buben auf den Stapel legen und anschließend ein Kreuz-As. Wenn Sie nun die Karten wieder vom Stapel ziehen, werden Sie zuerst das Kreuz-As und anschließend den Pik-Buben erhalten.

Damit der Prozessorstapel korrekt funktioniert, muss also der Stack Pointer richtig verwaltet werden. Auf Intel-Prozessoren in PCs, aber auch auf dem ARM-Prozessor im Raspberry Pi funktioniert der Prozessorstapel so:

- Wenn ein Wert auf dem Stapel abgelegt wird, wird dieser Wert im Speicher an der Adresse abgelegt, auf die das Register SP zeigt (SP ist in der Tat ein Zeiger). Vom Inhalt von SP wird anschließend 8 subtrahiert (hier wird ein 64-Bit-Prozessor mit 8 Bytes pro Zahlenwert angenommen) und SP zeigt auf den nächsten freien Speicherplatz auf dem Stapel (der Stapel wächst also nach unten).
- Wenn ein Wert vom Stapel gezogen wird, wird zum Inhalt von SP 8 addiert (hier wird ein 64-Bit-Prozessor angenommen) und der Wert, der in der Speicherstelle steht, auf die SP zeigt, wird an den entsprechenden Maschinenbefehl zurückgegeben.
- Vor einem Sprung zu einem Unterprogramm (z. B. einer Funktion) wird das Register IP so erhöht, dass dies auf den nächsten Befehl zeigt, und auf den Stack geschoben. Erst jetzt wird der Sprung ausgeführt.
- Bei der Rückkehr aus einem Unterprogramm wird IP wieder vom Stack gezogen.
- Funktionsparameter werden noch vor dem eigentlichen Funktionsaufruf auf den Stapel geschoben, und zwar in der umgekehrten Reihenfolge, wie Sie diese der C++-Funktion in der Parameterliste übergeben haben. Auch die virtuelle Java-Maschine (Java VM) verwaltet einen Stack, sodass auch hier Rekursionen möglich sind.

Wenn Sie also aus Ihrem Hauptprogramm heraus eine Funktion aufrufen, dann werden die Überparameter und die Rücksprungadresse auf dem Stapel zwischengespeichert. Deshalb können Sie auch eine Funktion aus einer Funktion heraus aufrufen, denn Ihr Prozessor merkt sich die entsprechenden Zustände Ihres Haupt- und Unterprogramms und auch die Werte lokaler Variablen so lange, bis er wieder zum Hauptprogramm zurückkehrt. Genau deshalb kann sich eine Funktion auch selbst aufrufen:

In diesem Fall wird einfach die Rücksprungadresse zu der Funktion selbst mehrmals auf dem Stapel abgelegt. An dieser Stelle merken Sie wahrscheinlich auch, warum sich eine Funktion nicht endlos selbst aufrufen kann: Irgendwann ist der Stapelspeicher (der ja vom Hauptspeicher abgezweigt wird) aufgebraucht und kann keine neuen Daten mehr aufnehmen. In diesem Fall erhalten Sie einen Stack-Overflow. Ein *Stack-Overflow* ist ein kritischer Zustand, in dem der Prozessor keinen Stapelspeicher mehr anfordern kann und daraufhin ein undefiniertes Verhalten zeigt. Dies kann ein Absturz, ein Systemneustart, ein Deadlock (Ihr Desktop friert ein) oder einfach eine allgemeine Schutzverletzung sein, mit der Ihr Programm beendet wird. Ihr Prozessor hat sich an dieser Stelle quasi verlaufen und es gibt niemanden mehr, der ihm heimleuchtet.

Mit diesem Vorwissen können Sie nun in das Thema Rekursion tiefer einsteigen. Aber: Seien Sie wachsam, denn Rekursionen sind eines der Dinge, mit denen Sie sich „richtig verhauen" können.

## 3.2 Was sind Rekursionen und wozu werden sie benötigt?

Was eine Rekursion ist, wurde soeben beantwortet: Es ist eine Funktion, die sich selbst (oft auch mehrere Male) wieder aufruft. Die Werte der lokalen Variablen und die Zustände des Prozessors innerhalb der Funktion werden dabei auf dem Stack abgelegt. Wenn aber dieser Umstand (nämlich die Verwendung und ggf. Überlastung des Stacks) so viele Probleme macht, warum werden dann Rekursionen überhaupt verwendet? Können nicht sämtliche Algorithmen immer auch iterativ (das heißt ohne Rekursion) programmiert werden? Obwohl die letzte Aussage wahr ist und sämtliche Algorithmen auch ohne Rekursion umgesetzt werden können, sind dennoch einige Probleme viel einfacher lösbar, wenn Sie Rekursionen verwenden. So ist z. B. der Code einer Funktion für die Suche in Bäumen oder das Finden eines Wegs durch einen Irrgarten viel übersichtlicher, wenn Sie statt eines rein iterativen Algorithmus eine rekursive Lösung verwenden. In den nächsten Abschnitten werde ich Ihnen einige Beispiele für Rekursionen vorstellen, die auch im Studium fast immer vorkommen. Dabei beginne ich mit einfachen Beispielen, wie der Berechnung der Fakultät und ende mit einem Parsing-Algorithmus, der mathematische Ausdrücke und Klammern auflösen kann.

## 3.3 Beispielprogramme zur Rekursion

Kommen wir zu den Beispielen für rekursive Funktionen. Ich habe die Beispiele wieder so strukturiert, wie auch schon in Kapitel 2. Zuerst folgt eine kurze Erklärung der entsprechenden Algorithmen und der Programmiermethoden, die Sie für die Algorithmen anwenden müssen. Anschließend folgt ein vollständiges Listing mit anschließender Erklärung des Codes. Anders, als noch in der letzten Auflage, verwende ich hier C++ statt Java. Dies hat den Grund, dass einige Leser sich gewünscht haben, dass durchgehend dieselbe Programmiersprache und dieselbe Entwicklungsplattform benutzt werden. Außerdem ist die Portierung von C++ auf Java, wenn dies dann statt C++ benutzt werden soll, nicht wirklich schwer, weil sich Java stark an C++ orientiert.

### 3.3.1 Berechnung der Fakultät

Die Fakultät einer Zahl n (geschrieben als n!) ist das Produkt aller Zahlen von 1 bis n. So ergibt z. B. die Fakultät der Zahl 10 folgende Reihe:

**10!=1*2*3*4*5*6*7*8*9*10=3628800**

Sie können die Fakultät iterativ oder rekursiv berechnen. Die iterative Lösung wird z. B. durch das folgende Programmfragment realisiert:

```
long int i=0,n=0,Fakultaet=1; // Initialisierung:Fakultaet=1
printf("Berechne die Fakultät einer Zahl\n");
printf("Bitte eine Zahl eingeben:"); scanf("%ld",&n);
for (i=1; i<=n; i++) { Fakultaet=Fakultaet*i; } // 1*1=1
printf("Die Fakultät ist %ld\n",Fakultaet);
```

Die rekursive Lösung verwendet eine Funktion `Fakultaet()`, die den Parameter **n** übergeben bekommt und die Fakultät von **n** zurückliefert. Der entsprechende Algorithmus funktioniert so: Solange **n** nicht 0 oder 1 ist, ruft sich die Funktion `Fakultaet()` mit dem Parameter `n*(n-1)` selbst wieder auf. Wenn `n=0` oder `n=1` ist, wird der Wert 1 zurückgegeben und die Funktion beendet sich, ohne sich vorher wieder selbst aufzurufen. Dieses Verhalten können Sie durch folgende `if`-Abfrage innerhalb der Funktion `Fakultaet()` realisieren:

```
if ((n==0)||(n==1)) { return 1; }
else { return n*Fakultaet(n-1); }
```

Sehen Sie sich nun an, welche Werte die Funktion `Fakultaet()` für n=10 auf dem Stack ablegt:

**n=10, Stack=[9]**

**n=09, Stack=[9,8]**

**n=08, Stack=[9,8,7]**

**n=07, Stack=[9,8,7,6]**

**n=06, Stack=[9,8,7,6,5]**

**n=05, Stack=[9,8,7,6,5,4]**

**n=04, Stack=[9,8,7,6,5,4,3]**

**n=03, Stack=[9,8,7,6,5,4,3,2]**

**n=02, Stack=[9,8,7,6,5,4,3,2,1]**

**n=01, die Funktion wird sofort beendet, der Stack ändert sich nicht**

Nachdem die Funktion `Fakultaet()` nach zehn Rekursionsschritten erfolgreich beendet wurde, kehrt diese zum Hauptprogramm zurück. Hierfür muss aber vorher der Stack aufgeräumt werden. Das bedeutet an dieser Stelle, dass vorher die Werte 9,8,7,6,5,4,3,2 und 1 vom Stack gezogen und miteinander multipliziert werden müssen (in dieser Reihenfolge!), damit die Funktion `Fakultaet()` nachher die richtige Rücksprungadresse zum Hauptprogramm finden kann. Der Rückgabewert, der am Ende zurückgegeben wird, ist also 10*(9*(8*(7*(6*(5*(4*(3*(2*1))))))))=10!=3 628 800. Vielleicht sind Sie an dieser Stelle etwas irritiert. Wie können plötzlich neun Werte auf dem Stack liegen und dazu noch in der richtigen Reihenfolge? Die Antwort ist, dass Sie dafür gesorgt haben, dass Ihr Programm die Werte dort vorher in der richtigen Reihenfolge abgelegt hat, und zwar an den Stellen, an denen die Funktion `Fakultaet()` sich noch vor der Rückkehr zum Hauptprogramm selbst aufgerufen hat. Das bedeutet natürlich auch: Wenn Sie die Rekursion fehlerhaft umsetzen, kommen eben nicht die richtigen Ergebnisse heraus. Sehen Sie sich nun Listing 3.1 an.

**Listing 3.1** Fakultaet_rekursiv.cpp

```
01 #include<stdio.h>

02 long int Fakultaet(long int n)
03 {
04     if ((n==0)||(n==1)) { return 1; }
05     else { return n*Fakultaet(n-1); }
06 }

07 int main (void)
08 {
09     long int n;
10     printf("Berechnung der Fakultät von n\n");
11     printf("Bitte die Zahl n eingeben:");
12     scanf("%ld",&n);
13     printf("%ld!=%ld\n", n,Fakultaet(n));
14     return 0;
15 }
```

In Zeile **01** muss zunächst **stdio.h** eingebunden werden, damit die Funktionen `printf()` und `scanf()` zur Verfügung stehen. Die Zeilen **02–06** enthält nun die Funktion `Fakultaet()`. Das Hauptprogramm (die Zeilen **07–15**) liest eine Zahl **n** vom Typ `long int` von der Tastatur ein. Danach wird die Funktion `Fakultaet()` aufgerufen. Die

Funktion `Fakultaet()` berechnet dann die Fakultät von **n** rekursiv anhand des weiter oben erläuterten Algorithmus. Das Programm gibt bei der Ausführung z. B. Folgendes aus:

**/home/rene/Kapitel_3>./Fakultaet_rekursiv**

**Berechnung der Fakultät von n**

**Bitte die Zahl n eingeben:6**

**n!=720**

## 3.3.2 Berechnung von Fibonacci-Zahlen[2)]

Die *Fibonacci-Folge* (oft auch als *Fibonacci-Zahlen* bezeichnet) ist nach dem Mathematiker Leonard Fibonacci benannt. Ursprünglich wollte Fibonacci mit seiner Zahlenfolge Wachstumsprozesse beschreiben, z. B. die Anzahl der Nachkommen seiner Kaninchenzucht nach einer bestimmten Anzahl Generationen. Jedoch kann man mit der Fibonacci-Folge viel mehr machen, als der italienische Mathematiker sich vorgestellt hat. Die Fibonacci-Folge ist z. B. ein sehr gutes Beispiel für einen rekursiven Algorithmus.

Was ist nun eine Fibonacci-Folge? Eine *Folge* ist allgemein eine Zahlenreihe, die nach bestimmten mathematischen Regeln gebildet wird und die sich auch unendlich lange fortsetzen lässt. Die Fibonacci-Folge ist ebenfalls eine unendliche Folge, das heißt, auch sie lässt sich beliebig lang fortsetzen. Manche Mathematiker unterscheiden zwischen Reihen und Folgen und bezeichnen die Folgen, die sie nicht unendlich lang fortsetzen können, als Reihen. Manchmal werden Folgen und Reihen gleichgesetzt, obwohl dies eigentlich nicht ganz korrekt ist. Eine Fibonacci-Folge ist nun eine unendliche Folge natürlicher Zahlen, die nach einem bestimmten Verfahren gebildet wird, sprich: einem Algorithmus. Dieser Algorithmus arbeitet wie folgt:

Das erste Element (hier f(0)) der Folge f(n) wird zu 0 gesetzt, das zweite und dritte Element jeweils zu 1. In der Initialisierungsphase besitzt die Fibonacci-Folge also die folgenden Elemente:

**{0,1,1}**

Nun wird mit f(n) das n. Element in der Folge bezeichnet, Element Nr. 0 wird hier auch als *Startelement* bzw. *Initialisierungselement* bezeichnet. Am Anfang ist also f(0)=0, f(1)=1 und f(2)=1. Alle weiteren Elemente der Folge werden nun nach dem folgenden Algorithmus gebildet:

**f(n)=f(n-1)+f(n-2) für alle n ≥ 3**

---

[2] *https://de.wikipedia.org/wiki/Fibonacci-Folge*

Wie Sie sehen, eignet sich die Fibonacci-Folge sehr gut, um in das Thema Rekursion einzusteigen. Kommen wir nun zum praktischen Teil und erstellen ein Programm, das die Fibonacci-Folge bis zu einem bestimmten Wert für **n** erstellt, den der Benutzer vorher in der Konsole eingegeben hat. Hierfür muss zunächst einmal die Funktion `Fibonacci()` erstellt werden, die den Parameter **n** übergeben bekommt und die am Ende das n. Element der Fibonacci-Folge zurückliefert. Dies ist aber nicht weiter schwierig, denn Sie müssen nur den Algorithmus zur Bildung der Fibonacci-Folge in folgende C++-Anweisungen übertragen:

```
if (n==0) { return 0; }
else if ((n==1)||(n==2)) { return 1; }
else { return Fibonacci(n-1)+Fibonacci(n-2); }
```

Es folgt ein vollständiges Programm zur Berechnung eines bestimmten Elements einer Fibonacci-Folge:

**Listing 3.2** Fibonacci_rekursiv.cpp

```
01  #include<stdio.h>

02  long int Fibonacci(long int n)
03  {
04      if (n<3) { return 1; }
05      else { return Fibonacci(n-1)+Fibonacci(n-2); }
06  }

07  int main(void)
08  {
09      long int n;
10      printf("Berechnung von Fibonacci-Zahlen\n");
11      printf("Element n eingeben:");
12      scanf("%ld",&n);
13      printf("Das Element hat den Wert %ld\n",Fibonacci(n));
14      return 0;
15  }
```

Das Hauptprogramm unterscheidet sich kaum von dem Hauptprogramm in Listing 3.1. Zuerst wird die Zahl **n** über die Tastatur eingelesen. Die Funktion `Fibonacci()` (die Zeilen **02–06**) berechnet danach den Wert des n. Elements einer Fibonacci-Folge rekursiv. Das Programm gibt bei der Ausführung z. B. Folgendes aus:

**/home/rene/Kapitel3>./Fibonacci_rekursiv**

**Berechnung von Fibonacci-Zahlen**

**Element n eingeben:10**

**Das Element hat den Wert 55**

**/home/rene/Kapitel3>./Fibonacci_rekursiv**

**Berechnung von Fibonacci-Zahlen**

**Element n eingeben:30**

**Das Element hat den Wert 832040**

### 3.3.3 Das Erstellen von Galois-Feldern[3)]

Das Erstellen von Galois-Feldern ist ein Thema, das immer wieder in Programmierpraktika auftaucht und zu sehr viel Verwirrung beiträgt. Suchen Sie an dieser Stelle ruhig einmal im Internet nach dem Begriff „Galoisfeld“, und Sie werden sich wundern, wie viele Artikel es zu diesem Thema gibt, die für mehr Verwirrung sorgen, als sie nützen. Dort ist dann z. B. von kryptischen Modulo-Operationen, Zahlenkörpern, Gruppentheorie und allerhand anderen unverständlichen, teilweise hoch mathematischen Dingen die Rede. Kein Wunder, dass besonders die Praktikumsaufgaben zu Galois-Feldern viele Studenten abschrecken.

Dabei ist die Sache gar nicht so schwer und ähnelt zum Teil den Fibonacci-Zahlen. Um einen Teil der Verwirrung aufzulösen, muss ich Ihnen natürlich erst einmal erklären, was ein Galois-Feld ist und wie dies definiert wird. Ein *Galois-Feld*, das nach dem gleichnamigen Mathematiker Galois benannt wurde, ist nichts anderes als ein Polynom, das in seiner Nullstellenschreibweise vorliegt. Die Nullstellenschreibweise eines Polynoms kennen Sie wahrscheinlich noch aus der Schule. Sie können z. B. das Polynom $x^2+2x-2$ auch als (x-1)*(x-1) schreiben, indem Sie die 2. Binomische Formel anwenden. So sehen Sie z. B. auf Anhieb, dass bei x=1 eine doppelte Nullstelle vorliegt. Ein Galois-Polynom ist nun ein spezielles Polynom der folgenden Form:

**f(n)=(n–0)*(n-1)*(n-2)*...*(n-(p-1))**

Hierbei ist **n** ein bestimmter konstanter Wert, der eine natürliche Zahl sein muss, und **p** ist eine Primzahl, die kleiner als **n** sein muss. Die einzelnen Faktoren des Galois-Polynoms können nun als einzelne Koeffizienten in einem Galois-Feld (also einem zweidimensionalen Array) eingetragen werden. Was noch fehlt, ist die Antwort auf die Frage, wozu Galois-Felder gut sind. Wie auch schon die Primzahlen, spielen Galois-Felder in der Kryptographie eine wichtige Rolle. So werden bestimmte Koeffizienten eines speziellen Galois-Polynoms von dem Verschlüsselungsverfahren AES verwendet, das unter anderem für sichere WLAN-Schlüssel benutzt wird. In diesem Kapitel geht es natürlich nicht um Kryptographie, sondern lediglich um die Frage, wie Sie ein Galois-Feld mit einem rekursiven Algorithmus erstellen können. Um dies zu leisten, benötigen Sie eine Funktion `Galois()`, die sich mehrere Male selbst aufruft und zwischendurch die einzelnen Koeffizienten des Galois-Felds in der Konsole ausgibt. Der Funktion `Galois()` müssen Sie in dem nächsten Programmbeispiel drei Parameter übergeben, nämlich die natürliche Zahl **n**, die natürliche Zahl **s** und die Primzahl **p**. Die Zahl **n** ist hier die Konstante, die in das entsprechende Galois-Polynom eingesetzt wird, **s** ist der Startwert, ab dem die Berechnung starten soll, und **p** ist eine Primzahl, die kleiner als **n** ist und gewissermaßen die Abbruchbedingung für den Algorithmus vorgibt.

---

3 *https://de.wikipedia.org/wiki/Endlicher_K%C3%B6rper*

Nehmen wir nun an, es sei `n=20`, `p=17` und `s=0`. Der erste Faktor ist also:

```
F(0)=(n-0)=(20-0)=20.
```

Die Variable **s** ist am Anfang 0. Solange jetzt `s<(p-1)` ist, muss im nächsten Schritt für **s** der Wert **s+1** eingesetzt werden. Angenommen, die Funktion `Galois()` bekommt die Parameter in der Reihenfolge `Galois(n,s,p)` übergeben. Dann sieht die `if`-Anweisung, die die Rekursion ausführt, so aus:

```
if (s<(p-1)) { Galois(n,s+1,p); }
```

Fehlt nur noch der letzte Schritt, der den letzten Faktor berechnet. Dieser kann z. B. in einer `else`-Anweisung stehen, die erfüllt ist, wenn `s=(p-1)` ist. Auf diese Weise erhalten Sie nun folgende Anweisungen:

```
if (s<(p-1)) { Galois(n,s+1,p); }
else { F=(n-s)*(n-(s+1)); }
```

Sie sehen, dass die Sache mit den Galois-Feldern gar nicht so schwer ist. Schauen Sie sich nun Listing 3.3 an, das die Zahl **n** von der Tastatur einliest und für diese Zahl ein Galois-Feld erstellt:

**Listing 3.3** Galois_rekursiv.cpp

```
#include<stdio.h>

bool IstPrim(long int Zahl)
{
    long int i,l;
    bool prim=true;
    if ((Zahl%2)==0) { return false; }
    for (i=3; i<Zahl; i+=2)
    {
        if ((Zahl%i)==0) { prim=false; break; }
    }
    return prim;
}

void Galois(long n, long s, long p)
{
    long int F;
    if (s<(p-1))
    {
        F=(n-s)*(n-(s+1));
        printf("%ld ",F);
        Galois(n,s+1,p);
    }
    else
    {
        F=(n-s)*(n-(s+1));
        printf("%ld",F);
    }
}
```

```
28 int main(void)
29 {
30     long int n,s,p;
31     printf("Berechnung von Galois-Feldern\n");
32     printf("Bitte Wert n eingeben:");
33     scanf("%ld",&n);
34     p=n-1; s=0; // Startwert 0
35     while (IstPrim(p)==false) { p--; } // Finde größte Primzahl<n
36     printf("Benutze Primzahl p=%ld\n",p);
37     printf("Ausgabe Galois-Feld:\n");
38     Galois(n,s,p);
39     printf("\n");
40     return 0;
41 }
```

Es gibt im Endeffekt unendlich viele Möglichkeiten, Galois-Felder zu erstellen, und auch unendlich viele Möglichkeiten, die einzelnen Koeffizienten anzuordnen (z. B. aufsteigend, absteigend oder in einem zweidimensionalen Array). Das Programm in Listing 3.3 wählt eine bestimmte Möglichkeit davon aus. Im Hauptprogramm wird hierzu zuerst die Zahl **n** von der Tastatur eingelesen. Diese Zahl sollte >=3 gewählt werden. Anschließend wird in der Variablen **p** die größte Primzahl gespeichert, die <n ist. Hierzu dient die Funktion `IstPrim()` (die Zeilen **02–12**), die Sie schon aus Kapitel 2 kennen. `IstPrim()` probiert sämtliche möglichen Teiler der ihr als Parameter übergebenen Zahl durch und liefert `true` zurück, wenn die übergebene Zahl eine Primzahl ist. In der `while`-Schleife in Zeile **35** wird nun von **p**, das anfangs auf `p=n-1` gesetzt wird, so lange 1 abgezogen, bis **p** eine Primzahl ist. Auf diese Weise erhalten Sie die größte Primzahl, die <n ist. Anschließend wird in Zeile **38** die Funktion `Galois()` aufgerufen, die das entsprechende Galois-Feld für den Wert **n** erzeugt und die Koeffizienten in der Konsole ausgibt.

Die Funktion `Galois()` (die Zeilen **13–27**) definiert zuerst in Zeile **15** den aktuellen Faktor **F**, der vom Typ `long int` ist. Danach wird zuerst in Zeile **16** geprüft, ob `s<(p-1)` ist und in diesem Fall `Galois()` erneut rekursiv aufgerufen werden muss. Dies ist für sämtliche Funktionsaufrufe der Fall, außer für den letzten. Bevor aber die Rekursion ausgeführt wird, muss der aktuelle Koeffizient noch in der Konsole ausgegeben werden. Hierzu dient die Anweisung in Zeile **18**, die den Faktor **F** nach der Formel `F=(n-s)*(n-(s+1))` berechnet. Erst nach der Ausgabe von **F** in der Konsole kann die Funktion `Galois()` mit den Parametern `n`, `s+1` und `p` erneut aufgerufen werden. Falls die Bedingung, dass `s<(p-1)` ist, nicht mehr zutrifft, wird der alternative `else`-Zweig in den Zeilen **22–26** ausgeführt. Die Anweisungen im `else`-Zweig sind identisch mit den Anweisungen in den Zeilen **17–21**, außer dass hier der erneute rekursive Aufruf von `Galois()` fehlt. Es wird also in Zeile **24** und **25** nur der aktuelle Koeffizient **F** ausgegeben und der Algorithmus stoppt danach. Das Programm gibt bei der Ausführung z. B. Folgendes aus:

**/home/rene/Kapitel3>./Galois_rekursiv**

**Berechnung von Galois-Feldern**

**Bitte Wert n eingeben:10**

**Benutze Primzahl p=7**

**90 72 56 42 30 20 12**

**/home/rene/Kapitel3>./Galois_rekursiv**

**Berechnung von Galois-Feldern**

**Bitte Wert n eingeben:20**

**Benutze Primzahl p=19**

**380 342 306 272 240 210 182 156 132 110 90 72 56 42 30 20 12 6 2**

**/home/rene/Kapitel3>./Galois_rekursiv**

**Berechnung von Galois-Feldern**

**Bitte Wert n eingeben:30**

**Benutze Primzahl p=29**

**870 812 756 702 650 600 552 506 462 420 380 342 306 272 240 210 182 156 132 110 90 72 56 42 30 20 12 6 2**

### 3.3.4 Die Türme von Hanoi[4)]

Wahrscheinlich kennt fast jeder das Holzspiel mit der entsprechenden Bezeichnung. Auf einer Holzplatte sind drei Stangen angebracht und auf der linken Stange liegen acht Scheiben übereinander. Dabei sind die Scheiben unterschiedlich groß. Unten liegt die größte und oben die kleinste Scheibe. Ziel des Spiels ist es nun, sämtliche Scheiben so auf die rechte Stange zu legen, dass auch dort wieder die größte Scheibe unten und die kleinste Scheibe oben liegt. Während des Spiels dürfen Sie nur einzelne Scheiben versetzen und es darf niemals eine größere auf eine kleine Scheibe gelegt werden.

Meistens löst man die Türme von Hanoi durch Ausprobieren aller möglichen Varianten, also durch Versuch und Irrtum. Die Lösungsstrategie ist hier also ein reines Brute-Force-Verfahren und Menschen benötigen oft mehrere Wochen, um die Türme mit drei Stangen und acht Scheiben zu lösen. An dieser Stelle stellt sich nun die Frage, ob man die Brute-Force-Methode nicht in irgendeiner Weise einem Computer beibringen kann, der die einzelnen Züge sehr viel schneller ausführen kann als ein Mensch. Die Antwort ist, dass es einen relativ einfachen rekursiven Lösungsalgorithmus für die Türme von Hanoi gibt. Deswegen wird dieser Algorithmus auch in Vorlesungen und Praktika sehr gerne als Beispiel angeführt.

---

[4] *https://de.wikipedia.org/wiki/T%C3%BCrme_von_Hanoi*

Wie funktioniert aber nun der Lösungsalgorithmus für die Türme von Hanoi? Die Grundidee des Algorithmus ist relativ einfach. Stellen Sie sich vor, Sie haben es bereits geschafft, alle Scheiben bis auf die letzte von links nach rechts zu legen, und die letzte Scheibe befindet sich noch auf einer der beiden anderen Stangen. In diesem Fall müssen Sie nur noch die letzte Scheibe an ihr Ziel legen und haben zumindest den letzten Schritt erfolgreich ausgeführt. Die verbleibenden Schritte haben Sie natürlich noch nicht erfolgreich ausgeführt. Also wiederholen Sie Ihren Gedankengang und nehmen an, dass Sie auch den vorletzten Schritt erfolgreich ausführen können (und so auch den letzten) und machen wiederum mit den verbliebenen Scheiben weiter. Auf diese Weise erhalten Sie eine rekursive Funktion, die sich genau dann wieder selbst aufruft, wenn die vollständige Lösung Ihres Teilproblems (z. B. sieben von acht Scheiben von links nach rechts zu legen) noch nicht gefunden wurde. Das Prinzip, das Sie an dieser Stelle verwenden, ist in der Informatik weit verbreitet. Dieses Prinzip nennt man „teile und herrsche“. Algorithmen, die dem *teile-und-herrsche-Prinzip* (divide and conquer) folgen, versuchen, ein schwieriges Problem in einfachere Teilprobleme aufzuteilen und diese Teilprobleme zu lösen. Wenn es nötig ist, werden auch diese Teilprobleme wieder rekursiv in weitere Teilprobleme zerlegt. Sie fragen sich an dieser Stelle vielleicht, ob es einen Beweis dafür gibt (zur Not mathematischer Art), dass der hier angeführte Lösungsalgorithmus in allen Fällen funktioniert. Die Antwort ist, dass es diesen Beweis nicht gibt, zumindest nicht in einer so einfachen Form, dass ich Ihnen diesen hier „mal eben“ vorstellen kann. Wenn Sie natürlich Spaß am Knobeln und allgemein an Mathematik haben, können Sie nun auf *de.wikipedia.org* gehen und dort nach dem Begriff „Türme von Hanoi“ suchen. Sie finden hier alles, was Sie über die Türme wissen müssen, vom Beweis der generellen Lösbarkeit über die Lösungsalgorithmen selbst, bis hin zur Anzahl der Lösungsschritte für eine bestimmte Anzahl Scheiben, die stets der Formel

$$\mathbf{n=2^{n-1}}$$

folgt, wobei n die Anzahl an Scheiben bei drei Stangen ist (bei einer anderen Anzahl an Stangen als drei gibt es diese einfache Formel leider nicht).

Kommen wir nun zum eigentlichen Lösungsalgorithmus für die Türme von Hanoi. Der Algorithmus selbst besteht nur aus einer einzigen Funktion, die ich an dieser Stelle einfach `Spielzug()` nenne. Die Funktion `Spielzug()` führt immer nur einen einzigen Zug aus, der durch die vier Parameter **i**, **von**, **ueber** und **nach** angegeben wird. Mit dem Parameter **i** definieren Sie die Anzahl der zu verschiebenden Scheiben, mit dem Parameter **von** den Stab, von dem eine Scheibe heruntergenommen werden soll, und mit dem Parameter **nach** das Ziel, an das die Scheibe gelegt werden soll. Einen kleinen Trick, damit der Algorithmus auch wirklich funktioniert, gibt es an dieser Stelle also doch, nämlich die Definition eines Zwischenziels (Parameter **ueber**). Auf diese Weise entstehen pro Spielzug zwei Verschiebungen. Sie können z. B. die linke Scheibe **über** die Mitte **nach** rechts legen, in diesem Fall wäre **ueber** der mittlere Stab (hätte also bei drei Stäben den Wert 2, 1 ist der Stab ganz links). Kommen wir nun zur

Lösung des eigentlichen Problems mittels der Funktion `Spielzug()`. Angenommen, am Anfang befinden sich drei Scheiben auf der linken Stange (Stange 1) und sie sollen sich am Ende auf der rechten Stange (Stange 3) befinden. Wenn Sie nun annehmen, dass am Anfang **von** die linke Stange (Stange 1), **ueber** die mittlere Stange (Stange 2) und **nach** die rechte Stange (Stange 3) ist, müssen Sie am Anfang die Funktion `Spielzug()` mit folgenden Parametern aufrufen:

```
Spielzug(8,1,2,3);
```

Nun müssen Sie natürlich noch die Funktion `Spielzug()` implementieren, die bewirkt, dass die obersten Scheiben z. B. von der linken Stange weggenommen und über das Zwischenziel an den Bestimmungsort gelegt werden. Dies geschieht aber nur dann, wenn sich noch Scheiben auf der Stange befinden, von der etwas heruntergenommen werden soll. Die folgende `if`-Anweisung löst dieses Problem:

```
if (i>0)
{
    Spielzug(i-1,von,nach,ueber);
    Spielzug(i-1,ueber,von,nach);
}
```

Gewissermaßen tauschen hier die Stäbe zwischenzeitlich ihre Rollen: Das Entfernen einer Scheibe wird dadurch realisiert, dass der Funktion `Spielzug()` stets `i-1` als erster Parameter übergeben wird. Die einzelnen Teilprobleme werden dadurch gelöst, dass sich die Funktion `Spielzug()` immer dann selbst neu aufruft, wenn sich noch mehr als eine Scheibe auf der Stange befindet, von der etwas heruntergenommen werden soll (Sie dürfen ja nur eine Scheibe auf einmal verschieben). Sehen Sie sich nun Listing 3.4 an, das die einzelnen Spielzüge für eine beliebige Anzahl Scheiben und drei Stangen in der Konsole ausgibt.

**Listing 3.4** Hanoi.cpp

```
#include<stdio.h>

int Scheiben[]={0,0,0,0};

void Spielzug(int i, int von, int ueber, int nach)
{
    if (i>0)
    {
        printf("Lege Scheibe von Stab %d nach Stab %d",von,ueber);
        Scheiben[von]--; Scheiben[ueber]++;
        printf(" [%d %d %d]\n",Scheiben[1],Scheiben[2],Scheiben[3]);
        printf("Lege Scheibe von Stab %d nach Stab %d",ueber,nach);
        Scheiben[ueber]--; Scheiben[nach]++;
        printf(" [%d %d %d]\n",Scheiben[1],Scheiben[2],Scheiben[3]);
        Spielzug(i-1,von,nach,ueber);
        Spielzug(i-1,ueber,von,nach);
    }
}
```

```
17  int main (void)
18  {
19      int i,von,ueber,nach;
20      printf("Die Türme von Hanoi\n");
21      printf("Anzahl Scheiben:");
22      scanf("%d",&i);
23      printf("Lege Scheiben von:");
24      scanf("%d",&von);
25      printf("Gehe über:");
26      scanf("%d",&ueber);
27      printf("Nach:");
28      scanf("%d",&nach);
29      Scheiben[von]=i;
30      Spielzug(i,von,ueber,nach);
31      printf("Ende der Spielzüge\n");
32      return 0;
33  }
```

Das Hauptprogramm in den Zeilen **17–33** muss nicht mehr umfangreich erläutert werden, denn hier werden nur die Variablen **i**, **von**, **ueber** und **nach** von der Tastatur eingelesen. Anschließend wird in Zeile **29** die entsprechende Anzahl der Scheiben an die richtige Position im Array **Scheiben** geschrieben. Das Array **Scheiben** wird in Zeile **02** zuerst mit Nullen initialisiert und enthält später die Anzahl der Scheiben, die auf den entsprechenden Stäben liegen. Array-Position 0 wird hierbei nicht benutzt, Position 1 entspricht dem linken Stab, Position 2 dem mittleren Stab und Position 3 dem rechten Stab. In Zeile **30** wird die Funktion `Spielzug()` mit den Parametern `Spielzug(i,von,ueber,nach)` aufgerufen. Durch den Funktionsaufruf in Zeile **30** wird nur der erste Spielzug initialisiert, die restlichen Spielzüge werden in dem Fall, dass am Anfang versucht wird, mehr als eine Scheibe gleichzeitig zu bewegen, rekursiv berechnet. Die Funktion `Spielzug()` (die Zeilen **03–16**) prüft nun in Zeile **05** zunächst, ob `i>0` ist. Wenn dies nicht der Fall ist, dann ist es gelungen, eine Scheibe so zu verschieben, wie es die Regeln vorschreiben. Wenn jedoch `i>0` ist, wird zunächst in Zeile **07** der erste Schritt des nächsten Spielzugs in der Konsole ausgegeben, der eine Scheibe von der Zielposition auf die Zwischenposition legt. In Zeile **08** muss danach noch die Anzahl der Scheiben aktualisiert werden, die sich auf den entsprechenden Stäben befindet. Diese Information ist in dem Array **Scheiben** gespeichert. Anschließend wird in Zeile **10** der zweite Schritt des nächsten Spielzugs ausgegeben, der eine Scheibe von der Zwischenposition auf die Endposition legt. In Zeile **11** muss danach noch die Anzahl der Scheiben aktualisiert werden, die sich auf den entsprechenden Stäben befindet. In den Zeilen **13** und **14** wird dann die Funktion `Spielzug()` erneut rekursiv aufgerufen, und zwar so, dass das nächst einfachere Teilproblem der Lösung ermittelt wird. Dies besteht darin, so lange genau eine Scheibe weniger zu verschieben, bis nur noch eine einzige Scheibe verschoben werden muss. Das Programm gibt bei der Ausführung z. B. Folgendes aus:

**/home/rene/Kapitel_3>./Hanoi**

**Die Türme von Hanoi**

```
Anzahl Scheiben:3
Lege Scheiben von:1
Gehe über:2
Nach:3
Lege Scheibe von Stab 1 nach Stab 2 [2 1 0]
Lege Scheibe von Stab 2 nach Stab 3 [2 0 1]
Lege Scheibe von Stab 1 nach Stab 3 [1 0 2]
Lege Scheibe von Stab 3 nach Stab 2 [1 1 1]
Lege Scheibe von Stab 1 nach Stab 2 [0 2 1]
Lege Scheibe von Stab 2 nach Stab 3 [0 1 2]
Lege Scheibe von Stab 3 nach Stab 1 [1 1 1]
Lege Scheibe von Stab 1 nach Stab 2 [0 2 1]
Lege Scheibe von Stab 2 nach Stab 1 [1 1 1]
Lege Scheibe von Stab 1 nach Stab 3 [0 1 2]
Lege Scheibe von Stab 2 nach Stab 3 [0 0 3]
Lege Scheibe von Stab 3 nach Stab 1 [1 0 2]
Lege Scheibe von Stab 1 nach Stab 2 [0 1 2]
Lege Scheibe von Stab 2 nach Stab 3 [0 0 3]
```

### 3.3.5 Ein einfacher Backtracking-Algorithmus

Backtracking-Algorithmen gibt es viele und ich möchte Ihnen genau einen davon vorstellen. Dieser einfache Algorithmus dient später als Basis für ein Verfahren, mit dem Sie den kürzesten Weg zu einem Ziel finden können – übrigens verfährt Ihr Navigationsgerät bzw. die Google-Maps-App auch nicht wirklich anders, auch, wenn hier einige Dinge optimiert werden. Stellen Sie sich nun vor, Sie stecken in einem Labyrinth aus Höhlen und Gängen fest, wissen aber, dass Sie zuvor irgendwie in das Labyrinth hineingekommen sind. Es gibt also einen Ausgang, nur wissen Sie nicht, wo dieser ist. Wie finden Sie den Ausgang wieder? Es hilft alles nichts: Sie müssen sämtliche Gänge und Höhlen absuchen, bis einer der Wege zum Ausgang führt. Dass es eine Lösung für Ihr Problem gibt, das wurde ja am Anfang vorausgesetzt, und auch, dass sämtliche Höhlen immer durch Gänge verbunden sind. Natürlich können Sie sich nicht sämtliche Gänge im Kopf merken, die Sie schon abgesucht haben. Was tun Sie nun in Ihrer verzweifelten Lage? Sie markieren mit einem Stück Kreide (das Sie zum Glück dabeihaben) alle Gänge, die Sie schon besucht haben, mit einem weißen Fragezeichen. Wenn Sie in eine Sackgasse laufen, gehen Sie einfach wieder zurück und benutzen wiederum einen Pfad, den Sie noch nicht markiert haben. Auf diese Weise bleibt am Ende stets ein Weg über, der zum Ausgang führt, was schon Justus Jonas von den drei Fragezeichen zu seiner großen Erleichterung feststellen musste. Was die drei Fragezeichen können, können Sie vielleicht auch, denn Sie haben ja einen Computer (vielleicht haben Sie sogar Java auf Ihrem Handy und das Handy hat man ja auch immer bei). Die Frage lautet also: Gibt es ein Verfahren, mit dem man einen Computer dazu bringen kann, den Weg aus einem Irrgarten zu finden? Die Antwort lautet, dass es mit dem Backtracking ein rekursives Verfahren gibt, das dies leistet. *Backtracking* bedeutet, sich erst einmal für einen beliebigen Weg zu entscheiden und diesen nach Lösungen abzusuchen. Wenn sich dieser Weg als falsch herausstellt, werden sämtliche Schritte rückgängig gemacht, die nicht zur Lösung geführt haben. Danach wird ein neuer Weg gesucht, der noch nicht gegangen wurde. Dies setzt voraus, dass sich Ihr Programm sämtliche missglückten Versuche merkt, die es bereits ausgeführt hat – und was kann dafür besser geeignet sein als der Prozessor-Stack?

Bevor Sie jedoch mithilfe Ihres Computers und rekursiven Algorithmen den Ausgang aus einem gegebenen Höhlenlabyrinth finden können, benötigen Sie eine geeignete Darstellungsform des Gangsystems. Die Darstellungsform, die meistens für das Backtracking gewählt wird, ist der Graph. Ein *Graph* ist ein bestimmtes Diagramm, das aus Knoten (dargestellt durch Kreise) und Kanten (dargestellt durch Linien) besteht. Jeder Knoten kann über die Kanten mit einer beliebigen Anzahl an weiteren Knoten verbunden werden. Der Graph kann nun in einer bestimmten Weise durchlaufen werden, z. B. derart, dass ein bestimmter Knoten getroffen wird. Falls für die Kanten bestimmte Richtungen gelten, in denen diese durchlaufen werden müssen, spricht man von einem *gerichteten Graph*, ansonsten von einem *ungerichteten Graph*. Die Kanten und Knoten können Sie in einer beliebigen Weise beschriften, im weiteren Verlauf werde ich die Knoten mit Zahlen versehen und für die Darstellung des Höhlenlabyrinthsystems einen ungerichteten Graphen verwenden. Ich habe ferner dafür gesorgt, dass auf jeden Fall mindestens ein Pfad zum gesuchten Ausgang führt, dem ich die Zahl 1 zuordne. Sehen Sie sich nun das Höhlensystem an und den zugehörigen Graphen, der das Höhlensystem beschreibt:

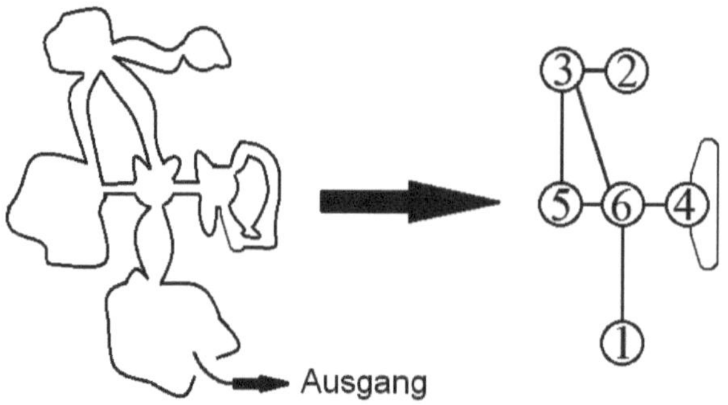


**Bild 3.1** Höhlensystem des Labyrinths und der zugehörige Graph

Bild 3.1 können Sie entnehmen, dass Knoten 2 in eine Sackgasse führt und dass Knoten 4 einen Kreispfad enthält, der nicht zum Ziel führen kann. Der wichtigste Knoten ist Knoten Nr. 6. Diesen Knoten müssen Sie auf jeden Fall passieren, wenn Sie zum Zielknoten Nr. 1 gelangen wollen. Um den hier abgebildeten Graphen in eine Form zu überführen, mit der sich Algorithmen ausführen lassen, müssen Sie eine *Adjazenzmatrix* erstellen. Eine *Adjazenzmatrix* ordnet sämtliche n Knoten eines Graphen in einer nxn-Matrix an und enthält in jeder Zeile jeweils die Verknüpfungsdaten für einen von den n Knoten. In Zeile 1 stehen also die Verknüpfungsdaten für Knoten Nr. 1, in Zeile n stehen die Verknüpfungsdaten für den letzten Knoten n. Die Verknüpfungsdaten stehen also in den einzelnen Spalten einer bestimmten Zeile und beschreiben sämtliche Knoten, mit denen der betreffende Knoten verknüpft ist. Immer, wenn in einer Spalte eine Zahl steht, die nicht 0 ist, so bedeutet dies, dass der Knoten, der durch die Zeile beschrieben wird, mit dem Knoten verbunden ist, der durch die betreffende Spaltennummer bestimmt wird. Damit die rein mathematische Definition der Adjazenzmatrix nicht in der Luft hängt, möchte ich nun den in der letzten Abbildung angegebenen Graphen in Form einer Adjazenzmatrix darstellen. Hierzu muss ich (da der Graph sechs Knoten enthält) eine 6x6-Matrix wählen. Ich erstelle aber in diesem Fall das Array `Adj[7][7]` und benutze Zeile 0 und Spalte 0 nicht, weil dies das Programm, das ich Ihnen später vorstelle, übersichtlicher macht. Sehen Sie sich nun die Adjazenzmatrix an, die die Verknüpfung der Gänge unseres Höhlensystems beschreibt:

```
int Adj[7][7]=
{
0,0,0,0,0,0,0,
0,0,0,0,0,0,6,
0,0,0,3,0,0,0,
0,0,2,0,0,5,6,
0,0,0,0,4,0,6,
0,0,0,3,0,0,6,
0,1,0,3,4,5,0
};
```

Zeile 0 und Spalte 0 werden nicht verwendet und enthalten nur Nullen. Zeile 1 beschreibt den Knoten 1, der nur mit Knoten 6 verbunden ist. Deshalb steht in Zeile 1 an Position 6 die Zahl 6. Knoten 2 ist mit Knoten 3 verbunden, deshalb steht in Zeile 2 an Position 3 die Zahl 3. Knoten 3 ist aber natürlich auch mit Knoten 2 verbunden, deshalb steht in Zeile 3 an Position 2 die Zahl 2. Knoten 3 ist mit Knoten 2, 5 und 6 verbunden (Zeile 3), Knoten 4 ist mit sich selbst und Knoten 6 verbunden (Zeile 4). Knoten 5 ist mit Knoten 3 und 6 verbunden (Zeile 5) und Knoten 6 mit Knoten 1, 3, 4 und 5 verbunden (Zeile 6).

Kommen wir nun zum eigentlichen Algorithmus, der den Weg von Knoten 2 (Start) zu Knoten 1 (Ausgang) finden soll. Zunächst definieren Sie zusätzlich zum Array **Adj** das Array `Marke[7][7]`, das Werte vom Typ `bool` enthält, die genau dann auf `true` gesetzt werden, wenn der entsprechende Knoten im Array **Adj** überprüft wurde. Um die einzelnen Zielknoten zu überprüfen, die mit einem bestimmten Startknoten verknüpft sind, müssen Sie zunächst einmal die betreffende Zeile auswählen (am Anfang ist dies Zeile Nr. 1). Anschließend durchlaufen Sie in einer Schleife sämtliche Spalten, die der Zeile zugeordnet sind, die den vorher ausgewählten Knoten beschreibt. In dieser Schleife ruft sich nun der Suchalgorithmus selbst wieder auf, und zwar für jeden Spalteneintrag einmal.

Sei nun **i** die i-te Zeile von **Adj** und **j** die j-te Spalte von **Adj**. Sei **k** ein Zähler, der in diesem Beispiel von 1 bis 6 zählt, und **j** eine beliebige festgehaltene Spalte, die am Anfang 2 ist. Dann sieht der Hauptalgorithmus so aus:

```
for (int k=0; k<=6; k++) { SucheAusgang(j,k); } // j ist fest vorgegeben
```

Die Funktion `SucheAusgang()`, in die der Hauptalgorithmus eingebettet ist, bekommt zwei Parameter übergeben, nämlich **i** und **j**. Der Parameter **i** beschreibt den Startknoten und **j** einen Knoten, der genau im nächsten Schritt erreicht werden kann. Die Funktion `SucheAusgang()` untersucht für jeden Knoten, der mit dem Knoten **j** verknüpft ist, ob dieser der Zielknoten ist. Dies geschieht rekursiv, das heißt, es wird versucht, das Ausgangsproblem in kleinere Teile zu zerlegen. Sie wenden also auch hier (wie schon bei den Türmen von Hanoi) einen Teile-und-herrsche-Algorithmus an.

An dieser Stelle sind Sie aber noch nicht ganz fertig, denn innerhalb der Funktion `SucheKnoten()` muss festgestellt werden können, ob ein gewählter Teilpfad eine Sackgasse ist oder aber zur Lösung führt. Ohne diese Überprüfung würde sich der Suchalgorithmus endlos selbst aufrufen. Eine Sackgasse ist dann erreicht, wenn entweder `Adj[j][i]=0` ist (in diesem Fall führt der Pfad von Knoten **i** nach Knoten **j** ins Nichts) oder der entsprechende Knoten vorher schon untersucht wurde (`Marke[i][j]==true`). Auf diese Weise erhalten Sie die folgende erste Ausstiegsbedingung aus der Rekursion:

```
if ((Adj[i][j]==0)||(Marke[i][j])==true) { return; }
```

Wenn die erste Ausstiegsbedingung nicht zutrifft, muss zunächst einmal `Marke[i][j]` auf `true` gesetzt werden, um den gerade überprüften Knoten als bereits getestet zu markieren. Anschließend müssen Sie die zweite Ausstiegsbedingung überprüfen, die dann erfüllt ist, wenn Knoten 1 erreicht wurde:

```
if(Adj[i][j]==1) { AusgangGefunden=true; STOP; }
```

Erst, wenn keine Ausstiegsbedingung zutrifft, wird nach neuen Verzweigungen gesucht, die vom Knoten **j** abgehen. Sehen Sie sich nun die vollständige Funktion `SucheAusgang()` an:

```
void SucheAusgang(int i, int j)
{
    if (AusgangGefunden==false)
    {
        if ((Adj[i][j]==0)||(Marke[i][j])==true) { return; }
        Marke[i][j]=true;
        if(Adj[i][j]==1)
        {
            AusgangGefunden=true;
        }
        for (int k=0; k<=6; k++) { SucheAusgang(j,k); }
        Marke[i][j]=false;
    }
}
```

`SucheAusgang()` wird also so lange rekursiv aufgerufen, bis die globale Variable **AusgangGefunden** auf `true` gesetzt wird, weil Knoten 1 passiert wurde. In dem Fall, dass eine Sackgasse oder ein bereits benutzter Knoten gefunden wurde, kehrt die Funktion sofort zurück. Sie sehen an dieser Stelle, dass der Hauptalgorithmus im Endeffekt nur aus einer einzigen Zeile besteht, die `SucheAusgang()` in einer Schleife rekursiv aufruft. Erst, wenn diese Schleife vollständig durchläuft, kann die Markierung desjenigen Knotens wieder entfernt werden, der ursprünglich auf Verknüpfungen mit anderen Knoten überprüft werden sollte. Sehen Sie sich hierzu nun Listing 3.5 an:

**Listing 3.5** Backtracking.cpp

```
#include<stdio.h>

bool Marke[8][8]={false};
int Adj[8][8]=
{
    0,0,0,0,0,0,0,0,
    0,0,0,0,0,0,6,0,
    0,0,0,3,0,0,0,7,
    0,0,2,0,0,5,6,0,
    0,0,0,0,4,0,6,0,
    0,0,0,3,0,0,6,0,
    0,1,0,3,4,5,0,0,
    0,0,2,0,0,0,0,0
};

int Pfad[1000]={0};
int Cnt, Start;
bool Init=false;
bool AusgangGefunden=false;

void FindeAusgang(int i, int j)
{
    if (Init==false) { Init=true; Start=i; Pfad[0]=Start; }
    if (AusgangGefunden==false)
    {
        if ((Adj[i][j]==0)||(Marke[i][j])==true) { return; }
        printf("Überprüfe Pfad %d -> %d\n",i,Adj[i][j]);
        if (i==Start)
```

```
26          {
27              printf("Pfad wird zurückgesetzt\n");
28              Cnt=0;
29          }
30          else
31          {
32              Pfad[Cnt]=i; Pfad[Cnt+1]=Adj[i][j];
33              Cnt+=2;
34          }
35          if(Adj[i][j]==1) { AusgangGefunden=true; }
36          else { Marke[i][j]=true; }
37          for (int k=0; k<=7; k++) { FindeAusgang(j,k); } // Hauptalgorithmus
38          Marke[i][j]=false;
39      }
40  }

41  int main(void)
42  {
43      FindeAusgang(2,3);
44      printf("Ausgang gefunden\n");
45      printf("----------------------\n");
46      printf("Gefundener Pfad:");
47      for (int i=0; i<Cnt; i++)
48      {
49          if (Pfad[i-1]!=Pfad[i]) { printf("%d ",Pfad[i]); } // doppelt passierte
Knoten nicht nochmal ausgeben
50      }
51      printf("\n");
52      return 0;
53  }
```

Das Array **Marke**, das die Markierungen der zuletzt besuchten Knoten enthält, wird in Zeile **02**, die Adjazenzmatrix **Adj** wird in den Zeilen **03–13** definiert. Um das Programm einfacher zu halten, werden auch hier wieder Zeile 0 und Spalte 0 der Arrays **Marke** und **Adj** nicht benutzt und bei der Definition `Marke[8][8]` und `Adj[8][8]` statt `Marke[7][7]` und `Adj [7][7]` verwendet. **Adj** wird in den Zeilen **03–13** fest definiert, das Höhlenlabyrinth ist also „fest verdrahtet". In den Zeilen **14–17** müssen dann noch zusätzlich einige Hilfsvariablen angelegt werden. Dies ist einmal das Array **Pfad**, das am Ende den Pfad zum Ziel enthält, und die Variable **Cnt**, die von der Funktion `FindeAusgang()` benutzt wird, um den Suchpfad mit der Lösung zu verwalten. Die Variable **Init** gibt an, ob die Funktion `FindeAusgang()` schon einmal aufgerufen wurde und ist am Anfang `false`. Zusätzlich zu **Init** wird in Zeile **17** die Statusvariable **AusgangGefunden** definiert, die angibt, ob der Ausgang bereits gefunden wurde. Die Statusvariable **AusgangGefunden** wird von der rekursiven Methode `FindeAusgang()` (die Zeilen **18–40**) verwendet. Diese Variable ist am Anfang `false`. `FindeAusgang()` führt den eigentlichen Backtracking-Algorithmus aus und bekommt zwei Parameter übergeben, nämlich **i** und **j**. Dabei gibt **i** einen Startknoten und **j** einen Zielknoten an, der in einem einzigen Schritt erreicht werden kann. Am Anfang wird die Funktion `FindeAusgang()` vom Hauptprogramm mit den Parametern `i=2` und `j=3` aufgerufen. Dies ist quasi der erste gültige Initialisierungsschritt: Zuerst soll das Programm also von Konten 2 zu Knoten 3 gehen. FindeAusgang() nimmt diese Startparameter entgegen und schaut in Zeile **20** erst einmal nach, ob Init==false ist, was zunächst der Fall ist. In diesem Fall wird der Suchpfad, der am Ende die Lösung (also den Pfad zum Ziel) enthält, mit einem ersten Eintrag initialisiert, der identisch mit dem Startknoten Start ist (dieser wird am Anfang auch auf Start=i gesetzt). Nach der Initialisierung ist dann Init==true. Ist dann in Zeile **21** AusgangGefunden==false (das ist direkt am Anfang der Fall), muss der nächste Suchschritt ermittelt werden. Zunächst muss hierfür in Zeile **23** festgestellt werden, ob der aktuelle Knoten schon markiert wurde (Marke [i][j]==true), denn in diesem Fall kehrt FindeAusgang() zurück, ohne etwas zu tun oder sich erneut aufzurufen. Wenn Sie jedoch alleine diese Bedingung als Ausstiegskriterium aus der Rekursion verwenden, wird sich das Programm irgendwann aufhängen, denn Sie müssen ebenfalls aus der Rekursion aussteigen, wenn Adj[i][j]==0 ist. Dies bedeutet dann, dass ein bestimmter Knoten nicht vorhanden ist. So ist z. B. Adj[2][4]==0, was bedeutet, dass Knoten 2 nicht mit Knoten 4 verbunden ist und diese Verbindung nicht weiter beachtet werden darf. Wenn der Startknoten dagegen gültig ist (das ist am Anfang der Fall), wird versucht, zum nächsten Knoten zu gelangen. Damit Sie auch sehen, was Ihr Algorithmus tut, wird in Zeile **24** erst einmal der zu überprüfende Teilschritt in der Konsole ausgegeben. Nun folgt in den Zeilen **21–38** der eigentliche Backtracking-Algorithmus, der in der Tat von der Idee her sehr simpel ist:

Immer, wenn Sie noch nicht den Zielknoten gefunden haben, aber die Funktion FindeAusgang() zum aktuellen Ausgangsknoten zurückgekehrt ist, wird die Meldung ausgegeben, dass der aktuelle Suchpfad zurückgesetzt wird und so keine Lösung darstellt. Da jeder bereits besuchte Knoten stets markiert wird, wird ein Suchpfad, der nicht zum Erfolg führt, nicht erneut benutzt. Wenn jedoch der aktuelle Suchpfad noch zum Erfolg führen könnte, wird erst einmal der Knoten **i** durch die Anweisung Pfad[Cnt]=i in den aktuellen Suchpfad eingefügt. **Cnt** ist hier der entsprechende Zähler, der den als Nächstes zu belegenden Array-Eintrag im aktuellen Suchpfad angibt, und dies ist dann auch der Grund, warum dieser Zähler in Zeile **28** auf 0 zurückgesetzt werden muss, wenn ein bestimmter Suchpfad eben keinen Erfolg hatte. Nun muss noch der Zielknoten ermittelt werden, der mit dem aktuellen Startknoten verbunden ist. Dieser Zielknoten steht im Eintrag Adj[i][j]. Dies ist so, weil die Adjazenzmatrix vorher genau so angelegt wurde, dass dies der Fall ist. Nachdem der Suchpfad aktualisiert wurde, muss natürlich in Zeile **33** noch der Zähler **Cnt** aktualisiert werden, damit dieser auf den nächsten freien Eintrag im Suchpfad-Array zeigt.

Wenn nun der Knoten im nächsten Schritt der Zielknoten ist (also Adj[i][j]==1), dann wird FindeAusgang() sofort beendet und auch nicht mehr erneut aufgerufen. In diesem Fall wurde in Zeile **35** die Lösung gefunden. Direkt am Anfang ist dies aber nicht der Fall, deshalb muss der aktuelle Knoten **i** als bereits besucht markiert und die Suche fortgesetzt werden. Nun kann ein „dummer" Algorithmus aber nicht intuitiv „erahnen", welcher Pfad denn nun der richtige ist, deshalb muss er auch genauso

„dumm" vorgehen und eine Brute-Force-Methode anwenden: In Zeile **37** wird die Funktion `FindeAusgang()` für jeden möglichen Verbindungsknoten von **i** erneut rekursiv aufgerufen, unabhängig davon, ob dieser gültig ist oder zum Ziel führt. Viele rekursive Aufrufe von `FindeAusgang()` laufen also ins Leere, weil ein bestimmter Knoten keine Verbindung des aktuellen Knotens **i** ist oder ein bestimmter Suchpfad einen Kreispfad bildet, in dem der Zielknoten nicht enthalten ist. Auch kann es vorkommen, dass der „dumme" Algorithmus einige Knoten doppelt besucht, die dann am Ende in der Lösung auftauchen. Wenn es jedoch eine Lösung gibt, dann wird diese garantiert irgendwann in den Suchpfad eingetragen und genau dieser Pfad wird dann nicht gelöscht und am Ende ausgegeben.

Das Hauptprogramm muss nicht mehr viel leisten, sondern die Suche nur anstoßen. Hierzu dient Zeile **43**, die den ersten Schritt von Knoten 2 zu Knoten 3 definiert, der natürlich erst einmal gültig sein muss. Wenn die Suche erfolgreich verläuft und die Funktion `FindeAusgang()` erfolgreich zurückkehrt, wird danach der Suchpfad ausgegeben, der zum Erfolg geführt hat. Hierbei wird in Zeile **49** auch gewährleistet, dass Knoten, die doppelt in der Lösung vorhanden sind, nicht nochmal ausgegeben werden.

### 3.3.6 Ein einfacher Taschenrechner

Manche Studenten denken, dass die rekursiven Algorithmen eigentlich nur Spielereien sind, die sie nun mal lernen müssen und die auch nur für bestimmte Problemstellungen – wie z. B. für Google Maps oder bestimmte mathematische Themenbereiche – interessant sind. Diese Einstellung übersieht natürlich viele Dinge, die mit Rekursionen so viel einfacher gelöst werden können als mit rein iterativen Verfahren. Denn auch, wenn es für die Türme von Hanoi eine iterative Lösung gibt und dies genauso gut für das Backtracking gilt, gibt es auch Dinge, die Sie nur mit Rekursion in einer vernünftigen Weise lösen können. Hier heißt „in einer vernünftigen Weise" wieder, dass der Programmieraufwand relativ überschaubar und die Laufzeit des Algorithmus nicht zu hoch ist.

Ich stelle Ihnen nun eine Sache vor, die Sie iterativ nicht in einer einfachen Weise lösen können, nämlich die Programmierung eines Taschenrechners. Dieser Taschenrechner soll natürlich mehr können als ein billiger Standardrechner, er soll nämlich die Regel „Punkt vor Strich" beachten sowie auch Klammern korrekt auflösen. Ferner soll es das Zeichen ^ geben (also einen Exponenten), der Vorrang vor * und / hat. Fehlt nur noch die Antwort auf die Frage, warum denn die Programmierung eines Taschenrechners mehr ist als eine mathematische Spielerei oder eine von den vielen Praktikumsaufgaben, die Sie eben machen müssen. Die Antwort ist, dass viele Skriptsprachen rekursive Algorithmen verwenden, um Klammern, Formeln und andere komplexe Ausdrücke auszuwerten. Viele moderne Browser-Sprachen, wie z. B. JavaScript oder auch die inzwischen sehr populäre Skriptsprache Python, sind aus solchen einfachen Fingerübungen entstanden. Damit es aber nicht bei den Fingerübungen bleibt, machen wir mit einem konkreten Beispiel weiter und wollen den folgenden Ausdruck korrekt auswerten:

**(2^2)+(1*2*3)-(4*5*6)+(7*8-9)**

Damit Sie die einzelnen Zeichen korrekt zuordnen können, nehme ich im weiteren Verlauf an, dass der auszuwertende Ausdruck ein Standard-C-String vom Typ `char*` ist und mit einem Null-Byte abgeschlossen wird. Die Startposition ist hier erst einmal 0 und soll in der Variablen **Pos** abgelegt werden.

Nun wird die Funktion zum Auswerten des Ausdrucks aufgerufen, die ich hier `Parse()` nenne. Dies hat den einfachen Grund, dass der Fachausdruck für Funktionen, die Ausdrücke von Typ `char*` in einer bestimmten Weise auswerten, „Parser" ist. Die Funktion `Parse()` soll nun als ersten Parameter den Ausdruck selbst (in der Variablen **Exp**, was die Abkürzung von „expression" ist) und als zweiten Parameter einen Zeiger auf die Variable **Pos** übergeben bekommen. `Parse()` nimmt nun zunächst entsprechend der Tradition von „teile und herrsche" an, dass der gesamte Ausdruck in einem Durchlauf von vorne nach hinten ausgewertet werden kann und dass es auch keine Prioritätsunterschiede zwischen den Operatoren gibt. Deshalb wird erst einmal das Zeichen `Exp[Pos]` eingelesen. Nun ist aber in diesem Fall schon das erste Zeichen eine geöffnete Klammer und deshalb ist die Annahme, dass der Ausdruck quasi in einem Rutsch verarbeitet werden kann, schon an dieser Stelle falsch. `Parse()` muss nun in eine Rekursion einsteigen und zwar an der Stelle direkt hinter der geöffneten Klammer (also bei `Pos=1`).

Bei `Pos=1` kann nun die folgende Berechnung ausgeführt werden:

**2.000000^2.000000=4.000000**

**Push 4.000000**

Ich nehme an diesem Punkt an, dass `Parse()` für jeden Funktionsaufruf einen separaten Stack verwaltet, auf dem sowohl Operatoren (also die Berechnungszeichen +, -, *, /, ^) als auch Operanden (also Fließkommazahlen) mit `Push` abgelegt werden können. Nach der Berechnung von $2^2$ (hier geschrieben als 2^2) wird also das Ergebnis mit Push auf dem Stack abgelegt. Nach dem Ausrechnen von $2^2$ findet `Parse()` eine geschlossene Klammer, was bewirkt, dass eine Rückkehr aus der Rekursion stattfindet und die als Erstes aufgerufene Instanz von `Parse()` bei `Pos=5` weitermacht. Dadurch bleibt der folgende Teil von **Exp** übrig:

**+(1*2*3)-(4*5*6)+(7*8-9)**

**Hinweis: Operanden und Operatoren**

Im Grundlagenstudium und in vielen Programmiersprachen ist die Unterscheidung zwischen *Operanden* und *Operatoren* wichtig. Ein *Operand* ist der Teil eines mathematischen Ausdrucks, **mit dem gerechnet wird**, also eine Zahl oder eine Variable. Der *Operator* bezeichnet **den Rechenschritt selbst** und ist in einem mathematischen Ausdruck ein bestimmtes **Rechenzeichen**, z. B. +, -, *, / und ^.

Das Ergebnis, das Parse() von dem rekursiven Aufruf zurückbekommt, wird erst einmal mit Push auf dem Stack abgelegt (das bedeutet, dass sich nun der Wert 4 auf dem TOS (top of stack) befindet). Anschließend wird der Operator + gefunden, der auf einem separaten Operatoren-Stack abgelegt wird. Anschließend folgt wieder eine geöffnete Klammer, was wieder zu einem rekursiven Aufruf von Parse() führt. Der Operator + und die geöffnete Klammer führen also zu den folgenden Schritten:

**Push** +

**Einstieg in die Rekursion an Position** 7

Der Ausdruck (1*2*3) wird nun ohne erneute Rekursionen oder Zwischenschritte aufgerufen, weil hier sämtliche Operatoren dieselbe Priorität haben. Es werden also folgende Schritte ausgeführt:

**Push 1.000000**

**Push ***

**Push 2.000000**

**1.000000*2.000000=2.000000**

**Push ***

**Push 3.000000**

**2.000000*3.000000=6.000000**

Ich setze an dieser Stelle voraus, dass Parse() in der Lage ist zu erkennen, dass hier der zweite Operand auf dem Stack stets eine korrekte Multiplikation auslösen muss und dass dies auch für alle folgenden Operanden gilt. Wenn an Position 12 die geschlossene Klammer gefunden wird, kehrt Parse() aus der Rekursion zurück und macht bei Pos=13 weiter. Auch hier wird zunächst das Ergebnis (=6) auf dem Stack abgelegt. Anschließend wird der Operator – gefunden und auf dem Stack abgelegt. Allerdings müssen an dieser Stelle die folgenden zwei Schritte ausgeführt werden:

**Push –**

**4.000000+6.000000=10.000000**

Parse() muss also auch hier erkennen können, dass noch ein weiterer Operator unter dem TOS liegt, und deswegen das Ergebnis der letzten Rekursion (also 6) mit dem Wert 4 verknüpfen, der dort vorher schon abgelegt wurde. Allerdings muss vorher der Operator – (das ist das Zeichen, das zuletzt eingelesen wurde) gesichert und anschließend wieder restauriert werden, z. B. mit dem folgenden Schritt:

**Restore –**

Anschließend findet Parse() wieder eine geöffnete Klammer und steigt danach an Position 15 in eine neue Rekursion ein. Dadurch bleibt der folgende Teil von **Exp** übrig:

**-(4*5*6)+(7*8-9)**

Auch der Ausdruck (4*5*6) innerhalb der ersten Klammer kann auf die folgende Weise ohne Zwischenschritte ausgeführt werden:

**Push 4.000000**

**Push ***

**Push 5.000000**

**4.000000*5.000000=20.000000**

**Push ***

**Push 6.000000**

**20.000000*6.000000=120.000000**

**Rückkehr aus der Rekursion bei Position 21**

Auch das Zwischenergebnis 120 wird wieder auf die folgende Weise mit den Werten und Operatoren verknüpft, die noch auf dem Stack liegen:

**Push 120.000000**

**Push** +

**10.000000-120.000000=-110.000000**

**Restore** +

Hier muss `Parse()` erkennen können, dass der Operator +, der direkt unter dem Minus-Operator auf dem TOS liegt, noch zusätzlich ausgeführt werden muss. Wenn `Parse()` danach wieder auf eine geöffnete Klammer trifft, wird ein neuer Einstieg in eine Rekursion an Position 23 ausgelöst. Nun bleibt der folgende Teil von **Exp** übrig:

+**(7*8-9)**

Der Ausdruck `7*8+9` innerhalb der letzten Klammer kann jedoch nicht einfach hintereinander ausgeführt werden und muss auf die folgende Weise in eine Multiplikation und eine anschließende Addition aufgeteilt werden:

**Push 7.000000**

**Push ***

**Push 8.000000**

**7.000000*8.000000=56.000000**

**Push –**

**Push 9.000000**

**56.000000-9.000000=47.000000**

Wenn also unter dem Operator auf dem TOS entweder der Operator * oder / liegt, muss die Multiplikation bzw. Division zuerst ausgeführt werden und `Parse()` muss auch dies erkennen. Erst, wenn der Ausdruck innerhalb der letzten Klammer in der korrekten Reihenfolge bearbeitet wurde, kann `Parse()` bei Position 29 aus der

Rekursion zurückkehren und 47 zurückliefern. Das Ergebnis ist der folgende Ausdruck:

**-110.000000+47.000000=-63.000000**

**Ergebnis:-63.000000**

Schauen Sie sich Listing 3.6 an, das Ihnen zeigt, wie Sie einen Ausdruck mit Klammern und den Operatoren +, -, *, / und ^ so auswerten können, dass dort ein richtiges Ergebnis herauskommt – keine Angst, so schwer ist dies nicht.

**Listing 3.6** Parser.cpp

```
#include<stdio.h>
#include<math.h>
#include<string.h>
#include<stdlib.h>

float GetNum(char *S, long int &Pos) // Zahlen aus S an Position Pos scannen
{
    char Num[50];
    int NumPos=0;
    while (((S[Pos]>='0')&&(S[Pos]<='9'))||(S[Pos]=='.')) // Zulässig sind 0-9, und .
    {
        Num[NumPos]=S[Pos]; // Ziffern in Puffer Num ablegen
        Pos++; NumPos++;
    }
    Num[NumPos]=0; // ASCII-String mit 0 abschließen
    return atof(Num); // atof wandelt Strings nach float
}

bool IsOperator(char O) // Operatoren sind +,-,*,/ und ^
{
    switch(O)
    {
        case '+': return true;
        case '-': return true;
        case '*': return true;
        case '/': return true;
        case '^': return true;
        default: return false;
    }
}

float OPExe(float a, float b, char OP) // OPExe führt einen Operator aus
{
    switch(OP)
    {
        case '+': printf("%f+%f=%f\n",a,b,a+b); return a+b;
        case '-': printf("%f-%f=%f\n",a,b,a-b); return a-b;
        case '*': printf("%f*%f=%f\n",a,b,a*b); return a*b;
        case '/': printf("%f/%f=%f\n",a,b,a/b); return a/b;
        case '^': printf("%f^%f=%f\n",a,b,pow(a,b)); return pow(a,b);
        default: return 0.0;
    }
}
```

```
float Parse(char *Exp, long int &Pos) // Parse wertet den Ausdruck in S aus
{
    float Num=0,Num2=0;
    float OPR[4]={0,0,0,0}; // Stack für 4 Operanden
    int OP[4]={0,0,0,0}; // Stack für 4 Operatoren
    int OPPtr=-1,OPRPtr=-1,OPTemp=0; // Stack stets zurücksetzen
    long int i=0;
    bool Neg=false;
    if (Exp[Pos]=='-') { Pos++; Neg=true; } // negatives Vorzeichen am Anfang des Ausdrucks invertiert die erste Zahl
    while (Exp[Pos]!=0) // Ende des Ausdrucks in S ist das Nullzeichen
    {
        if (Exp[Pos]=='(') // geöffnete Klammer startet neue Rekursion
        {
            Pos++; // Parse rekursiv für den Ausdruck direkt nach der Klammer aufrufen
            printf("Einstieg in die Rekursion an Position %ld\n",Pos);
            printf("-----------------------------------------------------\n");
            Num=Parse(Exp,Pos); // Der rekursive Aufruf gibt einen Zahlenwert zurück
            printf("-----------------------------------------------------\n");
            printf("Rückkehr aus der Rekursion bei Position %ld\n",Pos);
            printf("Push %f\n",Num);
            OPRPtr++; OPR[OPRPtr]=Num; // Num auf dem Stack ablegen
            if (OPPtr>=0) // noch ein verbliebener Operator auf dem Stack?
            {
                if ((OP[OPPtr]=='*')||(OP[OPPtr]=='/')) // Operator * und / direkt ausführen
                {
                    OPR[OPRPtr-1]=OPExe(OPR[OPRPtr-1],OPR[OPRPtr],OP[OPPtr]);
                    OPRPtr--; OPPtr--;
                }
            }
        }
        if (Exp[Pos]==')') // geschlossene Klammer bewirkt Rückkehr aus Rekursion
        {
            Pos++; // Mit Position direkt nach der Klammer zurückkehren
            if (OPPtr>=0) // Noch nicht ausgewerteten Operator ausführen
            {
                OPR[OPRPtr-1]=OPExe(OPR[OPRPtr-1],OPR[OPRPtr],OP[OPPtr]);
                OPRPtr--;
            }
            return OPR[OPRPtr]; // Rückgabeparameter an den Aufrufer übergeben
        }
        if (((Exp[Pos]>='0')&&(Exp[Pos]<='9'))) // Zahl gefunden?
        {
            Num=GetNum(Exp,Pos); // Dann ASCII-Zahl in float wandeln
            if (Neg==true) { Num=-Num; Neg=false; } // Negatives Vorzeichen bei der ersten Zahl im Ausdruck auswerten
            while (Exp[Pos]=='^') // Zahl folgt ein Exponent? Dann alle Exponenten einlesen
            {
                Pos++;
                if (Exp[Pos]!='(')
                {
                    Num2=GetNum(Exp,Pos);
                }
                else // Exponenten in Klammern müssen rekursiv verarbeitet werden
```

```
                {
                    Pos++;
                    printf("Einstieg in die Rekursion an Position %ld\n",Pos);
                    printf("---------------------------------------------------\n");
                    Num2=Parse(Exp,Pos);
                    printf("---------------------------------------------------\n");
                    printf("Rückkehr aus der Rekursion bei Position %ld\n",Pos);
                }
                printf("%f^%f=%f\n",Num,Num2,pow(Num,Num2));
                Num=pow(Num,Num2); // Exponenten direkt verarbeiten (höchste Prioritätsstufe)
            }
            OPRPtr++;
            printf("Push %f\n",Num);
            OPR[OPRPtr]=Num; // Ergebnis erst hier auf dem Stack ablegen
            if (OPPtr>=0) // noch ein verbliebener Operand auf dem Stack?
            {
                if ((OP[OPPtr]=='*')||(OP[OPPtr]=='/')) // * und / direkt ausführen
                {
                    OPR[OPRPtr-1]=OPExe(OPR[OPRPtr-1],
                    OPR[OPRPtr],OP[OPPtr]);
                    OPRPtr--; OPPtr--;
                }
            }
        }
        else if (IsOperator(Exp[Pos])) // Operator gefunden?
        {
            printf("Push %c\n",Exp[Pos]);
            OPPtr++; OP[OPPtr]=Exp[Pos]; // Operator auf den Operatorenstack legen
            Pos++;
            // Falls +/- oder -/+ auf dem Stack liegen, hat der unterste Operator Vorrang
            if ((OPPtr>0)&&(OP[OPPtr-1]!='*')&&(OP[OPPtr-1]!='/')&&(OP[OPPtr]!='*')&&(OP[OPPtr]!='/'))
            {
                OPTemp=OP[OPPtr];
                OPR[OPRPtr-1]=OPExe(OPR[OPRPtr-1],OPR[OPRPtr],OP[OPPtr-1]);
                OPRPtr--; OPPtr--;
                printf("Restore %c\n",OPTemp);
                OP[OPPtr]=OPTemp;
            }
        }
    }
    if (OPPtr>=0) // noch ein verbliebener Operator auf dem Stack? Dann diesen ausführen
    {
        OPR[OPRPtr-1]=OPExe(OPR[OPRPtr-1],OPR[OPRPtr],OP[OPPtr]);
        OPRPtr--;
    }
    return OPR[OPRPtr];
}

int main(void)
{
```

```
142     char Exp[256];
143     long int Pos;
144     float Res;
145     printf("Ausdruck:"); scanf("%s",Exp);
146     Pos=0;
147     Res=Parse(Exp,Pos);
148     printf("Ergebnis:%f\n",Res);
149     return 0;
150 }
```

Kommen wir nun zur schrittweisen Erklärung des Listings, das den Ausdruck **Exp** vom Typ `char*` zeichenweise verarbeitet und das korrekte Ergebnis anschließend in der Konsole ausgibt.

Damit Sie ASCII-Zahlen korrekt aus Strings extrahieren können, benötigen Sie erst einmal die Funktion `GetNum()` (die Zeilen **005–016**). `GetNum()` bekommt zwei Parameter übergeben, nämlich den String **S** und die Startposition **Pos**, die von `GetNum()` direkt verändert wird. Dies ist nötig, weil `GetNum()` die eingelesene ASCII-Zahl als Wert vom Typ `float` zurückgibt, aber gleichzeitig so angelegt ist, dass auch **Pos** die Position in **S** ist, die direkt hinter der letzten Ziffer der Zahl liegt, die zuletzt eingelesen wurde.

`GetNum()` geht **S** nun Zeichen für Zeichen durch und schaut jeweils, ob das Zeichen an der Position `Exp[Pos]` eine Ziffer im Bereich 0–9 oder ein Dezimalpunkt ist (negative Vorzeichen oder der Operator - werden von Parse verarbeitet und gehören nicht in die Funktion `GetNum()`). Wenn dieses Zeichen dann noch zu einer ASCII-Zahl gehört, wird dies im Puffer **Num** abgelegt. Wenn das zuletzt eingelesene Zeichen jedoch nicht mehr zu einer ASCII-Zahl gehört, werden die Zeichen im Puffer **Num** in eine Zahl vom Typ `float` umgewandelt und als Parameter zurückgegeben. Hierzu dient die Funktion `atof()`, die in **stdlib.h** definiert ist. Wenn `GetNum()` endet, dann zeigt Ihr Positionszeiger **Pos** auf ein Zeichen, das nicht mehr zu einer Zahl gehört und dann z. B. ein Operator sein könnte.

Damit Sie feststellen können, ob dieses Zeichen ein gültiger Operator ist, benötigen Sie zusätzlich die Funktion `IsOperator()` (die Zeilen **017–028**). `IsOperator()` nimmt einen Parameter **O** vom Typ `char` entgegen und wertet dieses Zeichen innerhalb eines `switch-case`-Blocks aus. Nur, wenn **O** das Zeichen +, -, *, / und ^ enthält, wird `true` zurückgegeben, ansonsten `false`.

`OPExe()` (die Zeilen **029–040**) führt nun einen Operator (falls dann ein solcher gefunden und als ASCII-Zeichen übergeben wurde) mit den Parametern **a** und **b** vom Typ `float` aus. Im Endeffekt führt `OPExe()` nur primitive Rechenoperationen aus, aber diese habe ich trotzdem der Übersicht halber aus der rekursiven Funktion `Parse()` ausgelagert.

Die Funktion `Parse()` (die Zeilen **041–139**) leistet nun die Hauptarbeit. `Parse()` bekommt als Parameter den Ausdruck **Exp** als String übergeben sowie die aktuelle Leseposition **Pos** per Address-Of-Operator. Dadurch kann **Pos** direkt von `Parse()` verändert werden. Zunächst wird in den Zeilen **044–048** für jeden Funktionsaufruf von

Parse() ein separater Operanden-Stack (**OPR**) und ein separater Operator-Stack (**OP**) eingerichtet. Die Stack-Pointer **OPPtr** (für den Operator-Stack) und **OPRPtr** (für den Operanden-Stack) werden an dieser Stelle auf -1 gesetzt, was einen leeren Stack anzeigt. Parse() verwaltet den Stack übrigens selbst und benutzt keine zusätzlichen Funktionen wie Push() oder Pop(), weil sämtliche Parameter (inklusive Stack-Pointern) auch über Rekursionsgrenzen erhalten bleiben müssen. Zusätzlich benötigen Sie an dieser Stelle (Zeile **048**) noch die Hilfsvariable **Neg**, die anzeigt, dass vor der ersten Zahl an der Position Exp[Pos] ein negatives Vorzeichen steht. Am Anfang ist Neg=false, aber wenn direkt danach in Zeile **049** ein negatives Vorzeichen gefunden wird, wird Neg=true und es wird Pos=Pos+1 gesetzt. Sämtliche weiteren negativen Vorzeichen können danach durch einen Operator ersetzt werden, nicht aber ein negatives Vorzeichen, das direkt nach dem Aufruf von Parse() gefunden wird. Im Endeffekt behebe ich an dieser Stelle einen Bug aus der letzten Auflage dieses Buchs, der dazu führte, dass einige Ausdrücke falsch ausgewertet wurden.

In einer großen while-Schleife (die Zeilen **050–139**) wird nun jeweils immer das nächste Zeichen in Exp[Pos] ausgelesen und anschließend ausgewertet. In Zeile **052** wird zunächst überprüft, ob dieses Zeichen eine geöffnete Klammer ist. Ist dies der Fall, dann muss sich Parse() mit den Parametern Parse(Exp,Pos+1) erneut rekursiv aufrufen. Dies geschieht in Zeile **054** durch die Anweisung Pos++ und in Zeile **057** durch die Anweisung Num=Parse(Exp,Pos). Ich habe Parse() nun so programmiert, dass stets Testausgaben erzeugt werden, die anzeigen, an welcher Stelle Parse() in die Rekursion einsteigt und an welcher Stelle Parse() wieder aus der Rekursion zurückkehrt. Auf diese Weise können Sie z. B. sehr gut sehen, dass jedes Ergebnis einer Rekursion als normaler Zahlenwert betrachtet wird, der dann auch wieder ganz normal auf dem lokalen Operanden-Stack abgelegt wird. Deshalb ist auch in den Zeilen **062–069** (nachdem Parse() rekursiv eine Klammer aufgelöst hat) eine Überprüfung notwendig, ob bereits ein Operator auf dem Stack liegt. Wenn dies der Fall ist, dann muss der Operator immer dann sofort ausgeführt werden, wenn dies eine Multiplikation oder Division impliziert (diese hat Vorrang vor einer Addition oder Subtraktion). Wenn allerdings noch kein Operator auf dem Stack liegt, wird als Nächstes überprüft, ob das Zeichen in Exp[Pos] eine geschlossene Klammer ist. In diesem Fall wird Parse() beendet und gibt den Operanden zurück, der an der untersten Position auf dem Operanden-Stack liegt. Wenn jedoch noch ein Operator auf dem Operatoren-Stack liegt, wird auch in diesem Fall die entsprechende Operation vorher noch ausgeführt. Auch an dieser Stelle verwaltet Parse() die Stack-Pointer selbst und verwendet z. B. für OPExe() stets die Parameter OPExe(OPR[OPRPtr-1],OPR[OPRPtr]), um die obersten zwei Operanden auf dem Stack an OPExe() zu übergeben. Die Stack-Pointer werden hier also per Hand aktualisiert, weil es eben keinen globalen Stack gibt.

Wenn an Exp[Pos] aber keine Klammer steht, dann kann dort nur eine Zahl (eventuell zusätzlich mit einem Vorzeichen) oder aber ein Operator stehen – zumindest dann, wenn Sie einen gültigen Ausdruck übergeben haben. Wenn dort eine ASCII-Zahl steht und die `if`-Anweisung in Zeile **081** zutrifft, dann wird die gefundene Zahl zunächst in Zeile **083** per `GetNum()` in die Variable **Num** vom Typ `float` übertragen. Nun kann es natürlich passieren, dass als Nächstes der Operator ^ folgt, der Vorrang vor allen anderen Operatoren hat. Auch können mehrere Exponenten folgen, die ineinander verschachtelt sind. Deshalb werden in einer `while`-Schleife (die Zeilen **085–116**) sämtliche Operatoren des Typs ^ nacheinander verarbeitet. Hier können bei der Verarbeitung der Exponenten leider mehrere Fälle auftreten, die alle voneinander abhängig sind. Der einfachste Fall, der in der `if`-Anweisung in den Zeilen **088–091** geprüft wird, ist, dass dem Operator ^ direkt eine weitere ASCII-Zahl folgt. In diesem Fall muss dann nur diese Zahl zusätzlich eingelesen werden (Variable **Num2**). Wenn jedoch dem Operator ^ eine geöffnete Klammer folgt, muss `Parse()` – genau wie im Fall der Klammer ohne vorausgegangenen ^-Operator – erneut rekursiv aufgerufen werden und nach Rückkehr aus der Rekursion muss das Ergebnis anschließend in **Num2** abgelegt werden. Dies leistet der `else`-Zweig in den Zeilen **092–103**, wobei auch hier wieder Testausgaben in der Konsole angezeigt werden, damit Sie die Arbeitsweise von `Parse()` gut verfolgen können. Nachdem ein einzelner Exponent verarbeitet wurde, wird **Num** stets zu `Num^Num2` gesetzt, um die einzelnen Exponenten miteinander zu verketten. Wenn sämtliche Exponenten ausgewertet worden sind, kann es trotzdem (wie auch schon im Fall der normalen Klammern) vorkommen, dass sich noch ein Operator auf dem Stack befindet. Dieser Fall wird anschließend in den Zeilen **107–115** überprüft. Auch hier werden wieder * und / sofort ausgeführt.

Wenn an der Position `Exp[Pos]` jedoch direkt ein Operator gefunden wird, liegen die Verhältnisse ein wenig anders. Ein direkt gefundener Operator wird nämlich auch direkt auf dem Operator-Stack abgelegt (wobei auch hier die Stack-Pointer wieder per Hand verwaltet werden). An dieser Stelle müssen Sie entscheiden, ob Sie in einer Additions-/Subtraktions-Kette oder aber innerhalb einer Multiplikations-/Divisionskette sind. In einer Additions-/Subtraktions-Kette sind Sie, wenn auf dem TOS (TOS=top of stack) und direkt darunter kein Multiplikationszeichen und kein Divisionszeichen liegt (`if`-Block in den Zeilen **123–130**). In diesem Fall müssen Sie den Operator, der unter dem TOS liegt, ausführen und anschließend den Operator, der vorher auf dem TOS lag, an die Position `OP[TOS-1]` schreiben. Wenn Sie dann den TOS um eine Position erniedrigen, können Sie eventuell mit dem Operator, der jetzt auf dem TOS liegt, einen weiteren Term in der aktuellen Additions-/Subtraktions-Kette berechnen. Natürlich unterbricht eine Multiplikation oder Division eine solche Additions-/Subtraktions-Kette, weil ein solcher Operator eben immer sofort ausgeführt wird. Das Vorkommen eines Exponenten (sofern Ihr Ausdruck in `Exp` korrekt ist) stört hingegen nicht die Verarbeitung von Additionsketten, weil dieser immer direkt hinter einer Zahl steht und dann auch sofort ausgewertet wird.

**Bild 3.2** Programmablaufplan der Funktion Parse()

Das Hauptprogramm liest einen Ausdruck von der Konsole ein und berechnet das Ergebnis dieses Ausdrucks, indem dieser geparst wird. Das Hauptprogramm prüft den Ausdruck, der an `Parse()` übergeben wird, nicht auf Fehler oder Stack-Overflows, gibt aber sämtliche Zwischenschritte der Berechnung in der Konsole aus.

Mit dem letzten Listing ist die Lernkurve stark angestiegen, aber die Erstellung von Programmen zur Auswertung von mathematischen Ausdrücken kommt eben doch manchmal im Studium vor. Zum Glück ist dies selten der Fall, aber wenn dies doch geschehen sollte, dann möchte ich Ihnen an dieser Stelle lieber doch ein Beispiel an die Hand geben, das Ihnen von Nutzen sein kann.

## 3.4 Reguläre Ausdrücke

Da das letzte Beispiel-Listing sehr umfangreich ist, fragen Sie sich vielleicht, was geschieht, wenn Sie z. B. noch mathematische Funktionen wie **sin**, **cos** und **tan** hinzufügen. Zumindest haben sich das einige Leser gefragt und ich habe dann auch umfangreiche Mails erhalten. Zunächst einmal: Danke für die Mails, denn diese waren sehr aufschlussreich und haben mich dazu bewogen, an dieser Stelle doch noch ein paar Dinge einzufügen, die ich in der letzten Auflage ausgespart habe. Wie Sie sich sicher denken können, wird das letzte Beispielprogramm in der Tat sehr lang, wenn Sie noch z. B. mathematische Funktionen hinzufügen wollen. Wirklich schwieriger wird die Sache dadurch nicht, aber Ihr Programm wird eben sehr umfangreich und auch umfangreicher Code kann eine Fehlerquelle sein. Wahrscheinlich war genau deswegen auch BASIC lange Zeit die führende Programmiersprache bei Einsteigern, weil BASIC im Endeffekt nur eine erweiterte Version des letzten Beispiels ist. Professionelle Parser oder Compiler (wie z. B. der gcc) verwenden jedoch ganz andere Verfahren, die ich Ihnen auch deshalb zeigen möchte, weil Sie in Ihrem Studium früher oder später bestimmt auf reguläre Ausdrücke stoßen.

### 3.4.1 Ausdrücke auswerten mit regulären Ausdrücken

*Reguläre Ausdrücke* (auch regular expressions oder einfach RegEx genannt) sind erst einmal nichts Magisches, auch wenn es manche Studenten so sehen, die Probleme mit diesem Thema haben. Reguläre Ausdrücke sind einfach der Versuch, die innere Struktur sprachlicher Konstrukte abzubilden. In der Informatik ist mit „sprachlichem Konstrukt“ meistens eine *Sprache dritter Ordnung* gemeint, was bedeutet, dass (nach dem polnischen Sprachforscher Minski) die Sprache streng logisch strukturiert ist und auch keine Widersprüche und Mehrdeutigkeiten beinhaltet. Es geht hier also nicht um natürliche Sprachen, die Metaphern, Mehrdeutigkeiten und sogar Ironie enthalten können, sondern um Programmiersprachen und mathematische Ausdrücke.

Kommen wir zurück zu unserem Taschenrechner, der nun so erweitert werden soll, dass er auch Funktionen inklusive komplexen Parametern auswerten kann. Eine Möglichkeit, dies zu tun, ist die Verwendung regulärer Ausdrücke, statt eines stackbasierten Modells. Hierfür muss aber zunächst ein beliebiger mathematischer Ausdruck so analysiert werden, dass er in seine Bestandteile zerfällt (auch hier wird wie im letzten Beispiel wieder vorausgesetzt, dass der Ausdruck syntaktisch korrekt ist). Meistens beginnt man hier an der obersten Stelle und fragt sich: Was ist die abstrakteste Ebene, die man überhaupt betrachten kann? Die Antwort ist, dass dies der Ausdruck selbst ist. Da „expression“ das englische Wort für einen regulären Ausdruck ist, schreibt man zunächst einfach folgendes Wort auf:

**expression**

Ein beliebiger Ausdruck, den unser erweiterter Taschenrechner auswerten kann, besteht nun aus Zahlen, Operanden, Klammern, Funktionsnamen und Rechenzeichen. Aber gleich auf diese unterste Abstraktionsebene hinunterzugehen, wäre nicht zielführend. Viel geeigneter für das weitere Vorgehen ist die Feststellung, dass ein Ausdruck aus vielen kleineren Ausdrücken bestehen kann, die durch Operatoren verbunden werden können. Sie können also einen Ausdruck auch so schreiben:

**expression:=expression [operator] expression**

Sie erkennen hier wahrscheinlich bereits die rekursive Struktur regulärer Ausdrücke und auch das Prinzip „teile und herrsche" wieder: Eine Struktur wie z. B. ein Ausdruck kann sich selbst enthalten bzw. genauer definieren. So kann ein Ausdruck dann auch wie folgt aufgebaut sein:

**expression:=[number][operator][expression] | ([expression])**

Die eckigen Klammern, die „expression" einschließen, deuten hier an, dass der Ausdruck, der durch „:=" definiert wird, nicht identisch sein muss mit dem Ausdruck, der in den eckigen Klammern steht. Außerdem werden hier zwei Alternativen definiert (durch das Zeichen „|", das hier kein Operator ist, sondern „oder" bedeutet). Die erste Alternative ist, dass ein Ausdruck mit einer Zahl beginnt, der ein Operator folgt (dies ist z. B. bei „1*..." der Fall), der Teil, der hinter dem Operator „*" steht, wird als ein weiterer eigener Ausdruck betrachtet. Der zweite Fall ist, dass ein Ausdruck in Klammern eingeschlossen wird und deshalb separat ausgewertet werden muss. Allerdings fehlen hier noch zwei wichtige Alternativen:

- Der Ausdruck ist leer.
- Der Ausdruck enthält nur eine Zahl, aber keinen Operator.

Leere Ausdrücke können jedoch in dem Taschenrechnerbeispiel nicht vorkommen, weil z. B. Eingaben wie

**1+**

nicht zulässig sind. Allerdings kann die Regel

**expression:=[number][operator][expression]**

schon dazu führen, dass für „[expression]" nur eine Zahl, nicht aber ein Operator eingesetzt werden muss (z. B. bei „1*2"). Dies führt zu der folgenden Definition eines gültigen Ausdrucks für den Taschenrechner:

**expression:=[expression][operator][expression] |**

**[number][operator][expression] |**

**[number] |**

**([expression])**

(die einzelnen Alternativen habe ich der Übersicht halber in separate Zeilen geschrieben)

Betrachten wir nun wieder den Ausdruck

**(2^2)+(1*2*3)-(4*5*6)+(7*8-9)**

aus dem letzten Beispiel. Dieser Ausdruck soll nun so ausgewertet werden, dass auch die Klammern korrekt ausgewertet werden. Ferner soll die Rangfolge der Operatoren beachtet werden (Punkt- vor Strichrechnung). Lassen wir dazu ein paar Klammern weg und modifizieren den Ausdruck wie folgt:

**(2^2)+(1*2*3-4*5*6)+(7*8-9)**

Wie wird der Ausdruck nun ausgewertet? Als Erstes versucht der Parser (das ist ein entsprechendes Programm, das Ihre regulären Ausdrücke auswertet), eine passende Regel zu finden, die auf den Ausdruck angewendet werden kann. Die erste passende Regel ist

**expression:=[expression][operator][expression]**

Der Parser führt nun, wenn er eine passende Regel gefunden hat, eine Ersetzung aus, in diesem Fall ist dies:

**expression:=([expression])+([expression])**

Wenn die Ersetzung stattgefunden hat, dann versucht der Parser wiederum, eine gültige Regel zu finden, die auf den neuen Ausdruck angewendet werden kann. Diese Regel ersetzt einen Ausdruck, der in einer Klammer steht, durch eine „feinere" Variante mit Nummern und Operatoren. Diese Variante kommt jedoch zweimal vor, nämlich einmal links und einmal rechts von dem Operator „+". Es gibt nun zwei Varianten von Parsern, nämlich einmal die *L-R-Parser*, die Ausdrücke von links nach rechts auswerten, und einmal die *R-L-Parser*, die Ausdrücke von rechts nach links auswerten. In dem vorliegenden Beispiel wird ein L-R-Parser verwendet, deshalb haben dann auch die Ausdrücke, die links stehen, Vorrang vor Ausdrücken, die weiter rechts stehen. Diese Tatsache ist entscheidend dafür, welcher Teil Ihres aktuellen Ausdrucks als Nächstes ersetzt wird – in diesem Beispiel ist es der linke Ausdruck „([expression])". Hierfür werden die folgenden Ersetzungsregeln benutzt:

**expression:=[number][operator][expression]**

**expression:=[number]**

Der neue Ausdruck ist nun

**expression:=(2^2)+([expression])**

Sie müssen an dieser Stelle also zwei Ersetzungen nacheinander ausführen. Was an dieser Stelle vielleicht trivial klingt, ist jedoch ein entscheidender Punkt, denn ein Computer kann nicht so einfach darüber entscheiden, welche Regel von zweien nun die wichtigere ist. Deshalb gilt:

**Die Ersetzungsregeln werden von oben nach unten abgearbeitet und es wird jeweils immer die Regel angewendet, die als Erstes gefunden wird.**

Genau deswegen habe ich dann auch die Regel

**expression:=[number][operator][expression]**

vor die Regel

**expression:=[number]**

gesetzt. Aber was haben Sie nun von dieser Anordnung? Ganz einfach: Sie können nun auch die Rangfolge der Operatoren so abbilden, dass dies der mathematischen Sichtweise entspricht. Denn ein L-R-Parser arbeitet auch die Operatoren, die innerhalb einer Regel stehen, von links nach rechts ab. Wenn Sie also einen Operator als

**operator:=[+-]|[*/]|[^]**

definieren, dann hat automatisch der Operator „^" Vorrang vor „*" und „/" und diese Operatoren haben automatisch Vorrang vor „+" und „-". Vergessen Sie hier aber bitte nicht, das Zeichen „|" als „oder" zu lesen und die Operatoren innerhalb der eckigen Klammern als Auswahl aus einer Menge.

Aber halt: Warum haben nun die Operatoren, die am weitesten rechts stehen, die größte Priorität? Ist es nicht genau umgekehrt, wenn die Regeln doch von links nach rechts abgearbeitet werden? Leider ist dem nicht so und dies ist auch ein Umstand, der die meisten Studenten immer wieder verwirrt. Sehen wir uns dazu wieder die Ersetzung an, die bei dem aktuellen Ausdruck

**expression:=(2^2)+([expression])**

ausgeführt werden muss. Dies ist hier zunächst die Regel

**expression:=[expression][operator][expression]**

Diese Regel führt nun zu dem Ausdruck

**expression:=(2^2)+([expression]-[expression])**

und anschließend führt die Regel

**expression:=[number][operator][expression]**

zu dem zunächst korrekten Ausdruck

**expression:=(2^2)+(1*[expression]-4*[expression])+([expression]-[expression])**

Wie Sie nun unschwer erkennen können, würde aber nun die Ersetzungsregel

**operator:=[^]|[*/]|[+-]**

schon nach der ersten Anwendung zu dem Ausdruck

**(2^2)+(1*[expression])+(7*[expression])**

führen, was an dieser Stelle aber nicht beabsichtigt ist (Sie wollen ja explizit die Multiplikationen separat verarbeiten). Merken Sie sich also am besten den folgenden Merksatz:

**Merksatz für Parser:**

Bei einem L-R-Parser stehen die Operatoren mit der höchsten Priorität in einer Regeldefinition am weitesten rechts. Bei einem R-L-Parser stehen die Operatoren mit der höchsten Priorität in einer Regeldefinition am weitesten links.

Sehen wir uns die entsprechenden Ersetzungsschritte an, die zum richtigen Ergebnis führen:

**expression:=(2^2)+(1*[expression]-4*[expression])+([expression]-[expression])**

**expression:= (2^2)+([1*2*3]-[4*5*6])+([7*8]-9)**

**expression:=4+(6–120)+(56-9)**

**expression:=4–114+47**

**expression:=-63**

Wie Sie sehen, bewirkt die Tatsache, dass die Operatoren in der Regeldefinition

**operator:=[+-] | [*/] | [^]**

in der richtigen Reihenfolge stehen, dass der Ausgangsausdruck in der richtigen Weise ausgewertet wird. Kommen wir nun zu einer Zusatzfunktion, die das letzte Beispiel-Listing nicht enthält, nämlich das Verwenden von Funktionen. Dies ist mit regulären Ausdrücken ganz einfach, denn Sie müssen nur die Funktionen, die Sie verwenden wollen, nacheinander in eine Regel schreiben. Diese könnte z. B. wie folgt aussehen:

**expression:=[function]([expression])**

**function:=[sin] | [cos] | [tan] | [log] | [exp] | [sqrt]**

Diese Regel sollte anschließend am Anfang der Regelliste platziert werden, also noch vor die Definition von „expression“. Der Grund ist dieser: Funktionen werden stets ganz zum Schluss ausgewertet, wenn sämtliche Ersetzungen schon geschehen sind. Erst dann wird der Funktionsparameter (der ein komplexer Ausdruck sein kann, der vorher ausgewertet werden muss) in die Funktion selbst eingesetzt. Wenn Sie also z. B. den Ausdruck

**sin(cos(tan(1+2+3+4)))**

auswerten, dann wird erst der Ausdruck

**sin([expression])**

erzeugt und anschließend der Ausdruck

**sin(cos([expression]))**

Anschließend wird wiederum die Tangens-Funktion aufgelöst und der Ausdruck

**sin(cos(tan([expression])))**

erzeugt. Da auch hier wieder die Regeln, die als Erstes definiert wurden, zuerst ausgewertet werden, wird der Ausdruck, der sich innerhalb der innersten Klammern befindet, zuletzt ausgewertet. Aber halt: Müssen dann die Funktionsaufrufe selbst nicht wieder vorher auf dem Stack abgelegt werden, bevor sie am Ende in der richtigen Reihenfolge wieder vom Stack gezogen werden? Da reguläre Ausdrücke von Haus aus rekursiv arbeiten, lautet die Antwort „ja“: Eine implizite Annahme bei regulären Ausdrücken ist, dass alles, was durch das Schlüsselwort „function“ definiert wird, auch auf dem Stack abgelegt werden kann. Geschlossene Klammern führen dazu, dass die Funktion, die an oberster Stelle auf dem Stack (TOS) liegt, zusätzlich ausgeführt wird.

Fehlt nur noch ein letzter Hinweis, nämlich der, welche Hilfsmittel und Tools es für reguläre Ausdrücke gibt. Tools zum Auswerten regulärer Ausdrücke gibt es wie Sand am Meer, deshalb ist es an dieser Stelle schwierig für mich, Ihnen ein bestimmtes Tool zu empfehlen. Dies gilt ebenso für entsprechende C++- oder Java-Bibliotheken, die es ebenfalls wie Sand am Meer gibt. Eine immer noch oft benutzte Programmiersprache, mit der Sie sehr gut reguläre Ausdrücke auswerten können, ist z. B. PERL. Vor PERL sei aber insofern gewarnt, als diese Programmiersprache viel Einarbeitungszeit benötigt und auch nicht immer intuitiv zu verstehen ist. Vor allem die etwas archaisch anmutenden Shortcuts zum Definieren von Variablen oder komplexen Ausdrücken müssen erst einmal erlernt werden. Wenn Sie allerdings PERL erst einmal beherrschen, dann werden Sie es vermutlich immer irgendwo parat haben – eben um mal auf die Schnelle komplexe Ausdrücke zu analysieren. Auch die inzwischen sehr beliebte Programmiersprache Python macht inzwischen durch zahlreiche Regex-Plug-ins auf sich aufmerksam, und da Python immer öfter im Studium benutzt wird, lohnt es sich immer, einen Blick darauf zu werfen. Der beste Einstieg in Python ist sicherlich der Erwerb eines Raspberry Pi, aber auch mit der Installation der Thonny-IDE für Windows oder Linux können Sie eigentlich nicht viel falsch machen. Ein immer noch beliebtes Tool in der UNIX/Linux-Welt ist LEX (lexer and parser library), ergänzt durch die YACC-Bibliothek (yet another compiler compiler). Auch hier benötigen Sie sehr viel Einarbeitungszeit, deshalb empfehle ich Ihnen, sich für LEX und YACC separate Literatur anzuschaffen und vor allem die Manpages ausgiebig zu studieren.

### 3.4.2 Parsing-Bäume

Wenn Sie kein Tool für die Auswertung von regulären Ausdrücken benutzen wollen oder können, werden Sie es zumindest mit dem jetzigen Wissensstand schwer haben, wenn Sie mehr umsetzen wollen, als den einfachen Taschenrechner aus Listing 3.6 oder einen rudimentären BASIC-Interpreter wie dem, den es schon auf dem C64 gab. Dies liegt einfach daran, dass Sie nun mit den einfachen Rekursionen (das heißt mit einfachen Funktionen, die sich selbst aufrufen) an die Grenze des Machbaren gestoßen sind. Eine Möglichkeit, Ihre Rekursionen „aufzuwerten“, ist die Benutzung von

Parsing-Bäumen (parse trees). Wie der Name schon sagt, sind Parsing-Bäume dynamische Datenstrukturen, nämlich Bäume. Der Vorteil in der Verwendung von Bäumen ist, dass Sie hier die Daten nicht linear hintereinander anordnen müssen, sondern stattdessen unterschiedliche Ebenen verwenden können. So können z. B. Ausdrücke, die innerhalb von Klammern stehen, in einer tieferen Ebene abgelegt werden als die Klammern selbst. Aber auch Operatoren können in unterschiedlichen Prioritätsebenen angeordnet werden und auch separat verarbeitet werden (z. B. nach der Regel „Punkt- vor Strichrechnung"). Kommen wir nun zu einem entscheidenden Nachteil von Parsing-Bäumen: Bäume sind komplexe Datenstrukturen und diese werden erst später ausführlich behandelt, wenn es um dynamische Datenstrukturen geht (zu denen übrigens auch die verketteten Listen gehören). Mit Parsing-Bäumen greife ich also gewissermaßen vor, aber ich fand dieses Thema dann doch so wichtig, dass ich es an dieser Stelle eingefügt habe, und nicht erst in Kapitel 5 oder 6. Außerdem ist der Aufbau von Baumstrukturen so schwierig auch wieder nicht, vor allem, wenn Sie diese mit C++ programmieren.

Nehmen wir nun wieder den Ausdruck

**(2^2)+(1*2*3−4*5*6)+(7*8−9)**

und versuchen, eine Baumstruktur für diesen Ausdruck zu erstellen. Um einen Baum zu erstellen, benötigen wir zunächst einmal eine Wurzel. Im Gegensatz zu den Bäumen in der Natur wird in der Informatik immer die Wurzel nach oben geschrieben und sämtliche Knoten und Äste liegen unterhalb der Wurzel. Bei Parsing-Bäumen ist die Wurzel einfach der Ausdruck selbst, also das Schlüsselwort „expression". Anschließend wird der Ausdruck so aufgeschlüsselt, dass auf den untersten Ebenen die „nackten Zahlen" liegen, also sich an den Blättern des Baums nur noch Zahlen-Symbole befinden. Da man am Beispiel am besten lernt, werde ich nun den entsprechenden Baum für den Ausdruck

**(2^2)+(1*2*3−4*5*6)+(7*8−9)**

erstellen.

Zunächst muss dafür gesorgt werden, dass sämtliche Teilausdrücke, die in Klammern stehen, an separaten Knoten hängen. Dies ist z. B. bei dem einfachen Teilausdruck „2^2" der Fall, aber auch bei dem komplexen Teilausdruck „1*2*3-4*5*6". Allerdings muss Ihr Parsing-Algorithmus auch dafür Sorge tragen, dass „1*2*3" und „4*5*6" an separaten Knoten hängen (die Multiplikation hat Vorrang vor der Addition). An den Blättern hängen nun die Zahlen, mit denen Ihr Algorithmus rechnen muss. Wenn Sie den Baum von links nach rechts durchgehen und jeweils die Ergebnisse in den einzelnen Blättern addieren, dann erhalten Sie auf diese Weise das korrekte Ergebnis. Dies ist nichts Magisches, auch wenn dies manchmal so scheint, sondern einfach eine der zahlreichen nützlichen Eigenschaften von Bäumen.

Durchlaufen wir nun den Parsing-Baum Schritt für Schritt so, wie dies der L-R-Parser im letzten Beispiel tun würde. Zunächst wird hier der Knoten ausgewählt, der am weitesten links steht. Sie erhalten also zunächst das Ergebnis 2^2=4. Dieses Ergebnis merken Sie sich und durchlaufen den nächsten Knoten rechts davon. Dieser Knoten mit dem Minus-Operator hat zwei Unterknoten, das heißt, dass Sie die Unterknoten separat betrachten müssen. Im Endeffekt führen Sie hier eine Rekursion aus, die den Ausdruck

**(1*2*3)-(4*5*6)=-114**

berechnet. Nun müssen Sie die unterste Ebene verlassen und wieder eine Ebene höher weitermachen. Genau deswegen müssen Sie sich auch vorher das Zwischenergebnis 4 notieren, denn offensichtlich müssen Sie nun

**4+(-114)=-110**

ausrechnen. Auch der Knoten noch weiter rechts besitzt wieder zwei Unterknoten, und dies ist auch korrekt, denn Sie müssen im letzten Schritt

**(7*8)-9=47**

ausrechnen. Erst, wenn Sie dies getan haben, können Sie das Endergebnis wie folgt berechnen:

**-114+47=-67**

Auch hier sind wieder einige Rekursionsschritte nötig, die den Baum in der richtigen Reihenfolge durchlaufen.

Bis hierher wurde leider folgende Frage noch nicht beantwortet: Wie setzt man die obigen Erkenntnisse in ein lauffähiges Programm um? Vielleicht haben Sie schon einmal im Internet recherchiert und sich darüber erschrocken, wie viele Herangehensweisen es bei der Auswertung mathematischer Ausdrücke gibt und wie viele auch oft sehr schwer verständliche Diagramme (weswegen ich an dieser Stelle auch kein vernünftiges Bild einfügen kann). Ich muss leider zugeben, dass es mir in der letzten Auflage nicht gelungen ist, den Lesern einen guten Algorithmus zu präsentieren. Nach einigem Nachdenken bin ich aber darauf gekommen, dass die Sache ganz einfach ist: Sie arbeiten mit verschiedenen Zahlenlisten für die einzelnen Operatoren. Ferner nutzen Sie die Tatsache aus, dass sich die meisten mathematischen Operationen ineinander umwandeln lassen. Für unseren Parsing-Algorithmus für komplexe Ausdrücke bedeutet dies Folgendes:

- Die Operatoren – und + werden zusammengefasst (- wird durch + dargestellt und die entsprechende Zahl in der Summe bekommt ein negatives Vorzeichen).
- Die Operatoren * und / werden zusammengefasst (a/b wird als a*(1/b) dargestellt).
- Der Operator ^ wird immer sofort bearbeitet, sowie alle Exponenten, die diesem Operator direkt folgen – dies gilt auch für Ausdrücke wie a^(b^(c^d)).
- + und * erhalten jeweils separate Zahlenlisten und werden im Baum stets als separate Knoten betrachtet.
- Zahlen werden stets sofort aufgelöst.

- Eine geöffnete Klammer ruft den Parsing-Algorithmus rekursiv erneut auf, eine geschlossene Klammer bewirkt die Rückkehr aus der Rekursion.
- Jede Instanz des Parsing-Algorithmus verwendet eigene Listen für die Operatoren + und *.

Vielleicht sind Sie an dieser Stelle leicht verwirrt, aber keine Angst, es wird sich alles im weiteren Verlauf aufklären. Schauen wir uns erst einmal an, auf welche Weise die einzelnen Zahlenwerte gespeichert werden. Wie gesagt gibt es für die Operatoren + und * separate Zahlenlisten. Die einzelnen Listenelemente werden durch die folgende Struktur dargestellt:

```
struct Element_t
{
      float FVal; // Der eigentliche Wert (float value)
      Element_t *Start; // Listenanker
      Element_t *Ende; // Listenkopf
      Element_t *Vorgaenger;
      Element_t *Nachfolger;
};
```

Für die einzelnen Terme einer Multiplikations- oder Additionsreihe werden sogenannte verkettete Listen angelegt. Bei einer *verketteten Liste* sind die einzelnen Elemente miteinander verbunden – in diesem Fall wird eine *doppelt verkettete Liste* benutzt. Dies bedeutet, dass jedes Element einen Verweis (in Form eines Zeigers) auf seinen Vorgänger und seinen Nachfolger enthält. An dieser Stelle ist es sehr wichtig, dass die Zeiger **Vorgaenger** und **Nachfolger** vom Typ `Element_t*` sind und dass diese Zeiger auf ein Element desselben Typs verweisen, wie der eigentliche Strukturtyp `Element_t`.

Fehlt nur noch die Initialisierung der einzelnen Zahlenlisten. Jede verkettete Liste muss stets initialisiert werden, bevor sie benutzt werden kann. Ansonsten zeigt z. B. der Zeiger

```
Element_t *AddList
```

ins Nirvana und jeder Zugriff auf die Liste löst eine allgemeine Schutzverletzung aus. Deshalb müssen die einzelnen Listen wie folgt initialisiert werden:

```
Element_t *AddList; // Additionsliste
Element_t *MulList; // Multiplikationsliste
AddList=new Element_t; AddList->Start=NULL;
MulList=new Element_t; MulList->Start=NULL;
```

Der `new`-Befehl legt hier zwei neue Speicherobjekte an, nämlich einmal **AddList**, und einmal **MulList**. Wenn Sie einen reinen C-Compiler benutzen, der den `new`-Befehl nicht unterstützt, so müssen Sie stattdessen die folgenden Zeilen benutzen:

```
AddList=(Element_t*)malloc(sizeof(Element_t));
MulList=(Element_t*)malloc(sizeof(Element_t));
```

Zusätzlich bekommt jede Liste einen Anker (einen Verweis auf den Start der Liste) und einen Listenkopf (einen Verweis auf das letzte Element) zugewiesen. Bei leeren Listen wird zusätzlich die folgende Konvention definiert: Der Anker einer leeren Liste zeigt stets auf `NULL`.

Nehmen wir nun den Ausdruck

**1*2*3+4*5*6**

Zunächst ist sowohl die Additionsliste als auch die Multiplikationsliste leer. Der Algorithmus zum Auswerten des Ausdrucks muss zunächst die Zahl 1 einlesen. Da 1 der erste Wert überhaupt ist, geschieht zunächst nichts, sondern der Algorithmus merkt sich nur den Wert 1. Anschließend wird der Operator „*" eingelesen. Dieser Operator entscheidet nun, in welche Liste die nächsten Zahlen eingehängt werden, nämlich in die Multiplikationsliste. Das bedeutet nichts anderes, als dass der Wert 1 und der folgende Wert (nämlich 2) in der Multiplikationsliste landet. Hier können zwei Szenarien auftreten, nämlich der Fall, das die Multiplikationsliste leer ist, und der Fall, dass die Multiplikationsliste nicht leer ist. Die folgende Funktion `Anhaengen()` prüft diese Fälle und fügt ein Element am Ende einer Liste ein (diese wird hier als Zeiger übergeben):

```
void Anhaengen(Element_t *Liste, Element_t *E) // hängt ein Element hinten an
{
    if (Liste->Start==NULL) // die Liste ist leer?
    {
        E->Nachfolger=NULL; E->Vorgaenger=NULL; // dann nur einen Anker erstellen
        Liste->Start=E; Liste->Ende=E; // Beim Anker sind Start und Ende identisch
        Liste->Start->Vorgaenger=NULL; // Der Anker hat kein Vorgängerelement
    }
    else // die Liste ist nicht leer?
    {
        E->Nachfolger=NULL; E->Vorgaenger=Liste->Ende; // Kopf mit dem neuen Element
verbinden
        Liste->Ende->Nachfolger=E; Liste->Ende=E; // Listenkopf aktualisieren
    }
}
```

Die Funktion `Anhaengen()` erstellt also immer dann eine neue Liste, bei der Start und Ende identisch sind, wenn die Liste vorher leer war. Ansonsten wird stets ein neues Element erstellt, das keinen Nachfolger (`E->Nachfolger==NULL`) und den alten Listenkopf als Vorgänger besitzt. Selbstverständlich genügt dies alleine nicht und auch der alte Listenkopf muss das neue Element als Nachfolger bekommen. `Liste->Ende` zeigt am Ende stets auf das zuletzt hinzugefügte Element.

Betrachten wir nun die Multiplikationsliste, die sich ergibt, wenn der Parsing-Algorithmus auf das erste Minus-Zeichen trifft:

**MulList={1,2,3}**

Dem Operator „-" folgt die Zahl 4, aber die Zahl 4 müsste, damit Sie ein korrektes Ergebnis erhalten, in einer neuen `MulList` gespeichert werden. Viele moderne Algorithmen gehen genauso vor: Sie erzeugen zunächst einen vollständigen Baum und arbeiten diesen danach rekursiv so ab, dass am Ende das korrekte Ergebnis dabei herauskommt. Ich habe, um die Sache zu vereinfachen, allerdings einen anderen Weg eingeschlagen: Ich merke mir immer den aktuellen Operator **OP** und auch den Operator **OPLetzt**, der vor dem aktuellen Operator gestanden hat. Immer, wenn ich dann merke, dass dem Operator „*" ein „+" folgt, dann löse ich die aktuelle `MulList` auf und hänge das Ergebnis am Ende an die `AddList` an. Auf diese Weise erhalten Sie die folgenden Listen:

**MulList={}**

**AddList={6} (1*2*3=6)**

Nun kann ich auch die Zahl 4 an die `AddList` anhängen, denn diese folgt ja direkt einem „+"-Operator. Allerdings folgt der Zahl 4 nun ein Multiplikationszeichen und der Algorithmus schießt hier quasi über das Ziel hinaus – die Multiplikation hat Vorrang vor der Addition und dies müssen Sie auch beachten. Das, was Sie an dieser Stelle tun müssen, ist, die Zahl 4 wieder aus der Additionsliste zu entfernen und stattdessen in die Multiplikationsliste einzuhängen. Mit doppelt verketteten Listen ist dieser Vorgang aber ganz einfach, weil ja jedes Element auch auf seinen Vorgänger verweist. Die folgende Funktion `EntferneLetztes()` leistet genau dies: Sie entfernt das letzte Element aus einer Liste, gibt aber gleichzeitig den Wert zurück, den dieses Element hatte.

```
float EntferneLetztes(Element_t *Liste) // Entfernt den Listenkopf
{
    Element_t *E;
    float ReturnVal; // Es wird stets der Wert des entfernten Elements zurückgegeben
    if (Liste->Ende->Vorgaenger!=NULL) // Die Liste enthält noch mindestens zwei
Elemente?
    {
        E=Liste->Ende; // Listenkopf holen und merken
        Liste->Ende=Liste->Ende->Vorgaenger; // Listenende ist jetzt der Vorgänger
des Listenkopfes
        Liste->Ende->Nachfolger=NULL; // Das Listenende hat keinen Nachfolger
        ReturnVal=E->FVal; // Wert des alten Listenkopfes merken
        delete(E); // alten Listenkopf löschen
    }
    else // Die Liste enthält nur noch ein einziges Element?
    {
        ReturnVal=Liste->Ende->FVal; // Wert des Elements merken
        delete(Liste->Ende); // Element löschen
        Liste->Start=NULL; Liste->Ende=NULL; // Liste als leer markieren
    }
    return ReturnVal; // Hier wird stets der Wert des entfernten Elements
zurückgegeben
}
```

Mit der Funktion `EntferneLetztes()` können Sie nun auch die zweite Multiplikationskette unseres Ausdrucks korrekt bearbeiten. Am Ende erhalten Sie dann die folgenden Listen:

**MulList={4,5,6}**

**AddList={6}**

Wenn Sie nun **MulList** durch ein einzelnes Element, nämlich {4*5*6}={120} ersetzen, können Sie anschließend auch beide Listen zu einem Ergebnis zusammenfassen:

**{6}+{120}={126}**

Die Zahl 126 ist das Ergebnis.

Fehlen nur noch die Klammern und die Exponenten. Die Exponenten sind relativ einfach zu bearbeiten, denn hier muss einfach nur folgende zusätzliche Regel beachtet werden: Falls der Algorithmus auf einen Exponenten trifft (also den Operator „^"), werden sämtliche Exponenten, die diesem Operator folgen, in einem Rutsch verarbeitet. Eine Klammer hingegen muss stets dazu führen, dass der Parsing-Algorithmus erneut rekursiv aufgerufen wird, entweder ohne oder mit Aufruf einer zusätzlichen Funktion. Dies wäre z. B. bei dem Ausdruck

**sin(1*2*3+4*5*6)**

der Fall. Allerdings ist die Sache mit den Funktionen nicht so einfach, wie mit den Klammern, denn im Endeffekt sind Funktionsnamen wie sin, cos oder tan eigene Schlüsselwörter, die auf einer Ebene mit den Operatoren stehen. Um dieses Problem zu lösen, schauen wir uns noch einmal den ASCII-Code genauer an. Dieser ordnet den Buchstaben A bis Z die Zahlen 65 – 90 zu, für die kleinen Buchstaben sind dies die Zahlen 97 – 122. Die Ziffern-Zeichen (also die Ziffern 0 – 9) erhalten die Nummern 48 (für die Ziffer 0) bis 57 (für die Ziffer 9). Das bedeutet, dass Zahlen, die im ASCII-Format vorliegen, in ganz einfacher Weise in numerische Werte umgewandelt werden können: Sie müssen nur von dem ASCII-Wert für die entsprechende Ziffer 48 subtrahieren. Dies gilt ebenso für die Buchstaben: Um einen Kleinbuchstaben in einen Großbuchstaben umzuwandeln, müssen Sie nur 32 von dem entsprechenden ASCII-Wert abziehen. Oder noch einfacher: Sie setzen Bit Nr. 5 auf 0.

Das bedeutet nun Folgendes: Sie können die Funktionsnamen so umwandeln, dass diese z. B. nur Großbuchstaben enthalten – **sin** wird also zu **SIN** und **cos** zu **COS**. Zahlen-Symbole und der Dezimalpunkt bleiben jedoch erhalten. Außerdem können Sie nun davon ausgehen, dass bei jedem Zeichen in Ihrer Zeichenkette Bit Nr. 7 gelöscht ist. An dieser Stelle verwende ich nun einen Trick, der sehr alt ist und den schon das C64-BASIC verwendete: Den Funktionsnamen werden Tokens zugeordnet. Ein *Token* ist ein Platzhalter für einen Funktionsnamen, der nur ein einziges Byte umfasst und der dadurch gekennzeichnet ist, dass Bit Nr. 7 auf 1 gesetzt ist. Da Werte über 128 (0x80) normalerweise nicht in Ihrem Ausdruck vorkommen, ist Ihr höchstes Bit nun Ihr *Token-Marker*. Immer, wenn ein Token-Marker gefunden wird, muss Ihr Parser sich merken, dass Sie zusätzlich zu einer geschlossenen Klammer (also direkt nach Rückkehr aus einer Rekursion) immer auch eine Funktion aufrufen wollen.

Was haben Sie aber durch dieses Vorgehen gewonnen? Die Antwort ist, dass nun Ihre Funktionen durch Tokens repräsentiert werden, die auf derselben Ebene stehen wie Operatoren und auch genau in derselben Weise ausgewertet werden können. Einen kleinen Nachteil müssen Sie aber leider in Kauf nehmen: Sie benötigen nun einen sogenannten Tokenizer. Ein *Tokenizer* ist eine Funktion, die in Ihrem ursprünglichen Ausdruck sämtliche Zeichen, die einen Funktionsnamen darstellen, durch das entsprechende Token ersetzt, den Rest des Ausdrucks aber unverändert lässt. Die meisten Tokenizer verwandeln auch gleichzeitig die Ausgangs-Zeichenkette in Großbuchstaben, bevor dann im zweiten Schritt die Tokens generiert werden. Es sollen nun folgende Zeichenketten durch folgenden Byte-Wert ersetzt werden:

- SIN=Token-Wert 128 (0x80)
- COS=Token-Wert 129 (0x81)
- TAN=Token-Wert 130 (0x82)
- ATN (entspricht arctan)=Token-Wert 131 (0x83)
- SQR (entspricht der Quadratwurzel)=Token-Wert 132 (0x84)
- EXP (entspricht $e^x$)=Token-Wert 133 (0x85)
- LOG (entspricht dem natürlichen Logarithmus)=Token-Wert 134 (0x86)

Wenn Sie jetzt denken, dass ein Tokenizer ein alter Hut ist, irren Sie sich. Die meisten modernen Skriptsprachen wie Python oder JavaScript arbeiten nach wie vor mit Tokenizern, weil diese die Verarbeitung auch komplexer Ausdrücke sehr vereinfachen. Auch in dem nun folgenden Beispiel-Listing ist dies so – auch dieses verwendet unter anderem einen Tokenizer, um die hier angegebenen mathematischen Funktionen zu unterstützen. Sehen Sie sich dieses Listing nun in Ruhe an und widmen Sie sich am besten erst anschließend der Beschreibung des Codes. Auf diese Weise werden Sie viele Dinge aus den vorigen Abschnitten wiedererkennen.

**Listing 3.7** Parse-Tree.cpp

```
#include<stdio.h>
#include<stdlib.h>
#include<string.h>
#include<math.h> // für sin, cos tan, exp

struct Element_t // Doppelt verkettete Liste
{
    float FVal; // Fließkommazahlen verwenden
    Element_t *Start; // Listenanker
    Element_t *Ende; // Listenkopf
    Element_t *Vorgaenger;
    Element_t *Nachfolger;
};

void Anhaengen(Element_t *Liste, Element_t *E) // hängt ein Element hinten an
{
    if (Liste->Start==NULL) // die Liste ist leer?
    {
        E->Nachfolger=NULL; E->Vorgaenger=NULL; // dann nur einen Anker erstellen
        Liste->Start=E; Liste->Ende=E; // Beim Anker ist Start und Ende identisch
        Liste->Start->Vorgaenger=NULL; // Der Anker hat kein Vorgängerelement
    }
```

```
    else // die Liste ist nicht leer?
    {
        E->Nachfolger=NULL; E->Vorgaenger=Liste->Ende; // Kopf mit dem neuen Element verbinden
        Liste->Ende->Nachfolger=E; Liste->Ende=E; // Listenkopf aktualisieren
    }
}

bool ListeLeer(Element_t *Liste)
{
    if (Liste->Start==NULL) { return true; } // Die Liste ist leer, wenn der Anker auf NULL verweist
    else { return false; }
}

float EntferneLetztes(Element_t *Liste) // Entfernt den Listenkopf
{
    Element_t *E;
    float ReturnVal; // Es wird stets der Wert des entfernten Elements zurückgegeben
    if (Liste->Ende->Vorgaenger!=NULL) // Die Liste enthält noch mindestens zwei Elemente?
    {
        E=Liste->Ende; // Listenkopf holen und merken
        Liste->Ende=Liste->Ende->Vorgaenger; // Listenende ist jetzt der Vorgänger des Listenkopfes
        Liste->Ende->Nachfolger=NULL; // Das Listenende hat keinen Nachfolger
        ReturnVal=E->FVal; // Wert des alten Listenkopfes merken
        delete(E); // alten Listenkopf löschen
    }
    else // Die Liste einthält ur noch ein einziges Element?
    {
        ReturnVal=Liste->Ende->FVal; // Wert des Elements merken
        delete(Liste->Ende); // Element löschen
        Liste->Start=NULL; Liste->Ende=NULL; // Liste als leer markieren
    }
    return ReturnVal; // Hier wird stets der Wert des entfernten Elements zurückgegeben
}

float ZahlLesen(unsigned char *Exp, long int &Pos) // Liest eine Zahl aus dem Ausdruck Exp ab der Position Pos ein
{
    char Buff[256];
    int BPos=0;
    while (((Exp[Pos]>='0')&&(Exp[Pos]<='9'))||(Exp[Pos]=='.'))
    {
        Buff[BPos]=Exp[Pos];
        Pos++; BPos++; // Pos wird hier direkt verändert
    }
    Buff[BPos]=0; return(atof(Buff));
}

float Funktion(int T, float V) // Aufruf eines Funktions-Tokens
{
    switch(T)
    {
```

```
        case 0x80: printf("Berechne Funktion sin(%f)=%f\n",V,sin(V)); return sin(V);
        case 0x81: printf("Berechne Funktion cos(%f)=%f\n",V,cos(V)); return cos(V);
        case 0x82: printf("Berechne Funktion tan(%f)=%f\n",V,tan(V)); return tan(V);
        case 0x83: printf("Berechne Funktion atan(%f)=%f\n",V,atan(V)); return atan(V);
        case 0x84: printf("Berechne Funktion sqr(%f)=%f\n",V,sqrt(V)); return sqrt(V);
        case 0x85: printf("Berechne Funktion exp(%f)=%f\n",V,exp(V)); return exp(V);
        case 0x86: printf("Berechne Funktion log(%f)=%f\n",V,log(V)); return log(V);
        default: return 0.0;
    }
}

int TOKNum(unsigned char *Name) // Ermitteln des Token-Nummer eines Funktionsnamens
{
    if (strcmp((char *)Name,"SIN")==0) { return 0x80; }
    if (strcmp((char *)Name,"COS")==0) { return 0x81; }
    if (strcmp((char *)Name,"TAN")==0) { return 0x82; }
    if (strcmp((char *)Name,"ATN")==0) { return 0x83; }
    if (strcmp((char *)Name,"SQR")==0) { return 0x84; }
    if (strcmp((char *)Name,"EXP")==0) { return 0x85; }
    if (strcmp((char *)Name,"LOG")==0) { return 0x86; }
    return -1; // -1 bedeutet, dass der Name ungültig ist
}

void Tokenizer(unsigned char *Exp) // Einfacher Tokenizer (ohne Variablenunterstützung)
{
    long int L=0,R=0,BPos=0;
    int C=0,TOK=0;
    unsigned char Buff[256];
    while (Exp[R]!=0)
    {
        C=Exp[R];
        if ((C>='a')&&(C<='z')) { C&=0xdf; } // Kleinbuchstaben werden als Großbuchstaben betrachtet
        if (((C>' ')&&(C<='9'))||(C=='^')) // Zahl, Operator (+,-,*,/) oder Exponent gefunden?
        {
            Exp[L]=C; L++; R++; BPos=0; // Diese werden nicht verändert (an die Position L schreiben und L um 1 erhöhen)
        }
        else
        {
            Buff[BPos]=C; BPos++; R++;
            Buff[BPos]=0;
            TOK=TOKNum(Buff); // Funktionsname gefunden?
            if (TOK!=-1)
            {
                Exp[L]=TOK; L++; BPos=0; // Token als Byte ausgeben und Zähler L um 1 erhöhen
```

```
            }
        }
    }
    Exp[L]=0;
}

float Parse(unsigned char *Exp, long int &Pos) // Der Parser kann rekursiv aufgerufen werden (Pos wir hier verändert)
{
    unsigned char Buff[256]; // Pufferspeicher für Teilausdrücke (max. 256 Zeichen)
    float V=0,W=0,X=0;
    int OP='#',OPAlt='#',FTOK=0;
    bool Neg=false,Div=false;
    Element_t *AddList; // Lokale AddList
    Element_t *MulList; // Lokale MulList
    Element_t *E; // Lokales Listenelement
    AddList=new Element_t; AddList->Start=NULL; // Am Anfang ist AddList leer
    MulList=new Element_t; MulList->Start=NULL; // Am Anfang ist MulList leer
    while ((Exp[Pos]!=0)&&(Exp[Pos]!=')')) // Ende des ausdrucks ist das 0-Zeichen oder eine geschlossene Klammer
    {
        if ((Exp[Pos]&0x80)==0x80) { FTOK=Exp[Pos]; Pos++; } // Funktions-Token überspringen, aber merken
        if (Exp[Pos]=='(') // Klammer gefunden?
        {
            printf("Wert V seht in Klammern (...)\n");
            printf("---> Einstieg in die Rekursion an Position %ld\n",Pos+1);
            Pos++; V=Parse(Exp,Pos); // geöffnete Klammern rufen den Parser rekursiv erneut auf
            printf("<--- Ausstieg aus der Rekursion an Position %ld, V=%f\n",Pos,V);
            Pos++;
            if (FTOK!=0) { V=Funktion(FTOK,V); FTOK=0; }
        }
        else // keine Klammer gefunden?
        {
            V=ZahlLesen(Exp,Pos); // vor einem Operator muss stets eine Zahl stehen, also erst einmal die Zahl einlesen...
            printf("V=%f\n",V); // und testweise anzeigen
        }
        // der Zahl muss immer ein Operator folgen, wenn es keine Klammer war
        if (Exp[Pos]=='^') // Exponenten haben Vorrang vor allen anderen Operatoren
        {
            printf("Exponent ^ gefunden, "); // Operator testweise anzeigen
            while (Exp[Pos]=='^') // diese Schleife verarbeitet sämtliche Exponenten
            {
                Pos++;
                if (Exp[Pos]=='(') // Exponenten können in Klammern stehen...
                {
                    printf("Wert V steht in Klammern (...)\n");
                    printf("---> Einstieg in die Rekursion an Position %ld\n",Pos+2);
                    Pos++; W=Parse(Exp,Pos); // in diesem Fall wird der Parser wieder rekursiv erneut aufgerufen
```

```
                        printf("<--- Ausstieg aus der Rekursion an Position %ld, V=%f\n",Pos,W);
                    }
                    else
                    {
                        W=ZahlLesen(Exp,Pos); // Keine Klammern? Dann Exponenten direkt verarbeiten
                    }
                    printf("V=%f^%f=%f\n",V,W,pow(V,W)); // Zwischenergebnis ausgeben
                    V=pow(V,W);
                }
            }
            // An dieser Stelle ist ein gültiges V (inklusive aller Exponenten) ermittelt worden
            if (Neg==true) { Neg=false; V=-V; } // vor V stand ein negatives Vorzeichen? Dann V negativ machen
            if (OP=='#') { OP=Exp[Pos]; OPAlt=OP; } // Wir sind noch am Anfang? Dann ist OPAlt=OP
            if (((OP=='+')||(OP=='-'))&&((OPAlt=='+')||(OPAlt=='-'))) // + oder - folgt + oder -?
            {
                printf("Hänge Wert %f an AddList an\n",V); // dann aktualisiere AddList
                E=new Element_t; E->FVal=V;
                Anhaengen(AddList,E);
            }
            if (((OP=='*')||(OP=='/'))&&((OPAlt=='*')||(OPAlt=='/'))) // * oder / folgt * oder /?
            {
                if (Div==true) { V=1/V; Div=false; }
                printf("Hänge Wert %f an MulList an\n",V);
                E=new Element_t; E->FVal=V;
                Anhaengen(MulList,E); // Dann aktualisiere MulList
            }
            if (((OP=='+')||(OP=='-'))&&((OPAlt=='*')||(OPAlt=='/'))) // + oder - folgt * oder /?
            {
                printf("(* -> +):Entferne letzten Eintrag aus der AddList ");
                if (!ListeLeer(AddList)) { W=EntferneLetztes(AddList); } // entferne letztes Element aus der AddList und merke dieses (Liste darf aber nicht leer sein)
                else { W=0.0; }
                printf("und merke Wert %f\n",W);
                printf("Führe MulList aus...");
                X=1;
                while (!ListeLeer(MulList)) { X*=EntferneLetztes(MulList); } // nun MulList abarbeiten (hat Vorrang)
                printf("das Produkt is %f\n",X); // das Produkt testweise ausgeben
                printf("Erstelle neue AddList mit dem Wert %f\n",W+X);
                E=new Element_t; E->FVal=W+X; Anhaengen(AddList,E);
                if (OP=='-') { V=-V; }
                printf("Füge den Wert %f zur AddList hinzu\n",V);
                E=new Element_t; E->FVal=V; Anhaengen(AddList,E); // Nun gemerktes Element an AddList anhängen
            }
            if (((OP=='*')||(OP=='/'))&&((OPAlt=='+')||(OPAlt=='-'))) // * oder / folgt + oder -?
            {
```

```
                printf("(+ -> *)Führe AddList aus:\n");
                printf("Entferne letztes Element...\n");
                W=EntferneLetztes(AddList); // Dieses Element wird nun umgehängt
                printf("Der Wert des Elements ist %f\n",W);
                X=0;
                while (!ListeLeer(AddList)) { X+=EntferneLetztes(AddList); } // Hier wird zunächst die alte AddList abgearbeitet
                printf("Erstelle neue AddList mit dem Wert %f\n",X);
                E=new Element_t; E->FVal=X; Anhaengen(AddList,E); // Die nun ermittelte Summe wird neue AddList
                printf("Füge zu MulList hinzu:%f,%f\n",W,V);
                E=new Element_t; E->FVal=W; Anhaengen(MulList,E); // Erst einmal das Umhängen abschließen
                E=new Element_t; E->FVal=V; Anhaengen(MulList,E); // Nun noch V das zuletzt eingelesene V zu MulList hinzufügen
                OP='*'; OPAlt='*'; // An dieser Stelle müssen OP und OPAlt neu initialisiert werden
            }
            if ((Exp[Pos]!=0)&&(Exp[Pos]!=')'))
            {
                OPAlt=OP; OP=Exp[Pos]; Pos++; printf("Nächster Operator:%c\n",OP);
                if (OP=='-') { OP='+'; Neg=true; }
                if (OP=='/') { OP='*'; Div=true; }
            }
        }
        printf("<Ende des Ausdrucks ist erreicht>\n");
        if (ListeLeer(AddList)&&ListeLeer(MulList))
        {
            printf("Endergebnis:%f\n",V);
            return V;
        }
        else
        {
            V=0; W=0;
            if (!ListeLeer(MulList)) { W=1; } // MulList ist leer? Dann ist der Vorfaktor 1 und nicht 0
            while (!ListeLeer(AddList)) { V+=EntferneLetztes(AddList); } // verbliebene AddList abarbeiten
            while (!ListeLeer(MulList)) { W*=EntferneLetztes(MulList); } // verbliebene MulList abarbeiten
            printf("Endergebnis:%f+%f=%f\n",V,W,V+W);
            return V+W; // Rückkehr auf die Rekursionsebene des Aufrufers unter Zurückgabe des Ergebnisses
        }
}

int main(void)
{
    char Exp[256];
    long int Pos;
    printf("Geben Sie den zu berechnenden Ausdruck ein (max. 256 Zeichen)\n");
    printf(">"); scanf("%s",&Exp);
    printf("Starte tokenizer..."); Tokenizer(Exp); printf("OK.\n");
    printf("Nun berechne den Ausdruck %s\n",Exp);
    Pos=0; Parse(Exp,Pos);
    return 0;
}
```

Wie Sie sehen, benötigt der Parser einige Voraussetzungen, um korrekt zu funktionieren. Die wichtigste Voraussetzung ist sicherlich, dass der Ausdruck, den Sie über die Tastatur eingeben, vom Typ `unsigned char *` ist. Nur so können die Tokens (bei denen das oberste Bit gesetzt ist) von den Nicht-Tokens unterschieden werden (beim Datentyp `signed char*` würde das oberste Bit falsch interpretiert). Eine weitere wichtige Voraussetzung ist natürlich auch, dass Sie beim Programmstart einen korrekten Ausdruck eingeben, denn in dem letzten Listing wird keine Syntaxprüfung vorgenommen, wie es z. B. BASIC oder Python tun würde. Sie können nun an dieser Stelle einmal eine Übung einschieben: Überlegen Sie sich, wie Sie eine Syntaxprüfung realisieren können, die fehlerhaft eingegebene Ausdrücke erkennt. Sie werden wahrscheinlich schnell erkennen, dass dies alles andere als trivial ist und dass eine korrekte Syntaxprüfung im Endeffekt schwieriger ist, als eine Analyse bereits korrekt vorliegender Ausdrücke.

Aber auch bei korrekt eingegebenen Ausdrücken müssen einige Voraussetzungen erfüllt werden. So müssen z. B. in dem ursprünglichen Ausdruck `unsigned char *Exp` Zeichenfolgen wie „sin" und „cos" durch die entsprechende Token-Nummer ersetzt werden. Dies leistet die Funktion `Tokenizer()` (die Zeilen **088–113**), die direkt auf dem Ausdruck **Exp** arbeitet. Der Tokenizer arbeitet wie folgt: Die ASCII-Zeichen im Ausdruck **Exp** werden einzeln in die Variable **C** eingelesen, die in Zeile **091** definiert wird. Je nachdem, welches Zeichen die temporäre Variable **C** enthält, werden verschiedene Dinge ausgeführt. Hierfür muss aber in Zeile **096** erst einmal Bit Nr. 5 ausmaskiert werden, damit alle Kleinbuchstaben zu Großbuchstaben werden (natürlich gilt diese Maskierung nur für die Kleinbuchstaben, deshalb die zusätzliche `if`-Anweisung).

Nun kann die Variable **C** verschiedene Zeichen enthalten. Die einfachste Variante ist, dass **C** ein Zahlensymbol, einen Operator (+, -, * oder /), einen Dezimalpunkt (Zeichen „.") oder einen Exponenten (Zeichen „^") enthält. In diesem Fall wird das Zeichen in dem vorher über die Tastatur eingegebenen Ausdruck **Exp**, das am weitesten links steht, durch **C** ersetzt. Hierzu dient der Positionszeiger **L**, der am Anfang 0 ist und der nun in Zeile **099** eine Position weiter nach rechts rückt. Auch der Positionszähler **R** rückt in diesem Fall eine Position weiter nach rechts. Die andere Alternative (`else`-Block in den Zeilen **101–110**) ist, dass das Zeichen in **C** kein Operator, kein Dezimalpunkt, kein Exponent und auch kein Zahlen-Symbol ist. In diesem Fall enthält **C** aller Wahrscheinlichkeit nach einen Großbuchstaben (zumindest dann, wenn Sie vorher einen korrekten Ausdruck eingegeben haben). Dieser Großbuchstabe wird in Zeile **103** in den Zwischenpuffer **Buff** geschrieben, der Positionszähler für die aktuelle Zeichenposition in **Buff** ist **BPos**. **BPos** ist am Anfang 0 und wird immer dann um 1 erhöht, wenn Sie ein neues Zeichen in **Buff** ablegen. Nachdem dies geschehen ist, wird auch der rechte Positionszähler **R** um 1 erhöht, der linke Positionszähler **L** bleibt jedoch unverändert. Dieses Vorgehen ist für den nächsten Schritt entscheidend, denn es muss nun geprüft werden, ob sich im Puffer **Buff** ein Funktionsname befindet, der durch ein Token dargestellt werden kann. Dies geschieht in den Zeilen **104** und **105**, in denen geprüft wird, ob sich ein gültiger Token-Name in Buff befindet (die Funktion `TOKNum()` gibt in diesem Fall nicht den Wert -1 zurück). Wenn dies der Fall ist (also wenn in **Buff** ein gültiger Funktionsname steht), dann wird an die Stelle in **Exp**, auf die der linke Positionszähler **L** zeigt, das entsprechende Token geschrieben, **L** wird um 1 erhöht und der Puffer **Buff** wird wieder geleert (**BPos** wird zu 0 gesetzt). Sie benutzen hier also einen Positionszähler **L** für das Schreiben neuer Zeichen und einen Positionszähler **R** zum Lesen neuer Zeichen. Wenn in **Exp** dann Funktionsnamen auftauchen, dann ist **R** stets größer als **L**, weil die Funktionsnamen immer durch Tokens ersetzt werden. Auf diese Weise können keine wichtigen Informationen in **Exp** überschrieben werden, weil **R** dem Zähler **L** stets voraneilt oder aber `R=L` ist. An dieser Stelle dürfte Ihnen auch klar sein, warum **BPos** immer dann auf 0 zurückgesetzt wird, wenn **C** ein Zahlen-Symbol, einen Dezimalpunkt oder einen Operator enthält: Der Funktionsname in **Buff** ist dann ungültig und wird so ignoriert (wie gesagt wird hier kein Syntaxcheck durchgeführt, damit Sie nicht an dieser Stelle schon „aussteigen“).

Wenn **Exp** durch den Tokenizer gelaufen ist, entsteht ein Ausdruck, der meist kürzer ist als der Originalausdruck. Auch der gekürzte Ausdruck wird mit einem 0-Zeichen abgeschlossen. Der gekürzte Ausdruck kann nun durch den Parser verarbeitet werden. Der Parser selbst versteckt sich hinter der Funktion `Parse()` (die Zeilen **114–233**). `Parse()` gibt stets ein Ergebnis vom Typ `float` zurück, als Parameter müssen hierzu aber zunächst der Ausdruck **Exp** sowie die aktuelle Arbeitsposition übergeben werden. Die Arbeitsposition **Pos** ist stets die Position, ab der `Parse()` anfangen soll zu arbeiten. **Pos** wird hier per Referenz übergeben, das heißt, **Pos** wird von `Parse()` direkt verändert. Wenn `Parse()` zurückkehrt, dann zeigt **Pos** immer auf das letzte Zeichen, das `Parse()` verarbeitet hat. `Parse` kehrt immer dann zurück, wenn ein Ausdruck komplett verarbeitet ist. Wenn Sie z. B. die Zeichenkette

**Exp=“1*2+3*4“**

übergeben, dann kehrt `Parse()` mit dem Wert 14.0 (`float`-Wert) und `Pos=7` zurück (das letzte verarbeitete Zeichen ist hier der Terminator für C-Strings mit dem Wert 0). Allerdings gilt dies bewusst nicht für Ausdrücke, die runde Klammern enthalten, denn `Parse()` kehrt auch zurück, wenn eine runde Klammer gefunden wird.

Um also komplexe Ausdrücke komplett auszuwerten, müssen mehrere Schritte unternommen werden. Zunächst legt `Parse()` in den Zeilen **116–124** eine leere AddList, eine leere MulList sowie mehrere Hilfsvariablen an. Diese Variablen werden im weiteren Verlauf noch beschrieben. Wichtig ist zunächst, dass Sie verstehen, dass es von `Parse()` mehrere Instanzen geben kann, die alle separate Listen für die Operanden benutzen (also eine separate AddList und eine separate MulList).

In der Hauptschleife des Parsing-Algorithmus (die Zeilen **125–217**) wird der Ausdruck **Exp** schrittweise verarbeitet, bis das String-Ende gefunden wird. Dies ist am Anfang nicht der Fall (es wird hier vorausgesetzt, dass Sie zumindest eine gültige Zahl eingeben). Falls die Hauptschleife also mindestens einmal ausgeführt wird, schaut `Parse()` erst einmal nach, ob sich an der aktuellen Position `Exp[Pos]` ein Token befindet (dies ist dann der Fall, wenn der Ausdruck `Exp[Pos]&0x80` den Wert 0x80 besitzt und somit das oberste Bit gesetzt ist). Dies kann schon direkt am Anfang der Fall sein, z. B. wenn Sie sin(1234) berechnen wollen. Die Variable **FTOK** (das ist die Abkürzung für „function token“) speichert in diesem Fall die Token-Nummer des zuletzt gefundenen Funktions-Tokens. An dieser Stelle wird wiederum vorausgesetzt, dass **Exp** einen korrekten Ausdruck enthält, sprich: dass Sie „sin“ auch korrekt in Funktionsklammern eingeschlossen haben. Diese Klammern werden in den Zeilen **128–136** abgefragt. Klammern bewirken stets, dass eine neue Instanz von `Parse()` erzeugt wird, sprich: `Parse()` wird in diesem Fall erneut rekursiv aufgerufen, und zwar mit dem Ausdruck, der sich direkt hinter der letzten Klammer befindet. Normalerweise befindet sich an dieser Stelle (in Form von ASCII-Zeichen) eine Zahl, die durch die Funktion `ZahlLesen()` anschließend in der Variablen **V** abgelegt wird. Wenn Sie aber stattdessen eine Klammer vorfinden, dann tun Sie so, als ob sich die Zahl V nun einfach innerhalb von zwei Klammern befände. Sie tun hier also so, als ob Sie das Problem, **V** korrekt einzulesen, schon gelöst hätten, und rufen einfach `Parse()` mit `Pos+1` erneut auf und hoffen, dass `Parse()` Ihnen schon den korrekten Wert zurückliefert. Sie wenden also hier das Teile-und-herrsche-Prinzip an. Leider handeln Sie sich an dieser Stelle einen nicht ganz unerheblichen Nachteil ein, der auch zu schwer auffindbaren Fehlern führen kann: Die Arbeitsweise von `Parse()` ist nun nicht mehr mit den Standardmitteln in einem Programmablaufplan darstellbar. Dies gilt auch für alle anderen rekursiven Funktionen, nicht nur für `Parse()`, aber da `Parse()` hier relativ komplex ist, stoßen Sie an dieser Stelle eventuell an Ihre Grenzen, weshalb ich auch lange überlegt habe, ob ich das letzte Beispiel überhaupt einfügen soll.

Vor allem sind Sie an dieser Stelle noch lange nicht fertig, denn was geschieht, wenn Sie am Anfang keine Klammer finden, sondern doch nur eine Zahl? In diesem Fall ist im Endeffekt alles in Butter und Sie müssen einfach die nächste Zahl (die natürlich auch hier wieder als einzelne ASCII-Zeichen vorliegt) mit `ZahlLesen()` in die Variable **V** übertragen. Kommen wir nun zu einer nicht unwichtigen Sache, nämlich dem Verarbeiten von Vorzeichen. Das Ergebnis ist nämlich bei vorzeichenbehafteten Operationen von der Reihenfolge der Operanden abhängig, und diese ändert sich, wenn Sie wie in unserem Fall die Additionsliste nur von hinten nach vorne abarbeiten können (Sie können nur hinten Elemente anhängen und entfernen). Sie können dieses Problem nun auf mehrere Weisen lösen, die einfachste Lösung ist aber, die Vorzeichen direkt in den Operanden abzulegen (also aus „3-4“ wird „3+(-4)“). Natürlich müssen Sie sich dann merken, welches Vorzeichen die letzte Zahl hatte, und dazu dient die Hilfsvariable **Neg**, die Sie schon aus dem letzten Beispiel kennen. Wenn **V** korrekt ermittelt wurde und **Neg** in Zeile **165** `true` ist, dann wird V=-V, ansonsten nicht. Erst danach wird überprüft, welcher Operator der zuletzt eingelesenen Zahl folgt und ob sich die Priorität geändert hat (z. B. ob einem „+“-Operator ein „*“-Operator folgt oder umgekehrt). Auch bei der Division wird dieser Weg eingeschlagen: Immer, wenn der Operator „/“ gefunden wird, wird dieser in Zeile **215** zu „*“ und die Variable **Div** wird auf `true` gesetzt. Wenn dann bei der nächsten Multiplikation `Div=true` ist (Zeile **175**), dann wird **Div** wieder auf **false** gesetzt und die zuvor eingelesene Zahl wird durch den Kehrwert ersetzt. Allerdings haben die Exponenten trotzdem noch Vorrang vor allen anderen Operatoren, deswegen werden sie auch noch vor dem Erreichen der Zeile **175** ausgewertet. Vielleicht merken Sie an dieser Stelle, dass hier sehr viel Code einfach kopiert wurde. Das ist richtig: Der Umgang mit Exponenten, die in Klammern stehen, ist 1:1 identisch mit dem Verfahren, das für Zahlen verwendet wurde, die in Klammern stehen. Allerdings können auch komplexe Ausdrücke als Exponenten verwendet werden (genauso, wie komplexe Ausdrücke in Klammern stehen können), und dann ist das schlichte „copy and paste" sehr viel übersichtlicher, als für die Exponenten eine separate Funktion zu programmieren.

Wenn Exponenten und Vorzeichen verarbeitet worden sind, dann enthält **V** einen gültigen Wert. Nun können noch folgende Szenarien auftreten, die in den Zeilen **166–210** behandelt werden:

- Einer Addition oder Subtraktion folgt eine weitere Addition oder Subtraktion.
  - In diesem Fall wird einfach ein neues Element **E** mit dem Wert **V** an die AddList angehängt.
- Einer Multiplikation oder Division folgt eine weitere Multiplikation oder Division.
  - In diesem Fall wird einfach ein neues Element **E** mit dem Wert **V** an die aktuelle MulList angehängt. An dieser Stelle wird dann auch die Variable **Div** ausgewertet: Falls diese `true` ist, wird V zu 1/V.
- Einer Addition oder Subtraktion folgt eine Multiplikation oder Division.
  - In diesem Fall wird das Produkt **X** aus sämtlichen Elementen der MulList berechnet, die MulList wird geleert und das letzte Element **W** aus der AddList wird zu **X+W**. Anschließend wird auch **V** an die AddList angehängt oder wenn der letzte Operator ein Minus-Zeichen war, (`Neg=true`) wird **V=-V** gesetzt.
- Einer Multiplikation oder Division folgt eine Subtraktion oder Addition.
  - In diesem Fall wird die AddList geleert und **X** ist anschließend die Summe aller Elemente in der AddList. Allerdings wird zusätzlich vorher das letzte Element **W** der AddList an die MulList angehängt (also umgehängt). Am Ende wird auch die zuletzt eingelesene Zahl **V** an die MulList angehängt.

Wenn nun anschließend (nach dem Überprüfen der obigen Szenarien) keine Klammer oder kein Null-Zeichen gefunden wird (ASCII-Wert 0 bitte hier nicht mit der Ziffer 0 verwechseln), dann wird die Hauptschleife erneut durchlaufen. Allerdings muss vorher noch der nächste Operator von `Exp[Pos]` gelesen sowie der alte Operator in **OPAlt** abgelegt werden. An dieser Stelle muss auch noch einmal geprüft werden, ob der Operator vor der nächsten Zahl nicht ein negatives Vorzeichen besitzt. Wenn dies der Fall ist, wird der Operator **OP** nämlich als ein Pluszeichen betrachtet und **Neg** wird auf `true` gesetzt. Auf diese Weise wird im nächsten Schritt z. B. aus „1-2" der Ausdruck „1+(-2)".

Wenn stattdessen eine Klammer oder das Ende von **Exp** gefunden wird, muss das Ergebnis zurückgegeben werden (die Zeilen **219–233**) Hierzu müssen jedoch sämtliche Elemente, die sich noch in der AddList bzw. MulList befinden, erneut geprüft werden. Am Ende wird dann stets

**Summe(Elemente der AddList)+Produkt(Elemente der MulList)**

zurückgegeben. Auch hier kann es mehrere Rekursionsebenen und Instanzen von `Parse()` im Speicher geben. So wird z. B. bei dem Ausdruck

**sin(1*2+3*4)**

zunächst `Parse()` mit dem Ausdruck sin(1*2+3*4) vom Hauptprogramm aufgerufen, danach noch einmal mit dem Ausdruck „1*2+3*4“. Erst, wenn die zweite Instanz von `Parse()` den Wert 14 zurückliefert (also aus der Rekursion zurückkehrt), kann sin(14)=0,9906 berechnet werden.

Die verketteten Listen MulList und AddList werden nun so verwaltet, wie dies schon am Anfang von Abschnitt 3.4.2 besprochen wurde. Wenn Ihnen das alles noch ein wenig Kopfzerbrechen bereitet, ist dies an dieser Stelle nicht weiter tragisch, denn verkettete Listen werden im nächsten Kapitel noch ausführlich besprochen. Ich wollte Ihnen an dieser Stelle auch nur eine Vorstellung davon geben, wie sehr die Lösung eines bestimmten Problems von den richtigen Datenstrukturen abhängt. Deshalb heißt es aber auch „Algorithmen und Datenstrukturen“ und nicht einfach „Algorithmen“, denn ohne die richtigen Datenstrukturen sind die meisten Algorithmen wertlos.

## 3.5 Wann Rekursion und wann lieber nicht?

Sie haben einige Probleme kennengelernt, die man mit rekursiven Algorithmen lösen kann. Da es zu jedem rekursiven Verfahren immer auch eine iterative Variante gibt, möchte ich nun die Frage beantworten, wann sich ein rekursives Verfahren lohnt. Im Fall der Fakultät, der Fibonacci-Zahlen und der Galois-Felder lohnt sich ein rekursives Verfahren nicht, weil sich die iterativen Varianten genauso einfach (das heißt mit genauso wenigen Code-Zeilen) umsetzen lassen. In diesem Fall ist zu empfehlen, das Verfahren zu wählen, das am wenigsten Speicherplatz benutzt – also ein iteratives Verfahren. Dagegen lassen sich solche Probleme wie die Türme von Hanoi oder auch das Finden eines Wegs aus einem Irrgarten nur mit rekursiven Verfahren in einfacher Weise lösen. Hier überwiegt der Vorteil des überschaubaren Codes den Nachteil des hohen Speicherverbrauchs. Im Falle des Parsers aus dem letzten Beispiel ist dagegen ein rekursiver Algorithmus der einzig gangbare Weg und ich selbst habe innerhalb der letzten Jahre keine Alternative zur rekursiven Lösung gefunden. Es scheint also so zu sein, dass vor allem für die Probleme, die sich in kleinere Teilprobleme zerlegen lassen, rekursive Algorithmen besonders geeignet sind. Wenn Sie also entscheiden sollen, ob Sie ein rekursives Verfahren verwenden können, denken Sie darüber nach, ob das zu lösende Problem zu einem der folgenden Bereiche gehört:

- Ein Strategiespiel, bei dem es pro Spielzug sehr viele Möglichkeiten gibt
- Ein schneller Suchalgorithmus
- Ein schnelles Sortierverfahren
- Ein Compiler, ein Interpreter oder eine Skriptsprache, bei denen einfache (Rechen-) Operationen miteinander oder ineinander verschachtelt werden können
- Eine automatische Auswahl einiger Möglichkeiten aus sehr vielen
- Ein Problem, das sich gut in Teilprobleme zerlegen lässt
- Ein Problem, das sich überhaupt nur rekursiv in einer einfachen Weise lösen lässt

Zu jedem dieser Punkte gibt es mindestens ein Problem, das sich in den entsprechenden Bereich einordnen lässt. So gehören die Türme von Hanoi sicherlich in die Rubrik der Probleme, die sich überhaupt nur rekursiv in einer einfachen Weise lösen lassen. Genauso verhält es sich mit sämtlichen guten Schachprogrammen. Um den Weltmeister zu schlagen, benötigt man schon sehr viel Speicherplatz, am besten einen Server, der nichts anderes kann, als Schach zu spielen. Ich möchte nun das Thema Rekursion abschließen und mich im nächsten Kapitel den verketteten Listen widmen.

## 3.6 Übungen

**Übung 1**

Erstellen Sie einen Programmablaufplan der Funktion `Tokenizer()` im letzten Beispiel.

**Übung 2**

Erklären Sie, was bei einem Funktionsaufruf geschieht und wie es der Prozessor schafft, die lokalen Variablen zwischenzuspeichern.

**Übung 3**

Erläutern Sie, was die folgenden Begriffe bedeuten: TOS, Operand, Operator, Operatoren-Stack, Operanden-Stack. Erläutern Sie ferner, was ein Stack Overflow ist und warum dies einen sehr kritischen Zustand darstellt.

**Übung 4**

Erklären Sie, welche kritischen Programmierfehler möglicherweise bei der Verwendung von Rekursionen auftreten können.

**Übung 5**

Nennen Sie drei Beispiele für Algorithmen, die nur rekursiv umgesetzt werden können bzw. die ohne Rekursion nur sehr schwer zu beherrschen sind.

# Teil II: Fortgeschrittene Themen

# 4 Verkettete Listen[1]

Im letzten Kapitel habe ich bei den Parser-Bäumen schon verkettete Listen benutzt, in diesem Fall waren es doppelt verkettete Listen. Obwohl ich sämtliche Listings stets gut kommentiert habe, werden wahrscheinlich einige Dinge unklar geblieben sein, die die verketteten Listen betrafen. Keine Angst, ich lasse Sie nicht im Regen stehen. Mehr noch: Ich widme dieses Kapitel vollständig den verketteten Listen. Am Ende von Kapitel 4 werden Sie dann auch das letzte Beispiel aus Kapitel 3 vollständig verstehen. Aber auch die Kapitel, die dem vierten Kapitel folgen, benutzen teilweise Programmierverfahren, die auch die verketteten Listen benutzen. Dies betrifft vor allem die Bäume, aber auch einige Such- und Sortierverfahren. Verkettete Listen gehören also auf jeden Fall in Ihren Werkzeugkoffer, aber in das Kapitel 2 über die Basisalgorithmen passen verkettete Listen dann doch nicht mehr hinein.

Fangen wir mit einem einfachen Beispiel an. Stellen Sie sich an dieser Stelle vor, Sie wollen mit einem Programm eine beliebige Anzahl Zahlen von der Tastatur einlesen und sortiert abspeichern (das heißt z. B. in einer aufsteigenden Reihenfolge). Nun könnten Sie sich noch einmal Kapitel 2 ansehen und einfach den dort beschriebenen Algorithmus des sortierten Einfügens von Zahlen in ein Array verwenden, zur Not zusammen mit der Funktion `realloc()` und dynamischen Arrays. Wenn Sie in einem Praktikum wenig Zeit haben, dann sollten Sie auch so vorgehen. Was ist aber, wenn Sie wirklich eine beliebige Anzahl an Zahlen sortiert einfügen wollen, und das auch noch relativ schnell? Die Antwort ist, dass Sie in diesem Fall eine verkettete Liste verwenden müssen.

---

1 René Krooß, Jürgen Wolf, C von A bis Z. 5., erweiterte Auflage, aktuell zu C23. ISBN 978-3-8362-9504-8.

## 4.1 Die Erstellung verketteter Listen

Was ist aber nun eine verkettete Liste? Eine verkettete Liste ist eine dynamische Struktur, bei der jedes Listenelement gesondert für sich im Speicher abgelegt wird und die einzelnen Elemente durch Verweise miteinander verknüpft sind. Diese Verweise werden in C++ durch Zeiger realisiert, die vom selben Typ sind wie die Elemente. Eine *einfach verkettete Liste* (auch oft als vorwärts verkettete Liste bezeichnet) speichert für jedes einzelne Element stets nur die Speicheradresse des Nachfolgers in einem Zeiger. Eine *doppelt verkettete Liste* speichert für ein Element jeweils die Adresse des Vorgängers und des Nachfolgers in separaten Zeigern. Bei einer verketteten Liste ist das erste Element oft ein spezielles *Anker-Element*, das dann einen Zeiger auf das wirkliche erste Element in der Liste enthält. Der Vorteil der Verwendung eines Ankers ist, dass Sie in diesem Fall keine zusätzliche Struktur benötigen, um die Anfangsadresse der Liste zu speichern.

Es folgt nun ein sehr einfaches Beispiel, in dem ich Ihnen erst einmal zeige, wie Sie eine rein vorwärts verkettete Liste erstellen, in die Sie Zahlen so einfügen können, dass diese am Ende aufsteigend sortiert vorliegen. Natürlich gebe ich auch in diesem Kapitel am Ende jedes Unterkapitels ein Beispiel-Listing an sowie einen Programmablaufplan für die wichtigsten Funktionen.

### 4.1.1 Einfach verkettete Listen

Um die einzelnen Elemente einer einfach verketteten Liste zu definieren, benötigen Sie einen strukturierten Datentyp, also einen `struct`. Dieser `struct` fasst im nächsten Beispiel die einzufügende Zahl und einen Verweis auf den Nachfolger zusammen:

```
struct Element_t // ab jetzt wird an Namen für strukturierte Datentypen _t angehängt
{
    long int Wert;
    Element_t *Nachfolger;
};
```

Im Endeffekt erhalten Sie durch die Definition des Datentyps `Element_t` eine rekursive Struktur, in der die Zeigervariable **Nachfolger** zurück auf den Strukturtyp selbst verweist. Da die Variable **Nachfolger** ein Zeiger ist, können Sie mit diesem Zeiger auch problemlos auf weitere Listenelemente verweisen, die Sie vorher dynamisch angelegt haben. Dieses dynamische Anlegen leistet in C++ der `new`-Operator, den Sie in der folgenden Weise verwenden müssen, um ein neues Element anzulegen:

```
Element_t *Neu; // Neu muss ein Zeiger sein
Neu=new Element_t; // new fasst explizites Typecasting und malloc() zusammen
```

Der new-Operator ist in diesem Beispiel identisch mit folgenden Anweisungen:

```
Element_t *Neu;
Neu=(Element_t*)malloc(sizeof(Element_t));
```

Der Operator new ruft also intern nur Varianten der Funktion malloc() auf, die neuen Speicher für ein Speicherobjekt vom Typ Element_t reserviert. Der new-Operator ist jedoch einfacher zu handhaben als malloc(), weil Sie hier die Größe des anzulegenden Speicherobjekts nicht separat ermitteln müssen. Angenommen, Sie haben ein neues Speicherobjekt von Typ Element_t angelegt. Jetzt müssen Sie dieses Element mit Leben füllen. Sie entscheiden sich dafür, erst einmal einen Wert in die Strukturvariable **Neu** einzutragen, z. B. die Zahl 42. Da **Neu** eine Zeigervariable ist, müssen Sie hierfür folgende Schreibweise verwenden:

```
Neu->Wert=42 // Neu.Wert=42 wäre falsch
Neu->Nachfolger=NULL;
```

Sie setzen also einen Wert für das erste Element fest und wissen, dass dieses Element noch keinen Nachfolger hat – was Sie dadurch kennzeichnen, dass Sie Neu->Nachfolger=NULL setzen. Was geschieht aber, wenn Sie ein weiteres Element anlegen, z. B. mit folgender Zeile?

```
Neu=new Element_t;
```

Sie werden es an dieser Stelle vielleicht schon geahnt haben: Sie verlieren Ihr erstes Element, weil Sie nun nicht mehr darauf zugreifen können. **Neu** zeigt ja jetzt nicht mehr auf den Anfang der Liste und Sie haben sich die Anfangsadresse des Anfangselements auch gar nicht gemerkt! Sie können zwei Strategien verwenden, um das Problem des Zugriffs auf das erste Element zu lösen. Die erste Variante ist, dass Sie die Liste selbst so definieren, dass diese vom Typ Element_t ist. Die zweite Variante ist die Verwendung einer separaten Struktur für Ihre Liste, die einen Anker enthält. Dieser Anker zeigt auf das erste Element in Ihrer Liste und wenn der Anker auf NULL zeigt, ist die Liste leer. Ich persönlich bevorzuge die zweite Variante, denn diese ist nicht so schwer umzusetzen, wie Sie vielleicht denken. Hier ist sie:

```
struct Liste_t // so ist dies wirklich korrekt
{
      Element_t *Anker;
};
Liste_t *Liste; // Neue Variable vom Typ Liste_t erstellen
Liste=new Liste_t; // Neues Listenobjekt im Speicher anlegen
Liste->Anker=NULL; // Liste initialisieren
```

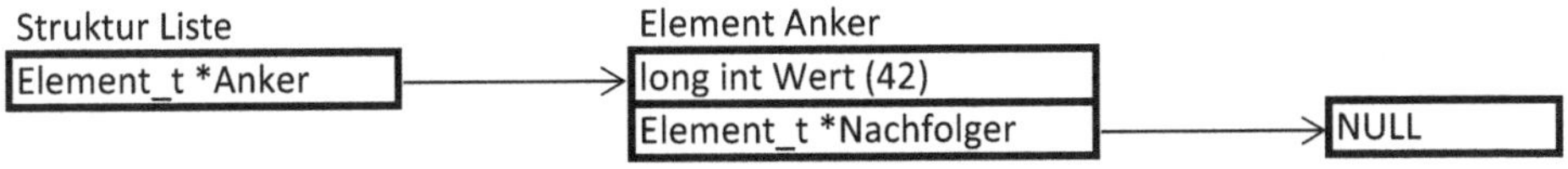


**Bild 4.1** Verkettete Liste mit Anker und einem Element

Kommen wir zu den C++-Anweisungen, mit denen Sie ein Element in Ihre Liste einfügen können. Beim Einfügen in eine vorwärts verkettete Liste können zwei Szenarien auftreten. Das erste Szenario ist, dass das Element, das Sie einfügen wollen, das erste Element werden muss. In diesem Fall zeigt der Zeiger `Liste->Anker` auf `NULL` und das Einfügen eines neuen Elements ist durch folgende einfache Anweisung möglich:

```
if (Liste->Anker==NULL)
{
                Neu=new Element_t;
                Neu->Wert=NeuerWert; // Wert zuweisen
                Neu->Nachfolger=NULL;
                Liste->Anker=Neu; // Anker erstellen
}
```

Ich setze voraus, dass es jetzt genau ein Element in der Liste gibt, das als Nachfolger kein Element mehr besitzt, und einen gültigen Anker, der auf das einzige Element in der Liste verweist.

Das zweite Szenario beim Einfügen neuer Elemente ist, dass das einzufügende Element nicht das erste Element in der Liste ist. In diesem Fall müssen Sie die Position suchen, an der Ihr neues Element eingefügt werden soll. Angenommen, Sie haben bereits ein Element mit dem Wert 42 eingefügt. Nun soll ein Element mit dem Wert 44 eingefügt werden. Sie müssen dazu erst einmal ein neues Element **Neu** erstellen und diesem den Wert 44 zuweisen. Ferner benötigen Sie eine temporäre Zeigervariable **Alt** vom Typ `Element_t*`, die Sie erst einmal auf den Anker Ihrer Liste zeigen lassen. Ferner benötigen Sie noch eine Zeigervariable **Aktuell**, die immer auf das aktuell zu überprüfende Element in Ihrer Liste zeigt. Nun führen Sie die folgende Schleife aus:

```
Alt=Liste->Anker;
Aktuell=Liste->Anker;
Neu=new Element_t; // Neuen Speicherplatz anfordern
Neu->Wert=NeuerWert; // 44
bool SuchEnde=false;
while (SuchEnde==false)
{
    if (Aktuell==NULL) { SuchEnde=true; }
    else
    {
        if (Aktuell->Wert<Neu->Wert) { SuchEnde=true; }
        Alt=Aktuell; // Zeiger auf aktuelles Element zwischenspeichern
        Aktuell=Aktuell->Nachfolger; // Nächstes Element suchen
    }
}
```

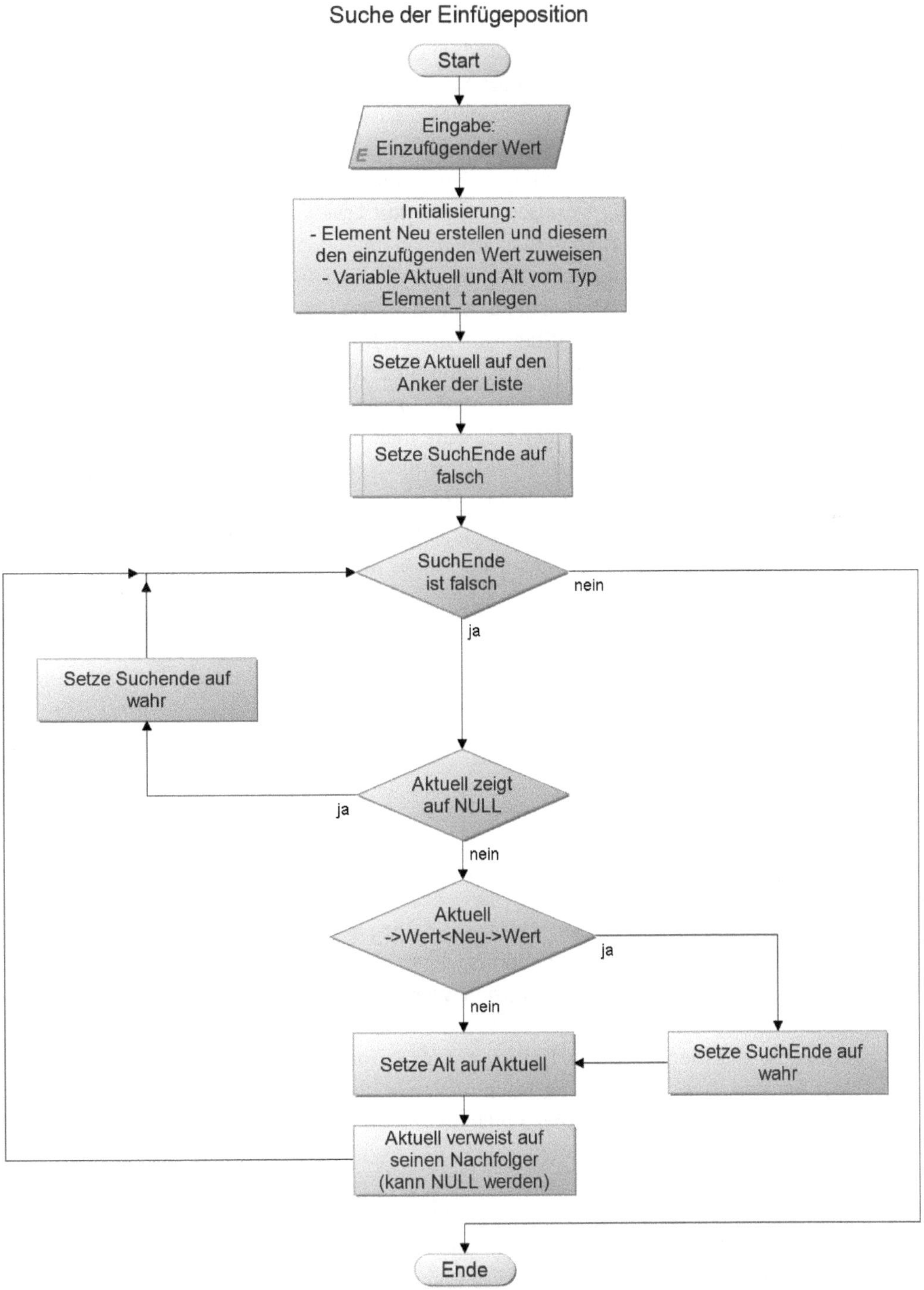


**Bild 4.2** Programmablaufplan für die Suche der Einfügeposition eines neuen Listenelements

Wenn Sie sich den letzten Programmablaufplan ansehen, werden Sie sich vielleicht fragen, warum Sie einen so umständlichen Weg über die Hilfsvariable **SuchEnde** gehen müssen. Die Antwort ist, dass Sie nicht auf den Wert eines Zeigers zugreifen können, der auf `NULL` zeigt. Sie müssen also zuerst prüfen, ob `Aktuell==NULL` ist (z. B. wenn die Liste leer ist oder die Suche am Listenende angelangt ist), dann erst können Sie prüfen, ob der Wert des aktuellen Elements kleiner ist als der Wert, den Sie einfügen wollen. **SuchEnde** wird also entweder auf `true` gesetzt, wenn `Aktuell==NULL` ist und die Suchschleife am Ende der Liste angelangt ist, oder wenn eine Position gefunden wurde, an der das neue Element hineinpasst. In diesem Beispiel ist das erste Element in Ihrer Liste bereits vorhanden und besitzt den Wert 42. Das heißt, dass Ihre Schleife zum Suchen der Einfügeposition mindestens einmal ausgeführt wird. Nach dem ersten Durchlauf Ihrer Suchschleife wird aber schon das Listenende (**Aktuell** wird `NULL`) erreicht und Ihre Suchschleife bricht ab. Nun haben Sie den ersten Fall, der beim Einfügen eines Elements in eine nicht leere Liste auftreten kann, nämlich das Anhängen eines neuen Elements an das Ende der Liste. Das Anhängen eines neuen Elements am Ende der Liste ist aber relativ einfach, denn Sie müssen nur das Element, das Sie vor dem aktuellen Element ausgewählt hatten, zum Vorgänger des einzufügenden Elements machen. Dies tun Sie auf folgende Weise:

```
if (Aktuell==NULL)
{
    Alt->Nachfolger=Neu; // Neues Element anhängen
    Neu->Nachfolger=NULL; // Neues Listenende definieren
}
```

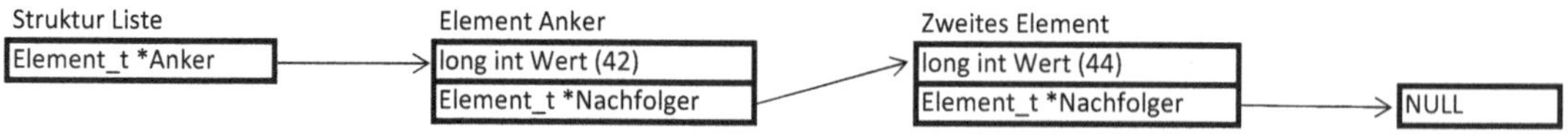


**Bild 4.3** Einfach verkettete Liste mit zwei Elementen

Fügen wir nun den Wert 43 in die Liste ein. Ihre Suchschleife wird wiederum einmal ausgeführt, bricht dann aber nicht deswegen ab, weil das Ende der Liste erreicht ist, sondern weil der Ausdruck `44<43` den Wert `false` zurückliefert. Kommen wir zum zweiten Fall, der beim Einfügen eines neuen Elements in eine nicht leere Liste auftreten kann: Das Element muss direkt vor dem Element an der aktuellen Position eingefügt werden. Deshalb muss der Nachfolger des neuen Elements das aktuelle Element werden. Dies erreichen Sie durch folgende Anweisung:

```
Neu->Nachfolger=Aktuell;
```

Leider ist durch die letzte Anweisung das neue Element noch nicht adressierbar, weil ja der Zeiger **Nachfolger**, den Sie vor dem aktuellen Element ausgewählt hatten, noch auf **Aktuell** zeigt. Sie müssen also das Element **Neu** noch durch folgende Anweisungen in die Liste einhängen:

```
Alt->Nachfolger=Neu;
```

Die folgende `if`-Anweisung fügt ein Element in die Liste ein, wenn dies nicht am Ende angehängt werden darf:

```
if (Aktuell!=NULL)
{
    Neu->Nachfolger=Aktuell;
    Alt->Nachfolger=Neu;
}
```

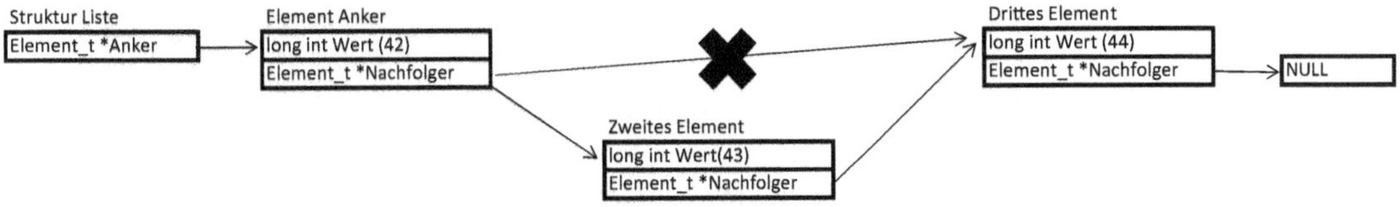


**Bild 4.4** Einfügen eines Elementes in der Mitte der Liste

Fügen wir nun ein Element ein, das den Wert 1 besitzt. Bis jetzt wurde dieses Szenario noch überhaupt nicht behandelt, denn schon der Wert des ersten Elements ist größer als 1 (nämlich 42). Ihre Suchschleife wird also überhaupt nicht durchlaufen und am Ende zeigt die Zeigervariable **Aktuell** noch auf den Listenanker. Darüber hinaus besitzt das erste Element in der Liste keinen Vorgänger, deshalb kann auch das neu einzufügende Element nicht auf die folgende Weise behandelt werden:

```
Neu->Nachfolger=Aktuell;
```

Der Nachfolger des neuen Elements ist korrekt (nämlich das Element mit dem Wert 42), auf das neue Element selbst kann aber nicht so einfach zugegriffen werden. Sie haben also an dieser Stelle ein Problem und genau dies ist der Grund, warum ich die Variante mit dem Listenanker in einer separaten Struktur bevorzuge. Wenn Sie nämlich den Listenanker wie folgt „umbiegen", dann können Sie über diesen auf das neue Element zugreifen:

```
Liste->Anker=Neu;
```

Natürlich benötigen Sie eine zusätzliche `if`-Abfrage der folgenden Form:

```
if (Aktuell==Liste->Anker)
{
                Neu->Nachfolger=Aktuell;
                Liste->Anker=Neu;
}
```

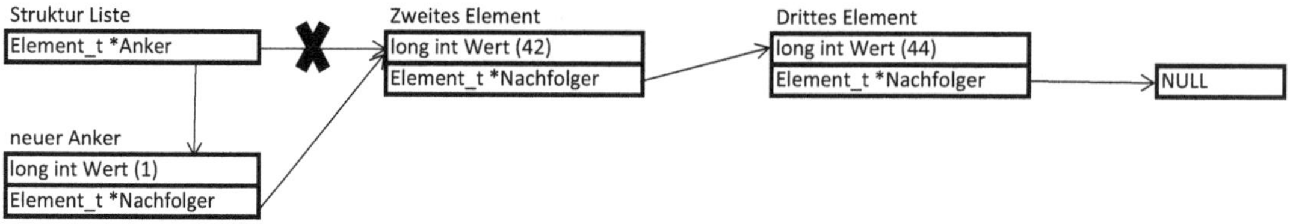


**Bild 4.5** Einfügen eines Elements am Anfang der Liste

Kommen wir zum ersten Beispielprogramm, in dem eine verkettete Liste erstellt wird, in die Sie Werte einfügen können. Diese Werte werden von der Tastatur eingelesen und so lange sortiert in die Liste eingefügt, bis Sie eine negative Zahl eingeben. Wenn Sie eine negative Zahl eingeben, wird die Liste in der Konsole ausgegeben und das Programm wird beendet. Sehen Sie sich Listing 4.1 an:

**Listing 4.1** Liste1.cpp

```
#include<stdio.h>

struct Element_t
{
    long int Wert;
    Element_t *Nachfolger;
};

struct Liste_t
{
    Element_t *Anker;
};

void Initialisieren(Liste_t *Liste)
{
    Liste->Anker=NULL;
}

void Ausgeben(Liste_t *Liste)
{
    Element_t *Aktuell;
    Aktuell=Liste->Anker;
    while (Aktuell!=NULL)
    {
        printf("[%ld]",Aktuell->Wert);
        Aktuell=Aktuell->Nachfolger;
    }
    printf("\n");
}

void Einfuegen(Liste_t *Liste, Element_t *Neu)
{
    Element_t *Alt;
    Element_t *Aktuell;
    Aktuell=Liste->Anker;
    Alt=Liste->Anker;
    bool SuchEnde=false;
    while (SuchEnde==false)
```

```
    {
        if (Aktuell==NULL) { SuchEnde=true; }
        else
        {
            if (Aktuell->Wert>Neu->Wert) { SuchEnde=true; }
            else
            {
                Alt=Aktuell; // Zeiger auf aktuelles Element
                zwischenspeichern
                Aktuell=Aktuell->Nachfolger; // Nächstes Element suchen
            }
        }
    }
    // Element in leere Liste einfügen?
    if (Liste->Anker==NULL)
    {
        Neu->Nachfolger=NULL;
        Liste->Anker=Neu; // Anker erstellen
    }
    // Element am Anfang einfügen?
    else if (Aktuell==Liste->Anker)
    {
        Neu->Nachfolger=Aktuell;
        Liste->Anker=Neu;
    }
    // Element am Ende anhängen?
    else if (Aktuell==NULL)
    {
        Alt->Nachfolger=Neu; // Neues Element anhängen
        Neu->Nachfolger=NULL; // Neues Listenende definieren
    }
    // Element in der Mitte einfügen?
    else if ((Aktuell!=NULL)&&(Aktuell!=Liste->Anker))
    {
        Neu->Nachfolger=Aktuell;
        Alt->Nachfolger=Neu;
    }
}

int main(void)
{
    long int Wert,i;
    Liste_t *Liste;
    Element_t *Neu;
    Liste=new Liste_t; Initialisieren(Liste);
    printf("Erstellen einer einfach verketteten Liste.\n");
    printf("Geben Sie die einzelnen Werte ein.\n");
    printf("Die Werte werden sortiert eingefügt.\n");
    printf("Ein negativer Wert beendet die Eingabe.\n");
    i=1;
    do
    {
        printf("Wert Nr.%ld:",i); scanf("%ld",&Wert);
        if (Wert>=0) // Negativer Wert?
        {
            Neu=new Element_t; // Nein, dann neues Element erzeugen
            Neu->Wert=Wert; // Neuem Element neuen Wert zuweisen
            Einfuegen(Liste,Neu); // Element in die Liste einfügen
```

```
91                i++;
92            }
93        }
94        while (Wert>=0);
95        Ausgeben(Liste); // Am Ende die Liste ausgeben
96        return 0;
97    }
```

In den Zeilen **01 – 10** werden erst einmal die benötigten Include-Dateien eingebunden und die Strukturen definiert, die Sie für das Erstellen einer verketteten Liste benötigen. Ich gehe auch in diesem Beispiel wieder so vor, dass ich eine separate globale Struktur `struct Liste_t` definiere, die einen Anker auf das erste Element enthält. Wenn Sie anfangen, mit Ihrer Liste zu arbeiten, müssen Sie diese erst einmal mit der Funktion `Initialisieren()` (die Zeilen **11 – 14**) einrichten. `Initialisieren()` erstellt eine leere Liste, bei der der Anker auf `NULL` zeigt. Damit Sie die Liste am Ende auch in der Konsole ausgeben können, verwenden Sie die Funktion `Ausgeben()` (die Zeilen **15 – 25**). `Ausgeben()` wählt erst einmal den Anker der Liste aus. Wenn der Anker nicht auf `NULL` zeigt, werden der Wert des entsprechenden Anker-Elements und die Werte sämtlicher nachfolgender Elemente ausgegeben, die nicht `NULL` sind. Da sämtliche Elemente außer dem Element, das dem letzten Element folgt, nicht `NULL` sind, wird auf diese Weise die gesamte Liste ausgegeben.

Die Funktion `Einfuegen()` (die Zeilen **26 – 71**) realisiert nun den zuvor besprochenen Einfüge-Algorithmus. `Einfuegen()` bekommt als Parameter einen Zeiger auf die Liste übergeben, in die ein neues Element eingefügt werden soll, und das Element selbst als Zeiger vom Typ `Element_t*`. Zu Beginn werden die beiden Hilfszeiger **Alt** und **Aktuell** deklariert und auf den Anfang der Liste gesetzt. Anschließend wird in den Zeilen **33 – 46** die Suchschleife ausgeführt, die die Position bestimmt, an der das neue Element eingefügt werden soll (siehe dazu auch noch einmal den Programmablaufplan in Bild 4.2). Wurde die entsprechende Einfügeposition bestimmt, werden in den Zeilen **47 – 70** die bereits besprochenen entsprechenden Szenarien überprüft, die beim Einfügen von neuen Elementen auftreten können. Die einzelnen Szenarien schließen sich jedoch gegenseitig aus. Wenn Sie z. B. festgestellt haben, dass Sie den Anker neu bestimmen müssen, können Sie nicht dasselbe Element später noch einmal in der Mitte einfügen, nachdem Sie den Anker „umgebogen" haben. Deshalb müssen Sie sämtliche Bedingungen, außer der ersten Bedingung, mit `else if` überprüfen. Anderenfalls kommt es zu Überschneidungen der `if`-Anweisungen und so zu Fehlern im Programmablauf. Leider bildet ein Programmablaufplan keine direkten C++-Anweisungen ab, deshalb muss der Programmierer selbst entscheiden, ob er die einzelnen Pfade mit `if` oder `else if` umsetzt. Das Hauptprogramm in den Zeilen **72 – 97** muss nicht weiter erklärt werden, da es nichts Neues enthält. Das Hauptprogramm liest so lange Werte von der Tastatur ein, bis Sie einen negativen Wert eingeben. Jeder Wert, der nicht negativ ist, wird in Ihre Liste eingefügt. Selbstverständlich muss hierfür in Zeile **88** jedes Mal Speicher für ein neues Listenelement von Typ `Element_t*` angefordert werden.

Auf diese Weise kommen wir nun zu einem Problem, das im letzten Listing noch nicht gelöst wurde, nämlich die Freigabe des benutzten Speichers, bevor sich das Programm beendet. Die meisten Betriebssysteme geben sämtlichen benutzten Speicher beim Beenden des Programms wieder frei. Das muss aber nicht so sein. Außerdem gibt es Programme, die länger laufen, als ein paar Minuten. Stellen Sie sich vor, Ihr Programm ist ein Online-Spiel, das die Daten aller Spieler, die zurzeit angemeldet sind, in einer verketteten Liste ablegt. In diesem Fall müssen Sie immer dann, wenn sich ein Spieler ausloggt, die entsprechenden Einträge aus Ihrer Liste löschen und den Speicher wieder freigeben. Anderenfalls handeln Sie sich Memory-Leaks ein. Ein *Memory Leak* ist ein Loch in Ihrem Speicher, das Daten enthält, auf die Sie nicht mehr zugreifen können. Sie können also solche Löcher auch nicht mehr nachträglich auffinden und löschen. Mit Memory-Leaks müllen Sie sich aber nicht nur den Speicher zu und provozieren auf diese Weise Abstürze. Es gibt auch Angriffe, die Memory Leaks bewusst ausnutzen und in diese auch ausführbaren Code einschleusen können. Sie sollten also auf jeden Fall nicht mehr benötigte Listenelemente sofort aus dem Speicher entfernen. Wie dies funktioniert, werde ich Ihnen in den nächsten Abschnitten erklären. Allerdings werde ich nun die Liste selbst in eine eigene Klasse auslagern. Dies ist ein Schritt, der auch im Studium häufig gemacht wird, um die Studenten in die objektorientierte Programmierung einzuführen. Im weiteren Verlauf werde ich ferner eine doppelt verkettete Liste benutzen. Keine Angst, so schwer ist die Sache nicht, denn im Endeffekt ist die Verwaltung einer doppelt verketteten Liste sogar einfacher als die Verwaltung einer nur vorwärts verketteten Liste. Besonders das Suchen und Löschen von Elementen ist hier viel einfacher, weil nämlich stets auch der Vorgänger des aktuellen Elements bekannt ist.

### 4.1.2 Doppelt verkettete Listen[2)]

Bevor ich die Erklärung der einfach verketteten Listen beende, möchte ich Ihnen noch zeigen, wie Sie aus einer einfach verketteten Liste ein Element entfernen können. Hierzu nehme ich wieder die Liste aus dem Einführungsbeispiel. Genau wie beim Einfügen auch, müssen Sie zuerst eine Suchschleife ausführen, um die Position des Elements zu finden, das Sie entfernen wollen. Hierzu müssen Sie die Suchschleife wie folgt abwandeln:

```
Element_t *Alt;
Element_t *Aktuell;
Aktuell=Liste->Anker;
Alt=Liste->Anker;
bool SuchEnde=false;
while (SuchEnde==false)
{
```

2 René Krooß, Jürgen Wolf, C von A bis Z. 5., erweiterte Auflage, aktuell zu C23. ISBN 978-3-8362-9504-8.

```
    if (Aktuell==NULL) { SuchEnde=true; }
    else
    {
        if (Aktuell->Wert==ZuSuchen->Wert) { SuchEnde=true; }
        else
        {
            Alt=Aktuell; // Zeiger auf aktuelles Element sichern
            Aktuell=Aktuell->Nachfolger; // Nächstes Element suchen
        }
    }
}
```

**ZuSuchen** ist hier das Element, das den zu suchenden Wert enthält. Falls dieses Element gefunden wurde, dann ist Aktuell nicht `NULL` und das Element, auf das der Zeiger **Aktuell** zeigt, kann aus Ihrer Liste gelöscht werden. Beim Entfernen können nun dieselben Szenarien auftreten wie beim Einfügen von Elementen. Falls das zu entfernende Element der Listenanker ist, muss der Listenanker nach dem Löschvorgang der Nachfolger des Listenankers werden. Dies erreichen Sie mit der folgenden Anweisung:

```
Liste->Anker=Liste->Anker->Nachfolger;
```

Wenn die Liste leer ist (`Liste->Anker==NULL`), könnte sich die Löschfunktion eigentlich unverzüglich beenden. Wenn `Anker->Nachfolger==NULL` ist, besteht auch kein Problem, denn Sie erhalten dann nach dem Löschen des alten Ankers die Anfangskonfiguration einer leeren Liste. Wenn Sie jedoch den Zeiger `Liste->Anker` auf `Liste->Anker->Nachfolger` setzen, ist der alte Anker nicht mehr referenzierbar und Sie können diesen auch nicht mehr gezielt aus dem Speicher entfernen. Sie müssen also folgende Zeilen benutzen, um das erste Element in der Liste gezielt zu entfernen:

```
Alt=Liste->Anker; // Anker sichern
Liste->Anker=Liste->Anker->Nachfolger; // Nachfolger holen
delete Alt; // alten Anker aus dem Speicher entfernen (wichtig!)
```

Falls das zu entfernende Element nicht der Listenanker ist, dann könnte der Nachfolger des zu suchenden Elements `NULL` sein (das zu entfernende Element ist dann das letzte Element in der Liste). In diesem Fall muss einfach der Nachfolger des vorigen Elements auf `NULL` gesetzt werden. Auch hier benötigen Sie die Hilfsvariable **Alt**:

```
Alt->Nachfolger=NULL;
delete Aktuell;
```

Falls sich das zu entfernende Element in der Mitte der Liste befindet, dann ist weder der Vorgänger (also das Element **Alt**) `NULL`, noch der Nachfolger, und **Aktuell** zeigt auch nicht auf den Listenanker. In diesem Fall müssen Sie das zu löschende Element überspringen, indem Sie die entsprechenden Zeiger des Vorgängers „umbiegen". Dies leisten die folgenden Anweisungen:

```
Alt->Nachfolger=Aktuell->Nachfolger;
delete Aktuell; // wichtig!
```

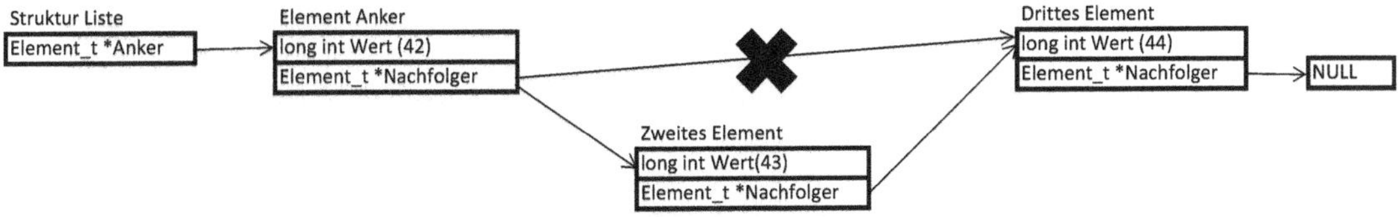


**Bild 4.6** Entfernen eines Elements aus einer einfach verketteten Liste

Als Übung können Sie an dieser Stelle einmal die Funktion `bool Loesche(Liste_t *Liste, Element_t *Ref)` programmieren, die ein bestimmtes Referenzelement **Ref** sucht und aus der Liste entfernt. Wenn das gesuchte Referenzelement nicht vorhanden ist, gibt `Lösche()` `false` zurück, ansonsten `true`.

Vielleicht haben Sie sich an dieser Stelle bereits Gedanken darüber gemacht, ob es nicht von Vorteil wäre, wenn der Strukturtyp `Element_t` neben einem Zeiger auf den Nachfolger auch einen Zeiger auf das Vorgängerelement enthielte. Hierdurch könnten Sie Ihre Liste in beiden Richtungen durchlaufen und die Werte z. B. wahlweise aufsteigend oder absteigend ausgeben. Wir unternehmen nun genau diesen Schritt und definieren die einzelnen Listenelemente auf die folgende Weise:

```
struct Element_t
{
                long int Wert;
                Element_t *Nachfolger;
                Element_t *Vorgaenger;
};
```

Der Listenanker besitzt nun einen Vorgänger, der `NULL` ist, und einen Nachfolger, der bei einer leeren Liste ebenfalls `NULL` ist. Sie können also die Liste vorwärts und rückwärts (also doppelt) durchlaufen. Genau dies ist die Definition einer doppelt verketteten Liste: Eine *doppelt verkettete* Liste ist eine Liste, in der jedes Element einen Vorgänger und einen Nachfolger besitzt. Vorgänger und Nachfolger dürfen dabei auch `NULL` sein.

Ich mache an dieser Stelle aber noch eine Änderung: Ich definiere die doppelt verkettete Liste als Klasse. Dies ist ein Schritt, der auch im Studium oft gemacht wird, um die Studenten in die objektorientierte Programmierung einzuführen. Die Listen-Klasse soll die Methoden `ElementEinfuegen()`, `ElementSuchen()`, `ElementLoeschen()` und `ListeLoeschen()` enthalten, sowie die Eigenschaft haben, sich automatisch korrekt zu initialisieren. Ferner wird die eigentliche Liste in der lokalen Variablen **L** gekapselt (die Wahl des Variablennamens **L** hat den einfachen Grund, dass Sie unter C++ einen Klassennamen nicht als Variablennamen verwenden dürfen). Die Klasse `Liste` definieren Sie mit folgenden Anweisungen:

```
struct Element_t
{
    long int Wert;
    Element_t *Nachfolger;
```

```
    Element_t *Vorgaenger;
};

struct Liste_t
{
    Element_t *Anker;
};

class Liste
{
    private:
    Element_t *Alt; // Temporäres Element beim Suchen
    Element_t *Aktuell; // Aktuelles Element beim Suchen
    Liste_t *L; // Lokale Liste, die durch die Klasse verwaltet wird
    public:
    Liste(); // Konstruktor-Funktion Liste::Liste()
    void ElementEinfuegen(Element_t *E);
    Element_t* ElementSuchen(Element_t *E);
    void ElementEinfuegen(Element_t *E);
    bool ElementLoeschen(Element_t *E);
    bool ElementAusgeben(Element_t *E);
    bool ListeAusgeben(Element_t *E);
    void ListeLoeschen(Element_t *E);
}
```

Ich werde Ihnen nun die einzelnen Techniken erläutern, die Sie benötigen, um in eine doppelt verkettete Liste Elemente einzufügen oder Elemente aus dieser zu entfernen. Die einzelnen Elemente sind hierbei wieder Zahlenwerte vom Typ `long int`. Ich werde nun die einzelnen Methoden der Klasse `Liste` mit Leben füllen. Kommen wir aber zunächst zu einem Problem, das wir noch lösen müssen, bevor wir mit der doppelt verketteten Liste arbeiten können. Wir hatten ja die Forderung aufgestellt, dass die Listen-Objekte, die aus der Klasse `Liste` abgeleitet werden, automatisch initialisiert werden sollen. Dieses Problem kann über den Konstruktor der Klasse `Liste` gelöst werden. Der *Konstruktor* der Listen-Klasse befindet sich in der Methode `Liste::Liste()`, die aufgerufen wird, sobald Sie ein Listen-Objekt deklarieren oder ein neues Listen-Objekt mit `new` anlegen. Die Konstruktor-Methode muss wie folgt deklariert werden, um ein Listen-Objekt korrekt automatisch zu initialisieren:

```
Liste::Liste() // Der Konstruktor hat normalerweise keinen Rückgabetyp
{
    L=new Liste_t;
    L->Anker=NULL;
}
```

Um also ein Objekt der Klasse `Liste` korrekt verwenden zu können, muss erst einmal die lokale leere Liste **L** des Typs `Liste_t` im Speicher angelegt werden, in die Sie neue Elemente einfügen können. Verwechseln Sie an dieser Stelle bitte den Strukturtyp `Liste_t` nicht mit der Klasse `Liste`, denn der Datentyp `Liste_t` und die Klasse `Liste` sind zwei verschiedene Paar Schuhe. Die Klasse `Liste` stellt nur die Funktionen zur Verfügung, mit denen Sie das Speicherobjekt `Liste_T *L` verwalten können, das selbst keine Methoden besitzt, die Sie aufrufen können. Die Konstruktor-Methode der Klasse

`Liste` ist eine dieser Methoden, die auf das Speicherobjekt `Liste_t *L` zugreift. Natürlich können Sie auch von der Klasse `Liste` Speicherobjekte ableiten und genau dies ist der Trick bei der objektorientierten Programmierung: Eine *Klasse* stellt den Objekten, die Sie aus der Klasse ableiten, Methoden zur Verfügung, die Sie aufrufen können, um die Objekte selbst zu verwalten. Ein *Objekt* ist eine bestimmte Instanz einer Klasse. Stellen Sie sich an dieser Stelle vor, Sie kaufen ein Auto einer bestimmten Marke, z. B. einen Ford. `Ford` ist dann die Klasse, aber `MeinFord` – also Ihr ganz persönliches Auto – ist dabei das Objekt. Genau vor dem Anlegen des Objekts `MeinFord` wird der Konstruktor genau einmal aufgerufen (im Endeffekt ist dies dann der Kauf eines ganz bestimmten Autos bei Ihrem Händler). An dieser Stelle kann es nun passieren, dass manche C++-Compiler anmeckern, dass `Liste::Liste()` keinen Rückgabewert besitzt und auch nicht `void` ist. In diesem Fall schreiben Sie einfach

**void** `Liste::Liste()`

und deklarieren auch den Konstruktor wie folgt:

**void** `Liste()`

Sie tun damit einfach Ihrem strengen Compiler seinen Gefallen. Etwas anderes können Sie auch gar nicht tun – außer die Compilerparameter ändern, aber dies ist alles andere als trivial.

Fahren wir nun fort, die Klasse `Liste` mit Leben zu füllen. Nehmen wir an, die Variable **L** sei schon initialisiert, weil Sie gerade ein neues Listen-Objekt erstellt haben. Ihnen steht die leere lokale Liste **L** vom Typ `Liste_t*` zur Verfügung, in die Sie mit der Methode `Einfuegen()` neue Elemente einfügen können. Das Einfügen von Werten soll an dieser Stelle wieder sortiert geschehen, und zwar in aufsteigender Reihenfolge. Sie müssen also, bevor Sie ein neues Element in die lokale Liste **L** einfügen, wieder die korrekte Einfügeposition finden, was Sie aber in Abschnitt 4.1.1 schon erfolgreich getan haben. Wir haben uns an dieser Stelle jedoch für die objektorientierte Programmierung entschieden. Sie müssen also eine separate Funktion zum Finden der korrekten Einfügeposition erstellen. Dies erreichen Sie, indem Sie diese wie folgt als Klassenmethode deklarieren:

```
Element_t* Liste::EinfuegePositionFinden(Element_t *E);
```

`EinfuegePositionFinden()` bekommt ein Referenzelement **E** als Zeiger übergeben. Dies können Sie auch von außerhalb der Klasse `Liste` aus tun, weil Ihre Einfügefunktion in den `public`-Bereich Ihrer Klasse eingetragen wurde. Wenn das Referenzelement **E** in der Liste **L** gefunden wird, wird ein Zeiger auf dieses Element von der Funktion zurückgegeben, ansonsten wird `NULL` zurückgegeben. Die Methode `EinfuegePositionFinden()` unterscheidet sich nicht wesentlich von der Suchschleife in Abschnitt 4.1.1, nur dass diese wie folgt als Klassenmethode deklariert werden muss:

```
Element_t* Liste::EinfuegePositionFinden(Element_t *E)
{
    Aktuell=L->Anker;
    Alt=L->Anker;
    bool SuchEnde=false;
    while (SuchEnde==false)
    {
        if (Aktuell==NULL) { SuchEnde=true; }
        else
        {
            if (Aktuell->Wert>E->Wert) { SuchEnde=true; }
            else
            {
                Alt=Aktuell;
                Aktuell=Aktuell->Nachfolger;
            }
        }
    }
    return Aktuell;
}
```

**Aktuell** und **Alt** sind lokale Variablen vom Typ `Element_t*`, die vorher als `private` deklariert wurden. Dadurch sind diese Hilfsvariablen nur innerhalb der Klasse `Liste` sichtbar, dort aber von jeder Methode verwendbar. An dieser Stelle sehen Sie, dass sich das Finden der korrekten Einfügeposition (außer dass diese jetzt als Methode der Klasse `Liste` implementiert wird) nicht wesentlich von der Suchschleife in Bild 4.2 unterscheidet. Der einzige Unterschied ist, dass das gefundene Element **Aktuell** einen Zeiger beinhaltet, der als Rückgabewert verwendet werden kann. Dieser Rückgabewert kann dann auch von anderen Methoden benutzt werden.

Angenommen, Sie haben die korrekte Einfügeposition für Ihr Element **Neu** durch folgende Anweisung bestimmt:

```
Aktuell=EinfuegePositionFinden(Neu);
```

Sei nun der Wert des neu einzufügenden Elements 42. Sie haben an dieser Stelle das erste von vier möglichen Szenarien vorliegen, nämlich dass Ihre Liste noch leer ist. In diesem Fall ist

`L->Anker==NULL`

und Sie müssen einen neuen Anker anlegen. Dies erreichen Sie durch folgende Anweisungen:

```
Neu->Vorgaenger=NULL;
Neu->Nachfolger=NULL;
L->Anker=Neu; // Anker erstellen
```

Der Anker ist nun das einzige Element in Ihrer Liste und dieser hat keinen Vorgänger und keinen Nachfolger.

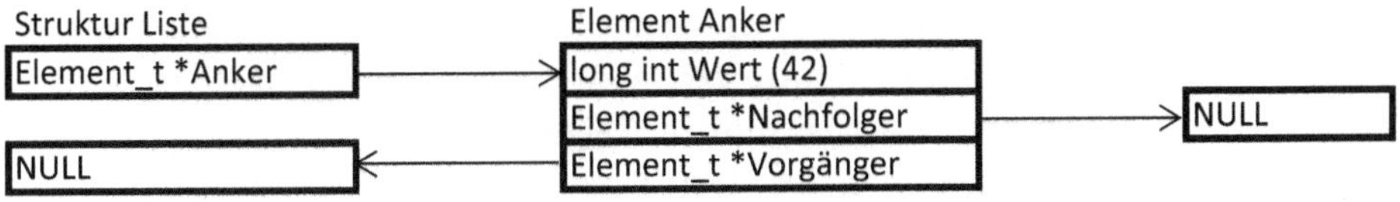


**Bild 4.7** Doppelt verkettete Liste mit Anker und einem Element

Was geschieht jedoch, wenn Sie ein Element mit dem Wert 1 einfügen wollen? In diesem Fall haben Sie das zweite Szenario, nämlich dass das neue Element, dessen Wert kleiner ist als der Wert des Anker-Elements, zum neuen Anker-Element werden muss. Dies erreichen Sie mit den folgenden Anweisungen:

```
Neu->Nachfolger=Aktuell;
Neu->Vorgaenger=NULL;
L->Anker=Neu;
```

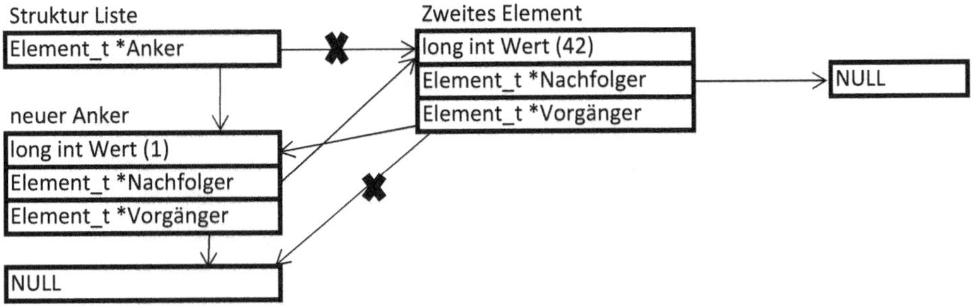


**Bild 4.8** Verschieben des Ankers in einer doppelt verketteten Liste

Sie sehen an dieser Stelle, dass auch bei einer doppelt verketteten Liste unter Umständen der Anker verschoben werden muss, nämlich genau dann, wenn das Element, dass Sie einfügen wollen, das erste Element in der Liste werden muss. In diesem Fall hat das Element **Neu** keinen Vorgänger (da es der neue Anker wird), aber der Nachfolger muss nun das Element werden, das die Funktion `EinfuegePositionFinden()` vorher ermittelt hat. Am Ende wird das Element **Neu** der neue Anker der Liste.

Fügen wir nun ein weiteres Element mit dem Wert 44 in die Liste ein. Sie haben an dieser Stelle das dritte Szenario vorliegen, nämlich den Fall, dass Sie das neue Element am Ende der Liste anhängen müssen. In diesem Fall muss der Nachfolger des einzufügenden Elements `NULL` sein und das letzte Element in der Liste muss der Vorgänger des neuen Elements werden. Dies erreichen Sie mit den folgenden Programmzeilen:

```
Alt->Nachfolger=Neu;
Neu->Nachfolger=NULL;
Neu->Vorgaenger=Alt;
```

Sie müssen also zum Anhängen eines Elements an das Ende auch bei einer doppelt verketteten Liste die Hilfsvariable **Alt** verwenden. Dies hat den einfachen Grund, dass Sie dem Zeiger `Neu->Vorgaenger` nur den Zeiger **Aktuell** zuordnen können. Dieser zeigt aber, wenn Sie am Ende der Liste angelangt sind, auf `NULL` und nicht mehr auf ein gültiges Element. Deshalb muss `Neu->Vorgänger` auf **Alt** zeigen (dies ist das Element vor dem Element, auf das der Zeiger **Aktuell** zeigt).

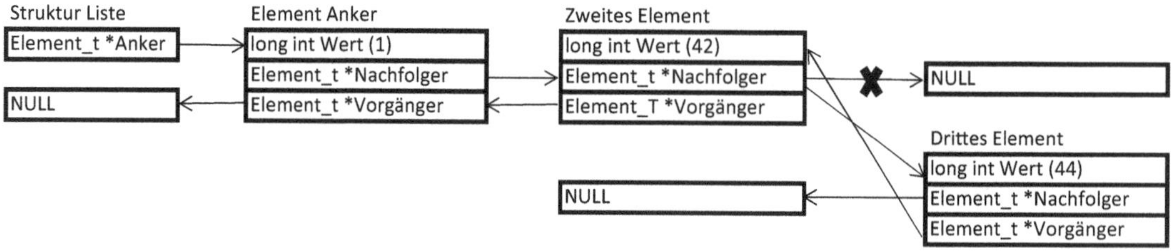


**Bild 4.9** Anhängen eines Elements am Ende einer doppelt verketteten Liste

Fügen wir zum Schluss den Wert 43 in die Liste **L** ein. Sie haben nun das vierte und letzte Szenario, dass beim Einfügen eines neuen Elements auftreten kann, nämlich das Einhängen eines Elements in der Mitte der Liste. In diesem Fall ist `Aktuell->Vorgaenger` nicht `NULL` und `Aktuell-> Nachfolger` nicht `NULL`. Sie müssen nun die Zeiger des Vorgänger- und des Nachfolger-Elements **Aktuell** so umbiegen, dass das neue Element korrekt referenziert werden kann. Dies erreichen Sie durch folgende Programmzeilen:

```
Neu->Nachfolger=Aktuell;
Neu->Vorgaenger=Alt;
Alt->Nachfolger=Neu;
```

Auch beim Einfügen von Elementen in der Mitte der Liste können Sie den Hilfszeiger **Alt** verwenden, was ich Ihnen an dieser Stelle auch empfehle. Sie könnten natürlich auch Konstruktionen wie `Aktuell-> Vorgaenger->Nachfolger=Neu` statt `Alt->Nachfolger=Neu` verwenden, dies würde aber den Code unnötig kompliziert machen. Natürlich ist es immer Geschmacksache, wie Sie Ihren Code strukturieren. Sie könnten z. B. auch komplett ohne das Hilfselement **Alt** auskommen, falls Sie sich dann die Mühe machen, die Funktion `EinfuegePositionFinden()` entsprechend so umzuschreiben, dass diese keine `NULL`-Zeiger mehr zurückgibt. Andererseits haben Sie dann beim Einfügen neuer Elemente mehr Fälle zu beachten.

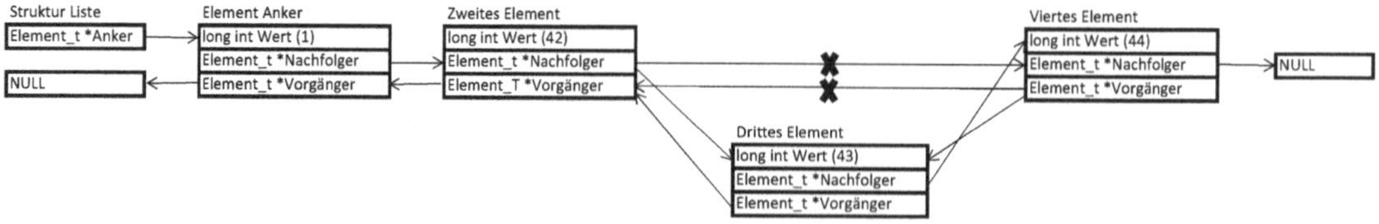


**Bild 4.10** Einfügen eines Elements in der Mitte einer doppelt verketteten Liste

Wenn Sie nun streng sind, dann werden Sie die letzten vier Abbildungen vielleicht als fehlerhaft empfinden, weil im Endeffekt der Zeiger **Nachfolger** nicht direkt auf den Zeiger `Nachfolger->Nachfolger` zeigt, sondern auf die erste Speicheradresse in der Struktur, auf die der Zeiger **Nachfolger** zeigt. Dies ist natürlich der entsprechende Wert des Strukturelements der Struktur `Element_t* L`. Natürlich verhalten sich die Dinge bei dem Zeiger **Vorgaenger** ebenso. Leider würden sich bei einer akribisch korrekten Darstellung viele Pfeile in den Diagrammen derart überkreuzen, dass Sie nicht mehr viel erkennen könnten. Deshalb habe ich mich dafür entschieden, eine didaktische Darstellung der superkorrekten vorzuziehen und einen entsprechenden Hinweis einzufügen. Sie haben nun sämtliche Voraussetzungen, um Listing 4.2 zu verstehen, das eine doppelt verkettete Liste als Klasse implementiert.

**Listing 4.2** Liste2.cpp

```
#include<stdio.h>

struct Element_t
{
    long int Wert;
    Element_t *Vorgaenger;
    Element_t *Nachfolger;
};

struct Liste_t
{
            Element_t *Anker;
};

class Liste
{
    private:
    Element_t *Alt;
    Element_t *Aktuell;
    Liste_t *L;
    Element_t* EinfuegePositionFinden(Element_t *Ref);
    public:
    Liste::Liste();
    Element_t* ElementSuchen(Element_t *Ref);
    void ElementEinfuegen(Element_t *Neu);
    bool ElementLoeschen(Element_t *E);
    bool ElementAusgeben(Element_t *E);
    void ListeAusgeben();
    void ListeLoeschen();
};

Liste::Liste()
{
    L=new Liste_t;
    L->Anker=NULL;
}
```

```
Element_t* Liste::EinfuegePositionFinden(Element_t *E)
{
    Aktuell=L->Anker;
    Alt=L->Anker;
    bool SuchEnde=false;
    while (SuchEnde==false)
    {
        if (Aktuell==NULL) { SuchEnde=true; }
        else
        {
            if (Aktuell->Wert>E->Wert) { SuchEnde=true; }
            else
            {
                Alt=Aktuell;
                Aktuell=Aktuell->Nachfolger;
            }
        }
    }
    return Aktuell;
}

Element_t* Liste::ElementSuchen(Element_t *Ref)
{
    bool gefunden=false;
    Aktuell=L->Anker;
    while ((Aktuell->Nachfolger!=NULL)&&(gefunden==false))
    {
        if (Aktuell->Wert==Ref->Wert) { gefunden=true; }
        else { Aktuell=Aktuell->Nachfolger; }
    }
    return Aktuell;
}

void Liste::ElementEinfuegen(Element_t *Neu)
{
    Aktuell=EinfuegePositionFinden(Neu);
    // Element in leere Liste einfügen?
    if (L->Anker==NULL)
    {
        Neu->Vorgaenger=NULL;
        Neu->Nachfolger=NULL;
        L->Anker=Neu; // Anker erstellen
    }
    // Element am Anfang einfügen?
    else if (Aktuell==L->Anker)
    {
        Neu->Nachfolger=Aktuell;
        Neu->Vorgaenger=NULL;
        L->Anker=Neu;
    }
    // Element am Ende anhängen?
    else if (Aktuell==NULL)
    {
        Alt->Nachfolger=Neu;
        Neu->Nachfolger=NULL;
        //Neu->Vorgaenger=Aktuell;
    }
```

```
    // Element in der Mitte einfügen?
    else if ((Aktuell!=NULL)&&(Aktuell!=L->Anker))
    {
        Neu->Nachfolger=Aktuell;
        Neu->Vorgaenger=Alt;
        Alt->Nachfolger=Neu;
    }
}

bool Liste::ElementLoeschen(Element_t *Ref)
{
    Aktuell=ElementSuchen(Ref);
    if (Aktuell!=NULL)
    {
        if ((Aktuell->Vorgaenger==NULL)&&(Aktuell->Nachfolger==NULL)) // Aktuell ist das einzige Element in der Liste
        {
            L->Anker=NULL; // Lösche Anker
        }
        if ((Aktuell->Vorgaenger==NULL)&&(Aktuell->Nachfolger!=NULL)) // Aktuell ist das erste Element in der Liste
        {
            L->Anker=Aktuell->Nachfolger; // Anker verschieben
            L->Anker->Vorgaenger=NULL; // Anker hat keinen Vorgänger
        }
        if ((Aktuell->Vorgaenger!=NULL)&&(Aktuell->Nachfolger==NULL)) // Aktuell ist das letzte Element in der Liste
        {
            Aktuell->Vorgaenger->Nachfolger=NULL; // Aktuelles Element aushängen
        }
        if ((Aktuell->Vorgaenger!=NULL)&&(Aktuell->Nachfolger!=NULL)) // Aktuell ist in der Mitte der Liste
        {
            Aktuell->Vorgaenger->Nachfolger=Aktuell->Nachfolger;
        }
        delete Aktuell;
        return true;
    }
    else
    {
        return false;
    }
}

bool Liste::ElementAusgeben(Element_t *E)
{
    if (E!=NULL) { printf("%ld\n",E->Wert); return true; } // gültiges Element
    else { return false; } // Ungültiges Element
}

void Liste::ListeAusgeben()
{
    Element_t *Aktuell;
    Aktuell=L->Anker;
    while (Aktuell!=NULL)
    {
```

```
137         printf("[%ld]",Aktuell->Wert);
138         Aktuell=Aktuell->Nachfolger;
139     }
140     printf("\n");
141 }

142 void Liste::ListeLoeschen()
143 {
144     Element_t *Aktuell;
145     Element_t *Alt;
146     Aktuell=L->Anker;
147     Alt=L->Anker;
148     while (Aktuell!=NULL)
149     {
150         printf("[%ld]",Aktuell->Wert); // Testausgabe
151         Alt=Aktuell;
152         Aktuell=Aktuell->Nachfolger;
153         if (Alt!=NULL) { delete Alt; }
154     }
155     L->Anker=NULL;
156     printf("\n");
157 }

158 int main(void)
159 {
160     Element_t *Neu;
161     Element_t *Ref;
162     Liste MyList;
163     Neu=new Element_t; Neu->Wert=42; MyList.ElementEinfuegen(Neu);
164     Neu=new Element_t; Neu->Wert=44; MyList.ElementEinfuegen(Neu);
165     Neu=new Element_t; Neu->Wert=1; MyList.ElementEinfuegen(Neu);
166     Neu=new Element_t; Neu->Wert=43; MyList.ElementEinfuegen(Neu);
167     Ref->Wert=43; MyList.ElementLoeschen(Ref);
168     MyList.ListeAusgeben();
169     MyList.ListeLoeschen(); // Speicher wieder freigeben (mit Testausgabe)
170     return 0;
171 }
```

Wie Sie die richtige Einfügeposition für ein neues Element finden können, wurde bereits erläutert. Zusätzlich zu der Methode `EinfuegePositionFinden()`, die in den Zeilen **033 – 052** implementiert wird, benötigt die Klasse `Liste` noch zusätzliche Methoden. Eine von diesen Methoden ist `ElementEinfuegen()` (die Zeilen **064 – 095**). Das Verfahren, mit dem Sie neue Elemente in die lokale Liste **L** einfügen können, wurde bereits in Abschnitt 4.1.1 erläutert. Wie bei der vorwärts verketteten Liste auch, schließen sich die einzelnen Fälle, die beim Einfügen neuer Elemente auftreten können, gegenseitig aus. Deshalb müssen Sie bei der Überprüfung der einzelnen Fälle bis auf den ersten Fall `else if` statt `if` verwenden. Bei der Methode `ElementLoeschen()` (die Zeilen **096 – 125**) ist dagegen die Verwendung von `else if` nicht nötig, denn die einzelnen Fälle, die beim Entfernen von Elementen auftreten können, schließen sich gegenseitig aus. Allerdings dürfen Sie das aus der Liste „ausgehängte“ Element erst am Ende der Überprüfung der einzelnen Fälle aus dem Speicher entfernen. Falls das zu entfernende Referenzelement nicht existiert, wird die Überprüfung der einzelnen Fälle erst gar nicht ausgeführt und `ElementLoeschen()` gibt `false` statt `true` zurück.

Wenn Sie ein bestimmtes Element suchen wollen, können Sie die Methode `ElementSuchen()` verwenden, die in den Zeilen **053 – 063** implementiert wird. `ElementSuchen()` wird auch von der Methode `ElementLoeschen()` verwendet, um die korrekte Position des zu entfernenden Elements zu finden. Die Methode `ElementSuchen()` funktioniert fast wie die Methode `EinfuegePositionFinden()`, jedoch ist die Abbruchbedingung der Suchfunktion in Zeile **059** die folgende:

```
if (Aktuell->Wert==Ref->Wert) { gefunden=true; }
```

`ElementSuchen()` gibt einen Zeiger auf das entsprechende Element zurück, wenn dies gefunden wurde, ansonsten `NULL`. Der Wert dieses Elements kann dann mit der Methode `ElementAusgeben()` (die Zeilen **126 – 130**) in der Konsole ausgegeben werden. `ElementAusgeben()` ist jedoch nur eine Testfunktion, die Sie verwenden können, um einzelne Programmteile auf Korrektheit zu prüfen. Wenn Sie die gesamte Liste ausgeben wollen, verwenden Sie am besten die Methode `ListeAusgeben()` (die Zeilen **131 – 141**). `ListeAusgeben()` setzt zunächst die Zeigervariable **Aktuell** auf den Listenanker. Anschließend wird eine `while`-Schleife ausgeführt, die so lange den Wert der einzelnen Listenelemente in der Konsole ausgibt, bis das Listenende erreicht ist. Die Methode `ListeLoeschen()` arbeitet ähnlich wie die Methode `ListeAusgeben()`, nur dass das Element **Aktuell** nicht ausgegeben, sondern aus dem Speicher entfernt wird, nachdem von diesem der Nachfolger ermittelt wurde. Auch hier ist das Listenende wieder erreicht, wenn `Aktuell -> Nachfolger NULL` ist. Nachdem die gesamte Liste aus dem Speicher entfernt wurde, muss auch der Anker wieder auf `NULL` gesetzt werden.

Das Hauptprogramm schreibt nun einige Testwerte in die Liste **MyList** und löscht dann ein Element aus der Mitte der Liste. Anschließend wird zur Kontrolle die gesamte Liste in der Konsole ausgegeben. Bevor sich das Programm beendet, muss die Liste **MyList** vollständig aus dem Speicher entfernt werden. Dies ist auch die Variante, die Sie ab jetzt stets verwenden sollten.

## 4.2 Blockchains und Listen mit beliebigen Objekten

Sie haben nun die Grundlagen, um Ihre Praktikumsaufgaben zu lösen, die mit einfach und doppelt verketteten Listen zusammenhängen. Zusammen mit den Basisalgorithmen und Ihren umfangreichen Programmierkenntnissen, die Sie wahrscheinlich bereits erworben haben, haben Sie nun ein solides Fundament für ein erfolgreiches Studium. Trotzdem gibt es hin und wieder Themen, die kurzfristig neu mit aufgenommen werden, da sie zurzeit in Mode sind. Dies betrifft z. B. das Thema Parser, das schon in Kapitel 3 angeschnitten wurde. Viele Studenten, aber auch die „älteren Semester“

vermissen die guten alten Programmiersprachen wie BASIC, mit denen vieles einfacher ist als mit den modernen Sprachen. Also programmieren sich viele Retro-Fans eigene BASIC-Interpreter – was Sie inzwischen wahrscheinlich auch ohne Weiteres könnten. Stattdessen bespreche ich nun das Thema Blockchains. Ein zweites Thema, das zurzeit in Mode ist, ist die Verwendung vorgefertigter Listen-Klassen, in die Sie beliebige Objekte eines beliebigen Typs einfügen können. Ich persönlich finde diese Entwicklung, dass kurzfristig immer mehr Modethemen aufgenommen (bzw. auch kurzfristig wieder entfernt werden) sehr schade, weil ich meine, dass es sich bei den Blockchains gar nicht um ein modernes Thema handelt, genau so wenig, wie bei der Erstellung einer Listen-Klasse für beliebige Objekttypen. Außerdem meine ich, dass Studenten nicht viel lernen, wenn sie zu schlichten Anwendern vorgefertigter Bibliotheken und Module werden, ohne die Grundlagen dahinter zu verstehen. Auch aus diesem Grunde habe ich die Blockchains und die Programmierung einer Listen-Klasse für beliebige Objekttypen mit ausgenommen. Sie werden sehen: Auch die modernen Themen enthalten viele alte Elemente, die Sie wahrscheinlich sogar sofort wiedererkennen werden.

### 4.2.1 Blockchains[3)]

Zurzeit sind sie in aller Munde: Blockchains. Meist tritt dieses Modewort zusammen mit dem Begriff „Bitcoin" auf und manchmal werden sogar Blockchains mit Bitcoins gleichgesetzt. Um diese Begriffsverwirrung aufzulösen (Bitcoins und andere digitale Währungen sind inzwischen fester Bestandteil moderner Studiengänge), möchte ich an dieser Stelle nun einige Dinge über Blockchains einschieben. Im Endeffekt ist eine Blockchain nichts Geheimnisvolles, sondern schlicht und ergreifend eine Datenstruktur, auf die (wen wundert es) Algorithmen ausgeführt werden können: Eine *Blockchain* ist eine vorwärts verkettete Ansammlung von Blöcken, in denen jeweils Daten des gleichen Typs abgelegt werden. Die Datenblöcke, die durchaus auch komplexe Objekte enthalten können, sind schlicht in Form einer einfach verketteten Liste miteinander verbunden. Eine Blockchain ist also schlicht eine vorwärts verkettete Liste und deshalb nichts grundlegend Neues. Vor allem alte Dateisysteme arbeiten oft mit Blockchain-Strukturen. So bestehen z. B. beim alten FAT-Dateisystem, das später von NTFS abgelöst wurde, Dateien aus verketteten Daten-Clustern einer bestimmten Größe. Blockchains sind aber noch viel älter. Das Dateisystem des C64 verwendete schon Blockchain-Strukturen, die in den sogenannten „jump to links" stecken: Die ersten 2 Bytes in einem Diskettenblock von 256 Bytes Größe enthalten einen Zeiger auf den nächsten gültigen Dateiblock in Form des Tupels {Spur, Sektor}. Der Startblock der Datei wird zusammen mit dem Dateinamen in einer separaten Spur abgelegt, nämlich in Spur Nr. 18.

---

3 *https://de.wikipedia.org/wiki/Blockchain*

Blockchains sind also ein alter Hut. Was eine Blockchain jedoch so interessant für digitale Währungen macht, ist die Tatsache, dass es kryptografische Verfahren gibt, die sich auf die einzelnen Datenblöcke einer Blockchain anwenden lassen. Interessant für digitale Währungen wie Bitcoin sind die kryptografischen Hashing-Verfahren. Ein *kryptografisches Hashing-Verfahren* verwandelt Datenblöcke in (möglichst eindeutige) lange Bitfolgen, mit deren Hilfe allein es nicht mehr möglich ist, den Originalblock wiederherzustellen. Kryptografische Hashing-Verfahren können aber noch mehr: Sie können mit diesen Verfahren dafür sorgen, dass jeder Block in der Liste (außer natürlich der erste Block) eine eindeutige Referenz auf den Vorgänger enthält und dieser Vorgänger auch nicht mehr unbemerkt verändert werden kann, wenn ein Block erst einmal in die Liste eingefügt wurde. Wenn Sie an dieser Stelle vermuten, dass dann ja der Hash-Wert, der einen Block beschreibt, selbst Bestandteil der Blockdaten sein muss, dann haben Sie richtig vermutet: Genauso ist es auch bei Bitcoin. Mehr noch: Um eine Transaktion (also z. B. das Kaufen einer Ware mit Bitcoins) durchzuführen, muss Ihr elektronisches Portemonnaie (das sogenannte Wallet) die gesamte Blockchain speichern, die dann auch in verschlüsselter Form sämtliche Transaktionen enthält, die jemals gemacht wurden. Erst, wenn Ihre eigene Transaktion als gültiger Datenblock in die Blockchain eingehängt werden kann, wird diese auch ausgeführt und der Kauf gilt als getätigt. Bei Bitcoin leisten die Gültigkeitsprüfung separate Server, die bestimmte komplexe Probleme lösen und die Lösung dann in die Datenblöcke eintragen müssen. Erst nach der Lösung dieser komplexen mathematischen Probleme ist ein Datenblock und die in ihm enthaltene Transaktion gültig.

In diesem Buch ist natürlich kein Platz, um mich an dieser Stelle ausführlich über Bitcoins auszulassen, ich möchte aber dennoch eine einfache Blockchain erstellen, die eine abgewandelte Form von Listing 4.1 ist. In dieser streng vorwärts gerichteten (also einfach verketteten) Blockchain sollen chronologisch alle Ausgaben landen, die Sie während eines Jahres tätigen, und es soll auch neben dem Datum vermerkt werden, wofür Sie Ihr Geld ausgeben. Ferner soll jeder Block durch ein einfaches Hashing-Verfahren verifiziert werden und ungültig werden, wenn einer der Vorgänger-Blöcke verändert wird. Dies wird wie folgt erreicht: Jeder Block in der Blockchain bekommt einen Hash-Wert zugewiesen, der durch ein spezielles Verfahren berechnet wird. Ferner wird zusätzlich innerhalb des aktuellen Datenblocks der Hash-Wert des Vorgänger-Blocks abgelegt. Sie berechnen also in jedem Blockchain-Element quasi den Hash-Wert des Hash-Werts eines Datenblocks. Genau durch diese Maßnahme werden sämtliche Blöcke in der Blockchain validiert und gegen eine Veränderung durch Angreifer geschützt. Um nun die Beispiel-Blockchain mit C++ zu erstellen, benötigen Sie erst einmal die Struktur, die eine Ausgabe enthält, die Sie irgendwann einmal getätigt haben, inklusive der zugehörigen Hash-Werte:

```
struct Ausgabe_t
{
    float Betrag; // Betrag in Euro
    char Datum[11]; // Datum in Form TT.MM.JJJJ
    char Zweck[100]; // Freitext für den Zweck der Ausgabe
    unsigned char VorgaengerHash[16]; // Hash-Wert Vorgänger
    unsigned char BlockHash[16]; // Hash-Wert gesamter Block
};
```

Nun müssen Sie jedoch noch eine Sache erreichen: Sie müssen es irgendwie hinbekommen, beliebige Objekte in Ihre verkettete Liste einzufügen, die bis jetzt nur Werte vom Typ `long int` aufnehmen könnte. Der Schlüssel zur Lösung dieses Problems ist der Datentyp `void*`. Mit `void*` können Sie typenlose Zeiger erstellen, die Ihr Compiler auch nicht auf Korrektheit prüft, wenn Sie darauf zugreifen. Für unser Beispiel heißt dies, dass ein Blockchain-Element wie folgt definiert werden muss:

```
struct Element_t
{
    void *Daten;
    Element_t *Nachfolger;
};
```

Jedes Element in Ihrer vorwärts verketteten Liste enthält nun schlicht einen Zeiger auf einen separaten Datenblock. Wenn Sie nun noch eine Listenstruktur mit Anker definieren, haben Sie eine Blockchain-Struktur erstellt:

```
struct Blockchain_t
{
    Element_t *Parent;
    Element_t *End;
};
```

Aber halt: Warum heißt es plötzlich „Parent“ und „End“, und nicht „Anker“ und „Ende“? Sind dies nicht alles synonyme Begriffe? Ja, in der Tat, aber bei Blockchains wird manchmal gesagt, dass das erste Element das „Elternelement“, sozusagen der „Erzeugerblock“ ist, von dem alle weiteren Blöcke „abstammen“. Im Endeffekt ist der Begriff „Parent“ an dieser Stelle nicht ganz korrekt, weil normalerweise „Parent“ einen Elternknoten (also einen übergeordneten Knoten) in Bäumen bezeichnet. Leider taucht die Bezeichnung „parent block“ immer wieder in Internetforen und den dazugehörigen Programmen auf, weshalb ich auf diese Tatsache dann doch eingehen muss. Im weiteren Verlauf möchte ich aber doch lieber konform mit den früheren Beispielen sein und definiere die Blockchain wie folgt:

```
struct Blockchain_t
{
    Element_t *Anker;
    Element_t *Ende;
};
```

An dieser Stelle haben Sie sich vielleicht schon Gedanken darüber gemacht, wie denn ein Hashing-Verfahren genau aussieht. Die Antwort ist, dass moderne kryptografische

Hashing-Verfahren, wie z. B. das bei Bitcoin verwendete RIPEMD160, hoch komplexe mathematische Algorithmen sind, für die in diesem Buch einfach kein Platz ist. Das heißt natürlich auch, dass das Basisverfahren, dass ich Ihnen nun vorstellen möchte, um Ihre Blöcke zu „hashen", bei Weitem nicht alle Veränderungen an Ihrer Blockchain erkennen kann. Trotzdem gehört das „XOR-Hashing", dass ich Ihnen nun vorstellen möchte, in Ihren Werkzeugkoffer, weil es Grundlage für viele sichere Verfahren ist.

Um für einen Block mit Daten vom Typ `Ausgabe_t` einen sogenannten „16-Byte-XOR-Hash" zu berechnen, muss dieser Datenblock erst einmal als eine Ansammlung von Bytes (also als `unsigned char`-Array) betrachtet werden. Auf diese einzelnen Bytes müssen Sie dann auch separat zugreifen können. Sie ahnen an dieser Stelle sicherlich schon, dass hier wieder `void*` (also ein typenloser Zeiger) eine Rolle spielt, ohne den Sie einen Zugriff auf die einzelnen Bytes eines Structs nicht realisieren können. Sehen Sie sich hierzu folgende Funktion an:

```
unsigned char ReadByte(void *S, long int Pos)
{
    unsigned char *ByteArray=(unsigned char *)S;
    return ByteArray[Pos];
}
```

Die Funktion `ReadByte()` bekommt Ihren strukturierten Datentyp als typenlosen Zeiger (`void*`) übergeben, sowie die Variable **Pos**, die angibt, das wievielte Byte der Struktur **S** Sie lesen wollen. `ReadByte()` definiert nun eine neue lokale Variable, die durch Typecasting so definiert wird, dass die Struktur **S** anschließend als Byte-Array betrachtet wird. Auf diese Weise können Sie quasi das Element **S[Pos]** als Byte zurückgeben. Was haben Sie gewonnen? Die Antwort ist, dass Sie nun das einfache XOR-Hashing programmieren können, das wie folgt arbeitet:

- Nimm den Datenblock **S** und bestimme die Länge **L** in Bytes.
- Initialisiere einen Datenblock **T**, der 16 Null-Bytes enthält.
- Starte nun bei Position i=0.
- Verknüpfe die einzelnen Bytes von `T[i]` und `S[i mod 16]` für alle 0<i<L durch die XOR-Funktion.

Durch die Funktion `ReadByte()` erhalten Sie folgende C++-Programmzeilen, um ein einfaches, aber effizientes Hashing-Verfahren zu implementieren:

```
void XORHash(void *S, unsigned char *H, long int L) // L=Blocklänge
{
    long int i;
    for (i=0; i<16; i++) { H[i]=0; } // Initialisierung
    for (i=0; i<L; i++)
    {
        H[i%16]=H[i%16]^ReadByte(S,i); // XOR-Verknüpfung
    }
}
```

Die Funktion `XOR-Hash()` würde z. B. mit der Variable **A** vom Typ `Ausgabe_t` wie folgt aufgerufen:

```
char Hash[16];
XORHash(A,Hash,sizeof(Ausgabe_t));
```

An dieser Stelle werden Sie vielleicht denken, dass Blockchains eigentlich recht beschränkt sind, denn Sie können z. B. nicht einfach Daten entfernen, wenn Sie versehentlich eine Ausgabe doppelt eingegeben haben – es sei denn, Sie berechnen anschließend sämtliche Hash-Werte neu. Blockchains sollen dies aber auch gar nicht leisten, sie sollen im Endeffekt nur gewährleisten, dass chronologisch eingegebene Daten (wie z. B. bereits abgeschlossene Bitcoin-Transaktionen) über die Zeit unveränderlich bleiben.

Kommen wir zum nächsten Listing. Keine Angst, Sie werden viele Dinge wiedererkennen und der Umgang mit typenlosen Zeigern, um beliebige Objekte in eine vorwärts verkettete Liste einzufügen, ist wirklich nicht so schwer. Mehr noch: Das Verwalten der Blockchain im nächsten Beispiel ist sehr viel einfacher als das Verwalten der doppelt verketteten Liste in Listing 4.2. Wenn ich Ihnen am Ende noch erkläre, wie Sie die Collections-Klasse von Java verwenden können, um in einfacher Weise genau die Dinge zu tun, die Sie in den nächsten zwei Listings mit C++ tun, dann werden Sie wahrscheinlich aufatmen und denken: „Wenn ich nun in einer Vorlesung die Begriffe Blockchain, Bitcoin und Java Collections höre, verfalle ich wirklich nicht mehr in Panik.“ Schauen Sie sich Listing 4.3 an.

**Listing 4.3** Blockchain.cpp

```
#include<stdio.h>
#include<stdlib.h>
#include<time.h>
#include<string.h>

unsigned char ReadByte(void *S, long int Pos)
{
    unsigned char *ByteArray=(unsigned char *)S;
    return ByteArray[Pos];
}

void XORHash(void *S, unsigned char *H, long int L) // L=Blocklänge
{
    long int i;
    for (i=0; i<16; i++) { H[i]=0; } // Initialisierung
    for (i=0; i<L; i++)
    {
        H[i%16]=H[i%16]^ReadByte(S,i); // XOR-Verknüpfung
    }
}

void HashAusgabe(unsigned char *H)
{
    long int i;
    for (i=0; i<16; i++)
```

```
    {
        printf("%02x ",H[i]);
    }
    printf("\n");
}
bool HashCheck(unsigned char *H, unsigned char *I)
{
    bool OK=true;
    long int i;
    for (i=0; i<16; i++)
    {
        if (H[i]!=I[i]) { OK=false; break; }
    }
    return OK;
}
void clrstr(char *S, long int L)
{
    long int i;
    for (i=0; i<L; i++) { S[i]=0; }
}
struct Ausgabe_t
{
    float Betrag; // Betrag in Euro
    char Datum[11]; // Datum in Form TT.MM.JJJJ
    char Zweck[100]; // Freitext für den Zweck der Ausgabe
    unsigned char VorgaengerHash[16]; // Hash-Wert Vorgänger
    unsigned char BlockHash[16]; // Hash-Wert gesamter Block
};
struct Element_t
{
    void *Daten;
    Element_t *Nachfolger;
};
struct Blockchain_t
{
    Element_t *Anker;
    Element_t *Ende;
};
class Blockchain
{
    private:
    Element_t *Alt;
    Element_t *Aktuell;
    Blockchain_t *B;
    public:
    Blockchain();
    void ElementAnhaengen(Element_t *Neu);
    Element_t* FindeLetztes();
    void Ausgeben();
};
```

```
Blockchain::Blockchain()
{
    B=new Blockchain_t;
    B->Anker=NULL;
    B->Ende=NULL;
}
void Blockchain::ElementAnhaengen(Element_t *Neu)
{
    // Element in leere Blockchain einfügen?
    if ((B->Anker==NULL)&&(B->Ende==NULL))
    {
        Neu->Nachfolger=NULL;
        B->Anker=Neu; // Anker erstellen
        B->Ende=Neu; // Anker=Ende
    }
    // Element am Ende anhängen?
    else
    {
        B->Ende->Nachfolger=Neu;
        B->Ende=Neu;
        Neu->Nachfolger=NULL;
    }
}
Element_t* Blockchain::FindeLetztes()
{
    return B->Ende;
}
void Blockchain::Ausgeben()
{
    unsigned char H[16];
    unsigned char I[16];
    long int i,j,L;
    Ausgabe_t *AktuelleAusgabe;
    Element_t *Aktuell;
    Aktuell=B->Anker;
    i=1; L=sizeof(Ausgabe_t);
    while (Aktuell!=NULL)
    {
        AktuelleAusgabe=(Ausgabe_t*)(Aktuell->Daten);
        for (j=0; j<16; j++)
        {
            H[j]=AktuelleAusgabe->BlockHash[j];
            AktuelleAusgabe->BlockHash[j]=0;
        }
        XORHash(AktuelleAusgabe,AktuelleAusgabe->BlockHash,L);
        printf("Blockchain-Element #%ld:\n",i);
        printf("Block-Hash:"); HashAusgabe(AktuelleAusgabe->BlockHash);
        printf("Check-Hash:"); HashAusgabe(H);
        if (HashCheck(AktuelleAusgabe->BlockHash,H)==false)
        {
            printf("Fehler im Hash-Wert, der aktuelle Eintrag ist ungültig.\n");
        }
        else
        {
```

```
            printf("Datum:%s\n",AktuelleAusgabe->Datum);
            printf("Betrag:%f\n",AktuelleAusgabe->Betrag);
            printf("Zweck:%s\n",AktuelleAusgabe->Zweck);
        }
        i++; Aktuell=Aktuell->Nachfolger;
    }
    printf("\n");
}

int main(void)
{
    bool Ende;
    bool Init;
    long int i,Z,L;
    char Eingabe[100];
    float Betr;
    Ausgabe_t *NeueAusgabe;
    Ausgabe_t *AlteAusgabe;
    Element_t *Neu;
    Element_t *Alt;
    Blockchain MyBlockchain;
    L=sizeof(Ausgabe_t);
    Ende=false; Init=false;
    // Init
    while (Ende==false)
    {
        printf("Neue Ausgabe (Abbruch mit 0):\n");
        printf("Betrag:"); scanf("%f",&Betr);
        if (Betr>0)
        {
            NeueAusgabe=new Ausgabe_t;
            Neu=new Element_t;
            NeueAusgabe->Betrag=Betr;
            printf("Datum:");
            clrstr(Eingabe,100); // Vor Eingabe alle Bytes des Puffers nullen
            scanf("%s",Eingabe);
            Eingabe[10]=0; strcpy(NeueAusgabe->Datum,Eingabe);
            printf("Zweck:");
            clrstr(Eingabe,100); // Vor Eingabe alle Bytes des Puffers nullen
            scanf("%s",Eingabe);
            strcpy(NeueAusgabe->Zweck,Eingabe);
            if (Init==true) // Mindestens zwei Elemente in der Blockchain
            {
                Alt=MyBlockchain.FindeLetztes();
                AlteAusgabe=(Ausgabe_t *)(Alt->Daten);
            }
            for (i=0; i<16; i++)
            {
                if (Init==false) // Erstes Element Vorgänger-Hash ist 0,...,0
                {
                    NeueAusgabe->VorgaengerHash[i]=0;
                }
                else
                {
                    NeueAusgabe->VorgaengerHash[i]=
AlteAusgabe->BlockHash[i];
                }
```

```
182                 NeueAusgabe->BlockHash[i]=0;
183             }
184             Init=true; // Init ist true nach Einfügen des ersten Elements
185             XORHash(NeueAusgabe,NeueAusgabe->BlockHash,L);
186             // Testausgabe
187             printf("Hash Alt:"); HashAusgabe(NeueAusgabe
->VorgaengerHash);
188             printf("Hash Neu:"); HashAusgabe(NeueAusgabe->BlockHash);
189             srand(clock()); Z=rand()%10+1; // Zufallszahl 1<=Z<=10 ziehen
190             if (Z==1) // Bei Z=1 wird der Betrag geändert
191             {
192                 printf("Test:Erhöhe den Betrag nachträglich um 1.0\n");
193                 NeueAusgabe->Betrag+=1.0;
194             }
195             Neu->Daten=NeueAusgabe;
196             MyBlockchain.ElementAnhaengen(Neu);
197         }
198         else { Ende=true; }
199     }
200     MyBlockchain.Ausgeben();
201     return 0;
202 }
```

In den Zeilen **001 – 004** müssen Sie außer **stdio.h** auch noch **stdlib.h**, **time.h** und **string.h** einbinden. Die Bibliotheken **stdlib.h** und **time.h** benötigen Sie für die Testfunktion, die einige Werte in Ihrer Blockchain zufällig abändert. Die Bibliothek **string.h** benötigen Sie für die Tastatureingaben.

Nun müssen Sie zunächst einige Hilfsfunktionen bereitstellen, die für die Erzeugung der XOR-Hashwerte für die Datenblöcke in Ihrer Blockchain benötigt werden. Dies ist einmal die zuvor schon beschriebene Funktion `ReadByte()` in den Zeilen **005 – 009** und die Funktion `XORHash()` in den Zeilen **010 – 018**. Die Funktion `HashAusgabe()` in den Zeilen **019 – 027** leistet hier nichts anderes, als einen als Byte-Array übergebenen Hash-Wert als Hexadezimalzahlen auszugeben, den eigentlichen Block-Hash-Wert erzeugt stets die Funktion `XORHash()`. Das Verfahren, mit dem die Block-Hash-Werte erzeugt werden, wurde bereits erläutert. Natürlich benötigen Sie nicht nur eine Funktion, mit der Sie Hash-Werte erzeugen können, sondern auch eine Funktion, mit der Sie zwei Hash-Werte miteinander vergleichen können. Dies leistet die Funktion `CheckHash()` in den Zeilen **028 – 037**. `CheckHash()` bekommt zwei Paramater **H** und **I** übergeben, die jeweils Zeiger auf Byte-Arrays sind. **H** und **I** werden in einer `for`-Schleife miteinander Byte für Byte verglichen. Die `for`-Schleife wird mit einem `break` verlassen, sobald ein Byte des Hash-Werts **H** und **I** verschieden ist. Da die Hash-Werte hier immer 16 Bytes lang sind, sind **H** und **I** gleich, wenn die `for`-Schleife durchläuft, ohne die vorher auf `true` gesetzte Variable **OK** auf `false` zu setzen. **OK** wird auch als Parameter zurückgegeben und ist immer dann `true`, wenn **H** und **I** gleich sind. Sie fragen sich an dieser Stelle vielleicht, warum nicht die Funktion `strcmp()` die bessere Wahl ist, um zwei Byte-Ketten miteinander zu vergleichen. Die Antwort ist, dass die Hash-Werte Null-Bytes enthalten können, was C++ dann als String-Ende interpretiert. Dies ist auch der Grund, warum es die Funktion `clrstr()` in den Zeilen **038 – 042** geben muss, die explizit sämtliche Bytes z. B. des Tastatureingabepuffers vorher auf 0 setzen kann: Anders können keine eindeutigen Hash-Werte erzeugt werden. Was bei C++ nämlich nach der Deklaration eines Byte-Arrays im Speicher steht, ist nicht vorherzusagen (es sei denn, man initialisiert diesen eben explizit mit Null-Bytes).

In den Zeilen **043 – 078** werden die Strukturen deklariert, die für die Blockchain wichtig sind und die vorher schon beschrieben wurden. Dies ist einmal der strukturierte Datentyp `Ausgabe_t`, der eine bestimmte getätigte Geldausgabe für einem bestimmten Tag enthält sowie einen Freitext mit dem Verwendungszweck dieser Ausgabe. Der strukturierte Datentyp `Element_t` enthält einen Zeiger vom Typ `void*` auf den Datenblock eines Blockchain-Elements (für das auch jeweils der Hash-Wert des Vorgängers und des aktuellen Blocks berechnet wird) und einen Verweis auf den Nachfolger in der Blockchain. Die Blockchain-Struktur selbst enthält nur zwei Zeiger, nämlich einen Verweis auf den Anker und einen Verweis auf das Ende der Blockchain.

In den Zeilen **061 – 072** wird die Klasse `Blockchain` definiert. Wenn Sie an dieser Stelle noch das Listing **Liste2.cpp** im Kopf haben, werden Sie merken, dass die Blockchain-Klasse nur sehr wenige Attribute besitzt. Dies ist einmal ein Zeiger auf die Datenstruktur der Blockchain selbst (`Blockchain_t *B`) und einmal die Hilfszeiger **Alt** und **Aktuell**, die Sie schon aus dem Listing **Liste2.cpp** kennen. Die Methoden sind dann auch überschaubar und Sie können quasi die Blockchain nur initialisieren (was automatisch geschieht, wenn Sie ein Objekt vom Typ Blockchain anlegen), einen neuen Datenblock an diese anhängen und die einzelnen Datenblöcke in der Konsole ausgeben. Ferner können Sie das letzte Element finden, das Sie eingehängt haben (diese Funktion ist aber quasi nur eine Hilfsfunktion).

Die Initialisierung Ihrer Blockchain geschieht automatisch durch den Konstruktor `Blockchain::Blockchain()`. Der Konstruktor legt eigentlich nur eine neue Struktur vom Typ `Blockchain_t` im Speicher an und erzeugt danach eine leere Liste. Diese leere Liste kann nun von der Funktion `ElementAnhaengen()` (die Zeilen **079 – 095**) gefüllt werden. Bei einer Blockchain gibt es nur zwei Szenarien. Das erste Szenario ist, dass diese noch kein Element enthält. In diesem Fall muss das neue Element (Variable **Neu** vom Typ `Element_t*`), das die Funktion `ElementEinfuegen()` als Parameter übergeben bekommt, zum Anker werden. Ferner müssen Anker und Ende beide auf das einzige Element zeigen, das es gibt. Dies geschieht durch die folgenden Zeilen:

```
if ((B->Anker==NULL)&&(B->Ende==NULL))
{
    Neu->Nachfolger=NULL;
    B->Anker=Neu; // Anker erstellen
    B->Ende=Neu; // Anker=Ende
}
```

Das zweite Szenario ist, dass die Blockchain nicht leer ist und deshalb ein Element an das letzte Element angehängt werden muss. Dies geschieht im `else`-Zweig in den Zeilen **089 – 094**:

```
else
{
    B->Ende->Nachfolger=Neu;
    B->Ende=Neu;
    Neu->Nachfolger=NULL;
}
```

Wenn also die Blockchain nicht leer ist, wird einfach das neue Element der Nachfolger des letzten Elements, das durch den Zeiger `Element_t *Ende` referenzierbar ist. Nach dem Anhängen des Elements wird der Zeiger **Ende** auf das neue Element „umgebogen“. Die Funktion `FindeLetztes()` (die Zeilen **096–099**) gibt dann entsprechend auch nur den Zeiger **Ende** zurück.

Etwas komplizierter gestrickt ist die Methode `Ausgeben()` der Klasse `Blockchain` in den Zeilen **100–134**. Die Ausgabe der Blöcke selbst ist eigentlich ganz simpel, denn es muss nur immer der Nachfolger des aktuellen Elements (das am Anfang der Anker ist) ausgegeben werden, und zwar so lange, wie das aktuelle Element nicht `NULL` ist. Allerdings ist in diesem Fall während der Ausgabe keine Prüfung der Blockchain auf Korrektheit möglich. Deshalb habe ich zwei Zeiger definiert, nämlich **Aktuell** und **AktuelleAusgabe**. **Aktuell** zeigt immer auf das aktuelle Element in der Blockchain und **AktuelleAusgabe** auf den dazugehörigen Datenblock, der die Daten zu einer bestimmten Geldausgabe an einem bestimmten Tag enthält. Am Anfang zeigt **Aktuell** auf den Anker der Blockchain. Die Blockchain wird nun vom Hauptprogramm so angelegt, dass der Hash-Wert des Vorgänger-Datenblocks des Anker-Elements immer eine Nullfolge (also 16 Null-Bytes) enthält, und alle weiteren Datenblöcke enthalten dann immer den Hash-Wert des Vorgänger-Blocks und den Hash-Wert des aktuellen Blocks. Auf diese Weise kann überprüft werden, ob die Blockchain nachträglich verändert wurde. Dies geschieht auf folgende Weise:

Zunächst wird in den Zeilen **112–116** der aktuelle Block-Hash in die Hilfsvariable **H** kopiert und der aktuelle Block-Hash wird mit Null-Bytes überschrieben. Danach wird in Zeile **117** der aktuelle Block-Hash neu berechnet und erst wenn **H** und der neu berechnete Block-Hash übereinstimmen, ist der aktuelle Block gültig. Die Methode `Ausgeben()` gibt dann auch nur Daten gültiger Blöcke aus. Da der Hash-Wert der Vorgänger-Blocks immer Bestandteil des Hash-Werts des aktuellen Blocks ist, werden natürlich auch sämtliche Blöcke ungültig, die sich noch nach dem veränderten Block in der Kette befinden. Dieses Verhalten ist bei Blockchains durchaus gewollt und deshalb kein Fehler im Programm.

Kommen wir nun zum Hauptprogramm, das in diesem Beispiel sehr umfangreich ist. Da Blockchains recht einfache Datenstrukturen sind, muss die Anwendung selbst den größten Teil der Verwaltung leisten, inklusive der Erzeugung der Hash-Werte für die einzelnen Blöcke. Im Endeffekt ist diese Tatsache der „aufgeblähten Apps“ und des bei digitalen Währungen immensen Speicherverbrauchs (sämtliche jemals getätigten Geldausgaben müssen für immer gespeichert werden) der größte Nachteil von Blockchains. In den Zeilen **137–148** müssen zu diesem Zweck erst einmal zahlreiche

Hilfsvariablen angelegt werden. Dies ist nötig, weil für jeden neuen Block in der Blockchain sowohl der neu anzuhängende Block (`Element_t *Neu`) als auch der Vorgängerblock (`Element_t *Alt`) wichtig sind und auch auf die Daten des neuen Blocks (`Ausgabe_t *NeueAusgabe`) und des alten Blocks (`Ausgabe_t *AlteAusgabe`) separat zugegriffen werden muss. Ferner muss sich das Programm merken, ob die Blockchain schon initialisiert wurde (`bool init`), und entsprechend Null-Bytes in das Strukturelement `NeueAusgabe->VorgaengerHash` eintragen, wenn **init** (noch) den Wert `false` hat.

Das eigentliche Hauptprogramm (die Zeilen **150 – 199**) läuft nun so lange, bis der Benutzer dies beendet (Ende wird in diesem Fall auf `false` gesetzt), indem er bei einer Ausgabe einen Betrag von 0 eingibt. Ist dies nicht der Fall, behält Ende den Wert `false` und es werden erst einmal die Daten des neu anzulegenden Blocks mit `scanf()` von der Tastatur eingelesen. Ist die Blockchain schon initialisiert, enthält diese mindestens ein Element und der Zeiger **Alt** kann in Zeile **169** auf das letzte Element in der Blockchain gesetzt werden. Der Zeiger **AlteAusgabe** enthält dann in diesem alle Blockdaten für das zuletzt eingefügte Element. Daraufhin werden in den Zeilen **172 – 183** die Hash-Werte für den neu einzufügenden Block bestimmt. Hierfür werden in einer `for`-Schleife 16 Bytes angelegt, nämlich 16 Null-Bytes für den aktuellen Block-Hash. Wenn jedoch **init** (noch) den Wert `false` hat, bekommt auch zusätzlich `NeueAusgabe->VorgaengerHash` 16 Null-Bytes zugewiesen. Ansonsten werden einfach sämtliche Bytes von `AlteAusgabe->BlockHash` nach `NeueAusgabe->VorgaengerHash` kopiert. Der Block-Hash des aktuellen Datenblocks wird erst nach dem Kopiervorgang in den Zeilen **172 – 183** berechnet und erst dann wird der neue Block in die Blockchain eingehängt.

An dieser Stelle ist das aktuelle Beispiel aber noch nicht sehr lehrreich, denn die Verwaltung von Geldausgaben an einem bestimmten Tag könnten Sie genauso gut (oder sogar besser) mit einer doppelt verketteten Liste erledigen. Deshalb habe ich eine Testfunktion hinzugefügt, die folgendermaßen arbeitet: Es wird eine Zufallszahl 1<=Z<=10 gezogen und wenn diese den Wert 1 hat, wird der Bereich „Betrag“ in den neu einzufügenden Block vorher um 1 erhöht. Natürlich geschieht dies erst nach der Berechnung des Block-Hash-Werts. Ich simuliere hier also gewissermaßen eine einfache Fehlübertragung von Daten, nämlich eine Veränderung des Felds „Betrag“ bei gewissen Blöcken. Die Methode `Ausgabe()` stellt in einem solchen Fall später fest, dass der veränderte Block und alle folgenden Blöcke ungültig sind. Ich habe zwei Testausgaben erzeugt, die ich Ihnen nun erklären will:

**1. Testausgabe:**

**Neue Ausgabe (Abbruch mit 0):**

**Betrag:45.35**

**Datum:05.01.2021**

**Zweck:Benzinkosten**

```
Hash Alt:00 00 00 00 00 00 00 00 00 00 00 00 00 00 00 00
Hash Neu:7b 6c 1d 28 56 11 69 15 54 22 49 64 10 78 64 52
Neue Ausgabe (Abbruch mit 0):
Betrag:30.00
Datum:12.01.2021
Zweck:Benzinkosten
Hash Alt:7b 6c 1d 28 56 11 69 15 54 22 49 64 10 78 64 52
Hash Neu:00 c2 9f 4e 39 9c 27 2c c8 05 65 ac 15 1d c8 47
Test:Erhöhe den Betrag nachträglich um 1.0
Neue Ausgabe (Abbruch mit 0):
Betrag:48.25
Datum:25.01.2021
Zweck:Benzinkosten
Hash Alt:00 c2 9f 4e 39 9c 27 2c c8 05 65 ac 15 1d c8 47
Hash Neu:1e 96 2c 53 38 bd 5c 42 64 30 32 9c 07 66 30 50
Neue Ausgabe (Abbruch mit 0):
Betrag:20.00
Datum:01.02.2021
Zweck:Benzinkosten
Hash Alt:1e 96 2c 53 38 bd 5c 42 64 30 32 9c 07 66 30 50
Hash Neu:f3 91 fd 35 96 fc 27 ed 07 30 f3 53 32 f0 cf 77
Neue Ausgabe (Abbruch mit 0):
Betrag:0
Blockchain-Element #1:
Block-Hash:7b 6c 1d 28 56 11 69 15 54 22 49 64 10 78 64 52
Check-Hash:7b 6c 1d 28 56 11 69 15 54 22 49 64 10 78 64 52
Datum:05.01.2021
Betrag:45.349998
Zweck:Benzinkosten
Blockchain-Element #2:
Block-Hash:00 32 2e 0f 39 6c 66 2c 38 44 65 5c 54 1d 38 06
Check-Hash:00 c2 9f 4e 39 9c 27 2c c8 05 65 ac 15 1d c8 47
Fehler im Hash-Wert, der aktuelle Eintrag ist ungültig.
Blockchain-Element #3:
Block-Hash:1e 96 2c 53 38 bd 5c 42 64 30 32 9c 07 66 30 50
```

**Check-Hash:1e 96 2c 53 38 bd 5c 42 64 30 32 9c 07 66 30 50**

**Datum:25.01.2021**

**Betrag:48.250000**

**Zweck:Benzinkosten**

**Blockchain-Element #4:**

**Block-Hash:f3 91 fd 35 96 fc 27 ed 07 30 f3 53 32 f0 cf 77**

**Check-Hash:f3 91 fd 35 96 fc 27 ed 07 30 f3 53 32 f0 cf 77**

**Datum:01.02.2021**

**Betrag:20.00**

**Zweck:Benzinkosten**

*In dem obigen Beispiel wird der zweite Block in der Blockchain vom Programm verändert. Dadurch werden sämtliche Blocks ab dem zweiten Block ungültig.*

**2. Testausgabe:**

**Neue Ausgabe (Abbruch mit 0):**

**Betrag:49.50**

**Datum:05.01.2021**

**Zweck:Benzinkosten**

**Hash Alt:00 00 00 00 00 00 00 00 00 00 00 00 00 00 00 00**

**Hash Neu:7b 79 08 4e 30 62 0f 73 27 44 2f 17 76 1e 17 34**

**Test:Erhohe den Betrag nachtraglich um 1.0**

**Neue Ausgabe (Abbruch mit 0):**

**Betrag:10.00**

**Datum:10.01.2021**

**Zweck:Benzinkosten**

**Hash Alt:7b 79 08 4e 30 62 0f 73 27 44 2f 17 76 1e 17 34**

**Hash Neu:66 63 4f 28 5f 3d 27 2c 1a 63 03 0d 15 1d 1a 21**

**Neue Ausgabe (Abbruch mit 0):**

**Betrag:20.00**

**Datum:20.01.2021**

**Zweck:Benzinkosten**

**Hash Alt:66 63 4f 28 5f 3d 27 2c 1a 63 03 0d 15 1d 1a 21**

**Hash Neu:6d c4 ce 36 4b ef 5f 57 97 33 27 bd 62 15 b0 35**

**Test:Erhöhe den Betrag nachträglich um 1.0**

**Neue Ausgabe (Abbruch mit 0):**

**Betrag:40.00**
**Datum:01. 02. 2021**
**Zweck:Benzinkosten**
**Hash Alt:6d c4 ce 36 4b ef 5f 57 97 33 27 bd 62 15 b0 35**
**Hash Neu:21 96 1b 36 44 fb 41 4c 52 55 47 f5 54 51 48 74**
**Neue Ausgabe (Abbruch mit 0):**
**Betrag:0**
**Blockchain-Element #1:**
**Block-Hash:7b 75 04 4e 30 6e 0f 73 2b 44 2f 1b 76 1e 1b 34**
**Check-Hash:7b 79 08 4e 30 62 0f 73 27 44 2f 17 76 1e 17 34**
**Fehler im Hash-Wert, der aktuelle Eintrag ist ungültig.**
**Blockchain-Element #2:**
**Block-Hash:66 43 2e 69 5f 1d 66 2c 3a 22 03 2d 54 1d 3a 60**
**Check-Hash:66 63 4f 28 5f 3d 27 2c 1a 63 03 0d 15 1d 1a 21**
**Fehler im Hash-Wert, der aktuelle Eintrag ist ungültig.**
**Blockchain-Element #3:**
**Block-Hash:6d cc c6 36 4b e7 5f 57 9f 33 27 b5 62 15 b8 35**
**Check-Hash:6d c4 ce 36 4b ef 5f 57 97 33 27 bd 62 15 b0 35**
**Fehler im Hash-Wert, der aktuelle Eintrag ist ungültig.**
**Blockchain-Element #4:**
**Block-Hash:21 96 1b 36 44 fb 41 4c 52 55 47 f5 54 51 48 74**
**Check-Hash:21 96 1b 36 44 fb 41 4c 52 55 47 f5 54 51 48 74**
**Datum:01. 02. 2021**
**Betrag:40.00**
**Zweck:Benzinkosten**

*In dem obigen Beispiel wird bereits der erste Block in der Blockchain vom Programm verändert. Dadurch werden sämtlich Blocks ungültig, bis auf das End-Element.*

### 4.2.2 Listen mit beliebigen Objekttypen

Bis jetzt mussten Sie Ihre Listen stets per Hand anpassen, um neue Objekttypen zu verwenden. Wenn Sie z. B. statt Zahlen oder Geldausgaben Personen verwalten müssen, müssen Sie die gesamte Elementstruktur nachträglich so ändern, dass diese auf Ihre neuen Bedürfnisse ausgerichtet ist. Ein zweites Problem, das auch bei den doppelt verketteten Listen noch nicht gelöst wurde, ist die Verwendung mehrerer Hilfszeiger und die Überprüfung zahlreicher Bedingungen beim Einfügen von neuen Elementen. Ich möchte nun diese verbleibenden Probleme lösen, indem ich zwei Änderungen vornehme. Die erste Änderung betrifft die Struktur der Elemente selbst, die ich wie folgt definiere:

```
struct Element_t
{
    void *Aktuell;
    void *Vorgaenger;
    void *Nachfolger;
};
```

`Element_t` enthält also drei typenlose Zeiger (`void *`), wobei der Zeiger `void *Aktuell` auf einen beliebigen Datenblock zeigen kann. Dieser Datenblock, auf den **Aktuell** zeigt, enthält die eigentlichen Elementdaten, die Sie in Ihre Liste einfügen wollen. Wie bei der doppelt verketteten Liste in Listing 4.2 auch, besitzt jedes Element vom Typ `Element_t` ein Vorgängerelement und ein Nachfolgerelement und diese Elemente sind auch vom Typ `void*`. Der Trick ist hier also, die Datenblöcke selbst auszulagern – diese müssen Sie dann natürlich in einer eigenen Klasse definieren und später als Parameter an Ihre universelle Listenklasse weiterreichen.

Die zweite Änderung betrifft die Listenstruktur selbst. Ihre Listen haben nach wie vor einen Anker, der auf das erste Element in Ihrer Liste oder bei einer leeren Liste auf `NULL` zeigt. Damit Sie aber beim Einfügen nur zwei Bedingungen überprüfen müssen, bekommt nun jede Liste (außer der leeren Liste) einen Anker und einen Listenkopf. Der Listenkopf ist ein `NULL`-Element (das heißt, dass `Kopf-> Aktuell==NULL` ist), das stets der Nachfolger des letzten Elements ist, auf das dann auch der Zeiger **Ende** zeigt. Sie können in diesem Fall also nur Elemente ganz am Anfang oder in der Mitte der Liste einfügen. Auf diese Weise kommen Sie ganz ohne Hilfsvariablen aus, denn Vorgänger und Nachfolger eines Elements werden in der Struktur `Element_t` abgelegt.

Ihre Liste selbst wird wieder in einer Klasse gekapselt. Da Sie jedoch nur noch Zeiger vom Typ `void*` verwenden, muss Ihre Liste nicht mehr in einem separaten Datentyp abgelegt werden, wie es in Listing 4.2 der Fall war. Im nächsten Beispiel definiere ich folgende Attribute innerhalb der Klasse `Liste`:

```
private:
void *Anker; // Erstes Element in der Liste
void *Aktuell; // Aktuell adressiertes Element
void *Ende; // Element direkt vor dem Listenkopf
long int Index; // Aktueller Positionsindex
long int MaxIndex; // Anzahl der Elemente in der Liste
```

Ich benötige also nur noch zwei Hilfszeiger, nämlich **Aktuell** und **Index**. **Aktuell** zeigt auf das Element, dass ich zurzeit ausgewählt habe und mit dem ich arbeiten möchte. **Index** ist der Index des aktuellen Elements und wird adressiert wie in einem Array: 0 ist das erste Element und **MaxIndex** ist das letzte Element. Dem letzten Element folgt stets der Listenkopf, der nicht adressierbar ist.

Ihre Listenklasse besitzt auch im nächsten Beispiel wieder einen Konstruktor, der aufgerufen wird, sobald Sie ein neues Listenobjekt im Speicher anlegen. Der Konstruktor erstellt jeweils einen neuen Anker, ein neues aktuelles Element und ein neues Endelement, und weist diesen drei Zeigern NULL zu:

```
Liste::Liste()
{
    Anker=new Element_t;
    Aktuell=new Element_t;
    Ende=new Element_t;
    Anker=NULL; Aktuell=NULL; Ende=NULL;
}
```

Wenn Sie in die leere Liste ein neues Element einfügen, haben Sie aber noch keinen Listenkopf definiert, und deshalb ist der Nachfolger von **Aktuell** nicht NULL, sondern einfach nicht definiert. Das heißt, wenn Sie direkt nach dem Aufruf von Liste::Liste() auf Aktuell->Nachfolger zugreifen, erhalten Sie eine Schutzverletzung und Ihr Programm beendet sich. Sie benötigen also an dieser Stelle doch noch die Funktion Init(), die immer dann aufgerufen wird, wenn Sie ein Element in eine noch leere Liste einfügen wollen:

```
void Liste::Init(void *Obj)
{
    Element_t *Erstes=new Element_t; // Noch kein Element in der Liste
    Element_t *ListenKopf=new Element_t; // Dem letzten Element folgt stets ein
Listenkopf
    Erstes->Aktuell=Obj; Anker=Erstes; Aktuell=Anker; // Der Anker ist immer das
erste Element
    // Im Listenkopf zeigen alle Zeiger auf NULL
    ListenKopf->Aktuell=NULL; ListenKopf->Nachfolger=NULL;
    ListenKopf->Vorgaenger=Erstes; Erstes->Vorgaenger=NULL;
    Erstes->Nachfolger=ListenKopf; Ende=ListenKopf;
    Index=0; MaxIndex=0; // Index 0 ist das erste Element
}
```

Init() legt ein erstes Element an (Element_t *Erstes) sowie einen neuen Listenkopf (Element_t *ListenKopf), bei dem sämtliche Zeiger der Struktur Element_t auf NULL zeigen. Sie müssen Init() stets ein bereits existierendes Datenobjekt übergeben, auf das dann später der Anker zeigen kann. Da **Obj** vom Typ void* ist, wird die Zuweisung

```
Erstes->Aktuell=Obj
```

nicht vom Compiler geprüft und Sie können Init() beliebige Objekte oder Strukturen übergeben. Das heißt natürlich auch, dass Sie selbst dafür verantwortlich sind, Ihre Elemente korrekt an Ihre Klassenmethoden zu übergeben, die die Elemente später in Ihre Liste einfügen. Es hindert Sie auch niemand daran, Elemente mit ganz verschiedener Struktur in Ihrer Liste abzulegen. Ich persönlich würde Ihnen jedoch davon abraten und empfehle an dieser Stelle, in einer universellen Liste immer nur Objekte gleicher Größe und gleichen Typs zu speichern.

Kommen wir nun zu den Methoden, die die universelle Listen-Klasse mindestens unterstützen sollte. Dies sind die folgenden Methoden:

#### void Anhaengen(void *Obj);

`Anhaengen()` fügt ein Element am Ende der Liste ein. Da das einzufügende Datenobjekt vom Typ `void*` ist, können sowohl Zahlen als auch Strukturen und Objekte in die Liste eingefügt werden.

#### void Einfuegen(void *Obj);

`Einfugen()` fügt ein Element in die Liste ein. Da das einzufügende Datenobjekt vom Typ `void*` ist, können sowohl Zahlen als auch Strukturen und Objekte in die Liste eingefügt werden. Anders als bei `Anhaengen()`, müssen Sie bei `Einfuegen()` zuerst mit anderen Methoden die aktuelle Position festlegen, an der Sie das Element einfügen wollen, z. B. mit folgenden Zeilen:

```
// L ist das aktuelle Listenobjekt, in das Sie schon Elemente eingefügt haben
// Neu sei ein gültiges Element
L.FindeErstes(); // Einfügen am Anfang
L.Einfuegen(Neu);
void EinfuegenAn(void *Obj, long int Index);
```

#### void EinfuegenAn(void *Obj, long int Index);

`EinfugenAn()` fügt ein Element in die Liste ein. Da das einzufügende Datenobjekt vom Typ `void*` ist, können sowohl Zahlen als auch Strukturen und Objekte in die Liste eingefügt werden. Anders als bei `Einfuegen()`, müssen Sie in dem übergebenen Parameter **Index** die aktuelle Position festlegen, an der Sie das Element einfügen wollen. Das neue Element wird stets vor dem aktuellen Element in die Liste eingehängt. Wenn **Index**<0 ist, wird das Element vor dem ersten Element eingefügt, wenn **Index** die Anzahl der in der Liste befindlichen Elemente übersteigt, wird das neue Element hinten angehängt.

#### void Loeschen();

`Loeschen()` löscht das aktuelle Element in der Liste. `Loeschen()` funktioniert wie `Einfuegen()`, Sie müssen also das Element, das Sie löschen wollen, zuerst mit anderen Methoden bestimmen.

#### void LoeschenAn(long int Index);

`LoeschenAn()` löscht ein Element aus der Liste. Anders als bei `Loeschen()`, müssen Sie in dem übergebenen Parameter **Index** die aktuelle Position festlegen, an der Sie das Element löschen wollen. Wenn **Index**<0 ist, wird das erste Element gelöscht, wenn Index die Anzahl der in der Liste befindlichen Elemente übersteigt, wird das letzte Element aus der Liste entfernt.

#### void *FindeErstes();

`FindeErstes()` setzt den internen Positionszeiger **Index** auf das erste Element in der Liste, also auf den Listenanker. Das gefundene Objekt wird am Ende als Rückgabeparameter an den Aufrufer zurückgegeben. Ist die Liste leer, wird `NULL` zurückgegeben. An dieser Stelle benötigen Sie unter Umständen explizites Typecasting, um den zurückgegebenen Zeiger vom Typ `void*` in Ihrem Programm weiterzuverarbeiten.

#### void *FindeLetztes();

`FindeLetztes()` setzt den internen Positionszeiger **Index** auf das letzte Element in der Liste. Das gefundene Objekt wird am Ende als Rückgabeparameter an den Aufrufer zurückgegeben. Ist die Liste leer, wird `NULL` zurückgegeben. An dieser Stelle benötigen Sie unter Umständen explizites Typecasting, um den zurückgegebenen Zeiger vom Typ `void*` in Ihrem Programm weiterzuverarbeiten.

#### void *FindeNaechstes();

`FindeNaechstes()` findet den Nachfolger des aktuellen Elementes. Das gefundene Objekt wird am Ende als Rückgabeparameter an den Aufrufer zurückgegeben. Ist die Liste leer oder ist das aktuelle Element bereits das letzte Element in der Liste, wird `NULL` zurückgegeben. An dieser Stelle benötigen Sie unter Umständen explizites Typecasting, um den zurückgegebenen Zeiger vom Typ `void*` in Ihrem Programm weiterzuverarbeiten.

#### void *Lesen();

`Lesen()` gibt das Element zurück, das aktuell adressiert wird. Wenn die Liste leer ist oder Sie auf ein Element zugreifen, das nicht existiert (z. B. auf den Nachfolger des letzten Elements), wird `NULL` zurückgegeben.

#### void *LesenAn(long int Index);

`LesenAn()` gibt das Element zurück, das durch den Parameter **Index** adressiert wird. Wenn die Liste leer ist, wird `NULL` zurückgegeben. Wenn **Index**<0 ist, wird das erste Element der Liste zurückgegeben, wenn **Index** die Anzahl der in der Liste befindlichen Elemente übersteigt, wird das letzte Element in der Liste zurückgegeben.

#### long int GetMaxIndex();

**MaxIndex** enthält den maximalen Positionsindex in der Liste, den Sie verwenden können. Die Anzahl der Elemente in der Liste ist deshalb stets `GetMaxIndex()+1`.

#### long int GetIndex();

Die Get-Funktion `GetIndex()` liefert den aktuellen Positionszeiger **Index** zurück, also die Position des aktuell adressierten Elements in der Liste.

### void Save(char *FileName, long int ObjSize);

`Save()` speichert die gesamte Liste in einer Datei ab, der String-Parameter **FileName** gibt den Dateinamen an, unter dem Ihre Liste abgelegt werden soll. An dieser Stelle müssen Sie die Größe Ihrer Speicherobjekte im Parameter **ObjSize** angeben oder vorher mit `sizeof()` ermitteln.

### void Load(char *FileName, long int ObjSize);

`Load()` lädt eine Liste aus einer Datei, der String-Parameter **FileName** gibt den Dateinamen an, unter dem Ihre Liste zuvor abgelegt worden ist. An dieser Stelle müssen Sie die Größe Ihrer Speicherobjekte im Parameter **ObjSize** angeben oder vorher mit `sizeof()` ermitteln.

Kommen wir nun zu Listing 4.4. Dieses Programm ist sehr umfangreich und implementiert eine vollständige Personenverwaltung mit einer universellen Listenklasse. Viele Funktionen im nächsten Listing sind so konzipiert, dass diese wiederverwertbar sind. Sie benötigen aber unter Umständen einige Zeit, um Listing 4.4 zu verstehen.

**Listing 4.4** Personenverwaltung.cpp

```
#include<stdio.h>
#include<stdlib.h>
#include<string.h> // für strcpy() und strcat()
#include"mykeyboard.h" // für getch() und clrscr() unter Linux

struct Element_t // typenloser Elementzeiger für beliebige Objekte
{
        void *Aktuell;
        void *Vorgaenger;
        void *Nachfolger;
};

class Liste // universelle Objektliste
{
        private:
        void *Anker; // Erstes Element in der Liste
        void *Aktuell; // Aktuell adressiertes Element
        void *Ende; // Listenkopf
        long int Index; // Positionsindex Hilfszeiger
        long int MaxIndex; // Anzahl Elemente in der Liste
        void Init(void *Obj); // Init() ist nicht von außen adressierbar
        public:
        Liste(); // Konstruktor
        void Anhaengen(void *Obj); // Element hinten anhängen
        void Einfuegen(void *Obj); // Element an der aktuellen Position einfügen
         void EinfuegenAn(void *Obj, long int Index); // Element an der aktuellen Position Index einfügen
        void Loeschen(); // Aktuelles element löschen
         void LoeschenAn(long int Index); // Element an der Position Index löschen
        void* FindeErstes(); // Gibt erstes Objekt in der Liste zurück
        void* FindeLetztes(); // Gibt letztes Objekt in der Liste zurück
        void* FindeNaechstes(); // Gibt nächstes Objekt in der Liste zurück
        void* Lesen(); // Liest das Objekt von der aktuellen Position ein
```

```
        void* LesenAn(long int Index); // Liest das Objekt von der Position Index ein
        long int GetMaxIndex(); // MaxIndex enthält die Anzahl der Elemente in der Liste
        long int GetIndex(); // GetIndex liefert den aktuellen Index zurück
        void Save(const char *FileName, long int ObjSize); // Speichert die gesamte Liste in einer Datei
        void Load(const char *FileName, long int ObjSize); // Lädt eine Liste aus einer Datei
};

Liste::Liste()
{
        Anker=new Element_t;
        Aktuell=new Element_t;
        Ende=new Element_t;
        Anker=NULL; Aktuell=NULL; Ende=NULL; // In einer leeren Liste zeigen alle Zeiger auf NULL
}

void Liste::Init(void *Obj)
{
        Element_t *Erstes=new Element_t; // Noch kein Element in der Liste
        Element_t *ListenKopf=new Element_t; // Dem letzten Element folgt stets ein Listenkopf
        Erstes->Aktuell=Obj; Anker=Erstes; Aktuell=Anker; // Der Anker ist immer das erste Element
        // Im Listenkopf zeigen alle Zeiger auf NULL
        ListenKopf->Aktuell=NULL; ListenKopf->Nachfolger=NULL;
        ListenKopf->Vorgaenger=Erstes; Erstes->Vorgaenger=NULL;
        Erstes->Nachfolger=ListenKopf; Ende=ListenKopf;
        Index=0; MaxIndex=0; // Index 0 ist das erste Element
}

void Liste::Anhaengen(void *Obj)
{
        Element_t *Neu; // neues Element
        Element_t *ListenKopf;
        Element_t *E; // Letzes Element in der Liste
        Element_t *EV; // Vorgänger des letzten Elementes
        if (Anker==NULL) { Init(Obj); return; } // Leere Liste? dann Init() aufrufen
        Neu=new Element_t;
        ListenKopf=new Element_t;
        Neu->Aktuell=Obj;
        E=(Element_t*)Ende; // Anhaengen() fügt die Elemente stets hinten an
        EV=(Element_t*)E->Vorgaenger;
        EV->Nachfolger=Neu; Neu->Vorgaenger=EV; Neu->Nachfolger=ListenKopf;
        // Im Listenkopf zeigen alle Zeiger auf NULL
        ListenKopf->Aktuell=NULL; ListenKopf->Vorgaenger=Neu;
        ListenKopf->Nachfolger=NULL; Ende=ListenKopf;
        MaxIndex++;
}

void Liste::Einfuegen(void *Obj)
{
        Element_t *Neu;
        Element_t *A;
```

```
        Element_t *V;
        Element_t *N;
        if (Anker==NULL) { Init(Obj); return; } // Bei einer leeren Liste ist die Einfügeposition egal
        Neu=new Element_t;
        Neu->Aktuell=Obj;
        if (Aktuell!=Anker) // Einfügen in der Mitte
        {
               A=(Element_t*)Aktuell;
               V=(Element_t*)A->Vorgaenger; N=(Element_t*)A->Nachfolger;
               V->Nachfolger=Neu; Neu->Vorgaenger=V;
               Neu->Nachfolger=A; A->Vorgaenger=Neu;
        }
        else // Einfügen vor dem Anker
        {
                A=(Element_t*)Aktuell;
               A->Vorgaenger=Neu; Neu->Nachfolger=A;
               Anker=Neu;
        }
        // Da es stets einen zusätzlichen Listenkopf gibt, müssen nicht mehr Bedingungen geprüft werden
        MaxIndex++;
}

void Liste::EinfuegenAn(void *Obj, long int Index)
{
        long int i=0;
        if (Anker==NULL) { Init(Obj); return; } // Bei leerer Liste ist die Einfügeposition egal
        if (Index<0) { Index=0; } // Negative Indices->Einfügen am Anfang
        if (Index>MaxIndex) { Anhaengen(Obj); } // Index>MaxIndex->Anhängen am
Ende
        else
        {
               FindeErstes();
               for (i=1; i<Index+1; i++) { FindeNaechstes(); }
               Einfuegen(Obj);
        }
}

void Liste::Loeschen()
{
        Element_t *A;
        Element_t *V;
        Element_t *N;
        if (Aktuell==Anker) // Löschen des ersten Elementes verschiebt den Anker
        {
               A=(Element_t*)Aktuell; N=(Element_t*)A->Nachfolger;
               Anker=N; N->Vorgaenger=NULL; Aktuell=N;
               delete(A); MaxIndex--; Index--;
        }
        else if (Aktuell!=Anker) // Löschen aus der Mitte der Liste
        {
               A=(Element_t*)Aktuell;
               V=(Element_t*)A->Vorgaenger; N=(Element_t*)A->Nachfolger;
               V->Nachfolger=N; N->Vorgaenger=V; Aktuell=N;
               delete(A); MaxIndex--; Index--;
```

```
    }
    // Da es stets einen zusätzlichen Listenkopf gibt, müssen nicht mehr Bedingungen geprüft werden
    if (MaxIndex==0) { Index=0; MaxIndex=0; Anker==NULL; }
}

void Liste::LoeschenAn(long int Index)
{
    long int i=0;
    if (Anker==NULL) { return; } // Löschen aus leerer Liste nicht möglich
    if (Index<0) { Index=0; } // Negative Indices->Löschen vom Anfang aus
    if (Index>MaxIndex) { Index=MaxIndex; } // Index>MaxIndex->Entfernen des letzten Elementes
    FindeErstes();
    for (i=1; i<Index+1; i++) { FindeNaechstes(); }
    Loeschen();
}

void *Liste::FindeErstes()
{
    Element_t *E;
    Aktuell=Anker;
    if (Aktuell==NULL) { return NULL; }
    else
    {
        E=(Element_t*)Aktuell; // Hier muss Typecasting stattfinden
        Index=0; return E->Aktuell; // der Datensatz ist in E->Aktuell!
    }
}

void *Liste::FindeLetztes()
{
    Element_t *E;
    Element_t *V;
    E=(Element_t*)Ende; // Listenkopf
    V=(Element_t*)E->Vorgaenger; // Vorgänger des Listenkopfes ist das letzte gültige Element
    Aktuell=V;
    Index=MaxIndex; return V->Aktuell; // Der Datensatz ist in V->Aktuell
}

void *Liste::FindeNaechstes()
{
    Element_t *E;
    Element_t *Nachfolger;
    if (Index>MaxIndex)
    {
        return NULL; // Ungültige Elemente sind NULL
    }
    else
    {
        E=(Element_t*)Aktuell; // Hier muss Typecasting stattfinden!
        Nachfolger=(Element_t*)E->Nachfolger; // Nachfolger holen
        Aktuell=Nachfolger;
        Index++;
        return Nachfolger->Aktuell; // Der Datensatz ist in Nachfolger->Aktuell
```

```
        }
}
void *Liste::Lesen()
{
        Element_t* E;
        E=(Element_t*)Aktuell;
        return E->Aktuell; // Der Datensatz ist in E->Aktuell
}
void *Liste::LesenAn(long int Index)
{
        long int i=0;
        Element_t* E;
        if (Index>MaxIndex)
        {
                return NULL; // Ungültige Elemente sind NULL
        }
        else
        {
                FindeErstes();
                for (i=1; i<Index+1; i++) { FindeNaechstes(); }
                E=(Element_t*)Aktuell; // Hier muss Typecasting stattfinden!
                return E->Aktuell; // Der Datensatz ist in Nachfolger->Aktuell
        }
}
long int Liste::GetMaxIndex()
{
        return MaxIndex;
}
long int Liste::GetIndex()
{
        return Index;
}
void Liste::Save(const char *FileName, long int ObjSize)
{
        long int i;
        Element_t *E;
        FILE *SavList=fopen(FileName,"wb");
        FindeErstes();
        fwrite(&MaxIndex,sizeof(MaxIndex),1,SavList); // Am Anfang der Datei wird MaxIndex gespeichert
        for (i=0; i<=MaxIndex; i++) // MaxIndex ist das letzte gültige Element in der Liste
        {
                E=(Element_t*)Aktuell;
                fwrite(E->Aktuell,ObjSize,1,SavList); // Der Datensatz ist in E->Aktuell
                FindeNaechstes();
        }
        fclose(SavList);
}
```

```
void Liste::Load(const char *FileName, long int ObjSize)
{
        long int i,j;
        char *Dummy; // Hilfsvariable für Objektdaten-Bytes
        Element_t *E;
        FILE *SavList=fopen(FileName,"rb");
        fread(&j,sizeof(j),1,SavList); // MaxIndex in j einlesen
        for (i=0; i<=j; i++) // MaxIndex wird in der Schleife neu bestimmt und ist am Anfang 0
        {
                Dummy=new char[ObjSize]; // Die Größe des Datenblocks steht nicht im Type Element_t
                E=new Element_t; // E enthält nur 3 Zeiger, aber nicht die Daten selbst
                fread(Dummy,ObjSize,1,SavList); // Hier werden nur die Datenbytes eingelesen
                E=(Element_t *)Dummy; // Durch das Typecasting wird Dummy als Zeiger vom Typ Element interpretiert
                Anhaengen(E); // MaxIndex wird hier automatisch erhäht, und der Datentyp ist wieder Element_t*
        }
        fclose(SavList);
}

class Person // Einfache Klasse zum Verwalten von Personendaten
{
        private:
        char Name[50];
        char Vorname[50];
        char Strasse[100];
        char PLZ[10];
        char Ort[50];
        char Telefon[50];
        char eMail[100];
        public:
        // Set-Funktionen zum gezielten Verändern von Attributen
        void SetName(char *S);
        void SetVorname(char *S);
        void SetStrasse(char *S);
        void SetPLZ(char *S);
        void SetOrt(char *S);
        void SetTelefon(char *S);
        void SeteMail(char *S);
        // Get-Funktionen zum gezielten Auslesen von Attributen
        void GetName(char *S);
        void GetVorname(char *S);
        void GetStrasse(char *S);
        void GetPLZ(char *S);
        void GetOrt(char *S);
        void GetTelefon(char *S);
        void GeteMail(char *S);
        // Ein/Ausgabefunktionen
        void Ausgabe();
        void Eingabe();
};
```

```
// Set-Funktionen
void Person::SetName(char *S) { strcpy(Name,S); }
void Person::SetVorname(char *S) { strcpy(Vorname,S); }
void Person::SetStrasse(char *S) { strcpy(Strasse,S); }
void Person::SetPLZ(char *S) { strcpy(PLZ,S); }
void Person::SetOrt(char *S) { strcpy(Ort,S); }
void Person::SetTelefon(char *S) { strcpy(Telefon,S); }
void Person::SeteMail(char *S) { strcpy(eMail,S); }
// Get-Funktionen
void Person::GetName(char *S) { strcpy(S,Name); }
void Person::GetVorname(char *S) { strcpy(S,Vorname); }
void Person::GetStrasse(char *S) { strcpy(S,Strasse); }
void Person::GetPLZ(char *S) { strcpy(S,PLZ); }
void Person::GetOrt(char *S) { strcpy(S,Ort); }
void Person::GetTelefon(char *S) { strcpy(S,Telefon); }
void Person::GeteMail(char *S) { strcpy(S,eMail); }
// Ein/Ausgabefunktionen

void Person::Ausgabe()
{
       printf("%s %s\n",Vorname,Name);
       printf("%s\n",Strasse);
       printf("%s %s\n",PLZ,Ort);
       printf("Telefon:%s\n",Telefon);
       printf("eMail:%s\n",eMail);
}

void Person::Eingabe()
{
       fflush(stdin);
       printf("Vorname:"); fgets(Vorname,50,stdin);
       Vorname[strlen(Vorname)-1]=0;
       printf("Nachname:"); fgets(Name,50,stdin);
       Name[strlen(Name)-1]=0;
       printf("Straße:"); fgets(Strasse,100,stdin);
       Strasse[strlen(Strasse)-1]=0;
       printf("PLZ:"); fgets(PLZ,10,stdin);
       PLZ[strlen(PLZ)-1]=0;
       printf("Ort:"); fgets(Ort,50,stdin);
       Ort[strlen(Ort)-1]=0;
       printf("Telefon:"); fgets(Telefon,50,stdin);
       Telefon[strlen(Telefon)-1]=0;
       printf("eMail:"); fgets(eMail,50,stdin);
       eMail[strlen(eMail)-1]=0;
}

int main(void)
{
       Liste L;
       Person *P;
       Person *Neu;
       char S[100];
       char T[100];
       long int i=0;
       int F=0;
       bool stop=false;
```

```
        // Wenn im aktuellen Programmpfad eine Personendatei existiert, diese öffnen
        FILE *FI;
        if((FI=fopen("Personen.lst","rb"))!=NULL)
        {
            fclose(FI);
            L.Load("Personen.lst",sizeof(Person));
        }
        while (F!=4)
        {
            clrscr();
            printf("Funktion wählen:1=Neue Person erstellen,2=Person suchen,3=Liste ausgeben,4=Programm beenden>");
            F=getch();
            switch(F)
            {
                case '1': Neu=new Person; clrscr(); Neu->Eingabe();
                    P=(Person *)L.FindeErstes();
                    i=0; stop=false;
                    // Suchschleife zum Finden der richtigen Einfügeposition
                    while ((i<=L.GetMaxIndex())&&(stop==false)&&(P!=NULL))
                    {
                        Neu->GetName(S); P->GetName(T);
                        if (strcmp(S,T)<0) { stop=true; }
                        else { P=(Person *)L.FindeNaechstes(); i++; }
                    }
                    L.EinfuegenAn(Neu,i-1); // Hier ist man gewissenmaßen über das Ziel hinausgeschossen
                break;
                case '2': clrscr(); printf("Suche Vorname:"); // Die Suchfunktion unterstützt nur die Suche nach Vornamen
                    fflush(stdin);
                    fgets(S,50,stdin); S[strlen(S)-1]=0; // Vornamen von der Tastatur einlesen
                    P=(Person *)L.FindeErstes(); // An den Anfang der Liste gehen
                    if (P==NULL) { printf("Die Liste ist leer."); getch(); }
                    else
                    {
                        i=0;
                        while (P!=NULL)
                        {
                            P->GetVorname(T); // Vornamen des aktuellen Listenelementes in Hilfsvariable T einlesen
                            if (strcmp(S,T)==0) // in S ist die Suchmaske, und diese stimmt hier mit T überein
                            {
                                clrscr();
                                P->Ausgabe();
                                printf("Weiter (w) oder Person löschen (l)?\n");
                                scanf("%s",T);
                                if (T[0]=='l') { L.LoeschenAn(i); printf("Person gelöscht\n"); getch(); }
                                if (T[0]=='w') { printf("Setze Suche fort\n"); getch(); }
```

```
370                                         }
371                                         P=(Person *)L.FindeNaechstes(); i++; //
Nächstes Listenelement holen
372                                 }
373                         }
374                 break;
375                 case '3': clrscr(); P=(Person *)L.FindeErstes();
376                         if (P==NULL) { printf("Die Liste ist leer."); getch();
}
377                         else
378                         {
379                                 for (i=0; i<=L.GetMaxIndex(); i++) // Hier
werden sämtliche Listenelemente angezeigt
380                                 {
381                                         clrscr();
382                                         P->Ausgabe(); getch();
383                                         P=(Person *)L.FindeNaechstes(); //
Nächstes Listenelement holen
384                                 }
385                         }
386                 break;
387                 case '4':
388                         L.Save("Personen.lst",sizeof(Person));
389                         clrscr(); printf("Das Programm wurde beendet\n");
390                         return 0;
391                 default: break;
392         }
393     }
394     printf("Das Programm wird beendet...\n");
395     // Wenn eine nicht leere Liste im Speicher ist, diese in der Datei
Personen.lst sichern
396     if (L.FindeErstes()!=NULL) { L.Save("Personen.lst",sizeof(Person)); }
397     return 0;
398 }
```

Das nächste Programm lief in der letzten Auflage dieses Buchs noch ausschließlich in der Windows-Eingabeaufforderung, die den Befehl `clrscr()` zum Löschen des Bildschirms und das Einlesen eines Zeichens von der Tastatur durch `getch()` direkt unterstützt. Hierfür musste man nur **conio.h** einbinden. In dieser Auflage wird für sämtliche Programmbeispiele stets Linux benutzt, um durchgehend eine einheitliche und im Studium sehr oft benutzte Entwicklungsplattform zu verwenden. Unter Linux gibt es jedoch **stdio.h** nicht, deshalb wird in Zeile **004** nun **mykeyboard.h** eingebunden, die wie folgt aussieht:

```
#include<termios.h>
#include<unistd.h>

int getch()
{
    struct termios oldattr, newattr;
    int ch;
    tcgetattr( STDIN_FILENO, &oldattr );
    newattr = oldattr;
    newattr.c_lflag &= ~( ICANON | ECHO );
    tcsetattr( STDIN_FILENO, TCSANOW, &newattr );
```

```
    ch = getchar();
    tcsetattr( STDIN_FILENO, TCSANOW, &oldattr );
    return ch;
}

void clrscr()
{
        system("clear");
}
```

Die Struktur der Elemente in der universellen Liste wird in den Zeilen **005 – 010** deklariert. Statt für die einzelnen Listenelemente bestimmte strukturierte Datentypen zu benutzen, enthält `Element_t` nur drei typenlose Zeiger, nämlich **Aktuell**, **Vorgaenger** und **Nachfolger**. **Aktuell** zeigt hier auf den Datensatz selbst, den `Element_t` referenzieren soll, **Vorgaenger** und **Nachfolger** zeigen dann auf das Vorgänger- und Nachfolgerelement in Ihrer Liste. Die Liste selbst wird in diesem Beispiel in die Klasse `Liste` ausgelagert. Anders als in Listing 4.2, wird jedoch noch zusätzlich zum Ankerelement das Element **Ende** (Zeile **018**) definiert, das stets auf das Ende der Liste zeigt. Außerdem sind durch die Variablen **Index** und **MaxIndex** stets die aktuelle Position sowie die maximal mögliche Position eines Elements in der Liste bekannt. Auf diese Weise kann dann auch die Anzahl der Elemente in der Liste bestimmt werden, die stets `MaxIndex+1` ist. Die einzelnen Methoden der Klasse `Liste`, die in den Zeilen **021 – 035** definiert werden, wurden schon vorher kurz erläutert, nun möchte ich Ihnen zeigen, wie diese Methoden arbeiten.

Der Konstruktor `Liste::Liste()` (die Zeilen **037 – 043**) arbeitet hierbei, wie Sie es schon kennen. Der Anker wird auf `NULL` gesetzt und auch **Aktuell** und **Ende** bekommen jeweils `NULL` zugewiesen. Die Liste ist also am Anfang leer und enthält keine Elemente. Die Methode `Anhaengen()` arbeitet jedoch etwas anders als in Listing 4.2, da ich es nun vermeiden möchte, dass Sie Ihre Listen gezielt initialisieren müssen, um mit ihnen zu arbeiten. Deshalb verwendet `Anhaengen()` die nicht nach außen sichtbare Methode `Init()`, um eine Liste immer dann automatisch zu initialisieren, wenn Sie ein Objekt in eine noch leere Liste einfügen wollen. `Anhaengen()` reicht dieses Objekt dann per Zeiger an `Init()` weiter und `Init()` erstellt daraufhin eine Liste mit nur einem Element als Anker. `Init()` (die Zeilen **044 – 054**) funktioniert aber etwas anders als der Initialisierungsvorgang in Listing 4.2. In den Zeilen **046** und **047** wird nämlich zusätzlich zum Element `Element_t *Erstes`, auf das dann später auch der Anker zeigt, ein Listenkopf angelegt, der zusätzlich an den Anker angehängt wird. Dieser Listenkopf wird in den Zeilen **050** und **051** so definiert, dass der Datenzeiger `ListenKopf->Aktuell` auf `NULL` zeigt. Der Listenkopf enthält also einen Vorgänger, aber keinen Datenblock. Natürlich zeigen dann der Zeiger `Erstes->Nachfolger` und der Zeiger für das Listenende direkt nach der Initialisierung auf den Listenkopf und nicht auf `NULL`. Was Sie durch diese Konstruktion gewonnen haben, werde ich Ihnen erklären, wenn ich die Funktionen `Einfuegen()` und `EinfuegenAn()` beschreibe.

Kommen wir nun zu der Methode `Anhaengen()` (die Zeilen **055 – 072**). Das Anhängen von Elementen an das Ende der Liste ist einerseits einfacher als in Listing 4.2, andererseits aber auch komplizierter. Die erste Vereinfachung ist, dass `Anhaengen()` automatisch `Init()` aufruft, wenn Ihre Liste leer ist (Zeile **061**). Eine weitere Vereinfachung ist, dass Sie einen Zeiger zur Verfügung haben, der stets auf das letzte Element direkt vor dem Listenkopf zeigt. Sie können also einfach in Zeile **062** ein neues Element im Speicher anlegen und diesem anschließend in Zeile **064** den der Funktion `Anhaengen()` als Parameter übergebenen Zeiger auf Ihren Datenblock zuweisen. Auch die Schritte, die nötig sind, um das vormals letzte Element in Ihrer Liste zum Vorgänger des nun letzten Elements zu machen, sind nicht so kompliziert und Sie werden viele Programmiertechniken aus Listing 4.2 wiedererkennen. Was die Methode `Anhaengen()` jedoch komplizierter macht als die Methode in Listing 4.2, ist die Tatsache, dass Sie immer einen neuen Listenkopf erstellen müssen, wenn Sie ein Element am Ende der Liste anhängen. Deshalb benötigen Sie an dieser Stelle die Hilfsvariablen **E** und **EV**. **E** ist ein separater Zeiger auf das Ende der Liste und **EV** ist ein separater Zeiger auf das Vorgängerelement des letzten Elements. Um nun ein Element direkt vor dem Listenkopf einzuhängen, benötigen Sie die folgenden Anweisungen in den Zeilen **065 – 067**:

```
E=(Element_t*)Ende; // Typecasting nötig
EV=(Element_t*)E->Vorgaenger; // Typecasting nötig
EV->Nachfolger=Neu; Neu->Vorgaenger=EV; Neu->Nachfolger=Listenkopf;
```

Im Endeffekt haben Sie hier die bereits bekannten Anweisungen verwendet, die nötig sind, um ein neues Element in die Mitte einer doppelt verketteten Liste einzuhängen, in diesem Fall direkt vor den Listenkopf, dessen Vorgänger dann auch das neu eingefügte Element wird (Anweisungen in den Zeilen **069** und **070**).

Nun möchte ich Ihnen erklären, was Sie durch die Konstruktion mit dem Listenkopf gewonnen haben, wenn Sie die Methode **Einfuegen()** (die Zeilen **073 – 097**) erstellen. Durch den Listenkopf können beim Einfügen neuer Elemente nur noch zwei Szenarien auftreten, die sich gegenseitig ausschließen. Das erste Szenario ist, dass Sie ein Element ganz normal in der Mitte der Liste einfügen müssen. In diesem Fall ist `Aktuell!=Anker` (`if`-Anweisung in Zeile **082**), wenn **Aktuell** das Element ist, das Sie gerade durch eine separate Methode ausgewählt haben. In diesem Fall müssen Sie in den Zeilen **084 – 087** nur die bereits bekannte Programmiertechnik zum Umbiegen der Zeiger des Vorgängers und Nachfolgers auf das neue Element anwenden. Da Sie neue Elemente stets nur am Anfang oder in der Mitte einhängen können (das letzte Element ist ja der Listenkopf), kann als zweites Szenario nur noch die Bedingung auftreten, dass **Aktuell** auf den Anker zeigt (`else`-Anweisung in Zeile **089**). In diesem Fall müssen Sie den Anker verrücken, aber auch diese Programmiertechnik kennen Sie bereits. Durch den Listenkopf wird also das Einfügen neuer Elemente einfacher und vor allem schneller.

Einfacher wird auch das Einfügen von Elementen an einer bestimmten Position in der Liste (Methode `EinfuegenAn()` in den Zeilen **098 – 110**). Sie müssen in diesem Fall nur eine `for`-Schleife erstellen, die am Anfang auf den Listenanker zeigt und danach so lange `FindeNaechstes()` aufruft, bis die Zählvariable Ihrer `for`-Schleife der Elementposition entspricht, die Sie im Parameter **Index** übergeben haben. Da sich der maximale Index, den Sie verwenden können, stets in dem Attribut **MaxIndex** befindet, kann `EinfuegenAn()` sogar wie folgt funktionieren: Wenn **Index**<=0 ist, dann wird das Element am Ende eingefügt, wenn **Index>MaxIndex** ist, wird das Element am Ende angehängt.

Auch die Funktion `Loeschen()` (die Zeilen **111 – 131**) muss nur zwei Szenarien überprüfen, nämlich einmal das Entfernen eines Elements am Anfang der Liste und aus der Mitte der Liste. Im ersten Fall wird der Anker versetzt, im zweiten Fall wird das zu löschende Element durch Umbiegen der Zeiger des Vorgängers und Nachfolgers aus der Liste ausgehängt. `LoeschenAn()` (die Zeilen **132 – 142**) führt dann die gleiche Suchschleife aus wie `EinfuegenAn()`, nur wird hier am Ende (also wenn das Element gefunden wurde) `Loeschen()` und nicht `Einfuegen()` aufgerufen.

**Die nächste Übung soll sein, den Rest des Listings selbstständig zu verstehen. Erstellen Sie am besten auch Programmablaufpläne für die einzelnen Klassenmethoden. Selbstverständlich lasse ich Sie nicht im Regen stehen und sämtliche Lösungen befinden sich im Anhang, in dem Sie immer wieder nachschauen können, wenn Sie irgendwo steckenbleiben.**

## 4.3 Listen mit Java erstellen[4)]

Die Klasse, die Sie im letzten Beispiel verwendet haben, um Listen mit beliebigen Objekten zu erstellen, werden Sie wahrscheinlich ab jetzt nicht mehr missen wollen. Damit Sie in Ihren nächsten Projekten nicht immer wieder das Rad neu erfinden müssen, wenn Sie z. B. Spieler statt Personen verwalten wollen, habe ich die Klasse `Liste` in die Include-Datei **Liste.h** ausgelagert. Diese Datei können Sie sich sehr einfach selbst aus dem letzten Beispiel-Listing erstellen, indem Sie den entsprechenden Code in eine Include-Datei auslagern.

Nun war das letzte Listing aber auch schon ohne die Klasse `Liste` sehr umfangreich, und vielleicht haben Sie einige Tage gebraucht, um sich zurechtzufinden. Vielleicht haben Sie dann auch darüber nachgedacht, wie Sie solche Dinge, wie die Erstellung von Listen, einfacher gestalten können und ob es nicht auch Alternativen zu C++ gibt. Zugegeben: Die Lernkurve ist in diesem Kapitel stark angestiegen und vielleicht haben Sie sich an manchen Stellen auch geärgert, dass der Umgang mit Listen so kompliziert sein muss. Vielleicht wollen Sie auch an dieser Stelle lieber Java statt C++ verwenden, weil diese Programmiersprache viele Dinge in Bezug auf verkettete Listen

---

[4] Christian Ullenboom, Java ist auch eine Insel. Aktuell zu Java 21. ISBN-13 978-3836295444.

stark vereinfacht. Und genau darum soll es nun gehen, nämlich um die Erstellung von Listen mit Java.

Wenn Sie Java verwenden wollen, um Listen mit beliebigen Objekten zu erstellen, dann können Sie leider keine Zeiger benutzen, wie in Listing 4.4. Sie können in Java lediglich Referenzen auf Objekte erstellen. So zeigt beispielsweise das Objekt a auf das Objekt b, wenn Sie a=b setzen und a und b keine primitiven Datentypen sind. Die Verwendung von Referenzen auf Objekte ist jedoch bei der Programmierung von verketteten Listen sehr schwierig, weil Sie stets darüber nachdenken müssen, wie Java (das mit C++ entwickelt wurde) intern die entsprechenden Zeiger verwaltet. Der Umgang mit Listen ist also auch in Java erst einmal schwierig, deshalb wurden für genau diesen Zweck spezielle Erweiterungen geschaffen. Eine dieser Erweiterung sind die **Collections**, die ich Ihnen nun vorstellen möchte.

*Collections* (auf Deutsch Objektsammlungen) sind im Paket **java.util** definiert und umfassen vier Klassen: Listen (**java.util.List**), Sets (**java.util.Set**), Maps (**java.util.Map**) und Queues (**java.util.Queue**). Hierbei ist „Set" der englische Begriff für „Menge", „Map" der englische Begriff für „Landkarte" und „Queue" der englische Begriff für „Warteschlange". Zu den Listen gehören unter anderem die Unterklassen `Vector`, `Stack`, `ArrayList` und `LinkedList`. „Linked list" ist die englische Bezeichnung für eine verkettete Liste und Java verwendet intern grundsätzlich doppelt verkettete Listen. Dabei werden intern die doppelt verketteten Listen ähnlich verwaltet wie in Listing 4.4. Bei einem Objekt der Klasse `LinkedList` haben also alle Listenelemente einen Vorgänger und einen Nachfolger. Existiert kein Vorgänger oder Nachfolger, so bekommt der entsprechende Vorgänger oder Nachfolger den Wert `NULL` zugewiesen. `NULL` ist jedoch in Java kein Zeiger, sondern ein Hilfskonstrukt, das unter anderem den Garbage Collector (eine Art Müllabfuhr-Klasse, die den Speicher aufräumt) anwirft. Alle Objekte, denen `NULL` zugewiesen wird, werden irgendwann automatisch aus dem Speicher entfernt. In den nun folgenden Beispielen möchte ich Ihnen die wichtigsten Methoden der Klassen `LinkedList` und `Vector` vorstellen. Natürlich werde ich auch hier wieder zu jedem Unterpunkt Codebeispiele angeben.

### 4.3.1 Erstellen von Java-Listen mit LinkedList

In Java sind alle Daten, auf die Sie zugreifen können, stets Objekte, so auch die einzelnen Elemente in einer verketteten Liste. Genau genommen sind die Objekte nur interne Zeiger vom Typ `void*`, also Referenzen auf die Speicheradresse der entsprechenden Datenstrukturen. Die Anzahl an Elementen in einer Liste muss bei der Erstellung nicht bekannt sein und kann sich dynamisch ändern. Dies ist so, weil Java den Speicher dynamisch verwaltet und – weil der Java-Interpreter in C++ entwickelt wurde – intern für jedes neue Datenobjekt also stets `new` benutzt. Ebenso, wie es im weiteren Verlauf möglich ist, immer neue Elemente am Ende Ihrer Liste anzuhängen, können bereits bestehende Elemente aus der Liste „ausgehängt“ werden, auch hier wieder jeweils vom Ende oder vom Anfang aus. Vielleicht kennen Sie an dieser Stelle aus Ihrem Studium bereits die Klasse `ArrayList` und haben auch schon im Programmierpraktikum mit dieser gearbeitet. Welchen Vorteil hat die Verwendung der Klasse `LinkedList`? Die Antwort ist, dass `ArrayList` nur ein dynamisches Array implementiert, in das neue Daten mittels des Algorithmus eingefügt werden, den Sie schon in Kapitel 2 unter „Sortiertes Einfügen“ kennengelernt haben. Um also ein Objekt vom Typ `ArrayList` dynamisch zu vergrößern, muss stets neuer Speicherplatz für die einzufügenden Elemente reserviert werden. Wenn nun das größere Array nicht mehr zusammenhängend in den Speicher passt, weil z. B. dem alten Array direkt andere Daten folgen, muss das gesamte alte Array an eine andere Speicheradresse kopiert werden (Arrays werden auch bei Java grundsätzlich zusammenhängend im Speicher abgelegt). In eine `LinkedList` können also Elemente wesentlich schneller am Ende eingefügt werden als in eine `ArrayList`. Kommen wir zu den wichtigsten Methoden der Klasse `LinkedList`:

- `public boolean isEmpty()` stellt fest, ob die Liste leer ist.
- `public Integer size()` gibt die Anzahl der Listenelemente zurück.
- `public E get(int index)` liest das Element E an der Stelle index.
- `public boolean add(E)` hängt das Element E am Ende an.
- `public boolean add(index,E)` fügt E an der Position index ein.
- `public boolean removeLast()` entfernt das erste Element.
- `public boolean removeFirst()` entfernt das letzte Element.

Wenn Sie sich eingehend mit Listing 4.4 beschäftigt haben, werden Sie merken, dass ich mich bei der Entwicklung der universellen C++-Listenklasse an Java orientiert habe. Nun sehen Sie auch den Grund dafür: Der Umstieg von C++ auf Java ist sehr einfach, wenn Sie für das alte `Element_t*` den Variablennamen **E** einsetzen und sich nun die Methoden der Java-Klasse `LinkedList` ansehen. **E** ist bei sämtlichen Methoden der Klasse `LinkedList` immer vom Typ `Object`, das heißt, wenn **E** z. B. vom Typ `Integer` ist, dann wird von der Methode `add()` am Ende der Liste ein Objekt vom Typ `Integer` angehängt. Dies heißt natürlich auch wieder (wie auch schon in Listing 4.4), dass Java Sie nicht daran hindert, eine Liste zu erstellen, die Objekte gemischten Typs enthält. In diesem Fall sind wieder Sie als Programmierer dafür verantwortlich, Methoden zu ersinnen, mit denen Sie feststellen können, wo sich welches Objekt welchen Typs befindet. Da dies nicht so einfach ist, verwende ich in den folgenden Beispielen nur einfache, ganze Zahlen. Im nächsten Beispiel wird eine einfache Liste erstellt, in die Sie Zahlen einfügen können. Diese Zahlen werden von der Tastatur eingelesen. Es sind nur positive Zahlen zulässig. Wenn Sie eine negative Zahl oder 0 eingeben, wird die gesamte Liste in der Konsole ausgegeben und das Programm wird anschließend beendet. Sehen Sie sich dazu Listing 4.5 an.

**Listing 4.5** Liste3.java

```
01 import java.io.*; // Für Consolen-Funktionen
02 import java.util.*; // Für Collections

03 public class Liste3
04 {
05     public static void main (String[] args)
06     {
07         int i,n,s,index; // Hilfsvariablen
08         LinkedList<Integer> Liste=new LinkedList<Integer>(); // Integer-Liste
erstellen
09         String ConsoleInput;
10         System.out.println("Einfache Liste in Java");
11         n=1; // Initialisierung für n
12         while (n>0) // Eibgabe von Elementen, bis n<=0 ist
13         {
14             System.out.print("Bitte Wert n eingeben:");
15             ConsoleInput=System.console().readLine();
16             n=Integer.parseInt(ConsoleInput);
17             if (n>=0) { Liste.add(n); }
18         }
19         System.out.println("Ausgabe der Listenelemente:");
20         s=Liste.size(); // Anzahl Elemente in der Liste ermitteln
21         for (index=0; index<s; index++) // Sämtliche Elemente ausgeben
22         {
23             n=Liste.get(index);
24             System.out.println(n);
25         }
26         Liste=null; // Liste aus dem Speicher entfernen
27     }
28 }
```

In den Zeilen **01** und **02** wird neben dem Modul **java.io**, das Sie z. B. für die Tastatureingabe benötigen, auch das Modul **java.util** eingefügt, das die Collections-Klassen enthält. Diese benötigen Sie auf jeden Fall, um Objekte der Klasse `LinkedList` zu erstellen. Das Hauptprogramm (die Zeilen **03 – 28**) habe ich in diesem Beispiel der Einfachheit halber in einer einzigen Datei **(Liste3.java)** untergebracht, und diese enthält auch in diesem Listing alle Methoden inklusive der Hauptmethode `main()`. In Zeile **07** werden zunächst folgende Hilfsvariablen vom Typ `int` definiert: der Zähler **i** für die Ausgabeschleife aller Listenelemente bei Programmende, die Zahl **n** für den zuletzt über die Tastatur eingegebenen Wert, Die Variable **s**, die die Anzahl der Elemente in der Liste speichert (engl. size) und die Variable **index**, die den aktuellen Listenindex enthält. In Zeile **08** wird dann die verkettete Liste erstellt, die einfach den Namen „Liste“ bekommt. Damit die Liste jedoch Daten des richtigen Typs verwalten kann (hier: Integer-Zahlen), müssen Sie Typecasting verwenden. In Java geschieht dies (anders als in C++) durch eckige Klammern, die Sie in diesem Fall direkt hinter den Klassennamen „LinkedList“ setzen müssen. Sie schreiben also (da es in Java keine Zeiger vom Typ `void*` gibt):

```
LinkedList<Integer> Liste=new LinkedList<Integer>();
```

Nach erfolgreicher Erstellung Ihrer Liste im Speicher müssen Sie erst einmal in Zeile **09** den String-Puffer `ConsoleInput` für die Tastatureingabe anlegen (sämtliche Tastatureingaben werden in Java als Strings gespeichert). Anschließend lesen Sie mit einer `while`-Schleife (die Zeilen **12–18**) so lange ganze Zahlen in die Variable **n** ein, bis ein Wert <=0 eingegeben wurde. Die Wandlung des Strings im Eingabepuffer in eine ganze Zahl übernimmt hier die Anweisung

```
n=Integer.parseInt(ConmsoleInput);
```

in Zeile **16**. In Zeile **17** wird zunächst geprüft, ob n>=0 ist, und nur in diesem Fall wird der entsprechende Wert durch die Methode `add()` in die Liste eingefügt. Ist dagegen n<=0, wird die `while`-Schleife beendet.

In den Zeilen **19–25** wird die gesamte Liste so in der Konsole ausgegeben, wie Sie diese vorher eingegeben haben (also unsortiert). Hierfür muss in Zeile **20** zunächst die Anzahl der Elemente in Ihrer Liste durch die Mehtode `size()` bestimmt und in der Variablen **s** abgelegt werden. Anschließend wird mittels einer einfachen `for`-Schleife, unter Verwendung der Variable **index** als Schleifenzähler, jedes Listenelement einzeln in der Konsole ausgegeben. Dies leistet die Anweisung `n=get(index)` in Zeile **23**. Um die Daten in der Liste so zurückzugeben, dass diese dem Datentyp der Variablen **n** entsprechen, benötigt die Methode `add()` unser Typecasting aus Zeile **08**. Nur so kann Java wirklich feststellen, was für Objekte Sie vorher in die Liste eingefügt haben. Nun müssen Sie nur noch die Liste aus dem Speicher entfernen, bevor Sie das Programm beenden. Um die Liste vor Beenden des Programms aus dem Speicher zu entfernen, muss das Objekt `Liste` in Zeile **26** auf `NULL` gesetzt werden. Der Garbage-Collector von Java entfernt automatisch jedes Objekt aus dem Speicher, das den Wert `NULL` besitzt (in Java wird `NULL` übrigens, anders als in C++, **klein** geschrieben).

Vielleicht haben Sie sich beim Durchgehen des Listings Listing 4.5 an das Beispiel mit der Blockchain erinnert gefühlt. In der Tat hat Listing 4.5 sehr viel Ähnlichkeit mit der Blockchain-Struktur aus dem Blockchain-Beispiel, denn es werden immer nur Elemente am Ende der Liste angehängt.

Wenn Sie jetzt an dieser Stelle denken, dass in C++ der Umgang mit Listen schwerer, dafür aber sehr viel flexibler ist als in Java, vor allem, wenn Sie Listing 4.4 vollständig verstanden haben, dann haben Sie nicht ganz Unrecht. So können Sie z. B. mit C++ Zahlen direkt sortiert in eine Liste einfügen oder auch in einer beliebigen anderen Art und Weise. Nur können Sie mit dieser Aussage, dass C++ doch sehr viel flexibler ist als Java, auch ziemlich schnell ein philosophisches Streitgespräch auslösen, das dann auch nach ein paar Wochen noch nicht beendet ist. Wie so vieles in der Programmierung ist auch die Wahl der Programmiersprache Geschmacksache. Genau deswegen wird im Studium oft beides gelehrt, nämlich C++ und Java. Machen wir an dieser Stelle mit der Frage weiter, ob es nicht auch in Java möglich ist, eine sortierte Liste zu erstellen.

Ein gezieltes (also sortiertes) Einfügen von Elementen können Sie in der Tat leicht erreichen, indem Sie die Methode `add()` mit zwei Parametern in der Form `boolean` `add(int index, Element E)` aufrufen. In diesem Fall bestimmt der Parameter **index** die Einfügeposition, an der das Element **E** in die Liste eingehängt werden soll. Position 0 ist hierbei das erste Element und die Funktion `add()` gibt `false` zurück, wenn das Element an der angegebenen Position vorher noch nicht existiert hat, weil Sie z. B. versuchen, ein Element an der Position 10 einzufügen, die Liste aber nur neun Elemente enthält. Die Methode `add()` gibt übrigens erst seit Java-Version 1.4 einen Parameter zurück, vorher wurde ein Element immer dann am Ende angehängt, wenn der Parameter **index** den maximal möglichen Wert überschritt. Dies führte dann oft zu Programmcode wie folgende Zeile:

```
Liste.add(999999,E);
```

Genau deshalb wurde die Methode `add()` später so abgeändert, dass es zwei Versionen von dieser gibt, die beide einen Parameter vom Typ `boolean` zurückgeben. Die Version mit nur einem Parameter gibt hierbei genau dann `false` zurück, wenn das neue Element nicht mehr in die Liste passt, weil z. B. der Speicher voll ist (in dem letzten Beispiel habe ich die Prüfung auf einen Fehler beim Einfügen von Elementen also weggelassen). Diese Programmiermethode, für eine Methode unterschiedliche Varianten zuzulassen, nennt man übrigens Polymorphismus. *Polymorphismus* ist ein Überladen einer Klassenmethode desselben Namens mit verschiedenen Varianten ein und derselben Methode. Java verwendet häufig Polymorphismus, besonders bei Arrays, Listen und Bäumen.

Nun kommen Sie vielleicht auf den Gedanken, Ihre Liste erst direkt vor der Ausgabe der Elemente zu sortieren. Dies geht auch, nämlich mit der Methode `sort()` der Collections-Klasse, der nur das entsprechende Objekt übergeben werden muss, das sortiert werden soll. Die verkettete Liste aus dem letzten Beispiel kann also auf die folgende Weise sortiert ausgegeben werden:

```
System.out.println("Ausgabe der Listenelemente:");
Collections.sort(Liste); // Nur diese Zeile ist zusätzlich einzufügen
s=Liste.size(); // Anzahl Elemente in der Liste ermitteln
for (index=0; index<s; index++) // Sämtliche Elemente ausgeben
{
    n=Liste.get(index);
    System.out.println(n);
}
```

Die Methode `sort()` ist hier direkt Bestandteil der Collections-Klasse und nicht Bestandteil der Klasse `LinkedList`. Je nach übergebenem Objekt kann `sort()` also unterschiedliches Verhalten zeigen und Sie können sogar für die Objekte Ihrer eigenen Klassen eine eigene Sortiermethode implementieren, die dann die `sort()`-Methode der Collections-Klasse überlagert. Auch hier ist das Zauberwort wieder Polymorphismus. Für Integer-Zahlen ist die Standard-Sortiermethode schon vorgegeben und die Zahlen werden aufsteigend sortiert. Die Methode `sort()` verwendet intern den Quicksort-Algorithmus, den ich Ihnen später noch zeigen werde. Quicksort ist eines der schnellsten Sortierverfahren, die es gibt.

**Hinweis: In Java ist alles eine Klasse**

In Java sind sämtliche Daten in Form von Klassen abgelegt, also auch primitive Datentypen, wie z. B. `int` (die dazugehörige Klasse heißt dann `Integer`). Deshalb sind auch Integer-Zahlen Objekte und besitzen auch Methoden wie z. B. `parseInt()`, mit denen andere Objekte wie Strings in Integer-Zahlen umgewandelt werden können. In Java müssen Sie also durchaus um die Ecke denken können, aber lassen Sie sich davon bitte nicht abschrecken.

## 4.3.2 Erstellen von Java-Listen mit Vector

Eine Alternative zur Klasse `LinkedList` ist die Klasse `Vector`, die fast wie die Klasse `LinkedList` arbeitet. Sehen Sie sich hierfür zunächst die Methoden der Klasse `Vector` an:

- `public boolean isEmpty()` stellt fest, ob die Liste leer ist.
- `public E elementAt(int index)` liefert das Element **E** an der Position **index.**
- `public boolean add(E)` hängt das Element **E** an das Ende der Liste an.
- `public boolean add(int index, E)` fügt ein Element **E** an der Position **index** ein.
- `public boolean remove(int index)` entfernt das Element an der Position **index.**
- `public boolean remove(E)` entfernt das Referenzelement **E** aus der Liste (und liefert **false** zurück, falls E nicht gefunden wurde).
- `public int size()` liefert die Anzahl der Elemente in der Liste zurück.
- `public void clear()` löscht die gesamte Liste.

Auch bei der Listenklasse `Vector` ist die Variable **E** vom Typ `Object`, es können also auch hier beliebige Daten in die Liste eingefügt werden. Allerdings müssen Sie beim Einfügen und Löschen etwas aufpassen. Die Methode `remove()` arbeitet nämlich zunächst, wie Sie es erwarten würden, und entfernt z. B. durch den Aufruf `remove(4)` das fünfte Element in der Liste (das Element an Position 0 ist also wieder das erste Element). Natürlich liefert `remove()` dann auch `false` zurück, wenn das fünfte Element nicht existiert. Wenn Sie jedoch `remove()` nicht mit einer Zahl oder Variablen vom Typ `int` aufrufen, sondern ein beliebiges Objekt übergeben, so wird dasjenige Objekt aus der Liste entfernt, das Sie übergeben haben (das Objekt wird dann quasi durch eine Suchfunktion gesucht und es wird das erste Objekt aus der Liste entfernt, auf das Ihre Suchmaske passt). Wenn das Objekt, das Sie als Suchmaske übergeben haben, nicht gefunden werden kann, wird `false` zurückgegeben. Ebenso gibt es von `add()` zwei Varianten, nämlich einmal mit zwei Parametern und einmal mit einem Parameter. Wenn Sie die zwei Parameter **index** und **E** verwenden, dann wird das Element **E** vom Typ `Object` **direkt vor dem Element E** in die Liste eingefügt, das an der Position **index** steht. Wenn Sie jedoch nur den Parameter **E** übergeben, dann funktioniert die

Methode `add()` wie die entsprechende Methode der Klasse `LinkedList` und das Element **E** wird am Ende der Liste angehängt. Kommen wir nun zum nächsten Beispiel, in dem auch wieder über die Tastatur eingegebene Zahlen in eine Liste eingefügt werden. Allerdings wird hier die Klasse `Vector` verwendet und die Liste wird **aufsteigend** sortiert, **bevor** diese ausgegeben wird.

**Listing 4.6** Liste4.java

```
import java.io.*; // Für Console-Funktionen
import java.util.*; // Für Collections

public class Liste4
{
    public static void main (String[] args)
    {
        int i,n,s,index; // Hilfsvariablen
        Vector<Integer> Liste=new Vector<Integer>();
        String ConsoleInput;
        System.out.println("Einfache Liste in Java");
        n=1; // Initialisierung für n
        while (n>0) // Eibgabe von Elementen, bis n<=0 ist
        {
            System.out.print("Bitte Wert n eingeben:");
            ConsoleInput=System.console().readLine();
            n=Integer.parseInt(ConsoleInput);
            if (n>=0) { Liste.add(n); }
        }
        Collections.sort(Liste);
        System.out.println("Ausgabe der Listenelemente:");
        s=Liste.size(); // Anzahl Elemente in der Liste ermitteln
        for (index=0; index<s; index++) // Sämtliche Elemente ausgeben
        {
            n=Liste.get(index);
            System.out.println(n);
        }
        Liste=null; // Liste aus dem Speicher entfernen
    }
}
```

Listing 4.6 muss hier nicht mehr ausführlich erklärt werden, denn in diesem Listing wird nur `Vector` statt `LinkedList` verwendet und die Liste wird vor der Ausgabe der einzelnen Elemente in der Konsole mit der `sort()`-Methode aufsteigend sortiert. Auch bei Verwendung von `Vector` muss beim Anlegen des entsprechenden Objekts explizit der Datentyp der einzelnen Elemente mit angegeben werden.

### 4.3.3 Wann LinkedList und wann Vector?

Wann benutzt man nun in Java `LinkedList` und wann `Vector`? Reicht nicht eine einzige Klasse aus, da ja im Endeffekt sowohl `LinkedList` als auch `Vector` beide intern doppelt verkettete Listen verwenden? Die Antwort ist, dass sich `LinkedList` und

`Vector` in der Tat kaum unterscheiden und Sie den Namen verwenden können, der Ihnen am besten gefällt. Da Java aber von Anfang an eine Internet-Programmiersprache war, sind die Import-Module quasi „langsam gewachsen", und deshalb gibt es auch für verkettete Listen mehrere Alternativen. Da sämtliche Alternativen auch alle noch in plattformunabhängigen Programmen vorkommen können, müssen diese auch weiterhin unterstützt werden. Denn nichts ist nerviger, als nach einem Update plötzlich den Server oder die Apps tagelang anpassen zu müssen, und nichts verursacht mehr Kosten als eine temporäre Unerreichbarkeit. Auch ein Umzug Ihrer Anwendungen auf einen neuen Server sollte nicht allzu lange dauern. Im Studium wird an dieser Stelle oft vom *MFR-Prinzip* gesprochen: *MFR* ist die Abkürzung für „mobility, flexibility, reachability" und bedeutet „Mobilität, Flexibilität und Erreichbarkeit" – drei essenzielle Dinge, die bei Internet-Apps stets gewährleistet sein sollten.

Im nächsten Kapitel werde ich Ihnen eine Datenstruktur vorstellen, die quasi eine Erweiterung der doppelt verketteten Liste ist. Es geht dort um Bäume. Bäume sind in der Informatik eine der wichtigsten Datenstrukturen überhaupt. Keine Angst: Ab jetzt wird vieles einfacher, weil Sie die meisten Dinge, die Sie nun gelernt haben, wiederverwenden können. Sie sind also quasi auf dem Gipfel des Bergs angekommen. Sie sind natürlich noch kein Profi, aber auf dem guten Weg, einer zu werden.

## 4.4 Übungen

**Übung 1**

Erläutern Sie den Unterschied zwischen einer einfach verketteten Liste und einer doppelt verketteten Liste. Erklären Sie auch anhand eines kurzen Codebeispiels in C++, wie bei einer einfach verketteten Liste und einer doppelt verketteten Liste Elemente **in der Mitte der Liste** eingefügt werden können. Tipp: Skizzieren Sie den Ablauf am besten vorher auf ein Blatt Papier und erstellen das Codefragment erst zum Schluss.

**Übung 2**

Gibt es Unterschiede zwischen Blockchains und vorwärts verketteten Listen, und wenn ja, welche? Erläutern Sie ferner mit etwa 250 Worten, in welchen Bereichen Blockchains eingesetzt werden und in welchen Bereichen vorwärts verkettete Listen zum Einsatz kommen.

**Übung 3**

Überlegen Sie, welche Programmierfehler beim Einfügen von Elementen in eine doppelt verkettete Liste auftreten können. Beschreiben Sie diese mit 250 Worten, nicht mit Quellcode-Beispielen.

# 5 Bäume[1)]

Oft sind Bäume eines der Themen, mit denen sich die meisten Studenten schwertun, und das nicht zu Unrecht. Was sind aber nun Bäume? Bäume sind zunächst schlicht Datenstrukturen, das heißt, bei der Erstellung von Bäumen werden die Daten in einer bestimmten Weise angeordnet. *Bäume* sind Strukturen, in denen die Daten hierarchisch in Knoten angeordnet sind, die auf verschiedenen Ebenen liegen. Dabei hat jeder Baum eine Wurzel, die sozusagen der Hauptknoten ist und die auf der obersten Ebene liegt. Ein Baum besteht immer aus *Knoten* (engl. nodes) und *Kanten* (engl. branches). Durch die Kanten können Knoten mit anderen Knoten verbunden werden, die Knoten, die nicht mit anderen Knoten verbunden sind, heißen *Blätter* (engl. leafs). Die Daten selbst befinden sich in den Knoten. Auf welche Weise Sie die Daten in den Knoten anordnen, hängt vom verwendeten Algorithmus ab. So befinden sich z. B. in vielen Suchbäumen die Daten in den Blättern (also auf der untersten Ebene), in manchen Fällen müssen jedoch auch Informationen in Knoten eingetragen werden, die keine Blätter sind. Dies ist beispielsweise der Fall, wenn Sie Begriffe aus einem bestimmten Bereich linguistisch ordnen wollen. So können z. B. die Begriffe „Arzt“, „Patient“, „Anamnese“, „Diagnose“, „Krankheit“ und „Maßnahme“ alle an den Knoten „medizinische Begriffe“ angehängt werden, der selbst aber kein Blatt ist. Nun muss aber der Knoten „Krankheit“ auch kein Blatt sein, denn Sie können z. B. den Begriff „Grippe“ an den Knoten „Infektionskrankheiten“ anhängen, der seinerseits wieder an den Knoten „Krankheit“ angehängt wurde. Ein Blatt ist also immer ein besonderer Knoten, der nicht mit Daten einer unteren Ebene verbunden ist.

Wenn Sie nun an dieser Stelle annehmen, dass der Umgang mit Bäumen nicht so einfach ist, haben Sie sicherlich recht. Warum macht man sich aber dann die Mühe, Daten in einer so komplexen Weise anzuordnen? Kurz: Wozu benötigt man Bäume? Die

---

[1] Norbert Blum, Algorithmen und Datenstrukturen, Eine anwendungsorientierte Einfuhrung, ISBN 3-486-27394-9, S. 8 ff.

Antwort ist, dass viele Probleme in der Informatik überhaupt nur mit Bäumen in einer vernünftigen Zeit gelöst werden können. In diesen Bereich fallen nicht nur Probleme der Sprachforschung und KI, sondern auch sehr viele Algorithmen, die z. B. für die Suche in Datenbanken verwendet werden. Auch Ihr Navigationsgerät würde ohne spezielle Suchbäume für die kürzeste Strecke zwischen a und b nicht funktionieren, und Google Maps für Ihr Smartphone gäbe es schlicht nicht. Bäume sind gewissermaßen das Universalwerkzeug für die schnelle Verarbeitung großer Datenmengen.

Welche Algorithmen stecken nun hinter Bäumen? Ein Baum ist erst einmal kein Algorithmus, sondern eine Datenstruktur. Deshalb ist auch das Einfügen von neuen Knoten kein spezieller Algorithmus, sondern nur ein bestimmtes Verfahren zur Verwaltung der Zeiger, die die Knoten verbinden. Die Algorithmen verbergen sich also – wie auch schon bei den verketteten Listen – hinter ganz speziellen Verfahren für das Finden und Einfügen von Daten in einen ganz speziellen Baum. Kommen wir nun zur konkreten Datenstruktur der Knoten in einem Baum, wie sie in C++ realisiert wird. Diese Struktur ähnelt stark den Elementen in einer verketteten Liste. Während jedoch in einer verketteten Liste die einzelnen Elemente nur linear (das heißt in nur einer einzigen Ebene) miteinander verbunden werden, können die Knoten in einem Baum über mehrere Ebenen miteinander verbunden werden. Diese Ebenen werden so angeordnet, dass jeder Knoten mit mindestens einem Knoten einer übergeordneten Ebene (*Up*) und mindestens einem Knoten einer untergeordneten Ebene (*Down*) verbunden werden kann.

## 5.1 Allgemeine Bäume

Sie können die Knoten auf unterschiedliche Art und Weise miteinander verknüpfen. Es gibt zwei Haupt-Verknüpfungsmethoden. Die erste Hauptmethode ist der Binärbaum (B-Baum). Ein *Binärbaum* ist ein Baum, in dem ein Knoten maximal zwei Verbindungen mit den Knoten einer tieferen Ebene eingehen kann. Die zweite Hauptmethode ist der allgemeine Baum. Ein *allgemeiner Baum* ist ein Baum, in dem ein Knoten eine beliebige Anzahl Verbindungen mit Knoten einer tieferen Ebene eingehen kann. Zunächst geht es an dieser Stelle um allgemeine Bäume.

### 5.1.1 Einfach strukturierte allgemeine Bäume

Die Knoten in allgemeinen Bäumen werden durch den folgenden strukturierten Datentyp abgebildet:

```
struct Knoten_t
{
        NData_t *Data; // Daten im Knoten
        Knoten_t *Up; // Höhere Ebene (für Bottom-Up)
        Knoten_t *Down; // Untere Ebene (für Top-Down)
};
```

Die Zeiger **Up** und **Down** zeigen jeweils auf den Anker einer verketteten Liste von Knoten der nächsthöheren Ebene (**Up**) oder der nächsttieferen Ebene (**Down**). Manchmal gibt es einen Zeiger auf einen strukturierten Datentyp, der die eigentlichen Knoten-Informationen enthält. Der Zeiger **NData** kann aber durchaus auch vom Typ `void*` sein. Der große Vorteil der hier benutzten allgemeinen Struktur ist die hohe Flexibilität. Sie können z. B. für jeden Knoten eine separate verkettete Liste definieren, die eine beliebige Anzahl Verknüpfungen zu den Blättern des entsprechenden Knotens enthält. **Up** und **Down** sind dann die Anker von verketteten Listen mit den entsprechenden Knoten, die nach oben oder unten führen. Der Nachteil eines solchen Vorgehens ist jedoch, dass dadurch die Verwaltung des Baums relativ kompliziert wird. Deshalb wird bei einfacheren Problemstellungen oft der Strukturtyp `NData_t` durch einfache Variablen ersetzt, oder aber **Up** und **Down** werden als Zeiger-Arrays definiert, die nur eine begrenzte Anzahl an Verknüpfungen enthalten können. Oft wird **Up** auch ganz weggelassen.

Kommen wir zum ersten konkreten Beispiel. Dieses Beispiel ist sehr einfach gestaltet und erläutert die Grundlagen zum Aufbau einer Baumstruktur im Speicher. Die Knoten in dem nächsten Beispiel sollen einzelne Ziffern im Bereich 0 – 9 enthalten. Wenn Sie eine längere Zahl in Ihrem Baum speichern wollen, müssen Sie also die einzelnen Ziffern separat in den Baum einhängen. Nehmen wir beispielsweise die Zahl 4711. Wenn Ihr Baum leer ist, wird zuerst ein Knoten erzeugt, der die Ziffer 4 enthält und die Wurzel des Baums darstellt. Anschließend wird an diesen neuen Knoten ein Knoten mit der Ziffer 7 angehängt. An den Knoten wiederum, der die Ziffer 7 enthält, wird ein neuer Knoten angehängt, der die Ziffer 1 enthält, an den dann nochmal ein Knoten angehängt wird, der die Ziffer 1 enthält. Dieser letzte Knoten ist dann ein Blatt.

Fügen wir nun die Zahl 4712 in den Baum ein. Zunächst muss Ihr Programm nachsehen, ob schon ein Knoten existiert, der die Ziffer 4 enthält und der mit der Wurzel verbunden ist. Dies ist der Fall, also geschieht einfach nichts, außer dass Ihr Programm eine Ebene tiefer zu dem entsprechenden Knoten geht, der die Ziffer 7 enthält. Nun sieht Ihr Programm nach, ob der aktuelle Knoten, der die Ziffer 7 enthält, mit einem Knoten verbunden ist, der die Ziffer 1 enthält. Dies ist wiederum der Fall und Ihr Programm geht wieder eine Ebene tiefer zu dem Knoten, der die Ziffer 1 enthält. Der letzte Knoten, der die Ziffer 1 enthält, ist jedoch noch nicht mit einem Knoten verbunden, der die Ziffer 2 enthält. Also muss für die letzte Ziffer der Zahl 4712 ein neuer Knoten erstellt werden. Dieser neue Knoten wird dann auch zu einem Blatt, das nicht mit weiteren Knoten verbunden ist.

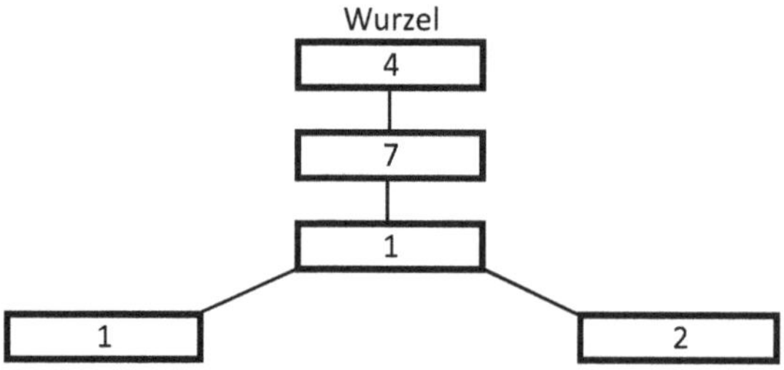


**Bild 5.1** Einfacher Baum mit den Ziffernfolgen für die Zahlen 4711 und 4712

> **Hinweis: Knoten können ihren Status ändern**
>
> Der Status eines Knotens kann sich ändern und genau an dieser Stelle müssen Sie besonders aufpassen. Vergessen Sie nicht, sämtliche Blätter zu kennzeichnen, z. B., indem Sie den Zeiger **Down** gezielt auf `NULL` setzen. Natürlich muss Ihr Programm feststellen können, ob ein bestimmter Knoten ein Blatt ist und ob dieser Knoten beim Einfügen neuer Daten den Status ändern soll.

Erstellen wir nun erst einmal die Grundstruktur für einen Knoten, der als Daten einzelne ASCII-Ziffern (Typ `char`) aufnehmen kann und der mit bis zu zehn Knoten einer tieferen Ebene verbunden werden kann:

```
struct Knoten_t
{
	char Ziff; // Ziffern im Knoten sind ASCII-Ziffern
	Knoten_t *Down[10]; // Zeiger-Array untere Ebenen (bis zu 10)
};
```

Sie müssen also in dem ersten einfachen Beispiel noch nicht mit Ankern auf verkettete Listen arbeiten, denn ein Knoten kann hier nur maximal zehn Verbindungen mit Knoten einer tieferen Ebene eingehen. Ferner hat ein Knoten, der eine bestimmte Ziffer enthält, immer nur einen Vorgängerknoten einer höheren Ebene, der hier aber nicht gesondert gespeichert werden muss.

> **Hinweis: Eltern- und Kindknoten im Knoten-Stammbaum**
>
> Knoten, die mit Knoten einer tieferen Ebene verknüpft sind, werden als *Elternknoten* (parent node) bezeichnet. Die Knoten, die auf der tieferen Ebene mit einem Elternknoten verknüpft sind, werden als *Kindknoten* (child node) bezeichnet. Die Begriffe *Elternknoten* und *Kindknoten* oder die englischen Pendants tauchen immer wieder in Praktika und Lehrbüchern auf, deshalb sollten Sie sich diese Begriffe gut einprägen.

Nun haben Sie die Struktur Ihrer Knoten definiert, aber dadurch noch nicht viel gewonnen. Sie müssen ja irgendwie an Ihre Daten kommen. In unserem speziellen Fall sollen die Zahlen von der Tastatur eingelesen werden. Sie denken an dieser Stelle sicherlich an die scanf()-Funktion, mit der Sie wahrscheinlich schon oft Zahlen eingelesen haben. Vielleicht gibt es auch eine scanf()-Variante für Strings? Sie haben Glück: Eine solche Variante gibt es in der Tat, und wenn Sie nicht vorhaben, Strings einzulesen, die Leerzeichen enthalten, dann können Sie auf die folgende Weise vorgehen:

```
char Zahl[100]; // maximal 100 Ziffern
scanf("%s",Zahl); // %s liest Strings ein
```

Und schon wieder haben Sie Glück, denn Zahlen, die als einzelne Ziffern dargestellt werden, können keine Leerzeichen enthalten. Wie sortieren Sie aber nun ASCII-Ziffern? Kann man diese denn so miteinander vergleichen, dass die ASCII-Null kleiner ist als die ASCII-Neun? In der Tat ist dies der Fall. Die ASCII-Null hat den Wert 48 und die ASCII-Neun hat den Wert 57. Deshalb ist z. B. der Ausdruck '0'<'9' erlaubt und liefert auch in korrekter Weise true zurück – natürlich ist dies nur der Fall, wenn Sie ASCII und keinen Unicode benutzen.

Nehmen Sie nun an, Sie haben die Zahl 4711 bereits mit scanf() als Ziffernfolge von der Tastatur eingelesen. Was Sie als Nächstes benötigen, ist der Baum selbst, den Sie wie folgt deklarieren können:

```
Knoten_t *Baum=new Knoten_t;
Baum->Ziff=0; // Ziff initialisieren (wichtig!)
for (int i=0; i<10; i++) { Baum->Down[i]=NULL; }
```

Sie legen mit den letzten Anweisungen gewissermaßen einen Anker für Ihren Baum im Speicher an, über den Sie später auf die einzelnen Knoten zugreifen können. Dieser Anker, der gleichzeitig auch die Wurzel ist, ist hierbei ein ganz normaler Knoten, bei dem **Ziff** ein Null-Zeichen (keine ASCII-0!) ist und bei dem noch kein Verweis auf andere Knoten existiert.

Sie haben nun die Wurzel erstellt und eine Zahl von der Tastatur in die String-Variable **Zahl** eingelesen. Fügen wir nun die erste ASCII-Ziffer in den Baum ein. Für diesen Zweck muss zuerst ein neuer Zeiger auf den aktuellen Knoten angelegt werden, der am Anfang auf die Wurzel zeigt:

```
Knoten_t *Aktuell; // Hier ist kein new nötig
Aktuell=Baum;
```

Am Anfang zeigt also der Zeiger **Aktuell** auf die Wurzel des Baums. Fügen wir nun die erste Ziffer unserer Zahl in den Baum ein. Zunächst muss festgestellt werden, ob die entsprechende Position noch frei ist und ob der Knoten, der die gewünschte Ziffer enthält, schon existiert. Wenn dies der Fall ist, brauchen Sie die erste Ziffer nicht in den Baum einzuhängen und fahren eine Ebene tiefer mit der zweiten Ziffer fort. Wie ermitteln Sie aber nun die Position des Knotens, der die erste Ziffer enthalten könnte? Die Antwort: mit folgendem Trick:

```
int ArrayPos=0; // Leseposition im Array Zahl
int KPos=Zahl[ArrayPos]-48;
```

Wenn Sie vom ASCII-Wert einer Ziffer 48 abziehen, erhalten Sie den entsprechenden Binär-Wert dieser Ziffer. Diesen Binär-Wert benutzen Sie anschließend als Positionszeiger für das Array `Knoten_t *Down[10]`. Der Verweis auf den Knoten, der die erste Ziffer der Zahl 4711 enthält, wird also an Position 4 im Array **Down** abgelegt. Dies darf aber nur dann der Fall sein, wenn der entsprechende Verweis noch nicht existiert. Dies leisten die folgenden Programmzeilen:

```
int i; // Zähler
int C=Zahl[ArrayPos]; // ASCII-Character
Knoten_t *N; // Neuer Knoten N
if (Aktuell->Down[C-48]==NULL)
{
        N=new Knoten_t; // Speicher reservieren
        N->Ziff=C; // ASCII-Ziffer speichern
        for (i=0; i<10; i++) { N->Down[i]=NULL; }
        Aktuell->Down[C-48]=N; // Knoten einhängen
}
Aktuell=Aktuell->Down[C-48]; // Aktuellen Knoten aktualisieren
```

Ein Blatt wird also dadurch definiert, dass sämtliche Zeiger im Array **Down** auf `NULL` zeigen. Ein Blatt wird zu einem Knoten, wenn einem der Zeiger im Array **Down** eine gültige Adresse eines anderen Knotens zugeordnet wird. Da in diesem Beispiel der Baum nur von oben nach unten durchlaufen werden kann, befinden sich sämtliche Knoten, auf die die Zeiger im Array **Down** verweisen, stets auf einer tieferen Ebene als der Knoten **Aktuell**. Vielleicht verwirren Sie die letzten Sätze etwas, weil in diesem Beispiel kein Zeiger **Up** existiert. Diesen benötigen Sie aber auch gar nicht, weil Sie eine einfache Top-down-Strategie anwenden, die den Baum ausschließlich von oben nach unten durchläuft.

**Hinweis: Top-down und Bottom-up**

Es gibt zwei Hauptstrategien, um einen Baum zu durchlaufen, nämlich die *Top-down-Methode* und die *Bottom-up-Methode*. Die *Top-down-Methode* führt stets von oben (also von der Wurzel aus) nach unten und wählt bei der Suche bzw. beim Einfügen stets Knoten der tieferen Ebene aus. Die Top-down-Methode endet also bei den Blättern. Die *Bottom-up-Methode* startet stets an einem Blatt und führt von unten (also von einem Blatt aus) nach oben. In diesem Fall wird bei der Suche bzw. beim Einfügen stets ein Knoten der nächsthöheren Ebene ausgewählt. Die Bottom-up-Methode endet also an der Wurzel. Bedenken Sie immer, dass in der Informatik die Bäume quasi „auf dem Kopf stehen" und mit der Wurzel nach oben gezeichnet werden.

Fügen wir nun die Einzelteile zu einem vollständigen Programm zusammen. Sehen Sie sich hierzu Listing 5.1 an:

**Listing 5.1** Baum1.cpp

```
#include<stdio.h>

struct Knoten_t
{
    char Ziff; // Daten im Knoten sind ASCII-Ziffern
    Knoten_t *Down[10]; // Zeiger-Array untere Ebenen (bis zu 10)
};

void Init(Knoten_t *K)
{
    K->Ziff=0;
    for (int i=0; i<10; i++) { K->Down[i]=NULL; }
}

void ZahlEinfuegen(Knoten_t *B, char *Zahl)
{
    int i=0,ArrayPos=0,KPos=0,C=0;
    Knoten_t *Aktuell;
    Knoten_t *N;
    Aktuell=B;
    while (Zahl[ArrayPos]!=0)
    {
        KPos=Zahl[ArrayPos]-48;
        C=Zahl[ArrayPos]; // ASCII-Wert
        if (Aktuell->Down[KPos]==NULL)
        {
            N=new Knoten_t; // Speicher reservieren
            N->Ziff=C; // ASCII-Ziffer speichern
            Init(N);
            Aktuell->Down[KPos]=N; // Knoten einhängen
        }
        Aktuell=Aktuell->Down[C-48]; // Aktuellen Knoten aktualisieren
        ArrayPos++;
    }
}

Knoten_t *SucheKnoten(Knoten_t *B, char *Zahl)
{
    bool gefunden=true;
    int C=0,ArrayPos=0,KPos=0;
    Knoten_t *Aktuell=B;
    printf("Teste Ziffern:");
    while ((Zahl[ArrayPos]!=0)&&(gefunden==true))
    {
        C=Zahl[ArrayPos]; // Ziffer (ASCII) aus Array Zahl auslesen
        KPos=Zahl[ArrayPos]-48;
        if (Aktuell->Down[KPos]!=NULL) // Aktueller Knoten ist belegt?
        {
            Aktuell=Aktuell->Down[KPos]; // Wenn ja, eine Ebene tiefer gehen
            printf("%c",Aktuell->Ziff); // Testausgabe überprüfte Ziffern
        }
        else { gefunden=false; }
```

```
49          ArrayPos++;
50      }
51      printf("\n");
52      if (gefunden==true) { return Aktuell; }
53      else { return NULL; }
54  }

55  int main(void)
56  {
57      int i,D,ArrayPos,NodePos;
58      char Num[100]; // maximal 100 Ziffern
59      Knoten_t *N, *Baum, *Aktuell;
60      Baum=new Knoten_t; Init(Baum);
61      while ((Num[0]!='0')||(Num[1]!=0))
62      {
63          printf("Zahl eingeben (0 beendet die Eingabe):"); scanf("%s",Num);
64          if (Num[0]!='0')
65          {
66              ZahlEinfuegen(Baum,Num);
67          }
68      }
69      printf("Suche Zahl:"); scanf("%s",Num);
70      Aktuell=SucheKnoten(Baum,Num);
71      if (Aktuell!=NULL)
72      {
73          printf("Die Zahl %s wurde im Baum an Adresse %p gefunden.\
n",Num,Aktuell);
74      }
75      else
76      {
77          printf("Die Zahl %s wurde nicht im Baum gefunden.\n",Num);
78      }
79      return 0;
80  }
```

In den Zeilen **02–06** wird erst einmal die Grundstruktur eines Knotens definiert (`struct Knoten_t`). Ein Knoten kann hier nur eine einzige ASCII-Ziffer enthalten sowie in dem Array **Down** zehn Zeiger auf die Knoten einer untergeordneten Ebene – es wird hier also eine Top-down-Hierarchie verwendet. Um einen Knoten korrekt verwenden zu können, muss dieser zunächst durch die Funktion `Init()` (die Zeilen **07–11**) so eingerichtet werden, dass das Strukturelement **Ziff** ein Null-Zeichen enthält und sämtliche Zeiger im Array **Down** auf `NULL` zeigen (verwechseln Sie hier bitte nicht Null-Zeichen, die ASCII-0 und den `NULL`-Zeiger).

Die Funktion `ZahlEinfuegen()` fügt eine Zahl in den Suchbaum ein, die durch eine ASCII-Zeichenkette (also eine Ziffernfolge) repräsentiert wird. Dieser ASCII-String wird durch den Parameter `char *Zahl` übergeben. Damit die Funktion `ZahlEinfuegen()` auch den richtigen Baum verwendet, muss im ersten Funktionsparameter der Wurzel-Knoten des Baums (Parameter **B**) übergeben werden. Deshalb ist der erste Parameter ein Zeiger vom Typ `Knoten_t*`. Die Funktion `ZahlEinfuegen()` verwendet verschiedene Hilfsvariablen, die in den Zeilen **14–17** deklariert werden. Wie auch schon bei der verketteten Liste, kommt der Einfüge-Algorithmus (die Zeilen **18–31**) nicht ohne Hilfsvariablen aus.

Am Beginn des Einfügevorgangs zeigt der Zeiger **Aktuell** auf die Wurzel des Baums **B**, der aktuelle Knoten **Aktuell** ist also am Anfang die Wurzel. Der Zähler **ArrayPos** zeigt am Anfang auch auf das erste Zeichen in dem übergebenen Array **Zahl**. Solange `Zahl[ArrayPos]` nicht das Null-Zeichen ist, wird in Zeile **20** der Variablen **KPos** zunächst die Einfügeposition der nächsten Ziffer in den Zeiger-Array `Aktuell->Down` zugewiesen, und der Hilfsvariablen **C** wird die aktuelle ASCII-Ziffer der Ziffernfolge **Zahl** zugewiesen. Der Trick, mit dem die Einfügeposition der aktuellen Ziffer ermittelt wird, wurde weiter oben bereits beschrieben: Für jede ASCII-Ziffer wird ein separater Zeiger auf einen eine Ebene tiefer gelegenen Knoten reserviert und die Ziffer selbst bestimmt die Position in dem Zeiger-Array **Down**, der selbst ein Bestandteil des strukturierten Datentyps `Knoten_t` ist. Dies wird dadurch erreicht, dass von dem ASCII-Wert der entsprechenden Ziffer 48 abgezogen wird – die Ziffer 0 wird auf diese Weise auf die Array-Position 0 und die Ziffer 9 auf die Array-Position 9 abgebildet.

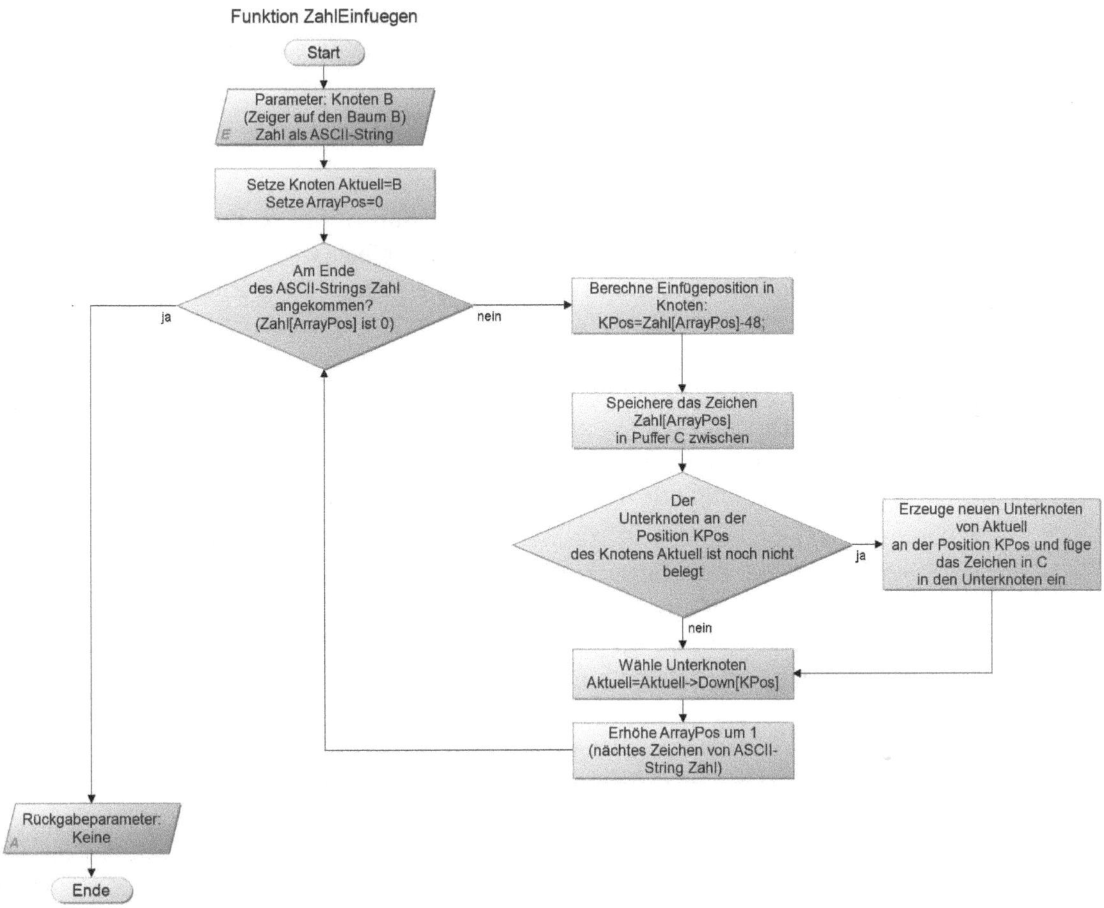


**Bild 5.2** Programmablaufplan der Funktion ZahlEinfuegen()

Nun darf ein neuer Knoten natürlich nur dann erstellt werden, wenn für die entsprechende ASCII-Ziffer noch kein Verweis auf eine tiefere Ebene existiert. Dies leistet die `if`-Anweisung in Zeile **22**, die prüft, ob `Aktuell->Down[KPos]` auf `NULL` zeigt. Nur, wenn dies der Fall ist, wird ein neuer Knoten **N** im Speicher angelegt, `N->Ziff` wird die aktuelle ASCII-Ziffer **C** zugewiesen und anschließend wird der Knoten **N** mit `Init()` initialisiert. Unabhängig davon, ob wirklich ein neuer Knoten im Speicher angelegt wurde, muss in jedem neuen Schritt des Einfüge-Algorithmus stets der richtige untergeordnete Knoten des aktuellen Knotens, der zu der Ziffer **C** passt, sowie die Position des nächsten Zeichens im Array **Zahl** ausgewählt werden. Dies leisten die Anweisungen in den Zeilen **29** und **30**.

Die Funktion `SucheKnoten()` (die Zeilen **33–54**) funktioniert fast wie die Funktion `ZahlEinfuegen()` und bekommt deshalb ebenfalls die Parameter **B** (Typ `Knoten_t*`) und Zahl (Typ `char*`) übergeben. Das Array **Zahl** wird Zeichen für Zeichen in einer `while`-Schleife (die Zeilen **39–50**) durchlaufen, nur fügt die Funktion `SucheKnoten()` keine neuen Daten in den ihr übergebenen Baum ein. Stattdessen wird für jede ASCII-Ziffer im Array **Zahl** überprüft, ob es für diese einen eine Ebene tiefer gelegenen Knoten gibt, und wenn dies der Fall ist, wird dieser in Zeile **45** durch die Anweisung

```
Aktuell=Aktuell->Down[KPos];
```

ausgewählt. Auch `SucheKnoten()` verwendet also die Hilfsvariable **C**, um die aktuelle Ziffer des Arrays **Zahl** zwischenzuspeichern. Eine Ziffernfolge wird von dem hier verwendeten einfachen Suchalgorithmus genau dann als gefunden betrachtet, wenn die gesamte Ziffernfolge im Array **Zahl** durchlaufen wurde, ohne jemals einen Knoten zu treffen, bei dem es für eine bestimmte Ziffer keinen Unterknoten gibt. Gültige Ziffernfolgen sind also für jede Ziffer außer der letzten immer mit einem Knoten auf einer tieferen Ebene verbunden. `SucheKnoten()` gibt als Parameter immer den Knoten zurück, in dem die letzte Ziffer der gesuchten Zahl steht, oder `NULL`, falls die Zahl nicht im Suchbaum vorhanden ist (die Hilfsvariable **gefunden** ist dann `false`).

Im Hauptprogramm (die Zeilen **55–80**) werden Sie nun aufgefordert, Zahlen als Ziffernfolgen über die Tastatur einzugeben. Wenn Sie nicht eine Zahl eingeben, die mit einer Null beginnt, wird die entsprechende Ziffernfolge in Ihren Suchbaum eingefügt. Wenn Sie stattdessen eine Zahl eingeben, die mit einer Null beginnt, werden Sie im nächsten Schritt dazu aufgefordert, eine Zahl einzugeben, die Sie in Ihrem Suchbaum suchen wollen. Wenn diese Zahl nicht in Ihrem Suchbaum vorhanden ist, wird eine Meldung ausgegeben, dass die angegebene Zahl nicht gefunden werden konnte. Ansonsten wird die Speicheradresse des Knotens ausgegeben, der die letzte Ziffer Ihrer Ziffernfolge enthält, die die Zahl repräsentiert.

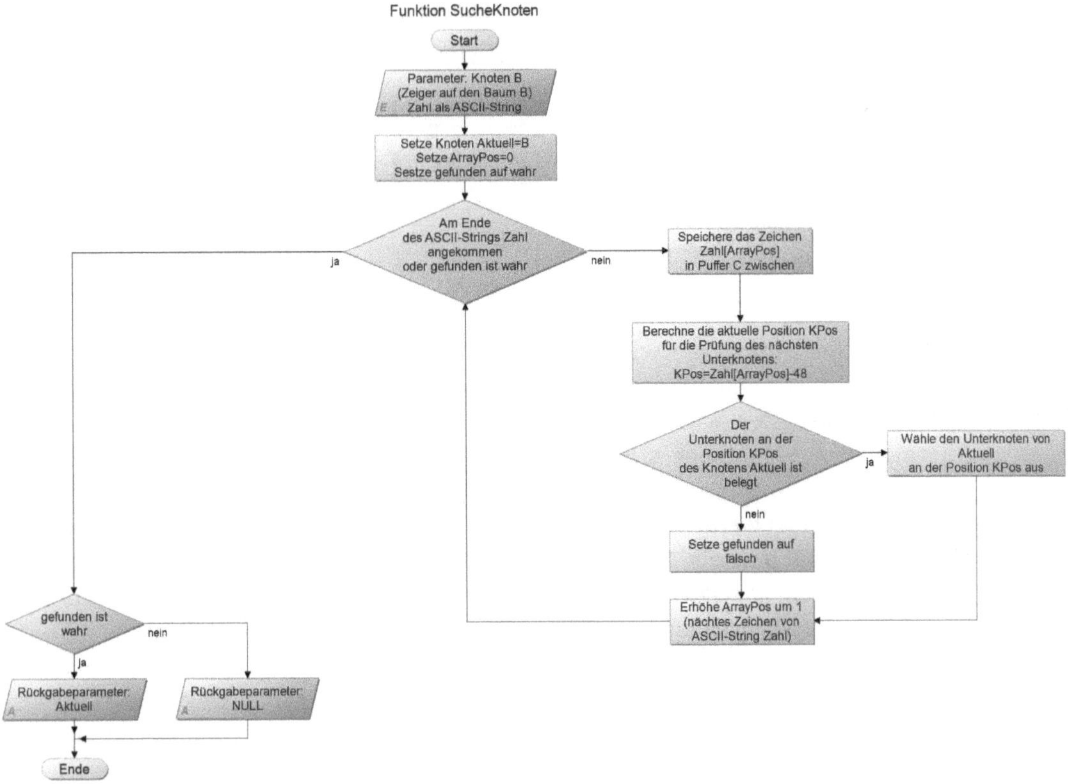


**Bild 5.3** Programmablaufplan der Funktion SucheKnoten()

Im letzten Beispielprogramm sehen Sie sehr gut die Beschränkungen, die durch die Verwendung des Zeiger-Arrays `Knoten_t *Down[10]` entstehen. Sie können z. B. eine Ziffer auf derselben Ebene nicht mehrmals einfügen und so werden, wenn Sie die Zahl 4711 und 4712 einfügen, zusätzlich die Zahlen 4, 47 und 471 eingefügt. Der Suchalgorithmus findet dann die zusätzlichen Ziffernfolgen „4“, „47“ und „471“, weil diese ja auch wirklich existieren. Dies ist übrigens kein Bug, sondern wurde von mir bewusst implementiert, um Ihnen zu zeigen, dass Sie bei der Wahl der Such- und Einfüge-Algorithmen sehr gut aufpassen müssen. Sonst kann es geschehen, dass Ihr Programm ein ungewolltes Verhalten zeigt und z. B. Kollisionen auftreten.

**Hinweis: Kollision**

Eine *Kollision* in einem Baum bedeutet, dass für einen bestimmten Suchpfad in einem Baum mehrere gültige Datensätze in Betracht kommen. Kollisionen gefährden die Integrität der Daten und sollten vermieden werden – eine Kollision ist also immer ein kritischer Zustand. Sie sollten Ihre Baumstrukturen in jedem Fall ausgiebig auf die Möglichkeiten von Kollisionen testen, sonst handeln Sie sich unter Umständen schwer auffindbare Fehler ein.

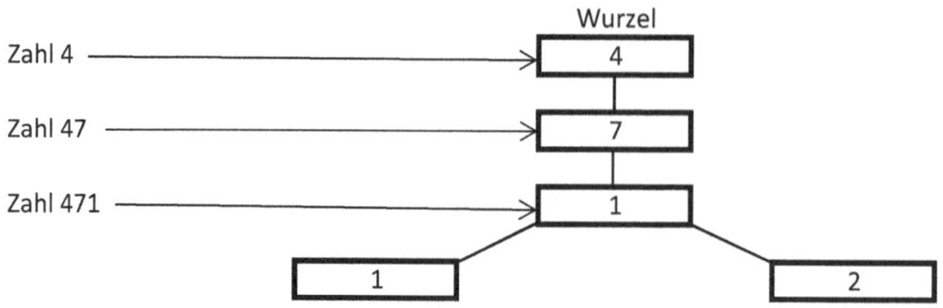


**Bild 5.4** Kollisionen im letzten Beispielprogramm

Ich werde Ihnen nun zeigen, wie Sie die Kollisionen vermeiden können, die im letzten Beispiel auftreten können. Es gibt hier mehrere Möglichkeiten, die ich Ihnen alle der Reihe nach vorstellen möchte. Die erste Möglichkeit ist die Verwendung zusätzlicher Informationen. Sie können z. B. als zusätzliche Suchinformation die ASCII-Ziffern verwenden, die Sie in den Knoten selbst ablegen. Wenn z. B. die Ziffernfolge „47“ als ungültig betrachtet werden soll, können Sie in dem Knoten, der dem Knoten folgt, der die 4 enthält, für **Ziff** ein Null-Zeichen eintragen. Die Ziffernfolgen „4“, „471“ und „471“ wären dann korrekterweise ungültig. Sie haben hier natürlich die Verknüpfungen der Knoten nicht geändert, sondern nur die Daten in den Knoten. Selbstverständlich bleiben dadurch die Ziffernfolgen „4711“ und „4712“ gültig. Sie können natürlich auch die Suchkriterien ändern und z. B. für jede Zahl eine eindeutige ID vergeben, die Zahl selbst aber separat im Baum ablegen. Eine weitere Lösung ist die folgende: Das beschränkte Array **Down** wird durch einen Zeiger auf eine verkettete Liste ersetzt, die mehr als einen Knoten enthalten kann, der dieselbe Ziffer enthält. Auf diese Weise könnten Sie dann die Ketten „4-> NULL“, „4->7->NULL“, „4->7->1->NULL“ und „4->7->1->1->NULL“ getrennt abspeichern.

Kommen wir zum nächsten Beispiel, in dem ein einfacher Baum erstellt wird, in dem keine Mehrdeutigkeiten mehr vorkommen können. Die Lösung des Mehrdeutigkeitsproblems ist hier recht einfach: Anstatt die Ziffern der Zahlen zu verwenden, verwendet der nächste Baum Buchstaben und fügt die Zahlen selbst als Werte vom Typ `double` in den Suchbaum ein. Zu jeder Zahl gibt es also einen eindeutigen Namen, der aus Großbuchstaben bestehen muss. Leerzeichen, Sonderzeichen und auch das Null-Zeichen sind nicht erlaubt. An jedem Knoten im Suchbaum befindet sich also immer genau ein gültiger Buchstabe, wenn ein Name dann gültig ist. Viele Skriptsprachen verwenden Suchbäume der Art, wie sie im nächsten Listing dargestellt wird, um Variablen dynamisch zur Laufzeit anzulegen. Bei der zurzeit beliebten Skriptsprache Python besitzen z. B. sämtliche Variablen, die sich noch nicht im Suchbaum befinden, den Wert 0 und erst, wenn Sie darauf zugreifen, wird der entsprechende Eintrag in den Baum eingehängt. Es gibt jedoch auch Skriptsprachen, wie z. B. JavaScript, bei denen Sie Variablen explizit deklarieren müssen. Sehen Sie sich nun Listing 5.2 an.

**Listing 5.2** Baum2.cpp

```
#include<stdio.h>

struct Knoten_t
{
    char Z; // ASCII-Zeichen 'A'-'Z', keine Leerzeichen
    double Wert;
    Knoten_t *Down[26];
};

void Init(Knoten_t *B) // Bitte immer zuerst aufrufen
{
    B->Z=0; // ungültige Knoten enthalten hier das Null-Zeichen
    for (int i=0; i<26; i++) { B->Down[i]=NULL; }
}

void ZahlEinfuegen(Knoten_t *B, char *Zahl, double Wert)
{
    Knoten_t *Aktuell;
    Knoten_t *N;
    int i=0,ArrayPos=0,KPos=0,C=0;
    Aktuell=B;
    while (Zahl[ArrayPos]!=0)
    {
        KPos=Zahl[ArrayPos]-'A';
        C=Zahl[ArrayPos]; // Nur ASCII-Zeichen 'A'-'Z' erlaubt
        if (Aktuell->Down[C-'A']==NULL) // das Zeichen 'A' auf Position 0 abbilden
        {
            N=new Knoten_t;
            N->Z=0;
            for (i=0; i<10; i++) { N->Down[i]=NULL; }
            Aktuell->Down[C-'A']=N; // Knoten einfügen
        }
        Aktuell=Aktuell->Down[C-'A']; // In jedem Schritt eine Ebene tiefer gehen
        ArrayPos++;
    }
    Aktuell->Z=Zahl[ArrayPos-1];
    Aktuell->Wert=Wert;
}

Knoten_t *Suchen(Knoten_t *B, char *Name)
{
    bool gefunden=true;
    int C=0,ArrayPos=0;
    Knoten_t *Aktuell=B;
    while ((Name[ArrayPos]!=0)&&(gefunden==true))
    {
        C=Name[ArrayPos]; // ASCII-Zeichen
        if (Aktuell->Down[C-'A']!=NULL) // Noch nicht am Ende?
        {
            Aktuell=Aktuell->Down[C-'A']; // Wenn nein, eine Ebene tiefer
        }
        else { gefunden=false; }
        ArrayPos++;
    }
```

```
51      if (gefunden==true)
52      {
53          if (Aktuell->Z!=0) { return Aktuell; } // ungültige Buchstabenfolgen erkennen
54          else { return NULL; }
55      }
56      else { return NULL; }
57  }

58  int main(void)
59  {
60      double Wert=0;
61      char Name[100];
62      Knoten_t *N, *Baum, *Aktuell;
63      Baum=new Knoten_t; Init(Baum);
64      while (Name[0]!='0')
65      {
66          printf("Variablenname (0=Ende):");
67          scanf("%s",Name);
68          if (Name[0]!='0')
69          {
70              printf("Wert:"); scanf("%lf",&Wert);
71              ZahlEinfuegen(Baum,Name,Wert);
72          }
73      }
74      printf("Suche:"); scanf("%s",Name);
75      Aktuell=Suchen(Baum,Name);
76      if (Aktuell!=NULL)
77      {
78          printf("Der Wert von '%s' is %lf.\n",Name,Aktuell->Wert);
79      }
80      else
81      {
82          printf("Variable '%s' nicht gefunden.\n",Name);
83      }
84      return 0;
85  }
```

Das letzte Beispiel unterscheidet sich, wie Sie sicherlich festgestellt haben, nicht sonderlich vom Listing 5.1. Sie legen hier jedoch den Variablennamen, der zu einer bestimmten Zahl gehört, und den eigentlichen Wert für die entsprechende Zahl separat im Baum ab. Wenn Sie einen Namen versehentlich zweimal verwenden, wird einfach der alte Eintrag überschrieben, und der Wert einer Variablen in Ihrem Suchbaum ist immer der Wert, den Sie als Letztes verwendet haben. Dubletten werden also nicht erkannt, aber korrekt überschrieben. Um die ungültigen Buchstabenfolgen zu erkennen, die Sie noch nicht in den Baum eingefügt haben, prüft nun die Funktion `Suchen()` in den Zeilen **51–55** zusätzlich den nach erfolgreicher Suche zuletzt benutzten Knoten **Aktuell** darauf, ob in diesen schon ein gültiges ASCII-Zeichen eingetragen wurde. Erst, wenn dies der Fall ist (`Aktuell->Z` ist nicht 0) und zusätzlich **gefunden** vorher auf `true` gesetzt wurde, ist der Knoten **Aktuell** auch der gesuchte Knoten. Nur in diesem Fall wird statt `NULL` der entsprechende Knoten **Aktuell** zurückgegeben.

### 5.1.2 Allgemeine Bäume mit beliebigen Objekten

Erweitern wir unser letztes Beispiel so, dass Sie in Ihren Baum nicht nur Zahlen oder Buchstabenfolgen, sondern beliebige Objekte einfügen können. Diese Objekte sollen natürlich später gesucht und auch gezielt gelöscht werden können, und es soll auch eine beliebige Anzahl an Knoten möglich sein. Sie ahnen es sicherlich schon: Nun kommen wieder die verketteten Listen ins Spiel, zusammen mit den typenlosen Zeigern, die auf beliebige Objekte zeigen können. Vielleicht denken Sie an dieser Stelle auch bereits über erfolgreiche Suchalgorithmen nach und eventuell taucht dann in Ihrem Geist der Begriff Rekursion wieder auf. In diesem Fall haben Sie Recht: Um einen bestimmten Knoten in einem größeren Baum zu finden, benötigen Sie einen rekursiven Backtracking-Algorithmus. Mehr noch: Um das nächste Beispiel erfolgreich umzusetzen, brauchen Sie quasi sämtliche Programmiertechniken, die Sie bis jetzt gelernt haben.

Sie werden aber ab jetzt keine neuen Programmiertechniken mehr lernen müssen, sondern vielmehr die alten Techniken auf neue Bereiche anwenden – in diesem Sinne wird ab jetzt alles einfacher. Sie werden dann auch vieles aus den letzten Kapiteln wiedererkennen und sehen, dass auch die Bäume mit beliebigen Objekttypen nicht so wild sind, dass Sie deswegen in Panik geraten müssen. Im Gegenteil: Sie werden vieles aus den Kapiteln 1 bis 4 wiedererkennen, z. B. das Teile-und-herrsche-Prinzip, das Backtracking und der Umgang mit verketteten Listen und typenlosen Zeigern.

Kommen wir zum nächsten Beispiel. In diesem Beispiel soll ein Baum mit nur einer Wurzel, aber einer beliebigen Anzahl von Unterknoten erzeugt werden. Damit dieses Beispiel nicht in der Luft hängt, habe ich ein Beispiel aus dem Schulunterricht genommen: Es geht um den Stammbaum der Arten. Alle Lebewesen stammen bekanntlich von einer Urzelle ab. Diese Urzelle entstand vor 5 Milliarden Jahren und steht quasi an der Wurzel des Artenbaums. In der Biologie wird oft der Artenstammbaum so angeordnet wie in der Informatik, nämlich mit der Wurzel nach oben. Dies trifft sich auch ganz gut, denn nun haben wir ein geeignetes Lehrbeispiel für allgemeine Bäume mit beliebigen Objekttypen.

Kommen wir zum praktischen Teil und erstellen die Knotenstruktur für den Artenstammbaum. Jede Art stammt stets von einer übergeordneten Art ab, außer eben der Urzelle. Dabei kann eine übergeordnete Art sich durchaus in mehrere Unterarten aufspalten. Der Strukturtyp `Element_t` erweitert sich für Ihren Baum wie folgt und heißt `Knoten_t`:

```
struct Knoten_t
{
    Knoten_t *Aktuell;
    Liste *Unterarten;
};
```

Hierbei zeigt der Zeiger **Aktuell** auf den Datensatz selbst und der Zeiger **Unterarten** zeigt auf eine doppelt verkettete Liste, die in diesem Fall sämtliche Unterarten einer bestimmten Art enthält. Die Klasse `Art` enthält folgende Attribute:

```
char Name[100];
char Gattung[100];
float Alter; // In Millionen Jahren
```

Ich habe die tatsächlichen Verhältnisse stark vereinfacht, damit wir später noch einen relativ einfachen rekursiven Suchalgorithmus implementieren können. Es kann nämlich (anders, als es z. B. Darwin noch annahm) im Artenstammbaum Verbindungen zwischen Arten geben, die auf der gleichen Ebene liegen. Außerdem werden Pflanzen, Tiere und Pilze (und manchmal auch die Bakterien) mittlerweile oft separat betrachtet und es gibt dann mehrere Wurzeln. Auch, dass sich Arten auf verschiedenen Ebenen durchaus rückkreuzen können, beachte ich hier bewusst nicht, denn dies würde unser Beispiel nur unnötig verkomplizieren.

Erstellen wir nun die Struktur, die den eigentlichen Stammbaum enthält. Hier mache ich folgenden Schritt: Ich benutze die universelle Listenklasse, die Sie bei der Personenverwaltung in Kapitel 4 benutzt haben (also die Include-Datei **Liste.h**). Der Vorteil ist, dass Sie in Ihrer Knotenstruktur Zeiger auf verkettete Listen verwenden können. Wenn Sie z. B. schon einen neuen Knoten für eine bestimmte Art angelegt haben, können Sie dieser auf folgende Weise Unterarten zuordnen:

```
AktuelleArt->Unterarten=new Liste;
AktuelleArt->Unterarten->Anhaengen((Knoten_t*)NeueUnterart); // Typecasting nötig
```

Dem aktuellen Knoten wird hier eine Unterarten-Liste zugewiesen, in die dann eine neue Unterart eingehängt wird. Für weitere Unterarten einer bestimmten übergeordneten Art können Sie auf dieselbe einfache Weise verfahren. Wenn eine Art keine Unterarten hat, weil diese z. B. geografisch isoliert ist, dann zeigt der Zeiger **Unterarten** auf `NULL`. Beachten Sie an dieser Stelle unbedingt, dass sich die wirklichen Daten für eine Art hier in `AktuelleArt->Aktuell` befinden und dass die Liste mit den Unterarten Knoten (Typ `Knoten_t*`) und keine Objekte vom Typ `Art*` enthält.

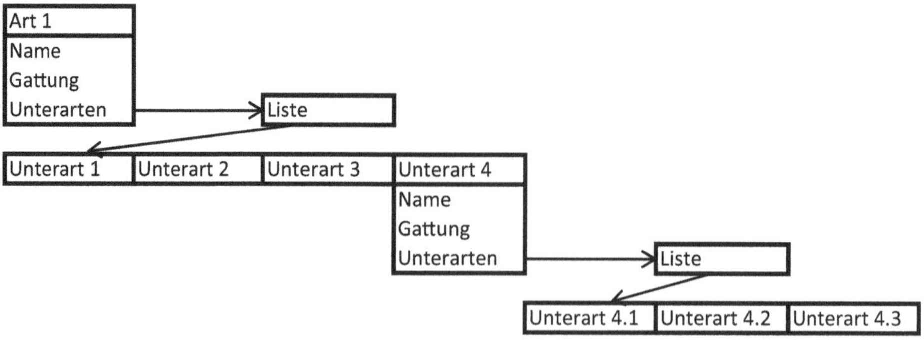


**Bild 5.5** Eine Art und deren Unter- und Unterunterarten als verkettete Knoten-Liste

An dieser Stelle haben Sie schon alles zusammen, um einen einfachen Artenstammbaum zu erstellen. Sie können neue Arten mit im Speicher anlegen und dieser Art Unterarten zuweisen, die Sie natürlich auch vorher im Speicher anlegen müssen. Die Daten sollen an dieser Stelle wieder mit den Anweisungen

```
NeueArt->Eingabe();
AktuellerKnoten->Aktuell=(Art*)NeueArt;
```

von der Tastatur eingelesen werden, wie auch schon bei der Personenverwaltung in Kapitel 4. An dieser Stelle fehlt aber noch eine Sache, nämlich das Suchen einer bestimmten Art im Stammbaum und das anschließende Zuweisen von Unterarten zu genau dieser Art, die auch wieder Unterart einer übergeordneten Art sein kann. Sie müssen also erst eine bestimmte Art anlegen und anschließend weisen Sie dieser Art weitere Unterarten zu, deren Daten Sie dadurch definieren, dass Sie diese von der Tastatur einlesen. Sie müssen also eine Suchfunktion programmieren, die den gesamten Baum nach einer bestimmten Art durchsuchen kann, und bei dieser Art müssen Sie stets in der Lage sein, neue Unterarten anzuhängen. Zum Glück ist diese Aufgabe nicht so schwer, wie Sie vielleicht denken, wenn Sie ein paar Tricks kennen. Diese Tricks haben wieder mit der Rekursion und dem Teile-und-herrsche-Prinzip zu tun (das ist auch der Grund, warum ich dieses vorher durchgenommen habe).

Stellen Sie sich vor, Sie wollen eine bestimmte Art in Ihrem Baum suchen, die ihrerseits wieder Unterart einer anderen Art sein kann. Sie wissen natürlich nicht, an welcher Stelle Sie diese in Ihren Baum eingehängt haben. Sie wissen nur, dass Sie stets dafür gesorgt haben, dass alle Knoten miteinander verbunden sind und auch jede Art außer der Wurzel stets eine übergeordnete Art hat. Sie wissen auch, dass Ihr Baum auf jeden Fall eine Wurzel hat. Natürlich wissen Sie auch, wie man Listen nach einem bestimmten Eintrag durchsucht, nämlich mit einer einfachen Suchschleife, die immer dann bis zum Listenkopf gelangt, wenn das gesuchte Element nicht in der Liste ist. Eine solche Suchfunktion gibt `NULL` zurück, wenn ein bestimmter Eintrag nicht gefunden wurde, oder aber einen Zeiger auf das entsprechende Element, wenn dieses gefunden wurde. Sie nehmen erst einmal den ersten Knoten im Baum (also die Wurzel) und schauen nach, ob dieser Knoten schon Ihre gesuchte Art ist. Wenn dies nicht der Fall ist, dann nehmen Sie einfach an, dass eine der Unterarten in der Unterartenliste die gesuchte Art ist, und rufen Ihre Suchfunktion auf, die die Liste mit den Unterarten nach der entsprechenden Art durchsucht. Wenn die Suche erfolglos ist, dann gibt es die entsprechende Art nicht, und Ihre Suchfunktion gibt `NULL` zurück. Sie nehmen also an dieser Stelle erst einmal an, Sie hätten Ihr Suchproblem schon gelöst und könnten die gesuchte Art in der Baumwurzel oder aber in der Unterartenliste der Baumwurzel finden. Wenn Sie dies nicht können, dann gibt es diese Art auch nicht. Wenn sich Ihre Annahme allerdings als falsch herausstellt und ein bestimmter Knoten in der Unterartenliste eine eigene Unterartenliste enthält, dann müssen Sie Ihr Suchproblem in kleinere Teilprobleme aufteilen, und Sie rufen Ihre Suchfunktion mit der neuen Unterartenliste erneut rekursiv auf. Sie erstellen also einen Teile-und-herrsche-Algorithmus, der ähnlich arbeitet wie der Algorithmus, mit dem Sie in Kapitel 3 die Türme von Hanoi gelöst haben. Diesen Suchalgorithmus möchte ich Ihnen nun vorstellen.

Es sei **KAktuell** ein Knoten vom Typ `Knoten_t*`, also ein Zeiger auf den aktuell zu durchsuchenden Knoten. In diesem Knoten soll der Name der Art, der in dem Attribut `char *Name` der Klasse `Art` abgelegt ist, mit dem Artnamen verglichen werden, den Sie in der Suchmaske `char *Suchname` gespeichert haben. Wenn dieser Vergleich erfolgreich ist und `strcmp()` den Wert 0 zurückliefert, soll die Suche erfolgreich sein und Ihre Suchfunktion soll zurückkehren, ohne sich erneut rekursiv aufzurufen. **KAktuell** soll ferner am Anfang auf die Wurzel zeigen und die Hilfsvariable **gefunden**, die angibt, ob Ihre Suche bereits erfolgreich war, soll am Anfang `false` sein. Die Variable **gefunden** soll dann auch am Ende per `return`-Anweisung zurückgeliefert werden, und **KAktuell** soll stets den aktuell zu bearbeitenden Knoten enthalten. Die Suchfunktion selbst soll mit den folgenden Parametern aufgerufen werden:

```
bool FindeKnoten(Knoten_t *KAktuell, char *Suchname);
```

Direkt nach dem ersten Aufruf ist `gefunden==false` und `KAktuell==Wurzel`. Damit Sie die Daten des aktuellen Knotens korrekt auslesen können und auch Zugriff auf die Artdaten haben, benötigen Sie folgende Hilfsvariablen:

```
Art *A; // Artdaten
Knoten_t *K; // Hilfsvariable für die Rekursion
```

Nun müssen Sie erst einmal die Unterartenliste von **KAktuell** finden. Da die Unterartenliste eine verkettete Liste aus Knoten ist, benötigen Sie hierfür folgende Anweisungen:

```
K=(Knoten_t*)KAktuell->Unterarten->FindeErstes();
```

Sie arbeiten also hier für die Unterarten einer Art mit der universellen Klasse `Liste`, die Sie am Ende von Kapitel 4 kennengelernt haben. Mit der Methode `FindeErstes()` der Klasse `Liste` gehen Sie an den Anfang der Unterartenliste und nehmen erst einmal an, Ihre gesuchte Art befände sich in der Unterartenliste. Da Sie wissen, dass eine Liste stets einen Listenkopf hat, der auf `NULL` zeigt, ist die Suchschleife zunächst ganz einfach umzusetzen:

```
K=(Knoten_t*)KAktuell->Unterarten->FindeErstes();
while (K!=NULL)
{
    A=(Art*)K->Aktuell;
    if (strcmp(Suchname,A->GetName())==0)
    {
        KAktuell=K;
        return true;
    }
}
KAktuell=NULL;
return false;
```

Wenn also die Suchfunktion durchläuft, ohne je den gesuchten Artnamen zu finden, dann wird `KAktuell=NULL` gesetzt und es wird `false` zurückgegeben. Ansonsten liefert die `strcmp()`-Anweisung irgendwann einmal einen Wert von 0 zurück und die Suchschleife läuft nicht bis zum Ende der Liste durch. In diesem Fall wird `KAktuell=K` gesetzt und `true` zurückgegeben. Nun kann es aber vorkommen, dass eine Art in Ihrer Unterartenliste selbst wieder Unterarten enthält. In diesem Fall ist `K->Unterarten` nicht `NULL` und Ihre Annahme, dass Sie Ihre gesuchte Art in jedem Fall in Ihrer aktuellen Unterartenliste finden, wird falsch. Sie benötigen also einen Teilungsschritt und müssen `FindeKnoten()` erneut rekursiv aufrufen:

```
if (K->Unterarten!=NULL)
{
    gefunden=FindeKnoten(K,Suchname); // Einstieg in die Rekursion
    if (gefunden==true) // Rückkehr aus der Rekursion
    {
        KAktuell=K;
        return true;
    }
}
```

Als ich anfing, die Funktion `FindeKnoten()` zu programmieren, ergab sich auch zunächst kein Problem und mein Algorithmus fand sowohl meine Arten als auch meine Unterarten. Dies änderte sich, als ich anfing, Unterarten von Unterarten anzulegen. Bei den Unterarten von Unterarten wurde plötzlich, obwohl ich auch die Unterarten der Unterarten erfolgreich finden konnte, nur Datenmüll ausgegeben, wenn ich im Hauptprogramm folgende Zeilen verwendete:

```
if (Stammbaum.FindeKnoten(KAktuell,Suchname)==true)
{
    A=(Art*)KAktuell->Aktuell;
    A->Ausgabe();
}
```

Leider taucht an dieser Stelle ein Problem auf, das sich bei der Verwendung von Rekursionen nicht immer vermeiden lässt: Auch der Zeiger **KAktuell** wird vor einem rekursiven Aufruf von `FindeKnoten()` auf dem Stack zwischengespeichert und dadurch ändert sich der Inhalt von `KAktuell->Aktuell` (also die eigentlichen Daten einer Art) zwischen den einzelnen Rekursionsebenen. Zumindest habe ich dieses Verhalten im Nachhinein mit meinem Debugger **gdb** herausgefunden, ohne dass dieses Verhalten in irgendeiner Weise vorherzusehen gewesen wäre. Das heißt, dass Sie außerhalb der Funktion `FindeKnoten()` nicht mehr auf die Artdaten zugreifen können, die Sie innerhalb von `FindeKnoten()` korrekt ermittelt haben. Es gibt für dieses Problem leider keine einfache Lösung, außer einer einzigen: Sie müssen eine globale Variable definieren, beispielsweise den Hilfszeiger **Such**, der vom Typ `Knoten_t*` ist. Da globale Variablen niemals ihre Position im Speicher ändern, behält der Zeiger **Such** auch innerhalb einer Rekursion seine Adresse bei. `FindeKnoten()` muss also das Suchergebnis in der globalen Variablen **Such** und nicht im Zeiger **KAktuell** ablegen (es hilft hier übrigens auch nichts, **KAktuell** als `const Koten_t *` zu definieren). Wenn Sie zusätzlich noch erreichen wollen, dass `FindeKnoten()` einen Zeiger auf den gefundenen Knoten zurückgibt und keinen Wahrheitswert, können Sie eine Wrapper-Funktion erstellen. Eine *Wrapper-Funktion* ist eine Funktion, die die eigentliche Funktion, die Sie aufrufen wollen, so kapselt, dass die Wrapper-Funktion die Parameter so zurückgibt, wie Sie diese eigentlich haben wollen. Meistens benennt man zu diesem Zweck die ursprüngliche Funktion so um, dass dem ursprünglichen Namen ein Unterstrich vorangeht (`FindeKnoten()` wird also zu `_FindeKnoten()`). Die neue Funktion `FindeKnoten()` kapselt die Funktion `_FindeKnoten()` wie folgt ein:

```
Knoten_t* FindeKnoten(char *Suchname)
{
    Art *A;
    Knoten_t *KAktuell;
    KAktuell=FindeWurzel();
    A=(Art*)KAktuell->Aktuell;
    if (strcmp(Suchname,A->GetName())==0) { return KAktuell; }
    if (_FindeKnoten(KAktuell,Suchname)==true)
    {
        A=(Art*)Such->Aktuell;
        A->Ausgabe();
        return Such;
    }
    else
    {
        return NULL;
    }
}
```

Sie rufen also innerhalb der Wrapper-Funktion Ihre Funktion, die Sie eigentlich ausführen wollen, so auf, dass diese die globale Variable **Such** korrekt verwendet. **Such** wird am Ende auch per `return` zurückgegeben und enthält natürlich den korrekten Zeiger auf den gefundenen Knoten. Ich gebe an dieser Stelle zu, dass meine Lösung nicht optimal ist, und obwohl ich zahlreiche E-Mails mit Lösungen ohne globale Variable bekommen habe, sind diese jedoch so kompliziert, dass ich diese in einem einfachen Beispiel nicht benutzen kann.

Kommen wir nun zum nächsten Listing, in dem ein (relativ) einfaches Programm vorgestellt wird, mit dem Sie einen einfachen Artenstammbaum verwalten können. Das Programm läuft in der Konsole und verwendet wieder **mykeyboard.h**, um Zeichen von der Tastatur mit `getch()` einzulesen und den Bildschirm mit `clrscr()` zu löschen. Die Funktion `getch()` wird dazu verwendet, ein einfaches Menü zu erstellen, das folgende Optionen anbietet:

**1=Neuen Stammbaum anlegen**

**2=Art suchen**

**3=Unterarten anlegen**

**4=Programm beenden**

Sehen Sie sich Listing 5.3 an.

**Listing 5.3** Stammbaum.cpp

```
#include<stdio.h>
#include<string.h>
#include"mykeyboard.h"
#include"Liste.h"

class Art
{
    private:
    char Name[50];
    char Gattung[50];
    float Alter;
    public:
    // Set-Funktionen zum gezielten Verändern von Attributen
    void SetName(char *S);
    void SetGattung(char *S);
    void SetAlter(float A);
    // Get-Funktionen zum gezielten Auslesen von Attributen
    char* GetName();
    char* GetGattung();
    float GetAlter();
    // Ein/Ausgabefunktionen
    void Ausgabe();
    void Eingabe();
};
// Set-Funktionen
void Art::SetName(char *S) { strcpy(Name,S); }
void Art::SetGattung(char *S) { strcpy(Gattung,S); }
void Art::SetAlter(float A) { Alter=A; }
// Get-Funktionen
char* Art::GetName() { return Name; }
char* Art::GetGattung() { return Gattung; }
float Art::GetAlter() { return Alter; }
// Ein/Ausgabefunktionen

void Art::Ausgabe()
{
    printf("Art:%s\n",Name);
    printf("Gattung:%s\n",Gattung);
    printf("Alter:%f Millionen Jahre\n",Alter);
}

void Art::Eingabe()
{
    fflush(stdin);
    printf("Artname:"); fgets(Name,50,stdin);
    Name[strlen(Name)-1]=0;
    printf("Gattung:"); fgets(Gattung,50,stdin);
    Gattung[strlen(Gattung)-1]=0;
    printf("Alter (in Millionen Jahren):"); scanf("%f",&Alter);
}

struct Knoten_t
{
    Art *Aktuell;
```

```
    Liste *Unterarten;
};
Knoten_t *Such;

class Baum
{
    private:
    Knoten_t *Wurzel;
    Knoten_t *Aktuell;
    bool _FindeKnoten(Knoten_t *KAktuell, char *Suchname);
    public:
    Baum::Baum();
    bool IstLeer();
    void Init(Art *A);
    Knoten_t* FindeWurzel();
    Knoten_t *FindeKnoten(char *Suchname);
};

Baum::Baum()
{
    Wurzel=new Knoten_t;
    Wurzel->Aktuell=NULL; Wurzel->Unterarten=new Liste;
}

bool Baum::IstLeer()
{
    if (Wurzel->Aktuell==NULL) { return true; }
    else { return false; }
}

void Baum::Init(Art *A)
{
    Wurzel->Aktuell=A;
}

Knoten_t* Baum::FindeWurzel()
{
    Aktuell=Wurzel;
    return Wurzel;
}

bool Baum::_FindeKnoten(Knoten_t *KAktuell, char *Suchname)
{
    bool gefunden=false;
    Art *A;
    Knoten_t *K;
    K=(Knoten_t*)KAktuell->Unterarten->FindeErstes();
    while (K!=NULL)
    {
        A=(Art*)K->Aktuell;
        if (K->Unterarten!=NULL)
        {
            gefunden=_FindeKnoten(K,Suchname);
            if (gefunden==true) { return true; }
        }
  if (gefunden==false)
  {
```

```
        if (strcmp(Suchname,A->GetName())==0)
        {
            Such=K;
            return true;
        }
        K=(Knoten_t*)KAktuell->Unterarten->FindeNaechstes();
    }
}
return false;
}

Knoten_t *Baum::FindeKnoten(char *Suchname)
{
    Art *A;
    Knoten_t *KAktuell;
    KAktuell=FindeWurzel();
    A=(Art*)KAktuell->Aktuell;
    if (strcmp(Suchname,A->GetName())==0) { return KAktuell; }
    if (_FindeKnoten(KAktuell,Suchname)==true)
    {
        A=(Art*)Such->Aktuell;
        return Such;
    }
    else
    {
        return NULL;
    }
}

int main(void)
{
    char Suchname[100];
    Art *A;
    Liste *L;
    Knoten_t *K;
    Knoten_t *KAktuell;
    int O;
    Baum Stammbaum;
    do
    {
        clrscr();
        printf("1=Neuen Stammbaum anlegen, 2=Art suchen, 3=Unterarten anlegen,
4=Programm beenden\n");
        O=getch();
        switch (O)
        {
            case '1':
                if (Stammbaum.IstLeer()==true)
                {
                    A=new Art; A->Eingabe();
                    Stammbaum.Init(A);
                    printf("Der Stammbaum wurde angelegt.\n");
                    getch();
                }
                else
                {
                    printf("Es existiert schon ein Stammbaum\n");
```

```
                getch();
            }
        break;
        case '2':
            if (Stammbaum.IstLeer()==false)
            {
                fflush(stdin);
                printf("Zu suchender Artname:");
                fgets(Suchname,50,stdin); Suchname[strlen(Suchname)-1]=0;
                KAktuell=Stammbaum.FindeKnoten(Suchname);
                if (KAktuell!=NULL)
                {
                    printf("Die Suche war erfolgreich:\n");
                    A=(Art*)KAktuell->Aktuell;
                    A->Ausgabe();
                    L=KAktuell->Unterarten;
                    KAktuell=(Knoten_t*)L->FindeErstes();
                    printf("Unterarten sind:\n");
                    while (KAktuell!=NULL)
                    {
                        A=(Art*)KAktuell->Aktuell; A->Ausgabe();
                        KAktuell=(Knoten_t*)L->FindeNaechstes();
                        getch();
                    }
                }
                else
                {
                    printf("Die Art '%s' existiert nicht im Stammbaum\
n",Suchname);
                    getch();
                }
            }
            else
            {
                printf("Der Stammbaum existiert noch nicht\n");
                getch();
            }
        break;
        case '3':
            if (Stammbaum.IstLeer()==false)
            {
                fflush(stdin);
                printf("Zu suchender Artname:");
                fgets(Suchname,50,stdin); Suchname[strlen(Suchname)-1]=0;
                KAktuell=Stammbaum.FindeKnoten(Suchname);
                if (KAktuell!=NULL)
                {
                    printf("Unterarten eingeben:\n");
                    KAktuell->Unterarten=new Liste;
                    do
                    {
                        printf("Weiter mit w, Ende mit e\n");
                        O=getch();
                        if (O!='e')
                        {
                            A=new Art; K=new Knoten_t;
                            A->Eingabe(); K->Aktuell=A; K->Unterarten=NULL;
```

```
212                             KAktuell->Unterarten->Anhaengen((Knoten_t*)K);
213                         }
214                     }
215                     while (O!='e');
216                 }
217                 else
218                 {
219                     printf("Die Art '%s' existiert nicht im Stammbaum\
n",Suchname);
220                     getch();
221                 }
222             }
223             else
224             {
225                 printf("Der Stammbaum existiert noch nicht\n");
226                 getch();
227             }
228         break;
229         default: break;
230     }
231   }
232   while (O!='4');
233   printf("Das Programm wurde beendet");
234   return 0;
235 }
```

In den Zeilen **001–004** müssen zusätzlich zu **stdio.h** auch **string.h** und **mykeyboard.h** sowie die selbst erstellte Include-Datei **Liste.h** eingefügt werden. Erst durch die letzte Anweisung in Zeile **004** können Sie die Klasse `Liste` benutzen, die für die Verwaltung der Unterarten benötigt wird. In den Zeilen **005–047** definieren Sie die Klasse `Art`. Eine Art besitzt folgende Attribute: Einmal hat die Art einen eindeutigen Namen, wie z. B. „Hunde", „Katzen" oder „Pferde", der durch das Attribut **Name** (Zeile **008**) bestimmt ist. Eine Art gehört aber auch zu einer bestimmten Gattung, wie „Säugetiere", die durch das Attribut **Gattung** (Zeile **009**) definiert ist. Es gibt viele Biologen, die an dieser Stelle das Attribut „Gattung" nicht für den Stammbaum benutzen würden und z. B. die Säugetiere als Oberklasse für Hunde, Katzen oder Pferde sehen würden. Es gibt aber auch viele Biologen, die für manche spezielle Oberarten den Begriff „Gattung" mit ggf. leerem Artnamen einsetzen würden. Ich habe es dem Benutzer selbst überlassen, wie er vorgeht und ob er das Attribut **Gattung** benutzt oder nicht. Dem Attribut **Alter** dagegen müssen Sie einen Wert zuweisen, deshalb liest die Funktion `Eingabe()` (die Zeilen **039–047**) dieses Attribut in Zeile **046** auch mit `scanf()` ein. Diese Maßnahme bewirkt, dass ein schlichtes Betätigen der Eingabetaste nur den Cursor in die nächste Zeile setzt, nicht aber `scanf()` beendet. Dies geschieht erst, wenn Sie einen korrekten Wert eingeben. Wie bei Klassen allgemein üblich, besitzt die Klasse `Art` auch in diesem Listing Set- und Get-Methoden für die einzelnen Attribute. Sie können sich dadurch beispielsweise von der Methode `GetName()` den Namen einer bestimmten Art zurückliefern lassen oder aber den Namen mit `SetName()` nachträglich ändern. Dadurch können Sie später Ihr Listing ggf. noch um eine Funktion erweitern, mit der Sie Eingabefehler korrigieren können, was in diesem einfachen Beispiel nicht möglich ist. Um die Daten für eine Art anzeigen zu lassen oder einer Art Daten zuzuweisen, sind die Methoden `Ausgabe()` und `Eingabe()` vorgesehen. `Ausgabe()` (die Zeilen **033–038**) gibt die Attribute **Name**, **Gattung** und **Alter** aus, `Eingabe()` (die Zeilen **039–047**) liest die entsprechenden Attribute von der Tastatur ein. Im Gegensatz zu der Klasse `Baum` benötigt die Klasse `Art` nicht mehr Methoden und auch keinen Konstruktor, da sämtliche wichtigen Daten durch das Hauptprogramm erzeugt werden.

Kommen wir zum Stammbaum selbst. Damit Sie diesen korrekt verwalten können, benötigen Sie erst einmal folgende Struktur, die die Knoten des Baums definiert (die Zeilen **048–053**):

```
struct Knoten_t
{
    Art *Aktuell;
    Liste *Unterarten;
};
Knoten_t *Such;
```

Der Zeiger **Aktuell** zeigt auf die Daten der Art selbst und ist vom Typ `Art*`. Der Zeiger **Unterarten** ist vom Typ `Liste*`, zeigt also auf eine Datenstruktur, die Sie mit der Klasse `Liste` verwalten müssen. Der globale Zeiger **Such** ist vom Typ `Knoten_t*` und enthält das Suchergebnis, das die Methode `_FindeKnoten()` (die Zeilen **086–111**) zurückliefert. `_FindeKnoten()` ist also eine Methode der Klasse `Baum` und keine globale Funktion.

Kommen wir zu `_FindeKnoten()` selbst, also unserem zentralen Suchalgorithmus, der einen bestimmten Knoten im Baum findet. `_FindeKnoten()` bekommt zwei Parameter übergeben. Der erste Parameter **KAktuell** definiert den Startknoten der Suche und wird als Zeiger übergeben. Der zweite Parameter definiert eine Suchmaske, die den zu suchenden Namen der Art enthält. `_FindeKnoten()` definiert zunächst die Hilfsvariable **gefunden**, die am Anfang `false` ist, sowie die Zeiger `Art *A` und `Knoten_t *K`, der zunächst auf die Unterartenliste des Knotens **KAktuell** zeigt. In einer `while`-Schleife (die Zeilen **092–119**) wird versucht, die gesuchte Art in der Unterartenliste von **KAktuell** zu finden, wobei zunächst in Zeile **095** geprüft werden muss, ob der aktuelle Eintrag in der Unterartenliste noch Unterarten enthält (`K->Unterarten!=NULL`). Nur, wenn dies der Fall ist, wird `_FindeKnoten()` in Zeile **097** erneut rekursiv aufgerufen, und zwar so, dass der aktuell referenzierte Listeneintrag in der Unterartenliste zur neuen Unterartenliste wird:

```
gefunden=_FindeKnoten(K,Suchname);
```

Wenn nach einer Rückkehr aus der Rekursion **gefunden** `true` ist, können Sie in Zeile **098** direkt aus der Funktion `_FindeKnoten()` zurückkehren und der gesuchte Knoten befindet sich in **KAktuell**. Wenn jedoch `gefunden==false` ist, dann müssen Sie Ihre aktuelle Liste mit den Unterarten in den Zeilen **102–108** weiter durchsuchen und schauen, ob Sie einen Treffer erzielen. Wenn der Treffer stattfindet, dann zeigt **A** auf `K->Aktuell` und `strcmp(Suchname,A->GetName())` liefert 0 zurück. In diesem Fall setzen

Sie `Such=K` und kehren aus der Funktion `_FindeKnoten()` mit `true` zurück. Nur in diesem einen Fall enthält dann der Zeiger **Such** eine korrekte Adresse. In allen anderen Fällen wurde der zu suchende Knoten nicht gefunden und `_FindeKonten()` kehrt mit `false` zurück. Dies ist auch der Fall, wenn die Suchfunktion bis zum Ende durchläuft und am Ende `Unterarten->FindeNaechstes() NULL` zurückliefert. **Such** enthält in diesem Fall keine korrekte Adresse, `_FindeKnoten()` liefert aber in korrekter Weise den Wert `false` zurück. Die Wrapper-Funktion `FindeKnoten()` (die Zeilen **112–129**) ruft nun `_FindeKnoten()` auf, um den gefundenen Knoten per `return` zurückzugeben. Wie dies funktioniert, wurde weiter oben bereits beschrieben.

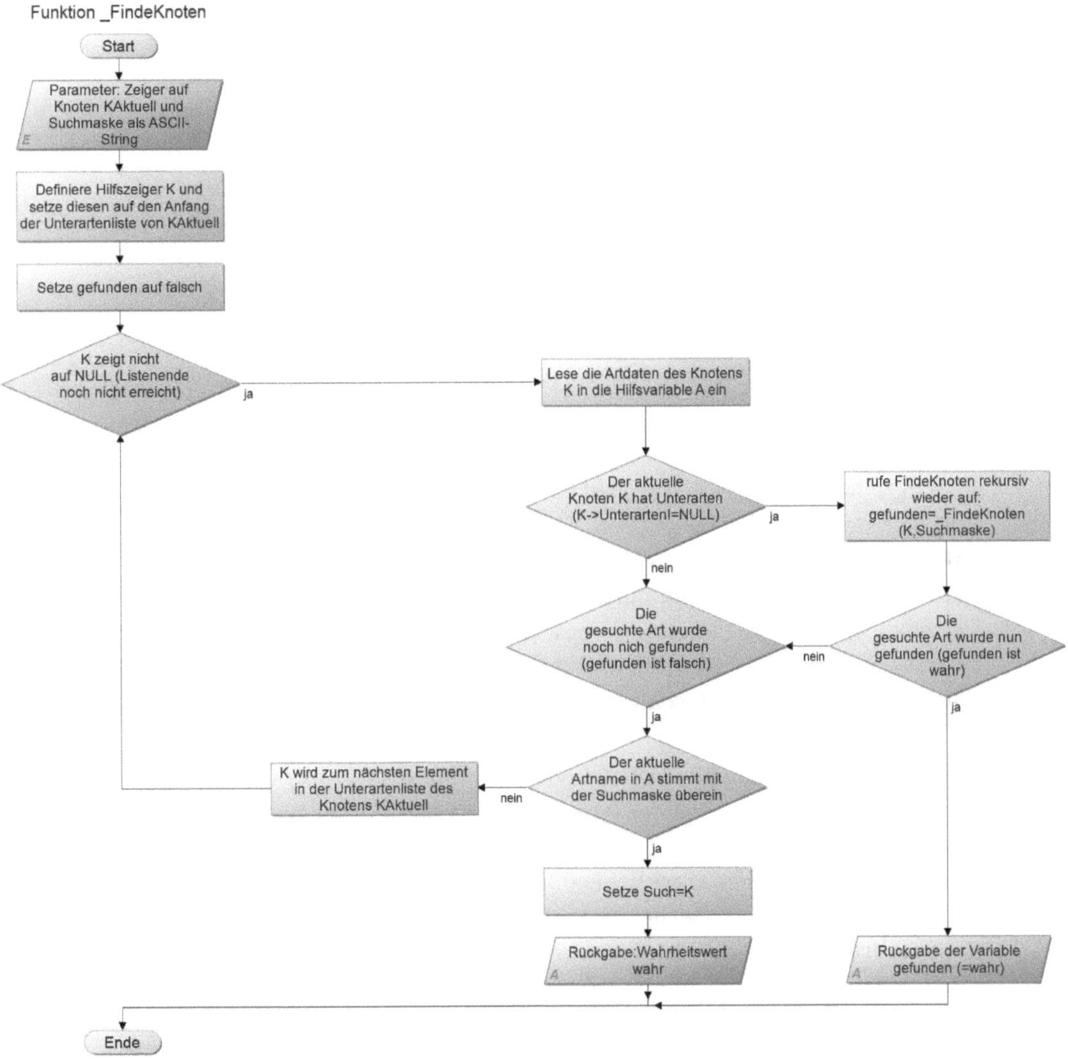


**Bild 5.6** Programmablaufplan der Funktion _FindeKnoten() in Listing 5.3

Kommen wir zum Hauptprogramm, das eine einfache Menüstruktur implementiert, die in der Konsole angezeigt wird. Es gibt vier Optionen, die über die Tastatur aufgerufen werden können. Die erste Option ist, einen neuen Stammbaum anzulegen. Wenn der Stammbaum leer ist, dann können Sie gewissermaßen die Urart eingeben, von der sämtliche anderen Arten abstammen. Option 1 wird innerhalb eines `switch-case`-Blocks in den Zeilen **145–158** ausgeführt, wenn Sie die Taste 1 drücken. Wenn dann die `if`-Bedingung in Zeile **146** erfüllt ist, dass der Stammbaum leer ist, so wird erst einmal Speicherplatz für eine neue Art angelegt und die Daten werden von der Tastatur eingelesen. Danach wird in Zeile **149** `Stammbaum.Init()` mit dem Zeiger **A** aufgerufen. `Init()` erstellt daraufhin die Wurzel des Stammbaums und legt in dieser die Daten für die Urart fest. Es gibt aber an dieser Stelle noch keine Unterarten der Urart. Ist der Stammbaum nicht leer, so führt die Auswahl der ersten Option nur zu einer Meldung, die anzeigt, dass der Stammbaum schon existiert.

Option 2 wird innerhalb eines `switch-case`-Blocks in den Zeilen **159–192** ausgeführt, wenn Sie die Taste 2 drücken. Mit Option 2 können Sie eine bestimmte Art suchen. Hierbei dient wieder der Artname als Suchkriterium, den Sie über die Tastatur eingeben müssen. Die eigentliche Suche des Artnamens übernimmt dabei eine einzige Anweisung in Zeile **165**, nämlich die Methode `FindeKnoten()` der Klasse `Baum`. Da Ihr Stammbaum ein Objekt der Klasse `Baum` ist, das vorher in der Variablen **Stammbaum** abgelegt wurde, müssen Sie die Suche natürlich mit der Anweisung

```
KAktuell=Stammbaum.FindeKnoten(Suchname);
```

initialisieren, wobei **KAktuell** den gesuchten Knoten oder aber `NULL` enthält, wenn die gesuchte Art nicht gefunden werden kann. Wenn **KAktuell** dann nicht `NULL` ist, werden in Zeile **169** und **170** erst einmal die entsprechenden Daten ausgegeben. Beachten Sie, dass sich die eigentlichen Daten für Name, Gattung und Alter der entsprechenden Art in `KAktuell->Aktuell` befinden und Sie diese Daten durch Typecasting einem Objekt der Klasse `Art` zuweisen müssen, bevor Sie diese Daten dann ausgeben können. Wenn die gesuchte Art Unterarten besitzt, ist auch `KAktuell-> Unterarten` nicht `NULL`, woraufhin die Unterarten in den Zeilen **174–179** ausgegeben werden. Wenn die gesuchte Art dagegen nicht existiert, dann wird der `else`-Zweig in Zeile **181-185** ausgeführt, der eine Meldung ausgibt, dass die gesuchte Art nicht existiert.

Option 3, die Sie über die Taste 3 erreichen, funktioniert fast wie Option 2. Zuerst müssen Sie einen zu suchenden Artnamen eingeben, anschließend wird nach dieser Art gesucht. Anders als bei Option 2, wird jedoch nach der Suche eine neue Unterartenliste angelegt, die Sie anschließend füllen können. Dabei müssen Sie etwas aufpassen: Nach erfolgreicher Suche des Artnamens müssen Sie nämlich zunächst w (für weiter) drücken, um eine neue Unterart anzulegen. Wenn Sie die Daten erfolgreich eingegeben haben, führt erneut w zur Eingabe neuer Daten, e beendet jedoch die Eingabe. Die Taste 4 führt dagegen zum Beenden des Programms, aber nur dann, wenn Sie sich im Hauptmenü befinden. Um das Hauptprogramm nicht unnötig kompliziert zu machen, habe ich an dieser Stelle keine zusätzliche Überprüfung darauf eingebaut, ob eine Art schon eine Unterartenliste besitzt, es wird also stets eine neue Unterartenliste im Speicher angelegt. Die Daten der alten Unterarten gehen damit verloren.

Wenn Sie an dieser Stelle angekommen sind, dann wissen Sie quasi alles, was man über Bäume wissen kann: wie Sie diese erstellen, wie Sie an einer beliebigen Stelle neue Knoten hinzufügen und wie Sie eine effiziente Suchfunktion erstellen. Eine kleine Zwischenübung könnte nun sein, dass Sie sich überlegen, wie Sie einen bestimmten Knoten auch wieder aus Ihrem Baum entfernen können (kleiner Tipp: Benutzen Sie die Methode `GetIndex()` der Klasse `Liste`).

## 5.2 Binärbäume[2]

*Binärbäume* (auch: B-Bäume) sind Bäume, in denen ein Knoten mit maximal zwei weiteren Knoten auf einer tieferen Ebene verbunden werden kann. Binärbäume sind also quasi stark beschnittene Bäume. Durch diese Maßnahme, die den Nachteil von viel mehr Ebenen in Kauf nimmt, vereinfacht sich der rekursive Suchalgorithmus nach bestimmten Knoten. Schauen Sie sich hierzu die folgende allgemeine Definition von Knoten in Binärbäumen an:

```
struct Knoten_t
{
    void *Aktuell; // Daten beliebigen Typs
    Knoten_t *Links;
    Knoten_t *Rechts;
};
```

Nehmen Sie an, dass bereits eine Wurzel existiert, die auch schon einen gültigen Zeiger auf ein Datenobjekt enthalten kann. Nehmen Sie ferner an, dass der Zeiger **Aktuell** schon auf Ihren gesuchten Datensatz zeigt. In diesem Fall ist die Suchfunktion sehr einfach umzusetzen, denn diese muss nur den gesuchten Datensatz als Zeiger zurückgeben, wenn dieser mit Ihren Suchkriterien übereinstimmt. Ansonsten wird einfach `NULL` zurückgegeben, was bedeutet, dass kein Datensatz gefunden wurde, der mit Ihren Suchkriterien übereinstimmt. Wenn sich Ihre Annahme allerdings als falsch herausstellt und Ihr Knoten mit weiteren Knoten verbunden ist, rufen Sie Ihre Suchfunktion erneut rekursiv auf, und zwar einmal mit dem Zeiger auf den linken und einmal mit dem Zeiger für den rechten Unterknoten. Sie erhalten die folgende einfache Suchfunktion:

[2] René Krooß, Jürgen Wolf, C von A bis Z. 5. erweiterte Auflage, aktuell zu C23. ISBN 978-3-8362-9504-8.

```
Knoten_t* FindeKnoten(Knoten_t *Aktuell, Knoten_t *Suchmaske)
{
    if (Aktuell==NULL) { return NULL; } // Datensatz nicht gefunden
    if (KnotenGleich(Aktuell,Suchmaske)) { return Aktuell; } // Datensatz gefunden
    else
    {
        Aktuell=FindeKnoten(Aktuell->Links,Suchmaske);
        if (Aktuell!=NULL) { return Aktuell; }
        Aktuell=FindeKnoten(Aktuell->Rechts,Suchmaske);
        if (Aktuell!=NULL) { return Aktuell; }
    }
    return NULL; // Datensatz nicht gefunden (weder der aktuelle Knoten, noch der
                    linke oder rechte Unterknoten enthalten den gesuchten Datensatz)
}
```

Wie Sie sehen, ist der Umgang mit Binärbäumen viel einfacher als mit allgemeinen Bäumen. Deshalb werden Binärbäume trotz einiger Nachteile oft verwendet. Nun benötigen Sie nur noch ein gutes Beispiel für Binärbäume. Es gibt natürlich unzählige Beispiele für Binärbäume. Das populärste Beispiel aus dem Studium ist aber sicherlich das folgende: Es sollen einzelne Wörter in einen Binärbaum eingefügt werden, und zwar so, dass stets das linke Wort kleiner oder gleich groß ist, wie das rechte Wort. Hierbei dürfen Worte durchaus auch doppelt vorkommen (es gibt also keine Prüfung auf Kollisionen). Die Wertigkeit eines Worts wird durch die Funktion `strcmp()` bestimmt, die immer dann 0 zurückliefert, wenn sich sämtliche Zeichen in zwei Worten gleichen. Wenn `Wort1<Wort2` ist, dann liefert `strcmp()` einen negativen Wert zurück und **Wort1** würde bei einer alphabetischen Sortierung vor **Wort2** stehen. Wenn `Wort1>Wort2` ist, dann liefert `strcmp()` einen positiven Wert zurück und **Wort1** würde bei einer alphabetischen Sortierung nach **Wort2** stehen. Definieren wir erst einmal die Knotenstruktur `Knoten_t` für das nächste Beispiel:

```
struct Knoten_t
{
    char Wort[100]; // maximal 100 Zeichen pro Wort, keine Leerzeichen
    Knoten_t *links; // linker Kind-Knoten
    Knoten_t *rechts; // rechter Kind-Knoten
};
```

Fügen wir einen Eintrag in den Baum ein, z. B. das Wort „Baum“, das sich in dem String `char *Wort` befinden soll. Wenn ein Knoten vollständig leer ist, dann sollen Sie dies daran erkennen können, dass das Strukturelement **Wort** die Länge 0 hat. Wenn der Baum leer ist, dann soll in diesem Beispiel `Wurzel->Wort` die Länge 0 haben. In diesem Fall reicht es aus, einfach das einzufügende Wort mit `strcpy(Wurzel->Wort,Wort)` an die entsprechende Stelle zu kopieren und den Zeigern `Wurzel->links` und `Wurzel->rechts` `NULL` zuzuweisen.

Wenn jedoch der Baum nicht leer ist, dann müssen Sie einen freien Platz in Ihrem Baum suchen. Zunächst definieren Sie an dieser Stelle den Zeiger `Knoten_t *K` und setzen diesen Zeiger auf die Wurzel Ihres Baums. Die Suche nach einem freien Knoten verläuft danach wie folgt: Zunächst definieren Sie die Suchmaske `char *Wort`. **Wort** wird zunächst mit dem Wort verglichen, das Sie in der Wurzel gespeichert haben (also mit `strcmp(K->Wort,Wort)`). Sind beide Strings gleich, so ist die Suche erfolgreich verlaufen und der gesuchte Knoten wurde gefunden. Wenn es in Ihrem Baum Duplikate gibt, dann wird stets das Duplikat gefunden, das Sie zuerst in den Baum eingefügt haben. Wenn `strcmp(K->Wort,Wort)` allerdings nicht 0 zurückliefert, wird überprüft, ob der linke oder rechte Kind-Knoten des aktuellen Knotens **K** `NULL` ist. Ist dies der Fall, dann ist im Baum noch ein Platz frei und die Suchfunktion gibt den Knoten **K** per `return`-Anweisung an das Hauptprogramm zurück. Ist jedoch am Knoten **K** keine Einfügeposition mehr frei, wird `K->Wort` mit **Wort** verglichen. Ist `Wort< K->Wort`, wird die Suchfunktion rekursiv mit dem linken Kind-Knoten von **K** erneut aufgerufen. Ist `Wort>K->Wort`, wird die Suchfunktion rekursiv mit dem rechten Kind-Knoten von **K** erneut aufgerufen. Sie erhalten folgende Funktion zum Finden der korrekten Einfügeposition:

```
Knoten_t* FindeEinfuegePosition(Knoten_t *Aktuell, char *Suchmaske)
{
    if (strcmp(Suchmakse,Aktuell->Wort)==0) { return Aktuell; } // Duplikat gefunden
    if (Aktuell->links!=NULL) // linken Kind-Knoten auswählen
    {
        FindeEinfuegePosition(Aktuell->links,Suchmaske); // Rekursion
    }
    if (Aktuell->rechts!=NULL) // rechten Kind-Knoten auswählen
    {
        FindeEinfuegePosition(Aktuell->rechts,Suchmaske); // Rekursion
    }
    if (Aktuell->links==NULL) { return Aktuell; } // Freie Position gefunden
    if (Aktuell->rechts==NULL) { return Aktuell; } // Freie Position gefunden
    return NULL; // Keine freie Position gefunden, Fehler in der Baumstruktur
}
```

Nehmen Sie an, dass die Suche des Einfügepunkts bereits erledigt ist, Sie also den Knoten **K** schon gefunden haben, an dem der rechte oder linke Kind-Knoten noch nicht benutzt wurde. Es genügen nun die folgenden Zeilen, um Ihre Daten an der richtigen Stelle in den Binärbaum einzuhängen (in der Variablen **NeuesWort** sei das neu einzufügende Wort abgelegt und **KAktuell** sei der aktuelle Knoten, den Sie vorher gesucht haben):

```
if (strcmp(Aktuell->Wort,Wort)==0) { return; } // Duplikate nicht ändern
if (KAktuell->links==NULL)
{
    KAktuell->links=new Knoten_t; // neuen Knoten links anhängen
    strcpy(KAktuell->links->Wort,NeuesWort); // Daten übertragen
    KAktuell->links->links=NULL; // Ein Blatt hat keinen linken Kind-Knoten
    KAktuell->links->rechts=NULL; // Ein Blatt hat keinen rechten Kind-Knoten
}
else if (KAktuell->rechts==NULL)
{
    KAktuell->rechts=new Knoten_t; // neuen Knoten rechts anhängen
    strcpy(KAktuell->rechts->Wort,NeuesWort); // Daten übertragen
    KAktuell->rechts->links=NULL; // Ein Blatt hat keinen linken Kind-Knoten
    KAktuell->rechts->rechts=NULL; // Ein Blatt hat keinen rechten Kind-Knoten
}
```

Für das Löschen von Knoten aus einem Binärbaum gibt es verschiedene Möglichkeiten. Die einfachste Möglichkeit ist sicherlich die, mit der oben angeführten Suchfunktion den entsprechenden Knoten zu suchen und anschließend `KAktuell->Wort` einen String zuzuweisen, der die Länge 0 hat. Leider werden durch diese Maßnahme keine Daten aus dem Speicher entfernt, sondern es wird nur gewährleistet, dass Sie das gelöschte Wort nicht mehr im Baum finden können. Aber wie sieht es mit der Konsistenz der Daten nach diesem einfachen Löschvorgang aus? Anders als in Listing 5.3, können Sie einen Knoten nicht dadurch löschen, dass Sie diesen einfach aus der Unterartenliste des Eltern-Knotens entfernen. So ist dann auch nach dem Löschen eines Knotens die Datenkonsistenz Ihres Baums nicht mehr gewährleistet. Dies ist so, weil ja in unserem Beispiel der linke Kind-Knoten stets ein Wort mit einer kleineren Wertigkeit als der rechte Kind-Knoten enthalten muss. Wenn Sie diese Anordnung ändern (z. B. indem Sie `Aktuell->links` mit `Aktuell->rechts` vertauschen oder sogar **Aktuell** löschen), finden Sie einen Teil Ihrer Daten nicht mehr wieder.

Stellen Sie sich nun vor, Sie löschen aus Ihrem Artenstammbaum aus Listing 5.3 eine Art, an der noch mehrere Unterarten dranhängen. In diesem Fall müssen Sie sämtliche Unterarten ebenfalls löschen, inklusive Unterunterarten, Unterunterunterarten und so weiter. Sie ahnen es an dieser Stelle sicherlich schon: Beim Löschen von Knoten und sämtlichen Unterknoten, die dort noch dranhängen können, verwenden Sie am besten eine rekursive Lösung. Diese rekursive Lösung benutzt hier natürlich wieder das Teile-und-herrsche-Prinzip: Sie nehmen erst einmal an, der zu löschende Knoten sei die Wurzel Ihres Baums und besäße keine Kind-Knoten. In diesem Fall können Sie die Wurzel einfach mit `delete` löschen und Sie erhalten anschließend einen leeren Baum. Wenn der zu löschende Knoten allerdings nicht die Wurzel Ihres Baums ist, dann nehmen Sie einfach den zu löschenden Knoten als Wurzel eines neuen, kleineren Baums an. Sie teilen also Ihr großes Problem in mehrere Teilprobleme auf und schauen nach, ob die Wurzel Ihres Teilbaums Kind-Knoten enthält. Wenn dies der Fall ist, rufen Sie Ihre Löschfunktion erneut rekursiv auf und betrachten nun die Kind-Knoten als Wurzel noch kleinerer Teilbäume. Dies tun Sie so lange, bis Sie auf einen Knoten stoßen, der keine Kind-Knoten mehr enthält. Diesen Knoten können Sie dann einfach mit `delete` aus dem Speicher entfernen. Da alle Theorie grau ist, komme ich nun zum nächsten Listing. In diesem Listing wird der bereits oben beschriebene Binärbaum inklusive Such- und Löschfunktionen in der Klasse `BBaum` gekapselt. In diesen Binärbaum (Objekt `WortBaum`) können Sie neue Wörter einfügen, aber Sie können auch Wörter im Baum suchen und Knoten aus dem Baum entfernen.

**Listing 5.4** Binaerbaum.cpp

```
#include<stdio.h>
#include<string.h>
#include<conio.h>

struct Knoten_t
{
```

```
    char Wort[100]; // maximal 100 Zeichen
    Knoten_t *links; // linker Kind-Knoten
    Knoten_t *rechts; // rechter Kind-Knoten
};

class BBaum
{
    private:
    Knoten_t *Wurzel; // Anker
    Knoten_t *Aktuell; // Hilfszeiger
    public:
    BBaum::BBaum(); // Konstruktor
    bool IstLeer(); // Gibt NULL zurück, wenn der Baum noch leer ist
    void Init(char *Wort); // Wird nur einmal aufgerufen, wenn Baum leer
    Knoten_t* FindeWurzel();
    Knoten_t* FindeEinfuegePosition(Knoten_t *Aktuell, char *Wort);
    Knoten_t* FindeKnoten(Knoten_t *Aktuell, char *Wort);
    void KnotenEinfuegen(char *Wort);
    void _KnotenLoeschen(Knoten_t *Aktuell);
    bool KnotenLoeschen(char *Wort); // Gibt true zurück, wenn der Knoten gelöscht werden konnte
};

BBaum::BBaum()
{
    Wurzel=NULL; // In einem leeren Baum zeigt die Wurzel auf NULL
}

bool BBaum::IstLeer()
{
    if (Wurzel==NULL) { return true; }
    else { return false; }
}

void BBaum::Init(char *Wort)
{
    Wurzel=new Knoten_t; // Wurzel erstellen
    strcpy(Wurzel->Wort,Wort); // Wort einfügen
    Wurzel->links=NULL; Wurzel->rechts=NULL; // Im Blatt ist links und rechts stets NULL
}

Knoten_t* BBaum::FindeWurzel()
{
    return Wurzel;
}

Knoten_t* BBaum::FindeEinfuegePosition(Knoten_t *Aktuell, char *Wort)
{
    printf("Finde Einfügeposition:\n"); // Testausgaben mit printf()
    if (strcmp(Wort,Aktuell->Wort)==0) // Erst einmal annehmen, die Wurzel ist schon der gesuchte Knoten
    {
        printf("Knoten mit Duplikat '%s' an Adresse %p gefunden:\n",Wort,Aktuell);
        return Aktuell; // Wenn dies wahr ist, einfach Aktuell zurückgeben
    }
```

```
    if (Aktuell->links==NULL) // links ist ein Kind-Knoten frei
    {
        printf("Der linke Kind-Knoten des Knotens an der Adresse %p ist frei\n",Aktuell);
        return Aktuell; // nur ein freier Kind-Knoten führt zum Ausstieg aus der Rekursion
    }
    if (Aktuell->rechts==NULL) // rechts ist ein Kind-Knoten frei
    {
        printf("Der rechte Kind-Knoten des Knotens an der Adresse %p ist frei\n",Aktuell);
        return Aktuell; // nur ein freier Kind-Knoten führt zum Ausstieg aus der Rekursion
    }
    if (Aktuell->links!=NULL) // Wenn links ein Kind-Knoten dranhängt, erst einmal dort nachsehen
    {
        printf("Wähle den linken Kind-Knoten aus\n");
        Aktuell=FindeEinfuegePosition(Aktuell->links,Wort);
    }
    if (Aktuell->rechts!=NULL) // Wenn rechts ein Kind-Knoten dranhängt, nun dort nachsehen
    {
        printf("Wähle den rechten Kind-Knoten aus\n");
        Aktuell=FindeEinfuegePosition(Aktuell->rechts,Wort);
    }
    return Aktuell;
}

Knoten_t* BBaum::FindeKnoten(Knoten_t *Aktuell, char *Wort) // Hier ist Aktuell der Startknoten eines Teilbaums oder die Wurzel
{
    Knoten_t *Temp;
    printf("Finde Knoten:\n"); // Testausgaben mit printf()
    if (strcmp(Wort,Aktuell->Wort)==0) // Erst einmal annehmen, die Wurzel ist schon der gesuchte Knoten
    {
        printf("Knoten mit Wort'%s' an Adresse %p gefunden:\n",Wort,Aktuell);
        return Aktuell; // Wenn dies wahr ist, einfach Aktuell zurückgeben
    }
    if (Aktuell->links!=NULL) // Wenn links ein Kind-Knoten dranhängt, erst einmal dort nachsehen
    {
        printf("Wähle den linken Kind-Knoten aus\n");
        Temp=FindeKnoten(Aktuell->links,Wort);
        if (Temp!=NULL) { return Temp; }
    }
    if (Aktuell->rechts!=NULL) // Wenn rechts ein Kind-Knoten dranhängt, nun dort nachsehen
    {
        printf("Wähle den rechten Kind-Knoten aus\n");
        Temp=FindeKnoten(Aktuell->rechts,Wort);
        if (Temp!=NULL) { return Temp; }
    }
    return NULL; // Keinen Knoten gefunden? Dann NULL zurückgeben
}
```

```
void BBaum::KnotenEinfuegen(char *Wort)
{
    Knoten_t *Temp;
    Aktuell=FindeWurzel();
    Aktuell=FindeEinfuegePosition(Aktuell,Wort); // Zuerst einen Knoten suchen, der einen freien Kindknoten besitzt
    if (strcmp(Aktuell->Wort,Wort)==0) // Duplikat wurde gefunden (evtl. schon in der Wurzel)
    {
        printf("Das Wort '%s' existiert bereits\n",Wort); // Testausgaben mit printf()
        return;
    }
    if (Aktuell->Wort[0]==0)
    {
        printf("Knoteneintrag an Adresse %p wird wiederbenutzt, Wort=%s\n",Aktuell,Wort);
        strcpy(Aktuell->Wort,Wort);
        return;
    }
    if (Aktuell->links==NULL) // links ist eine Position frei
    {
        Aktuell->links=new Knoten_t; strcpy(Aktuell->links->Wort,Wort);
        printf("Wort '%s' wurde an der Knotenadresse %p hinzugefügt\n",Aktuell->links->Wort,Aktuell->links);
        Aktuell->links->links=NULL; Aktuell->links->rechts=NULL;
    }
    else if (Aktuell->rechts==NULL) // rechts ist eine Position frei
    {
        Aktuell->rechts=new Knoten_t; strcpy(Aktuell->rechts->Wort,Wort);
        printf("Wort '%s' wurde an der Knotenadresse %p hinzugefügt\n",Aktuell->rechts->Wort,Aktuell->rechts);
        Aktuell->rechts->links=NULL; Aktuell->rechts->rechts=NULL;
    }
}

void BBaum::_KnotenLoeschen(Knoten_t *Aktuell)
{
    if (Aktuell->links!=NULL) // Hier kann der Knoten nicht gelöscht werden, weil noch Kind-Knoten dranhängen
    {
        printf("Lösche Knoten Aktuell->links (%p)\n",Aktuell->links); // Testausgaben mit printf()
        printf("Aktuell='%s',Aktuell->links='%s'\n",Aktuell->Wort,Aktuell->links->Wort);
        _KnotenLoeschen(Aktuell->links); // linken Kind-Knoten rekursiv löschen
        delete Aktuell->links; Aktuell->links=NULL;
    }
    if (Aktuell->rechts!=NULL) // Hier kann der Knoten nicht gelöscht werden, weil noch Kind-Knoten dranhängen
    {
        printf("Lösche Knoten Akutell->rechts (%p)\n",Aktuell->rechts); // Testausgaben mit printf()
        printf("Aktuell='%s',Aktuell->rechts='%s'\n",Aktuell->Wort,Aktuell->rechts->Wort);
        _KnotenLoeschen(Aktuell->rechts); // rechten Kind-Knoten rekursiv löschen
        delete Aktuell->rechts; Aktuell->rechts=NULL;
```

```
    }
    if ((Aktuell->links==NULL)&&(Aktuell->rechts==NULL)) // Knoten kann gelöscht werden (keine Kind-Knoten mehr)
    {
        return;
    }
}

bool BBaum::KnotenLoeschen(char *Wort) // Wrapper-Funktion
{
    if (Wurzel==NULL) { return false; }
    Aktuell=FindeWurzel(); // Wurzel finden
    Aktuell=FindeKnoten(Aktuell,Wort); // Knoten mit gesuchtem Wort finden
    if (Aktuell!=NULL)
    {
        printf("Lösche Unterknoten von '%s'\n",Aktuell);
        _KnotenLoeschen(Aktuell); // Unterknoten löschen
        printf("Knoten '%s' wurde gelöscht\n",Aktuell);
        Aktuell->Wort[0]=0; // Wort entfernen
        Aktuell->links=NULL; Aktuell->rechts=NULL; // Leeren Knoten zum Blatt machen
        return true;
    }
    else
    {
        return false;
    }
}

int main(void)
{
    int O;
    char Wort[100];
    BBaum WortBaum;
    Knoten_t *Aktuell;
    do
    {
        clrscr();
        printf("1=Neues Wort einfügen, 2=Wort suchen, 3=Wort löschen, 4=Programm beenden\n");
        O=getch();
        switch(O)
        {
            case '1':   printf("Wort einfügen:"); scanf("%s",Wort);
                        if (WortBaum.IstLeer()) { WortBaum.Init(Wort); }
                        else { WortBaum.KnotenEinfuegen(Wort); }
                        printf("Das Wort '%s' wurde in den Baum eingefügt\n",Wort);
                        getch();
            break;
            case '2':   printf("Wort suchen:"); scanf("%s",Wort);
                        Aktuell=WortBaum.FindeWurzel();
                        Aktuell=WortBaum.FindeKnoten(Aktuell,Wort);
                        if (Aktuell!=NULL)
                        {
                            printf("Der Knoten mit Wort '%s' wurde an Adresse %p gefunden\n",Wort,Aktuell);
```

```
192                         }
193                         else
194                         {
195                             printf("Der Knoten mit Wort '%s' wurde nicht
gefunden\n",Wort);
196                         }
197                         getch();
198             break;
199             case '3':   printf("Wort suchen und löschen:"); scanf("%s",Wort);
200                         if (WortBaum.KnotenLoeschen(Wort)==true)
201                         {
202                             printf("Der Knoten mit Wort '%s' an Adresse %p wurde
gelöscht\n",Wort,Aktuell);
203                         }
204                         else
205                         {
206                             printf("Der Knoten mit dem Wort '%s' wurde nicht
gefunden\n",Wort);
207                         }
208                         getch();
209             break;
210             default: break;
211         }
212     }
213     while (O!='4');
214     printf("Das Programm wurde beendet.\n");
215     return 0;
216 }
```

Kommen wir zur Beschreibung von Listing 5.4. Der Binärbaum in Listing 5.4 benutzt eine einfachere Knotenstruktur (die Zeilen **004–009**) als in Listing 5.3 und besitzt ein Top-down-Struktur. Das heißt, dass Sie von einem bestimmten Knoten aus nicht auf den Elternknoten zurückkommen können. Die Klasse `BBaum`, die in den Zeilen **010–025** definiert wird, besitzt auch nur wenige Methoden. Die erste Methode ist der Konstruktor `BBaum::BBaum`, der aber nur dazu da ist, einen leeren Binärbaum anzulegen (der Zeiger **Wurzel** zeigt nach dem Aufruf des Konstruktors auf `NULL`). Die Methode `IstLeer()` gibt dann auch nur `true` zurück, wenn der Zeiger **Wurzel** auf `NULL` zeigt. Neben dem Attribut **Wurzel** besitzt die Klasse `BBaum` nur noch ein weiteres Attribut, nämlich **Aktuell**. **Aktuell** ist ein Hilfszeiger, der von den Such- und Einfüge-Methoden benutzt wird. **Aktuell** zeigt stets auf den aktuellen Knoten, der z. B. auf ein zu suchendes Wort geprüft wird. Der Konstruktor der Klasse `BBaum` legt keine Speicherobjekte an, deshalb müssen Sie den Binärbaum immer erst mit `Init()` initialisieren, bevor Sie weitere Knoten mit weiteren Wörter hinzufügen können. Erst nach dem Aufruf von `Init()` existiert eine gültige Baumwurzel und Sie können erst jetzt die Methoden `FindeWurzel()`, `FindeEinfuegePosition()`, `FindeKnoten()`, `KnotenEinfuegen()` und `KnotenLoeschen()` verwenden.

Die Hauptarbeit in diesem Beispiel leistet `FindeEinfuegeposition()` (die Zeilen **045–074**). Diese Methode durchsucht den Baum nach einer freien Stelle. Eine freie Stelle ist entweder ein Knoten, bei dem einer der Kind-Knoten `NULL` ist, oder aber ein Knoten, der ein zuvor entferntes Wort enthält – dies wird dadurch gekennzeichnet, dass das erste Zeichen im String `Aktuell->Wort` das Nullzeichen ist. `FindeEinfuegeposition()` arbeitet rekursiv, es wird also in den Zeilen **048–052** erst einmal angenommen, dass der als der erste Parameter übergebene Knoten **Aktuell** schon das gesuchte Wort enthält. In diesem Fall haben Sie ein Duplikat gefunden und `FindeEinfuegeposition()` kehrt zurück, ohne etwas zu tun (es wird also schlicht **Aktuell** zurückgegeben). Ich habe dieses Beispiel so angelegt, dass sämtliche Funktionen für jeden Schritt Testmeldungen ausgeben, damit Sie in der Konsole sehen können, wie die Algorithmen für die Verwaltung des Binärbaums arbeiten. So wird auch eine entsprechende Meldung ausgegeben, wenn in dem Baum Duplikate auftauchen.

Wenn die Annahme falsch ist, dass der Knoten **Aktuell** das gesuchte Wort enthält, dann wird die Annahme gemacht, dass der linke Kind-Knoten oder aber der rechte Kind-Knoten das gesuchte Wort enthält, falls dieser nicht `NULL` ist. In diesem Fall muss `FindeEinfuegePosition()` mit den Parametern `Aktuell->links` bzw. `Aktuell->rechts` erneut rekursiv aufgerufen werden. Wenn jedoch einer der Kind-Knoten `NULL` ist, kehrt `FindeEinfuegePosition()` am Ende zurück, ohne sich erneut rekursiv wieder aufzurufen. Im Zeiger **Aktuell** steht dann die korrekte Speicheradresse des Knotens, an dem noch eine Position frei ist.

Die Methode `FindeKnoten()` (die Zeilen **075–097**) nimmt ebenfalls an, dass das gesuchte Wort schon in der Wurzel des Baums zu finden ist. In diesem Fall wird einfach, falls sich das gesuchte Wort wirklich in der Wurzel befindet, auch nur ein Zeiger auf die Wurzel zurückgegeben. Falls die Annahme jedoch falsch ist, dann wird erst einmal mit der Hilfsvariablen **Temp** `FindeKnoten()` erneut rekursiv aufgerufen, und zwar mit der Annahme, dass am Ende **Temp** auf den Knoten mit dem gesuchten Wort zeigt. Ist dies nicht der Fall, dann muss der Knoten mit dem gesuchten Wort der rechte Kind-Knoten sein und `FindeKnoten(Aktuell->rechts,Wort)` ist nicht `NULL`.

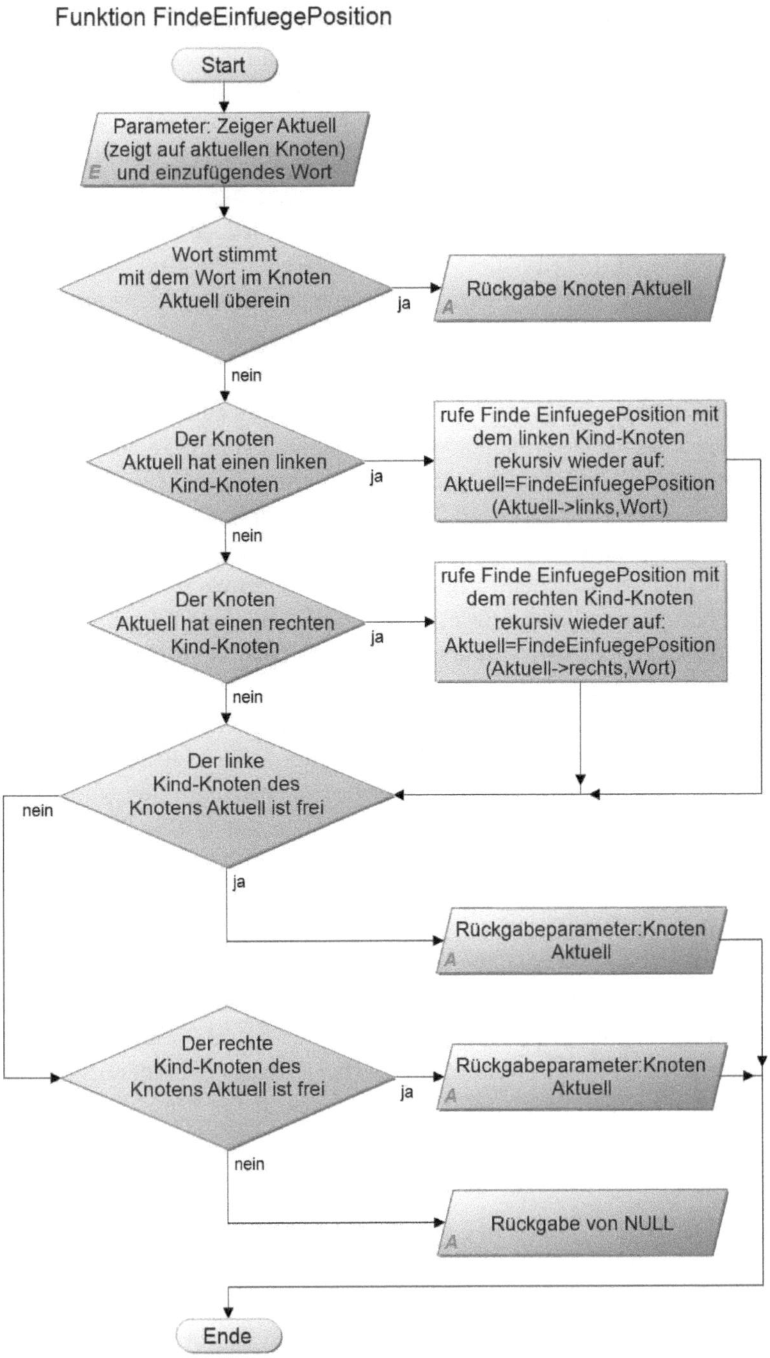


**Bild 5.7** Programmablaufplan der Funktion FindeEinfuegePosition()

Die Methode KnotenEinfuegen() (die Zeilen **098–126**) arbeitet dagegen anders als die Methode FindeKnoten(). KnotenEinfuegen() arbeitet nämlich nicht rekursiv, sondern sucht erst einmal einen freien Knoten mit FindeEinfuegePosition(), der sich anschließend in dem Zeiger **Aktuell** befindet. Wenn das in den Baum einzufügende Wort ein Duplikat ist (strcmp(Wort,Aktuell ->Wort) liefert dann 0 zurück), also ein Eintrag gefunden wurde, der wiederbenutzt werden kann, so wird Aktuell->Wort schlicht überschrieben. Wenn das in den Baum einzufügende Wort jedoch kein Duplikat ist und Aktuell->Wort[0] auch nicht 0 ist, dann muss entweder der linke oder rechte Kind-Knoten NULL sein. In diesem Fall wird an der entsprechenden Stelle ein neuer Knoten erzeugt, der das neu einzufügende Wort enthält.

KnotenLoeschen() (die Zeilen **127–147**) arbeitet dagegen wieder rekursiv, aber etwas anders als FindeEinfuegePosition() und FindeKnoten(). Es wird zuerst angenommen, dass Sie den zu löschenden Knoten gar nicht aus dem Baum entfernen können, weil dort noch Kind-Knoten dranhängen. Deshalb wird erst einmal geprüft, ob Altuell->links bzw. Aktuell->rechts nicht NULL sind. Wenn eine dieser Bedingungen wahr ist, wird KnotenLoeschen() mit dem linken bzw. rechten Kind-Knoten erneut rekursiv aufgerufen. Erst, wenn der entsprechende rekursive Aufruf erfolgreich zurückkehrt, kann der entsprechende Kind-Knoten gelöscht werden. Leider ergibt sich hier ein Problem: Wenn Sie KnotenLoeschen() rekursiv mit einem bestimmten Knoten aufrufen, dann wird auch der Knoten mit gelöscht, den Sie zuerst als Parameter übergeben haben, mit der Wirkung, dass Sie nicht mehr auf diesen zugreifen können. Was ist aber, wenn der Knoten, den Sie samt Unterknoten löschen wollen, wieder Kind-Knoten eines übergeordneten Knotens ist? Ganz einfach: Sie erhalten eine Schutzverletzung, weil Sie auf einen ungültigen Zeiger zugreifen. KnotenLoeschen() muss also hier eine Wrapper-Funktion erhalten und vorher in _KnotenLoeschen() umbenannt werden. KnotenLoeschen() ruft dann _KnotenLoeschen() so auf, dass keine Speicherzugriffsfehler mehr auftreten können. Der Trick: Es wird nur das zu suchende Wort übergeben und der Knoten, der dieses Wort enthält, wird separat ermittelt. Gelöscht werden dann nur sämtliche Unterknoten, nicht aber der Knoten selbst – bei diesem wird nur der linke und rechte Kind-Knoten zu NULL gesetzt. Aktuell->Wort wird dann am Ende auch nicht aus dem Speicher entfernt, sondern einfach als wiederzuverwendender Eintrag gekennzeichnet. Hierdurch bleibt die Struktur des Baums intakt.

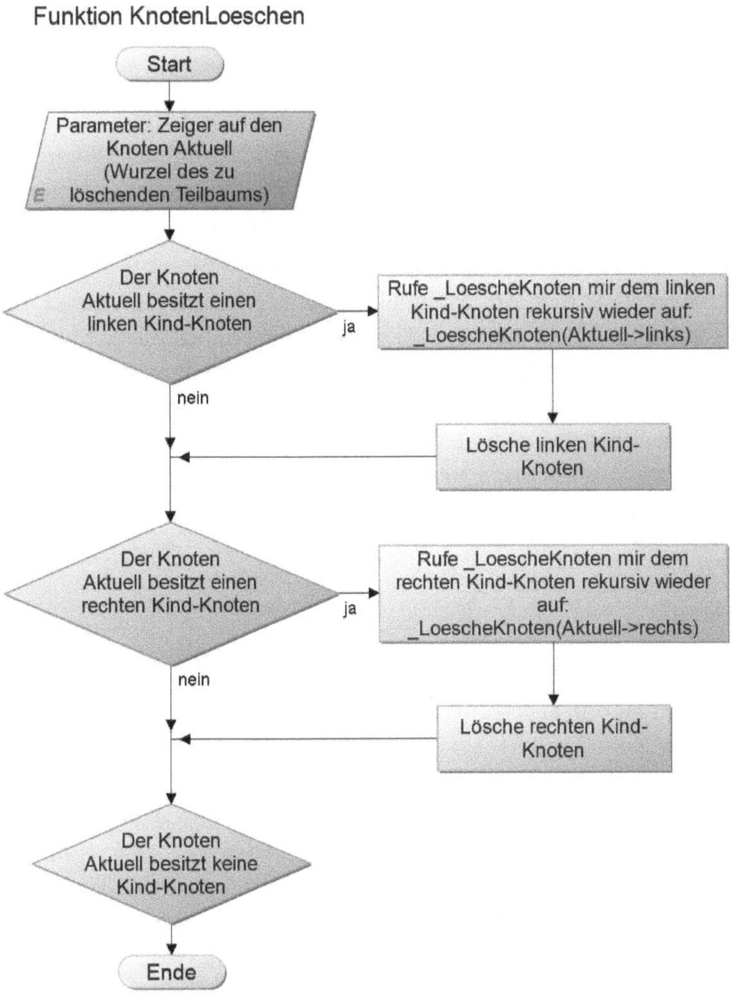


**Bild 5.8** Programmablaufplan der Funktion _KnotenLoeschen

Das Hauptprogramm in den Zeilen **167–216** beinhaltet nichts Neues mehr: Es wird ein Menü in der Konsole erzeugt, das folgende Optionen bietet: ein Wort in den Baum einfügen, ein Wort im Baum suchen oder einen bestimmten Knoten samt Unterknoten löschen.

## 5.3 Bäume in Java

Genauso wie bei den verketteten Listen, finden Sie vielleicht die C++-Lösung für Bäume schwierig – und im Endeffekt ist die Sache ja auch nicht einfach. Wenn Sie Ihren Artenstammbaum oder einen anderen Baum noch in einer Internet-App verwenden wollen, denken Sie vielleicht wieder über eine einfachere Lösung in Java nach. In der Tat gibt es diese Java-Lösung.

Ich möchte zu dem Beispiel mit dem Artenstammbaum zurückkehren und Ihnen zeigen, wie Sie diesen in Java programmieren können. Vielleicht haben Sie auch schon einmal darüber nachgedacht, wie Sie einen Baum mit einer beliebigen Anzahl an Knoten und Blättern in Java umsetzen können und wie Sie diesen Baum dann nach einem bestimmten Eintrag durchsuchen können. Wie Sie sicherlich wissen, unterstützt Java keine Zeiger und auch keine strukturierten Variablen. Folgendes Konstrukt ist dann in Java auch nicht möglich:

```
public struct Knoten_t
{
    public String Artname;
    Vector (Knoten_t)Unterartenliste;
};
```

Java unterstützt schlicht keine Structs. Zum Glück sind jedoch sämtliche Daten, die Sie in einen Vector einfügen, vom Typ `Object`, genau wie auch bei der Klasse `Vector` oder `LinkedList`. Das heißt, dass Sie hier nicht nur Zahlen, sondern auch Strings einfügen können, sowie beliebige Objekte einer beliebigen Klasse. Was haben Sie aber dadurch gewonnen? Ganz einfach: Sie können in einen Vector auch wieder Objekte vom Typ `Vector` einfügen und erhalten dadurch Listen, die neben Daten auch wieder Listen enthalten können. Nichts anderes ist aber unser Artenstammbaum aus Listing 5.3, nämlich eine Liste, die wiederum auf Listen zeigen kann, die wiederum auf Listen zeigen können usw. Sie erhalten also in Java eine allgemeine Baumstruktur, wenn Sie Objekte vom Typ `Vector` miteinander verketten. Natürlich müssen Sie vorher die Wurzel Ihres Baums wie folgt definieren:

```
Vector Wurzel=new Vector();
```

An die Wurzel werden nun Knoten angehängt, indem Objekte in den Vector **Wurzel** eingefügt werden. In Listing 5.3 ist dies einfach dadurch geschehen, dass die entsprechenden Unterarten der Reihe nach in die Unterartenliste eines Knotens eingefügt wurden. In Java kann dies in derselben Weise geschehen. Angenommen, Sie wollen die Arten Hunde, Katzen, Vögel und Menschen an den Vector Wurzel anhängen, weil Ihr Baum noch nicht initialisiert ist. Dann können Sie dies einfach wie folgt erledigen:

```
Wurzel.add("Hunde");
Wurzel.add("Katzen");
Wurzel.add("Vögel");
Wurzel.add("Menschen");
```

Die Wurzel enthält vier Objekte vom Typ String, die Sie auch in der Konsole ausgeben können. Wenn Sie z. B. „Katzen“ ausgeben wollen, dann müssen Sie die folgende Anweisung verwenden:

```
System.out.println(Wurzel.elementAt(1));
```

Nun sollen in diesem Beispiel Hunde, Katzen und Vögel jeweils drei Unterarten erhalten, aber der Mensch soll keine Unterarten erhalten. Wie realisieren Sie dies in Java? Eine Möglichkeit ist, dass Sie dem String, der den Artnamen enthält, immer dann ein Objekt vom Typ Vector folgen lassen, wenn die Art eine Unterartenliste erhalten soll. Angenommen, Sie wollen an die Art Hund drei Unterarten anhängen. Dann gehen Sie am besten so vor:

```
Vector Aktuell; // Hilfszeiger
Aktuell=Wurzel; // Aktuell zeigt nun auf die Unterartenliste der Baumwurzel
Knoten=new Vector(); // Neuen Unterknoten mit verschiedenen Hundearten erzeugen
Knoten.add("Schäferhund");
Knoten.add("Bernhardiner");
Knoten.add("Pinscher");
Aktuell.insertElementAt(Knoten,1);
```

Java fügt die Unterartenliste für Ihre Hunde an der Position 1 (also direkt nach dem Artnamen „Hunde“) in Ihre Unterartenliste der Wurzel ein. Der String „Katzen“ steht also nun an Position 2. Wenn Sie auch der Art „Katzen“ drei Unterarten hinzufügen wollen, dann müssen Sie auf die folgende Weise einen neuen Knoten an den Eintrag „Katzen“ anhängen:

```
Knoten=new Vector(); // Neuen Unterknoten mit verschiedenen Katzenarten erzeugen
Knoten.add("Hauskatze");
Knoten.add("Tiger");
Knoten.add("Löwe");
Aktuell.insertElementAt(Knoten,3);
```

Wie Sie sehen, erhalten Sie hier eine Wiederholung von Codezeilen, indem Sie wieder den Vector **Aktuell** benutzen, um die Unterartenliste zu erweitern, die an Ihrer Baumwurzel hängt (**Aktuell** zeigt ja nach wie vor auf die Baumwurzel). Wahrscheinlich haben Sie schon genug Erfahrung, um an dieser Stelle die Rekursion zu erkennen, die hinter meinem Vorgehen steckt: Sie könnten jetzt genauso gut eine Unterart von „Tiger“ erzeugen, **Aktuell** auf diesen Eintrag setzen und anfangen, Ihren Teilbaum um weitere Einträge zu erweitern. Bevor Sie aber diesen Schritt unternehmen, müssen wir erst klären, wie Sie Ihre Unterartenliste, die an Ihrem Knoten **Aktuell** hängt, so durchsuchen können, dass Sie feststellen können, ob diese Unterartenliste weitere Unterartenlisten enthält. Sehen Sie sich hierzu das nächste Beispiel (Listing 5.5) an:

**Listing 5.5** Stammbaum.java

```
import java.io.*;
import java.util.*;

public class Stammbaum1
{
        public static void main (String[] args)
        {
                Vector Wurzel=new Vector();
                Vector Knoten;
                Vector Aktuell;
                // Neue Knoten an die Wurzel anhängen
                Wurzel.add("Hunde"); // Art 1
                Wurzel.add("Katzen"); // Art 2
                Wurzel.add("Vögel"); // Art 3
                Wurzel.add("Menschen"); // Art 4
                Aktuell=Wurzel;
                Knoten=new Vector(); // Neuen Unterknoten mit Hunden erzeugen (an Wurzel[0])
                Knoten.add("Schäferhund");
                Knoten.add("Bernhardiner");
                Knoten.add("Pinscher");
                Aktuell.insertElementAt(Knoten,1);
                Knoten=new Vector(); // Neuen Unterknoten für "Katzen" erzeugen (an Wurzel[2])
                Knoten.add("Hauskatze");
                Knoten.add("Tiger");
                Knoten.add("Löwe");
                Aktuell.insertElementAt(Knoten,3);
                Knoten=new Vector(); // Neuen Unterknoten für "Vögel" erzeugen (an Wurzel[4])
                Knoten.add("Papagei");
                Knoten.add("Kanarienvogel");
                Knoten.add("Wellensittich");
                Aktuell.insertElementAt(Knoten,5);
                int i=0; Aktuell=Wurzel;
                while (i<Aktuell.size())
                {
                        System.out.print("Art:");
                        System.out.println(Aktuell.elementAt(i));
                        if ((i+1<Aktuell.size())&&(Aktuell.elementAt(i+1) instanceof Vector))
                        {
                                System.out.println("Die Art "+Aktuell.elementAt(i)+" hat folgende Unterarten:");
                                System.out.println(Aktuell.elementAt(i+1));
                                i+=2;
                        }
                        else
                        {
                                System.out.println("Die Art "+Aktuell.elementAt(i)+" hat keine Unterarten.");
                                i++;
                        }
                }
        }
}
```

In Zeile **01** und **02** müssen Sie neben **java.io** auch **java.util** importieren, damit Sie die Klasse `Vector` benutzen können. In Listing 5.5 wird der Baum nicht in eine separate Klasse gekapselt, sondern Schritt für Schritt manuell aufgebaut. Dies tue ich, damit Sie das Prinzip gut erkennen können, das ich hier anwende, um Unterarten zu erzeugen. Genau wie in Listing 5.3, müssen Sie Ihren Baum initialisieren, bevor Sie diesen verwenden können. Sie müssen also auch in Java eine gültige Speicheradresse für Ihre Wurzel anlegen, nur tun Sie dies (anders als in C++), ohne Zeiger zu verwenden. Die Befehle, um neue Objekte anzulegen, sind allerdings mit C++ identisch: Sie benutzen in Zeile **07** den Befehl `new`, um Speicher für die Wurzel Ihres Baums zu reservieren. Die Wurzel zeigt anschließend auf eine leere Objektliste vom Typ `Vector`. Sie können in Java jedoch der Wurzel Ihres Baums nicht einfach `NULL` zuweisen, um dadurch zu kennzeichnen, dass der Baum leer ist. Wenn Sie einem Objekt nämlich `null` zuweisen (`NULL` wird in Java klein geschrieben), wird das entsprechende Objekt vom Garbage Collector automatisch aus dem Speicher entfernt. Wenn Sie dann anschließend darauf zugreifen, wird eine Exception (eine Art Ausnahmezustand) ausgelöst, die besagt, dass Sie auf ein nicht vorhandenes Objekt zugreifen. Deshalb müssen Sie auch in den Zeilen **11–14** anders vorgehen, um Ihren Baum zu initialisieren: Sie müssen erst einmal mit der `add()`-Methode der Klasse `Vector` an den Wurzelknoten ein paar Artnamen anhängen. In Zeile **15** wird danach die Hilfsvariable **Aktuell** auf die Wurzel Ihres Baums gesetzt, um den Wurzelknoten als aktuellen Knoten auszuwählen. Man sagt an dieser Stelle auch, **Aktuell** ist eine Referenz auf die Wurzel des Baums.

In den Zeilen **16–22** definieren Sie nun drei Unterarten für die Art Hund, nämlich den Schäferhund, den Bernhardiner und den Pinscher. Hierzu wird in Zeile **16** erst einmal ein neuer Knoten angelegt. Dies geht mit einer einfachen `new`-Anweisung. Anschließend können Sie in den Zeilen **17–19** die Unterartenliste für die Hunde aufbauen und anschließend in Zeile **20** an der Position 1 in die Unterartenliste einhängen, auf die **Aktuell** verweist (in Java sagt man also nicht „Zeiger“, sondern „Verweis“ oder „Referenz“). Dies führt dazu, dass Sie direkt nach dem ersten Eintrag in der Unterartenliste Ihrer Baumwurzel ein Objekt vom Typ `Vector` einhängen. Ihre Art „Hunde“ hat also nun zwei Einträge, nämlich einmal den Artnamen und zweitens eine Unterartenliste vom Typ `Vector`. Da in Java alles Objekte sind, dürfen Sie auch so verfahren, Sie müssen sich nur merken, wo Sie was in Ihre Liste eingehängt haben. In den Zeilen **21–30** definieren Sie die Unterarten für die Katzen und Vögel. Dies geschieht genauso wie im Fall der Hunde. Allerdings müssen Sie beachten, dass sich beim Einfügen von Elementen in einen Vector die Zugriffsindices nach hinten verschieben. Wenn Sie also eine Unterartenliste für die Hunde an Position 1 eingefügt haben, steht anschließend der Artname „Katzen“ an Position 2. Deshalb wird die Unterartenliste für die Katzen an Position 3 und die Unterartenliste für die Vögel an Position 5 eingefügt.

In den Zeilen **31–47** werden am Ende die Namen sämtlicher Arten ausgegeben, die sich in der Unterartenliste des Wurzel-Knotens befinden. Hierzu wird der Zähler **i** benötigt, der erst einmal auf das erste Element in der Unterartenliste zeigt, und die

Hilfsvariable **Aktuell**, die auf die Wurzel des Baums zeigt (eigentlich gibt es ja in Java keine Zeiger, aber ich denke, dies ist die einfachste Art, den Sachverhalt auszudrücken). Solange nun `i<Aktuell.size()` ist und damit das Listenende noch nicht erreicht ist, wird in den Zeilen **34** und **35** erst einmal der Artname ausgegeben, der in der Unterartenliste an Position **i** steht. Dass dort wirklich ein String steht, der auch mit `System.out.println()` ausgegeben werden kann, dafür wurde vorher beim Einfügen der Unterartenlisten direkt hinter den Artnamen gesorgt. Wenn die `if`-Anweisung in Zeile **36** wahr ist, folgt an der Position `i+1` eine Unterartenliste. Der Trick ist der `instanceof`-Operator. Dieser kann feststellen, ob ein bestimmtes Objekt vom Typ `Vector` ist, und wenn dies der Fall ist, liefert `instanceof` den Wert `true` zurück. Wenn das Listenende noch nicht erreicht ist, weil `i>Aktuell.size()` ist, dann steht an der Position `i+1` wirklich eine Unterartenliste. Diese Liste kann übrigens in Zeile **39** direkt in der Konsole ausgegeben werden, denn Java verwandelt einen Vektor bei der Ausgabe automatisch in einen String um. Wenn nach einem Artnamen eine Unterartenliste folgt, dann wird **i** um 2 erhöht, anderenfalls gilt der `else`-Block in den Zeilen **42–46**. Hier wird **i** nur um 1 erhöht und es wird in der Konsole die Meldung ausgegeben, dass die Art keine Unterarten besitzt. Dies ist hier nur beim Menschen der Fall.

Ich möchte das Thema Bäume abschließen, das nun hoffentlich seinen Schrecken verloren hat. Ganz ohne Tricks kommen Sie allerdings bei Bäumen nicht aus und Sie müssen auch oft um die Ecke denken. Das nächste Kapitel kommt dagegen ohne Tricks aus: Es geht dort um schnelle Sortierverfahren.

## 5.4 Übungen

**Übung 1**

Erläutern Sie, was der Unterschied zwischen allgemeinen Bäumen und Binärbäumen ist und in welchen Bereichen man beide Varianten verwendet. Erläutern Sie auch kurz, welche Vor- und Nachteile beide Varianten haben.

**Übung 2**

Was ist der Unterschied zwischen Knoten, Kanten und Blättern in einem Baum? Welche Begriffsüberschneidungen gibt es zwischen Bäumen und Graphen?

**Übung 3**

Was ist eine Wrapper-Methode und wozu verwendet man diese? Warum lassen sich Wrapper-Methoden nicht immer vermeiden?

# 6 Such- und Sortierverfahren

Sie haben im Kapitel 2 „Basisalgorithmen“ einfache Such- und Sortierverfahren kennengelernt, mit denen Sie schon einen einfachen Texteditor programmieren konnten. Mit Bubblesort konnten Sie Zahlen auf- oder absteigend sortieren. Vielleicht haben Sie etwas mit Bubblesort herumexperimentiert und festgestellt, dass dieses Sortierverfahren sehr schnell langsam wird, besonders bei größeren Arrays. Bleibt natürlich noch die Variante, Zahlen von der Tastatur einzulesen und gleich sortiert in ein (zur Not dynamisches) Array einzufügen – die Laufzeit für die Einfügefunktion wächst hier nur linear mit der Größe des Arrays. Eine andere Option ist natürlich die Verwendung einer verketteten Liste, in die Sie neue Elemente gleich sortiert einfügen können. Manchmal liegen jedoch die Daten, die Sie verarbeiten müssen, bereits vor und diese müssen vielleicht auch in ihrer Struktur als Array erhalten bleiben. Vielleicht gibt es sogar unter Umständen Zeitvorgaben, die Ihr Programm einhalten muss. In diesem Fall benötigen Sie effizientere Algorithmen als die Suche von Mustern mit einem Brute-Force-Verfahren oder das Sortieren von Zahlen mit Bubblesort. Diese effizienteren Algorithmen werde ich Ihnen nun erklären. Sie werden in diesem Kapitel einige Programmiertechniken aus früheren Kapiteln benötigen, z. B. die Rekursion. Wenn Sie diese Techniken noch nicht eingehend beherrschen, weil Sie z. B. einige Kapitel in Ihrem Studium bisher nicht benötigt haben, dann sollten Sie an dieser Stelle noch einmal Kapitel 3 bis 5 durcharbeiten, bevor Sie weiterlesen.

Ich kann an dieser Stelle natürlich nur die populärsten Such- und Sortierverfahren beschreiben, die auch im Studium vorkommen. Dies hat den einfachen Grund, dass heutzutage für große Datenmengen vor allem Datenbanken verwendet werden, und hier implementiert jeder Hersteller seine eigenen und oft auch geheimgehaltenen Algorithmen. Aber auch die quelloffenen Datenbanken, wie z. B. MySQL, haben es in sich und die ganz speziellen Baumstrukturen, die MySQL im Speicher aufbaut, um z. B. die Suche zu beschleunigen, würden ganze Bücher füllen.

## 6.1 Wichtige effiziente Sortierverfahren

Ich werde die wichtigsten Sortierverfahren behandeln, die auch im Studium neben Bubblesort vorkommen. Ich kann natürlich auch hier bei Weitem nicht alle Verfahren behandeln, die es so gibt, denn es gibt deren über 100 – zumindest dann, wenn man die für Datenbanken verwendeten Algorithmen mit einbezieht. Die gute Nachricht, die ich für Sie habe, ist aber folgende: Mit Quicksort, Heapsort und Radix Sort besitzen Sie am Ende dieses Kapitels drei effiziente Verfahren, die 95 Prozent Ihrer Probleme im Studium lösen können. Ich will aber einfach beginnen und das Bubblesort-Verfahren verbessern. Dies ist auch der erste Schritt, den schon andere Informatik-Profis in der Vergangenheit getan haben.

### 6.1.1 Min-Max-Sort

Wenn Sie sich noch an Bubblesort erinnern oder dieses Verfahren schon einmal benutzt haben, werden Sie sich vielleicht Gedanken darüber gemacht haben, ob Sie den Algorithmus nicht etwas tunen können. Vielleicht können Sie dann aus Ihrem Fiat 500 wenn schon keinen Porsche, dann doch wenigstens einen Seat machen. Ein solcher Tuning-Versuch ist die folgende Überlegung: Sie gehen Ihr Zahlen-Array mit n Elementen nach wie vor von vorne nach hinten durch, aber Sie tauschen die entsprechenden Werte erst nach dem vollständigen Durchsuchen des Arrays. Zuerst wird also das Minimum gesucht und dann wird das erste Element mit dem Minimum getauscht. Anschließend wird das Maximum gesucht und das letzte Element mit dem Maximum vertauscht. Anschließend werden die Suchgrenzen verkleinert, indem das Array nun vom zweiten Element bis zum Element Nr. (n-1) durchsucht wird. Im zweiten Duchlauf landet also der zweitkleinste Wert an Position 2 und der zweitgrößte Wert an Position (n-2). Der Algorithmus endet, wenn der zu durchsuchende Bereich in Ihrem Array keine Elemente mehr enthält. Was haben Sie aber nun von Ihrem Tuning? Ganz einfach: Sie verhindern, dass die kleinsten bzw. größten Werte in umständlicher Weise hinabsinken oder aufsteigen müssen, sondern setzen diese nach nur einem Durchlauf gleich an die richtige Position. So sparen Sie sich viele Tauschvorgänge. Dadurch, dass sich Ihr Suchbereich in jedem Schritt um zwei Elemente verringert, sparen Sie überdies auch die Schleifendurchläufe für den Hauptalgorithmus.

Setzen wir nun das getunte Bubblesort, das jetzt „Min-Max-Sort" heißt, in die Praxis um. Zunächst benötigen Sie einige Hilfsvariablen. Das Zahlen-Array nenne ich an dieser Stelle **Z**, die Anzahl der Array-Elemente sei **n**. Nun benötigen Sie noch die zwei Zähler **p** und **q**. Die Variable **p** enthält die Array-Position, an der die Suche nach dem Minimum und Maximum beginnen soll, die Variable **q** enthält die Endposition, an der die Suche enden soll. **Min** enthält das aktuelle Minimum, **Max** das aktuelle Maximum und **MinPos** bzw. **MaxPos** enthält die entsprechende Array-Position, an der sich das

Minimum bzw. Maximum befindet. Der Algorithmus startet mit **p**=0 und **q**=(n-1), da die Array-Indizes mit 0 beginnen. Anschließend werden die zwei folgenden Schleifen ausgeführt:

```
Min=Z[p]; MinPos=p; // Erst einmal annehmen, Z[p] sei schon das Minimum
for (i=p; i<=q; i++) // Suche Minimum im Bereich p<i<=q
{
    if (Z[i]<=Min) { Min=Z[i]; MinPos=i; } // Neues Minimum gefunden? Dann
                                            Position merken
}
Tausche(Z,p,MinPos); // Tatsächliches Minimum mit Position p tauschen
Max=Z[p]; MaxPos=p; // Erst einmal annehmen, Z[p] sei schon das Maximum
for (i=p; i<=q; i++) // Suche Maximum im Bereich p<i<=q
{
    if (Z[i]>=Max) { Max=Z[i]; MaxPos=i; } // Neues Maximum gefunden? Dann
                                            Position merken
}
Tausche(Z,q,MaxPos); // Tatsächliches Minimum mit Position p tauschen
```

Nach dem Durchlauf durch beide Schleifen enthält `Z[p]` das Minimum und `Z[q]` das Maximum des Bereichs `Z[p]` bis `Z[q]`. Anschließend wird `p=p+1` und `q=q-1` gesetzt und wenn `p<=q` ist, wird die Suchschleife erneut ausgeführt. Natürlich muss an dieser Stelle vorher `Min=Z[p]` bzw. `Max=Z[p]` gesetzt werden. Übrigens ist es nicht verboten, dass `Min==Max` oder sogar `MinPos==MaxPos` ist. In diesem Fall bewirken die zwei Tauschoperationen `Tausche(Z,p,MinPos)` und `Tausche (Z,q,MaxPos)` einfach gar nichts, weil sich diese gegenseitig neutralisieren. Dies ist dann auch der größte Nachteil des relativ einfachen Sortierverfahrens Min-Max-Sort: Wenn das Array nur dieselben Zahlen enthält oder schon vorsortiert ist, wird der Algorithmus trotzdem vollständig durchlaufen, inklusive Tauschvorgängen. Sehen Sie sich hierzu nun Listing 6.1 an.

**Listing 6.1** MinMaxSort.cpp

```
#include<stdio.h>
#include<stdlib.h> // für malloc() und rand()
#include<time.h> // für clock()

void Tausche(long int *Z, long int p, long int q)
{
    long int Temp=Z[p];
    Z[p]=Z[q]; Z[q]=Temp;
}

void MinMaxSort(long int *Z, long int n, bool Ausgabe1, bool Ausgabe2)
{
    long int T,p,q,s,i,Min,Max,MinPos,MaxPos;
    p=0; q=n-1; // Init:p zeigt an den Anfang, und q an das Ende von Z
    s=0; T=clock(); // Für Testausgabe
    while (p<=q) // p noch <=q? Dann Algorithmus erneut ausführen
    {
        Min=Z[p]; MinPos=p; // Erst einmal annehmen, Z[p] sei schon das Minimum
        for (i=p; i<=q; i++) // Suche Minimum im Bereich p<i<=q
        {
```

```
19              if (Z[i]<=Min) { Min=Z[i]; MinPos=i; } // Neues Minimum gefunden?
Dann Position merken
20          }
21          s++; // Für Testausgabe
22          Tausche(Z,p,MinPos); // Tatsächliches Minimum mit Position p tauschen
23          Max=Z[p]; MaxPos=p; // Erst einmal annehmen, Z[p] sei schon das Maximum
24          for (i=p; i<=q; i++) // Suche Maximum im Bereich p<i<=q
25          {
26              if (Z[i]>=Max) { Max=Z[i]; MaxPos=i; } // Neues Maximum gefunden?
Dann Position merken
27          }
28          s++; // Für Testausgabe
29          Tausche(Z,q,MaxPos); // Tatsächliches Minimum mit Position p tauschen
30          if (Ausgabe1==true) // Testausgabe Sortierschritte
31          {
32              for (i=0; i<n; i++)
33              {
34                  printf("%ld ",Z[i]);
35              }
36              printf("\n");
37          }
38          p++; q--;
39      }
40      if (Ausgabe2==true) // Testausgabe Sortierzeit
41      {
42          printf("Anzahl Schleifendurchläufe:%ld\n",s);
43          printf("Sortierzeit (ms):%ld\n",clock()-T);
44      }
45  }
46  int main(void)
47  {
48      long int *Z;
49      long int i,ArrayGroesse;
50      printf("Demoprogramm Min-Max-Sort\n");
51      printf("Es wird ein Zufallszahlen-Array sortiert\n");
52      printf("Größe des Arrays:"); scanf("%ld",&ArrayGroesse);
53      Z=(long int*)malloc(ArrayGroesse*sizeof(long int));
54      srand(clock());
55      for (i=0; i<ArrayGroesse; i++)
56      {
57          Z[i]=rand()%10000;
58      }
59      MinMaxSort(Z,ArrayGroesse,true,true);
60      delete(Z); // Z wieder aus dem Speicher löschen
61      return 0;
62  }
```

Die Funktion `Tausche()` in den Zeile **04–08** muss nicht mehr weiter erklärt werden, da diese nur einen Ringtausch der zwei Elemente im Array **Z** an den Positionen **p** und **q** durchführt. Wie in Kapitel 2 auch, wird das zu bearbeitende Array **Z** als Zeiger vom Typ `long int*` übergeben. Die Funktion `MinMaxSort()` (die Zeilen **09–45**) führt nun den entsprechenden Sortieralgorithmus aus. Das zu sortierende Array **Z** wird als Zeiger übergeben, die Größe des Arrays muss in dem separaten Parameter **n** stehen. Am Anfang (also vor dem ersten Durchlauf des Sortieralgorithmus) ist **p**=0 (also die Position des ersten Elements des Arrays **Z**) und **q**=**n**-1 (also die Position des letzten Elements von **Z**). Die Hauptschleife wird dann so lange durchgeführt, wie `p<=q` ist, also so lange, bis **p** und **q** übereinander laufen.

Der Hauptalgorithmus besteht aus zwei Teilen. Im ersten Teil wird das Minimum von **Z** im Bereich `Z[p]` bis `Z[q]` gesucht. Zu diesem Zweck wird in Zeile **16** `Min=Z[p]` und `MinPos=p` gesetzt. Sie nehmen in diesem Fall also erst einmal an, das erste Element in Ihrem zu durchsuchenden Bereich sei bereits das Minimum, damit Sie einen Wert haben, den Sie mit einem anderen vergleichen können. Die `for`-Schleife in den Zeilen **17–20** geht nun sämtliche Elemente im Bereich `Z[p]` bis `Z[q]` durch, und immer, wenn ein neues Minimum gefunden wird (`Z[i]<Min`), dann wird das alte Minimum zum neuen Minimum (`Min=Z[i]; MinPos=i`). Wurde die Position des Minimums gefunden, dann wird in Zeile **22** das entsprechende Element mit dem Element an der Position **p** vertauscht. Vorher wird noch in Zeile **21** der Zähler **s** um 1 erhöht, der die Anzahl der Schleifendurchläufe durch das Array im Bereich `Z[p]` bis `Z[q]` zählt und für die zweite Testausgabe verwendet wird.

Im zweiten Teil des Hauptalgorithmus wird das Maximum von **Z** im Bereich `Z[p]` bis `Z[q]` gesucht. Zu diesem Zweck wird in Zeile **23** `Max=Z[p]` und `MaxPos=p` gesetzt. Sie nehmen in diesem Fall also wieder an, das erste Element in Ihrem zu durchsuchenden Bereich sei bereits das Maximum, damit Sie einen Wert haben, den Sie mit einem anderen vergleichen können. Die `for`-Schleife in den Zeilen **24–27** geht nun sämtliche Elemente im Bereich `Z[p]` bis `Z[q]` durch, und immer, wenn ein neues Maximum gefunden wird (`Z[i]>Max`), dann wird das alte Maximum zum neuen Maximum (`Max=Z[i]; MaxPos=i`). Wurde die Position des Maximums gefunden, dann wird in Zeile **29** das entsprechende Element mit dem Element an der Position **q** vertauscht. Vorher wird noch in Zeile **28** der Zähler **s** um 1 erhöht, der die Anzahl der Schleifendurchläufe durch das Array im Bereich `Z[p] bis Z[q]` zählt und für die zweite Testausgabe verwendet wird.

Die erste Testausgabe gibt in einer Schleife (die Zeilen **30–37**) sämtliche Sortierschritte in der Konsole aus und wird immer dann ausgeführt, wenn der Parameter **Testausgabe1** `true` ist. Die zweite Testausgabe (die Zeilen **40–44**) gibt, nachdem das Array sortiert wurde, die Anzahl der Schleifendurchläufe durch das Teil-Array `Z[p]` bis `Z[q]` sowie die zum Sortieren benötigte Zeit in der Konsole aus. Das Hauptprogramm (die Zeilen **46–62**) initialisiert die Testausgabe so, dass die einzelnen Sortierschritte und die Sortierzeit ausgegeben werden. Das Hauptprogramm erzeugt stets ein dynamisches Array, dessen Größe Sie vorher festlegen müssen, und beschreibt dieses anschließend mit Zufallszahlen. Anschließend wird das Array sortiert und die entsprechenden Schritte bzw. die Sortierzeit in der Konsole ausgegeben. In Zeile **60** muss übrigens, da das Programm mit `malloc()` arbeitet, das Array **Z** vor der Rückkehr des Programms wieder aus dem Speicher entfernt werden. Wenn Sie die `delete()`-Anweisung vergessen (in reinem C müssen Sie stattdessen `free()` benutzen), kann dies dazu führen, dass Ihr Speicher – besonders bei großen Arrays – aufgebraucht wird und sich irgendwann Ihr Betriebssystem aufhängt.

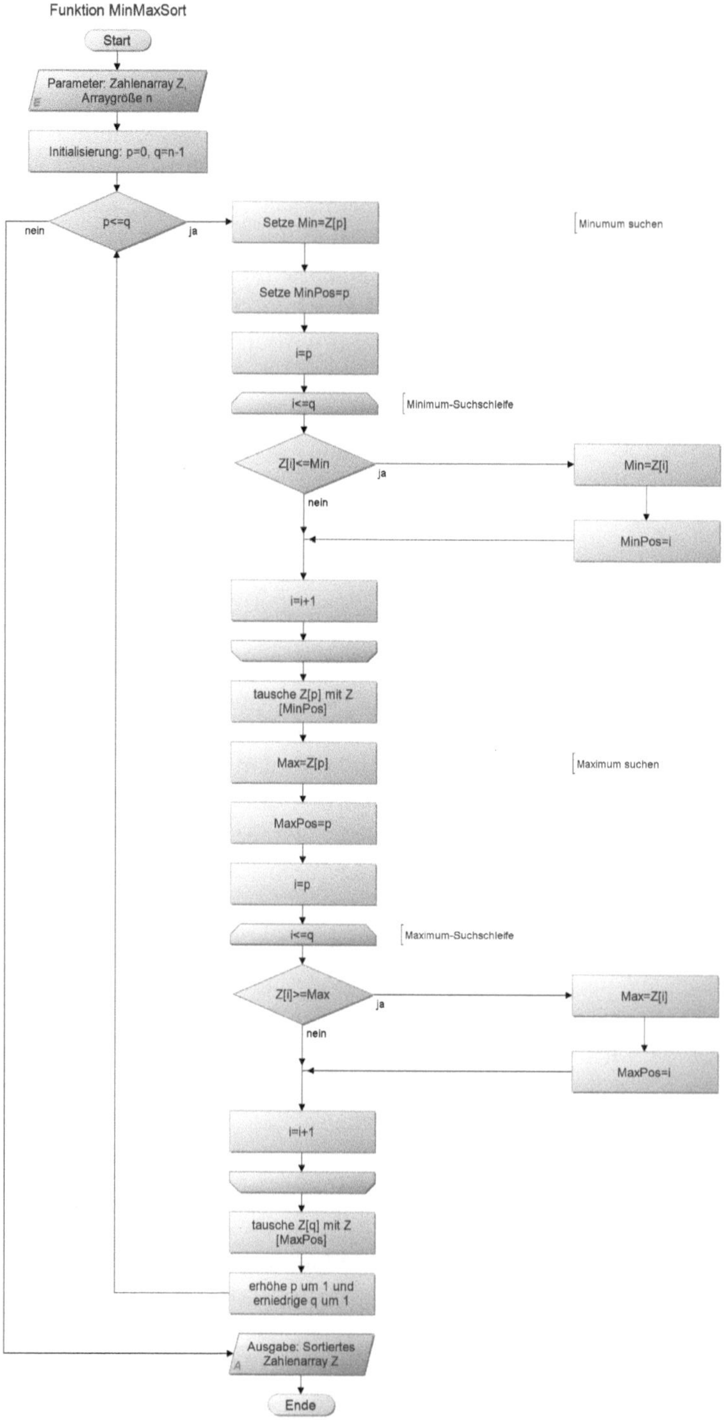


**Bild 6.1** Programmablaufplan des Min-Max-Sort-Algorithmus

Ich möchte an dieser Stelle einige Bemerkungen zur Laufzeit von Min-Max-Sort einfügen. Entsprechende Überlegungen werde ich übrigens für jeden Sortieralgorithmus anstellen. Die Sortierzeit von Min-Max-Sort steigt, auch wenn Sie es sich vielleicht erhofft haben, nicht linear mit der Anzahl der Array-Elemente. Obwohl sich die Anzahl an Schleifenschritten im Haupt-Algorithmus stetig verringert, wächst die Anzahl an einzelnen Schritten, die der Prozessor ausführen muss, quadratisch mit der Anzahl an Array-Elementen. Ich will Ihnen an dieser Stelle einen ausführlichen mathematischen Beweis durch vollständige Induktion ersparen. Es geht mir hier nur um die Essenz: Durch das Tuning von Bubblesort haben Sie nichts an der Komplexität dieses Algorithmus geändert, auch wenn Sie sich in einigen Praktika vielleicht einen Geschwindigkeitsvorteil verschafft haben. Um also Zahlenfolgen wirklich effizienter zu sortieren, brauchen Sie einen anderen Ansatz.

### 6.1.2 Mergesort[1]

Der Name „Mergesort" ist eine Verschmelzung aus dem englischen Wort für „verbinden" (to merge) und „sortieren" (to sort). Anstatt einfach Bubblesort zu optimieren, geht Mergesort einen anderen Weg und versucht, das unter Umständen nur schwer lösbare Sortierproblem (z. B. bei sehr großen Arrays) in viele kleine Schritte zu zerlegen. Mergesort wendet also einen Teile-und-herrsche-Algorithmus an, statt einfach zu versuchen, unnötige Sortierschritte zu vermeiden.

Wie arbeitet nun Mergesort? Das Prinzip ist ganz einfach: Das zu sortierende Array wird erst einmal in zwei gleich große Teil-Arrays geteilt (bei Mergesort spricht man auch oft von linker und rechter Teilliste, da Mergesort durchaus mit verketteten Listen arbeiten kann), und es wird versucht, beide Teil-Arrays für sich zu sortieren. Wenn ein Teil-Array noch mehr als zwei Elemente enthält, dann wird es weiter aufgeteilt, bis nur noch maximal zwei Elemente in einem Teil-Array vorhanden sind. Diese zwei Elemente können dann in einer einfachen Weise durch einen Ringtausch sortiert werden, falls das erste Element größer ist als das zweite (es wird hier also angenommen, dass die Elemente aufsteigend sortiert werden). Bei einem Teil-Array, das nur noch ein einziges Element enthält, geschieht einfach nichts. Durch das Sortieren von kleineren Teil-Arrays ist natürlich noch nicht gewährleistet, dass nach dem Sortiervorgang sämtliche Elemente an der richtigen Position stehen. Sehen Sie sich hierzu folgendes Beispiel an.

Sei das zu sortierende Zahlenarray ein Array mit folgenden Elementen:

**46 10 89 3 17 12 45 51 19 66 21 82**

1 *https://de.wikipedia.org/wiki/Mergesort*

Mergesort teilt nun das Array erst einmal wie folgt auf:

**1. Schritt:**

**[046 010 089 003 017 012] [045 051 019 066 021 082]**

Das Array **Z** wird in ein linkes Teil-Array mit sechs Zahlen und ein rechtes Teil-Array mit sechs Zahlen aufgeteilt. Die jeweils in diesem Beispiel betrachteten Teil-Arrays sind in eckigen Klammern angegeben. Betrachten Sie zuerst das linke Teil-Array. Dies wird im nächsten Schritt wiederum in zwei Arrays mit drei Elementen geteilt.

**2. Schritt:**

**[046 010 089][003 017 012][045 051 019 066 021 082]**

Mergesort schreibt von sich aus keine bestimmte Priorität vor, mit der die einzelnen Teil-Arrays abgearbeitet werden. In diesem Beispiel habe ich mich dazu entschieden, immer das linke Teil-Array zuerst darzustellen. Das Teil-Array ganz links (`{46,10,89}`) wird noch einmal in ein Array mit zwei Werten und ein Array mit einem Wert aufgeteilt. Hieraus ergibt sich der folgende nächste Schritt:

**3.Schritt:**

**[010 046] 089 003 017 012 045 051 019 066 021 082**

Hier wurden die Werte in den eckigen Klammern vertauscht. Da das in den eckigen Klammern angegebene Teil-Array `{Z[0],Z[1]}` in korrekter Weise durch eine primitive Ringtausch-Operation sortiert werden kann, endet hier der letzte rekursive Aufruf der Teilungsfunktion für das linke Teil-Array mit anfangs sechs Elementen.

**4. Schritt:**

**[010 046 089] 003 017 012 045 051 019 066 021 082**

Gehen wir jetzt eine Rekursionsebene höher. Nun wird ein zusätzliches Element mit dem Teil-Array `{Z[0],Z[1]}` verbunden, nämlich das Element `Z[2]`. Die Verbindungsfunktion `Verbinde(Z,links,rechts)` muss stets dafür sorgen, dass das Ergebnisarray (in diesem Fall `Z[0]` bis `Z[2]`) am Ende korrekt in sich sortiert ist.

**5. Schritt:**

**010 046 089 [003 017] 012 045 051 019 066 021 082**

Gehen wir nun noch eine Rekursionsebene höher. Hier wird das Array `{Z[3],Z[4]}` mittels **Ringtausch sortiert, weil es nur zwei Werte enthält.**

**6. Schritt:**

**010 046 089 [003 012 017] 045 051 019 066 021 082**

In diesem Schritt wird das Array `{Z[3],Z[4]}` mit dem Element `Z[5]` verbunden. Auch in diesem Fall muss die Funktion `Verbinde()` dafür sorgen, dass das Ergebnisarray (`Z[3]` bis `Z[5]`) am Ende in sich sortiert vorliegt und die Zahlenfolge `{3,12,17}` enthält.

**7. Schritt:**

**[003 010 012 017 046 089] 045 051 019 066 021 082**

Nach dem siebten Schritt liegt das ursprüngliche, linke Teil-Array (`Z[0]` bis `Z[5]`) in sortierter Form vor. Auch in diesem Fall wurde vorher eine Verschmelzung (inkl. Sortierung) der Teil-Arrays (`Z[0]` bis `Z[2]`) und (`Z[3]` bis `Z[5]`) vorgenommen.

**8. Schritt:**

**003 010 012 017 046 089 [045 051] 019 066 021 082**

Auch das ursprüngliche rechte Teil-Array (`Z[5]` bis `Z[11]`) wird rekursiv so lange geteilt, bis es nur noch zwei Elemente enthält, die durch Ringtausch sortiert werden können.

**9. Schritt:**

**003 010 012 017 046 089 [019 045 051] 066 021 082**

Eine Rekursionsstufe höher wird auch hier wieder ein kleineres Teil-Array mit einem Nachbarn zu einem größeren Array verbunden und in sich sortiert.

**10. Schritt:**

**003 010 012 017 046 089 019 045 051 [021 066] 082**

Noch eine Rekursionsstufe höher wird das Teil-Array `{Z[9],Z[10]}` in sich sortiert, indem `Z[9]` und `Z[10]` vertauscht werden.

**11. Schritt:**

**003 010 012 017 046 089 019 045 051 [021 066 082]**

In diesem Schritt wird das Teil-Array `{Z[9],Z[10]}` mit `Z[12]` verbunden und in sich sortiert.

**12. Schritt:**

**003 010 012 017 046 089 [019 021 045 051 066 082]**

Das rechte ursprüngliche Teil-Array ist nun sortiert.

**13. Schritt:**

**[003 010 012 017 019 021 045 046 051 066 082 089]**

Zum Schluss kehrt Mergesort zum Hauptprogramm zurück, nachdem (`Z[0]` bis `Z[5]`) und (`Z[6]` bis `Z[11]`) verbunden wurden. Das Array ist nun sortiert.

Wie Sie in dem letzten Beispiel sehen, benötigt Mergesort eine weitere Strategie, damit Sie auch ein wirklich sortiertes Array erhalten, denn auch die Teil-Arrays müssen am Ende immer korrekt sortiert zusammengeführt werden. Genau hier kommt das Wort „merge" ins Spiel, das dem Verfahren den Namen gegeben hat: Sie benötigen zusätzlich zum Ringtausch und dem Teile-und-herrsche-Algorithmus einen Merge-Algorithmus. Hier gibt es zahlreiche Ansätze, die auch alle im Internet zu finden sind. Der einfachste Ansatz ist, das am Ende zusammengesetzte und teilweise vorsortierte Array noch einmal komplett mit Bubblesort zu sortieren und zu hoffen, dass man sich auf diese Weise einige Schritte spart. Leider ist Bubblesort (und auch Min-Max-Sort) so ineffizient, dass hier die Laufzeit nur im besten Fall deutlich sinkt. Ein zweiter und besserer Ansatz ist, die Teil-Arrays direkt nach dem Sortieren sofort wieder zusammenzuführen. Der Merge-Algorithmus muss in diesem Fall die verbundenen Teil-Arrays sortiert hinterlassen, was natürlich wiederum ein effizientes Sortierverfahren für die Teil-Arrays voraussetzt (im Endeffekt beißt sich hier die Schlange in den Schwanz, weil Sie das eigentliche Problem, ein effizienteres Sortierverfahren zu programmieren, ja gar nicht wirklich lösen). Ein dritter Ansatz, der sehr oft benutzt wird, ist das Verwenden von verketteten Listen (weshalb dann auch oft der Ausdruck „Teilliste" statt „Teil-Array" verwendet wird). Die fertig sortierten Elemente werden in eine separate verkettete Liste eingefügt und am Ende wird diese Liste zurück in das ursprüngliche Array geschrieben. Leider ist der sehr hohe Speicherverbrauch ein großer Nachteil der dritten Methode und das sortierte Einfügen von Elementen in eine verkettete Liste ist auch nur im Normalfall schneller, als z. B. den Algorithmus für das sortierte Einfügen aus Kapitel 2 zu benutzen (dies wird dann auch im nächsten Listing verwendet).

An dieser Stelle haben Sie sämtliche Informationen, um das nun folgende Listing zu verstehen, in dem eine rekursive Variante von Mergesort implementiert wird. Ich habe mich dazu entschieden, das zu sortierende Array **Z** (genau wie im letzten Listing) als Zeiger zu übergeben und die Anzahl der Elemente im Array **Z** in der Variablen **n** abzulegen. Der Algorithmus arbeitet also direkt mit dem zu sortierenden Array und legt keine zusätzlichen Listen im Speicher an. Sehen Sie sich nun Listing 6.2 an.

**Listing 6.2** Mergesort.cpp

```
#include<stdio.h>
#include<stdlib.h>
#include<time.h>

void Tausche(long int *Z, long int p, long int q)
{
    long int Temp=Z[p];
    Z[p]=Z[q]; Z[q]=Temp;
}

void Verbinde(long int *Z, long int links, long int rechts)
{
    long int i,j,k;
    for (i=links; i<=rechts; i++) // Immer ein Element mehr sortiert einfügen
    {
        k=i+1; // Nächstes Elememt holen
        while ((k>links)&&(Z[k]<Z[k-1])) // sortiert einfügen (Anfang=1)
        {
            Tausche(Z,k,k-1); // Tauschfunktion für sortiertes Einfügen
            k--;
        }
    }
}
```

```
void MergesortMain(long int *Z, long int links,  long int rechts, long int n, bool Testausgabe)
{
    long int i,m;
    if (rechts>links) // Hier bleibt noch ein Rest von Z, den man teilen kann
    {
        m=links+(rechts-links)/2; // Mitte von Z finden
        MergesortMain(Z,links,m,n,Testausgabe); // Mergesort mit linkem Teil rekursiv aufrufen
        MergesortMain(Z,m+1,rechts,n,Testausgabe); // Mergesort mit rechtem Teil rekursiv aufrufen
        Verbinde(Z,links,rechts); // Zum Schluss rechtes und linkes Teilarray verbinden
        if (Testausgabe==true)
        {
            for (i=0; i<n; i++)
            {
                printf("%ld ",Z[i]);
            }
            printf("\n");
        }
    }
}

void Mergesort(long int *Z, long int n, bool Testausgabe1, bool Testausgabe2)
{
    long int T=clock();
    MergesortMain(Z,0,n-1,n,Testausgabe1);
    if (Testausgabe2==true)
    {
        T=clock()-T;
        printf("Sortierzeit (ms):%ld\n",T);
    }
}

int main(void)
{
    long int i,n;
    long int *Z;
    printf("Demoprogramm Mergesortsort\n");
    printf("Es wird ein Zufallszahlenarray mit Zahlen zwischen 1 und 10000 sortiert\n");
    printf("Größe des Arrays:"); scanf("%ld",&n);
    Z=(long int *)malloc(sizeof(long int)*n);
    srand(clock());
    for (i=0; i<n; i++) { Z[i]=rand()%10000+1; }
    Mergesort(Z,n,true,true);
    return 0;
}
```

Die Funktion `Tausche()` entspricht auch in diesem Beispiel wieder der Ringtausch-Funktion für Array-Elemente aus Kapitel 2. Damit die Funktion `Mergesort()` jedoch korrekt funktioniert, muss zuerst die Funktion `Verbinde()` programmiert werden. Die Funktion `Verbinde()` verbindet zwei Teil-Arrays zu einem größeren Array und sortiert gleichzeitig die Elemente so, dass diese auch in dem größeren Teil-Array sortiert sind.

Zu diesem Zweck werden das gesamte Zahlenarray **Z**, das durch Mergesort sortiert werden soll, sowie die Parameter **links** und **rechts** übergeben. Die Parameter **links** und **rechts** geben in diesem Fall die Position des am weitesten links stehenden und am weitesten rechts stehenden Elements im einem Teil-Array von **Z** an. Dieses Teil-Array muss sämtliche Elemente sowohl des ursprünglichen Teil-Arrays als auch die zusätzlich einzubindenden Elemente rechts von diesem Teil-Array umfassen.

Die Funktion `Verbinde()` führt also schlicht ein einfaches Sortierverfahren auf einen Teil-Array von **Z** aus, das so funktioniert: In einer `for`-Schleife (die Zeilen **12–20**) werden sämtliche Elemente des durch die Positionszeiger **links** und **rechts** übergebenen Teil-Arrays von **Z** durchlaufen und neu sortiert in das Teil-Array eingefügt. Zu diesem Zweck muss in Zeile **14** erst einmal das Element links vom aktuellen Element als Bezugselement gewählt werden (das aktuelle Element steht hierbei in der Variablen **i**). Anschließend wird das Bezugselement mittels einer `while`-Schleife (die Zeilen **15–19**) so lange mit dem linken Nachbarelement getauscht, wie dies kleiner ist als der linke Nachbar, oder bis **k**=**links** ist (in diesem Fall ist das Bezugselement das kleinste Element in dem neu zusammenzustellenden Teil-Array). Im Endeffekt entspricht die Funktion `Verbinde()` dem sortierten Einfügen aus Kapitel 2, das sämtliche Elemente eines aus zwei kleineren Teil-Arrays von **Z** bestehenden Bereichs neu in diesen Bereich einfügt. Mergesort wendet also ein einfaches, zusätzliches Sortierverfahren an, um das größere Sortierproblem für das gesamte Array **Z** in viele kleinere Teilaufgaben zu zerlegen.

Kommen wir nun zum Mergesort-Algorithmus selbst, den ich in die Funktion `MergesortMain()` ausgelagert habe. `MergesortMain()` wird von einer Wrapper-Funktion, nämlich der Funktion `Mergesort()` (die Zeilen **41–50**) aufgerufen, die selbst nur das zu sortierende Array **Z** sowie die Anzahl der Elemente in **Z** übergeben bekommt. Auch in diesem Beispiel sind wieder zwei Testausgaben möglich. Ist der dritte Parameter **Testausgabe1**=`true`, so wird `MergesortMain()` so aufgerufen, dass sämtliche Sortierschritte in der Konsole ausgegeben werden. Ist hingegen der vierte Parameter **Testausgabe2**=`true`, so wird von der Funktion `Mergesort()` die benötigte Sortierzeit in der Konsole ausgegeben. `Mergesort()` ruft nun die Funktion `MergesortMain()` (die Zeilen **22–40**) so auf, dass zunächst das übergebene Teil-Array das gesamte Array **Z** ist (also ist **rechts**=0 und **links**=**n**-1). Für die Testausgabe müssen jedoch die Parameter **n** und **Testausgabe1** separat übergeben werden, damit die Funktion `MergesortMain()` auch wissen kann, wie viele Elemente in der Konsole ausgegeben werden müssen, falls dann der vierte Parameter `true` ist.

`MergesortMain()` enthält den Hauptalgorithmus für Mergesort, der so funktioniert: Solange das zu sortierende Teil-Array noch mehr als ein Element enthält und deshalb die Bedingung `rechts<links` in Zeile **25** erfüllt ist, wird in Zeile **27** mit folgender Anweisung die Mitte des Teil-Arrays ermittelt und in der Hilfsvariablen **m** gespeichert:

```
m=links+(rechts-links)/2;
```

Anschließend wird die Funktion `MergesortMain()` erneut rekursiv mit dem linken und rechten Teil-Array aufgerufen, wozu das vorher in Zeile **27** ermittelte mittlere Element benötigt wird. Wenn ein Teil-Array nach mehreren Rekursionsschritten nur noch ein Element enthält, wird dieses Element von der Funktion `Verbinde()` mit einem benachbarten rechten Teil-Array verknüpft, das auf der untersten Rekursionsstufe ebenfalls nur noch ein oder zwei Elemente beinhaltet. In diesem Fall ist dann auch kein weiterer rekursiver Aufruf von `MergesortMain()` mehr nötig. Auf der nächsthöheren Stufe wird dann von der Funktion `Verbinde()` ein Teil-Array mit bis zu sechs Elementen verbunden. Sie können an dieser Stelle sehr gut sehen, dass die Geschwindigkeit des Mergesort-Algorithmus zu einem großen Teil von der Sortierfunktion für die Teil-Arrays abhängt. Wenn diese Funktion zu simpel gestrickt ist, ist ein direkter Aufruf von `Verbinde()` mit dem gesamten Array **Z** sogar schneller als der Teile-und-herrsche-Algorithmus, den die Funktion `MergesortMain()` verwendet.

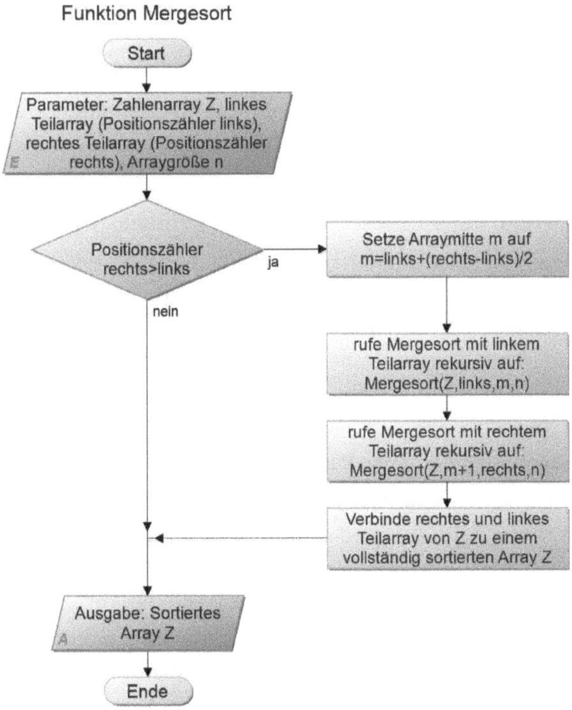


**Bild 6.2** Programmablaufplan des Mergesort-Algorithmus

Das Hauptprogramm (in den Zeilen **51–63**) legt nun (wie auch schon im letzten Beispiel) ein dynamisches Array mit Zufallszahlen an und sortiert dieses mit Mergesort. Die Anzahl der Elemente müssen Sie auch hier wieder über die Tastatur eingeben. Mergesort ist relativ schnell für Array-Größen bis etwa 100 000 Elemente (Sortierzeit etwa 10 Sekunden), danach wird Mergesort spürbar langsamer. Dies liegt vor allem an der Funktion `Verbinde()`, die immer langsamer wird, je größer die zu sortierenden Teil-Arrays zum Schluss werden. Im Endeffekt hat Mergesort also den Teufel mit dem Beelzebub ausgetrieben und sich durch den Merge-Algorithmus nur neue Probleme geschaffen, anstatt die alten effektiv zu lösen. Also ist alles hoffnungslos und Arrays (zumindest die mit Zufallswerten) können eben einfach nicht schnell sortiert werden? Nein, so schlimm ist es dann doch wieder nicht. Ich werde Ihnen jetzt mit Quicksort ein Sortierverfahren vorstellen, das auch die Probleme lösen kann, die bei Mergesort auftreten.

### 6.1.3 Quicksort[2)]

Quicksort ist eines der schnellsten Sortierverfahren, die es gibt. Wahrscheinlich haben Sie diese Aussage schon in den Vorlesungen gehört, aber was genau ist der Trick bei Quicksort? Warum ist dieses Verfahren so viel schneller als Mergesort? Die Antwort ist, dass auch Quicksort die Laufzeit reduziert, indem es (wie ebenfalls Mergesort) einen Teile-und-herrsche-Algorithmus anwendet. Quicksort wird also auch (zumindest meistens) rekursiv implementiert. Anders als bei Mergesort, ist jedoch bei Quicksort kein Zusammenführen von Teil-Arrays nötig, was die Laufzeit auch bei großen Arrays spürbar sinken lässt.

Wie arbeitet aber nun Quicksort? Nehmen wir hierzu wieder das Zahlenarray **Z** und teilen es an der Position **P** in zwei Teile (manchmal wird an dieser Stelle auch von linker und rechter Teilliste gesprochen, genau wie bei Mergesort). Die Stelle, an der das Zahlenarray geteilt wird, wird hier aber im Gegensatz zu Mergesort so gewählt, dass sämtliche Elemente, die kleiner sind als das Element an der Position **P**, von vornherein links von dem Element an der Position **P** stehen (ich nehme hier also wieder eine aufsteigende Sortierung an). Das Element an der Position **P** im Array **Z**, das das Array **Z** in zwei Teil-Arrays teilt, wird auch als *Pivot-Element* bezeichnet. Nun müssen wir natürlich noch das Problem lösen, die Teil-Arrays korrekt (z. B. aufsteigend) in sich zu sortieren. Da wir aber nur zwei Zahlen direkt miteinander vertauschen können, scheint an dieser Stelle ein ähnliches Problem vorzuliegen wie bei den Türmen von Hanoi oder vergleichbaren Problemen: Wir müssen das Sortieren der Teil-Arrays auf die Anwendung einfacher Ringtausch-Operationen reduzieren und wenn dies nicht geht, muss sich der Quicksort-Algorithmus wiederum selbst mit zwei kleineren Teil-Arrays aufrufen. Dies geschieht so lange, bis ein Teil-Array nur noch maximal zwei Elemente enthält. In diesem Fall ist die Sortierfunktion einfach eine `if`-Abfrage mit eventuellem Ringtausch der beiden Elemente, wenn das erste größer ist als das zweite.

Quicksort arbeitet also wie viele rekursive Algorithmen mit dem Teile-und-herrsche-Prinzip. Da man sich die Arbeitsweise von Quicksort aber nur sehr schwer bildlich

---

2 *https://de.wikipedia.org/wiki/Quicksort*

vorstellen kann, nützt es Ihnen an dieser Stelle recht wenig, wenn ich mich in philosophische bzw. mathematische Abhandlungen über Rekursionen im Allgemeinen bzw. effektive Verfahren zum Finden der Position des Pivot-Elements vertiefe. Vielleicht hat eine Ihrer Professorinnen oder einer Ihrer Professoren genau dies getan und vielleicht ging es Ihnen, wie es auch mir damals in meinem Studium ging: Ich habe nicht verstanden, für was dies eigentlich gut war. Deshalb gehe ich an dieser Stelle einen alternativen Weg und steige quasi gleich in den Quellcode ein. Wenn Sie sich dann das Listing angesehen haben, werden Sie erleichtert aufatmen, sich an die Türme von Hanoi erinnert fühlen und merken, dass Quicksort gar nicht so wild ist. Die folgende Implementierung teilt das Array **Z** übrigens direkt so, dass sich das Pivot-Element nach Aufruf der Funktion `Teile()` stets an seiner endgültigen Position befindet und alle kleineren Elemente davorstehen. Wie gesagt gibt es für die Wahl des Pivotelements viele verschiedene Algorithmen und ich verwende hier den am einfachsten verständlichen. Dieser Algorithmus funktioniert wie folgt: Das Pivotelement ist zunächst das letzte Element im Array **Z** (es wird also erst einmal angenommen, rechts stünde schon das größte Element). Für die Wahl des neuen, richtigen Pivot-Elements wird dann ein Element vom Anfang des Arrays **Z** beginnend gesucht, welches größer als das Pivot-Element ist (Position **i**). Im Endeffekt entspricht dies der Strategie von Min-Max-Sort, nur dass hier nicht jedes Mal das gesamte Array durchsucht wird. Entsprechend wird vom Ende des Arrays **Z** beginnend ein Element gesucht, das kleiner als das Pivot-Element ist (Position **j**). Genau an dieser Stelle wird quasi Min-Max-Sort um ein Teile-und-herrsche-Prinzip erweitert: Wenn die ursprüngliche Annahme falsch ist, dass das Array schon richtig sortiert vorliegt, muss das ursprüngliche Sortierproblem in zwei kleinere Teilprobleme geteilt werden.

Hier kommt nun die Rekursion zum Einsatz: Die beiden zuletzt gefundenen Elemente an den Positionen **i** und **j** werden vertauscht und landen damit jeweils im richtigen Teil-Array (genau dies ist dann übrigens auch der Schritt, der Quicksort Mergesort gegenüber überlegen macht). Sehen Sie sich nun Listing 6.3 an.

**Listing 6.3** Quicksort.cpp

```
#include<stdio.h>
#include<stdlib.h>
#include<time.h>

void Tausche(long int *Z, long int p, long int q)
{
    long int Temp=Z[p];
    Z[p]=Z[q]; Z[q]=Temp;
}

long int Teile(long int *Z, long int links, long int rechts, long int n, bool Testausgabe)
{
    long int i,j,k,P;
    i=links; j=rechts-1; // Init:i=erstes Element, j=vorletztes Element (von links aus gesehen)
```

```
    P=Z[rechts]; // Erst einmal annehmen, rechts sei schon das größte Element
    while (i<j) // Haupt-Teilungsalgorithmus
    {
        // Suche das Element, das größer oder gleich dem Pivotelement ist
        while ((i<rechts)&&(Z[i]<P)) { i++; }
        // Suche von rechts aus ein Element, das kleiner als das Pivotelement ist
        while ((j>links)&&(Z[j]>=P)) { j--; }
        // Tausche Z[i] und Z[j], falls i und j übereinandergelaufen sind
        if (i<j){ Tausche(Z,i,j); }
    }
    // Tausche Pivotelement (Z[rechts]) mit neuer endgültiger Position (Z[i])
   // und gib die neue Position des Pivotelements zurück
   if (Z[i]>P) { Tausche(Z,i,rechts); }
   if (Testausgabe==true)
   {
       if (P>(n-1)) { P=n-1; }
       for (k=0; k<n; k++)
       {
           if (k!=P) { printf(" %ld ",Z[k]); }
           else { printf("[%ld]",Z[k]); }
       }
       printf("\n");
   }
   return i;
}

void QuicksortMain(long int *Z, long int links, long int rechts, long int n, bool Testausgabe)
{
    long int P; // Pivotelement
    if (links<rechts)
    {
        P=Teile(Z,links,rechts,n,Testausgabe);
        QuicksortMain(Z,links,P-1,n,Testausgabe);
        QuicksortMain(Z,P+1,rechts,n,Testausgabe);
    }
}

void Quicksort(long int *Z, long int n, bool Testausgabe1, bool Testausgabe2)
{
    long int T=clock();
    QuicksortMain(Z,0,n-1,n,Testausgabe1);
    if (Testausgabe2==true)
    {
        printf("Sortierzeit (ms):%ld\n",clock()-T);
    }
}

int main(void)
{
    long int i,n;
    long int *Z;
    printf("Demoprogramm Quicksort\n");
```

```
62     printf("Es wird ein Zufallszahlenarray mit Zahlen zwischen 1 und
10000 sortiert\n");
63     printf("Größe des Arrays:"); scanf("%ld",&n);
64     Z=(long int *)malloc(sizeof(long int)*n);
65     srand(clock());
66     for (i=0; i<n; i++) { Z[i]=rand()%10000+1; }
67     Quicksort(Z,n,true,true);
68     delete(Z); // Array aus dem Speicher entfernen
69     return 0;
70 }
```

Die Funktion `Tausche()` muss nicht mehr gesondert erklärt werden, denn diese führt nur einen Ringtausch der Elemente mit den Indizes **p** und **q** des als Zeiger übergebenen Arrays **Z** durch. Bevor Sie jedoch die Funktion `Quicksort()` korrekt programmieren können, müssen Sie sich die Funktion `Teile()` (die Zeilen **09–37**) ansehen, die fünf Parameter übergeben bekommt. Der letzte Parameter ist vom Typ `bool` und bewirkt, wenn dieser `true` ist, eine Testausgabe des Arrays **Z** nach jedem Sortierschritt. Die ersten vier Parameter sind dagegen relevant für den Teilungsalgorithmus, den der Hauptalgorithmus für das Finden des Pivot-Elements verwenden soll. **Z** ist hierbei das Array, in dem die zu sortierenden Zahlen stehen. Der Parameter **links** beschreibt das Teil-Array von der Indexposition 0 bis zur Indexposition **links**, der Parameter **rechts** beschreibt das Teil-Array von der Indexposition **rechts** bis zur Indexposition `n-1`. Der Parameter **n** enthält also wieder die Anzahl der Elemente im Array **Z**. Das Pivot-Element selbst wird hier allerdings nicht direkt übergeben, sondern von der Funktion `Teile()` per `return`-Anweisung zurückgeliefert.

Die Funktion `Teile()` führt nun folgenden Algorithmus aus: Zunächst werden zwei Hilfsvariablen **i** und **j** definiert, die einen Array-Index enthalten. Am Anfang zeigt **i** auf das erste Element und **j** auf das letzte Element im Array **Z**. Nun wird das Pivot-Element erst einmal das letzte (also rechteste) Element im Array **Z**. Solange nun `i<j` ist und der linke und rechte Positionszeiger noch nicht übereinandergelaufen sind, wird der Positionszeiger **i** in Zeile **17** dem rechten Positionszeiger angenähert, aber nur so lange, `wie Z[i]` kleiner ist als das Pivot-Element. Gleichzeitig wird **j** in Zeile **19** dem linken Positionszeiger angenähert, aber nur so lange, wie `Z[j]` größer oder gleich dem Pivot-Element ist. Wenn am Ende `i<j` ist und die Positionszeiger **i** und **j** übereinandergelaufen sind, müssen in Zeile **21** `Z[i]` und `Z[j]` getauscht werden, damit sich `Z[i]` und `Z[j]` im richtigen Teil-Array befinden. Wenn `i<j` ist, dann endet auch die `while`-Schleife in den Zeilen **14–22** für die Suche nach dem Pivot-Element. Am Ende muss dann noch das neue Pivot-Element ermittelt werden. Dies geschieht durch Tauschen des Elements `Z[rechts]` mit dem Element an der Position `Z[i]`, aber natürlich nur dann, wenn `Z[i]>P` ist und sich `Z[rechts]` und `Z[i]` noch nicht im richtigen Teil-Array befinden. Die entsprechende Überprüfung leistet die `if`-Anweisung in Zeile **21**. Am Ende steht die Position des nächsten gültigen Pivot-Elements in der Variablen **i** und diese wird von der Funktion `Teile()` zurückgegeben. Wenn der Parameter **Testausgabe** `true` ist, wird in den Zeilen **26–35** eine Schleife zur Ausgabe sämtlicher Werte im Array **Z** ausgeführt.

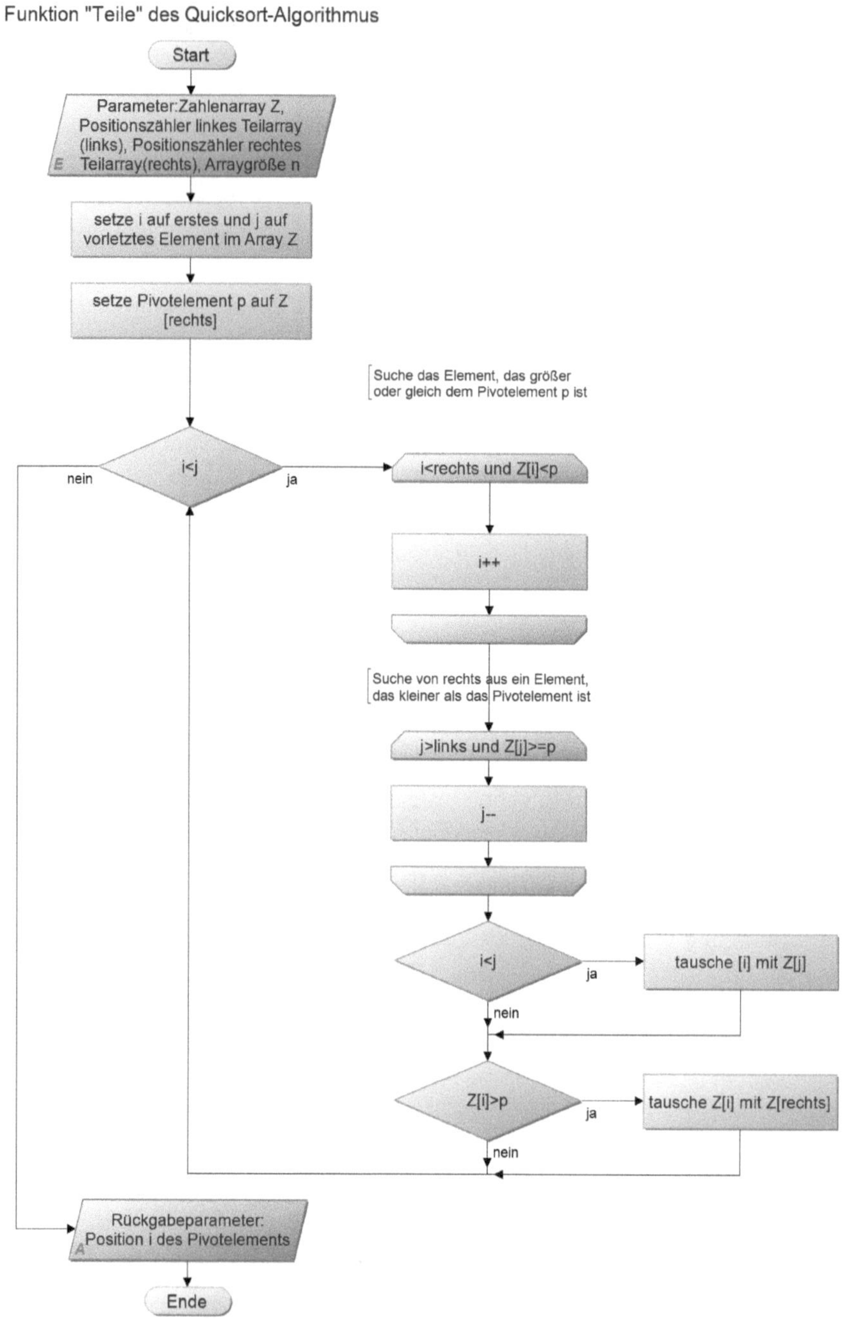


**Bild 6.3** Programmablaufplan des Teilungsalgorithmus zur Bestimmung des Pivot-Elements

Kommen wir nun zur Funktion `QuicksortMain()`. Die Funktion `QuicksortMain()` leistet die Hauptarbeit und bekommt fünf Parameter übergeben. Der erste Parameter ist ein Zeiger auf das zu sortierende Zahlenarray **Z**, der vierte Parameter **n** gibt die Anzahl der Elemente im Array **Z** an. Mit dem fünften Parameter können Sie festlegen, ob Sie eine Testausgabe der einzelnen Sortierschritte sehen wollen. Ist der fünfte Parameter `true`, so wird jeder Sortierschritt in der Konsole ausgegeben. Ich werde, nachdem ich das vollständige Listing erklärt habe, eine solche Testausgabe erklären, die ich für ein Zufallszahlen-Array mit 12 Zahlen erstellt habe. Damit jedoch die Rekursion richtig funktioniert, müssen zwei zusätzliche Parameter übergeben werden, nämlich die Parameter **links** und **rechts**. Dies sind die Werte, die `QuicksortMain()` für das eventuelle Teilen des Arrays **Z** an die Funktion `Teile()` übergeben muss. Die Parameter **links** und **rechts** werden am Anfang durch die separate Funktion `Quicksort()` bestimmt und entsprechen folgenden Werten: Der Parameter **links** hat am Anfang den Wert 0 und der Parameter **rechts** den Wert `n-1`. Der Hauptalgorithmus muss also quasi initialisiert werden, damit er stabil läuft und die beste Variante ist, das Array **Z** erst einmal in ein linkes Teil-Array aus sämtlichen Elementen von **Z** und in ein rechtes Teil-Array aus 0 Elementen aufzuteilen.

Der rekursive Quicksort-Algorithmus selbst (die Zeilen **41–46**) ist nun sehr einfach zu verstehen, denn im Endeffekt kehrt die Funktion `QuicksortMain()` im Erfolgsfall sofort zum Hauptprogramm zurück, ohne irgendetwas zu tun. Es wird also am Anfang (wie auch schon bei den Türmen von Hanoi) erst einmal angenommen, dass das Sortierproblem schon gelöst wurde, und so müssen eben auch keine weiteren Schritte mehr unternommen werden. Dies gilt aber nur dann (also quasi fast nie), wenn der Positionszeiger **links** schon größer ist als der Positionszeiger **rechts**, ansonsten wurde das Sortierproblem eben doch noch nicht gelöst. Genau an dieser Stelle kommt die Rekursion ins Spiel: Wenn in Zeile **41** `links<rechts` ist, muss in Zeile **43** die Funktion `Teile()` aufgerufen werden, die mithilfe der Parameter **Z**, **links** und **rechts** die Position **P** des nächsten gültigen Pivot-Elements ermittelt. Wenn dies geschehen ist, dann ruft sich die Funktion `QuicksortMain()` zweimal rekursiv selbst wieder auf, und zwar einmal mit dem linken Teil-Array von **Z** bis zur Position `P-1` (Zeile **44**), und einmal mit dem rechten Teil-Array von **Z** bis zur Position `P+1` (Zeile **45**). Das Pivot-Element bildet also stets genau die Mitte zwischen linkem und rechtem Teil-Array. Damit die Funktion `Teile()` nach jedem Sortierschritt auch das gesamte Array **Z** in der Konsole ausgeben kann (falls dann der Parameter **Testausgabe** `true` ist), muss dieser zusätzlich der Parameter **n** übergeben werden, der die Anzahl der Elemente im Array **Z** enthält. Genau aus diesem Grund benötigen Sie auch in diesem Beispiel wieder die Hilfsfunktion `Quicksort()`, die ihrerseits die Parameter **n** und **Testausgabe** durch das Hauptprogramm übergeben bekommt.

Die Hilfsfunktion `Quicksort()` beinhaltet aber auch in diesem Beispiel noch mehr Funktionen, als nur den Haupt-Sortier-Algorithmus aufzurufen. Sie können beispielsweise auch hier wieder zwei Testausgaben erzeugen, die durch die Parameter **Test-**

**ausgabe1** und **Testausgabe2** bestimmt werden. Wenn der Parameter **Testausgabe1** `true` ist, so erzeugt die Funktion `Teile()` eine Testausgabe und jeder Sortierschritt wird in der Konsole ausgegeben. Wenn der Parameter **Testausgabe2** `true` ist, so gibt die Funktion `Quicksort()` zusätzlich die Zeit in Millisekunden aus, die zum Sortieren des gesamten Arrays benötigt wird. Das Hauptprogramm funktioniert nun wie das Hauptprogramm in Listing 6.2. Zuerst müssen Sie per Tastatur die Größe Ihres zu sortierenden Arrays eingeben. Anschließend wird das Array mit `malloc()` im Speicher angelegt und mit Zufallswerten zwischen 1 und 10000 gefüllt, wobei Zahlen auch mehrfach vorkommen können. Anschließend wird das Array mit dem Quicksort-Algorithmus sortiert. Standardmäßig werden sowohl die einzelnen Sortierschritte als auch die zum Sortieren benötigte Zeit in der Konsole ausgegeben. Sehen Sie sich eine mögliche Testausgabe für ein Array mit zwölf Elementen an.

**Zeile 1:**

**002 002 003 [015] 017 004 011 019 020 008 003 020**

Das Pivot-Element (hier in eckigen Klammern angegeben) ist nach dem ersten Durchlauf das vierte Element mit dem Wert 15. Links vom vierten Element befinden sich keine Zahlen mehr, die >=15 sind. Auf der rechten Seite dagegen befinden sich noch Werte, die >=15 sind, z. B. die 17, aber auch noch Werte, die <15 sind, z. B. die 3 und die 4.

**Zeile 2:**

**002 002 [003] 015 017 004 011 019 020 008 003 020**

Das Pivot-Element ist nach dem zweiten Durchlauf um eine Position nach links gerückt und ist nun das dritte Element. Sie sehen hier sehr gut, dass vor dem zweiten Durchlauf ein Teilungsschritt nötig war, denn die Elemente mit den Werten 3 und 4 befinden sich noch nicht an der richtigen Position.

**Zeile 3:**

**002 002 003 015 017 004 011 019 003 008 020 [020]**

Nach dem dritten Durchlauf befindet sich das Element mit dem Wert 20 an der richtigen Stelle und das Pivot-Element ist das letzte Element. Das Element an der neunten Position wurde mit dem Element an der elften Position vertauscht.

**Zeile 4:**

**002 002 003 003 004 008 011 019 [015] 017 020 020**

Vor dem vierten Durchlauf war wieder ein Teilungsschritt nötig, weil das Array immer noch nicht korrekt sortiert ist. Das Pivot-Element ist auch hier wieder nach links gerückt und befindet sich an der neunten Position. Allerdings stehen nach dem vierten Durchlauf nun die Werte 3 und 4 an der richtigen Stelle.

**Zeile 5:**

**002 002 003 003 [004] 008 011 019 015 017 020 020**

Vor dem fünften Durchlauf war wieder ein Teilungsschritt nötig und das Pivot-Element ist wieder nach links auf die fünfte Position gerückt. Im fünften Schritt werden allerdings (und dies kann durchaus vorkommen) keine Vertauschungen vorgenommen.

**Zeile 6:**

**002 002 003 003 004 008 011 015 017 019 020 [020]**

Nach dem sechsten Schritt ist das Pivot-Element wieder das letzte Element, weil keine weiteren Teilungsschritte nötig sind. Sämtliche Zahlen sind nun an der richtigen Stelle, da das achte Element mit dem neunten und anschließend das neunte Element mit dem zehnten Element vertauscht wurden.

**Zeile 7:**

**002 002 003 003 004 008 011 015 017 019 020 [020]**

Nach dem siebten Durchlauf ist die Sortierung des Arrays beendet, weil keine Vertauschungen oder Teilungsschritte mehr nötig sind. Sämtliche Rekursionen werden beendet und Quicksort kehrt zum Hauptprogramm zurück.

Quicksort ist sehr schnell auch für größere Arrays. So beträgt selbst bei mehreren Millionen Elementen die Sortierzeit nur ein paar Sekunden. Obwohl Quicksort bei Arraygrößen von unter 10 000 Elementen sogar langsamer sein kann als Mergesort, ist der Unterschied trotzdem nicht so groß, dass Sie Quicksort nicht auch für kleine Arrays verwenden können.

### 6.1.4 Treesort[3]

Treesort ist ein rekursiver Sortieralgorithmus, der 1962 von dem Informatiker Robert Floyd entwickelt wurde. Treesort erhält die zu sortierenden Daten als ein Eingabe-Array von Elementen (meistens sind dies natürliche Zahlen) und gibt sie in einem Ausgabe-Array in aufsteigender Reihenfolge wieder aus. Anders als Quicksort benötigt Treesort viel zusätzlichen Speicher, deshalb ist Treesort z. B. kein guter Kandidat für die Verwendung auf Mikrocontrollern. Auf größeren Systemen kann Treesort eine optimale Laufzeit von $O(n*\log_n)$ erreichen und so in Bezug auf die Geschwindigkeit durchaus mit Quicksort mithalten. Wie arbeitet nun Treesort? Wie der Name schon sagt, verwendet Treesort Bäume, in diesem Fall sind es Binärbäume. Treesort nutzt hier die Tatsache aus, dass jedes beliebige Array auch als Binärbaum betrachtet werden kann. Wenn man dann die Ausgangsdaten in der richtigen Weise in einen Binärbaum einfügt, liegen die Daten am Ende sortiert vor. Natürlich muss man zum Schluss die Werte in den Blättern des Binärbaums in der korrekten Weise in das Zielarray zurückschreiben.

---

3 *https://de.wikipedia.org/wiki/Treesort*

Der konkrete Algorithmus, der dahintersteckt, ist aber nicht so schwer zu verstehen. Die Tatsache, dass in Binärbäumen jeder Knoten maximal zwei Unterknoten haben kann, erzeugt nämlich Bäume, die sich selbst sortieren. Hierfür müssen Sie beim Einfügen von neuen Knoten nur eine Regel beachten: Kind-Knoten, die einen kleineren Wert enthalten, als der Eltern-Knoten, werden links angehängt, Kind-Knoten, die einen größeren oder gleich großen Wert enthalten, wie der Eltern-Knoten, werden rechts angehängt. Falls auf der entsprechenden Seite, an die etwas angehängt werden soll, schon ein Knoten existiert, wird die Funktion zum Anhängen von Knoten erneut rekursiv aufgerufen, und zwar mit dem entsprechenden Kind-Knoten, der eigentlich frei sein sollte. Selbstverständlich muss Ihr Baum zunächst initialisiert werden, und zwar so, dass die Wurzel mindestens einen konkreten Zahlenwert enthält.

Bei Treesort gilt also folgende grundlegende Knotenstruktur, die in C++ so aussieht:

```
struct Knoten_t
{
    long int Wert;
    struct Knoten_t *links;
    struct Knoten_t *rechts;
};
```

Hierbei sind **links** und **rechts** wieder Zeiger auf Kind-Knoten, die entweder links oder rechts angehängt werden können. Die Binärbaume, die von Treesort verwendet werden, werden jedoch meistens nicht in separaten Klassen untergebracht, deshalb ist die Wurzel bei Treesort schlicht ein Zeiger auf die Adresse eines Stammknotens. Die Funktion zum Einfügen neuer Knoten besitzt normalerweise folgende Parameter:

```
void KnotenEinfuegen(Knoten_t**K, long int Wert);
```

Wie Sie sehen, benutzt die Funktion `KnotenEinfuegen()` eine doppelt indirekte Adressierung, bei der der Anker des Baums, der ein Zeiger ist, auf die Adresse einer Wurzel zeigt, die dann mit allen weiteren Knoten verknüpft ist. Vielleicht finden Sie an dieser Stelle die Lösung mit der separaten Klasse `BBaum` und einigen Hilfszeigern einfacher, weil Sie sich in diesem Fall nicht mit doppelten Zeigern herumärgern müssen. Leider tauchen vor allem in Internetforen immer wieder Beispiele auf, die nicht die objektorientierte Programmierung benutzen, deshalb tue ich dies an dieser Stelle auch nicht. Kommen wir nun zu der Arbeitsweise der Funktion `KnotenEinfuegen()`. Zunächst muss überprüft werden, ob der Baum schon initialisiert wurde. Ich nehme an dieser Stelle wieder an, dass ein leerer Baum einfach ein Zeiger ist, der auf eine Wurzel zeigt, die auf `NULL` zeigt. Wenn der Baum leer ist, muss zunächst mit den folgenden Anweisungen ein neuer Knoten angelegt werden:

```
if (*K==NULL)
{
    *K=new Knoten_t; // Neuen Knoten anlegen und K gleich darauf zeigen lassen
    (*K)->Wert=Wert; // Wert zuweisen
    (*K)->links=NULL; (*K)->rechts=NULL; // Ein Blatt hat keine Kind-Knoten
}
```

Ein leerer Knoten eines Teilbaums unterscheidet sich also nicht grundlegend von der Wurzel des Baums und Sie können einen Teilbaum genauso initialisieren wie den gesamten Baum. Dies ist dann auch der eigentliche Vorteil des doppelten Zeigers `Knoten_t **K`: Die Rekursion, die Treesort verwendet, ist dadurch viel einfacher umzusetzen.

Kommen wir nun zu dem Fall, dass `*K` nicht auf `NULL` zeigt und der einzufügende Knoten nicht einfach dadurch eingefügt werden kann, dass einfach `(*K)->Wert=Wert` gesetzt wird. In diesem Fall muss für das Einfügen ein Kind-Koten verwendet werden. Wenn der Parameter **Wert** kleiner ist als der Zahlenwert im Knoten `*K`, dann wird der linke Kind-Knoten verwendet. Dies leisten die folgenden Anweisungen:

```
if (Wert<(*K)->Wert) // Zahlen, deren Wert kleiner ist, als der Wert im linken Kind-
Knoten links einfügen
{
    KnotenEinfuegen(&((*K)->links),Wert); // Adresse des Knotens K übergeben (*K)
}
```

An dieser Stelle kommt nun eine Rekursion zum Einsatz. Wenn nämlich der linke Kind-Knoten von `*K` nicht `NULL` ist, dann kehrt auch in diesem Fall `KnotenEinfuegen()` nicht sofort zurück, sondern erzeugt wiederum Aufrufe von `KnotenEinfuegen()` mit dem linken Kind-Knoten als Teilbaum. Dies geschieht so lange, bis Sie irgendwann wirklich an einem Knoten angelangen, der noch einen freien Unterknoten hat. Wenn der Parameter **Wert** jedoch größer ist als der Zahlenwert im Knoten `*K`, dann wird der rechte Kind-Knoten verwendet. Dies leisten dann die folgenden Anweisungen:

```
else // Zahlen, deren Wert größer ist, als der Wert im rechten Kind-Knoten rechts
einfügen
{
    KnotenEinfuegen(&((*K)->rechts),Wert); // Adresse des Knotens K übergeben (*K)
}
```

Wenn der rechte Kind-Knoten von `*K` nicht `NULL` ist, dann kehrt `KnotenEinfuegen()` nicht sofort zurück, sondern erzeugt wiederum Aufrufe von `KnotenEinfuegen()` mit dem rechten Kind-Knoten als Teilbaum. Dies geschieht so lange, bis Sie irgendwann an einem Knoten angelangen, der noch einen freien Unterknoten hat. Schauen Sie sich nun Listing 6.4 an, dass ein Zufallszahlen-Array mit dem Treesort-Algorithmus sortiert.

**Listing 6.4** Treesort.cpp

```
#include<stdio.h>
#include<stdlib.h>
#include<time.h>

struct Knoten_t
{
    long int Wert;
    struct Knoten_t *links;
    struct Knoten_t *rechts;
};
```

```
void KnotenEinfuegen(Knoten_t**K, long int Wert)
{
    if (*K==NULL) // wenn *K auf NULL zeigt, dann ist der Knoten leer
    {
        *K=new Knoten_t; // Neuen Knoten anlegen
        (*K)->Wert=Wert; // Wert zuweisen
        (*K)->links=NULL; (*K)->rechts=NULL; // Ein Blatt hat keine Kind-Knoten
    }
    else // Kleinere Werte immer links einfügen
    {
        if (Wert<(*K)->Wert)
        {
            KnotenEinfuegen(&((*K)->links),Wert); // Einfügen rekursiv aufrufen
        }
        else // Größere Werte immer rechts einfügen
        {
            KnotenEinfuegen(&((*K)->rechts),Wert); // Einfügen rekursiv aufrufen
        }
    }
}

void BaumToArray(Knoten_t *Baum, long int *Array, long int &StartPos)
{
    if (Baum!=NULL)
    {
        BaumToArray(Baum->links,Array,StartPos); // linker Kind-Knoten
        Array[StartPos]=Baum->Wert; StartPos++;
        BaumToArray(Baum->rechts,Array,StartPos); // rechter Kind-Knoten
    }
}

void TreeSort(long int *Eingabe, long int *Ausgabe, long int n)
{
    long int i,StartPos;
    Knoten_t *Baum; Baum=NULL; // Hier benötigt man keinen Anker-Knoten
    for (i=0; i<n; i++)
    {
        KnotenEinfuegen(&Baum,Eingabe[i]);
    }
    StartPos=0; // Diese Hilfsvariable benötigt man für die Rekursion
    BaumToArray(Baum,Ausgabe,StartPos); // Hier kein Address-Of-Operator
}

int main(void)
{
    long int *Eingabe;
    long int *Ausgabe;
    long int i,n,t;
    int C;
    printf("Anzahl der Werte:"); scanf("%ld",&n);
    Eingabe=(long int *)malloc(n*sizeof(long int));
    Ausgabe=(long int *)malloc(n*sizeof(long int));
    srand(clock()); // Zufallszahengenerator initialisieren
    for (i=0; i<n; i++) { Eingabe[i]=rand()%10000; } // n Zufallswerte erzeugen
    t=clock(); // Zeitmessung starten
    TreeSort(Eingabe,Ausgabe,n); // Treesort starten
```

```
    t=clock()-t; // Zeitmessung stoppen
    printf("\nAusgabe des sortierten Arrays:\n");
    for (int i=0; i<n; i++) { printf("%05ld ",Ausgabe[i]); }
    printf("\n");
    printf("Sortierzeit:%ld Millisekunden\n",t);
    return 0;
}
```

An dieser Stelle habe ich eine kleine Zwischenübung eingeschoben: Versuchen Sie einmal, das vorige Listing des Treesort-Algorithmus selbstständig zu verstehen, und erstellen Sie auch einen Programmablaufplan der Funktionen `KnotenEinfügen()` und `BaumToArray()`. Tipp: Denken Sie dabei an das Teile-und-herrsche-Prinzip und an die Türme von Hanoi.

Kommen wir nun zu einer nicht ganz unwichtigen Überlegung, die Sie bereits kennen und die ich ja schon bei anderen Algorithmen angestellt habe: Hält Treesort immer an, und wenn ja, liefert Treesort immer das richtige Ergebnis? Kurz: Sind alle Sortierprobleme, die Sie Treesort übergeben, berechenbar? Leider ist Treesort nicht bewiesenermaßen stabil, das heißt, dass es unter Umständen in sehr seltenen Fällen eben nicht anhält. Als Konsequenz daraus ist Treesort auch nicht für alle Sortierprobleme berechenbar. Wie sieht es nun mit der Komplexität aus? Lassen sich mit Treesort wenigstens große Datenmengen in einer vernünftigen Zeit sortieren? Die Antwort ist, dass die Komplexität von Treesort O(n*log(n)) ist und sich somit auch größere Datenmengen z. B. mit mehr als einer Millionen Zahlen in einer sinnvollen Zeit sortieren lassen.

### 6.1.5 Heapsort[4]

Der Begriff Heapsort setzt sich zusammen aus den Worten „heap" und „sort". Den Begriff „sort" können Sie bereits sofort zuordnen, denn dieser bedeutet schlicht „sortieren". Aber was ist nun ein Heap? Ein Heap (auf Deutsch Halde oder Haufen) ist ein normaler Binärbaum, in den die einzelnen Elemente so eingehängt werden, dass entweder der linke Kind-Knoten stets kleiner/gleich oder aber stets größer/gleich dem Eltern-Knoten ist. Im ersten Fall spricht man von einem Min-Heap, im zweiten Fall von einem Max-Heap. Heapsort benutzt einen Max-Heap für eine Art Vorsortierung, die dafür sorgen soll, dass der eigentliche Sortiervorgang schneller ausgeführt werden kann. Im Gegensatz zu Treesort legt Heapsort jedoch keine neuen Datenstrukturen an, sondern stellt sich das zu sortierende Array quasi nur als Baum vor, der dann erst einmal in einen Max-Heap verwandelt wird. Am besten kann man sich dieses Vorgehen wieder an einem konkreten Beispiel vorstellen. Nehmen wir dazu die folgende zufällige Zahlenfolge, die in dem Array **Z** abgelegt wird:

**2,3,8,7,6,1,5,10,1,12**

[4] *https://de.wikipedia.org/wiki/Heapsort*

Nun stellen Sie sich vor, dass die Zahlen auf die folgende Weise in einem Binärbaum angeordnet werden:

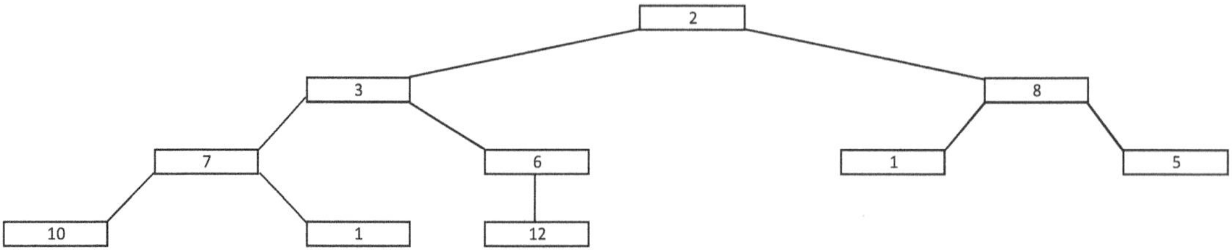


**Bild 6.4** Binärbaum der Zahlenfolge {2,3,8,7,6,1,5,10,1,12} vor dem Start von Heapsort

Beachten Sie hier unbedingt, dass Sie sich den Zahlenbaum nur vorstellen und die zu sortierenden Werte nach wie vor im Array liegen. Die Wurzel des vorgestellten Binärbaums liegt dabei an Array-Position 0, die Kind-Knoten der Wurzel an Array-Position 1 und 2. Die Kind-Knoten für den Knoten mit dem Wert 3 liegen an der Array-Position 3 und 4, die Kind-Knoten für den Knoten mit dem Wert 8 liegen an der Array-Position 5 und 6. Genau auf diese Weise entsteht dann der Binärbaum aus der vorigen Abbildung.

Nun ist Ihr unsortierter Binärbaum natürlich noch kein Max-Heap, denn dafür müsste vor allem der Wert 12 an der Wurzel stehen. Um einen Max-Heap zu erzeugen, gibt es einen Algorithmus, der durch die Funktion `Heapify()` realisiert wird. `Heapify()` überführt einen ungeordneten Binärbaum schrittweise in einen Max-Heap. Im Falle unserer zufälligen Zahlenfolge mit zehn Elementen sind hierfür die folgenden sechs Schritte nötig, die `Heapify()` immer wieder erneut aufrufen.

**Schritt 1:**

Für die Ausgangszahlenfolge

**2,3,8,7,6,1,5,10,1,12**

werden erst einmal die ersten fünf Eltern-Knoten des Baums betrachtet. Diese entsprechen den Array-Elementen an den Positionen 0 bis 4. Das Array wird also in zwei Hälften geteilt, und die Elemente in der linken Hälfte entsprechen den Eltern-Knoten. Wie Sie sehen, ist das Teile-und-herrsche-Prinzip fester Bestandteil fast aller schnellen Sortierverfahren. Die `Heapify()`-Funktion betrachtet die Kind-Knoten dieser vier Eltern-Knoten von hinten nach vorn (`Heapify()` wird also zuerst mit dem Array-Element an Position 4 aufgerufen). Nun schaut `Heapify()`, ob für den Eltern-Knoten mit dem Wert 6 die Heap-Bedingung verletzt ist, was hier der Fall ist: Einer der Kind-Knoten, die den Array-Elementen an den letzten beiden Positionen entsprechen, ist größer als 6. `Heapify()` muss den Baum reparieren, indem das Element an der Array-Position 4 mit dem Array-Element an der Position 9 getauscht wird. In dem Binärbaum, den Sie sich an dieser Stelle vorstellen, entspricht dies dem Austausch von Knotenwerten, die Struktur des Baums selbst wird nicht verändert. Das Array mit den Zahlenwerten sieht nun wie folgt aus (die Werte, die in den eckigen Klammern stehen, wurden vertauscht):

**02,03,08,07,[12],01,05,10,01,[06]**

**Schritt 2:**

Nun wird der Eltern-Knoten betrachtet, der dem Array-Element an Position 3 entspricht. Auch dieser Knoten hat einen Kind-Knoten, der größer ist, nämlich den Kind-Knoten mit dem Wert 10, der dem Array-Element an Position 7 entspricht. `Heapify()` muss also auch hier wieder Elemente per Ringtausch vertauschen. Das Array mit den Zahlenwerten sieht danach so aus:

**02,03,08,[10],12,01,05,[07],01,06**

**Schritt 3:**

Der Knoten, der dem Element an Array-Position 2 entspricht, besitzt nur Kind-Knoten, die kleiner sind, also ändert dieser Schritt nichts an der Struktur des Arrays. Dieses sieht nach wie vor so aus:

**02,03,08,10,12,01,05,07,01,06**

**Schritt 4:**

Der Eltern-Knoten, der dem Array-Element an Position 1 entspricht, hat nun wieder einen Kind-Knoten, der größer ist, nämlich den Kind-Knoten mit dem Wert 12. `Heapify()` tauscht also `Z[1]` mit `Z[4]`. Das Array mit den Zahlenwerten sieht danach so aus:

**02,[12],08,10,[03],01,05,07,01,06**

**Schritt 5:**

Der Kind-Knoten, der dem Array-Element an Position 4 entspricht, hat nun wiederum einen Kind-Knoten mit dem Wert 6, der größer ist. Dies führt dazu, dass `Heapify()` die Array-Elemente `Z[4]` und `Z[9]` vertauschen muss, um auch hier die Heap-Bedingung wiederherzustellen. Das Array mit den Zahlenwerten sieht danach so aus:

**02,12,08,10,[06],01,05,07,01,[03]**

**Schritt 5:**

Nun werden zum Schluss noch der Wurzelknoten und die Kind-Knoten mit den Werten 2 und 8 überprüft. Auch an der Wurzel ist die Heap-Bedingung verletzt, deshalb muss der Wurzel-Knoten mit dem größten Kind-Knoten vertauscht werden. Das Array mit den Zahlenwerten sieht nun so aus:

**[12],[02],08,10,06,01,05,07,01,03**

**Schritt 6:**

Der Kind-Knoten, der dem Array-Element an Position 1 entspricht, hat nun auch wieder einen Kind-Knoten, der größer ist (Array-Element an Position 3 mit dem Wert 10). Auch in diesem Fall muss `Heapify()` wieder Vertauschungen vornehmen. Das Array mit den Zahlenwerten sieht danach so aus:

**12,[10],08,[02],06,01,05,07,01,03**

**Schritt 7:**

Aber auch der zuletzt getauschte Knoten, der dem Array-Element an Position 3 entspricht, hat einen Kind-Knoten, der größer ist. Auch hier nimmt `Heapify()` noch Vertauschungen vor. Das Array mit den Zahlenwerten sieht nun so aus:

**12,10,08,[07],06,01,05,[02],01,03**

**Schritt 8:**

Nun ist aber wieder die Heap-Bedingung am ersten Kind-Knoten der Wurzel verletzt und der Kind-Knoten, der an diesem Kind-Knoten dranhängt, ist größer als 3. Deshalb muss `Heapify()` zum Schluss noch `Z[1]` mit `Z[9]` tauschen. Das Array mit den Zahlenwerten sieht dann am Ende so aus:

**12,[03],08,07,06,01,05,02,01,[10]**

Die erste Phase von Heapsort ist nun abgeschlossen und **Z** ist in einen Max-Heap überführt worden.

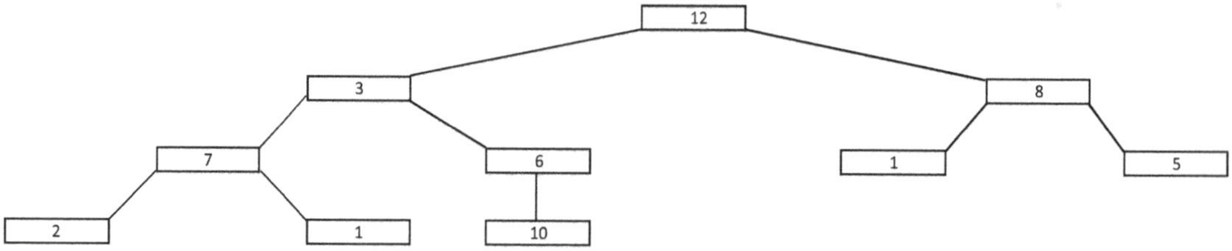


Bild 6.5 Max-Heap nach der ersten Phase des Heapsort-Algorithmus

Nun tritt Heapsort in die eigentliche Sortierphase ein. Diese Sortierphase besteht wiederum aus mehreren Schritten, die Nummerierung soll hier wiederum bei 1 beginnen. Zuerst wird das letzte Element im Array mit dem ersten Element vertauscht. Das größte Element steht also nun am Ende des Arrays, das nun wie folgt aussieht:

**10,03,08,07,06,01,05,02,01,12**

Anschließend wird geschaut, ob die Heap-Bedingung an der Wurzel oder an einem der Kind-Knoten der Wurzel verletzt ist, was der Fall ist: Der linke Kind-Knoten der Wurzel mit dem Wert 3 hat einen Kind-Knoten mit dem Wert 7. Auch in diesem Fall wird `Heapify()` dazu benutzt, um `Z[1]` mit `Z[3]` zu tauschen. Das Zahlenarray **Z** sieht nun so aus:

**10,[07],08,[03],06,01,05,02,01,12**

**Schritt 2:**

Nun wird das letzte Element (also `Z[9]`) aus dem Baum ausgehängt. Dies geschieht einfach dadurch, dass der Heapsort-Algorithmus dieses Element nicht mehr anrührt. Anschließend werden `Z[0]` und `Z[8]` vertauscht. **Z** sieht nun so aus:

**01,07,08,03,06,01,05,02,10,12**

Anschließend wird wieder `Heapify()` auf der Wurzel aufgerufen. Der zweite Schritt, der eigentlich eine Wiederholung des ersten Schritts mit kleineren Array-Grenzen ist, schaut nun wieder nach, ob die Heap-Bedingung an der Wurzel verletzt ist. Dies ist der Fall, was dazu führt, dass beim nächsten Aufruf von `Heapify()` `Z[0]` und `Z[2]` vertauscht werden. Das Zahlenarray **Z** sieht nun so aus:

**[08],07,[01],03,06,01,05,02,10,12**

Dieser Tauschvorgang verletzt aber wieder die Heap-Bedingung am rechten Kind-Knoten der Wurzel, denn einer der Kind-Knoten ist mit dem Wert 5 größer als dieser (Wert 1). `Heapify()` muss also zusätzlich `Z[2]` mit `Z[6]` tauschen. **Z** sieht nun so aus:

**08,07,[05],03,06,01,[01],02,10,12**

**Schritt 3:**

Auch Schritt 3 ist eine Wiederholung von Schritt 1 und 2. Zunächst wird `Z[9]` aus dem Baum entfernt und anschließend `Z[0]` mit `Z[7]` getauscht. **Z** sieht nun so aus:

**02,07,05,03,06,01,01,08,10,12**

Anschließend wird auch hier die Heap-Bedingung an der Wurzel wiederhergestellt, indem `Z[0]` mit `Z[1]` getauscht wird. **Z** sieht nun so aus:

**[07],[02],05,03,06,01,01,08,10,12**

Für die Kind-Knoten der Wurzel ist wiederum die Heap-Bedingung verletzt, in diesem Fall muss `Heapify()` dann `Z[1]` mit `Z[4]` vertauschen. Danach sieht **Z** so aus:

**07,[06],05,03,[02],01,01,08,10,12**

Die nächsten Schritte (Schritt 4 bis 9) können Sie nun problemlos nachvollziehen, weil diese nur eine Wiederholung der Schritte 1 bis 3 sind.

**Schritt 4:**

**[01],06,05,03,02,01,[07] 08 10 12 (tausche Z[0] mit Z[6])**

**[06],[01],05,03,02,01,07,08,10,12 (stelle Heap-Bedingung an der Wurzel her)**

**06,[03],05,[01],02,01,07,08,10,12 (stelle Heap-Bedingung am linken Kind-Knoten her)**

**Schritt 5:**

**[01],03,05,01,02,[06],07,08,10,12 (tausche Z[0] mit Z[5])**

**[05],03,[01],01,02,06,07,08,10,12 (stelle Heap-Bedingung an der Wurzel her)**

**Schritt 6:**

**[02],03,01,01,[05],06,07,08,10,12 (tausche Z[0] mit Z[4])**

**[03],[02],01,01,05,06,07,08,10,12 (stelle Heap-Bedingung an der Wurzel her)**

**Schritt 7:**

**03,02,01,01,05,06,07,08,10,12**

Es müssen keine Veränderungen vorgenommen werden, weil die Heap-Bedingung an der Wurzel erfüllt und `Z[4]` schon am richtigen Platz ist.

**Schritt 8:**

**[01],02,01,[03],05,06,07,08,10,12 (tauche Z[0] mit Z[3])**

**[02],[01],01,03,05,06,07,08,10,12 (stelle Heap-Bedingung an der Wurzel her)**

**Schritt 9:**

**[01],01,[02],03,05,06,07,08,10,12 (tausche [0] mit Z[2])**

Das sortierte Array **Z** ist:

**01,01,02,03,05,06,07,08,10,12**

Zugegeben, Heapsort ist schon recht trickreich und es ist nicht einfach, sich im Geist vorstellen zu können, wie ein bestimmtes Array auf einen Binärbaum abgebildet wird. Ich gebe deshalb auch an dieser Stelle wieder ein vollständiges Listing an, das den Heapsort-Algorithmus implementiert. Schauen Sie sich nun Listing 6.5 an.

**Listing 6.5** Heapsort.cpp

```
#include<stdio.h>
#include<stdlib.h>
#include<time.h>

void tausche(long int *Z, long int i, long int j) // Ringtausch von Array-Elementen
{
    long int Temp;
    Temp=Z[i];
    Z[i]=Z[j];
    Z[j]=Temp;
}

void Heapify(long int *Z, long int l, long int r) // Teilarray reicht von Z[l] bis Z[r]
{
    long int Index; // aktueller Array-Index
    while(l<=(r/2)-1) // Heapify betrachtet linkes Teil-Array als Menge von Eltern-Knoten
    {
        Index=((l+1)*2)-1; // mit linkem Kind-Knoten als Array-Index beginnen
        if ((Index+1)<=(r-1)) // Index muss zwischen l und r-1 liegen
        {
            if(Z[Index]<Z[Index+1]) // Falls der linke Kind-Knoten kleiner ist, als der rechte, muss der rechte der größere sein
            {
                Index++;
            }
        }
        if(Z[l]<Z[Index]) // Heap-Bedingung am ausgewählten Kind-Knoten ist verletzt
        {
            tausche(Z,l,Index); // Array-Element Z[Index] mit Z[l] tauschen
            l=Index; // Gültigen Bereich auf [l,r] verkleinern
        }
        else
        {
```

```
31              return; // Heap-Bedingung nicht verletzt, also kehrt Heapify zurück,
ohne etwas zu ändern
32          }
33      }
34  }

35  void ErstelleMaxHeap(long int *Z, long int n) // Schritt 1:Max-Heap erstellen
36  {
37      // Die Eltern-Knoten befinden sich in der linken Hälfte von Z
38      int i;
39      for(i=(n/2)-1; i>=0; i--) // Sämtliche Eltern-Knoten im linken Teil-Array
prüfen
40      {
41          Heapify(Z,i,n); // Heapify ändert nicht immer etwas, muss aber sämtliche
Knoten prüfen
42      }
43  }

44  void Heapsort(long int *Z, long int n) // Schritt 2
45  {
46      long int i;
47      ErstelleMaxHeap(Z,n); // Schritt 1 ausführen
48      for(i=n-1; i>0; i--) // Z von hinten nach vorne durchgehen
49      {
50          tausche(Z,i,0); // Erst einmal Element an Position i an die Wurzel
schreiben
51          Heapify(Z,0,i); // Nun Heapify aufrufen und eventuell den Baum reparieren
52      }
53  }

54  int main(void)
55  {
56      char C;
57      long int i,n,T,Now;
58      long int *Z;
59      printf("Anzahl der Werte:"); scanf("%ld",&n);
60      fflush(stdin); // Eingabepuffer leeren
61      printf("Werte am Ende ausgeben (j/n)?"); scanf("%c",&C);
62      Z=(long int*)malloc(n*sizeof(long int));
63      srand(clock()); Now=clock();
64      for (i=0; i<n; i++) { Z[i]=rand()%10000; }
65      Heapsort(Z,n); T=clock()-Now;
66      if (C=='j')
67      {
68
69          for (i=0; i<n; i++) { printf("%05ld ",Z[i]); }
70          printf("\n");
71      }
72      printf("Sortierzeit:%ld Millisekunden\n",T);
73      free(Z); // Z aus dem Speicher entfernen
74      return 0;
75  }
```

Auch Heapsort benutzt wie viele Sortieralgorithmen wieder den Ringtausch für Array-Elemente (Funktion `tausche()` in den Zeilen **04–10**), der hier nicht mehr weiter erläutert werden muss. Die Hauptarbeit leistet die Funktion `Heapify()` (die Zeilen

**11–34**), die sowohl von der Funktion `ErstelleMaxHeap()` als auch vom Sortieralgorithmus selbst verwendet wird. `Heapify()` bekommt drei Parameter übergeben, einmal einen Zeiger **Z** auf ein Zahlen-Array vom Typ `long int*` und einmal die zwei Parameter **l** und **r**. Dies bedeutet, dass `Heapify()` jeweils auf einem Teil-Array von **Z** ausgerufen wird, und zwar mit einem linken Positionszeiger (**l**) und einem rechten Positionszeiger (**r**). Der zu überprüfende Eltern-Knoten befindet sich in `Z[l]`. Der aktuelle Index, den `Heapify()` verwendet, um Kind-Knoten zu adressieren, verbirgt sich dagegen in der lokalen Variablen **Index**, die in Zeile **13** deklariert wird. `Heapify()` geht das Teil-Array von **Z** beginnend bei der Position **l** bis zur Position `(r/2)-1` durch. Die `while`-Schleife in den Zeilen **14–33**, die dies leistet, nenne ich einfach **Prüfschleife**. `(r/2)-1` entspricht genau der Mitte des Teil-Arrays, das durch die Parameter **l** und **r** übergeben wurde. Auf diese Weise entsprechen immer die Array-Elemente in der linken Hälfte den Eltern-Knoten und die Array-Elemente in der rechten Hälfte den Kind-Knoten. Um nun für den Eltern-Knoten in `Z[l]` den linken Kind-Knoten auszuwählen, muss **l** zuerst mit 2 multipliziert werden und anschließend muss 1 subtrahiert werden. Die zu Paaren zusammengefassten Kind-Knoten entsprechen also den ungeraden Array-Indices. Allerdings übersehen Sie auf diese Weise die Tatsache, dass der Eltern-Knoten, für den Sie die Kind-Knoten auswählen, selbst einen Array-Platz belegt. Sie müssen also für **l** `l+1` einsetzen, um diese Tatsache mit in Ihre Überlegungen einzubeziehen. Auf diese Weise kommen Sie zu dem Ausdruck `Index=((l+1)*2)-1` in Zeile **16**. Wenn Sie dann den richtigen Array-Index für den **linken** Kind-Knoten gefunden haben, dann müssen Sie noch nachsehen, ob `Index` nicht auf das letzte Element in **Z** zeigt, denn in diesem Fall können Sie den `if`-Block in den Zeilen **19–22** überspringen. Wenn `Index` nicht das letzte Element in **Z** ist, wird überprüft, ob für den Eltern-Knoten, der dem Array-Element `Z[l]` entspricht, die Heap-Bedingung verletzt wurde. Diese Überprüfung ist recht simpel: In Zeile **19** wird zunächst geprüft, ob `Z[Index]<Z[Index+1]` ist, also ob der linke Kind-Knoten kleiner als der rechte Kind-Knoten ist. Wenn dies der Fall ist, dann muss der rechte Kind-Knoten der größere sein, und **Index** wird um 1 erhöht (Zeile **21**). Wenn in Zeile **24** `z[i]<Z[Index]` ist, dann ist die Heap-Bedingung verletzt und der Kind-Knoten, der `Z[Index]` entspricht, ist größer als der Eltern-Knoten, der `Z[l]` entspricht. In diesem Fall muss in Zeile **26** und **27** zuerst `Z[l]` mit `Z[Index]` vertauscht und der Positionszähler **l** auf den Kind-Knoten `Z[Index]` gesetzt werden. Der zu prüfende Teil-Array wird dadurch also verkleinert und die `while`-Schleife, die sämtliche Eltern-Knoten in **Z** prüft, wird mit einem neuen Wert für **l** aufgerufen. Wenn **l** größer ist als `(r/2)-1`, wird `Heapify()` beendet. Wenn dies allerdings nicht der Fall ist, wird die Prüfschleife erneut ausgeführt. Dies bedeutet, dass Sie einen Knoten verändert haben, der selbst wieder Kinder hat, und deshalb erneut geprüft werden muss, ob dort die Heap-Bedingung verletzt wurde. Wenn dies nicht der Fall ist, dann kehrt `Heapify()` zurück, sonst wird wiederum der Baum repariert und **l** erneut angepasst.

`ErstelleMaxHeap()` (die Zeilen **35–43**) geht nun sämtliche Array-Elemente in der linken Hälfte des zu sortierenden Arrays **Z** durch, und wendet auf diese jeweils die

`Heapify()`-Funktion an. Wenn `Heapify()` sämtliche Array-Elemente in der linken Hälfte von **Z** bearbeitet (und unter Umständen verändert) hat, ist **Z** anschließend ein Max-Heap.

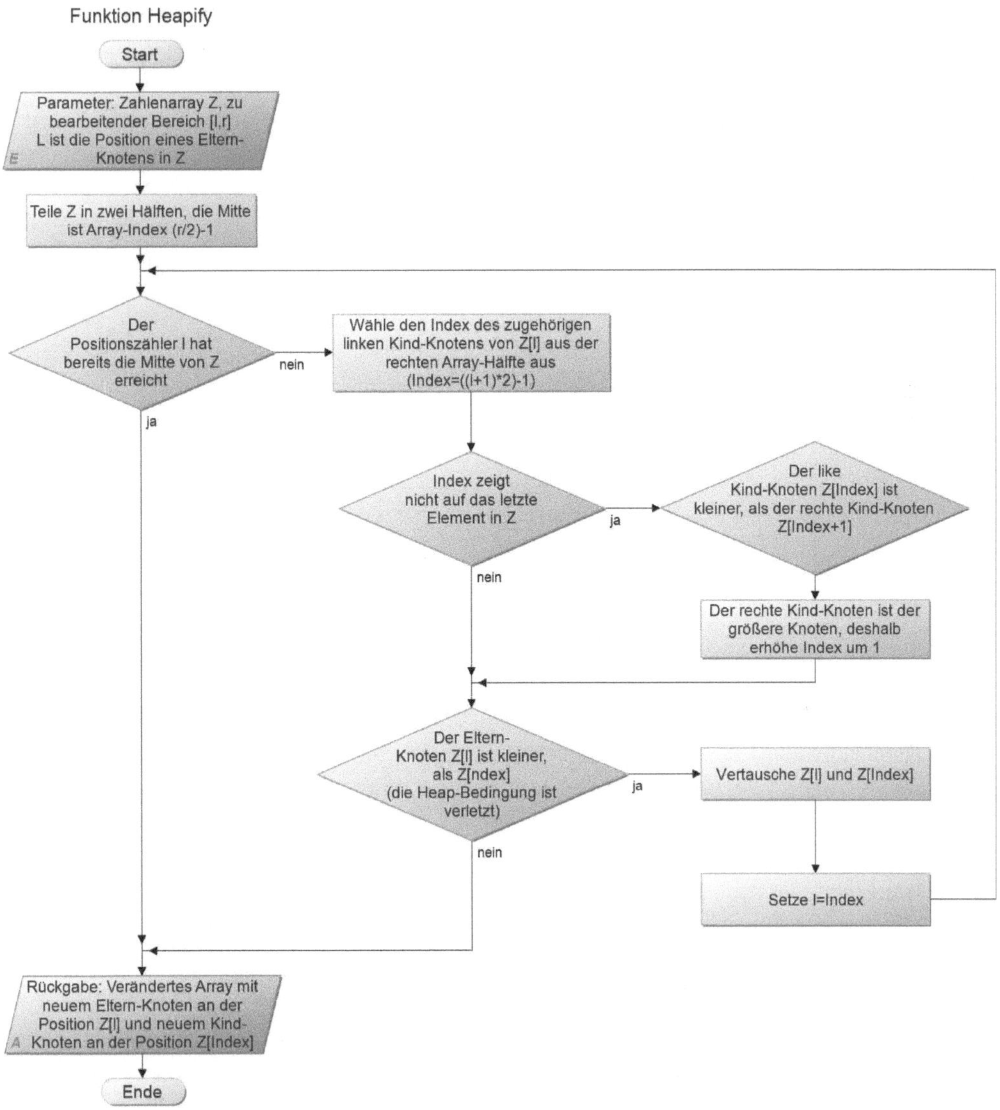


**Bild 6.6** Programmablaufplan der Heapify-Funktion beim Heapsort-Algorithmus

Die `Heapsort()`-Funktion (die Zeilen **44–53**) macht nun zuerst einen Max-Heap aus **Z** (Zeile **47**) und geht anschließend in einer `for`-Schleife (die Zeilen **48–52**) den gesamten Array **Z** von hinten nach vorne durch (der Schleifenzähler ist hier **i**). Für jeden Index **i** wird pro Schleifendurchlauf immer genau ein Schritt des Heapsort-Algorithmus ausgeführt, der aus den folgenden zwei Teilschritten besteht: Zunächst wird das Element, das an der Position **i** steht, an die Wurzel geschrieben. Anschließend wird `Heapify()` auf der Wurzel aufgerufen, und zwar mit dem verbliebenen Teil-Array von **Z** im Bereich [0,i]. Nach jedem Schleifendurchlauf wird **i** stets um 1 verringert, was dazu führt, dass das Element, das an Position **i** steht, aus dem Baum ausgehängt wird, nachdem es an seine endgültige Position geschrieben wurde.

Das Hauptprogramm (die Zeilen **54–75**) liest von der Konsole zwei Parameter ein, nämlich die Größe eines Arrays **Z**, das anschließend mit Zufallszahlen gefüllt wird, und eine Information darüber, ob Sie das sortierte Array am Ende in der Konsole ausgeben wollen. Wenn Sie an dieser Stelle „j" eingeben, werden am Ende sämtliche Elemente des sortierten Arrays in der Konsole ausgegeben. Das Programm misst stets die zum Sortieren benötigte Zeit und gibt diese am Ende in der Konsole aus.

### Laufzeit von Heapsort

Die Komplexität von Heapsort ist O(n*log(n)) und damit etwa langsamer als Quicksort (rekursive Variante), der eine Komplexität von O(log(n)) hat. Heapsort ist aber trotzdem schnell genug, um z. B. auf Mikrocontrollern Echtzeitanwendungen zuzulassen. Da aber auch Mikrocontroller in Zukunft immer mehr Stack-Speicher haben, wird Heapsort wahrscheinlich in Zukunft obsolet werden.

## 6.2 Effiziente Suchalgorithmen

Sie kennen nun sehr effiziente Sortierverfahren, von denen das verbreitetste Verfahren sicherlich Quicksort ist, das von Java sogar von Haus aus angeboten wird. Auch im Fall von modernen C- und C++-Compilern ist dies mittlerweile so. Was das Sortieren von sogar großen Datenmengen angeht, sind Sie also nun gut gerüstet. Was Sie aber noch nicht können, ist das effiziente Suchen von Mustern in Texten. Die Betonung liegt hier auf „effizient". Sie können zwar schon mit der naiven Methode, die Sie aus Kapitel 2 kennen, einen Text Zeichen für Zeichen nach einem Muster durchsuchen, aber dieser Algorithmus ist alles andere als schnell. An dieser Stelle stellt sich die Frage, ob Sie nicht auch die Mustersuche in Texten beschleunigen können.

Es gibt zwei Methoden, um die rein naive Mustersuche zu beschleunigen. Die einfachste Methode ist sicherlich die, mehr als einen Prozessorkern auf die Mustersuche anzusetzen. Dies geht auch sehr gut über die POSIX-Threads unter Linux. *Thread-Programmierung* bedeutet, von einer bestimmten Funktion (z. B. einer Mustersuche) mehrere Instanzen, sogenannte Threads, zu erzeugen, die vom Prozessor parallel ausgeführt werden. Moderne Linux-Varianten verteilen die Last automatisch auf die einzelnen Prozessorkerne. Wenn Sie jedoch nur einen Prozessorkern haben, müssen Sie die rein naive Textsuche optimieren.

## 6.2.1 Der KMP-Algorithmus[5]

Die zweite Methode ist also, die Mustersuche selbst zu verbessern, indem Sie gewissermaßen die naive Mustersuche tunen. Ein Ansatz, der fast immer in irgendeiner Form im Studium vorkommt, ist der Algorithmus von Donald Ervin Knuth, James Hiram Morris und Vaughan Ronald Pratt, kurz „KMP-Algorithmus". KMP ist, wie die rein naive Textsuche auch, ein String-Matching-Algorithmus, also ein Algorithmus, der Zeichenketten bzw. Teile davon miteinander vergleicht. Die Laufzeit von KMP wächst damit linear mit der Länge des Suchmusters (das oft mit p abgekürzt wird) und der Länge des durchsuchten Textes (der oft mit S abgekürzt wird). Dies bedeutet nun Folgendes: Die Komplexitätsklasse der getunten Variante KMP ändert sich im Vergleich zur rein naiven Suche nicht und die Laufzeit ist in beiden Fällen O(n). Wenn Sie also auf eine Laufzeit von O(n*log n) kommen wollen, müssen Sie Ihre Mustersuche auf mehrere Threads aufteilen. Anders, als bei der Sortierung von Daten, kann also die Mustersuche nicht wirklich beschleunigt, sondern nur parallelisiert werden.

Kommen wir nun zur Arbeitsweise des KMP-Algorithmus, der die rein naive Mustersuche optimiert. Der naive Ansatz für die Mustersuche besteht, wie Sie aus Kapitel 2 schon wissen, darin, das angegebene Muster Zeichen für Zeichen mit einer Suchmaske abzugleichen. Als Beispiel nehme ich wieder folgenden Text aus Kapitel 2:

**Ich bin ein einfacher Text. Suche bitte in mir nach einem Wort.**

Es soll auch hier wieder das Wort „bitte" gesucht werden. Die naive Textsuche geht Ihren Text Zeichen für Zeichen durch, bis das erste Zeichen der Suchmaske gefunden wird. Dies ist das Zeichen **b** an der fünften Position im Text. Nun wird überprüft, ob dem Zeichen **b** die gesamte Suchmaske folgt, was noch nicht der Fall ist. Also wird Zeichen für Zeichen weitergesucht und an der 35. Position werden Sie endlich fündig. Die Idee, die hinter dem KMP-Algorithmus steckt, ist es, die Mustersuche dadurch zu beschleunigen, dass die Suchmaske vorverarbeitet wird. Zunächst wird hierzu, wie bei der naiven Mustersuche auch, Zeichen für Zeichen in der Zeichenfolge **S** (**S** steht hier einfach für „string") nach dem ersten Zeichen von **p** (**p** steht hier für „pattern") gesucht. Danach wird geschaut, ob ab dieser Position das Muster **p** folgt, und wenn dies der Fall ist, beendet sich der KMP-Algorithmus, weil das gesuchte Wort gefunden wurde. In den meisten Informatikskripten, die eigentlich nur die Originalformulierung von Donald E. Kuth übernehmen, heißt es nun: „Folgt jedoch nicht die gesamte Suchmaske **p**, so wird die Suchmaske um die Differenz zwischen der Anzahl der übereinstimmenden Zeichen und der Länge des Rands des Präfixes nach rechts verschoben." Der letzte Satz ist dann leider auch der Satz, der bei den meisten Informatikstudenten erst einmal für viel Verwirrung sorgt und oft auch nicht wirklich aufgelöst wird. Dabei ist das Vorgehen eigentlich ganz simpel: Es wird zusätzlich zu der Anzahl an übereinstimmenden Zeichen von **S** und **p** (in dem ersten Durchlauf in unserem

[5] René Krooß, Jürgen Wolf, C von A bis Z. 5., erweiterte Auflage, aktuell zu C23. ISBN 978-3-8362-9504-8.

Beispiel sind dies die zwei Zeichen an Position 5 und 6) auch getestet, an welcher Position in der gesamten Suchmaske **p** zusätzlich noch Zeichen mit **S** übereinstimmen. Dies ist in unserem Beispiel nicht der Fall, und in dem Teil „bitte" und „bin e" (`S[4]-S[9]`) stimmen keine weiteren Teile von **p** mit **S** überein. Das heißt dann, dass die Differenz zwischen der Länge der übereinstimmenden Zeichen in **p** (also der Wert 2) und dem „Rand des Präfixes" (ebenfalls der Wert 2) der Wert 0 ist und deshalb die Suchmaske um 1 Zeichen nach rechts verschoben wird (eine Verschiebung von 0 ist hier schlicht nicht erlaubt).

Sicherlich fragen Sie sich an dieser Stelle, was Sie nun gewonnen haben, wenn Sie doch nur die rein naive Textsuche etwas komplizierter programmieren und dadurch vielleicht sogar die Laufzeit erhöhen, anstatt sie zu reduzieren. Die Antwort ist, dass ohne zusätzliche Maßnahmen an dieser Stelle die Laufzeit in der Tat ansteigt und Sie dann wirklich nichts gewonnen haben. Folglich gliedert sich der KMP-Algorithmus auch in zwei Phasen, nämlich die Präfix-Analyse und die eigentliche Mustersuche. Ihr Text **S** wird also zweimal durchlaufen. Beim ersten Durchlauf wird hierbei eine Tabelle (die sogenannte Präfix-Tabelle) angelegt. Im zweiten Durchlauf wird der eigentliche Algorithmus ausgeführt, der versucht, die Laufzeit zu reduzieren, indem wiederholte Vergleiche zwischen **S** und **p** vermieden werden. Erwarten Sie aber nicht zu viel von KMP. Die Laufzeit von KMP beträgt etwa ein Viertel der Laufzeit der rein naiven Textsuche, unter sehr günstigen Umständen etwa ein Zehntel. Dies haben dann die modernen Prozessoren im Laufe der Zeit mehr als wettgemacht.

Fügen wir nun die einzelnen Teile zu einem lauffähigen Programm zusammen. Zunächst müssen Sie ein Array erstellen, das ich an dieser Stelle **PTab** (Präfixtabelle) nenne. Die Größe der Tabelle in Zeilen entspricht der Länge der Suchmaske **p** in Zeichen. Sei nun **i** der Zeilenindex-Zähler im Array **PTab**. „Dann wird in `PTab[i]` die Länge des längsten Suffixes gespeichert, das auch ein Präfix von **i** ist." Auch dieser Originalsatz von Donald E. Knuth, der immer wieder in identischer Weise in den Informatikskripten auftaucht, erzeugt viel Verwirrung bei den Studenten, und ich finde es auch hier schade, dass diese Verwirrung oft nicht aufgelöst wird. Dabei bedeutet der letzte schwammige Satz eigentlich nur, dass für jede teilweise Übereinstimmung von einzelnen Zeichen der Suchmaske **p** mit **S** ein separater Tabelleneintrag in **PTab** angelegt wird, bevor dann der eigentliche Suchalgorithmus ausgeführt wird. Richten wir nun die Tabelle **PTab** ein. Zunächst wird der erste Eintrag in **PTab** zu 0 gesetzt. Anschließend definieren Sie die zwei Variablen **i** und **j** und setzen `i=0` und `j=1`. Anschließend definieren Sie eine Variable **n**, die die Länge des Suchmusters enthält. Sie müssen nun in einer `while`-Schleife für alle `j<n` überprüfen, ob `p[i]==p[j]` ist. Wenn dies der Fall ist, wiederholen sich einige Zeichen in der Suchmaske **p**. In diesem Fall wird `PTab[j]=i+1` gesetzt und **i** und **j** um 1 erhöht. Wenn allerdings nicht `p[i]==p[j]` ist, dann müssen Sie `PTab[j]=0` setzen und nur **j** um 1 erhöhen, weil sich dann zumindest bis zur Position `p[j]` keine Zeichen in Muster **p** wiederholen. Allerdings gilt die letzte Bedingung nicht für den ersten Eintrag in **PTab**, also nicht für **i**=0. **PTab** kann durch folgende C++-Zeilen initialisiert werden:

```
while (j<n) // Positionszähler innerhalb von p ist j
{
    if (p[i]==p[j]) // gleiche Zeichen an verschiedenen Positionen innerhalb p
    {
        PTab[j]=i+1; // Anzahl der Übereinstimmungen innerhalb p bis zur Position j
        i++; j++; // i UND j erhöhen
    }
    else // ungleiche Zeichen innerhalb von p bis zur Position j
    {
        if (i!=0)
        {
            i=PTab[i-1]; // i aktualisieren
            // NUR j erhöhen
        }
        else
        {
            PTab[j]=0;
            j++;
        }
    }
}
```

Im zweiten Schritt beginnen Sie mit dem Abgleichen des Textes **S** mit der Suchmaske **p** ab dem ersten Zeichen von **S** und erweitern den überprüften Bereich von **S**, in dem **S** mit **p** übereinstimmt, bis Sie einen Bereich in **S** gefunden haben, in dem **p** vollständig enthalten ist. Immer, wenn Sie eine Nichtübereinstimmung zwischen **S** und **p** feststellen, lassen Sie den Algorithmus zum Tabellenindex `PTab[i-1]` zurückkehren oder aber zum Index `PTab[0]`, wenn die Nichtübereinstimmung schon bei `p[0]` auftritt. Der Algorithmus endet, wenn die gesamte Zeichenfolge durchlaufen oder das gesamte Muster in **p** gefunden wurde. Sehen Sie sich nun Listing 6.6 an, das den KMP-Algorithmus als Programm umsetzt:

**Listing 6.6** KMP.cpp

```
#include<stdio.h>
#include<stdlib.h>
#include<string.h>

void ErzeugePTab(char *p, long int *PTab, long int n) // n=Länge von Muster p
{
    PTab[0]=0; // erster Eintrag ist immer 0
    int i=0,j=1; // Init:i=0 und j=i+1=1 setzen
    while (j<n) // gesamten Muster p scannen
    {
        if (p[i]==p[j]) // Zeichen an der Position j stimmt mit Zeichen an der
Position i überein
        {
            PTab[j]=i+1; // PTab aktualisieren
            i++; j++; // hier Zähler i UND j erhöhen
        }
        else // Zeichen an der Position j stimmt nicht mit Zeichen an der
Position i überein
        {
            if (i!=0) // PTab[0] ist immer 0
            {
```

```
                i=PTab[i-1]; // Hier wird NUR i aktualisiert
            }
            else // Hier wiederholen sich bis zur Position j keine Zeichen in p
            {
                PTab[j]=0;
                j++; // Hier wird NUR j aktualisiert
            }
        }
    }
}

bool KMP(char *S, char *p, long int &i)
{
    long int *PTab;
    long int n=strlen(S); // Länge des Textes ist in n
    long int m=strlen(p); // Länge des Musters ist in m
    PTab=new long int(n);
    ErzeugePTab(p,PTab,m); // Schritt 1:Präfixtabelle aufbauen
    // Schritt 2:Mustersuche von p in S
    //int i=0; // Suchindex in S
    long int j=0; // Suchindex in p
    bool gefunden=false; // Rückgabeparameter ist true, wenn p in S enthalten ist
    while ((i<n)&&(gefunden==false)) // Bei i=n wurde der gesamte Text S durchlaufen
    {
        if (S[i]==p[j]) // Teile von S stimmen mit p überein,
        {
            i++; j++; // in diesem Fall einfach i und j um 1 erhöhen
        }
        else // Hier stimmen S und p nicht mehr überein, nun schauen ob ganz p gefunden wurde
        {
            if (j!=0) // j!=0, das heißt, p könnte gefunden worden sein
            {
                j=PTab[j-1]; // Nun p in der Präfixtabelle nachschlagen
            }
            else // Hier stimmt schon S[i] und p[0] nicht überein,
            {
                i++; // in diesem Falle nur i erhöhen, weil p in S nicht gefunden wurde
            }
        }
        if (j==m) // j ist auch die letzte Position in der Präfixtabelle->p wurde gefunden
        {
            gefunden=true; i-=m;
        }
    }
    delete(PTab);
    return gefunden;
}

int main(void)
{
    char S[100];
    char p[100];
    long int i;
    printf("Text:"); fflush(stdin); fgets(S,100,stdin);
```

```
    S[strlen(S)-1]=0;
    printf("Suche:"); fflush(stdin); fgets(p,100,stdin);
    p[strlen(p)-1]=0;
    if (KMP(S,p,i)==true)
    {
        printf("Das Wort '%s' wurde an Position %ld gefunden\n",p,i);
    }
    else
    {
        printf("Das Wort '%s' konnte nicht gefunden werden\n",p);
    }
    return 0;
}
```

Am besten, Sie sehen sich nun die Programmablaufpläne von `ErzeugePTab()` und des eigentlichen KMP-Algorithmus gut an, denn so werden Sie am meisten erkennen. Es ist in der Tat etwas schwierig, den KMP-Algorithmus in genaue Worte zu fassen.

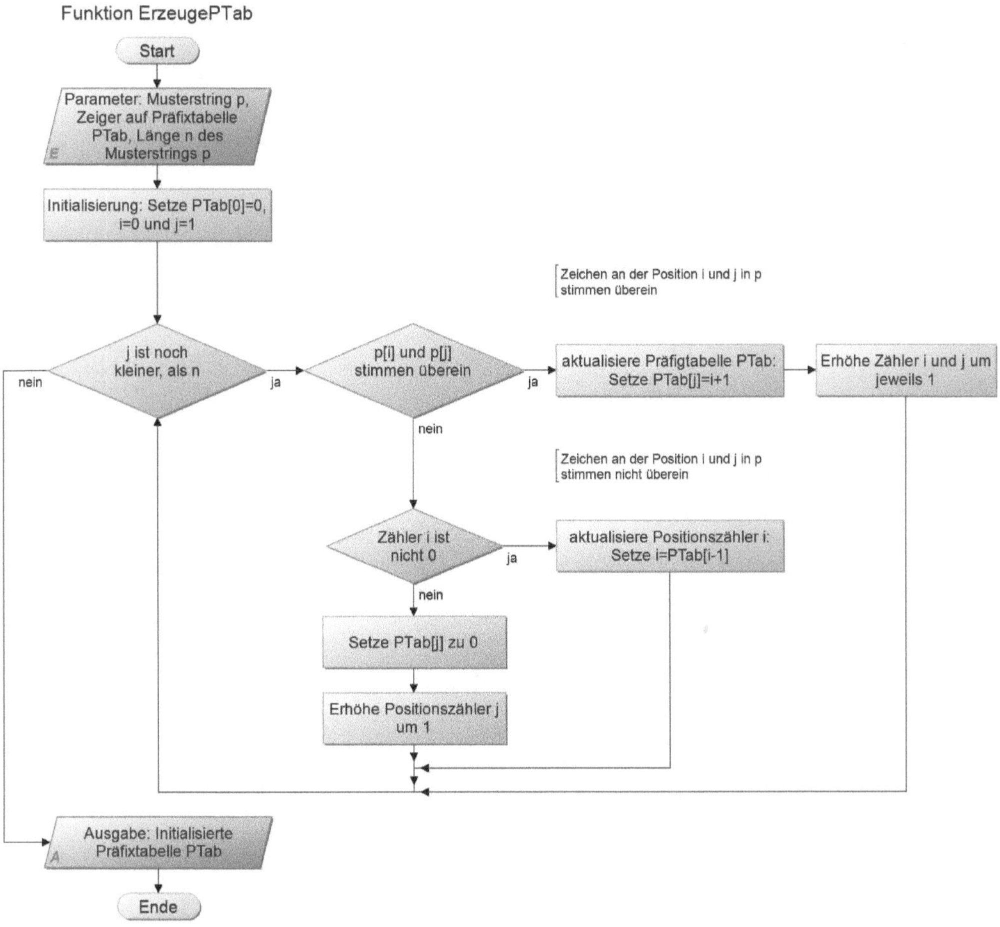


**Bild 6.7** Programmablaufplan für die Funktion ErzeugePTab()

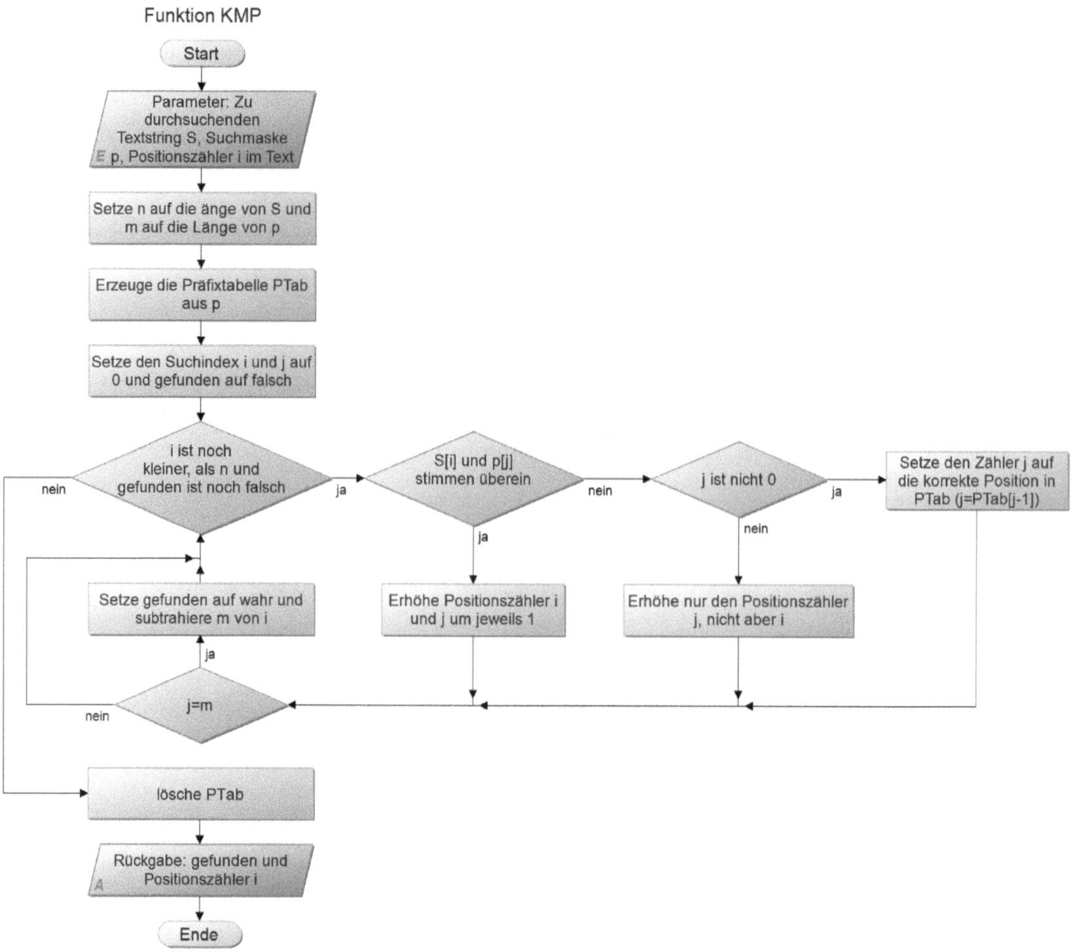


**Bild 6.8** Programmablaufplan des KMP-Algorithmus

An den Programmablaufplänen können Sie schon sehen, dass der KMP-Algorithmus die naive Textsuche ziemlich verkompliziert. Das Herzstück ist dann auch nicht die Suche selbst, sondern die Präfixtabelle, die vor allem die Suche in großen Texten beschleunigen kann. Wenn Sie jedoch während der Mustersuche wirklich den gesamten Prozessor ausreizen wollen, dann benutzen Sie den Algorithmus, den ich Ihnen als Nächstes vorstellen möchte.

### 6.2.2 Threadsearch[6)]

Der Begriff Threadsearch kommt aus dem Englischen und setzt sich aus den Begriffen „thread" und „search" zusammen. Was ein Thread ist, wurde ja schon angedeutet: Ein *Thread* ist ein Prozess (z. B. ein Programmteil, der eine Funktion ausführt), der parallel zu anderen Threads läuft und der vom Betriebssystem auf die einzelnen Prozessorkerne verteilt wird. In welcher Weise dies genau geschieht, darauf haben Sie leider keinen Einfluss. Wenn Sie aber ein Betriebssystem wie Linux besitzen, das mehrere Prozessorkerne unterstützt, dann können Sie davon ausgehen, dass sich Ihre Mustersuche durch den Threadsearch-Algorithmus merklich beschleunigt.

**Hinweis: Verwendung von POSIX-Threads**

In dieser Auflage verwende ich konsequent POSIX-Threads, die auch so vollständig durch Linux (durch **pthread.h**) unterstützt werden. Auf die Windows-Versionen gehe ich hier nicht mehr ein, da sich diese nur an einigen Stellen von Linux unterscheiden. Ferner komme ich mit dieser Maßnahme, für sämtliche Programme Linux und C++ oder Java zu verwenden, den Wünschen einiger Leser nach, für sämtliche Beispiele dieselbe kostenlose Programmierumgebung zu verwenden und so aufwendige Code-Portierungen zu vermeiden.

Kommen wir nun zur Arbeitsweise von Threadsearch. Threadsearch ist relativ einfach gestrickt und optimiert die naive Textsuche erst einmal gar nicht. Im Gegenteil: Er verwendet genau diese. Mehr noch: Es wird versucht, die naive Textsuche mit möglichst wenigen Codezeilen umzusetzen und somit die Programmausführung und nicht die Suche selbst zu beschleunigen. Die Philosophie von Threadsearch ist also, dass die Mustersuche selbst auch durch komplexe Algorithmen nicht mehr wesentlich beschleunigt werden kann und man deshalb versuchen muss, diese möglichst schnell auf möglichst vielen Prozessorkernen auszuführen. Ich nehme im weiteren Verlauf an, dass Sie über acht Prozessorkerne verfügen und dass Sie deshalb Ihre Mustersuche in acht Threads aufteilen müssen, um die maximale Geschwindigkeit zu erzielen. Im einfachsten Fall teilt nun Threadsearch Ihren Text in acht möglichst gleich große Unterteile auf. Nehmen wir hierzu wieder den folgenden Text:

**Ich bin ein einfacher Text. Suche bitte in mir nach einem Wort.**

Der Text besitzt 62 Buchstaben, die Länge ist also nicht genau durch 8 teilbar. Dies wird dadurch kompensiert, dass der letzte Thread nur sechs Zeichen durchsuchen muss, die anderen Threads acht. Nehmen wir Thread 1, der folgenden Text nach dem Muster **p** (in diesem Fall ist dies wieder das Wort „bitte") durchsuchen muss:

**Ich bin (das Leerzeichen nach „bin" zählt hier mit)**

---

6 *https://docs.microsoft.com/en-us/windows/win32/procthread/creating-threads*

Thread 1 startet die naive Textsuche und gelangt an die fünfte Position des Textes **T**, bei dem das erste Zeichen von **p** mit `T[4]` übereinstimmt. Auch bei `T[5]` ist dies noch so, aber schon beim siebten Zeichen von **T** (also `T[6]`) folgt kein Zeichen mehr, das in **p** enthalten ist. Deshalb muss Thread 1 an das Hauptprogramm melden, dass in seinem Suchbereich das Muster **p** nicht enthalten ist. Vielleicht haben aber die anderen Threads, die parallel zum ersten Thread laufen, mehr Glück? Sehen wir uns dazu an, welchen Teil des Textes die einzelnen Threads durchsuchen müssen:

**Thread 1: Ich bin**

**Thread 2: ein einf**

**Thread 3: acher Te**

**Thread 4: xt. Such**

**Thread 5: e bitte**

**Thread 6: in mir n**

**Thread 7: ach eine**

**Thread 7: m Wort.**

Thread 5 findet hier offensichtlich das vollständige Muster **p** in **T** und kann dies auch an das Hauptprogramm zurückmelden. Was ist aber, wenn zwei Threads zufällig jeweils einen Teil von **p** finden, weil **p** z. B. mehr als acht Zeichen besitzt oder **p** zwei Segmente überlagert? In diesem Fall wird in der Tat **p** nicht gefunden, obwohl es im Text vorhanden ist. Wir benötigen also eine zusätzliche Regel, die Folgendes besagt: Wenn ein Thread außerhalb seines Zuständigkeitsbereichs noch weitere Zeichen von **p** vermutet, wird die Suche erst abgebrochen, wenn eindeutig klar ist, dass **p** entweder vollständig gefunden wurde, oder aber nicht. Ein Thread kann also im Zweifelsfall seinen Zuständigkeitsbereich verlassen und es können durchaus auch zwei Threads zum gleichen Ergebnis kommen und **p** an einer bestimmten Position im Text finden.

Wie werden aber nun die notwendigen Threads erzeugt? Die Antwort ist, dass dies hier nicht wirklich durch ein allgemeines Verfahren dargestellt werden kann, weil das Verfahren zur Erzeugung von Threads vom Betriebssystem abhängt. Es gibt aber einen Standard, den ich hier auch benutze, nämlich die POSIX-Threads. Diesen Standard benutzen z. B. UNIX-Systeme wie Linux. Leider können Sie mittlerweile ganze Bücher nur über POSIX-Threads schreiben und darüber, wie diese miteinander kommunizieren können. Deswegen verwende ich in diesem Beispiel die Standardvariante, die Linux seit Kernel-Version 2.x anbietet und die auch jeder einigermaßen moderne C++-Compiler wie gcc unterstützt. Stellen Sie sich nun vor, dass Sie die naive Textsuche schon implementiert haben und dass die entsprechende Funktion einfach `Suche()` heißt. Dann müssen Sie mit den folgenden Code-Zeilen einen neuen Thread mit einem Zeiger auf die Startadresse dieser Funktion anlegen:

```
#include<pthread.h> // Linux-Lib für POSIX-Threads (ist immer bereits installiert)
returnval=pthread_create(pthread &thread,NULL,&Suche,&parameter);
```

Der erste Parameter, den Sie pthread_create() übergeben, ist ein Verweis (per Address-Of-Operator) auf eine Struktur vom Typ pthread_t, die den neuen Thread aufnimmt (dies sind z. B. Informationen über das aktuelle Codesegment, Ausführungspriorität etc.). Der zweite Parameter ist NULL, denn der zu erzeugende Thread hat keine Sicherheitsattribute oder Attribute, die über einen Standard-Thread hinausgehen. Der dritte Parameter ist eigentlich ein Zeiger vom Typ void*, der auf Ihre Funktion zeigt, die parallel zum Hauptprogramm ausgeführt werden soll. Der vierte Parameter ist ein Zeiger vom Typ void* auf die Adresse eines Parameterblocks, den Sie der Suchfunktion übergeben können. Wenn dieser Zeiger NULL ist, übergeben Sie der Funktion Suche() keine Parameter. Die Suchfunktion muss allerdings doch Parameter erhalten, nämlich die Information darüber, wie groß der Suchbereich ist. Die Funktion pthread_create() gibt stets einen Fehlerstatus zurück, der den Wert 0 hat, wenn der Thread fehlerfrei angelegt werden konnte.

Es reicht aber an dieser Stelle nicht aus, einfach acht Threads anzulegen und diesen den gültigen Suchbereich zur Not durch einen zusätzlichen Parameterblock mitzuteilen. Threadsearch muss zusätzlich die einzelnen Threads irgendwie synchronisieren, denn sonst merkt das Hauptprogramm nicht, wann die Suche abgeschlossen ist. Zu diesem Zweck wird erst einmal der folgende Statusblock definiert, der jedem Thread stets zur Verfügung steht:

```
struct SuchStatus_t
{
    char *T; // Text (identisch für alle Threads)
    char *p; // zu suchendes Muster (identisch für alle Threads)
    long int TPos; // aktuelle Startposition des aktuellen Threads
    long int TLen; // Länge des Textes
    long int PLen; // Länge des Musters
    long int SLen; // Länge des zu durchsuchenden Bereichs
};
```

SuchStatus_t ist ein strukturierter Datentyp, der jeweils einen Zeiger auf den Text **T** und das Suchmuster **p** enthält. Außerdem enthält SuchStatus_t verschiedene Positionszähler, die sowohl die aktuelle Startposition als auch die Länge des Textes und des Musters enthalten. Die Länge **SLen** des zu durchsuchenden Bereichs kann sich bei Bedarf auch vergrößern, wenn z. B. außerhalb des zu durchsuchenden Bereichs noch weitere Zeichen von **p** vermutet werden. Um die Threads mit dem Hauptprogramm zu synchronisieren, werden zusätzlich die folgenden Hilfsvariablen angelegt:

```
long int SIG_Callback;
long int SIG_Ready;
```

Das Präfix „SIG_" im Variablennamen bedeutet „Signal". Ein *Signal* signalisiert etwas, z. B. eine Rückmeldung eines Threads an das Hauptprogramm. Es gibt Signale, die der Benutzer selbst definiert, aber es gibt auch Signale, die das System erzeugt. Ein solches Signal wird z. B. von der Funktion pthread_join() abgefragt, die auf das Beenden eines bestimmten Threads wartet. Allerdings erhöhen auch die Threads selbst den

Zähler **SIG_Ready**, wenn sie sich beenden. Am Anfang hat **SIG_Callback** den Wert -1 und **SIG_Ready** den Wert 0. Wenn nun ein Thread das Muster **p** in **T** findet, dann verändert dieser den Wert der globalen Variable **SIG_Callback** so, dass dort die Position steht, an der **p** gefunden wurde. **SIG_Ready** wird dagegen nur dann um 1 erhöht, wenn ein Thread beendet wird. Wenn also `SIG_Ready==8` ist (wir haben acht Threads) und `SIG_Callback>=0` ist, dann wurde **p** in **T** gefunden. Wenn allerdings `pthread_join()` auf alle acht Threads gewartet hat und **SIG_Ready** ist nicht genau gleich 8, dann hat sich einer der Threads nicht ordnungsgemäß beendet und Sie haben etwas falsch gemacht. Sie können also mit **SIG_Ready** durchaus noch eine zusätzliche Fehlerprüfung hinzufügen, die Ihr Programm noch sicherer macht.

Nun müssen natürlich sämtliche Threads vorher initialisiert werden, bevor sie gleichzeitig starten können. Leider beginnt ein Thread sofort nach dem Aufruf von `pthread_create()` zu laufen, was dazu führt, dass Thread 1 schon beendet ist, noch bevor Thread 8 kreiert wurde. Es entsteht also eine Verzögerung bei der Erstellung eines Threads, weil das Betriebssystem im Hintergrund sehr viel Arbeit leisten muss. Damit sämtliche Threads auch zum Zug kommen, benötigen wir die zusätzliche Funktion `pthread_join()`. Diese Funktion wartet auf die Beendigung des Threads, der im ersten Funktionsparameter übergeben wurde (Typ `pthread_t`). Der zweite Parameter kann `NULL` sein, weil das Programm keine zusätzlichen Informationen benutzt, die über die Standard-Threads hinausgehen. Sehen wir uns nun das Listing **Threadsearch.cpp** an.

**Listing 6.7** Threadsearch.cpp

```
#include<stdio.h>
#include<string.h>
#include<pthread.h> // für POSIX-Threads

long int SIG_Callback; // Callback signal (>=0, wenn p gefunden wurde)
long int SIG_Ready; // Anzahl der beendeten Threads

struct SuchStatus_t
{
    char *T; // Text (identisch für alle Threads)
    char *p; // zu suchendes Muster (identisch für alle Threads)
    long int TPos; // aktuelle Textposition des aktuellen Threads
    long int TLen; // Länge des Textes
    long int PLen; // Länge des Musters
    long int SLen; // Länge des zu durchsuchenden Bereichs
};

static void *Suche(void *Param) // Thread-Funktion muss static sein!
{
    long int i,j,k;
    SuchStatus_t *Status=(SuchStatus_t*)(Param); // Parameter kopieren
    i=Status->TPos; j=Status->TPos+Status->SLen; // i=Suchbereich Start, j=Suchbereich Ende
    k=0; // k=Anzahl identische Zeichen in T und p
    while (i<j)
    {
        if (Status->T[i]==Status->p[k]) { k++; i++; } // Zeichen von T und p stimmen überein
```

```
            else { k=0; i++; } // Zeichen von T und p stimmen nicht mehr überein
            if ((k==Status->PLen)||(Status->T[i]==0)) { break; } // Schleife abbrechen, wenn Muster gefunden oder T zuende ist
             if (j>Status->SLen) { j++; } // Suchbereich vergrößern, wenn noch Zeichen von p in T vermutet werden
        }
        if (k==Status->PLen) // hier wurde ganz p in T gefunden
        {
            if (SIG_Callback==-1) // Noch kein Callback? Dann Position aktualisieren
            {
                 SIG_Callback=i-Status->PLen;
            }
            // SIG_Callback nur aktualisieren, wenn neue Position vor der alten Position in T liegt
            if ((SIG_Callback!=-1)&&(SIG_Callback>=i-Status->PLen))
            {
                SIG_Callback=i-Status->PLen;
            }
        }
        SIG_Ready++; // Thread fertig? Dann SIG_Ready erhöhen
        return NULL;
    }

    int main (void)
    {
       char T[100]="Ich bin ein einfacher Text. Suche bitte in mir nach einem Wort";
        char p[100];
        int i,rc;
        pthread_t th[8];
        SuchStatus_t Status[8];
        SIG_Callback=-1; SIG_Ready=0; // Am Anfang ist SEG_Run false
        printf("Text:%s\n",T);
        printf("Zu suchendes Wort:"); scanf("%s",&p);
        for (i=0; i<8; i++) // 8 Threads erzeugen
        {
            Status[i].TPos=8*i; Status[i].TLen=strlen(T);
            Status[i].PLen=strlen(p); Status[i].SLen=8;
            Status[i].T=T; Status[i].p=p;
            rc=pthread_create(&th[i],NULL,&Suche,&Status[i]);
            if(rc!=0)
            {
                printf("Thread Nr. %d konnte nicht erstellt werden.\n,i");
                return 0;
            }
        }
        for (i=0; i<8; i++) // Auf Ende aller 8 Threads warten
        {
            pthread_join(th[i],NULL); // pthread_join() wartet auf das Ende eines Threads
        }
        if (SIG_Callback!=-1) { printf("Das Wort '%s' wurde an Position %ld im Text gefunden\n",p,SIG_Callback); }
        else { printf("Das Wort '%s' wurde nicht gefunden\n",p); }
        return 0;
    }
```

In den Zeilen **01–03** muss neben **stdio.h** und **string.h** auch **pthread.h** eingebunden werden. Am besten lesen Sie sich auch einmal zusätzlich die Howtos zu den POSIX-Threads durch (aufrufbar mit `man pthread`). In den Zeilen **06–14** wird der strukturierte Datentyp `SuchStatus_t` definiert, den die einzelnen Threads zur Verwaltung Ihrer Textsuche benötigen. Kommen wir nun zur Funktion `Suche()` (die Zeilen **15–42**), die die eigentliche Arbeit leistet. Der Funktion `Suche()` wird nur ein einziger Parameter übergeben, nämlich **Param** vom Typ `void*`. Um den der Funktion `Suche()` übergebenen Parameterblock auszulesen, müssen Sie diesen in Zeile **18** in den Zeiger **Status** vom Typ `SuchStatus_t*` kopieren. Weil **Param** vom Typ `void*` ist, benötigen Sie an dieser Stelle ein explizites Typecasting.

Bevor die eigentliche Suche startet, benötigen Sie jedoch noch einige Variablen, die Positionszähler enthalten. Hierbei ist **i** der linke Rand des zu durchsuchenden Bereichs und **j** der rechte Rand des zu durchsuchenden Bereichs in **T**. Der Zähler **k** zählt die Anzahl der bereits gefundenen Zeichen von **p**. Nach der Initialisierung der Zähler wird die naive Textsuche (die Zeilen **21–27**) gestartet. Die Suchschleife läuft so lange, wie `i<j` ist (der linke Positionszähler hat also am Ende die Position des rechten Positionszähler erreicht) oder bis bestimmte Abbruchbedingungen auftreten. Bevor diese erfüllt sind, muss in Zeile **23** erst einmal überprüft werden, ob das aktuelle Zeichen in `T[i]` mit dem Zeichen in `p[k]` übereinstimmt. Wenn dies der Fall ist, dann wird nicht nur der Positionszähler **i**, sondern auch der Positionszähler **k** erhöht, sodass dieser auf das nächste Zeichen in **p** zeigt. Wenn jedoch `T[i]` und `p[k]` nicht übereinstimmen, dann wird in Zeile **24** der Zähler **k** zurückgesetzt und nur **i** um 1 erhöht. Die Suche wird beendet, wenn entweder der Zähler **k** am Ende von **p** angekommen ist (in diesem Fall wurde **p** gefunden) oder `T[i]` 0 ist, was bedeutet, dass das Ende von **T** erreicht wurde. Da die Funktion `Suche()` als Thread läuft, werden die Variablen `T[i]` und `p[k]` natürlich in den Datentyp `SuchStatus_t` eingebettet, was Sie bei dem Zugriff auf **p** und **T** dann auch beachten müssen.

Nach Abbruch der Suchschleife in Zeile **28** ist entweder `k==Status->PLen` (das Suchmuster **p** wurde gefunden) oder aber der Thread wird in Zeile **41** beendet, ohne dass **p** gefunden wurde. Wenn **p** gefunden wurde, gibt es zwei Möglichkeiten. Die erste Möglichkeit ist, dass **SIG_Callback** noch -1 ist. In diesem Fall wird **SIG_Callback** in Zeile **37** einfach auf `i-Status->PLen` gesetzt, was bedeutet, dass **SIG_Callback** anschließend die Position enthält, ab der **p** in **T** auftritt (Position 0 ist hier das erste Zeichen in **T**). Die zweite Möglichkeit ist, dass **SIG_Callback** schon einen Wert enthält und ein anderer Thread schon **p** in **T** gefunden hat. In diesem Fall wird **SIG_Callback** nur dann aktualisiert, wenn die Position von **p** vor der Position liegt, die der vorige Thread dort abgelegt hat. Threadsearch sucht also stets nach dem ersten Auftreten von **p** in **T**.

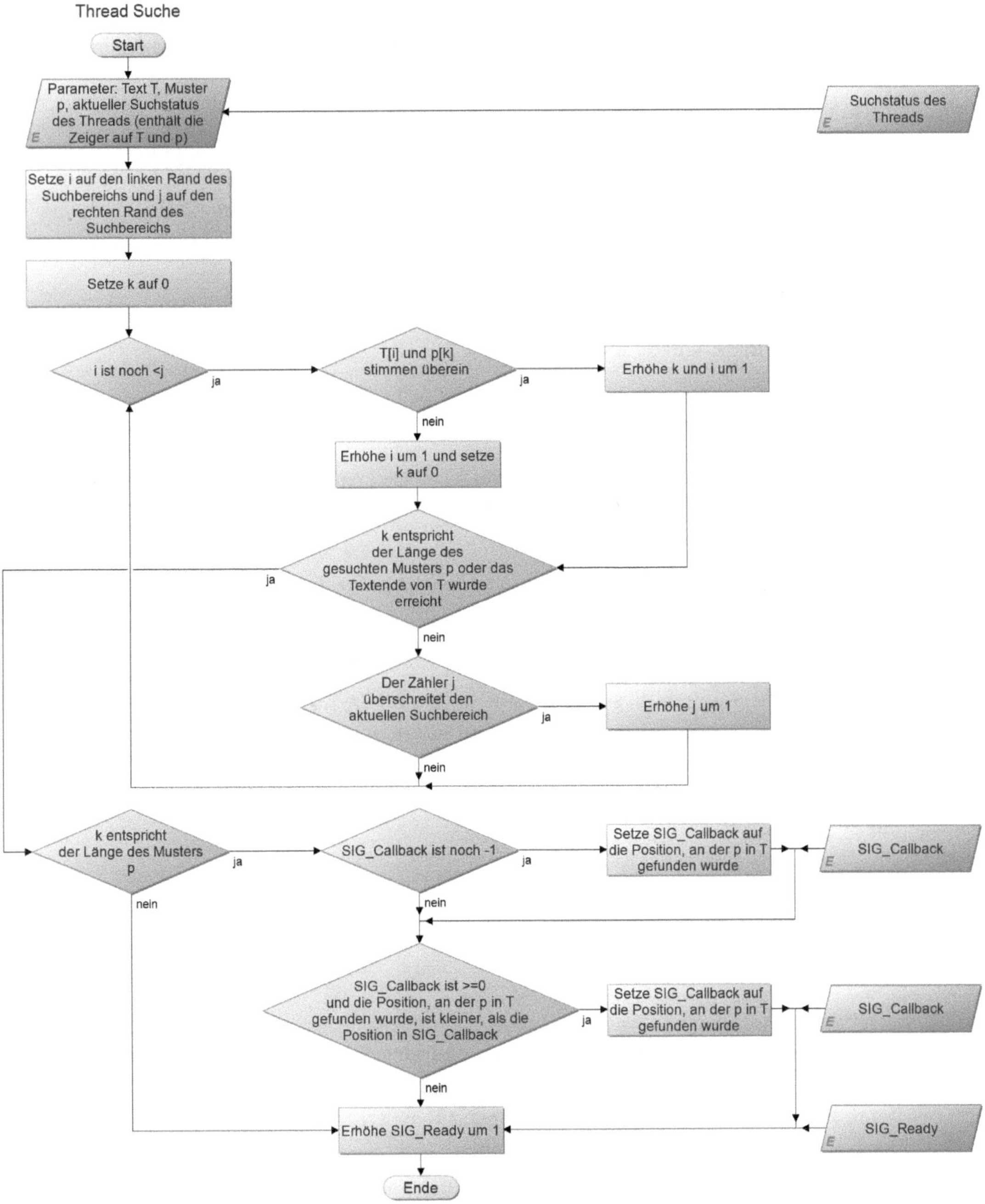


**Bild 6.9** Programmablaufplan der Thread-Suche

Das Hauptprogramm liest nun mittels `scanf()` von der Tastatur ein zu suchendes Wort ein und erstellt anschließend in den Zeilen **65–68** acht Threads, die den Text **T** parallel nach dem Muster **p** durchsuchen. Hierbei tut das Hauptprogramm eigentlich nicht viel: Nachdem die Threads angelegt wurden und jeder Thread ein Achtel des Textes zum Durchsuchen übergeben bekommen hat, wird anschließend mit `pthread_join()` auf die Beendigung aller Threads gewartet. In den Zeilen **69** und **70** wird geprüft, ob **p** in **T** enthalten ist, und eine entsprechende Meldung ausgegeben. Das Suchmuster **p** ist nur dann in **T** enthalten, wenn `SIG_Callback>=0` ist. Das Programm gibt z. B. Folgendes in der Konsole aus:

**Wort:Bitte**

**Das Wort 'Bitte' wurde nicht gefunden**

**Wort:Suche**

**Das Wort 'Suche' wurde an Position 28 im Text gefunden**

**Wort:suche**

**Das Wort 'suche' wurde nicht gefunden**

**Wort:bitte**

**Das Wort 'bitte' wurde an Position 34 im Text gefunden**

**Wort:Wort**

**Das Wort 'Wort' wurde an Position 58 im Text gefunden**

In den letzten Kapiteln dieses Buches (also Kapitel 7–11) geht es nun um spezielle Themen, die nur manchmal im Studium vorkommen und die Sie nicht unbedingt benötigen, wenn Sie die Prüfungen bestehen wollen. Trotzdem können sie für Wahlpflichtfächer interessant sein. Am besten lesen Sie diese Kapitel genau dann, wenn Sie sie benötigen.

## 6.3 Übungen

**Übung 1**

Sowohl Mergesort als auch Quicksort sind rekursive Algorithmen, die nach dem Teile-und-herrsche-Prinzip funktionieren und Ihr Sortierproblem in mehrere Teilprobleme aufteilen. Warum ist Quicksort jedoch so viel schneller als Mergesort? Erklären Sie diesen Sachverhalt mit etwa 500 Worten.

**Übung 2**

Worin liegt der Unterschied zwischen einer rein naiven Textsuche und dem KMP-Algorithmus und welches Vorgehen macht diesen schneller als die rein naive Textsuche? Skizzieren Sie auch, welchen Grenzen der KMP-Algorithmus unterliegt.

**Übung 3**

Es wird manchmal gesagt, dass die Suche eines Musters **p** in einem Text **T** nicht wirklich beschleunigt werden kann. Erklären Sie mit 500 Worten, was diese Aussage genau bedeutet. Erläutern Sie auch, inwieweit die Textsuche durch mehrere Threads beschleunigt werden kann.

# Teil III: Weiterführende Themen

# 7 Signalverarbeitung

Dieses Kapitel ist für das Informatikstudium nicht unbedingt notwendig, z. B. wenn Sie nur einen Bachelor-Abschluss anstreben. Wenn Sie jedoch Ihren Master machen wollen, dann kommen Sie nicht an der Belegung von Wahlpflichtfächern vorbei. Es gibt zahlreiche Wahlpflichtfächer und welche das sind, hängt zu einem großen Teil von Ihrer Uni oder Fachhochschule ab. Ich kann also bei Weitem nicht alle Wahlpflichtfächer behandeln, davon gibt es schlicht zu viele. Ich habe mich deshalb entschieden, zwei Wahlpflichtfächer aus meinem eigenen Studium herauszunehmen, von denen ich selbst denke, dass diese zahlreiche wichtige Programmiermethoden und Denkansätze abdecken. Ich werde im weiteren Verlauf einige Algorithmen vorstellen, die in der Signalverarbeitung wichtig sind. Hierbei gibt es zwei wichtige Hauptbereiche: die Generierung von Signalen (Teil 1 dieses Kapitels) und die Filterung von Signalen (Teil 2 dieses Kapitels). Signalverarbeitung wird meiner Meinung nach immer wichtiger. Was wäre das Internet ohne die Möglichkeit, Signale schnell und sicher zu übertragen? Was wäre YouTube ohne die digitale Bild- und Videobearbeitung, ohne Programme wie Magix Video Deluxe, Adobe Premiere und Co? Ich habe mir an dieser Stelle allerdings alles gespart, was mit Netzwerkprogrammierung zu tun hat. Ebenfalls gespart habe ich mir alles, was mit 3D-Rendering und Videobearbeitung zu tun hat. Dies hat den einfachen Grund, dass es zu diesem Thema bereits sehr viel gute Literatur gibt und das Angebot in diesem Bereich wächst stetig.

## 7.1 Was ist ein Signal?

Bevor wir uns der Signalverarbeitung widmen, muss erst einmal geklärt werden, was ein Signal eigentlich ist. Dies ist deshalb notwendig, weil es hierfür eine exakte mathematisch-physikalische Definition gibt, die auch in fast jeder Prüfung abgefragt wird: Ein *Signal* ist die Änderung einer bestimmten physikalischen Größe über die Zeit. Die Art dieser physikalischen Größe ist zunächst unbestimmt und im Endeffekt ist erst einmal alles ein Signal, was sich messen lässt. Die Temperaturänderungen während des Februars sind also ebenso ein Signal wie die Corona-Fallzahlen während einer Woche, die eine Änderung der Anzahl der neu infizierten Menschen über die Zeit darstellen. An dieser Stelle können Sie bereits erkennen, dass die relativ allgemeine Definition, die leider in vielen Physik-Büchern steht, nicht sehr zielführend ist, denn ein Signal erwarten Sie bestimmt als etwas, das sich auch von einem Sender an einen Empfänger übertragen oder zumindest mit einem Spannungsmessgerät messen lässt.

Genau deshalb wandle ich den allgemeinen Begriff nun so ab, dass er auch zu dem passt, was hier später behandelt werden soll. In den folgenden Beispielen will ich Signale rein technischer Natur betrachten, nämlich die Änderung einer Spannung über die Zeit. Diese Spannung kann dann gemessen werden. Man sagt auch, die Spannung wird irgendwo abgegriffen – das heißt, dass sich an der entsprechenden Stelle ein Messgerät befindet. Der Änderung der Spannung über die Zeit kann man dann eine entsprechende Funktion f(t) zuordnen, die in der folgenden Weise ausgedrückt wird:

$$f(t) = \frac{dU}{dt}$$

Das d in der oberen Funktion steht für die Ableitung, in diesem Fall der Ableitung der Spannung gegen die Zeit. Genau diese Ableitung der Spannung gegen die Zeit entspricht der Änderung der Spannung gegenüber einem früheren Zeitpunkt. Vielleicht erinnern Sie sich noch an Ihre Schulzeit, als in der elften Klasse die Ableitungen eingeführt wurden. Bevor Sie die allgemeinen Ableitungsregeln kannten, mussten Sie den Differenzenquotienten per Hand berechnen. Dies taten Sie, indem Sie an eine bestimmte Stelle der Kurve eine Tangente anlegten und von dieser Tangente die Steigung berechneten. Genau dieser Differenzenquotient, also die Ableitung, ist die Änderung eines Funktionswerts gegenüber einem früheren Punkt auf der x-Achse. Wenn Sie nun die x-Achse durch die Zeitachse t ersetzen und die y-Achse U (Spannungsachse) nennen, verwandeln sich die Funktionen, die Sie noch aus Ihrer Schulzeit als f(x) kennen, in Signale. Diese heißen nun f(t) statt f(x). Aus der rein mathematischen Definition von Signalen ergibt sich leider das Problem, dass Funktionen unendlich viele Werte enthalten. Digitalisierte Signale sind aber *diskret*, das heißt, dass sie nur aus endlich vielen, konkreten Werten bestehen. Dies liegt einfach daran, dass ein Messgerät nur endlich oft messen kann, selbst, wenn in einer Sekunde Millionen Messungen durchgeführt werden können. Jede Messung ist also nur eine Annäherung an die wahren Verhältnisse und Sie können eigentlich die Originalfunktion f(t), die die Natur uns liefert, niemals wirklich kennen. Ferner verändert jede Messung direkt das System, das Sie messen, deshalb gibt es immer eine Genauigkeitsgrenze, unterhalb der Sie nur noch Rauschen wahrnehmen. Bevor Sie also ein Signal erfassen, müssen Sie die folgenden grundlegenden Überlegungen durchführen:

- Von welcher Art ist das zu messende Signal? Ist es analog (kontinuierlich) oder digital (diskret)?
- Was ist die Art des verwendeten Messgeräts?
- Wo wird das Signal abgegriffen?
- Wie hoch ist der Verstärkungsfaktor des Signals?
- Wie hoch ist die Abtastrate?
- Wo liegt die Genauigkeitsgrenze?

## 7.1.1 Korrektes Messen von Signalen

Kommen wir nun zur Erklärung der oberen sechs Begriffe, die Sie stets bedenken müssen, bevor Sie ein Signal (in welcher Form auch immer) aufnehmen wollen. Der erste Punkt ist die Unterscheidung zwischen kontinuierlichen Signalen und diskreten Signalen. Eine Spannung ist im Endeffekt erst einmal kontinuierlich und nicht in einzelne Schritte „gequantelt". Sie können also eine konstante Spannung von 1V in einem Abstand von 2 Sekunden oder in einem Abstand von 2 Millisekunden messen und Sie bekommen stets Messwerte von 1V heraus. Ein *kontinuierliches* Signal lässt sich also nicht in kleinste Zeiteinheiten unterteilen. Bei einem diskreten Signal verhält sich die Sache anders. Ein *diskretes* Signal lässt sich stets in kleinste Zeitabschnitte unterteilen. Diskrete Signale werden meist von Computern erzeugt oder digital gemessen und besitzen auch meistens eine mehr oder weniger konstante Abtastrate. Der Begriff Abtastrate wird in den nächsten Unterpunkten separat beschrieben.

### Verschiedene Arten von Messgeräten

Bevor Sie sich mit Signalen beschäftigen, müssen Sie sich zumindest grundlegend mit den verschiedenen Messgeräten auskennen, die es gibt. Manchmal werden diese auch im Praktikum besprochen und in der entsprechenden Klausur behandelt (falls es für das Wahlpflichtfach eine solche gibt). Dies gilt sowohl für den Fall, dass Sie Signale filtern wollen, als auch für den Fall, dass Sie Signale generieren wollen. Fast immer müssen Sie diese irgendwann einmal überprüfen. Die einfachste Art Messgerät ist sicherlich von analoger Form. Meistens lesen Sie hier z. B. eine Spannung direkt von einer Skala ab, die Sie dann per Hand in eine Tabelle übertragen müssen. Wenn Sie sich entscheiden, Messungen auf diese Art durchzuführen, hat dies den Vorteil, dass die Messung selbst nicht viel Aufwand erfordert und auch nicht viel Zeit in Anspruch nimmt. Sie sollten solche einfachen Messungen immer in Erwägung ziehen, wenn z. B. der Versuchsaufbau in einem Praktikum relativ überschaubar ist und Sie nicht viele Messwerte benötigen.

Digitale Messgeräte bieten meist schon mehr Komfort an. Sie können beispielsweise mit digitalen Multimetern inzwischen Messwerte auf eine SD-Karte übertragen. Der Anwendungsbereich gleicht aber noch sehr oft den analogen Geräten und die eigentliche Aufnahme der Messwerte muss per Hand ausgelöst werden. Wenn Sie sich entscheiden, Messungen auf diese einfachere Art durchzuführen, hat dies den Vorteil, dass die Messung selbst nicht viel Aufwand erfordert, wenn Sie sich gut mit dem entsprechenden Gerät auskennen. Sie sollten solche digitalen Multimeter immer in Erwägung ziehen, wenn z. B. der Versuchsaufbau in einem Praktikum relativ überschaubar ist und Sie sich mit den entsprechenden Geräten gut auskennen.

Gewissermaßen die Königsklasse unter den modernen Messgeräten sind die digitalen Oszilloskope. Mit diesen Geräten können Sie nicht nur mit verschiedenen Messköpfen verschiedene Signaltypen aufnehmen (z. B. Spannung, Stromstärke, Widerstand etc.), sondern Sie können diese Signale zusätzlich noch filtern, bearbeiten und mathematisch analysieren lassen. Modernen Oszilloskopen sind kaum Grenzen gesetzt, deshalb verwende ich in den Beispielen für verschiedene Digitaltypen ein solches Gerät. Der große Nachteil von relativ guten Oszilloskopen ist jedoch die lange Einarbeitungszeit in die Bedienung und der hohe Preis von tausend Euro aufwärts. Wenn Sie sich entscheiden, Messungen mit einem Oszilloskop durchzuführen, sollten Sie oder Ihre Hochschule bereits ein solches besitzen und Sie sollten sich gut mit dem entsprechenden Gerät auskennen. Sie können ein Oszilloskop immer in Erwägung ziehen, wenn Sie sehr viele Messwerte in einer kurzen Zeit oder sehr genaue Messwerte benötigen.

### Korrektes Abgreifen von Signalen

Signale haben eine Quelle (engl. source) und eine Senke (engl. drain bzw. destination). Die *Quelle* ist der Ort, an dem das Signal direkt entsteht. Die *Senke* ist der Ort, an den das Signal am Ende geführt wird, also gewissermaßen der Bestimmungsort für ein Signal. Sie können ein Signal an der Quelle, an der Senke oder irgendwo dazwischen abgreifen. Am besten ist es, wenn Sie ein Signal direkt an der Quelle abgreifen, denn dort ist es am wenigsten mit Einstreuungen belastet. Als *Einstreuung* in ein Signal wird jeder unerwünschte Einfluss von außen betrachtet, sei es durch ein unisoliertes Kabel oder durch das neben dem Messgerät liegende Handy. Manchmal ist es auch wünschenswert, ein Signal zusätzlich noch an der Senke abzugreifen. Auf diese Weise lässt sich ermitteln, in welcher Weise sich die Qualität des ausgesendeten Signals durch den Messaufbau oder bestimmte Geräte verschlechtert und um wie viel Prozent z. B. der Pegel des Ausgangssignals abnimmt. Ein wichtiges Maß hierfür ist der in dB (Dezibel) angegebene Dämpfungsfaktor oder der in Prozent angegebene Rauschanteil. Meistens können Sie jedoch ein Signal nicht direkt an der Quelle oder der Senke abgreifen und müssen Ihr Messgerät zwischen Quelle und Senke platzieren. Fast immer müssen Sie hierbei Kompromisse eingehen, Sie können aber trotzdem relativ gute Ergebnisse erzielen, wenn Sie folgende Punkte beachten:

- Platzieren Sie Ihr Messgerät nicht direkt hinter einem Verstärkerbaustein.
- Platzieren Sie Ihr Messgerät nicht direkt hinter der Spannungsquelle, es sei denn, Sie wollen genau diese analysieren.
- Isolieren Sie Kabel (wenn Sie dies tun müssen) immer nur so weit ab, wie dies nötig ist.
- Legen Sie keine Massekabel frei, wenn dies nicht nötig ist.
- Schalten Sie während der Messungen Ihr Handy und wenn möglich WLAN oder Bluetooth aus

### Der Verstärkungsfaktor

Manche Signale müssen verstärkt werden, bevor sie die Senke erreichen. Hierfür gibt es verschiedene Lösungen, wie z. B. Operationsverstärker oder andere elektronische Bauteile. Der *Verstärkungsfaktor* wird in dB (Dezibel) angegeben und drückt aus, um welchen Faktor ein Signalpegel angehoben wird. Ursprünglich wurde die Maßeinheit dB für den Schall konzipiert. Da das menschliche Ohr nicht linear hört, ist die dB-Skala entsprechend logarithmisch. Die untere Hörschwelle erhält hierbei einen Wert von 0,1 dB (=1 Bel, ein Dezibel sind also 10 Bel) und entspricht in etwa einem leisen Flüstern. 1dB entspricht nun einer Verstärkung um den Faktor 10, was etwa einem leisen Sprecher entspricht. Ein lautes Streitgespräch, z. B. in einer Talkshow, entspricht in etwa 20 dB, ein lautes Konzert in etwa 100 dB. Die menschliche Schmerzgrenze liegt etwa bei 130 dB. Da sich die Maßeinheit dB inzwischen eingebürgert hat, wird auch der Verstärkungsgrad von Signalen in dB angegeben. Hier entspricht 1dB keiner Verstärkung und einer 1:1-Übertragung des Signals. 0,1 dB entspricht einer Abschwächung um den Faktor 10, es kommt also bei 0,1 dB nur noch 10 % des Signalpegels beim Empfänger an. Die dB-Skala ist auch bei Signalen logarithmisch und 20 dB entspricht schon einem Verstärkungsfaktor von 100 und 30 dB einem Verstärkungsfaktor von 1000. Dies bedeutet: Wenn Sie einen Signalpegel von 1 mV in einen Operationsverstärker mit einem Verstärkungsfaktor von 30 dB hineingeben, erhalten Sie am Ende einen Signalpegel von 1V. Am besten merken Sie sich hierzu folgende Tabelle:

Tabelle 7.1 dB-Skala für den Verstärkungsfaktor von Signalen

| dB-Wert | Verstärkungs-/Dämpfungsgrad |
|---|---|
| 0,1 | Dämpfung 1:10 (10 mV wird zu 1 mV) |
| 1 | Keine Verstärkung, keine Dämpfung |
| 10 | Verstärkung 1:10 (1 mV wird zu 10 mV) |
| 20 | Verstärkung 1:100 (1 mV wird zu 100 mV) |
| 30 | Verstärkung 1:1000 (1 mV wird zu 1V) |

### Die Abtastrate (sample rate)

Spannungen sind normalerweise kontinuierliche Signale und besitzen zu jedem denkbaren Zeitpunkt einen eindeutigen Wert. Es gibt also bei Spannungen keine Lücken, in denen einfach kein Wert existiert. Manchmal müssen Sie eine Kurve mit dem Verlauf einer Spannung aufnehmen und Sie benötigen so bestimmte Messwerte zu bestimmten Zeitpunkten, am besten immer mit demselben zeitlichen Abstand. Auf diese Weise erzeugen Sie ein diskretes Signal, das sich mehr oder weniger dem Originalsachverhalt annähert. Natürlich ist diese Annäherung umso genauer, je mehr Messwerte Sie in einer gewissen Zeit aufnehmen. Die *Abtastrate* (engl. sample rate), die in Abtastungen pro Sekunde (samples per second, kurz SPS) angegeben wird, ist das Standardmaß für die Geschwindigkeit der einzelnen Messungen. Bei einzelnen Übertragungspaketen, wie z. B. Videobildern, wird diese Rate in Paketen pro Sekunde (packets oder frames per second, kurz FPS) angegeben. Die Abtastrate sollte möglichst so gewählt werden, dass sie mindestens dem Doppelten der maximalen Schwingungsfrequenz des Ausgangssignals entspricht. Wenn Sie z. B. ein Audiosignal mit 11025 Hz abtasten, können Sie Frequenzen bis etwa 5 kHz problemlos verarbeiten. Dies hört sich bei der anschließenden Wiedergabe noch relativ brauchbar an. Wenn Sie das Signal jedoch nur mit 5500 Hz abtasten, dann verschwinden alle Frequenzen über 2 kHz und die Wiedergabe hört sich dumpf an.

### Die Genauigkeitsgrenze bei Messungen

Jede Messung beeinflusst durch die Messung selbst das Messergebnis. Dies ist ein physikalisches Gesetz, das nicht umgangen werden kann. Angenommen, Sie messen eine konstante Spannung von 0V. Wenn Sie nun diese Null-Linie (engl. zeroline oder flatline) immer weiter verstärken, werden Sie auf dem entsprechenden Kanal irgendwann Rauschen feststellen, obwohl sich die Spannung nicht verändert. Der Zeitpunkt, an dem ein Rauschen der 0V-Linie oder einzelne starke Sprünge (engl. peaks) zum ersten Mal auftreten, wird als *Rauschgrenze* (engl. hiss threshold) bezeichnet. Die Genauigkeitsgrenze Ihrer Messungen liegt etwa bei dem Punkt, an dem das Rauschen mehr als 10 % des Signalanteils einnimmt. In diesem Fall kann kein Filter mehr das Originalsignal wiederherstellen. Ebenso werden Sie ungenaue Messergebnisse ohne viel Aussagekraft erhalten, wenn der relative Signalanteil zu klein ist. Den *relativen Signalanteil* erhalten Sie, wenn Sie den eigentlichen Messwert durch den maximalen Messwert dividieren, den Sie in Ihrem Messbereich erhalten können. Wenn Sie z. B. Spannungen im Millivolt-Bereich messen, aber auf Ihrem Oszilloskop einen Messbereich zwischen -10 und 10V eingestellt haben, werden Sie am Ende der Messung (falls Sie die Möglichkeit haben, die Messkurve nachträglich zu skalieren) Rauschen oder zufällig verteilte Peaks sehen, die nichts mit dem Originalsignal zu tun haben. Dies liegt hier einfach daran, dass der relative Signalanteil nur etwa 0,1 % beträgt.

## 7.2 Generierung digitaler Signale

Ich werde nun einige Beispiele für einfache Signale anführen sowie Algorithmen für deren Erstellung. Für die entsprechenden Programme, die diese Algorithmen realisieren, verwende ich C zusammen mit der Arduino-IDE. Der Grund hierfür ist, dass ich für die folgenden Beispiele einen ESP32-Mikrocontroller verwende, der inzwischen zum Standardgerät für das Generieren von Signalen geworden ist. Vorher muss ich jedoch noch einige Worte darüber verlieren, auf welche Weise Sie mit elektronischen Bauteilen Signale generieren können. Die Grundlage für das Generieren von Signalen mit elektronischen Bauteilen ist der Digital/Analog-Wandler. Meistens wird der Begriff „Digital/Analog-Wandler" mit DAC (digital analog converter) abgekürzt, deshalb will ich dies hier auch tun. Ein *DAC* wandelt einen digitalen Eingang (also einzelne Bits) in eine Spannung um. Der digitale Eingang kann seriell sein (die einzelnen Bits werden hier nacheinander über einen einzigen Pin übertragen) oder parallel (für jedes Bit wird jeweils ein separater Pin benutzt). Ein *Pin* ist ein elektrischer Anschluss, den Mikrocontroller dazu verwenden, mit der Außenwelt in Kontakt zu treten. Ein *Mikrocontroller* ist ein kleines, vollständiges Computersystem, bei dem Speicher, Prozessor und Kommunikationsmechanismen (z. B. über Ein-/Ausgabe-Pins) auf einem einzigen Chip integriert sind. Analoge Signale können also dadurch generiert werden, dass ein Mikrocontroller einen DAC-Baustein ansteuert und dieser dann die entsprechenden Spannungen ausgibt. In manchen Mikrocontrollern, wie z. B. dem ESP32, ist ein DAC bereits integriert. Ich verwende in diesem Kapitel ebenfalls den ESP32, weil er mittlerweile in vielen Studiengängen verwendet wird. Dies verdankt er vor allem seinem günstigen Preis von 10 Euro. Trotzdem können sich die technischen Daten sehen lassen: Der ESP32 besitzt einen Prozessor mit zwei Kernen und 166 MHz und sogar DAC-Ausgänge. Außerdem lässt sich der ESP32 in einfacher Weise in die inzwischen sehr beliebte Arduino-IDE integrieren – die alten Arduinos können also in diesem Fall noch zusätzlich verwendet werden.

In den folgenden Beispielen verwende ich den DAC des ESP32, der 8-Bit-Werte in eine Spannung zwischen 0 und 3,3V umwandelt. Dies können Sie mit der Funktion `dacWrite()` erreichen, die einen Wert im Bereich zwischen 0 und 255 entgegennimmt und diesen an einen der zwei DACs weiterreicht. Um Signale so zu generieren, dass diese bestimmte Zeitvorgaben einhalten, verwende ich ferner die Funktion `micros()`, die es sowohl für den Arduino als auch für den ESP32 gibt. Die Funktion `micros()` liefert die die Anzahl Mikrosekunden zurück, die Ihr Programm bereits läuft. Entsprechend gibt es auch eine Funktion `millis()`, die die Anzahl an Millisekunden liefert, die Ihr Programm bereits läuft. Wenn Sie bereits einen Mikrocontroller wie z. B. den Arduino Due besitzen, dann wird Ihr DAC etwas anders angesprochen als beim ESP32, nämlich mit der Funktion `analogWrite(DAC0/DAC1,Wert)`. Beim ESP32 ist es dagegen die Funktion `dacWrite(25/26,Wert)`, wobei der Wert 25 den ersten und der Wert 26 den zweiten DAC anspricht. In den nächsten Beispielen möchte ich es Ihnen so einfach machen wie möglich und deshalb auch den Arduino Due unterstützen. Deshalb stelle ich dem ESP32 folgende zusätzliche Funktion zur Verfügung:

```
#define DAC0 0
#define DAC1 1
void analogWrite(int DAC, int Wert)
{
    switch (DAC)
    {
        case 0: dacWrite(25,Wert); break;
        case 1: dacWrite(26,Wert); break;
        default; break;
    }
}
```

Nun funktioniert der ESP32 genau wie der Arduino Due und Sie können sogar Programme, die den DAC des Arduino Due benutzen, auf den ESP32 übertragen. Eine Einschränkung gibt es jedoch, nämlich die Auflösung der DAC, die auf dem ESP32 nur 8 Bits beträgt. Deshalb müssen Sie beim Arduino Due in den nächsten Beispielen die Auflösung des Wandlers mit `analogWriteResolution(8)` auf 8 Bit festlegen. Die Ausgabepins des DAC sind beim Arduino Due direkt mit DAC0 oder DAC1 beschriftet, beim ESP32 ist der Ausgabe-Pin von DAC0 Pin 25, von DAC1 Pin 26. In den nächsten Beispielen werden Wellenformen generiert, die Audiosignale enthalten. Wenn Sie die Ausgabe der Wellenformen hören möchten (was zu empfehlen ist), dann müssen Sie eine entsprechende Mono-Klinke oder ein Cinch-Kabel an die entsprechenden Pins anschließen. Das Massekabel schließen Sie in diesem Fall an GND an und das Signalkabel (rot oder weiß) an den entsprechenden Pin am Mikrocontroller. Die maximale Ausgabespannung von 3,3V ist vollständig kompatibel mit dem Audio-Line-Pegel, die Null-Linie liegt hier bei 1,65V. Obwohl – besonders beim Arduino – ein Offset von 0,5V nach oben besteht und die Auflösung in den folgenden Beispielen nur 8 Bit beträgt, ist die Audioausgabe relativ brauchbar. Ich werde Ihnen einige grundlegende Signaltypen vorstellen, zusammen mit Programmen, die diese Signaltypen generieren.

### 7.2.1 Das Rechtecksignal

Die einfachste Art Signal ist die Rechteckwelle. Diese wird durch folgenden Algorithmus erzeugt:

Sei $U_{min}$ die minimale Spannung und $U_{max}$ die maximale Spannung. Sei t das Zeitintervall $[t_0,t_2]$ und $t_1$ ein beliebiger Punkt innerhalb des Intervalls t. Dann gilt:

Für $t<=t_1$ ist die Ausgabespannung $U_{max}$

Für $t>t_1<=t_2$ ist die Ausgabespannung $U_{min}$

Das Zeitintervall $[t_0,t_2]$ wird nun beliebig oft wiederholt, also quasi hintereinandergeschaltet. Das Rechtecksignal springt so ständig zwischen $U_{max}$ und $U_{min}$ hin und her, Werte, die zwischen $U_{min}$ und $U_{max}$ liegen, sind nicht möglich. Durch Änderungen der Intervalllänge kann die Ausgabefrequenz der Wellenform geändert werden, eine Änderung des Zeitpunkts $t_1$ ändert die Breite des Signals. Eine *Wellenform* nennt man den Bereich, der innerhalb des sich ständig wiederholenden Intervalls $[t_0,t_2]$ liegt. Die Rate der Wiederholungen bezeichnet man als die Frequenz der Wellenform. Die *Frequenz* einer Wellenform ist also die Wiederholungsrate der Zyklen einer Wellenform und wird in Hertz (Hz) gemessen, also der Anzahl der Wiederholungen pro Sekunde. Beim Rechtecksignal wird zusätzlich zu der Frequenz noch die *Signalbreite* angegeben. Dies ist bei Rechteckwellen der Bereich zwischen $t_0$ und $t_1$, in dem die Spannung den maximalen Wert hat. Oft wird die Signalbreite bei Rechteckwellen auch in Prozent angegeben.

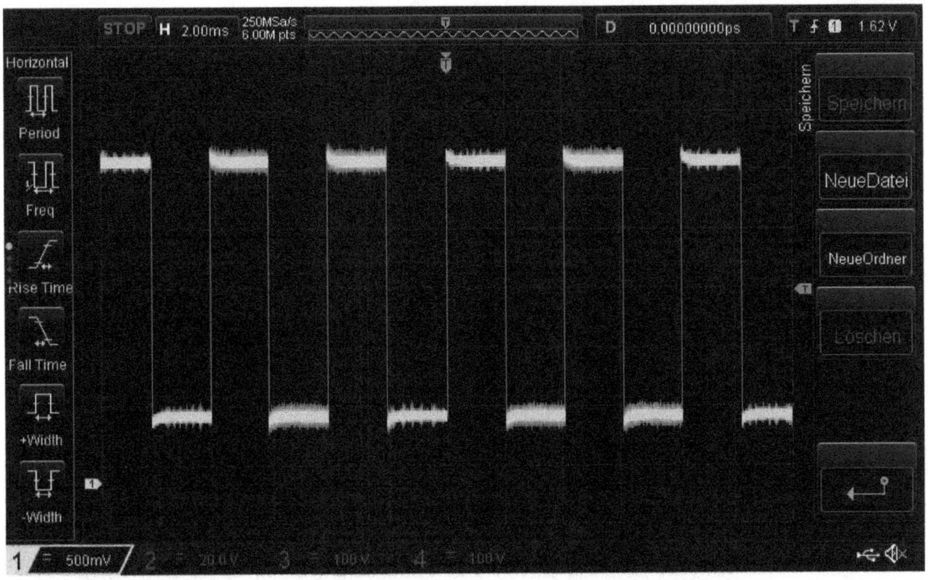


**Bild 7.1** Oszillogramm eines Rechtecksignals mit 50 % Signalbreite

Sehen Sie sich nun das nächste Beispiel an. Listing 7.1 gibt ein Rechtecksignal mit $U_0$=0V, $U_1$=3,3V, einer Frequenz von 110 Hz und einer Signalbreite von 50 % aus. Die Signalbreite wird in der Variablen **SignalBreite** abgelegt. Ich habe übrigens die Funktion `analogWriteResolution()` für den Arduino Due nicht jedes Mal erneut aufgelistet, wenn Sie also einen Arduino Due statt eines ESP32 verwenden, dann müssen Sie die entsprechenden Codezeilen an den Anfang Ihres Sketches kopieren. Wenn Sie sich dafür entscheiden, die Rechteckwelle als Audiosignal auszugeben, können Sie mit verschiedenen Frequenzen und Signalbreiten experimentieren. Hören Sie sich den Ton an und achten Sie darauf, was geschieht. Ich werde Ihnen nun Listing 7.1 beschreiben und anschließend einige Bemerkungen zu den Parametern **Frequenz** und **SignalBreite** hinzufügen.

**Listing 7.1** Rechteck.ino

```
01 int Out; // DAC-Output ist vom Typ int
02 double T; // Uhr vom Typ double
03 unsigned long int n; // Skalierte Uhr
04 double F; // Frequenz
05 int SignalBreite;

06 void setup()
07 {
08     double F=110.0; // Frequenz=110 Hz
09     SignalBreite=2048; // Signalbreite 50%
10 }

11 void loop()
12 {
13     T=(double)(micros()); // Typ double
14     T*=F/244.140625; // 1.000.000/4096=244,140625 Hz
15     n=(unsigned long int)(T); n%=4096; // Zähler erzeugen
16     if (n<SignalBreite) { Out=255; } // Umax=255=3,3V
17     else { Out=0; } // Umin=0=0V
18     analogWrite(DAC0,Out); // Rechteck-Welle auf DAC0 ausgeben
19 }
```

Am Anfang werden einige globale Variablen deklariert, die für die Erzeugung der Rechteckwelle nötig sind. Die Funktion `setup()` (die Zeilen **06–10**) setzt **F** auf 110.0 und **Signalbreite** auf 2048. Die Funktion `setup()` wird stets nur einmal aufgerufen, die Funktion `loop()` immer wieder in einer Endlosschleife. Der Ausgabewert **Out** für den DAC ist vom Typ `int`. Als weitere Hilfsvariablen benötigen Sie einmal die Uhr **T** (die Zeit wird hier in Mikrosekunden gemessen) vom Typ `double` und einmal eine Uhr vom Typ `unsigned long int`. Die Frequenz des Ausgabesignals wird durch die Variable **F** festgelegt, die vom Typ `double` ist, die Signalbreite wird in der Variablen **SignalBreite** festgelegt, die vom Typ `int` ist.

Nun folgt in den Zeilen **11–19** die Endlosschleife, die das Rechtecksignal erzeugt. In Zeile **13** muss hierfür zunächst der Rückgabewert, den die Funktion `micros()` zurückgibt, in den Typ `double` konvertiert und in der Variablen **T** abgelegt werden. Wenn Sie nämlich 1 000 000 Zyklen zugrunde legen, die die Computeruhr in der Sekunde generiert, geben Sie bei einer Intervallbreite von 4096 Mikrosekunden ein Signal mit einer Frequenz von 1.000.000/4.096=244.140625 Hz aus. Ihre tatsächlich gewünschte Frequenz **F** müssen Sie durch diesen krummen Wert teilen, um den Faktor zu erhalten, mit dem Sie **T** anschließend multiplizieren müssen. Auf diese Weise erhalten Sie die entsprechenden Anweisungen in Zeile **14**. Im Endeffekt haben Sie in Zeile **14** eine neue Uhr generiert, die langsamer läuft als die ursprüngliche Uhr im Mikrocontroller, und zwar so langsam, dass die Ausgabefrequenz Ihrer gewünschten Frequenz von 110 Hz entspricht. Leider sind mit Variablen vom Typ `double` keine Modulo-Operationen möglich, deshalb muss die Variable **T** in Zeile **15** mittels Typecasting in den Zähler **n** vom Typ `unsigned long int` kopiert werden. Die Modulo-Operation `n%=4096` erzeugt einen aufsteigenden Zähler, der ab dem Wert 4096 wieder auf 0 umschlägt. Mit diesem Zähler wird in den Zeilen **16–18** das Rechtecksignal ausgegeben. Der Wert der Variablen **SignalBreite** bestimmt hierbei den Zeitpunkt, ab dem die Ausgabespannung von 3,3V (DAC-Wert 255) auf 0V (DAC-Wert 0) abfällt. Die Intervallbreite von 4096 Mikrosekunden ist übrigens rein willkürlich gewählt, ich hätte auch 1000 oder 10 000 wählen können. Ich habe aber durch Messungen herausgefunden, dass sich die ausgegebenen Töne bei einem Wert von 4096 am besten anhören.

Wenn Sie das Rechtecksignal im letzten Beispiel als Audiosignal ausgegeben und genau hingehört haben, werden Sie festgestellt haben, dass sich mit steigender Frequenz auch die Tonhöhe verändert. Eine höhere Ausgabefrequenz hat einen höheren Ton zur Folge. Dagegen ändert eine andere Signalbreite die Tonhöhe nicht, allerdings hört sich bei einer geringen Signalbreite von unter 25 % der Ton eher dünn an, bei einer Signalbreite von über 75 % dagegen eher voluminös. Selbstverständlich nehmen Sie bei einer Breite von 0 oder 100 % keinen Ton mehr wahr.

**Hinweis: Keine Signaländerung, kein Ton**

Hörbare Töne besitzen stets eine Änderung des Signalpegels über die Zeit, anderenfalls hört das menschliche Ohr nichts. Als *Amplitude* A wird allgemein der Unterschied zwischen dem maximalen und dem minimalen Pegel bezeichnet, den ein Signal haben kann (also $A=U_{max}-U_{min}$). Wenn die Amplitude 0V beträgt und sich der Signalpegel über die Zeit nicht ändert, hören Sie also nichts. Ebenso kann der Mensch Frequenzen unter 15 Hz und Frequenzen über 15 000 Hz nicht mehr als kontinuierlichen Ton wahrnehmen. Mit zunehmendem Alter verändern sich diese Werte und die obere Grenze verschiebt sich nach unten, während sich die untere Grenze nach oben verschiebt.

Das Verhältnis zwischen Frequenz und Tonhöhe ist allerdings nicht linear, sondern exponentiell: Mit der doppelten Frequenz gelangen Sie stets eine Oktave höher. Allerdings hören Sie, wenn Sie z. B. die Noten einer Oktave auf dem Klavier spielen, immer den gleichen Abstand zwischen den einzelnen Noten. Die letzte Aussage stimmt aber nicht so ganz, weshalb zwischen den Noten E und F sowie zwischen den Noten H und C nur Halbtonschritte liegen. Diese daraus folgende Einteilung einer Oktave in 12 Halbtonschritte (statt 14) erscheint den meisten Hörern als relativ ausgeglichen. Kommen wir nun zu der Abbildung von Noten auf Frequenzen. Nehmen wir hierzu den Kammerton A4, der 440 Hz entspricht. Auf dem Klavier teilen Sie die 440 Hz durch 16 und erhalten 27,5 Hz. Dieser Ton (A0) ist der tiefste Ton, den Sie auf dem Klavier spielen können. Die Abbildung von Noten auf Frequenzen folgt dann der folgenden Formel:

$$F(x) = 27,5 * 2^{\frac{x}{12}}$$

F ist hier die Frequenz, die Sie für einen bestimmten Ton benutzen müssen, und x ist die Anzahl der Halbtonschritte, die Sie ab dem Ton A0 hinzuzählen müssen, um Ihren gewünschten Ton zu erhalten. Nehmen Sie nun den Ton C3. Um den Ton C3 zu erhalten, müssen Sie 39 Halbtonschritte zum Ton A0 hinzuzählen. Die Frequenz, die Sie für den Ton C3 verwenden müssen, beträgt hiermit:

$$F(x) = 27,5 * 2^{\frac{39}{12}} = 261,62 \text{ Hz}$$

## 7.2.2 Das Sägezahnsignal

Das Sägezahnsignal wird durch einen sehr einfachen Algorithmus generiert. Die Grundlage ist hier ein Zähler, der Zahlen in einer aufsteigenden Reihenfolge erzeugt. Sei nun n der aktuelle Zählerstand. Der Zähler beginnt bei $n=n_0$ und endet bei $n=n_{max}$. Ist $n>n_{max}$, so schlägt der Zähler wieder auf $n_0$ um. Es soll nun $n_0=0$ und $n_{max}=255$ sein und der aktuelle Zählerwert soll direkt an einen 8-Bit-DAC weitergereicht werden. In diesem Fall genügen die folgenden einfachen C-Anweisungen, um eine Sägezahnwelle an DAC0 auszugeben:

```
int n; // globaler Zähler
void loop()
{
    n++;
    analogWrite(DAC0,n%256); // Die Modulo-Funktion erzeugt die Sägezahnwelle
}
```

Die Sägezahnwelle wird hier also einfach durch eine Modulo-Operation erzeugt, die gewährleistet, dass der Zähler stets nur Werte zwischen 0 und 255 enthält und bei 256 wieder auf 0 umschlägt. Wie in Listing 7.1 auch, ist natürlich die Frequenz, mit der die Sägezahnwellenform ausgegeben wird, von der Geschwindigkeit des Mikrocontrollers abhängig. Deshalb ist es auch hier wieder besser, die Uhr zu benutzen und statt n++ die Anzahl der bereits vergangenen Mikrosekunden zu verwenden:

```
unsigned long int n;
void loop()
{
    n=micros();
    analogWrite(DAC0,n%256);
}
```

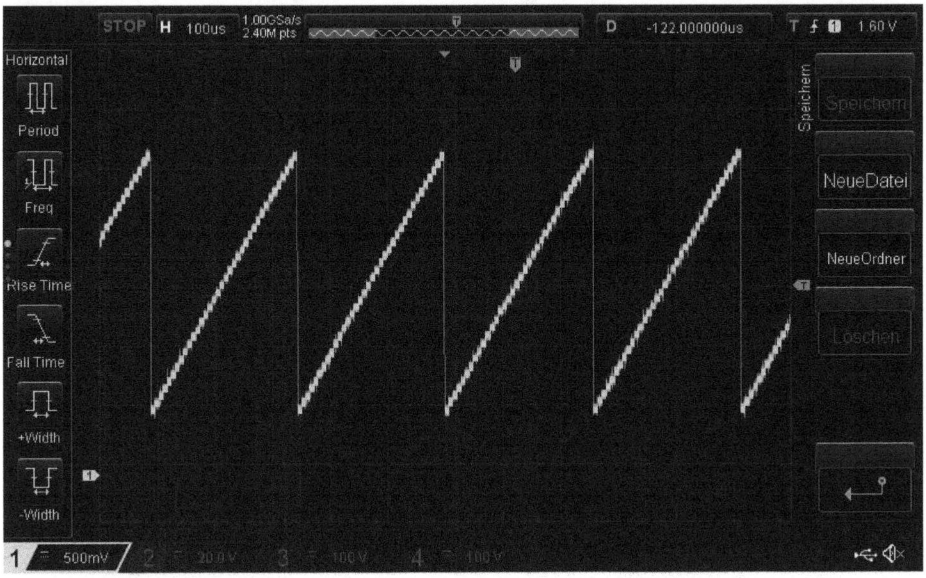


**Bild 7.2** Oszillogramm einer Sägezahnwelle

Leider haben Sie nun den Nachteil, dass die ausgegebene Frequenz 1 000 000/256= 3906,25 Hz beträgt. Sie benötigen also einen Korrekturfaktor, der Sie einen erträglichen Ton hören lässt. Dieser Korrekturfaktor ist 16 und diesen habe ich im nächsten Beispiel einfach dadurch erzeugt, dass ich n%4096 verwendet, bei der Ausgabe diesen Wert jedoch um 4 Bits nach unten verschoben habe:

```
unsigned long int n;
void loop()
{
    n=micros()%4096;
    analogWrite(DAC0,n>>4);
}
```

Die Breite der Wellenform ist also auch hier wieder 4096 Mikrosekunden. Auf diese Weise erhalten Sie ein Signal mit einer Frequenz von etwa 244 Hz und dies entspricht, wenn Sie dieses als Audiosignal ausgeben, ungefähr dem Ton H2. Es folgt nun Listing 7.2, das eine Sägezahnwelle mit einer Frequenz von 110 Hz (Ton A2) ausgibt.

**Listing 7.2** Saegezahn.ino

```
unsigned long int n; // Zähler
double F; // Frequenz
double T; // Skalierte Uhr

void setup()
{
    F=110.0;
}
```

```
08 void loop()
09 {
10     T=(double)(micros()); // Uhr in den Typ double umwandeln
11     T*=F/244.140625; // 1.000.000/4096=244,140625 Hz
12     n=(unsigned long int)(T); n%=4096; // Zähler erzeugen
13     analogWrite(DAC0,n>>4); // Sägezahnwelle auf dem DAC ausgeben
14 }
```

Listing 7.2 gleicht stark Listing 7.1. Auch in Listing 7.2 muss (in diesem Fall in den Zeilen **10** und **11**) der Rückgabewert der Funktion `micros()` zunächst in den Typ `double` umgewandelt und anschließend mit dem Faktor `F/244.140625` skaliert werden. In Zeile **12** wird anschließend die langsamere Uhr, die in der Variablen **T** steht, in einen Wert vom Typ `unsigned long int` umgewandelt und anschließend Modulo 4096 genommen. Für die Ausgabe des Sägezahnsignals benötigen Sie allerdings nur den um 4 Bits nach rechts verschobenen Zählerwert **n** und keine zusätzliche `if`-Abfrage.

**Big Endian vs. Little Endian**

Die Beispiele in diesem Buch sind für Little-Endian-Prozessoren (Atmel/ARM) geschrieben, bei denen das niederwertigste Byte (least significant byte=LSB) auch an der niedrigsten Speicheradresse steht. Deshalb entspricht hier eine Verschiebung um ein Bit nach rechts einer Division durch 2. Wenn Sie einen Big-Endian-Mikrocontroller (z. B. der Firma Motorola) verwenden, bei dem sich die Sache umgekehrt verhält, müssen Sie die Bit-Schiebe-Operationen entsprechend anpassen.

### 7.2.3 Das Dreiecksignal

Das Oszillogramm eines Dreiecksignals hat – wie der Name schon sagt – die Form eines Dreiecks. Das heißt, am Anfang steigt die Spannung ab dem Punkt $U_{min}$ linear auf $U_{max}$ an, um dann anschließend wieder linear auf $U_{min}$ abzufallen. Das Dreiecksignal wird im einfachsten Fall, wie auch das Sägezahnsignal, durch einen Zähler generiert, der Zahlen in einer aufsteigenden Reihenfolge erzeugt. Nur werden hier die Bits des Zählers ab einem gewissen Punkt invertiert und das oberste Bit ist stets 0. Durch diesen Trick entsteht zuerst eine aufsteigende und anschließend eine absteigende Zahlenfolge. Sei nun wiederum n der aktuelle Zählerstand. Der Zähler beginnt bei $n=n_0$ und endet bei $n=n_{max}$. In dem nächsten Beispiel wähle ich wieder $n_0=0$ und $n_{max}=4095$, damit die Ausgabefrequenz, falls Sie das Dreiecksignal wieder als Audioausgang benutzen, in einem erträglichen Bereich bleibt. Als Umschlagspunkt wähle ich im nächsten Beispiel den Zählerwert 2048. Die Ausgabe der Sägezahnwelle wird also wie folgt abgewandelt:

```
unsigned long int n;
void loop()
{
    n=micros()%4096; // Ausgangszähler zählt bis 4095
    if (n>=2048) { n=~n; n&=0x7ff; } // Ab 2048 n=~n&0x7ff setzen;
    analogWrite(DAC0,n>>3); // Dreieckwelle korrekt an den DAC weitergeben
}
```

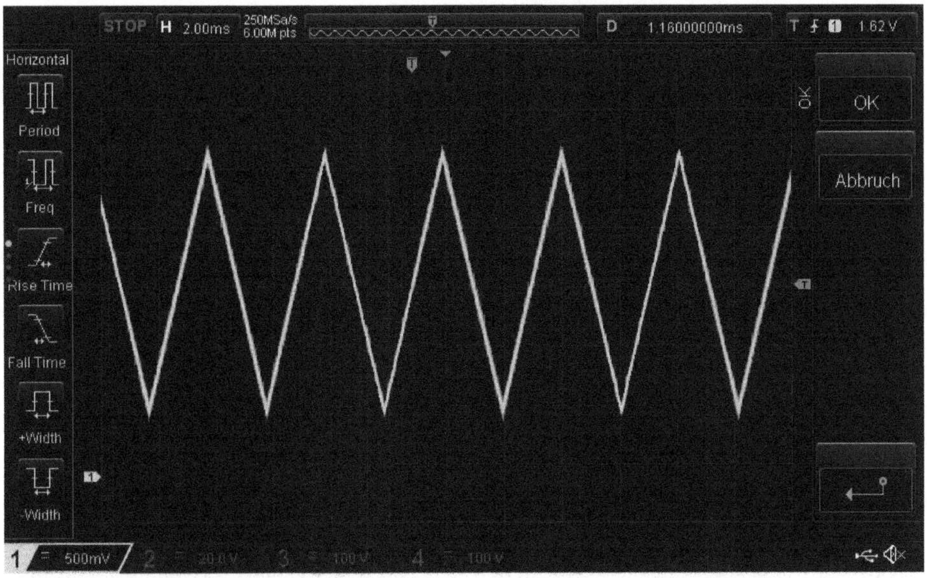


**Bild 7.3** Oszillogramm einer Dreieckwellenform

Die Dreieckwelle wird also einfach durch eine Modulo-Operation erzeugt, die gewährleistet, dass der Zähler **n** stets nur Werte zwischen 0 und 4095 enthält und bei 4096 wieder auf 0 umschlägt. Aus Kapitel 2 wissen Sie vielleicht noch, wie negative Zahlen dargestellt werden, nämlich durch das Invertieren von Bits. Wenn Sie also die Bits des 12-Bit-Werts 2048 (0x800) invertieren, erhalten Sie den Wert 2047 (=0x7ff). Dies entspricht übertragen auf 12-Bit-Werte eigentlich der Zahl -1 und 2049 entspricht dann der Zahl -2. Genau deswegen erhalten Sie ab dem Zählerstand 2048 wieder eine absteigende Zahlenfolge, wenn Sie **n** invertieren und das zwölfte Bit ausmaskieren. Die Tatsache, dass der Wert 2047 hierdurch zweimal hintereinander vorkommt, kann das menschliche Ohr nicht wahrnehmen. Auch in diesem Beispiel erhalten Sie ein Signal mit einer Frequenz von etwa 244 Hz und dies entspricht, wenn Sie dieses als Audiosignal ausgeben, ungefähr dem Ton H2. Es folgt nun Listing 7.3, das eine Dreieckwelle mit einer Frequenz von 110 Hz (Ton A2) ausgibt.

**Listing 7.3** Dreieck.ino

```
01 unsigned long int n; // Zähler
02 double F; // Frequenz
03 double T; // Skalierte Uhr

04 void setup()
05 {
06     F=110.0;
07 }

08 void loop()
09 {
10     T=(double)(micros()); // Uhr in den Typ double umwandeln
11     T*=F/244.140625; // 1.000.000/4096=244,140625 Hz
12     n=(unsigned long int)(T); n%=4096; // Zähler erzeugen
13     if (n>=2048) { n=~n; n&=0x7ff; } // Ab 2048 n=~n&0x7ff setzen;
14     analogWrite(DAC0,n>>3); // Dreieckwelle auf dem DAC ausgeben
15 }
```

Listing 7.3 ähnelt stark Listing 7.2. In den Zeilen **10** und **11** wird wieder der Rückgabewert der Funktion `micros()` in einen Wert von Typ `double` umgewandelt, der anschließend so skaliert wird, dass die Ausgabegeschwindigkeit des Dreiecksignals einer Frequenz von 110 Hz entspricht. Das Dreiecksignal wird in den Zeilen **12** und **13** auf die vorher besprochene Weise erzeugt: Ab einem Zählerwert **n**, der 2047 übersteigt, werden sämtliche Bits invertiert und Bit 11 wird auf 0 gesetzt. Da $n_{max}$ nicht 4095, sondern nur 2047 ist, wird der Zählerwert **n** nicht um 4 Bits, sondern nur um 3 Bits verschoben an den DAC weitergereicht. Wenn Sie das Dreiecksignal auch hier als Audiosignal ausgeben, werden Sie vielleicht bemerken, dass Sie den Lautstärkeregler im Vergleich zu dem Sägezahnsignal auf die doppelte Lautstärke anheben müssen. Dies ist normal und ein Dreiecksignal klingt auch viel weicher und harmonischer, als ein Sägezahnsignal, das eben wirklich etwas von einer Säge hat.

### 7.2.4 Das weiße Rauschen

Manchmal müssen Sie Rauschsignale bewusst erzeugen, um z. B. die Qualität eines Filteralgorithmus zu testen. In diesem Fall wird einem Testsignal ein Rauschanteil beigemischt und anschließend wird der entsprechende Filteralgorithmus mit diesem verunreinigten Signal getestet. Rauschen wird durch einen sehr einfachen Algorithmus erzeugt. Rauschen können Sie nämlich einfach dadurch erzeugen, dass Sie Zufallszahlen an einen DAC weiterreichen. Welchen Zufallszahlengenerator Sie hierbei verwenden, ist nicht so wichtig, wenn dieser nur Zahlen erzeugt, die nicht nach einem bestimmten statistischen Verfahren (z. B. der Normalverteilung) verteilt sind. Die Erzeugung von Rauschen können Sie z. B. durch folgende Zeilen realisieren:

```
unsigned long int i;
void loop()
{
    n=micros(); srand(n); // Zufallsgenerator mit Wert der Uhr initialisieren
    WriteDAC(rand()%256);
}
```

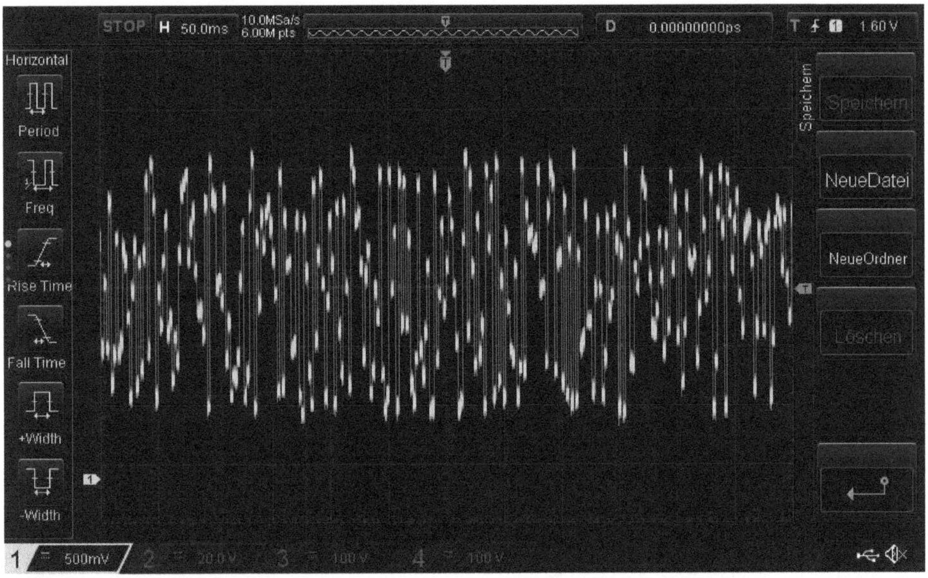


Bild 7.4 Oszillogramm eines Rauschsignals (Signalquelle: MOS SID 6580, Ad. 54272=160, Ad. 54273=7)

Leider ist in dem letzten Beispiel die Frequenz des Rauschens (falls Sie auch hier die Wellenform wieder als Audiosignal ausgeben wollen) für das menschliche Ohr zu hoch, da hier eine Millionen Zufallswerte in der Sekunde erzeugt werden. Natürlich können Sie jetzt wieder einen Korrekturfaktor verwenden, z. B. indem Sie den Zähler **n** durch 4096 dividieren. Leider funktioniert dies nicht wie erwartet. Probieren Sie es ruhig aus und ersetzen Sie die vierte Zeile durch

```
n=micros()/4096; srand(n);
```

Anstatt eine Frequenz von 1 000 000/4096=244,14 Hz zu hören, hören Sie einen relativ tiefen, dumpfen Ton. Anscheinend gibt es genau bei der im Endeffekt einfachsten Signalform ein Problem. Wo genau steckt hier der Fehler? Das Problem in dem letzten Beispiel ist, dass nicht beachtet wird, dass das menschliche Ohr relativ träge ist und schnelle, zufällige Änderungen in der Lautstärke einfach nicht verarbeiten kann. Deshalb werden beim Rauschen quasi mehrere Schwingungen zu einer einzigen Schwingung zusammengefasst und die Frequenz dieses Tons wird dann sehr stark verschoben wahrgenommen. Daher ist es nötig, das Rauschen in ein Rechtecksignal einzubetten, damit die gehörte Frequenz auch der entspricht, die Sie von anderen

Tönen erwarten würden. Natürlich besitzt ein Rauschsignal nicht wirklich eine einheitliche Frequenz (es werden hier ja unregelmäßige Zufallswerte verwendet), man kann aber die gehörte Frequenz so angleichen, dass diese in etwa der wirklichen Frequenz einer Rechteckwelle entspricht. Vielleicht sind die letzten Sätze für Sie etwas schwer zu verdauen, aber diese wegzulassen, würde an dieser Stelle eine Lücke hinterlassen.

**Hinweis: Tatsächliche Frequenz vs. wahrgenommene Frequenz**

Um Töne einzuordnen, benötigt das menschliche Gehirn immer Vergleiche mit anderen Tönen oder aber regelmäßige Wellenmuster. Gibt es diese Vergleiche nicht, z. B. bei Wellenformen wie dem Rauschen, entspricht die wahrgenommene Frequenz nicht den tatsächlichen Verhältnissen. Ebenso verhält es sich mit bekannten Musikstücken. Wenn z. B. „Für Elise" einen halben Ton nach oben versetzt gespielt wird, werden besonders die Hörer, die das Musikstück gut kennen, keinen Unterschied zum Original feststellen. Das Gehirn gleicht die Verschiebung quasi aus. Es ist in der Tat viel Training notwendig, um eine solche Täuschung dennoch zu bemerken.

Kommen wir nun zu Listing 7.4, das ein Rauchsignal mit einer wahrgenommenen Frequenz von 110 Hz (Ton A2) ausgibt.

**Listing 7.4** Rauschen.ino

```
int V1=0,V2=0,Out=0; // Output
unsigned long int n; // Zähler
double F=110.0; // Frequenz
double T; // Skalierte Uhr
void setup()
{
    F=110.0;
}

void loop()
{
    T=(double)(micros()); // Uhr in den Typ double umwandeln
    T*=F/244.140625; T*=8.0; // Faktor 8.0 ist 1.000.000/4096 Hz
    n=(unsigned long int)(T); n%=4096; // Zähler erzeugen
    if (n<2048) { Out=V1; V2=rand()%256; }
    else { Out=V2; V1=rand()%256; }
    analogWrite(DAC0,Out); // Rauschen auf dem DAC ausgeben
}
```

In Listing 7.4 wird ein Rauschsignal so in ein Rechtecksignal eingebettet, dass die wahrgenommene Frequenz des Rauschsignals 110 Hz entspricht. Deshalb entspricht die Skalierung des Rückgabewerts der Funktion `micros()` bis auf einen Korrekturfaktor dem Verfahren aus Listing 7.1. Auch in Listing 7.4 wird ein Zähler **n** erzeugt, der eine aufsteigende Zahlenfolge ausgibt und ab dem Wert 4096 auf 0 umschlägt. Anstatt jedoch ein Rechtecksignal mit einer konstanten maximalen Ausgabespannung zu erzeugen, werden zwei Zufallswerte verwendet, die in den globalen Variablen **V1** und

**V2** stehen. Ist `n<2048`, so wird der Zufallswert **V1** an den DAC weitergereicht, während der Zufallswert **V2** neu berechnet wird. Ist hingegen `n>=2048`, wird **V2** an den DAC weitergereicht, während **V1** neu erzeugt wird. Außerdem wird die Variable **T** in Zeile **12** zusätzlich mit dem Korrekturfaktor **8** multipliziert. Diesen Korrekturfaktor habe ich übrigens durch schlichtes Messen ermittelt: Ich habe einen alten SID-Baustein (MOS 6580 im C64) mit einem Oszilloskop abgegriffen und mit einem C64-Programm die Wellenform Rauschen mit einer Frequenz von 110 Hz ausgegeben (`POKE 54272,160: POKE 54273,7`). Anschließend habe ich das aufgenommene Signal analysiert und festgestellt, dass der Korrekturfaktor für mein ESP-Programm genau 8 sein muss.

### 7.2.5 Das Sinus-Signal

Wahrscheinlich kennen Sie den Sinus noch aus Ihrer Schulzeit. Der Sinus ist eine periodische Funktion, deshalb besitzt dieser eine konstante Frequenz, die sich über die Zeit nicht ändert. Ebenfalls ist ein Sinus-Signal harmonisch. *Harmonisch* heißt in der Musik, dass die wahrgenommene Frequenz exakt der tatsächlichen Frequenz entspricht. Deshalb wird der Sinus oft als Grundlage für komplexere Signale verwendet, die man sich dann als Summe mehrerer Sinus-Signale unterschiedlicher Frequenz und Amplitude vorstellt. Eine unter Mathematikern sehr beliebte Methode, ein Signal als die Summe mehrerer Sinus-Schwingungen darzustellen, ist die Fourier-Transformation.

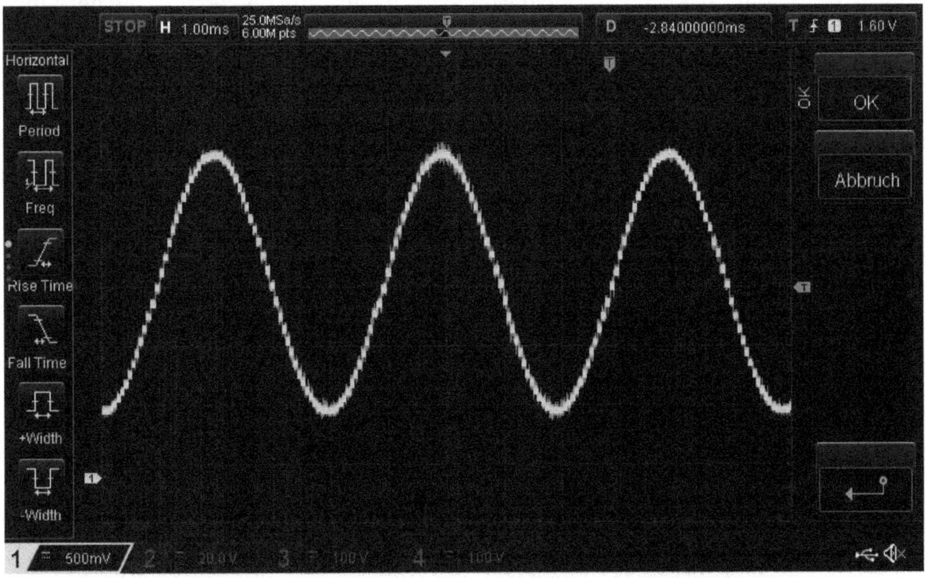


**Bild 7.5** Oszillogramm eines Sinus-Signals (Signalquelle: akustische Gitarre)

Die Frequenz eines Standard-Sinus-Signals ist 6,28 Hz (2*π) und die Amplitude hat mit $U_{min}$=-1V und $U_{max}$ =1V eine Größe von 2V. Wenn Sie ein Sinus-Signal mit einem DAC generieren wollen, benötigen Sie entweder einen DAC, der negative Spannungen ausgeben kann (diese DACs werden aber eher selten verwendet), oder eine Null-Linie, die nicht bei 0V liegt. Ferner müssen Sie die Werte vom Typ `double`, die die `sin()`-Funktion liefert, durch Typecasting konvertieren, damit diese in der korrekten Weise an Ihren DAC weitergegeben werden. Ein weiteres Problem ist die richtige Einstellung der Frequenz, denn diese kann nicht als direkter Vorfaktor angegeben werden. So ändert sich z. B. bei der Funktion f(x)=4*sin(x) nicht die Frequenz, sondern nur die Amplitude. Um ein Sinus-Signal mit einer Frequenz von 1 Hz auf einem Standard-DAC auszugeben, der keine negativen Spannungen erzeugen kann, müssen Sie die folgenden Zeilen verwenden:

```
double T; // Für die Uhr muss auch hier Typecasting durchgeführt werden
double DOut; // Ausgangssignal als double
void loop()
{
    T=(double)(micros())*0.00001;
    DOut=127.0*sin(T/(PI/2));
    analogWrite(DAC0,128+(int)(DOut)); // Typecasting nötig
}
```

In dem letzten Beispiel muss also der Rückgabewert von `micros()` in den Typ `double` konvertiert werden, erst dann kann der Sinus für eine 1 Hz-Schwingung berechnet werden. Wenn Sie allerdings Mikrosekunden für Ihre Zeitachse verwenden, schwingt Ihre Funktion ohne Korrekturfaktor mit 100 000 Hz und nicht mit 1 Hz. Deshalb wird **T** noch einmal mit 0,00001 multipliziert, bevor die eigentliche Berechnung des Sinus durchgeführt wird. Eine Schwingung von 1 Hz erhalten Sie, indem Sie einfach **T** mit 1/(2*PI) multiplizieren, was dasselbe ist, als ob Sie **T** durch PI/2 teilen. Das Ergebnis dieser Berechnung wird in der Variablen **DOut** (double output) abgelegt. Wenn Sie in Ihrer Entwicklungsumgebung keine Konstante für π zur Verfügung haben, dann müssen Sie π vorher ausrechnen. Dies ist aber relativ einfach, denn π ist acos(-1). Kommen wir nun zur korrekten Übergabe Ihrer berechneten Sinus-Werte an den DAC. Damit der DAC auch Werte bekommt, die eine korrekte Spannung ausgeben, muss das Ergebnis der Sinus-Funktion so skaliert werden, dass der gesamte DAC ausgelastet wird. Dazu wird **DOut** erst mit 127,0 multipliziert und anschließend um 128,0 erhöht. Nun können keine negativen Spannungen mehr auftreten und das Signal hat eine Amplitude, die Sie auch hören können. Um **DOut** an den DAC weiterzureichen, muss vorher ein Typecasting von `double` nach `int` durchgeführt werden. Es folgt nun ein Programm, in dem ein Sinus-Signal mit einer Frequenz von 110 Hz (Ton A2) erzeugt wird.

**Listing 7.5** Sinus.ino

```
unsigned long int n; // Zähler
double F; // Ausgabefrequenz
double T; // skalierte Uhr

void setup()
{
    F=110.0;
}

void loop()
{
    double T=(double)(micros()); T*=0.00001; T*=F;
    n=(unsigned long int)(127.0*sin(T/(PI/2))); // Zähler erzeugen
    analogWrite(DAC0,128+n); // Sinus-Welle auf dem DAC ausgeben
}
```

Ein Sinus-Signal mit einer Schwingung von 110 Hz, wird in Listing 7.5 dadurch erzeugt, dass zuerst der Rückgabewert der Funktion `micros()` mit dem Faktor 0,00001 skaliert und anschließend mit der Frequenz **F** multipliziert wird. Auf diese Weise erhalten Sie jedoch ein Sinus-Signal, das um den Faktor $2\pi$ zu schnell schwingt und außerdem nur Werte zwischen -1 und 1 enthält (Typ `double`). Deshalb muss zuerst sin(T/(PI/2)) berechnet und dieser Wert anschließend mit 127 multipliziert werden, bevor das Ergebnis in einen Wert vom Typ `unsigned long int` umgewandelt wird. Leider liegen auch bei der Variablen **n** die Werte teilweise noch im negativen Bereich, deswegen wird `n+128` und nicht **n** an den DAC weitergereicht. Auf diese Weise erhalten Sie ein nach oben verschobenes Sinus-Signal mit einem Offset von 1,65V. Dies ist aber unerheblich, wenn Sie wieder vorhaben, das letzte Beispiel als Audiosignal auszugeben. Auch in diesem Fall hört das Ohr nur die Veränderungen über die Zeit, nicht aber die absoluten Werte.

### 7.2.6 Zeitveränderliche diskrete Signale

Auch die Amplitude eines Signals kann sich über die Zeit ändern. Ein solches Verhalten drückt man normalerweise mithilfe von Differenzialgleichungssystemen aus, die anschließend in Operatormatrizen umgeformt werden. Mit Verfahren der linearen Algebra kann man dann solche umgeformten Differentialgleichungssysteme lösen und sogar das Verhalten sehr komplexer elektrischer Schaltungen und Filter modellieren. Die für solche komplexen Systeme angewendeten mathematischen Verfahren sind jedoch zu speziell, als dass diese in einem normalen Informatikstudium vorkommen können. Deshalb möchte ich Ihnen Abhandlungen über solche hoch mathematischen Rechenverfahren ersparen und lieber eine alternative, weitaus einfachere Methode vorstellen. Dieses vor allem bei Audiosignalen erprobte Verfahren ist die Hüllkurven-Methode.

Eine *Hüllkurve* beschreibt den zeitlichen Verlauf einer Signal-Amplitude durch vier Parameter, nämlich der Anschwellzeit (engl. attack), der Abschwellzeit (engl. decay), den eventuell vorhandenen Haltepegel (engl. sustain) und die meistens bei Tönen vorhandene Ausklingzeit (engl. release). Die vier Parameter werden meist mit A (attack), D (decay), S (sustain) und R (release) abgekürzt. Das Hüllkurven-Verfahren wurde durch den legendären Soundchip des C64, den SID, weltweit bekannt. In die Register des SID können nämlich die Parameter A, D, S und R direkt geschrieben werden. Ich möchte mich hier natürlich nicht detailliert mit dem veralteten SID auseinandersetzen, Ihnen aber dennoch zeigen, wie Sie einen einfachen Hüllkurven-Algorithmus für ein Sägezahnsignal erstellen können. Sie werden sich vielleicht noch wundern, wie oft Sie die relativ alte Hüllkurven-Methode noch brauchen, aber ich selbst benötigte diese schon mehrere Male zur Erstellung von Testsignalen, als ich ein Praktikum in Signalverarbeitung leiten musste. Wie es so oft der Fall ist, hatte ich damals einfach keine Zeit, komplexe Differentialgleichungen mit MATLAB aufzustellen, und so besann ich mich (zu meinem großen Glück) auf die Hüllkurven-Methode. Auch Sie sollten diese Methode in Ihrem Werkzeugkoffer haben.

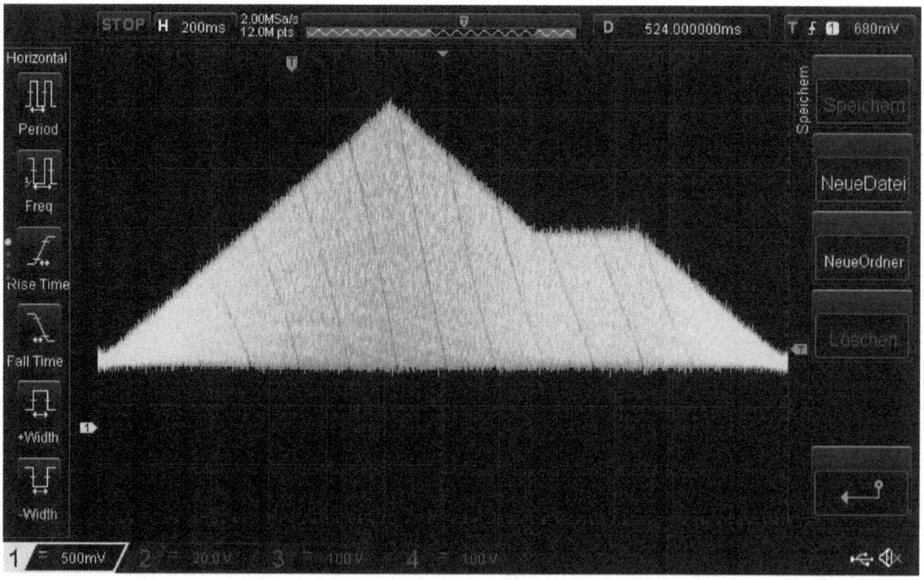


**Bild 7.6** ADSR-Hüllkurve mit einer Sägezahnwellenform

Kommen wir nun zum eigentlichen Hüllkurven-Algorithmus. Im Endeffekt benötigen Sie hierfür nur drei zusätzliche Zähler, die aber keine Mikrosekunden, sondern nur Millisekunden zählen (dies ist hinreichend genau für das nächste Beispiel). Ferner benötigen Sie eine zusätzliche globale Variable vom Typ `double`, die den aktuellen Signalpegel (bei Tönen also die Lautstärke V) enthält und vier weitere Variablen vom

Typ `double`, die die Parameter **A**, **D**, **S** und **R** enthalten. Der Hüllkurven-Algorithmus funktioniert nun wie folgt:

Der Hüllkurvengenerator-Algorithmus benutzt eine Zustandsmaschine, also eine Art Turing-Maschine. Diese Zustandsmaschine besitzt fünf Zustände, die ich im Folgenden in der Variablen **Z** (Z=Zustand) ablege. Im Zustand **Z=0** tut der Hüllkurvengenerator nichts und es wird kein Signal ausgegeben.

Im Zustand **Z=1** befindet sich der Hüllkurvengenerator in der *Attack-Phase*, in der in jedem Schritt der Wert, der in der Variablen **A** steht, zu dem aktuellen Signalpegel **V** addiert wird. Ein Schritt entspricht hier einer Millisekunde und **V**=1.0 entspricht dem vollen Signalpegel des Ursprungssignals. Die Attack-Phase endet automatisch, sobald **V**>1.0 ist. In diesem Fall wird `V=1.0` und `Z=2` gesetzt.

Im Zustand **Z=2** befindet sich der Hüllkurvengenerator in der *Decay-Phase*, in der in jedem Schritt der Wert, der in der Variablen **D** steht, vom aktuellen Signalpegel **V** subtrahiert wird. Dies geschieht so lange, bis `V<S` ist. Ist dies der Fall, wird `V=S` und `Z=3` gesetzt.

Im Zustand **Z=3**, der *Sustain-Phase*, tut der Hüllkurvengenerator nichts, außer das ursprüngliche Signal mittels der Formel `V=V*S` zu skalieren und anschließend auszugeben. Der Zustand **Z=3** wird so lange aufrechterhalten, bis der Zähler **ST** (sustain time), der die Zeit seit Eintritt in den Zustand **Z=3** in Millisekunden misst, den Wert **SL** (sustain length) überschreitet. Ist dies der Fall, wird `V=S` und `Z=4` gesetzt. Alternativ zu einem Zähler für die Sustain Time können Sie ein Gate-Bit verwenden, das die Sustain-Phase beendet, wenn dieses auf 0 gesetzt wird. Das Gate-Bit müssen Sie dann separat (z. B. durch ein externes Signal) verwalten. Der SID im C64 tut genau dies, verwendet also ein Gate-Bit.

Im Zustand **Z=4** befindet sich der Hüllkurvengenerator in der *Release-Phase*, in der in jedem Schritt der Wert, der in der Variablen **R** steht, vom aktuellen Signalpegel **V** subtrahiert wird. Dies geschieht so lange, bis `V<=0` ist. Ist dies der Fall, wird `V=0` und `Z=0` gesetzt. Ist die Release-Phase abgeschlossen, wird kein Signal mehr ausgegeben und der Hüllkurvengenerator muss ggf. neu gestartet werden. Kommen wir nun zum letzten Beispielprogramm in diesem Abschnitt, das folgenden Hüllkurvengenerator realisiert: Sägezahnwellenform mit 244 Hz, A=0,5 s, D=0,5 s, S=0,5, SL=2 s, R=2 s.

**Listing 7.6** Huellkurve.ino

```
unsigned long int Diff=0,Now=0,n=0,ST=0,SL=2000;
int Z=1; // Zustand für die Zustandsmaschine
double T=0,V,Out,DiffD; // Output
double A,D,S,R; // Hüllkurvenparameter
double F; // Frequenz des Signals

void setup()
{
    Diff=0; Now=0; n=0; ST=0; SL=2000; // Initialisierung der Uhren
    Z=1; // Zustandsmaschine starten
```

```
10     T=0; V=0.0; Out=0.0; DiffD=0.0; // Hüllkurvenzähler auf 0 setzen
11     A=0.002; D=0.002; S=0.5; R=0.00025; // Hüllkurvenparameter
12     F=110.0; // Ton A2 ausgeben
13 }

14 void loop() // Zustandsmaschine ist in loop
15 {
16     T=(double)(micros()); // Uhr in den Typ double umwandeln
17     T*=F/244.140625; // 1.000.000/4096=244,140625 Hz
18     n=(unsigned long int)(T); n%=4096; // Zähler erzeugen
19     Out=(double)(n>>4); // Typ double
20     Diff=millis()-Now;
21     if (Diff>0)
22     {
23         DiffD=(double)(Diff);
24         switch (Z) // Zustandsmaschine abfragen
25         {
26             case 0: V=0.0; // Kein Signal bei Z=0
27             break;
28             case 1: V+=A*DiffD; // Attack-Phase
29                     if (V>1.0) { V=1.0; Z=2; }
30             break;
31             case 2: V-=D*DiffD; // Decay-Phase
32                     if (V<S) { V=S; ST=millis(); Z=3; }
33             break;
34             case 3: V=S*DiffD; // Sustain-Phase
35                     if (millis()>(ST+SL)) { Z=4; }
36             break;
37             case 4: V-=R*DiffD; // Release-Phase
38                     if (V<0) { V=0; Z=1; }
39             break;
40             default: V=0.0; // Andere Zustände außer 0-4 sind ungültig
41         }
42         Now=millis();
43     }
44     Out*=V; // Ausgang mit V skalieren
45     analogWrite(DAC0,(int)(Out));
46 }
```

In den Zeilen **01–05** müssen erst einige Variablen deklariert werden, die für den Hüllkurvengenerator nötig sind. Dies ist neben den Zeitzählern **Diff**, **Now**, **n**, **ST** und **SL** einmal die Variable **Z** vom Typ `int`, die den aktuellen Zustand des Hüllkurvengenerators enthält, sowie einige Variablen vom Typ **double**. **T** enthält hier wieder den skalierten und in den Typ `double` umgewandelten Rückgabewert der Funktion `micros()`, **V** enthält den aktuellen maximalen Ausgabepegel von 0.0 (kein Signal) bis 1.0 (voller Pegel) und der an den DAC weitergereichte Wert **Out** ist hier ebenfalls vom Typ `double`. Neu hinzugekommen sind die Variablen **A**, **D**, **S** und **R**, die nun die Werte für Attack, Decay, Sustain und Release enthalten. Die Variable **F** enthält wieder die gewünschte Ausgabefrequenz von 110 Hz und **n** ist wieder ein Zähler, der eine aufsteigende Zahlenfolge zwischen 0 und 4095 enthält. Die restlichen Hilfsvariablen **Diff**, **DiffD**, **Now**, **ST** und **SL** werden im weiteren Verlauf noch erklärt.

Der Hüllkurvengenerator selbst läuft in den Zeilen **14–46** in einer Endlosschleife, die außerdem bewirkt, dass das gleiche Signal (bzw. die gleiche Hüllkurve) immer wieder neu ausgegeben wird. Beim Eintritt in die Schleife wird nun zunächst wieder – wie auch in den vorigen Beispielen – der Rückgabewert der Funktion `micros()` so skaliert, dass (falls Sie das Signal wieder als Audiosignal ausgeben) ein Ton mit der gewünschten Frequenz von 110 Hz erzeugt wird. Der Zähler **n** enthält wieder eine aufsteigende Zahlenfolge, die das Sägezahnmuster erzeugt. Anstatt aber den Wert `n>>4` direkt an den DAC weiterzureichen, wird der Wert `n>>4` in der Variablen **Out** zwischengespeichert. In Zeile **20** wird die erste Hilfsvariable **Diff** benutzt, um durch die Anweisung `Diff=millis()-Now` die Zeit in Millisekunden zu ermitteln, die seit dem letzten Aufruf des Hüllkurvengeneratoralgorithmus vergangen sind. Wenn diese Differenz größer ist als 0, so ist dies ein Indikator dafür, dass der Hüllkurvenalgorithmus in den Zeilen **22–43** ausgeführt werden muss, um die Ausgabelautstärke anzupassen.

Die Zustandsmaschine des Hüllkurvengenerators wird in einem `switch-case`-Block gekapselt. Bevor dieser Block ausgeführt wird, muss aber in Zeile **23** noch die Variable **Diff** in eine Variable vom Typ `double` (Variable **DiffD**) gewandelt werden (dies ist für den weiteren Verlauf wichtig). Innerhalb des `switch-case`-Blocks werden nun die Zustände abgefragt, die der Hüllkurvengenerator haben kann.

Ist **Z=0**, so ist die der Ausgabepegel bzw. die Ausgabelautstärke 0. Ist **Z=1**, so wird zu **V** der Wert addiert, der in der Variablen **A** steht, allerdings muss **A** vorher noch mit **DiffD** multipliziert werden. Dies ist deshalb nötig, damit ein Schritt der Attack-Phase auch wirklich einer Millisekunde entspricht und nicht einem Wert, der von der Geschwindigkeit des Mikrocontrollers abhängt. Da `A=0.002` ist, werden 500 Millisekundenschritte benötigt, um einen Signalegel von 1.0 (=100 %) zu erreichen. Dies entspricht einer Attack-Zeit von 0,5 s, nach der `Z=2` gesetzt wird.

Ist **Z=2**, so wird von **V** der Wert subtrahiert, der in der Variablen **D** steht, allerdings muss auch hier **D** vorher noch mit **DiffD** multipliziert werden. Da `D=0.002` ist, werden 500 Millisekundenschritte benötigt, um einen Signalegel von 0.0 (=0 %) zu erreichen, und 0,25 Sekunden vergehen hier bis zum Erreichen des Sustain-Pegels. An dieser Stelle müssen Sie also aufpassen, denn die Decay-Zeit wird stets so berechnet, dass diese nur gilt, wenn S=0.0 ist. Wenn der Sustain-Pegel erreicht ist, wird `Z=3` gesetzt. Vorher müssen Sie jedoch noch den Zeitpunkt ermitteln, an dem Ihr Programm in den Sustain-Modus eintritt. Dies leistet die Anweisung `ST=millis()` in Zeile **32**.

Ist **Z=3**, so wartet Ihr Programm mit einer Zustandsänderung des Hüllkurvengenerators, bis die Zeit **SL** (in Millisekunden gemessen) verstrichen ist. In dieser Zeit entspricht die Ausgabelautstärke der Variablen **S** (Sustain Level). Nach Ablauf der Zeit **SL** wird `Z=4` und `V=S` gesetzt.

Ist **Z=4**, so wird von **V** der Wert subtrahiert, der in der Variablen **R** steht, allerdings muss **R** vorher noch mit **DiffD** multipliziert werden. Die Release-Zeit wird allerdings so gemessen, dass sie die Ausklingzeit angibt, die von dem Zeitpunkt an, wo `V=S` ist, bis zum Zeitpunkt, wo `V=0.0` ist, vergeht. Deshalb muss hier `R=0.5*0.005=0.00025` gesetzt werden. `R=0.005` entspricht 2000 Millisekundenschritten in der Release-Phase bei `S=1.0` und 4000 Millisekundenschritten bei `S=0.5=1/4000=0.00025`. Ist `Z=4` und `V<=0.0`, so wird die Hüllkurve durch die Anweisung `V=0; Z=1` zurückgesetzt und der Hüllkurvengenerator neu gestartet. Somit wird dasselbe Signal immer wieder neu ausgegeben.

Nach Verlassen des `switch-case`-Blocks muss in Zeile **42** dann `Now=millis()` gesetzt werden, um quasi den Zeitzähler des Hüllkurvengenerators zurückzusetzen. Selbstverständlich wird die Wellenform selbst nicht vom Hüllkurvengenerator verändert, weshalb die Anweisung `Out*=V` (Skalierung des Sägezahnmusters mit dem Ausgabepegel bzw. der Ausgabelautstärke) in Zeile **44** ebenfalls außerhalb des `switch-case`-Blocks steht. In Zeile **45** wird dann der skalierte Wert `Out` in einen Wert vom Typ `int` konvertiert und anschließend an den DAC weitergereicht.

## 7.3 Filteralgorithmen

Bis jetzt haben Sie Signale nur generiert, nun werde ich Ihnen einige konkrete Beispiele für Filteralgorithmen für Signale vorstellen. Vorher muss ich aber ein paar grundlegende Dinge erklären. Wie auch in anderen Bereichen der Informatik, beispielsweise der Bildverarbeitung, werden zu filternde Signale als diskrete Zahlenwerte aufgefasst, mit denen sich bestimmte mathematische Operationen ausführen lassen. Bei den nun behandelten Signalen liegen immer Folgen von Zahlen vor, also eindimensionale Arrays. Diese Folgen von Zahlen enthalten immer endlich viele Werte (sind also diskrete Signale) und die Filteralgorithmen werden auch so konstruiert, dass sie stets anhalten. Dies wird dadurch erreicht, dass der Filter stets von links nach rechts über die Zahlenfolge geschoben wird und bei jeder Verschiebung stets auch ein Filterschritt ausführt wird. Der Filter selbst enthält nun entweder eine Filtermatrize oder einen Vektor. Zwischen dieser Matrize bzw. diesem Vektor und einem Teil der diskreten Signaldaten, die als Zahlenreihe vorliegen, werden nun bestimmte mathematische Verknüpfungen durchgeführt. Das Ergebnis (oder ein Teil davon) wird dann auf einen Teil der Zahlenfolge übertragen, die das diskrete Signal repräsentiert. Alternativ zur Verwendung von Filtermatrizen oder Vektoren können Sie auch ein Fenster mit einer bestimmten Anzahl von Zahlenwerten über die Zahlenreihe schieben und mit den Zahlenwerten, die in diesem Fenster stehen, einen Algorithmus ausführen. In diesem Fall benötigen Sie keine Filtermatrize, sondern der Algorithmus steckt z. B. in einem C/C++-Programm. Dieses Programm arbeitet dann direkt mit dem Zahlen-Array, in dem die Rohdaten stehen. Als *Rohdaten* bezeichnet man die unveränderten Ausgangsdaten eines Signals, so, wie man dies ursprünglich aufgenommen hat.

Kommen wir nun zu den Zahlenreihen selbst, die ein bestimmtes Signal beschreiben. Es gibt verschiedene Verfahren, Signale durch Zahlenreihen darzustellen. So können Sie z. B. ein Byte, zwei Bytes oder vier Bytes für eine bestimmte Ausgabespannung des DAC einsetzen. Ferner können Sie die einzelnen Sample-Werte, die Sie vorher bei der Aufnahme des Signals erzeugt haben, als `byte`, `int`, `long int` oder `float` darstellen. Dementsprechend unterscheiden sich auch die Filter für die entsprechenden Zahlentypen und ein Rauschfilter für `float`-Zahlen für ein Signal eines Oszilloskops arbeitet anders als derselbe Filter für die Stereo-Spur einer Audio-CD. Deswegen benutze ich in den Beispielen für die Filteralgorithmen in den folgenden Beispielen standardisierte Audiodaten einer Mono-Spur mit 8 Bits pro Sample (`unsigned char`) und 11025 Samples pro Sekunde. Dieses Format hört sich noch relativ brauchbar an und ist mit den meisten Mikrocontrollern und DACs problemlos abspielbar. Ein weiterer Vorteil der Verwendung von Audiodaten für die folgenden Beispiele ist, dass Sie das Ergebnis stets hören können. Wenn Sie keinen Mikrocontroller besitzen, müssen Sie die Ergebnis-Arrays als Datei mit der Endung **.snd** oder **.raw** speichern und sich ein Programm besorgen, das dieses Format unterstützt. Ich empfehle Ihnen an dieser Stelle, die freie Software Audacity herunterzuladen.

Ich werde im Folgenden wieder den ESP32 nehmen und die Rohdateien in dem Array **AUBUFF** (Abkürzung von „audiobuffer“) ablegen. Die gefilterten Daten landen wieder in demselben Array, die Ausgangsdaten werden also durch den Filter direkt verändert. Die Audiodaten werden in den folgenden Programmen wie folgt definiert:

```
byte AUBUFF[0x10000]=
{
[Datenbytes, durch Kommata getrennt]
};
```

Der ESP und auch der Arduino Due können 64 kB Speicher für Audiodaten benutzen, ohne dass der Betrieb dadurch instabil wird. Dies ist genug für die folgenden Beispiele. Ich habe allerdings das verunreinigte Audiosignal, das z. B. Klicks enthält, nur einmal als Beispiel-Listing angegeben, weil eben rohe Audiodaten sehr viel Platz benötigen und ich dadurch nur Buchseiten verschwenden würde. Auch im Falle der gefilterten Daten werde ich nur im ersten Beispiel die Ergebnisdaten als Listing angeben, um Ihnen einige wichtige Dinge in Bezug auf die Wirkungsweise von Filteralgorithmen zu erklären. In den Beispielen, die dem ersten Beispiel folgen, werde ich die Oszillogramme der Ergebnissignale angeben (also diese als Messkurven darstellen).

### 7.3.1 Der Pop-Klick-Filter

Kommen wir nun zum ersten Filteralgorithmus, dem **Pop-Klick-Filter**. Die Rohdaten im Audiopuffer **AUBUFF** enthalten sogenannte Klicks. Ein *Klick* (oft auch als *Pop* bezeichnet) ist ein plötzlicher, kurzzeitiger Sprung in der Signalkurve, den ein Zuhörer als Knackser wahrnimmt. Das beste Beispiel für Klicks sind alte Schallplatten mit Kratzern. Klicks sind sehr störend für den Zuhörer, weil sie im Endeffekt das Gehör dadurch durcheinanderbringen, dass sie dem Gehirn ein unerwartetes Signal aufzwingen, das das eigentlich erwartete Geräusch überlagert. Hierdurch kommt dann natürlich auch die Wahrnehmung von Frequenzen durcheinander. Diese Unzulänglichkeiten des Gehirns können aber auch genutzt werden, um die Klicks effektiv zu entfernen. Hierzu müssen Sie nur an den Stellen, an denen sich das Signal zu stark ändert, die zu starke Änderung entfernen.

Was bedeutet aber nun „zu starke Änderung"? Dies lässt sich leider nur durch Versuch und Irrtum herausfinden. In umfangreichen Tests und bei vielen Konzerten, die ich im Laufe der Zeit abgemischt habe, habe ich herausgefunden, dass eine Änderung eines Sample-Werts von mehr als 50 Stufen (bei 8 Bits) als störend empfunden wird. Dies bedeutet Folgendes: Sei **i** der Positionszähler für die aktuelle Sample-Position in **AUBUFF**. Wenn der Betrag der Differenz zwischen `AUBUFF[i]` und `AUBUFF[i+1]` mehr, als 50 beträgt, muss der Filter eingreifen. Der Filter entfernt den Klick dadurch, dass dieser `AUBUFF[i+1]` durch `AUBUFF[i]` ersetzt. Der Filteralgorithmus geht also davon aus, dass das Signal vor dem Klick, den Sie in `AUBUFF[i+1]` gefunden haben, noch in Ordnung war und dass `AUBUFF[i+1]` eigentlich `AUBUFF[i]` entsprechen sollte. Unabhängig davon, ob der Filter eingegriffen hat oder nicht, wird der Positionszähler **i** stets um 1 erhöht. Das Herzstück des Filteralgorithmus kann auf die folgende Weise als C-Code ausgedrückt werden:

```
float Diff; // Kommazahlen erlauben
Diff=(float)(AUBUFF[i])-(float)(AUBUFF[i+1]); // Differenz bilden
Diff=abs(Diff); // Betrag bilden
if (Diff>Grenzwert) // Filteralgorithmus
{
    AUBUFF[i+1]=AUBUFF[i];
}
i++; // Zähler stets um 1 erhöhen
```

Der Filteralgorithmus vergleicht hier also die Punkte `AUBUFF[i]` und `AUBUFF[i+1]`. Wenn sich die Sample-Daten in diesen Punkten zu stark unterscheiden, wird die entsprechende Stelle geglättet. Eine andere Philosophie kann an dieser Stelle auch sein, die Klicks aus dem Originalsignal rauszuschneiden und zu hoffen, dass die fehlenden Stellen am Ende so kurz sind, dass man den Unterschied zum Original nicht hört. Die ersten Pop-Klick-Filter, die es gab, gingen auch genauso vor. Leider werden mit Audioprogrammen immer öfter Tonspuren von alten Videokassetten aufgebessert und dort muss die Länge der Tonspur exakt erhalten bleiben. Aus diesem Grund behalten sämtliche Filter in sämtlichen Beispielen die Länge des Originalsignals stets bei. Kommen wir nun zu den Ausgangdaten, die ich in den nächsten Beispielen verwende. Dies ist der digitalisierte Satz „Hallo Welt“, den ich zuerst mit einem hochwertigen SM58-Mikrofon aufgenommen und anschließend verunreinigt habe. Dieses Ausgangssignal, das ich anschließend in C-Code umgewandelt habe, gebe ich Ihnen nun an dieser Stelle aber nicht als Listing an, denn der Quellcode umfasst 20 Seiten. Deshalb müssen Sie sich diese Datei (wie auch alle anderen Audio- und Bilddateien in den nächsten Kapiteln) beim Hanser-Verlag unter *https://plus.hanser-fachbuch.de/* herunterladen und in Ihren Projektordner kopieren.

Kommen wir nun zu Listing 7.7, das den Pop-Klick-Algorithmus auf der Datei **RawData.h** anwendet und das Ergebnis hinterher auf dem ersten DAC ausgibt. Wenn Sie an dieser Stelle eine eigene Audiodatei verwenden wollen, achten Sie entweder darauf, dass die Sample-Rate auf 11025 gesetzt wird, oder passen Sie Zeile **26** in der Funktion `loop()` entsprechend an. In diesem Fall müssen Sie Zeile **26** durch „DClock*=1000000.0/[eigene Samplerate]“ ersetzen. Natürlich müssen Sie auch in Listing 7.7 wieder die entsprechende Variante von `analogWrite()` an den Anfang des Sketches kopieren, wenn Sie statt dem Arduino Due den ESP32 verwenden.

**Listing 7.7** Klickfilter.ino

```
01 #include "RawData.h"

02 long int SampleLen=28412;

03 void KlickFilter(long int Len, float FltFact)
04 {
05     float Diff;
06     long int i;
07     for (i=0; i<Len; i++) // nicht bei 0 beginnen!
08     {
09         Diff=(float)(AUBUFF[i])-(float)(AUBUFF[i+1]); // Differenz bilden
10         Diff=abs(Diff); // Betrag bilden
11         if (Diff>FltFact) // Filteralgorithmus
12         {
13           AUBUFF[i+1]=AUBUFF[i];
14         }
15     }
16 }

17 void setup() // setup() startet den Audiofilter
18 {
19     KlickFilter(SampleLen,50);
20 }

21 void loop() // loop() spielt das Ergebnis in einer Schleife immer wieder ab
22 {
23     long int LClock; // Für Modulo-Operation
24     double DClock=(double)(micros()); // Hier skalierte Uhr erzeugen
25     DClock*=0.011025; // Uhr auf eine Samplerate von 11025 runterskalieren
26     LClock=(long int)(DClock); // DClock in Wert vom Typ long int wandeln
27     LClock%=SampleLen;
28     analogWrite(DAC0,AUBUFF[LClock]); // Sample ausgeben
29 }
```

In Zeile **01** müssen Sie zuerst die Include-Datei **RawData.h** einfügen, damit Sie auf **AUBUFF** und die zu filternden Rohdaten zugreifen können. In Zeile **02** definieren Sie anschließend die globale Variable **SampleLen**, die die Länge des Originalsignals in Samples enthält. Ein *Sample* ist ein einzelner Abtastwert, der bei der Aufnahme eines Audiosignals entsteht, und gewissermaßen die kleinste Einheit, auf die Sie zugreifen können. Der Filteralgorithmus selbst wird in die Funktion `KlickFilter()` (die Zeilen **03–16**) ausgelagert und durch die Funktion `setup()` (die Zeilen **17–20**) einmalig gestartet. `KlickFilter()` bekommt die Sample-Länge des zu filternden Signals allerdings in der Variablen **Len** übergeben, Sie können also durchaus auch andere Längen und andere Rohdaten verwenden. Der zweite Parameter **FltFact** bestimmt dann die Stärke des Filters. `KlickFilter()` implementiert den schon weiter oben besprochenen Filteralgorithmus. In einer `for`-Schleife (die Zeilen **07–15**) wird ein Zähler von der Position 0 bis zur Länge des zu filternden Signals hochgezählt. Immer, wenn der Filter greift, wird in Zeile **13** `AUBUFF[i]` durch `AUBUFF[i+1]` ersetzt. Durch die als zweiten Parameter übergebene Variable **FltFact** können Sie bestimmten, wie stark Ihr Signal gefiltert wird. Niedrigere Werte filtern Ihr Signal stärker als höhere Werte. `KlickFilter()` kehrt am Ende immer erfolgreich zurück, wenn das gesamte Signal gefiltert wurde, deshalb ist auch kein Rückgabeparameter nötig. Da die Funktion `setup()` die Funktion `KlickFilter()` aufruft, wird der Filter auch stets nur einmal angewendet.

Der Abspielvorgang des gefilterten Signals wird allerdings in die Funktion `loop()` (die Zeilen **21–29**) ausgelagert. Da `loop()` immer wieder aufgerufen wird, kann an dieser Stelle das gefilterte Signal in einer Endlosschleife abgespielt werden. Sie müssen allerdings hier wieder die Uhr Ihres Mikrocontrollers verwenden, um die Daten des Audiopuffers in der richtigen Geschwindigkeit auszugeben. Hierzu benötigen Sie die Variablen **LClock** und **DClock**, die Sie in den Zeilen **23** und **24** definieren. **DClock** wird zunächst mit dem Wert beschrieben, den die Funktion `micros()` zurückliefert. Wenn Sie allerdings den Rückgabewert von `micros()` als Zähler für Ihre auszugebenden Audiodaten verwenden (also `AUBUFF[micros()]`), dann werden Ihre Audiodaten mit einer Rate von 1 000 000 Samples pro Sekunde ausgegeben. Deshalb müssen Sie **DClock** in Zeile **25** mit einem Faktor von 11025/1000000=0,011025 skalieren. Um nun die Audiodaten in einer Schleife abzuspielen, verwende ich einen mathematischen Trick: Ich nehme den Wert, der sich in der Variablen **DClock** befindet Modulo der Länge des gesamten Audiosignals. Auf diese Weise kann der Wert der Uhr, der die Sample-Position in **AUBUFF** angibt, nicht über **SampleLen** hinaus anwachsen. Wenn er dies nämlich doch tut, dann schlägt der Zeiger für die Sample-Position wieder auf 0 um und die Audiodaten werden von vorn abgespielt. Allerdings können mit Werten vom Typ `double` keine Modulo-Operationen durchgeführt werden, deshalb muss vorher in Zeile **26** die Variable **DClock** als Wert vom Typ `long int` in die Variable **LClock** kopiert werden.

Wenn Sie etwas mit der Funktion `KlickFilter()` experimentieren und statt des Faktors 50 für **FltFact** andere Werte einsetzen, werden Sie merken, dass der Filter ab Werten über 150 nicht mehr funktioniert und die Klicks erhalten bleiben. Bei Werten unter 25 hört sich die Ausgabe dagegen dumpf und verzerrt an. Dies liegt daran, dass der Pop-Klick-Filter dann zu viele Teile des Originalsignals entfernt und deshalb bei einem zu niedrigem Schwellwert für **FltFact** nur noch ein paar Daten erhalten bleiben. Wenn **FltFact** 0 ist, hören Sie keine Ausgabe mehr.

### 7.3.2 Der Distortion-Filter

Der nächste Filter ist eigentlich kein Filter, sondern ein Effekt, jedoch wird dieser Effekt in Audioprogrammen oft im Menü „Filter" platziert. Distortion kommt aus dem Englischen und bedeutet „Verzerrung". Der Distortion-Filter filtert also gar keine Signale, sondern fügt Daten zum Originalsignal hinzu. Dies geschieht auf eine Weise, die bewirkt, dass das Originalsignal anschließend verzerrt ist. Aber wieso sollte man ein Signal verzerren? Die Antwort kennen Sie wahrscheinlich schon: Sämtliche E-Gitarren benutzen Verzerrung, um interessante Effekte zu erzielen. Wie funktioniert aber nun die Verzerrung? Steckt dahinter vielleicht sogar ein Algorithmus?

Sie werden staunen, aber genauso ist es. Mehr noch: Der *Distortion-Algorithmus*, den so viele Rockbands seit mehr als 50 Jahren nutzen, arbeitet recht simpel. Das Ausgangssignal wird so skaliert, dass die Ergebnisdaten nicht mehr in den zulässigen Arbeitsbereich Ihres DAC passen. Wenn Sie also einen ESP32 besitzen, der einen 8-Bit-DAC hat, dann müssen Sie einfach Ihr Ausgangssignal so skalieren, dass dieses am Ende 9 Bit breit ist. Da auf diese Weise Informationen des Originalsignals verloren gehen, wirkt Ihr Ergebnis am Ende verzerrt. Eine zweite Komponente Ihres Algorithmus kann auch beinhalten, Ihrem Signal vor der Verzerrung Rauschanteile oder eine Sägezahnwellenform beizumischen. Allerdings muss in diesem Fall vorher die Frequenz Ihrer Originalwellenform mittels Fourier-Analyse ermittelt werden. Moderne Effektgeräte tun genau dies, alte Verzerrer hingegen benutzen ausschließlich die Skalierungsmethode. Genau diese möchte ich Ihnen nun vorstellen.

Nehmen wir als Ausgangssignal wieder den Audiopuffer **AUBUFF** aus dem letzten Beispiel, nur ohne störende Klickgeräusche. Die entsprechende Include-Datei, die Sie sich auch wieder bei Hanser herunterladen müssen, ist **RawData2.h**. Der Sample-Positionszähler sei auch hier wieder die Variable **i**. Um nun Ihre Sample-Daten zu skalieren, benötigen Sie einen vorzeichenbehafteten Wert vom Typ `float`. Da Ihre Sample-Daten jedoch im Format 8 Bit Mono unsigned vorliegen, müssen Sie `AUBUFF[i]` wie folgt wandeln:

```
float SampleD=((float)(AUBUFF[i]))-128.0;
```

Sie wandeln also den aktuellen Sample an der Position **i** in den Typ `float` um und verschieben die Null-Linie von dem Wert 128 auf den Wert 0. Sie wandeln also quasi das Format 8 Bit Mono unsigned in das Format 8 Bit float signed um. Der Grund, warum Sie dies tun, ist, dass eine einfache Skalierung nur mit vorzeichenbehafteten Werten funktioniert, bei denen die Null-Linie bei 0 liegt. Wenn Sie jedoch dafür gesorgt haben, dass Ihre Daten vorher in das richtigen Format gewandelt werden, besteht der Distortion-Algorithmus nur aus den folgenden fünf Zeilen:

```
SampleD*=1.0+DistortionFactor; // 0=keine Verzerrung, >0=Verzerrung
If (SampleD<-127.0) { SampleD=-127.0; } // negative Spitzen einfach bei -127
abschneiden
If (SampleD>128.0) { SampleD=128.0; } // positive Spitzen einfach bei +255
abschneiden
SampleD+=128.0; // Reskalierung auf 8 Bit Mono unsigned
AUBUFF[i]=(long int)(SampleD);
```

Sehen Sie sich nun Listing 7.8 an, dass das Signal in der Datei **RawData2.h** verzerrt und anschließend in einer Endlosschleife auf dem ersten DAC ausgibt.

**Listing 7.8** Distortion.ino

```
01 #include<RawData.h> // Audiopuffer und Definition der Rohdaten

02 long int SampleLen=28412;

03 void DistortionFilter(long int Len, float DstFact)
04 {
05     float SampleD;
06     for (long int i=0; i<Len; i++) // hier bei 0 beginnen
07     {
08         SampleD=(float)(AUBUFF[i])-128.0; SampleD*=(1.0+DstFact);
09         if (SampleD<-127.0) { SampleD=-127.0; } // negative Spitzen einfach bei
-127 abschneiden
10         if (SampleD>128.0) { SampleD=128.0; } // positive Spitzen einfach bei
+255 abschneiden
11         SampleD+=128.0; // Reskalierung auf 8 Bit Mono unsigned
12         AUBUFF[i]=(long int)(SampleD);
13     }
14 }

15 void setup() // setup() startet den Audiofilter
16 {
17     DistortionFilter(SampleLen,2); // Rohdatengröße in Bytes ist in SampleLen
18 }

19 void loop() // loop() spielt das Ergebnis in einer Schleife immer wieder ab
20 {
21     long int LClock; // Für Modulo-Operation
22     double DClock=(double)(micros()); // Hier skalierte Uhr erzeugen
23     DClock*=0.011025; // Uhr auf eine Samplerate von 11025 runterskalieren
24     LClock=(long int)(DClock); // DClock in Wert vom Typ long int wandeln
25     LClock%=SampleLen;
26     analogWrite(DAC0,AUBUFF[LClock]); // Sample ausgeben
27 }
```

In Zeile **01** müssen Sie zuerst wieder die Include-Datei **RawData2.h** einfügen, damit Sie auf **AUBUFF** und die zu filternden Rohdaten zugreifen können. In Zeile **02** definieren Sie anschließend wieder die globale Variable **SampleLen**, die die Länge des Originalsignals in Samples enthält. Der Filteralgorithmus selbst wird in die Funktion `DistortionFilter()` (die Zeilen **03–14**) ausgelagert und durch die Funktion `setup()`

(die Zeilen **15 – 18**) einmalig gestartet. `DistortionFilter()` bekommt die Sample-Länge des zu filternden Signals wieder in der Variablen **Len** übergeben, Sie können also auch hier andere Längen und andere Rohdaten verwenden. `DistortionFilter()` implementiert den schon weiter oben besprochenen Verzerrungsalgorithmus. In einer `for`-Schleife (die Zeilen **06 – 13**) wird ein Zähler von der Position 0 bis zur Länge des zu bearbeitenden Signals hochgezählt. Jeder Sample in **AUBUFF** wird hierbei in Zeile **08** zuerst in 8 Bit Mono signed gewandelt und anschießend mit dem Verzerrungsfaktor skaliert, den Sie als zweiten Parameter an die Funktion `DistortionFilter()` übergeben. Niedrigere Werte verzerren Ihr Signal schwächer als höhere Werte. `DistortionFilter()` kehrt am Ende immer erfolgreich zurück, wenn das gesamte Signal gefiltert wurde, deshalb ist auch hier kein Rückgabeparameter nötig. Da die Funktion `setup()` die Funktion `DistortionFilter()` aufruft, wird der Filter auch hier stets nur einmal angewendet. Der Abspielvorgang des gefilterten Signals wird auch in diesem Beispiel wieder in die Funktion `loop()` (die Zeilen **19 – 27**) ausgelagert. Der Abspielvorgang des verzerrten Ausgangssignals ist derselbe wie in Listing 7.7.

Wenn Sie etwas mit der Funktion `DistortionFilter()` experimentieren, werden Sie merken, dass der Filter ab Werten über 10 für **DstFact** nicht mehr richtig funktioniert und Sie bei der Ausgabe Oszillationen erhalten, die Ihre Ohren schmerzen lassen. Passen Sie also unbedingt auf, dass Sie nicht zu hohe Werte für **DstFact** einsetzen! Auch Ihr DAC kann unter Umständen durchschlagen, wenn Sie Werte auf diesem ausgeben, die zu schnell schwanken. Die Konsequenz ist dann, dass Sie irgendwann nichts mehr hören, obwohl Sie sämtliche Listings richtig abgetippt haben.

### 7.3.3 Der EMA-Filter

Vielleicht haben Sie in Ihrem Studium schon einmal etwas von Schwingkreisen gehört und eventuell haben Sie auch schon einmal einen solchen zusammengelötet. Ein einfacher Schwingkreis besteht aus einem Widerstand und einem Kondensator, die parallel zueinander geschaltet werden. Wenn Sie nun an einem Ende des Schwingkreises ein Audiosignal hineingeben, bekommen Sie am anderen Ende ein Audiosignal heraus, das bestimmte Frequenzen nicht mehr enthält. Welche Frequenzen das sind, hängt von der Stärke des Widerstands und von der Kapazität des Kondensators ab. Um nun das Verhalten eines Schwingkreises zu beschreiben, benötigen Sie normalerweise komplizierte Formeln aus der Elektrotechnik. Was ist aber, wenn Sie z. B. einen Tiefpassfilter auf Ihrem Mikrocontroller emulieren wollen? Müssen Sie diesem dann wirklich die Berechnung komplizierter Gleichungen zumuten und das auch noch in Echtzeit? Oder gibt es vielleicht doch einen Algorithmus bzw. ein Modell, das z. B. die Entwicklung eines Frequenzfilters einfacher macht?

Wenn Sie einige Zeit investieren, um Ihren Filter nach Gehör zu kalibrieren, dann gibt es diesen Algorithmus in der Tat in Form des EMA-Verfahrens. „EMA" ist die

Abkürzung für „exponential moving averages", auch „gleitender Mittelwert" genannt. Um den gleitenden Mittelwert zu berechnen, wird ein bestimmter Ausschnitt, das sogenannte Fenster, überlappend über das Signal geschoben und es wird stets der letzte Wert aus dem betrachteten Ausschnitt gestrichen und der erste Wert direkt nach dem Ausschnitt neu hinzugenommen. Anschließend wird dann wieder ein neuer Mittelwert mit den Daten des neuen, verschobenen Fensters berechnet. Was haben Sie jedoch durch einen solchen Algorithmus gewonnen? Die Antwort ist, dass dieser einfache Algorithmus schnelle Schwankungen in Ihrem Ausgangssignal glättet und dadurch quasi die hohen Frequenzen entfernt. In diesem Sinne haben Sie also einen einfachen Tiefpassfilter erstellt, der die Höhen absenken kann. Wenn Sie die Sache dann umkehren, und dafür sorgen, dass Ihr EMA-Filter die hohen Frequenzen **nicht** glättet, haben Sie einen einfachen Hochpassfilter erzeugt. Das einfache physikalische Modell, das hinter dem EMA-Filter steckt, ist das folgende: Wenn sich in Ihrem Schwingkreis der Kondensator auflädt, lässt dieser erst einmal sämtliche Signale durch. Dies tut er aber nur, solange er nicht voll aufgeladen ist, denn dann sperrt er den Stromfluss. Wenn das Ausgangssignal jedoch ein Wechselstromsignal ist, kann sich der Kondensator auch wieder entladen und diese Geschwindigkeit hängt vom Kondensator selbst und auch vom Widerstand im Schwingkreis ab. Ein Schwingkreis ist also gewissermaßen träge und mittelt in gewissen Frequenzbereichen das Signal. Diese Trägheit kann teilweise durch den EMA-Algorithmus emuliert werden. Erwarten Sie an dieser Stelle jedoch nicht zu viel. Komplexe Filter mit mehr als einem Kondensator und mehr als einem Widerstand können durch dem EMA-Algorithmus nicht mehr emuliert werden.

Ich werde Ihnen nun zeigen, wie Sie den EMA-Algorithmus auf Ihrem Mikrocontroller umsetzen können. Zu diesem Zweck definiere ich zunächst die Funktion `HiPass()`, die drei Parameter übergeben bekommt. Der erste Parameter (**EMA_a**) ist vom Typ `float` und bestimmt, ab welcher Frequenz der Filter aktiv ist. Der zweite Parameter (**Input**) ist der Signalwert selbst, nachdem dieser in eine Zahl vom Typ `float` umgewandelt wurde. Der dritte Parameter (**Active**) vom Typ `bool` bestimmt, ob der Filter überhaupt aktiv ist. Somit wird `HiPass()` wie folgt deklariert:

```
float HiPass(float EMA_a, float Input, bool Active);
```

Innerhalb der Funktion `HiPass()` wird nun schlicht die Formel für den gleitenden Mittelwert angewendet, die in C der folgenden Zeile entspricht:

```
EMA_S_H=(EMA_a*Input)+((1-EMA_a)*EMA_S_H);
```

Das Originalsignal wird also mit dem übergebenen Parameter **EMA_a** skaliert und anschließend wird (1-**EMA_a**) zu diesem Wert addiert, nachdem dieser noch einmal mit **EMA_S_H** skaliert wurde. Hierbei ist **EMA_S_H** eine globale Variable, die immer den aktuellen Zustand des EMA-Filters speichert und die sich auch im Laufe der Zeit ändert. Um nun das Ausgabesignal des EMA-Filters zu erhalten, muss nur noch **EMA_S_H** von **Input** subtrahiert werden. Wenn Sie im Internet nach dem Begriff

„EMA“ suchen, werden Sie unter Umständen verschiedene Formeln für den gleitenden Mittelwert finden und sich vielleicht wundern, wie ich in meinem C-Programm gerade auf die Formel gekommen bin, die ich Ihnen hier angebe. Die Antwort ist schlicht trial and error, also Versuch und Irrtum. Ich habe die ursprüngliche Formel, die ich in einem meiner zahlreichen Mathematik-Lehrbücher gefunden habe, so lange angepasst, bis ich ein Ergebnis erhalten habe, das sich brauchbar anhört. Am Ende erhielt ich folgende Funktion für einen einfachen Hochpassfilter:

```
float HiPass(float EMA_a, float Input, bool Active)
{
    float HiPassOut=0;
    EMA_S_H=(EMA_a*Input)+((1-EMA_a)*EMA_S_H);
    HiPassOut=Input-EMA_S_H;
    if (HiPassOut>255) { HiPassOut=255; }
    if (HiPassOut<0) { HiPassOut=0; }
    if (Active==true) { return HiPassOut; }
    else { return Input; }
}
```

Der Filter entfernt sämtliche Peaks, die durch Ausgabewerte von unter 0 oder über 255 erzeugt werden, und gibt stets den unveränderten Input zurück, wenn er nicht aktiv ist.

Kommen wir nun zu der entsprechenden EMA-Variante, die einen einfachen Tiefpassfilter emuliert. Zu diesem Zweck definiere ich wieder eine Funktion, die diesmal `LoPass()` heißt. `LoPass()` bekommt dieselben Parameter übergeben wie `HiPass()` und arbeitet auch fast wie diese Funktion. Der einzige Unterschied ist, dass hier der Rückgabewert schlicht **EMA_S_H** ist und dass **EMA_S_H** durch die globale Variable **EMA_S_L** (L ist hier die Abkürzung von lopass) ersetzt wird. **EMA_S_H** speichert also den aktuellen Zustand des Hochpassfilters und **EMA_S_L** den aktuellen Zustand des Tiefpassfilters. Die Funktion `LoPass()` sieht in C wie folgt aus:

```
float LoPass(float EMA_a, float Input, bool Active)
{
    float LoPassOut=0;
    EMA_S_L=(EMA_a*Input)+((1-EMA_a)*EMA_S_L);
    LoPassOut=EMA_S_L;
    if (LoPassOut>255) { LoPassOut=255; }
    if (LoPassOut<0) { LoPassOut=0; }
    if (Active==true) { return LoPassOut; }
    else { return Input; }
}
```

Der Filter entfernt auch hier wieder sämtliche Peaks, die durch Ausgabewerte von unter 0 oder über 255 erzeugt werden, und gibt stets das Input-Signal zurück, wenn er nicht aktiv ist.

Nun muss zum Schluss natürlich noch eine Sache geklärt werden, nämlich, wie Sie Ihre Funktionen `LoPass()` und `HiPass()` konkret auf Ihre Samples anwenden, die im Array **AUBUFF** stehen. Der erste Schritt ist, die Funktionen `LoPass()` und `HiPass()` an den Anfang Ihres Sketches zu kopieren. Zusätzlich müssen Sie auch die folgenden globalen Variablen definieren:

```
float EMA_S_H=0.0; // Anfangszustand ist 0.0
float EMA_S_L=0.0; // Anfangszustand ist 0.0
```

Sehen Sie sich nun Listing 7.9 an, das einen Echtzeit-EMA-Filter für Ihren Mikrocontroller umsetzt:

**Listing 7.9** EMAFilter.ino

```
#include "RawData2.h"

float EMA_S_H=0.0; // Anfangszustand ist 0.0
float EMA_S_L=0.0; // Anfangszustand ist 0.0
long int SampleLen=28412;

float HiPass(float EMA_a, float Input, bool Active)
{
    float HiPassOut=0;
    EMA_S_H=(EMA_a*Input)+((1-EMA_a)*EMA_S_H);
    HiPassOut=Input-EMA_S_H;
    if (HiPassOut>255) { HiPassOut=255; }
    if (HiPassOut<0) { HiPassOut=0; }
    if (Active==true) { return HiPassOut; }
    else { return Input; }
}

float LoPass(float EMA_a, float Input, bool Active)
{
    float LoPassOut=0;
    EMA_S_L=(EMA_a*Input)+((1-EMA_a)*EMA_S_L);
    LoPassOut=EMA_S_L;
    if (LoPassOut>255) { LoPassOut=255; }
    if (LoPassOut<0) { LoPassOut=0; }
    if (Active==true) { return LoPassOut; }
    else { return Input; }
}

void setup()
{
    analogWriteResolution(8); // Beim ESP32 wird dies nicht benötigt
}

void loop() // loop() spielt das Ergebnis in einer Schleife immer wieder ab
{
    float DOut; // Für EMA-Filter
    long int LClock; // Für Modulo-Operation
    double DClock=(double)(micros()); // Hier skalierte Uhr erzeugen
    DClock*=0.011025; // Uhr auf eine Samplerate von 11025 runterskalieren
    LClock=(long int)(DClock); // DClock in Wert vom Typ long int wandeln
    LClock%=SampleLen;
    DOut=(float)(AUBUFF[LClock]); // Typecasting nötig
    DOut=HiPass(0.2,DOut,true);
    DOut=LoPass(0.2,DOut,true);
    analogWrite(DAC0,(int)(DOut)); // Sample ausgeben (Typecasting nötig)
}
```

Anhand des obigen Beispiels können Sie sehr gut die Grenzen des EMA-Filters erkennen. Der Filter arbeitet hier tatsächlich als Bandpassfilter und entfernt sämtliche Frequenzen unterhalb von 100 Hz und oberhalb von 1000 Hz. Auch die Lautstärke wird spürbar herabgesetzt und die Sprache hört sich an wie ein altes Grammofon. Allerdings haben die Parameter, die Sie den Funktionen `HiPass()` und `LoPass()` übergeben, nichts mit Frequenzen zu tun. Dies ist auch der Grund dafür, dass Sie Ihre Filter entweder umständlich per Hand kalibrieren oder ein anderes Verfahren verwenden müssen.

### 7.3.4 Diskrete Fouriertransformation (DFT)[1]

In Abschnitt 7.3.3 haben Sie gesehen, wie Sie einen einfachen Frequenzfilter mit dem EMA-Verfahren umsetzen können – aber auch die Beschränkungen dieses Verfahrens. In diesem Abschnitt betreten wir nun die Königsklasse und sehen uns einen Filteralgorithmus an, der quasi sämtliche Frequenzen eines Signals direkt verstärken oder absenken kann. Dieses Verfahren ist im Endeffekt nicht so neu, wie Sie vielleicht denken, und wurde von dem Mathematiker Joseph Fourier (1768 – 1830) schon Anfang des 18. Jahrhunderts entwickelt. Ausgangspunkt der Fouriertransformation ist die folgende Überlegung: Gibt es eine Methode, mit der eine beliebige Kurve (also eine mathematische Funktion f(x)) durch eine Summe aus Sinus- und Cosinus-Termen angenähert werden kann? Zu diesem Zweck entwickelte Fourier die später nach ihm benannte Fourier-Reihe. Eine *Reihe* (oft auch Folge genannt) ist eine Summe endlich oder unendlich vieler Glieder. Die allgemeine Form der Fourier-Reihe lautet:

$$f(t) = \sum_{k \in Z} C_k e_k(t) \ mit \ C_k \in C$$

Die Fourier-Reihe ist also in der ursprünglichen Form eine Summe aus komplexen Zahlen. Sie fragen sich an dieser Stelle vielleicht, was denn die komplexen Zahlen, die ja eigentlich Vektoren sind, mit dem Sinus und Cosinus zu tun haben. Die Antwort ist, dass die komplexen Zahlen in der Fourier-Reihe nur eine kompaktere Schreibweise für Sinus- und Cosinus-Terme sind, die in der folgenden Weise mithilfe der eulerschen Formel ineinander umgewandelt werden können:

$$e^{iy} = \cos(y) + isin(y)$$

Das bedeutet, dass es für die Fourier-Reihe auch folgende Sinus-Cosinus-Form gibt:

$$f(t) = \frac{a_0}{2} + \sum_{k=1}^{n} (a_k \cos(k * t) + b_k \sin(k * t))$$

[1] *https://de.wikipedia.org/wiki/Diskrete_Fourier-Transformation*

Was haben Sie an dieser Stelle aber gewonnen? Im Endeffekt präsentiere ich Ihnen doch nur eine Wiederholung Ihres Abiturstoffs der elften Klasse, in der es unter anderem um die Funktion $f(x)=e^x$ geht, die man eben auch in Sinus- oder Cosinus-Terme umwandeln kann. Im Endeffekt hatte Fourier selbst nichts mehr von seiner Entdeckung, denn Fourier war Mathematiker und hat deswegen auch nur Abhandlungen über verschiedene theoretische Fragestellungen veröffentlicht. Die wirkliche Revolution kam viel später, als im 20. Jahrhundert die Elektrotechnik und Signalverarbeitung folgende Entdeckung machte: Wechselstromsignale, wie sie unter anderem auch durch Mikrofone erzeugt werden, können mithilfe der eulerschen Formel als komplexe Zahlen (also als Vektoren) dargestellt werden. Mithilfe dieses Modells kann dann die Sinus-Cosinus-Form einer Fourier-Reihe in die folgende Amplituden-Phasen-Form umgewandelt werden:

$$f(t) = \frac{a_0}{2} + \sum_{k=1}^{n} A_k \cos(k * t - \varphi_k)$$

Elektrotechniker verwenden an dieser Stelle gern folgendes Bild, um sich ein Wechselstromsignal zu veranschaulichen: Ein komplexer Zeiger (also ein Vektor im komplexen Koordinatensystem) rotiert mit einer bestimmten Frequenz um seine eigene Achse. Die Spitze dieses Zeigers gibt die Spannung U(t) des Signals zu einem bestimmten Zeitpunkt an. Die Konstante $\phi_k$ gibt an, bei welchem Winkel eine bestimmte Cosinus-Funktion startet. Stellen Sie sich einfach vor, dass nicht sämtliche Schwingungen in Ihrem Signal genau zum Zeitpunkt Null anfangen, sondern auf der Zeitachse verschoben sein können. Diese Verschiebung drückt sich durch einen bestimmten Winkel $\phi_k$ aus. Stellen Sie sich nun vor, Sie haben ein diskretes Signal mit einer bestimmten Sample-Rate aufgenommen und deshalb natürlich nicht unendlich viele Summenglieder. In diesem Fall wird aus dem kontinuierlichen Wechselstromsignal eine Fourier-Reihe in Amplituden-Phasen-Form, die auch endlich viele Summenglieder besitzt.

Der nächste Schritt in den 80er-Jahren war dann die Entwicklung eines Computeralgorithmus, der ein diskretes Signal in zwei Richtungen wandeln kann, nämlich sowohl in die Amplituden-Phasen-Darstellung als auch zurück von der Amplituden-Phasen-Darstellung in die Ausgangsdaten. Hierbei können einzelne Summenglieder der Fourier-Reihe durchaus auch verändert werden, was zur Folge hat, dass sich dann auch das Originalsignal verändert. Da die einzelnen Summenglieder in der Amplituden-Phasen-Darstellung verschiedene Frequenzen des Ausgangsignals repräsentieren, können Sie auch bestimmte Frequenzen aus Ihrem Signal entfernen – Sie müssen nur die richtigen Summenglieder weglassen. Natürlich können Sie bestimme Frequenzen auch verstärken, indem Sie den Faktor $A_k$ ändern, der vor dem entsprechenden Cosinus-Term steht. Sie sehen also, dass man mit Computeralgorithmen nicht nur Filter, sondern auch Verstärker simulieren kann.

Kommen wir nun zu dem konkreten Algorithmus, der das oben Gesagte leistet, nämlich der diskreten Fouriertransformation (DFT). Der DFT-Algorithmus erzeugt aus einem Eingangssignal, von dem die Rohdaten in dem Array **S** abgelegt werden, zwei Arrays, die das transformierte Signal enthalten. Der DFT-Algorithmus verwendet also die Darstellungsform mit den komplexen Zahlen und legt dabei den Realteil und den Imaginärteil in getrennten Arrays ab. Die Wandlung der diskreten Zahlenwerte im Array **S** in komplexe Zahlen geschieht hier wieder mit der Formel

$$e^{iy} = \cos(y) + isin(y)$$

getrennt für die realen und komplexen Anteile des Ergebnis-Arrays. Wie wandelt man aber nun ein diskretes Signal in eine Summe aus Frequenzen um? Nehmen wir dazu erst einmal an, Ihr Signal enthält nur ein Standard-Sinus-Signal, das mit einer Frequenz von 1/2π=0,159 Hertz schwingt. In diesem Fall hätte Ihre Fourier-Reihe nur ein einziges Glied, nämlich sin(x). Wenn Ihr Signal nun die Länge **Len** besitzt, dann lassen sich sämtliche Werte in **S** durch die Funktion f(x)=sin(x) berechnen. Dies können Sie durch folgende einfache Schleife realisieren:

```
int n;
for (n=0; n<Len; n++)
{
    S[n]=sin(n);
}
```

Nun benötigt aber Ihre Standard-Sinus-Kurve eben 6,28 Sekunden für einen Durchgang und wenn Sie den Sinus wieder als rotierenden Zeiger in einem komplexen Koordinatensystem darstellen, benötigt Ihr Zeiger 6,28 Sekunden für einen Umlauf. Sie erahnen wahrscheinlich an dieser Stelle schon, dass die Funktion sin(x) wieder so skaliert werden muss, dass diese mit 1 Hz schwingt (denn wir messen Frequenzen allgemein in 1-Hz-Einheiten und nicht in 0,159-Hz-Einheiten). Sie müssen also Ihre Schleife wie folgt abwandeln, damit **S** mit einer Sinuswelle beschrieben wird, die mit 1 Hz schwingt:

```
int n;
float PI=3.141592;
for (n=0; n<Len; n++)
{
    S[n]=sin(2*PI*n);
}
```

Sehen Sie sich noch einmal die Sinus-Cosinus-Form der Fourier-Reihe an:

$$f(t) = \frac{a_0}{2} + \sum_{k=1}^{n} (a_k \cos(k * t) + b_k \sin(k * t))$$

Die Anzahl der Samples in Ihrem Signal ist bei der diskreten Fouriertransformation **n**, und **k** ist gleich **n**. Um also den Real- und Imaginärteil in getrennten Arrays abzulegen, können Sie die folgenden Programmzeilen verwenden:

```
XRe[k]=S[n]*cos(2*PI*k*n/Len)); // Len ist die Anzahl der Samples in Ihrem Signal
XIm[k]=S[n]*sin(2*PI*k*n(Len)); // Len ist die Anzahl Samples in Ihrem Signal
```

Der letzte Schritt zu einer lauffähigen C++-Funktion ist nun, für jeden einzelnen Sample `S[n]` zu ermitteln, welche Schwingungsfunktion mit welcher Frequenz diesen Wert verursacht haben könnte. Sie müssen also quasi für jeden Sample-Wert die Fourier-Reihe ermitteln, die diesen Wert erzeugt haben könnte. Wenn Sie an dieser Stelle an eine doppelt verschachtelte Schleife denken, dann haben Sie den Sachverhalt richtig erkannt. Sehen Sie sich nun die komplette Funktion `DFT()` als C++-Code an:

```
void DFT(float *S, float *XRe, float *XIm, int Len)
{
    int i, k, n;
    for (k=0; k<Len; k++)
    {
        XRe[k]=0; XIm[k]=0; // Eine Fourier-Reihe ohne Summenglieder ist erst
einmal=0
        for (n=0; n<Len; n++) // Sämtliche Samples durchgehen
        {
            XRe[k]=(XRe[k]+S[n]*cos(2*PI*k*n/Len)); // Realteil der Fourier-Reihe
erzeugen
            XIm[k]=(XIm[k]+S[n]*sin(2*PI*k*n/Len)); // Imaginärteil der Fourier-Reihe
erzeugen
        }
    }
}
```

Wie sieht es nun mit der Komplexität des DFT-Algorithmus aus? Wie stark steigt die Laufzeit mit steigenden Werten für **n** an? Die Laufzeit der diskreten Fouriertransformation entspricht wegen der Doppelschleife $O(n^2)$, steigt also polynomial an. Die diskrete Fouriertransformation ist in jedem Fall berechenbar, weil der Algorithmus für alle Eingaben anhält. Die Wandlung in `float`-Werte, die Sie unter Umständen durchführen müssen, ist im Vergleich zu der Laufzeit des eigentlichen DFT-Algorithmus vernachlässigbar.

Kommen wir zur inversen diskreten Fouriertransformation, die allgemein mit IDFT (inverse DFT) abgekürzt wird. Die Funktion `IDFT()` bekommt in diesem Fall dieselben Parameter übergeben wie die Funktion DFT, überschreibt aber den Inhalt der Arrays **S**.

```
void IDFT(float *S, float *Xr, float *Xi, int Len)
{
    int i,k,n;
    float theta; // Drehwinkel des komplexen Zeigers
    for (n=0; n<Len; n++)
    {
        S[n]=0;
```

```
        for (k=0; k<Len; k++)
        {
            theta=(2*PI*k*n)/Len;
            S[n]=S[n]+Xr[k]*cos(theta)+Xi[k]*sin(theta);
        }
        S[n]=S[n]/Len;
    }
}
```

Wie Sie sehen, arbeitet die inverse Fouriertransformation fast wie die Fouriertransformation selbst. Anstatt jedoch die Fourier-Reihen für jeden Wert im Array **S** zu berechnen, setzt die inverse Fouriertransformation das Array **S** wieder aus den einzelnen komplexen Zahlen zusammen, indem der Drehwinkel des komplexen Zeigers wieder auf den reellen Zahlenraum abgebildet wird. Aufgrund der Tatsache, dass sich komplexe Zahlen immer als Sinus- und Cosinus-Terme darstellen lassen, sieht dann auch die inverse Fouriertransformation der Fouriertransformation recht ähnlich.

Nun bleibt nur noch die Frage zu klären, wie Sie bestimmte Frequenzen aus einem transformierten Signal entfernen können. Dies ist aber gar nicht so schwierig, denn im komplexen Zahlenraum entsprechen die Frequenzen dem Absolutwert der Werte in dem Array **XRe** (also quasi dem reellen Anteil des komplexen Vektors). Da ein Umlauf des komplexen Zeigers bei einem Standard-Sinus-Signal 6,25 Sekunden dauert, müssen Sie diesen Wert noch mit 6,25 multiplizieren, um die tatsächliche Frequenz zu erhalten. Nehmen wir nun an, dass Sie alle Frequenzen oberhalb von 2000 Hz aus Ihrem Signal entfernen wollen. Dann teilen Sie 2000 durch 6,25 und erhalten 320. Anschließend setzen Sie sämtliche Einträge in `XRe[n]` und `XIm[n]` auf 0, bei denen der Absolutbetrag von `XRe[n]<320` ist.

## 7.4 Übungen

**Übung 1:**

Erklären Sie, was ein Signal ist und wie dieses gemessen werden kann. Was müssen Sie beim Messen von Signalen beachten? Mit welchen elektronischen Bauteilen können Signale eingelesen und mit welchen elektronischen Bauteilen können Signale generiert werden?

**Übung 2:**

Erläutern Sie, welche primitiven Signalformen es bei Audiosignalen gibt und wie diese im Oszillogramm aussehen (Sie brauchen hier keine Bilder zu malen, Text genügt). Auf welche Weise können diese Signaltypen generiert werden (kein Programmcode, eine grobe Angabe des Verfahrens genügt hier)?

**Übung 3:**

Was ist eine Hüllkurve für Audiosignale und wie wird diese erzeugt? Welche vier Parameter kennzeichnen eine Hüllkurve?

**Übung 4:**

Was ist ein Signalfilter und was haben Signalfilter mit dem Thema Algorithmen zu tun?

# 8 Grafische Bildverarbeitung

Die grafische Bildverarbeitung ist ein Thema, das nur manchmal im Studium vorkommt und das Sie nicht unbedingt benötigen. Wenn Sie jedoch z. B. grafische Bildverarbeitung als Wahlpflichtfach gewählt haben, dann können Sie in der Tat Schwierigkeiten bekommen. Warum ist dies so? Ein Grund für Probleme in grafischer Bildverarbeitung ist, dass im Studium das Thema Grafikausgabe, sowohl unter Linux als auch unter Windows, oft zu kurz kommt und viele Studenten einfach nicht wissen, wie sie z. B. Pixel in der Konsole ausgeben können. Sehr oft werden deshalb vorgefertigte Grafikbibliotheken benutzt, die entweder die Professoren selbst oder aber auch spezielle Firmen entwickelt haben – diese lassen sich die Sache natürlich auch einiges kosten. Ein weiterer Grund ist, dass die immer beliebter werdende Programmiersprache Java die Programmierung von Grafikfiltern, so, wie sie im Studium behandelt werden, nicht wirklich unterstützt. So gibt es z. B. in Java keine bzw. keine einfache Möglichkeit, Pixel direkt zu setzen oder die Farbe einzelner Pixel an einer bestimmten Position auszulesen. Sie müssen hierfür immer spezielle Interfaces verwenden, die oft sogar kostenpflichtig in App-Stores erworben werden müssen – diese Kosten tragen dann oft die Hochschulen. Das Setzen von Pixeln oder das Auslesen von Farbinformationen ist aber essenziell für grafische Filteralgorithmen, weswegen Sie sich (zumindest dann, wenn Sie nicht über das nötige Kleingeld verfügen) an dieser Stelle im Kreis drehen. Der alternative (und kostenlose) Weg über C++ zusammen mit der Framebuffer-Gerätedatei **/dev/fb0** unter Linux wird im Studium meist überhaupt nicht besprochen und viele Studenten bleiben dann schon bei der Aufgabe stehen, ein Pixel mit einer bestimmten Farbe auszugeben. Dabei ist die Programmierung von Filteralgorithmen auch ohne komplizierte GUI-Entwicklungsumgebungen möglich, wenn Sie ein paar Tricks beherrschen. Diese Tricks werde ich Ihnen natürlich auch zusammen mit den wichtigsten Filteralgorithmen erklären. Ich werde dabei auf Windows nur am Rande eingehen, denn dort ist die Grafikausgabe sehr speziell und auch nicht immer intuitiv.

## 8.1 Der Medianfilter

Fangen wir mit einem ganz einfachen Filteralgorithmus an, nämlich dem Medianfilter. Den Median kennen Sie wahrscheinlich noch aus Ihrer Schulzeit. Der *Median* ist der mittlere Wert, das heißt, der Wert, der sich in der Mitte einer Zahlenreihe befindet. Wenn Sie z. B. die Zahlenreihe {1,2,3,4,5,6,7,8,9} mit neun Werten haben, dann ist der Median 5. Wenn Sie die Zahlenreihe {1,2,3,4,5,6,7,8,9,10} mit zehn Werten haben, dann haben Sie eine gerade Anzahl von Werten. In diesem Fall gibt es keinen Wert direkt in der Mitte und der Median ist der Mittelwert der beiden Werte in der Mitte der Zahlenreihe. Bei den zehn Werten {1,2,3,4,5,6,7,8,9,10} ist der Median also (5+6)/2=5,5. Der Median hat nun besondere Eigenschaften. Im Gegensatz zum Mittelwert können Sie mit dem Median nämlich Ausreißer eliminieren. Nehmen Sie z. B. die folgende Zahlenreihe:

**{1,2,3,4,5,6,700,8,9}**

Der Median dieser Zahlenreihe ist in diesem Beispiel nach wie vor 5, auch wenn ein einzelner Wert in der Reihe sehr groß ist. Die Wahrscheinlichkeit, dass Sie in diesem Beispiel den Ausreißer nicht erkennen, liegt bei 1/9. Dieser eine Fall von neun Fällen tritt genau dann auf, wenn sich der Ausreißer zufällig in der Mitte der Reihe befindet. Um die Wahrscheinlichkeit, den Ausreißer nicht zu erkennen, noch weiter zu reduzieren, unternimmt man beim Median noch einen weiteren Schritt: Man sortiert die Zahlenreihe aufsteigend, bevor man den Median ermittelt. In diesem Fall erkennt man den Ausreißer auch dann, wenn sich dieser genau in der Mitte befindet. Die Zahlenreihe

**{1,2,3,4,500,6,7,8,9}**

wird also noch vor Berechnung des Medians sortiert und zu

**{1,2,3,4,6,7,8,9,500}**

Und der Median ist weiterhin 5.

Damit kommen wir zu der folgenden Definition, die fast immer in irgendeiner Form im Studium auftaucht: Der *Median* ist der mittlere Wert, der sich in der Mitte einer **aufsteigend sortierten** Zahlenreihe befindet. Wenn die sortierte Zahlenreihe eine gerade Anzahl Werte besitzt, ist der Median der Mittelwert der beiden Werte in der Mitte der Zahlenreihe.

Die Eigenschaft, dass Sie mit dem Median Ausreißer erkennen können, nutzt man nun in der grafischen Bildverarbeitung, um Kratzer oder Störpixel zu entfernen. Dabei nimmt man folgendes Modell zur Hilfe: Man nimmt an, dass Kratzer und Störpixel Ausreißer sind und dass man diese eliminieren kann, indem man anstatt der Störpixel oder Kratzer an der entsprechenden Stelle den Median einsetzt. Der Algorithmus, der einen sogenannten *Medianfilter* implementiert, funktioniert nun so:

1. Beginne bei den Bildschirmkoordinaten x=0 und y=0.
2. Lies neun Pixeldaten an den Positionen (x,y) bis (x+2,y+2) ein und füge diese Pixeldaten sortiert in das Array **A** ein (meistens sind die Pixeldaten hier die in Helligkeiten umgerechneten Farbwerte bzw. die einzelnen Farbkanäle werden separat verarbeitet).
3. Ermittle den Median des Arrays **A** und ersetze die Pixeldaten des Pixels an der Position (x+1,y+1) durch den Median (bzw. durch die Farbe, deren Helligkeitsinformationen zu dem vorher berechneten Median passt).
4. Erhöhe x um 1.
5. Wenn y die Bildzeile verlässt, erhöhe y um 1 und setze x auf 0.
6. Wiederhole die Schritte zwei bis sechs, bis das gesamte Bild abgetastet ist. Hierbei ist eine weitere Option, den Filter nur dann anzuwenden, wenn die Helligkeit in dem Bereich (x,y) bis (x+2,y+2) zu stark schwankt. Hierdurch bleiben mehr Originalpixel erhalten als bei der „rein stupiden" Anwendung, die richtige Skalierung des Filters ist aber schwieriger.

An dieser Stelle können Sie sehr gut sehen, dass Sie die Basisalgorithmen immer wieder benötigen, auch für professionelle Anwendungen. In diesem Fall benötigen Sie das sortierte Einfügen von Daten in ein Array. Nun bleibt aber noch die Frage zu klären, was denn eigentlich Pixeldaten genau sind und wo diese im Speicher stehen. Wie wird also z. B. die Farbe eines Pixels ermittelt? Die meisten modernen Grafikkarten besitzen hierfür einen internen Bildspeicher, der auch als *Framebuffer* bezeichnet wird. In den meisten Fällen sind die Pixeldaten im Framebuffer als Tupel von mindestens drei Werten abgelegt, nämlich in Form von {R,G,B}. R bedeutet Rot, G bedeutet dabei Grün und B bedeutet Blau. Mittlerweile wird noch ein viertes Bit hinzugenommen, das auch (je nach Grafikkarte) Transparenzinformationen enthalten kann, meistens aber 0 ist. Jede Farbe im Framebuffer ist also eine Mischung aus einem Rotanteil, einem Grünanteil und einem Blauanteil. Hierbei mischen sich alle drei Farben zu Weiß. Die Werte für die einzelnen Farbanteile liegen fast immer im Bereich von 0 bis 255 und können deshalb sehr gut in einem Array des Typs `int[]` abgelegt werden. Für das Auslesen der Pixeldaten können Sie über die Datei **/dev/fb0** direkt auf den Framebuffer zugreifen. Meistens werden die Pixelfarben unter Linux als Werte vom Typ `unsigned int` angelegt (`int` ist also mittlerweile 32 Bit breit), die Reihenfolge der Bytes ist unter Linux {0,R,G,B} (**B** ist also im LSB). Wenn Sie Bilder verwenden wollen, die Sie unter Windows erstellt haben (z. B. Bitmaps), müssen Sie aufpassen: Unter Windows sind die Farbwerte für Rot und Blau vertauscht und die Farbkanäle haben die Reihenfolge {0,B,G,R} (**R** ist also im LSB).

Nehmen wir nun an, Sie hätten die Farbe eines Pixels in ein Tupel aus drei Werten zerlegt, nämlich die Variablen **R** für Rot, **G** für Grün und **B** für Blau. Es gibt nun verschiedene Strategien, farbige Pixel mit einem Medianfilter zu verarbeiten. Die einfachste Vorgehensweise ist, für die Werte **R**, **G** und **B** den Mittelwert zu berechnen und dadurch einen Grauwert zu erhalten. Dieser Grauwert gibt dann die Helligkeit an und die Pixel werden anschließend nach Helligkeit und nicht nach Farbe sortiert. Natürlich muss dann am Ende nicht der Median selbst an die Position (x+1,y+1) geschrieben werden, sondern die Farbdaten des entsprechenden Pixels, die zu dem entsprechenden Eintrag gehören. Alternativ zum Mittelwert kann der RGB-Farbwert auch in die drei Werte **H**, **S** und **V** umgerechnet werden (**H**=hue=Farbwert, **S**=saturation=Sättigung, **V**=value=Helligkeit) und anschließend der Median aus sämtlichen **V**-Werten ermittelt werden. Im Endeffekt ist aber die HSV-Schreibweise nur eine andere Form der RGB-Schreibweise. Wie Sie das RGB-Farbmodell in HSV (und auch andere Farbmodelle) umrechnen und welche Philosophie der Farbwahrnehmung hinter dem HSV-Farbmodell steckt, können Sie hier erfahren:

*https://de.wikipedia.org/wiki/HSV-Farbraum*

Eine zweite Vorgehensweise ist, das Bild in drei Farbebenen (man spricht hier auch von planes bzw. bitplanes) aufzuteilen und dadurch den Rotanteil, Grünanteil und Blauanteil separat zu betrachten. Der Medianfilter wird in diesem Fall also dreimal angewendet. Der Vorteil dieses Vorgehens ist, dass der Filter sehr viel feiner ist und z. B. auch farbige Kratzer und Störpixel erkennen kann. Es gibt jedoch auch einen Nachteil: Wenn die Verteilung einer bestimmten Farbe im Bild stark schwankt, weil sich z. B. helle und dunkle Bereiche abwechseln, dann können Artefakte auftreten. Welche Strategie ist aber nun für unser weiteres Vorgehen die beste? Dies kommt darauf an, was Sie genau tun wollen. In dem nächsten Beispiel soll einfach ein Foto, das Störpixel enthält, wieder einigermaßen sichtbar gemacht werden. Dies ist dann auch das Entscheidungskriterium für Ihren Filter: Fotos enthalten oft keine starken Farbschwankungen. Deshalb müssen Sie auch nicht darauf achten, dass das Farbspektrum möglichst nicht beeinflusst wird. Wir wählen also für das nächste Beispiel die zweite Lösung.

Nun haben Sie schon alles zusammen, um den Medianfilter in ein Programm umzusetzen. Allerdings benötigen Sie noch eine Strategie, um in Ihrer Konsole Pixel auszugeben und Bilder anzuzeigen. Dies ist aber nicht so schwer, wie Sie vielleicht denken. Der Schlüssel liegt hier in der Geräte-Datei **/dev/fb0**, in die Sie in der Tat Pixeldaten hineinschreiben können. Kommen wir nun zur Ausgabe von Pixeln direkt in der Linux-Konsole. Unter Linux ist die Sache sehr viel einfacher, als z. B. unter Windows, da Sie, um ein Pixel auf dem Bildschirm auszugeben, nur die Datei **/dev/fb0** als Array betrachten müssen. In diesem Array stehen nun die Werte, die Ihre Grafikkarte als Framebuffer-Daten verwendet. Allerdings müssen Sie die Zugriffsrechte auf **/dev/fb0** besitzen, sonst können Sie keine Daten in den Framebuffer schreiben. Zur Not müssen Sie Ihren Desktop beenden und/oder eine neue Konsole z. B. mit **STRG+F1** aufmachen. Wenn Sie keine direkten Zugriffsrechte auf **/dev/fb0** haben, müssen Sie sich entweder als **root** einloggen oder aber Ihrem Benutzer die entsprechenden Rechte zuteilen. Nehmen Sie nun an, dass Ihr Framebuffer 1024x768 Pixel groß ist und dass

Sie 4 Bytes pro Farbpixel verwenden. In diesem Fall können Sie die folgende `PSet()`-Funktion für das Setzen von Pixeln benutzen:

```
void PSet(unsigned int x, unsigned int y, unsigned int Color) // 32 Bits für int
{
    int Adr; // 32 Bits für int
    Adr=(1024*y)+x; Adr*=4; // Adr ist die Speicheradresse bei 4 Bytes pro Pixel
    fseek(FB,Adr,SEEK_SET); // Dateizeiger auf die Position Adr setzen
    fwrite(&Color,4,1,FB); // 4 Bytes in Datei FB schreiben
}
```

Die globale Variable FB ist vom Typ FILE* und kann (bzw. muss) vorher wie folgt initialisiert werden:

```
FB=fopen("/dev/fb0","r+b");
```

Die Funktion `Point()` greift nun auf die Datei **/dev/fb0** zu und liest die entsprechenden Pixeldaten an der Position (x,y) aus dieser aus:

```
unsigned int Point(unsigned int x, unsigned int y)
{
    unsigned int Adr;
    unsigned int Color;
    Adr=(1024*y)+x; Adr*=4; // Adr ist die Speicheradresse bei 4 Bytes pro Pixel
    fseek(FB,Adr,SEEK_SET); // Dateizeiger auf die Position Adr setzen
    fread(&Color,4,1,FB); // 4 Bytes lesen
    return Color;
}
```

Unter Linux werden also die Pixeldaten direkt in den Framebuffer geschrieben und dies kann ein Nachteil sein. Die Hardware verwendet nämlich – anders als z. B. die `SetPixel()`-Funktion unter Windows – die Reihenfolge {0,R,G,B}. Das heißt, dass unter Windows die Positionen für den Rot- und Blauwert vertauscht sind und dass Sie dies beachten müssen, wenn Sie Programme von Linux auf Windows oder umgekehrt portieren wollen. Die Lösung, die ich im Folgenden verwende, ist, Ihnen zwei Versionen der Funktion `RGB()` anzugeben, die Farbwerte in der Reihenfolge **R**, **G**, **B** entgegennimmt und diese in einen Farbwert verwandelt. Sie müssen dann nur noch die richtige Version für Ihr System verwenden. Die Beispiel-Listings verwenden dann später Linux sowie die separate Include-Datei **graphics.h**.

### Windows-Version zum Setzen und Auslesen von Pixeln

Unter Windows gibt es rudimentäre Funktionen zum Setzen von Pixeln und zum Auslesen von Farbinformationen. Diese sind `SetPixel()` und `GetPixel()`. Die Funktion `RGB()` ist auch schon in der Windows-API enthalten. Fügen Sie an dieser Stelle einfach **Windows.h** am Anfang Ihres Programms ein. Leider können Sie unter Windows nicht direkt auf den Framebuffer zugreifen, sondern müssen immer Fenster und einen HDC (handle for a device context) benutzen, den Sie vorher an ein Fenster binden müssen. Da dies nicht gerade trivial ist und tiefgreifende Kenntnisse der GUI-Programmierung erfordert, kann dieses Vorgehen an dieser Stelle nicht besprochen werden.

In der letzten Auflage dieses Buchs konnte an dieser Stelle noch ein Trick eingefügt werden, mit dem Sie auch die Windows-Eingabeaufforderung dazu überreden konnten, zumindest indirekt auf den Framebuffer zuzugreifen. Leider ist dies unter Windows 11 nun nicht mehr möglich, weil Microsoft diese Technik Anfang 2024 als sofort zu schließende Sicherheitslücke eingestuft hat. Deshalb bin ich auch gar nicht mehr dazu berechtigt, Ihnen diesen „Hack“ zu zeigen.

**Linux-Version der RGB()-Funktion**

```
unsigned int RGB(unsigned int R, unsigned int G, unsigned int B)
{
    R&=0xff; G&=0xff; B&=0xff;
    unsigned int Color;
    Color=(R<<16)|(G<<8)|B; Bytes mit Bit-Shifts zu einem long-int-Wert vereinigen
    return Color;
}
```

Wie Sie sehen, verschiebt die `RGB()`-Funktion unter Linux nur die Bits aus den Variablen **R**, **G** und **B** an die richtige Stelle und sorgt vorher auch dafür, dass nur die untersten acht Bits von **R**, **G** und **B** für den neuen Farbwert benutzt werden. Auch hier wird davon ausgegangen, dass der Typ `int` 32 Bit breit ist.

Nun haben Sie aber sämtliche Farben noch im Format `unsigned int` vorliegen. Für die Verwendung der Filter müssen Sie jedoch die Werte für **R**, **G** und **B** separat verarbeiten. Dies können Sie auf die folgende Weise erreichen:

**Windows-Funktionen zum separaten Ermitteln von R, G und B aus einem 32-Bit-Farbwert**

```
// unter Windows ist long int 32 Bit breit und long long int 64 Bit breit
unsigned long int GetR(unsigned long int Color) // Gibt den Rotanteil zurück
{
    return Color&0xff; // Rot ist Byte 0
}

unsigned long int GetG(unsigned long int Color) // Gibt den Grünanteil zurück
{
    return (Color>>8)&0xff; // Grün ist Byte 1
}

unsigned long int GetB(unsigned long int Color) // Gibt den Blauanteil zurück
{
    return (Color>>16)&0xff; // Blau ist Byte 2
}
```

**Linux-Funktionen zum separaten Ermitteln von R, G und B aus einem int-Farbwert**

```
// int ist hier 32 Bits breit
unsigned int GetR(unsigned int Color) // Gibt den Rotanteil zurück
{
    return (Color>>16)&0xff; // Rot ist Byte 2
}

unsigned int GetG(unsigned int Color) // Gibt den Grünanteil zurück
{
    return (Color>>8)&0xff; // Grün ist Byte 1
}

unsigned int GetB(unsigned int Color) // Gibt den Blauanteil zurück
{
    return Color&0xff; // Blau ist Byte 0
}
```

Nun müssen Sie Ihre Bitmaps, die Sie mit Ihrem Filter bearbeiten wollen, vorher noch einlesen. Auch hier ist das Vorgehen unter Windows und Linux sehr unterschiedlich. Unter Windows gilt wieder, dass Sie die Windows-API und ein Fenster benutzen müssen, um ein Bitmap-Bild in dieses hineinzuladen. Auch müssen Sie dafür sorgen, dass dieses Verhalten durch eine bestimmte Aktion ausgelöst wird, z. B. mittels einer Funktion, die nach der Auswahl des Menüeintrags „Bild laden" aufgerufen wird. Auch an dieser Stelle bekommen Sie durch die entsprechende Funktion das HDC des aktuellen Fensters als Parameter übergeben. Unter Windows bekommen aber auch Bitmaps ein Handle (Typ `HBITMAP`). `HBITMAP` ist ein Zeiger auf einen Speicherbereich, der Bilddaten enthält. Dieser Zeiger kann, wenn Sie das Bitmap mit der API-Funktion `LoadImage()` aus einer Datei geladen haben, an einen Gerätekontext gebunden werden. Dies kann z. B. der Grafikkontext des aktuellen Fensters sein (meist als `HDCWindow` bezeichnet). Unter Linux müssen Sie dagegen entweder einen Fenstermanager installieren und z. B. das GTK-Toolikt verwenden oder aber einen Bitmap-Loader per Hand erstellen. Ich werde Ihnen nun beide Versionen vorstellen.

**Windows-Version des Bitmap-Loaders**

```
void LoadBitmap(HDC &HDCWindow, long int &w, long int &h, char *FileName)
{
    w=0; h=0; // Wenn der Loader zurückkehrt, ohne das Bild zu laden, bleiben diese
Werte 0
    HDC NewDC=CreateCompatibleDC(HDCWindow); // Neuen DC aus einem Fenster-DC (hier
HDCWindow) ableiten
    HBITMAP NewBitmap=(HBITMAP)LoadImage(NULL,FileName,IMAGE_BITMAP,0,0, LR_
LOADFROMFILE); // LoadImage() mit Standardparametern aufrufen
    if (NewBitmap == NULL) { return;  } // Fehler beim Laden? Dann kehre zurück
    BITMAP bmp; // Alles klar? Dann erzeuge ein neues Bitmap-Objekt bmp
    GetObject(NewBitmap, sizeof(bmp),&bmp); // Daten vom Bitmap-Handle in das Objekt
einlesen
    HGDIOBJ OldBitmap=SelectObject(NewDC,NewBitmap); // Bitmap an NewDC binden
    BitBlt(HDCWindow,0,0, bmp.bmWidth, bmp.bmHeight, NewDC,0,0,SRCCOPY);
```

```
        w=bmp.bmWidth; h=bmp.bmHeight; // Rückgebeparameter anpassen
        // Am Ende alle temporären Puffer wieder löschen
        SelectObject(NewDC,OldBitmap);
        DeleteObject(NewBitmap);
        DeleteDC(NewDC);
}
```

`LoadBitmap()` bekommt vier Parameter übergeben, nämlich **HDCWindow** (der HDC des Fensters, in dem das Bitmap erscheinen soll), **w** (width=Bildbreite in Pixeln), **h** (height=Bildhöhe in Pixeln) und den Dateinamen (`char *FileName`). Die Parameter **HDCWindow**, **w** und **h** werden mit dem Address-Of-Operator übergeben, das heißt, sie werden durch die Funktion direkt adressiert. Die Funktion `LoadBitmap()` wurde nun so angelegt, dass **w** und **h** die Höhe des geladenen Bilds in Pixeln enthalten, wenn die entsprechende Datei in **FileName** gefunden wurde. Dagegen sind **w** und **h** `0`, wenn die Datei nicht gefunden wurde. Um ein Bitmap-Bild zu laden, müssen Sie zuerst mit `CreateCompatibleDC()` einen Gerätekontext für Ihr Bitmap erstellen, der kompatibel zu einem anderen Gerätekontext ist und genau dieselben Grafikparameter benutzt. Wenn Sie `CreateCompatibleDC()` hier den Wert von **HDCWindow** übergeben, dann wird der Gerätekontext des aktuell aktiven Fensters benutzt. Der neue Gerätekontext wird in der Variablen **NewDC** abgelegt. Anschließend müssen Sie ein Bitmap-Handle anlegen und die Funktion `LoadImage()` mit diesem Handle aufrufen. Ich habe an dieser Stelle die Standardparameter verwendet, nämlich die Option `IMAGE_BITMAP`, bei der der Dateiname im zweiten Parameter steht, und bei der der letzte Parameter `LR_LOADFROMFILE` ist. Nun ist **NewBitmap** `NULL`, wenn das Bild nicht geladen werden konnte. In diesem Fall kehrt `LoadBitmap()` mit einem `return` zurück. Wenn jedoch **NewBitmap** nicht `NULL` ist, dann können Sie mit `BITMAP bmp` ein neues Bitmap-Objekt definieren und an Ihren Gerätekontext **NewDC** binden. Die Daten des gerade eingelesenen Bilds können Sie dann mit `GetObject()` auslesen. Diese Methode ist etwas umständlich, wird aber oft von Windows verwendet: Erst erstellen Sie ein Objekt, dann lesen Sie in dieses eventuell noch zusätzliche Daten ein. Anschließend binden Sie dieses Objekt an einen Gerätekontext. Auch im Fall der Bitmaps ist dies so: Erst laden Sie ein Bitmap aus einer Datei und benutzen dafür ein Bitmap-Handle. Anschließend erzeugen Sie für dieses Bitmap einen Gerätekontext und ein Bitmap-Objekt und selektieren dieses anschließend mit `GetObject()` in einen Gerätekontext. Um das Bitmap-Bild danach anzuzeigen, kopieren Sie dieses Bitmap mit der Funktion `BitBlt()` in den entsprechenden Gerätekontext des entsprechenden Fensters.

### Linux-Version des Bitmap-Loaders

Unter Linux gibt es die Funktion `BitBlt()` nicht bzw. nicht in der Form, wie sie unter Windows verwendet wird. Deshalb müssen Sie unter Linux einen anderen Weg gehen und einen Offscreen-Buffer anlegen (hierdurch wird auch die Grafikausgabe spürbar schneller). Angenommen, Ihr Bildschirm hat wieder eine Auflösung von 1024x768 Pixel mit 4 Bytes pro Pixel. Dann können Sie z. B. das folgende Array anlegen:

```
int BackBuff[1024*768]; // Annehmen, dass int 32 Bit breit ist
```

Alternativ können Sie auch die folgende malloc()-Anweisung verwenden:

```
int *BackBuff=(int *)malloc(1024*768*4); // Annehmen, dass int 32 Bit breit ist
```

Ihre Funktion PSet() können Sie nun wie folgt implementieren:

```
void PSet(int x, int y, int Color)
{
    int Adr=(1024*y)+x;
    BackBuff[Adr]=Color;
}
```

Ihre Funktion Point() braucht in diesem Fall nur noch den entsprechenden Eintrag aus dem globalen Array **BackBuff** auszulesen und per return zurückzugeben:

```
int Point(int x, int y)
{
    int Adr=(1024*y)+x;
    return BackBuff[Adr];
}
```

Wenn Sie nun noch die Funktion UpdateScreen() erstellen, die das gesamte Array **BackBuff** in einem Rutsch in den Framebuffer schiebt, dann haben Sie auch eine sehr schnelle Grafikausgabe. Dies können Sie auf folgende Weise realisieren:

```
void UpdateScreen()
{
    fseek(FB,0,SEEK_SET); // annehmen, dass die Datei FB schon offen ist
    fwrite(&BackBuff,1024*768*4,1,FB); // Das Array BackBuff vollständig schreiben
}
```

Sehen Sie sich nun die Linux-Version der Funktion LoadBitmap() an.

```
typedef unsigned int UINT32; // Windows-Datentyp UINT32 auf Linux verfügbar machen

struct BitmapHeader_t // Bitmap-Datei-Header
{
    char BM[2];
    UINT32 FileSize; // Größe der Datei in Bytes bis max. 2 GB
    UINT32 Res; // Reserviert für Kennung einer Anwendung oder aber 0
    UINT32 DataOffset; // Offset ab Dateistart zu dem RGB-Array (=54)
    UINT32 SizeOfBitmapHeader; // 40 Bytes bei Paintbrush
    UINT32 Width; // Breite des Bildes in Pixeln
    UINT32 Height; // Höhe des Bildes in Pixeln
    char Ignore[28]; // Wird (noch) ignoriert
};

void LoadBitmap(int &w, int &h, const char *FileName)
{
    FILE *IMGFILE=fopen(FileName, "rb");
    BitmapHeader_t BitmapH;
    int x,y,by;
    int R,G,B;
    w=0; h=0;
    fread(&BitmapH.BM, 2, 1, IMGFILE); // Ist immer "BM"
    fread(&BitmapH.FileSize, 4, 1, IMGFILE); // Größe der Datei
```

```
    fread(&BitmapH.Res, 4, 1, IMGFILE); // Auflösung in BPP (Bit per Pixel)
    fread(&BitmapH.DataOffset, 4, 1, IMGFILE); // Ist hier 54, kein Meta-Daten-Header
    fread(&BitmapH.SizeOfBitmapHeader, 4, 1, IMGFILE); // Ist hier 40
    fread(&BitmapH.Width, 4, 1, IMGFILE); // Breite des Bildes in Pixeln
    fread(&BitmapH.Height, 4, 1, IMGFILE); // Höhe des Bildes in Pixeln
    fread(&BitmapH.Ignore, 28, 1, IMGFILE); // Ignorierte Bytes
    w=BitmapH.Width; h=BitmapH.Height;
    for (y = BitmapH.Height-1; y >= 0; y--)
    {
        for (x = 0; x < BitmapH.Width; x++)
        {
            // Das Lesen der Daten ist sehr einfach, nämlich als R,G,B
            // Die Reihenfolge ist aber B,G,R, also umgekehrt zum Grafik-Framebuffer
            fread(&R,1,1,IMGFILE); by++;
            fread(&G,1,1,IMGFILE); by++;
            fread(&B,1,1,IMGFILE); by++;
            PSet(x,y,RGB(B,G,R)); // Korrekte Reihenfolge, also R,G,B
        }
        while ((by%4)!=0) { fread(&B,1,1,IMGFILE); by++; } // Die Anzahl Bytes pro
Zeile ist immer durch 4 teilbar
    }
    fclose(IMGFILE);
}
```

Wie Sie sehen, ist es unter Linux nicht sehr schwierig, Windows-Bitmap-Bilder per Hand in die Konsole zu laden, wenn Sie schon die PSet()-Funktion programmiert haben. Jede Windows-Bitmap-Datei beginnt mit einem Bitmap-Header, der bei Standardbildern im Format „24 Bit RGB" 54 Bytes groß ist. Dieser Header steht im strukturierten Datentyp BitmapHeader_t. Die Funktion LoadBitmap() bekommt nun drei Parameter übergeben, nämlich einmal die Breite **w** des Bitmaps, einmal die Höhe **h** des Bitmaps und einmal den Dateinamen const char *FileName. Zunächst wird der dritte Parameter benutzt, um die Bitmap-Datei zu öffnen. Hierfür wird die Variable FILE* IMGFILE benutzt. Anschließend muss der Header der Bitmap-Datei eingelesen werden, allerdings Stück für Stück. Dies liegt daran, dass Dateien, die Sie unter Windows erstellt haben, unter Linux nicht richtig verarbeitet werden. So werden z. B. Bytes, die den Wert 0xff enthalten, als EOF-Marker (EOF=end of file) betrachtet, was dann dazu führt, dass manche Header unter Umständen nicht vollständig gelesen werden. Wenn der Header jedoch stückweise gelesen wird, dann tritt dieses Problem nicht auf und die Breite des Bilds befindet sich am Ende in **BitmapH.width** und die Höhe des Bilds in **BitmapH.height**. Diese Daten werden anschließend in die per Address-Of-Operator übergebenen Parameter **w** und **h** zurückgeschrieben. Beim Verwenden des Address-Of-Operators unter reinem C in der Weise, wie diesen C++ verwendet, müssen Sie an dieser Stelle beachten, dass Sie zum Kompilieren mindestens den C-Standard C-11 verwenden, sonst bekommen Sie unter Umständen die Meldung, dass das Token & falsch verwendet wurde. Wenn Ihr Compiler also „meckert", verwenden Sie folgende Compiler-Optionen:

**cc [Programmname.c] -std=c11 -o [Programmname]**

bzw. wenn auch dies nichts nützt, verwenden Sie einfach wie gehabt C++ auf die folgende Weise:

**c++ [Programmname.cpp] -o [Programmname]**

Nun folgt die Schleife zum Laden der Bilddaten. Bitmap-Bilder werden von unten nach oben aufgebaut, aber die Pixeldaten in den einzelnen Zeilen werden ganz normal von links nach rechts gezeichnet. Der Grund hierfür liegt in der Historie von Windows: In den 80er-Jahren waren die Grafikkarten noch so langsam, dass der Kathodenstrahl, der die Bilder auf analogen Bildschirmen ausgab, der Ausgabe des Bildschirmspeichers in die Quere kommen konnte. Deshalb wartete man bei der Ausgabe von Bitmaps, bis sich der Kathodenstrahl im unteren, nicht sichtbaren Bereich befand, und baute anschließend die Bilder von unten nach oben auf. Dies reduzierte die Interferenzen und führte zu einer flimmerfreien Ausgabe von Grafiken. Auch die Tatsache, dass die Byte-Länge der Zeilen immer durch 4 teilbar sein muss, ist eine Maßnahme aus den 80ern, die bis heute erhalten geblieben ist. Genauso verhält es sich mit der Reihenfolge der RGB-Daten, die unter Windows auch bei den Bitmap-Dateien der umgekehrten Reihenfolge der Daten im Framebuffer entspricht (also {B,G,R}). Als Windows entwickelt wurde, war eben noch nicht klar, welches Format sich für die Framebuffer-Daten durchsetzen würde, und das Format {R,G,B} war genauso verbreitet wie das Format {B,G,R} und eines davon musste Windows als Standard setzen.

### Programmierung des Medianfilters

Sehen Sie sich nun Listing 8.1 an. Ich gebe hier die Linux-Version an, für Windows müssen Sie entsprechend die Funktionen `LoadBitmap()`, `PSet()` und `Point()` anpassen und auch eventuell für Ihren GUI-Builder (z. B. Visual Studio) erweitern. Auch hier gilt leider, dass die alte Version von **ConsoleGraphics.h** für Windows 7 und 10 unter Windows 11 nicht mehr läuft und ich diese leider auch nicht mehr veröffentlichen darf. Die entsprechende Datei **graphics.h** für Linux können Sie sich dagegen bei Hanser herunterladen. Diese kleine Grafikbibliothek enthält nicht nur `PSet()`, `Point()` und `LoadBitmalp()`, sondern auch Funktionen wie `getch()`, `kbhit()` und Funktionen zum Ausblenden des Cursors während der Grafikausgabe. Außerdem liest die Initialisierungsfunktion `InitGraph()` auch die Daten Ihres Framebuffers aus und initialisiert auch den Grafikpuffer automatisch in der korrekten Weise mit 4 Bytes pro Pixel. Dadurch werden auch die Beispiel-Listings viel kompakter, weil sie nur noch den wichtigen Code enthalten.

**Listing 8.1** Medianfilter.cpp

```
#include<stdio.h>
#include"graphics.h"
void tausche(int *A, int Pos1, int Pos2) // Ringtausch
{
    int temp=A[Pos1];
    A[Pos1]=A[Pos2];
    A[Pos2]=temp;
}
```

```
void ZahlEinfuegen(int *A, int Wert) // sortiertes Einfügen
{
    long int i=0;
    bool getauscht=true; // Erst einmal annehmen, dass getauscht werden muss
    i=A[0]+1; // Erstes freies Element im Array finden
    A[0]++; // Anzahl Elemente aktualisieren
    A[i]=Wert;
    while ((i>1)&&(getauscht==true))
    {
        if (A[i]<A[i-1]) { tausche(A,i,i-1); } // tauschen
        else { getauscht=false; } // Es muss nicht mehr getauscht werden
        i--; // Abbruch der Schleife spätestens, wenn i=1 wird
    }
}

void MedFlt(int w, int h, int L, int H, int S)
{
    bool Flt;
    int Color,GR,R,G,B,x,y,x2,y2;
    int AR[10]; // sortierte Rotwerte
    int AG[10]; // sortierte Grünwerte
    int AB[10]; // sortierte Blauwerte
    if (S<1) { S=1; } // minimale Grenze ist 1 (Minumum-Operator)
    if (S>9) { S=9; } // maximale Grenze ist 9 (Maximum-Operator)
    for (y=0; y<h; y++) // sämtliche Zeilen Pixel für Pixel scannen
    {
        for (x=0; x<w; x++)
        {
            AR[0]=0; AG[0]=0; AB[0]=0; // Arrays leeren
            Flt=false; // Erst einmal annehmen, der Filter greift nicht
            for (y2=y; y2<=y+2; y2++) // Medianmatrix aus 3x3 Pixeln erstellen
            {
                for (x2=x; x2<x+2; x2++)
                {
                    Color=Point(x2,y2);
                    R=GetR(Color); G=GetG(Color); B=GetB(Color); // R, G und B ermitteln
                    GR=(R+G+B)/3; // Grauwert prüfen
                    if (GR<L) { Flt=true; } // unterer Grenzwert für Filteraktivierung
                    if (GR>H) { Flt=true; } // oberer Grenzwert für Filteraktivierung
                    ZahlEinfuegen(AR,R);
                    ZahlEinfuegen(AG,G);
                    ZahlEinfuegen(AB,B);
                }
            }
            if (Flt==true) // Hier greift der Filter
            {
                PSet(x+1,y+1,RGB(AR[S],AG[S],AB[S])); // mittleres Pixel in der Maske ersetzen
            }
        }
    }
}
```

```
59 int main(void)
60 {
61     int w,h;
62     InitGraph(); LoadBitmap(w,h,"Höhle.bmp");
63     MedFlt(w,h,4,255,4);
64     MedFlt(w,h,0,240,3);
65     UpdateScreen();
66     getch();
67     DeInitGraph();
68     return 0;
69 }
```

In den Zeilen **01** und **02** muss neben **stdio.h** auch **graphics.h** eingebunden werden. **graphics.h** muss sich hierbei in dem Verzeichnis befinden, in dem sich auch **Medianfilter.cpp** befindet. Bevor Sie jedoch den Median berechnen können, benötigen Sie noch die Funktionen `tausche` (in den Zeilen **03–08**) und die Funktion `ZahlEinfuegen()` (in den Zeilen **09–22**). Die Funktion `tausche()` führt einfach einen Ringtausch mit zwei Elementen eines Arrays vom Typ `int*` aus. Die Funktion `ZahlEinfuegen()` entspricht der Funktion `ZahlEinfuegen()` in Kapitel 2 und führt den Algorithmus für das sortierte Einfügen einer Zahl in ein Array aus. Dazu wird auch die Funktion `tausche()` benötigt. Die Funktionen für die Verwaltung der Grafikausgabe befinden sich in der Datei **graphics.h**: `InitGraph()` initialisiert die Grafikausgabe in der Konsole und blendet zusätzlich noch den störenden, weil blinkenden Cursor aus. `InitGraph()` gibt auch einige Informationen über die Größe des Framebuffer-Speichers aus und speichert die Informationen in der Datei **fbinfo.txt**. Allerdings muss die Pixelbreite stets 32 Bit sein – dies gilt auch für den Raspberry Pi, auf dem Sie den Framebuffer zusätzlich mittels der Datei **config.txt** verwalten können. `PSet()` setzt ein Pixel an die Position (x,y), und `Point()` liest die Farbdaten eines Pixels an der Position (x,y) aus. Die Funktion `RGB()` bildet aus den einzelnen Farbanteilen **R**, **G** und **B** einen Farbwert vom Typ `int` (32 Bit int) und die Funktionen `GetR()`, `GetG()` und `GetB()` liefern die einzelnen Farbanteile für Rot, Grün und Blau eines Farbwerts vom Typ `int` zurück.

In den Zeilen **23–58** wird der Medianfilter implementiert. Die Funktion `MedFlt()` bekommt fünf Parameter übergeben, nämlich die Breite **w** des zu filternden Bilds, die Höhe **h** des zu filternden Bilds und die Parameter **L**, **H** und **S**. **L** bedeutet „low threshold" und ist die untere Helligkeitsgrenze eines Pixels, bei der Ihr Filter greift, also aktiv wird. **H** bedeutet „high threshold" und ist die obere Helligkeitsgrenze eines Pixels, bei der Ihr Filter gerade noch aktiv ist. Wenn Sie den Filter starten, dann wird dieser in Zeile **37** erst einmal inaktiv geschaltet, indem die Variable **Flt** auf `false` gesetzt wird. In den Arrays **AR**, **AG** und **AB** werden die Rot-, Grün- und Blaudaten von jeweils 9 Pixeln sortiert abgelegt. Zu diesem Zweck wird mittels einer doppelten `for`-Schleife (in den Zeilen **38–51**) eine Maske von 3x3 Pixeln über das zu filternde Bild geschoben. Die Koordinaten des oberen linken Pixels der Maske werden in den Variablen **x** und **y** abgelegt. Die Rot-, Grün- und Blauwerte der 9 Pixel an den Positionen (x,y) bis (x+2,y+2) werden in die Arrays **AR** (Rotwerte), **AG** (Grünwerte) und **AB** (Blauwerte) sortiert eingefügt. Wenn der Grauwert (Variable **GR**) einer der Pixel in dem

Bereich (x,y) bis (x+2,y+2) entweder<**L**, oder aber >**H** ist, dann ersetzt der Filter das Pixel in der Mitte der Maske durch die Farbe, die an der Position `AR[S]`, `AG[S]` und `AB[S]` abgelegt ist. Mit dem Parameter **S** können Sie also das Verhalten des Medianfilters zusätzlich beeinflussen. Wenn Sie z. B. `S=1` setzen, dann wird Ihr Medianfilter zu einem Minimumfilter, wenn Sie dagegen `S=9` setzen, wird Ihr Medianfilter zum Maximumfilter. `S=5` wählt dagegen den Median aus. Ich empfehle Ihnen an dieser Stelle, mit verschiedenen Werten für **S**, **L** und **H** zu experimentieren, um ein Gefühl für die Wirkungsweise des Filters zu bekommen.

Nehmen wir nun das Bitmap-Bild **Höhle.bmp**, das Sie sich beim Hanser-Verlag herunterladen können. **Höhle.bmp** enthält ein Bild eines Höhleneingangs. Dieses Bild ist jedoch sehr alt und enthält neben vielen alten Erinnerungen auch viele schwarze und weiße Kratzer. Wie können Sie dieses alte Foto wieder einigermaßen sichtbar machen? Die Antwort ist der Medianfilter. In dem letzten Beispiel wird der Medianfilter mit folgenden Parametern gestartet:

```
MedFlt(w,h,4,255,4);
```

Durch **L**=4 und **H**=255 wird der Filter nur dann aktiv, wenn er einen schwarzen Kratzer findet, der einen RGB-Farbwert nahe (0,0,0) hat, oder aber ein Störpixel, das nahezu schwarz ist. In der Konsole würde alleine mit diesem Filter am Ende das folgende Bild angezeigt:

**Bild 8.1** Nach Entfernung nur der schwarzen Kratzer mit dem Medianfilter

Dies ist wirklich nicht das, was Sie erreichen wollen. Vielleicht haben Sie an dieser Stelle schon etwas mit dem Medianfilter experimentiert und festgestellt, dass Sie sehr unschöne Ergebnisse erhalten, wenn Sie die Parameter nicht richtig wählen. So entfernen auch die folgenden Parameter nicht beide Kratzertypen (also sowohl schwarze Kratzer als auch weiße Kratzer), sondern lassen das Bild sehr verwaschen und artefaktreich wirken:

```
MedFlt(w,h,20,240,5);
```

Wie bekommen Sie aber nun sowohl die schwarzen als auch die weißen Kratzer weg? Die Antwort ist, dass Sie den Medianfilter zweimal hintereinander anwenden müssen. Wenn Sie also zusätzlich die weißen Kratzer entfernen wollen, müssen Sie folgende Parameter verwenden:

```
MedFlt(w,h,0,240,3);
```

In der Konsole würde danach das folgende Bild erscheinen:

**Bild 8.2** Nach Entfernung nur der weißen Kratzer mit dem Medianfilter

Wenn Sie dagegen schwarze und weiße Kratzer entfernen wollen, müssen Sie den Medianfilter wie folgt anwenden:

```
MedFlt(w,h,4,255,4);
MedFlt(w,h,0,240,3);
```

In der Konsole erscheint danach folgendes Bild:

**Bild 8.3** Nach Entfernung von schwarzen und weißen Kratzern mit dem Medianfilter

## 8.2 Binärfilter

Binärfilter benutzen das Verfahren der Binärisierung. *Binärisierung* bedeutet, das Bild in Pixel umzuwandeln, die nur die Information Schwarz (0) oder Weiß (1) enthalten können. Für die Binärisierung gibt es verschiedene Verfahren. Das Verfahren, das am häufigsten verwendet wird, ist, erst einmal einen einfach zu ermittelnden Grauwert auszurechnen, z. B. durch die Formel `GR=(R+G+B)/3`. Anschließend wird das Pixel an der Position (x,y) durch Schwarz ersetzt, wenn **GR** einen bestimmten Schwellwert unterschreitet. Ansonsten wird das Pixel an der Position (x,y) durch Weiß ersetzt. Die Binärisierung ist oft ein vorbereitender Schritt, um auf das Bild zusätzliche Filter anzuwenden. Sie können beispielsweise durch eine Kombination aus Binärisierung und einer Filtermaske die Kanten in einem Bild bestimmen. Sehen Sie sich Listing 8.2 an, das einen Binärfilter implementiert.

**Listing 8.2** Binaerfilter.cpp

```
01 #include<stdio.h>
02 #include"graphics.h"

03 void BinFlt(int w, int h, int S)
04 {
05     int Color,GR,R,G,B,x,y;
06     // Sämtliche Pixel zeilenweise Pixel für Pixel durchgehen
07     for (y=0; y<h; y++)
08     {
09         for (x=0; x<w; x++)
10         {
11             Color=Point(x,y); // Farbe holen
12             R=GetR(Color); G=GetG(Color); B=GetB(Color);
13             GR=(R+G+B)/3; // Einfache Grauwert-Skalierung reicht hier aus
14             if (GR>S) { PSet(x,y,0xffffff); } // GR über Schwellwert? Dann
weißes Pixel ausgeben
15             else { PSet(x,y,0); } // Sonst schwarzes Pixel ausgeben
16         }
17     }
18 }

19 int main(void)
20 {
21     int w,h;
22     InitGraph();
23     LoadBitmap(w,h,"Grafitti.bmp");
24     BinFlt(w,h,128);
25     UpdateScreen();
26     getch();
27     DeInitGraph();
28     return 0;
29 }
```

Der Binärfilter steckt in der Funktion `BinFlt()` (die Zeilen **03–18**), die in Listing 8.2 anstelle der Funktion `MedFlt()` aus Listing 8.1 eingesetzt wurde. Da der Rest mit Listing 8.1 identisch ist, werde ich in den folgenden Listings nur noch die Filterfunktionen auflisten, nicht aber den Teil des Codes, der sich nicht mehr verändert.

`BinFlt()` bekommt drei Parameter übergeben, nämlich die Breite **w** des Bilds in Pixeln, die Höhe **h** des Bilds in Pixeln und den Schwellwert **S**. Auch im Falle der Binärisierung wird eine Maske Zeile für Zeile und Pixel für Pixel über das Bild geschoben. Allerdings ist die Maske nur ein Pixel groß, deshalb wird stets das Pixel an der Position (x,y) ersetzt. Der Binärfilter bestimmt in Zeile **11** zunächst den Farbwert des Pixels an der Position (x,y) und bestimmt in Zeile **12** anschließend den Rot-, Grün- und Blauanteil der Pixelfarbe. In Zeile **13** wird diese Farbe in einen Grauwert umgewandelt. Liegt der Grauwert über dem Wert **S**, bekommt das Pixel an der Position (x,y) eine weiße Farbe, ansonsten bekommt es eine schwarze Farbe. Das Hauptprogramm lädt nun das Bild **Grafitti.bmp**, das Sie sich wieder beim Hanser-Verlag herunterladen können, in die Konsole und wendet auf dieses Bild den Binärfilter mit dem Schwellwert `S=128` an. In der Konsole erscheint zum Schluss das folgende Bild:

**Bild 8.4** Binärisiertes Grafitti-Bild mit einem Schwellwert von 128

## 8.3 Lineares Filtern mit Filtermasken

Bis jetzt haben Sie jeweils einen bestimmten C++-Code auf einen Teil der Bilddaten angewendet und dieser C++-Code hat am Ende einen bestimmten Bereich innerhalb einer Maske der Größe (ixj) durch andere Pixel ersetzt. Welche Pixel dies waren, wurde durch den Algorithmus bestimmt, der sich hinter Ihrem Programm verbirgt. Nun stellt sich die Frage, ob Sie Filteralgorithmen nicht durch ein allgemeines mathematisches Verfahren ersetzen können, das Sie immer wieder anwenden können – zur Not auch für ganz verschiedene Probleme. Die Antwort ist, dass dies möglich ist.

Zu diesem Zweck betrachten wir nun den Ausschnitt, den Ihre Filtermaske abdeckt, als 3x3-Matrize. Auch die Bilddaten, die die Maske abdeckt, betrachten wir als 3x3-Matrize. Sie erhalten nun zwei Matrizen. In der Bildmatrize B befinden sich folgende Einträge:

$$\begin{matrix} B_{11} & B_{12} & B_{13} \\ B_{21} & B_{22} & B_{23} \\ B_{31} & B_{32} & B_{33} \end{matrix}$$

In der Matrize, die die Maske M beschreibt, befinden sich folgende Einträge:

$$\begin{matrix} M_{11} & M_{12} & M_{13} \\ M_{21} & M_{22} & M_{23} \\ M_{31} & M_{32} & M_{33} \end{matrix}$$

Nun gilt:

$$B\,(2,2) = \sum_{\substack{i=1 \\ j=1}}^{3} B_{ij} * M_{ij}$$

Die hier zuletzt angegebene Summenformel summiert sämtliche Produkte von $B_{ij}$ und $M_{ij}$ auf und ersetzt das mittlere Pixel innerhalb der Filtermaske M durch diese Summe. Da die Summenformel für B(2,2) keine Terme vom Typ exp(x) oder log(x) enthält, spricht man hier auch von einem linearen Filter. Das heißt natürlich auch, dass lineare Filter z. B. den Median nicht abbilden können, da Sie für diesen Terme umsortieren müssen. Lineare Filter eignen sich jedoch sehr gut, um binärisierte Bilder weiterverarbeiten zu können.

Nun benötigen Sie natürlich noch einen Algorithmus, mit dem Sie einen linearen Filter umsetzen können. Schauen Sie sich hierzu die entsprechende Summenformel an. Es gibt hier zwei Zähler, nämlich **i** und **j**. Der Zähler **i** zählt zunächst von 1 bis 3 und multipliziert dabei $B_{ij}$ mit $M_{ij}$. Danach wird **j** um 1 erhöht und **i** zählt wiederum von 1 bis 3. Bei `j=2` ist der Vorgang beendet. Sie können also einen linearen Filter mit folgender Doppelschleife realisieren:

```
Summe=0;
for (j=0; j<3; j++)
{
    for (i=0; i<3; i++)
    {
        Summe=Summe+(B[i][j]*M[i][j]);
    }
}
B[1][1]=Summe; // Array-Indices fangen bei 0 an
```

Sie verwenden also Arrays, um die Daten der Filtermasken darin abzulegen. In den nächsten Beispielen sind diese Arrays 3x3 Pixel groß. Da Sie auf diese Weise die Maske **M** als Parameter an eine Funktion übergeben können, nennt man die Filtermasken auch *Operatoren*. In den nächsten Beispielen möchte ich nun folgendes Listing als Grundgerüst verwenden:

**Listing 8.3** Filtermaske.cpp

```
#include<stdio.h>
#include"graphics.h"

void BinFlt(long int w, long int h, int S)
{
    long int Color,GR,R,G,B,x,y;
    // Sämtliche Pixel zeilenweise Pixel für Pixel durchgehen
    for (y=0; y<h; y++)
    {
        for (x=0; x<w; x++)
        {
            Color=Point(x,y); // Farbe holen
            R=GetR(Color); G=GetG(Color); B=GetB(Color);
```

```
            GR=(R+G+B)/3; // Einfache Grauwert-Skalierung reicht hier aus
            if (GR>S) { PSet(x,y,0xffffff); } // GR über Schwellwert? Dann weißes Pixel ausgeben
            else { PSet(x,y,0); } // Sonst schwarzes Pixel ausgeben
        }
    }
}

void MaskFlt(long int w, long int h, long int M[3][3])
{
    long int Color,GR,SG,R,G,B,x,y,x2,y2;
    for (y=0; y<h; y++) // sämtliche Zeilen Pixel für Pixel scannen
    {
        for (x=0; x<w; x++)
        {
            SG=0; // Summe zurücksetzen
            for (y2=y; y2<=y+2; y2++) // Maske ist 3x3 Pixeln groß
            {
                for (x2=x; x2<x+2; x2++)
                {
                    Color=Point(x2,y2);
                    R=GetR(Color); G=GetG(Color); B=GetB(Color); // R, G und B ermitteln
                    GR=(R+G+B)/3; // Grauwert erstellen
                    SG=SG+GR*M[y2-y][x2-x]; // Bei Arrays wird zuerst die Zeile angegeben
                }
            }
            if (SG<0) { SG=0; } // minimaler Grauwert ist 0
            if (SG>255) { SG=255; } // maximaler Grauwert ist 255
            PSet(x+1,y+1,RGB(SG,SG,SG)); // Ersetzen des mittleren Pixels in der Maskenmitte
        }
    }
}

int main(void)
{
    int w,h;
    int M[3][3]=
    {
        0,0,0,
        0,-1,1,
        0,0,0
    };
    InitGraph(); LoadBitmap(w,h,"Grafitti.bmp");
    BinFlt(w,h,50);
    MaskFlt(w,h,M);
    UpdateScreen();
    getch();
    DeInitGraph();
    return 0;
}
```

In den Zeilen **03** bis **18** definiere ich zunächst wieder die Funktion `BinFlt()`, die ein Bild binärisieren kann. Erst danach definiere ich die Funktion `MaskFlt()` (die Zeilen **19–42**), die neben der Breite **w** und der Höhe **h** des zu bearbeitenden Bilds die Filtermaske **M** übergeben bekommt. Der lineare Filter funktioniert fast wie der Medianfilter: Es wird eine Maske Pixel für Pixel über das Bild geschoben und auf die Pixel innerhalb des Bereichs (x,y) bis (x+2,y+2) wird ein Algorithmus angewendet. Nur dieser Algorithmus innerhalb der Maske unterscheidet sich vom Medianfilter. Nachdem nämlich in den Zeilen **31** bis **33** der Grauwert eines Pixels ermittelt wurde, wird dieser in Zeile **34** mit dem Grauwert multipliziert, der an der entsprechenden Stelle in der Maske **M** steht. Anschließend wird dieser Grauwert zu der Summe **SG** hinzuaddiert, die natürlich vor jedem weiteren Filterschritt wieder auf 0 zurückgesetzt wird. Anstatt also den Median zu berechnen, wendet die Funktion `MaskFlt()` einen linearen Filter an.

Das Hauptprogramm in den Zeilen **43–59** wendet nun einen Kantenoperator an, der in der Filtermaske **M** abgelegt wird. Vorher muss das Originalbild jedoch mit dem Schwellwert 50 binärisiert werden, damit der Kantenoperator funktioniert. Der Kantenoperator besitzt nur zwei Einträge in **M**, die nicht 0 sind, nämlich `M[1][1]=1` und `M[1][2]`. Beachten Sie unbedingt, dass der Zugriff auf Array-Elemente in der Reihenfolge (Zeile, Spalte) stattfindet und dass die Funktion `MaskFlt()` dies auch beachten muss. Es heißt also wirklich

```
SG=SG+GR*M[y2-y][x2-x];
```

und nicht

```
SG=SG+GR*M[x2-x][y2-y];
```

Was macht aber nun der Kantenoperator? Der Kantenoperator zeichnet sämtliche Kanten weiß ein, in den Zwischenbereichen erzeugt er Schwarz. Dabei ist der Kantenoperator im letzten Beispiel auf horizontale Kanten optimiert. In der Konsole erscheint am Ende das folgende Bild:

**Bild 8.5** Kantenerkennung mit einem Richtungsoperator

Ändern Sie nun Ihr Hauptprogramm wie folgt ab:

```
void main()
{
    long int w,h
    long int M[3][3]=
    {
        0,0,0,
        0,-1,1,
        0,0,0
    };
    long int N[3][3]=
    {
        0,0,0,
        0,-1,0,
        0,1,0
    };
    InitGraph(); LoadBitmap(w,h,"Grafitti.bmp");
    BinFlt(w,h,50);
    MaskFlt(w,h,M);
    MaskFlt(w,h,N);
    UpdateScreen();
    getch();
    DeInitGraph()
    return 0;
}
```

Sie wenden nun den Kantenoperator einmal in x-Richtung und einmal in y-Richtung an. Dies führt zu einer etwas verbesserten Kantenerkennung und einige überflüssige weiße Pixel verschwinden. In der Konsole erscheint am Ende folgendes Bild:

**Bild 8.6** Kantenerkennung mit zwei Richtungsoperatoren

Leider unterscheiden sich die letzten beiden gefilterten Bilder nicht sehr stark. Dies liegt daran, dass das Farbspektrum von Fotos oft den gesamten möglichen Farbraum abdeckt und deshalb gerade dort die Kantenerkennung eine echte Herausforderung ist. Eine Möglichkeit, beide Richtungen bei der Kantenerkennung durch einen einzigen Operator abzudecken, ist der Kreuzoperator. Für den Kreuzoperator wählt man erst einmal einen bestimmten Schwellwert **S** für den Binärfilter aus, der entweder der Hälfte des maximalen Grauwerts+1 (also 128) oder aber der Hälfte dieses Werts (also 64) entspricht. Für das nächste Beispiel wurde ebenfalls der Wert S=64 gewählt. Anschließend müssen Sie **S** mit dem Faktor -1 multiplizieren und in der Mitte von **M** eintragen. Alle anderen Einträge von **M** werden auf 0 gesetzt. Zum Schluss wird in die Kanten von **M** der Schwellwert **S** direkt eingetragen. Ändern Sie nun Ihr Hauptprogramm auf die folgende Weise ab:

```
void main()
{
    long int w,h
    long int M[3][3]=
    {
        64,0,64,
        0,-64,0,
        64,0,64
    };
    InitGraph(); LoadBitmap(w,h,"Grafitti.bmp");
    BinFlt(w,h,64);
    MaskFlt(w,h,M);
    UpdateScreen();
    getch();
    DeInitGraph();
    return 0;
}
```

Das Hauptprogramm gibt in der Konsole das folgende Bild aus:

**Bild 8.7** Kantenerkennung mit dem Kreuzoperator

## 8.4 Chroma Keying

Es gibt sehr viele lineare Filter, nicht nur die, die Sie in Abschnitt 8.3 kennengelernt haben. Neue lineare Filter zu entwickeln, ist nicht gerade trivial und erfordert viel Ausdauer und mathematischen Sachverstand. Viele Erkenntnisse beruhen dabei auch auf Versuch und Irrtum. So können Sie beispielsweise versuchsweise den Algorithmus innerhalb der Filtermaske auf verschiedene Weise abändern und sich die Ergebnisse ansehen, die dabei herauskommen. Eine weit verbreitete Vorgehensweise ist z. B., die Faktoren innerhalb der Bildmaske **B** einfach elementweise mit den Faktoren von **M** zu multiplizieren, anstatt diese aufzusummieren. Auf diese Weise erhalten Sie quasi einen Verstärkungsalgorithmus für bestimmte Bereiche im Bild. Natürlich beruht auch in diesem Fall noch vieles auf Versuch und Irrtum. Deshalb ist der Einsatz von linearen Filtern oft nicht möglich bzw. erwünscht. Ich werde Ihnen nun ein Verfahren vorstellen, das ebenfalls nicht durch lineare Filter umsetzbar ist.

Stellen Sie sich hierfür folgendes Szenario vor: Sie haben ein altes Foto gefunden, auf dem Sie vor einer einfarbigen Wand stehen. Diese Wand ist sehr hässlich, weil sie glatt und eintönig ist. Leider haben Sie auf dem hässlichen Foto ein Lieblingskleid aus alten Tagen an und das alte Foto ist das einzig erhaltene Foto, dass Sie in diesem schönen Kleid zeigt. Nun denken Sie sich Folgendes: Wie wäre es, wenn Sie den Hintergrund austauschen und durch schöne Dinge, z. B. eine Blumenwiese, ersetzen könnten? Sie haben Glück, denn auch hierfür gibt es einen Algorithmus: Das Chroma-Keying-Verfahren. *Chroma Keying* ist ein Ersetzungsalgorithmus, der Pixel eines bestimmten Farbtons durch andere Pixel ersetzt, die Sie in diesem Fall frei bestimmen können. In den meisten Fällen befinden sich die Pixel, durch die z. B. die Pixel Ihrer grauen Wand ersetzt werden sollen, auf einem zweiten Foto. Chroma Keying wird sehr oft im Videobereich eingesetzt, z. B. in Form eines Greenscreens oder Bluescreens. Bei professionellen Filmen mit professionellen Schauspielen ist das Chroma Keying ein Standardverfahren, das ausgiebig benutzt wird. Die Schauspieler spielen in diesem Fall ihre Szenen vor einer grünen oder blauen Wand, und anschließend wird dieser Hintergrund ausgetauscht. Die meisten Nachrichtensprecher sprechen ihre Szenen z. B. vor einem Greenscreen ein und am Ende sieht es trotzdem so aus, als ob sie am Ort des Geschehens sind. Aber auch viele professionelle Filmteams benutzen exzessiv Chroma Keying. So besitzen z. B. die Bavaria Filmstudios große Hallen, die vollständig in Grün oder Blau gestrichen sind und in denen z. B. Szenen gedreht werden, die im weiten Weltraum spielen. Da der Chroma-Keying-Algorithmus so wichtig ist, möchte ich Ihnen nun erklären, wie dieser funktioniert.

Nehmen wir an, Sie wissen, welche Farbwerte Ihre Mauer in Ihrem Bild besitzt: Es ist ein Grau mit den RGB-Werten {150,155,170}. Nun wissen Sie natürlich auch, dass nur die wenigsten Pixel in Ihrem Foto genau den Grauwert besitzen, den Sie ersetzen wollen. Wie gehen Sie nun vor, um auch die Farbtöne zu ersetzen, die sich fast in der Nähe Ihres Graus befinden? Ganz einfach: Sie definieren für die einzelnen Komponenten der Farbe einen Schwellwert und subtrahieren anschließend die einzelnen Komponenten der aktuellen Farbe an der Position (x,y) und Ihrem zu entfernenden Grauwert. Wenn die Differenz der RGB-Komponenten dann unterhalb des entsprechenden Schwellwerts liegt, wird das Pixel an der Position (x,y) z. B. durch Weiß ersetzt. In einem zweiten Schritt können dann die weißen Pixel durch Pixel eines zweiten Fotos ersetzt werden. Der Chroma-Keying-Algorithmus geht also Ihr Bild Zeile für Zeile, Pixel für Pixel von links nach rechts durch und bildet die Differenz der Farbwerte des Pixels an der Position (x,y) und den Farbwerten der zu ersetzenden Farbe. Wenn dann die Differenz zu groß ist, wird das Pixel an der Position (x,y) nicht ersetzt, sonst durch eine Farbe, die Sie z. B. vorher als Funktionsparameter übergeben haben. Kommen wir nun zum Listing **ChromaKeying.cpp**, das den Chroma-Keying-Algorithmus für Bitmap-Fotos implementiert.

```
#include<stdio.h>
#include"graphics.h"

void ChromaKeying(long int w, long int h, long int Maske, int SR, int SG, int SB)
{
    long int Color,GR,R1,G1,B1,R2,G2,B2,x,y;
    // Sämtliche Pixel zeilenweise Pixel für Pixel durchgehen
    R1=GetR(Maske); G1=GetG(Maske); B1=GetB(Maske);
    for (y=0; y<h; y++)
    {
        for (x=0; x<w; x++)
        {
            Color=Point(x,y); // Farbe holen
            R2=GetR(Color); G2=GetG(Color); B2=GetB(Color); // Farbe wandeln
            R2-=R1; G2-=G1; B2-=B1; // Differenz mit Maske bilden
            R2=abs(R2); G2=abs(G2); B2=abs(B2); // Absolutwerte bilden
            if ((R2<SR)&&(G2<SG)&&(B2<SB)) { PSet(x,y,0xffffff); }
            else { PSet(x,y,Color); } // Sonst weißes Pixel ausgeben
        }
    }
}

int main(void)
{
    int w,h;
    InitGraph();
    LoadBitmap(w,h,"Blumentopf.bmp");
    ChromaKeying(w,h,RGB(150,155,170),15,15,30); // Diese Werte sind trial and error
    UpdateScreen();
    getch();
    DeInitGraph();
    return 0;
}
```

Das Bild **Blumentopf.bmp** können Sie sich wieder beim Hanser-Verlag herunterladen. Dieses Bild zeigt einen Blumentopf, der vor einer glatten, grauen Wand steht, die ungefähr die RGB-Farbwerte {150,155,170} besitzt. Dieses Bild wird durch das Hauptprogramm zunächst mit `LoadBitmap()` (Zeile **25**) geladen. Anschließend wird die Funktion `ChromaKey()` (die Zeilen **03–20**) aufgerufen. `ChromaKey()` bekommt als Parameter die Breite **w** des Bitmaps, die Höhe **h** des Bitmaps und die Schwellwerte **SR**, **SG** und **SB** übergeben. Der Chroma-Key-Filter arbeitet nun Zeile für Zeile des Bilds ab und ermittelt in jeder Zeile Pixel für Pixel den Farbwert an der Position (x,y) (Zeile **12**). Anschließend wird dieser Farbwert in Zeile **13** in die RGB-Komponenten zerlegt und in den Variablen **R2**, **G2** und **B2** abgelegt. Der Farbwert der Maske (die Maske ist die Farbe, die entfernt werden soll) wurde am Anfang in den Variablen **R1**, **G1**, und **B1** abgelegt. Die Differenzen zwischen **R2** und **R1**, **G2** und **G1** und **B2** und **B1** werden nun wieder in die Variablen **R2**, **G2** und **B2** geschrieben. Anschließend wird noch der Absolutbetrag von **R2**, **G2** und **B2** ermittelt. Dieser Schritt ist notwendig, weil der Filter sowohl bei negativen als auch bei positiven Differenzen zwischen den Farbwerten funktionieren muss. Diese Differenz darf aber für keine der drei RGB-Komponenten über dem entsprechenden Schwellwert **SR**, **SG** oder **SB** liegen, sonst tut der Filter einfach gar nichts und lässt das Pixel an Position (x,y) so, wie es ist. Am Ende wird für die Datei **Blumentopf.bmp** folgendes Bild in der Konsole angezeigt:

**Bild 8.8** Der Blumentopf nach Anwenden des Chroma-Keying-Algorithmus

Wenn Sie etwas mit den Schwellwerten experimentiert haben, werden Sie merken, dass die Bedienungsweise des Chroma-Keying-Filters nicht gerade intuitiv ist und dass Sie sehr viel Erfahrungswissen erwerben müssen, um einigermaßen gute Ergebnisse zu erzielen. Ebenfalls gibt es keine Standardwerte, die Sie in den meisten Fällen anwenden können und die Sie nur dann ändern müssen, wenn Sie in einem von zehn Fällen keinen schnellen Erfolg haben. Aus diesem Grund bieten dann z. B. professionelle Videoprogramme auch Vorschaufenster an, die in Echtzeit arbeiten, und in denen Sie entsprechende Regler so lange mit der Maus verschieben können, bis das Ergebnis stimmt. Auch hier ist sehr viel Erfahrungswissen nötig und es gibt auch keinen Algorithmus, der Ihnen sagt, wann Sie welche Werte verwenden müssen. Dennoch gibt es folgende Maßnahmen, die das Chroma Keying vereinfachen können:

- Verwenden von Bluescreens oder Greenscreens als monotonen Hintergrund, der nur eine einzige Farbkomponente enthält, also nur Grün oder Blau
- Verwenden von standardisierten Farben für Bluescreens oder Greenscreens
- Vermeiden von zu starken Grün- oder Blauanteilen in der Kleidung der Schauspieler, die vor dem Green- oder Bluescreen stehen
- Vermeiden von rein weißen oder rein schwarzen Hintergründen, weil dies zu Artefakten oder Schlieren führt
- Verwenden professioneller Videobearbeitungssoftware, da Freeware-Programme oft nicht genug Leistung bieten, um in Echtzeit zu arbeiten. Bei professionellen Videoprogrammen werden die Filteralgorithmen immer häufiger vom GPU und nicht vom CPU ausgeführt, deshalb ist hier eine gute Gaming-Grafikkarte Pflicht.

Neben dem Chroma Keying gibt es alternativ das Verfahren des *Difference Matting*. Dieses Verfahren versucht, einen statischen Hintergrund dadurch zu entfernen, dass die Differenz zwischen den einzelnen Bildern eines Films mit einem statischen Referenzbild verglichen wird. Es wird also davon ausgegangen, dass sich die bewegten Bereiche im Originalvideo stark von denselben Bereichen auf dem statischen Referenzbild unterscheiden. Leider funktioniert das Difference Matting sehr oft nicht und es bleiben dennoch Artefakte übrig, die nicht entfernt werden können.

## 8.5 Übungen

**Übung 1**

Was ist der Unterschied zwischen dem Mittelwert und dem Median? Weswegen ist der Mittelwert nicht so gut geeignet, um Störungen aus einem Bild zu entfernen, wie der Median?

**Übung 2**

Erklären Sie, was der Begriff „Binärisierung“ bedeutet und wie dieses Verfahren in Form eines Algorithmus umgesetzt wird.

**Übung 3**

Kann ein Algorithmus die Kanten in einem Bild erkennen und ggf. sogar isoliert darstellen? Wenn es diesen Algorithmus gibt, wie funktioniert dieser?

# 9 Simulation neuronaler Netze

Neuronale Netze und auch die KI (künstliche Intelligenz) sind regelrechte Modethemen, um nicht zu sagen Hypes. Es gibt praktisch kein technisch orientiertes Studium mehr, das dieses Thema nicht zumindest anschneidet. Neuronalen Netzen wird inzwischen sogar nachgesagt, dass man damit das menschliche Bewusstsein im Computer abbilden kann – zumindest in ein paar Jahrzehnten. Auch große Internetkonzerne wie Google nutzen inzwischen exzessiv KI-Algorithmen, um z. B. ihre Suchmaschinen durch Spracherkennung zu erweitern – und dies funktioniert inzwischen erstaunlich gut. Auch Autoren können inzwischen mit der App Chat GPT zumindest einen Teil ihrer Texte automatisch erstellen lassen. Sind wir also inzwischen an dem Punkt angekommen, an dem Ihr Computer Sie wirklich versteht und an dem man Sie unsterblich machen kann, indem man Ihren Gehirninhalt auf eine Festplatte auslagert?

An dieser Stelle muss ich Sie leider enttäuschen, denn die oben genannten Visionen hatte schon Stanislaw Lem in den 50ern. Natürlich war sich Lem damals bewusst, dass er nichts als Science-Fiction beschrieb, also Dinge, die wahrscheinlich niemals wahr werden. Wir sind also weit davon entfernt, künstliches Bewusstsein zu erzeugen oder ein Programm zu erstellen, das Sie wirklich versteht bzw. Texte erstellen kann, die von echter menschenähnlicher Kreativität zeugen. Was neuronale Netze aber dennoch gut können, ist, verborgene Muster in zunächst chaotisch erscheinenden Daten zu finden. Natürlich stecken dahinter dann wieder ganz spezielle Lernalgorithmen, von denen ich Ihnen in diesem Kapitel die wichtigsten erklären möchte.

Was ist aber nun ein Neuron und wie funktioniert es? Ein *Neuron* ist eine spezielle Zellform, die sich z. B. im Gehirn befindet. Neuronen können durch Axone miteinander verbunden werden, dabei gibt es Axone, die Signale an das Neuron übermitteln, und Axone, die Signale vom Neuron wegleiten und an andere Neuronen weitergeben. *Axone* sind hierbei gewissermaßen die Drähte, die die Signale zwischen den Neuronen transportieren. Wie Neuronen und Axone funktionieren, können Sie in jedem guten Biologie-Lehrbuch nachschauen. Interessanter für die Informatik sind aber nicht die biologischen, sondern die künstlichen Neuronen. *Künstliche Neuronen* sind auf Software oder Hardware basierende Simulationen von biologischen Neuronen und deren Verhalten im Netzwerk (also in einem Verbund mehrerer Neuronen). Da die Hardware, die neuronale Netze simuliert, immer noch sehr beschränkt ist (dies gilt auch für die modernen KI-Beschleuniger-Einheiten in modernen Prozessoren oder Grafikkarten), werden künstliche Neuronen und deren Verbindungen oft durch Programme simuliert. Genau dies wollen wir in diesem Kapitel auch tun.

## 9.1 Zeichenerkennung mit neuronalen Netzen

Was Sie nun zunächst benötigen, ist ein bestimmtes Modell, mit dem Sie auch Algorithmen ausführen können. Dieses Modell ist im Endeffekt ganz simpel: Ein einzelnes Neuron besitzt einen Eingabewert, der vom Typ `float` ist, und einen Ausgabewert, der ebenfalls vom Typ `float` ist. Ferner gibt es noch einen Schwellwert, der bestimmt, ab welchem Eingabewert ein Neuron feuert. *Feuern* bedeutet, dass das Neuron einen Wert ausgibt, ansonsten gibt es schlicht kein Signal aus (Ausgabewert=0). In manchen Lernmodellen kann der Ausgabewert, der hier nur 1 (feuern) oder 0 (nicht feuern) sein kann, noch mit einem Faktor multipliziert werden. Manchmal ist es auch nötig, das Eingangssignal beim Feuern 1:1 an die darunterliegende Schicht weiterzuleiten. Ein einzelnes Neuron kann nun wie folgt durch eine Typendefinition beschrieben werden:

```
struct Neuron_t
{
    float Eingang;
    float Ausgang;
    float Schwellwert;
    float Skalierungsfaktor;
    bool Feuer;
};
```

Nun kann ein einzelnes Neuron jedoch noch nichts lernen, dies kann erst ein Netzwerk von sehr vielen untereinander verknüpften Neuronen leisten. Der Trick in diesem Netzwerk ist, dass ein Neuron die Werte sämtlicher Eingänge aufsummiert und anschließend diese Summe mit dem Schwellwert vergleicht. Das Neuron feuert immer dann, wenn die Summe aller Eingänge den aktuellen Schwellwert überschreitet. Manchmal wird auf die Summe vorher noch eine mathematische Formel oder ein separater Algorithmus angewendet. Sie benötigen im nächsten Schritt also sowohl für mehrere Eingänge als auch für mehrere Ausgänge einen Mechanismus, der diese abbildet. Hierfür gibt es verschiedene Verfahren. Sie können z. B. das neuronale Netzwerk als eine Art Baum betrachten und die Definition eines Neurons wie folgt abändern:

```
struct Neuron_t
{
    Neuron_t *Eingaenge; // verkettete Liste von Eingängen
    Neuron_t *Ausgaenge; // verkettete Liste von Ausgängen
    float Wert;
    float Schwellwert;
    float Skalierungsfaktor;
    bool Feuer;
};
```

Sie legen also hier sämtliche Ein- und Ausgänge in einer Liste ab und können nun mit einer einfachen Schleife sämtliche Werte sämtlicher Eingänge aufsummieren. Leider hat die letzte Deklaration viele Nachteile. Der größte Nachteil ist sicherlich, dass es in den meisten Lernmodellen mehrere Neuronenschichten gibt. So sind z. B. oft sämtliche Neuronen einer Eingabeschicht mit sämtlichen Neuronen einer oder mehrerer Zwischenschichten verbunden, die am Ende mit den Neuronen einer Ausgabeschicht verbunden sind. Diese Menge an Verbindungen können Sie nur sehr schlecht mit der obigen Deklaration abbilden. Deshalb benutzt man oft für jede Schicht im neuronalen Netzwerk eine separate Tabelle. In diesen Tabellen stehen in den Zeilen sämtliche n Neuronen einer bestimmten Schicht. In den Spalten stehen dann sämtliche m Neuronen, mit denen die n Neuronen eine Verknüpfung eingehen können. Immer, wenn dann in einem bestimmten Tabelleneintrag an der Position (n,m) eine 1 steht, dann ist Neuron n mit Neuron m verknüpft, wenn dort eine 0 steht, besteht keine Verbindung. Oft sind solche Tabellen aber gar nicht nötig, nämlich dann, wenn sowieso alle Neuronen mit allen Neuronen verbunden sind. In diesem Fall reicht ein Array der Größe nxm aus, wobei m die Anzahl der Ebenen und n die Anzahl an Neuronen pro Ebene ist. Um in einem solchen Modell beispielsweise die Eingangssignale der Neuronen der 2. Schicht zu ermitteln, reicht dann die folgende verschachtelte-Schleife aus:

```
// S=aktuelle Schicht, S+1=nächste Ausgabeschicht, n=64
for (i=0; i<n; i++)
{
    NeuronArray[S+1][i].Wert=0; // Erst einmal die Summe in Schicht S+1 auf 0 setzen
    for (j=0; j<n; j++)
    {
        if (i!=j) { NeuronArray[S+1][i].Wert+=NeuronArray[S][j].Wert; } // Den
eigenen Wert nicht addieren
    }
}
```

Vielleicht haben Sie an dieser Stelle schon darüber nachgedacht, wann Sie welches Verknüpfungsschema verwenden müssen. Wann verbinden Sie also sämtliche Neuronen mit sämtlichen Neuronen sämtlicher Schichten und wann lassen Sie unter Umständen Verknüpfungen weg? Leider kann ich Ihnen darauf keine befriedigende Antwort geben, denn viele Verknüpfungsschemen wurden meist von Forscherteams über Jahre entwickelt und sind auch oft von kommerziellen Firmen lizenziert worden. Das heißt also, dass die meisten KI-Algorithmen nicht offen sind und nur genutzt werden können (wenn sie dann überhaupt genutzt werden dürfen), wenn man entsprechend hohe Beträge für eine Programmierbibliothek zahlt. Zum Glück sind diese teuren Bibliotheken für die Mustererkennung nicht nötig und im Endeffekt reicht dafür die oben angegebene `for`-Schleife aus.

Wie lernt nun Ihr neuronales Netz, wenn Sie dies einmal definiert haben? Hierfür gibt es verschiedene Lernmodelle, die alle ihre Vorzüge und Nachteile haben. Das einfachste, aber bei der Mustererkennung sehr oft verwendete Lernmodell ist das *hebbsche Lernen*, das nach seinem Erfinder Hebb benannt wurde. In diesem Lernmodell wird die tatsächliche Ausgabe des Netzes mit der Ausgabe verglichen, die es erzeugen soll. Wenn dann die Ausgabe an einigen Stellen nicht stimmt (z. B. wenn ein Neuron feuert, obwohl es eigentlich nicht feuern soll), dann wird der Schwellwert dieses Neurons ein kleines bisschen korrigiert. Wenn also ein Neuron feuert, obwohl es dies eigentlich nicht tun soll, dann wird der Schwellwert erhöht, wenn ein Neuron nicht feuert, obwohl es dies eigentlich soll, wird der Schwellwert erniedrigt. Selbstverständlich benötigen Sie für das hebbsche Lernen Vergleichsmuster, denn sonst können Sie die Gewichte Ihrer Neuronen nicht richtig einstellen. Sie benötigen an dieser Stelle also richtig viele Trainingsdaten, z. B. 100 Versionen eines mit Ihrer Handschrift geschriebenen Buchstabens. Je mehr Schriftproben Sie haben und je höher die Auflösung Ihrer Ausgangsbilder ist (z. B. als Schwarz-Weiß-Bitmap), desto besser kann das neuronale Netz Ihre Handschrift lernen. Leider mangelt es oft an Trainingsdaten, deshalb mussten die nächsten Beispiele stark vereinfacht werden. Ihr Netz lernt deshalb quasi tausendmal dasselbe Bild. Im Endeffekt können Sie dies aber problemlos ändern, z. B. indem Sie für jeden Buchstaben eine Liste mit Bitmap-Bildern anlegen und diese dann mit `LoadBitmap()` nacheinander einlesen. Auch die Auflösung können Sie entsprechend erhöhen, nur kann es dann sein, dass Ihr Programm mehrere Tage zum Lernen Ihrer Handschrift benötigt.

Nehmen wir nun an, Sie hätten den Buchstaben A schon auf ein weißes Blatt Papier gedruckt und diesen Buchstaben soll Ihr Netz nun lernen. Hierfür haben Sie eine Eingabeschicht definiert, die die Pixel Ihres Buchstabens als Schwarzweißbild der Größe 8x8 enthält, und diese Pixel werden in Form von Bits an eine Lernschicht weitergereicht. In der Lernschicht ist jedes Neuron der Eingabeschicht mit jedem Neuron der Lernschicht verbunden. In der Ausgabeschicht ist Neuron n der Lernschicht mit Neuron n der Ausgabeschicht verbunden und Neuron n+1 mit Neuron n+1 der Ausgabeschicht usw. Nun wird die Ausgabe der Ausgabeschicht mit einem bestimmten A-Muster verglichen. Wenn nun einige Pixel in der Ausgabeschicht von dem A abweichen, das Sie natürlich vorher in die Eingabeschicht übertragen haben, wird der Schwellwert der entsprechenden Neuronen ein kleines Stückchen korrigiert. Anschließend wird erneut geprüft, ob nun das gewünschte Bild erzeugt wird. Wenn dies immer noch nicht der Fall ist, wird die Ausgabe erneut geprüft, und zwar so lange, bis die gewünschte Ausgabe erzeugt wird. Wenn Sie an dieser Stelle mehrere Versionen des A-Musters haben, müssen Sie diese Versionen alle nacheinander an die Eingabeschicht übergeben. Wenn dann irgendwann wirklich das A-Muster erzeugt wird, machen Sie mit dem Buchstaben B weiter. Auch hier kann es mehrere Versionen des

B-Musters geben. Wenn Ihr Netz genug Schichten mit hinreichend vielen Neuronen besitzt, kann es auf die oben beschriebene Weise sämtliche Zeichen des deutschen Alphabets lernen. Sehen Sie sich nun Listing 9.1 an, das die drei Zeichen A, B und C lernt und anschließend eine Testausgabe mit dem zuletzt gelernten Zeichen C erzeugt.

**Listing 9.1** Mustererkennung.cpp

```
#include<stdio.h>
#include<math.h> // Für floats

struct Neuron_t
{
    float Wert;
    float Schwellwert;
    float Skalierungsfaktor;
    bool Feuer;
};

float Run(Neuron_t NeuronArray[3][64], int *Eingabe, int n)
{
    int i=0,j=0;
    float Sum=0.0;
    for (i=0; i<n; i++) { NeuronArray[0][i].Wert=Eingabe[i]; } // Eingabe an erste Schicht übertragen
    for (i=0; i<n; i++) // Alle n Neuronen durchgehen
    {
        NeuronArray[1][i].Wert=0.0; // Neuron n der 2. Schicht neu initialisieren
        for (j=0; j<n; j++) // Neuron n der Schicht 1 mit allen Neuronen der Schicht 2 verknüpfen
        {
            if (i!=j) // Neuron n selbst nicht summieren
            {
                NeuronArray[1][i].Wert+=NeuronArray[0][j].Wert;
            }
        }
        NeuronArray[1][i].Wert*=NeuronArray[1][i].Skalierungsfaktor; // Ausgabe skalieren
        if (NeuronArray[1][i].Wert>=NeuronArray[1][i].Schwellwert) // Neuron n der 3. Schicht feuert
        {
            NeuronArray[1][i].Feuer=true;
            NeuronArray[2][i].Wert=NeuronArray[2][i].Skalierungsfaktor;
        }
        else // Neuron n der 3. Schicht feuert nicht
        {
            NeuronArray[1][i].Feuer=false;
            NeuronArray[2][i].Feuer=false;
            NeuronArray[2][i].Wert=0.0;
        }
        Sum+=NeuronArray[2][i].Wert; // Ausgänge der Ausgabeschicht aufsummieren
    }
    return Sum; // Summe der Ausgabeschicht zurückgeben
}
```

```
void AusgabeSchwellwerte(Neuron_t NeuronArray[3][64], int n, int S)
{
    int i,j;
    j=0;
    for (i=0; i<n; i++)
    {
        //printf("%.2f\t",NeuronArray[S][i].Schwellwert);
        printf("%02d ",(int)(NeuronArray[2][i].Wert));
        j++; if (j==8) { j=0; printf("\n"); } // 8 Werte pro Zeile
    }
}

float Lerne(Neuron_t NeuronArray[3][64], int *Eingabe, int n)
{
    int i=0,j=0;
    float Sum=0;
    bool geaendert=true;
    Sum=Run(NeuronArray,Eingabe,n); // Erzeugen der Eingabewerte
    while (geaendert==true) // Abbruch des Lernens:Schwellwerte wurden nicht mehr geändert
    {
        geaendert=false;
        for (i=0; i<n; i++) // Alle n Neuronen der Eingabeschicht scannen
        {
            if ((int)NeuronArray[2][i].Wert>Eingabe[i]) // Ausgabe über dem Soll
            {
                NeuronArray[1][i].Schwellwert+=0.01;
                geaendert=true;
            }
            else if ((int)NeuronArray[2][i].Wert<Eingabe[i]) // Ausgabe über dem Soll
            {
                NeuronArray[1][i].Schwellwert-=0.01;
                geaendert=true;
            }
        }
        Sum=Run(NeuronArray,Eingabe,n); // Aktualisierung der Werte
    }
    return Sum;
}

int main(void)
{
    Neuron_t NeuronArray[3][64];
    int A[64]= // Bitmuster A
    {
        0,0,0,1,1,0,0,0,
        0,0,1,0,0,1,0,0,
        0,1,1,0,0,0,1,1,
        1,1,1,1,1,1,1,1,
        1,1,0,0,0,0,1,1,
        1,1,0,0,0,0,1,1,
        1,1,0,0,0,0,1,1,
        1,1,0,0,0,0,1,1
    };
    int B[64]= // Bitmuster B
    {
```

```
094         1,1,1,1,1,1,0,0,
095         1,1,0,0,0,0,1,1,
096         1,1,0,0,0,0,1,1,
097         1,1,1,1,1,1,0,0,
098         1,1,1,1,1,1,0,0,
099         1,1,0,0,0,0,1,1,
100         1,1,0,0,0,0,1,1,
101         1,1,1,1,1,1,1,0
102     };
103     int C[64]= // Bitmuster C
104     {
105         0,0,1,1,1,1,1,0,
106         0,1,1,1,1,1,1,1,
107         1,1,0,0,0,0,0,0,
108         1,1,0,0,0,0,0,0,
109         1,1,0,0,0,0,0,0,
110         1,1,0,0,0,0,0,0,
111         0,1,1,1,1,1,1,1,
112         0,0,1,1,1,1,1,0
113     };
114     int i=0,j=0,k=0,S=0,n=64,m=3;
115     float Sum;
116     for (i=0; i<64; i++)
117     {
118         NeuronArray[1][i].Schwellwert=0; // Bei S=0 anfangen
119         NeuronArray[1][i].Skalierungsfaktor=1; // Eingaben nicht skalieren
120         NeuronArray[2][i].Skalierungsfaktor=1; // Ausgaben nicht skalieren
121     }
122     printf("A:\n");
123     Sum=Lerne(NeuronArray,A,64); AusgabeSchwellwerte(NeuronArray,64,1);
124     printf("Summe Output:%d\n",(int)Sum);
125     printf("B:\n");
126     Sum=Lerne(NeuronArray,B,64); AusgabeSchwellwerte(NeuronArray,64,1);
127     printf("Summe Output:%d\n",(int)Sum);
128     printf("C:\n");
129     Sum=Lerne(NeuronArray,C,64); AusgabeSchwellwerte(NeuronArray,64,1);
130     printf("Summe Output:%d\n",(int)Sum);
131     printf("Eingabe:C\n"); Sum=Run(NeuronArray,C,64);
132     j=0; k=0;
133     for (i=0; i<n; i++)
134     {
135         printf("%d ",(int)NeuronArray[2][i].Wert);
136         if (NeuronArray[2][i].Wert>0) { k++; }
137         j++; if (j==8) { j=0; printf("\n"); }
138     }
139     printf("Summe Output:%d\n",(int)Sum);
140     return 0;
141 }
```

Zum Kompilieren des obigen Beispiels müssen Sie zusätzlich mit dem Compiler-Flag **-lm** die Mathe-Bibliothek hinzulinken, sonst funktioniert der Include-Befehl in Zeile **002** nicht, zumindest nicht auf dem Pi. Auf dem PC müssen Sie dagegen **math.h** an dieser Stelle nicht einbinden.

In den Zeilen **003–009** wird nun zunächst die Struktur `Neuron_t` definiert, die die wichtigsten Daten eines Neurons enthält, wie das aktuelle Eingabesignal, den Schwellwert und die Information, ob das Neuron feuert. Das nächste Beispiel verwendet ein Neuronen-Array einer konstanten Größe von 64 Neuronen und drei Schichten. Die erste Schicht ist die Eingabeschicht, in die direkt die Pixeldaten eines Zeichens eingetragen werden, die zweite Schicht ist die Lernschicht. In der Lernschicht ist jedes Neuron mit jedem Neuron der Eingangsschicht verbunden, in der Ausgabeschicht ist nur jedes Neuron einmal mit dem entsprechenden Neuron der Lernschicht verbunden. Die Schwellwerte der Ausgabeschicht werden während des Lernvorgangs so angepasst, dass sie ein als Parameter übergebenes Muster genau reproduzieren können. In dem letzten Beispiel gibt es von jedem Buchstaben nur eine Version, Sie könnten aber hier auch durchaus mehrere Versionen verwenden, z. B. als Bitmap-Bilder. Allerdings müssen Sie dann die Anzahl Neuronen so erhöhen, dass jedes Neuron genau ein Pixel abbildet.

Um den Lernvorgang auch wirklich erfolgreich durchzuführen, muss Ihr Netz aber erst einmal in der Lage sein, aus einer bestimmten Eingabe die Parameter der einzelnen Neuronen zu erzeugen. Dies leistet die Funktion `Run()` (die Zeilen **010–040**), die den Hauptalgorithmus zum Erzeugen der Neuronen-Parameter genau einmal durchläuft. `Run()` bekommt drei Parameter übergeben. Der erste Parameter ist das neuronale Netz selbst, das in diesem Fall immer ein `float`-Array der Größe 3x64 ist. Der zweite Parameter enthält die Eingabematrix als `int`-Array und der dritte Parameter ist die Anzahl der Neuronen pro Schicht. `Run()` muss nun in Zeile **014** erst einmal die Werte aus dem Array **Eingabe** als Werte vom Typ `float` in die Neuronen der ersten Schicht kopieren. Dies ist nötig, da sich die Eingabewerte zur Laufzeit durch das Hauptprogramm ändern lassen. Nach der Übertragung der Eingabewerte in die erste Schicht wird die Hauptschleife (die Zeilen **015–038**) ausgeführt, die für jedes Neuron **n** der zweiten Schicht sämtliche Eingabewerte der ersten Schicht aufsummiert und anschließend den Wert dieser Summe in das Neuron **n** der zweiten Schicht überträgt. Vorher wird jedoch in Zeile **025** dieser Wert noch mit dem Skalierungsfaktor multipliziert, den das entsprechende Neuron besitzt. Nach Berechnung der Summe sämtlicher Eingänge für Neuron **n** der zweiten Schicht muss nun noch festgestellt werden, welcher Ausgabewert an die dritte Schicht weitergegeben wird. Neuron **n** der zweiten Schicht feuert immer dann, wenn die Summe aller Eingänge den Schwellwert von **n** überschreitet, und gibt den Wert 1 (aktiv) an die Ausgabeschicht weiter. Wenn Sie erreichen wollen, dass ein anderer Wert als 1 ausgegeben wird, müssen Sie den entsprechenden Skalierungsfaktor anpassen. Ein nicht feuerndes Neuron gibt dagegen immer den Wert 0 aus. `Run()` gibt am Ende einen Parameter **Sum** zurück, der die Summe der Werte aller Neuronen der Ausgabeschicht enthält. Die Funktion `AusgabeSchwellwerte()` (die Zeilen **041–051**) muss wahrscheinlich nicht mehr gesondert erklärt werden. `AusgabeSchwellwerte()` gibt sämtliche Schwellwerte der Neuronen der Lernschicht in der Konsole aus.

Das eigentliche Lernen leistet die Funktion `Lerne()` (die Zeilen **052–077**). `Lerne()` bekommt dieselben Parameter übergeben, wie `Run()`, weil `Lerne()` diese Funktion periodisch aufruft. Zunächst nimmt die Funktion `Lerne()` jedoch erst einmal an, dass das

Netz noch nicht perfekt konfiguriert ist, und setzt die Variable **geaendert** in Zeile **056** auf `true`. Anschließend wird in Zeile **057** `Run()` aufgerufen und die Summe aller Ausgänge der dritten Schicht ermittelt. Nun wird in einer `while`-Schleife (die Zeilen **058–075**) die Funktion `Run()` so lange wiederholt aufgerufen, bis sich die Schwellwerte der Neuronen in der ersten Schicht nicht mehr ändern (auch hier gilt, dass immer das gleiche Muster für einen Buchstaben benutzt wird). Um dies festzustellen, wird in Zeile **060** erst einmal **geaendert** auf `false` gesetzt und somit angenommen, dass das Netz schon richtig konfiguriert ist. Zur Kontrolle werden dann noch einmal sämtliche Zustände der Ausgangsneuronen mit den Soll-Werten im Array `Eingabe` verglichen. Wenn sich dann herausstellt, dass die Annahme falsch ist, dass das Netz schon perfekt konfiguriert ist, muss **geaendert** auf `true` gesetzt werden. Bei einem fehlerhaften Ausgabewert eines Neurons wird der Schwellwert aber immer nur in kleinen Schritten von 0,01 angeglichen. Wenn also ein Neuron feuert, obwohl es dies nicht tun soll, wird zum Schwellwert 0,01 addiert, anstatt ihn sofort auf 1 zu setzen. Wenn dann ein Neuron nicht feuert, obwohl es dies tun sollte, wird vom Schwellwert 0,01 subtrahiert, anstatt ihn sofort auf 0 zu setzen. Nach der Prüfung der Ausgabeschicht auf Abweichungen von dem Soll-Zustand wird in Zeile **074** `Run()` stets noch einmal aufgerufen. Wenn dann **geaendert** `false` ist, kehrt die Funktion `Lerne()` zurück. Wenn **geaendert** dann `true` ist, werden die Schwellwerte in der Ausgabeschicht erneut angeglichen. Auch `Lerne()` liefert die Summe der Werte sämtlicher Neuronen in der Ausgabeschicht zurück.

Das Hauptprogramm (die Zeilen **078–141**) definiert nun zunächst die Bitmasken für den Buchstaben A, B und C, die später an die Funktion `Lerne()` übergeben werden. Hierbei werden die Integer-Werte 1:1 in die Eingabeschicht geschrieben, also 1:1 in Werte von Typ `float` gewandelt. 0.0 entspricht also einem gelöschten und 1.0 einem gesetzten Pixel. Ich gebe zu jedem Lernvorgang Testdaten in der Konsole aus, nämlich einmal die aktuellen Schwellwerte der Neuronen in der Ausgabeschicht sowie die Summe aller Ausgabewerte. Auf diese Weise können Sie sehr gut sehen, wie sich die Schwellwerte nach jedem neuen Lernvorgang etwas ändern. Das Programm gibt am Ende den folgenden Text in der Konsole aus:

```
A:
32.00 32.00 32.00 0.00 0.00 32.00 32.00 32.00
32.00 32.00 0.00 32.00 32.00 0.00 32.00 32.00
32.00 0.00 0.00 32.00 32.00 32.00 0.00 0.00
0.00 0.00 0.00 0.00 0.00 0.00 0.00 0.00
0.00 0.00 32.00 32.00 32.00 32.00 0.00 0.00
0.00 0.00 32.00 32.00 32.00 32.00 0.00 0.00
0.00 0.00 32.00 32.00 32.00 32.00 0.00 0.00
0.00 0.00 32.00 32.00 32.00 32.00 0.00 0.00
Summe Output:32
```

**B:**

**32.00 32.00 32.00 0.00 0.00 32.00 41.01 41.01**

**32.00 32.00 41.01 41.01 41.01 41.01 32.00 32.00**

**32.00 0.00 41.01 41.01 41.01 41.01 0.00 0.00**

**0.00 0.00 0.00 0.00 0.00 0.00 41.01 41.01**

**0.00 0.00 32.00 32.00 32.00 32.00 41.01 41.01**

**0.00 0.00 41.01 41.01 41.01 41.01 0.00 0.00**

**0.00 0.00 41.01 41.01 41.01 41.01 0.00 0.00**

**0.00 0.00 32.00 32.00 32.00 32.00 0.00 41.01**

**Summe Output:41**

**C:**

**32.00 32.00 30.99 0.00 0.00 30.99 30.99 41.01**

**32.00 30.99 30.99 30.99 30.99 30.99 30.99 30.99**

**30.99 0.00 41.01 41.01 41.01 41.01 32.00 32.00**

**0.00 0.00 32.00 32.00 32.00 32.00 41.01 41.01**

**0.00 0.00 32.00 32.00 32.00 32.00 41.01 41.01**

**0.00 0.00 41.01 41.01 41.01 41.01 32.00 32.00**

**32.00 0.00 30.99 30.99 30.99 30.99 0.00 0.00**

**32.00 32.00 30.99 30.99 30.99 30.99 0.00 41.01**

**Summe Output:32**

**Eingabe:C**

**0 0 1 1 1 1 1 0**

**0 1 1 1 1 1 1 1**

**1 1 0 0 0 0 0 0**

**1 1 0 0 0 0 0 0**

**1 1 0 0 0 0 0 0**

**1 1 0 0 0 0 0 0**

**0 1 1 1 1 1 1 1**

**0 0 1 1 1 1 1 0**

**Summe Output:32**

Ihr neuronales Netz hat anscheinend den Buchstaben C erfolgreich gelernt, denn sowohl das Bitmuster für den Buchstaben C als auch die Summe 32 stimmt mit dem überein, was Sie erwarten würden. Ändern Sie nun die folgende Zeile wie folgt ab:

```
printf("Eingabe:C\n"); Sum=Run(NeuronArray,C,64);
```

in

```
printf("Eingabe:B\n"); Sum=Run(NeuronArray,B,64);
```

Das Bitmuster für das Zeichen B wird noch fast perfekt ausgegeben und die Output-Summe von 50 liegt noch im Bereich des Tolerierbaren. Wenn Sie in Ihr Programm eine zusätzliche Fehlerkorrektur einbauen, wird in diesem Fall auch das B korrekt erkannt. Ihr neuronales Netz hat also anscheinend auch den Buchstaben B erfolgreich gelernt, denn sowohl das Bitmuster für den Buchstaben B als auch die Summe 50 stimmen fast mit dem überein, was Sie erwarten würden. Ändern Sie nun die folgende Zeile wie folgt ab:

```
printf("Eingabe:B\n"); Sum=Run(NeuronArray,B,64);
```

in

```
printf("Eingabe:A\n"); Sum=Run(NeuronArray,A,64);
```

Das Bitmuster für das Zeichen A wird jedoch nicht erkannt und die Output-Summe von 32 liegt nicht mehr im Bereich des Tolerierbaren. Ferner hat Ihr Netz den Buchstaben A offenbar verlernt, denn für den Eingabe-Buchstaben A wird nun der Buchstabe C erkannt. Wenn Sie in Ihr Programm eine zusätzliche Fehlerkorrektur einbauen, wird der Buchstabe A trotzdem nicht mehr erkannt und nähert sich dem Buchstaben B an.

Sie sehen, dass das Verlernen von Dingen nicht nur eine menschliche Eigenschaft ist, sondern sogar künstliche neuronale Netze betrifft. Das Verlernen von früheren Mustern entsteht hier durch Interferenz. *Interferenz* bedeutet, dass sich zuletzt gelernte Muster mit alten Mustern überlagern und dass das Netz dann die alten Muster mit der Zeit vergisst. Und genau wie der Mensch vergisst auch das künstliche neuronale Netz gerade die Dinge, die es am längsten nicht mehr trainiert hat. Probieren Sie es ruhig aus und lernen Sie das Zeichen A zum Schluss noch einmal (also zweimal). Nun wird der Buchstabe A und gerade noch der Buchstabe C, nicht aber der Buchstabe B erkannt. Die Frage ist nun, wie Sie Ihr künstliches neuronales Netz so weit verbessern können, dass es das Gelernte zumindest so lange behält, bis Sie alle 26 Buchstaben des Alphabets eingescannt haben. Die Antwort ist, dass dies im Prinzip nicht geht, denn genauso wie biologische Systeme vergessen auch künstliche neuronale Netze stets die Dinge, die sie am längsten nicht mehr gesehen haben. Jedoch können Sie die Wahrscheinlichkeit für Interferenzen minimieren, indem Sie schlicht mehr Neuronen verwenden. Wenn Sie also in der Update-Version Ihrer Mustererkennung 64x64 Pixel statt 8x8 Pixel für die einzelnen Zeichen verwenden, dann werden sich auch die Ausgabemuster und -summen weniger vom erwarteten Wert unterscheiden. Sie müssen also die Eingabedaten auf Bitmap-Bildern und nicht auf Bits aufbauen, die Sie in mühsamer Arbeit per Hand in eine 8x8 Pixel große Matrize eingetragen haben. An dieser Stelle schlagen Sie nun eine Brücke zum letzten Kapitel über grafische Bildverarbeitung: Damit Ihr neuronales Netz ein einzelnes Zeichen gut lernt, müssen Sie dies mit 64x64 Pixeln einscannen, anschließend binärisieren (also als Schwarzweißbild abspeichern) und zum Schluss in eine Bitmaske umwandeln. Dabei kann Ihr Programm sowohl das Laden der Bitmaps als auch die Wandlung in eine Bitmaske übernehmen. Bevor ich Ihnen nun das zweite Beispiel zeige, das für die einzelnen Zeichen Bitmaps verwendet, möchte ich zuvor noch eine Frage klären: Was ist, wenn die Eingabedaten keine Bilder, sondern Töne sind, z. B. ein Sample eines gesprochenen A? Kann ein neuronales Netz auch ein gesprochenes A erkennen? Die Antwort ist, dass dies prinzipiell möglich ist, da neuronale Netze Muster nicht nur in Bildern erkennen können. Die Voraussetzung ist aber immer, dass die Eingabedaten in einem Format vorliegen, das gut erkennbare Muster enthält. Da dies bei den rohen Audiodaten nicht der Fall ist, müssen Sie ein gesprochenes A erst mittels Fouriertransformation (siehe dazu auch Kapitel 7) in ein Frequenzspektrum umwandeln. Dieses unterscheidet sich sehr stark bei den einzelnen Buchstaben und kann von einem neuronalen Netz sehr gut gelernt werden. Auch hier kommt es natürlich wieder auf die Menge der Neuronen an. Wenn Sie Ihrem Netz nur zehn Frequenzen zur Verfügung stellen, die Sie in nur zehn Neuronen einspeisen, wird Ihr Netz das gesprochene A wahrscheinlich nicht lernen können. Wenn Sie Ihrem Netz jedoch ein komplettes Fourier-Spektrum anbieten (dies sind normalerweise 2048 oder 4096 Frequenzbänder), dann haben Sie schon sehr gute Erfolgsaussichten. Sehen Sie sich nun Listing 9.2 an, das Ihre Zeichen in einer etwas höheren Auflösung bearbeitet (denken Sie auch hier daran, auf dem Pi **math.h** zusätzlich einzubinden).

**Listing 9.2** Mustererkennung2.cpp

```
#include<stdio.h>
#include"graphics.h"

struct Neuron_t
{
    public:
    float Wert;
    float Schwellwert;
    float Skalierungsfaktor;
    bool Feuer;
};

float Run(Neuron_t NeuronArray[3][625], int *Eingabe, int n)
{
    int i=0,j=0;
    float Sum=0.0;
    for (i=0; i<n; i++) { NeuronArray[0][i].Wert=Eingabe[i]; } // Eingabe an
erste Schicht übertragen
    for (i=0; i<n; i++) // Alle n Neuronen durchgehen
    {
        NeuronArray[1][i].Wert=0.0; // Neuron n der 2. Schicht neu
initialisieren
        for (j=0; j<n; j++) // Neuron n der Schicht 1 mit allen Neuronen der
Schicht 2 verknüpfen
        {
            if (i!=j) // Neuron n selbst nicht summieren
            {
```

```
                NeuronArray[1][i].Wert+=NeuronArray[0][j].Wert;
            }
        }
        NeuronArray[1][i].Wert*=NeuronArray[1][i].Skalierungsfaktor; // Ausgabe skalieren
        if (NeuronArray[1][i].Wert>=NeuronArray[1][i].Schwellwert) // Neuron n der 3. Schicht feuert
        {
            NeuronArray[1][i].Feuer=true;
            NeuronArray[2][i].Wert=NeuronArray[2][i].Skalierungsfaktor;
        }
        else // Neuron n der 3. Schicht feuert nicht
        {
            NeuronArray[1][i].Feuer=false;
            NeuronArray[2][i].Feuer=false;
            NeuronArray[2][i].Wert=0.0;
        }
        Sum+=NeuronArray[2][i].Wert; // Ausgänge der Ausgabeschicht aufsummieren
    }
    return Sum; // Summe der Ausgabeschicht zurückgeben
}

void AusgabeSchwellwerte(Neuron_t NeuronArray[3][625], int n, int S)
{
    int i,j;
    j=0;
    for (i=0; i<n; i++)
    {
        printf("%.2f\t",NeuronArray[S][i].Schwellwert);
        j++; if (j==25) { j=0; printf("\n"); } // 25 Werte pro Zeile
    }
}

void AusgabeOutput(Neuron_t NeuronArray[3][625], int n)
{
    int i,j;
    j=0;
    for (i=0; i<n; i++)
    {
        printf("%d",(int)NeuronArray[2][i].Wert);
        j++; if (j==25) { j=0; printf("\n"); } // 25 Werte pro Zeile
    }
}

float Lerne(Neuron_t NeuronArray[3][625], int *Eingabe, int n, int m)
{
    int i=0,j=0;
    float Sum=0;
    bool geaendert=true;
    Sum=Run(NeuronArray,Eingabe,n); // Erzeugen der Eingabewerte
    for (j=0; j<m; j++)
    {
        for (i=0; i<n; i++) // Alle n Neoronen der Eingabeschicht scannen
        {
            if ((int)NeuronArray[2][i].Wert>Eingabe[i]) // Ausgabe über dem Soll
```

```
            {
                NeuronArray[1][i].Schwellwert+=0.01;
                geaendert=true;
            }
            else if ((int)NeuronArray[2][i].Wert<Eingabe[i]) // Ausgabe über dem Soll
            {
                NeuronArray[1][i].Schwellwert-=0.01;
                geaendert=true;
            }
        }
        Sum=Run(NeuronArray,Eingabe,n); // Aktualisierung der Werte
    }
    return Sum;
}

void UebertrageBild(long int w, long int h, int *BildDaten)
{
    long int x=0,y=0,z=0;
    for (y=0; y<h; y++)
    {
        for (x=0; x<w; x++)
        {
            if (Point(x,y)==0) { BildDaten[z]=1; }
            else { BildDaten[z]=0; }
            z++;
        }
    }
}

int main(void)
{
    float Sum;
    int w,h,x,y,z;
    Neuron_t NeuronArray[3][625];
    int A[625]; // Bitmuster A (25x25)
    int B[625]; // Bitmuster B (25x25)
    int C[625]; // Bitmuster C (25x25)
    for (int i=0; i<625; i++)
    {
        NeuronArray[1][i].Schwellwert=0; // Bei S=0 anfangen
             NeuronArray[1][i].Skalierungsfaktor=1; // Eingaben nicht skalieren
             NeuronArray[2][i].Skalierungsfaktor=1; // Ausgaben nicht skalieren
    }
    InitGraph();
    LoadBitmap(w,h,"A.bmp"); printf("Lerne Buchstaben A...\n");
    UebertrageBild(w,h,A); Lerne(NeuronArray,A,625,20000);
    LoadBitmap(w,h,"B.bmp"); printf("Lerne Buchstaben B...\n");
    UebertrageBild(w,h,B); Lerne(NeuronArray,B,625,20000);
    LoadBitmap(w,h,"C.bmp"); printf("Lerne Buchstaben C...\n");
    UebertrageBild(w,h,C); Lerne(NeuronArray,C,625,20000);
    Sum=Run(NeuronArray,A,625); printf("Summe für A:%d\n",(int)Sum);
    Sum=Run(NeuronArray,B,625); printf("Summe für B:%d\n",(int)Sum);
    Sum=Run(NeuronArray,C,625); printf("Summe für C:%d\n",(int)Sum);
    getch();
    return 0;
}
```

Das Programm gibt folgenden Text in der Konsole aus:

**Lerne Buchstaben A...**

**Lerne Buchstaben B...**

**Lerne Buchstaben C...**

**Summe für A:29**

**Summe für B:475**

**Summe für C:249**

Dadurch, dass Sie in dem letzten Listing die Anzahl der Lernschritte bestimmen können, sind Sie in der Lage, Ihren Lernalgorithmus viel feiner zu skalieren, als durch das vollständig automatisierte Lernen. Diesen Vorteil erkaufen Sie sich aber durch die Tatsache, dass nun viel mehr Handarbeit und Feintuning nötigt ist, um die optimalen Werte zu finden. Im Endeffekt müssen Sie erst einmal so lange verschiedene Werte ausprobieren, bis Ihre Ausgabeschicht das richtige Muster erzeugt, und das für jedes Zeichen separat. Wenn Sie dann erreicht haben, dass Ihr Netz jedes Zeichen für sich korrekt erkennt, können Sie den nächsten Schritt unternehmen und das Netz sämtliche Zeichen nacheinander lernen lassen. Wenn die Summe der Werte der Neuronen in der Ausgabeschicht für die einzelnen Zeichen weit genug auseinanderliegt, dann nehmen Sie einfach an, dass Ihr Netz alle Zeichen gelernt hat. Die Frage, ob Ihr Netz das vorher gelernte Muster korrekt reproduziert, ist in diesem Fall nicht entscheidend. Vielmehr lassen Sie bewusst Ungenauigkeiten zu, solange Sie mit Ihrem Netz eindeutige Ergebnisse erzielen können. In den 80ern wurde für dieses Vorgehen der Begriff „Fuzzy Logic" geprägt, der dann auch sehr oft auf Küchenmaschinen, Waschmaschinen und Wäschetrocknern stand. Inzwischen ist der Begriff „Fuzzy Logic", also das bewusste Zulassen von Toleranzen und Ungenauigkeiten, fester Bestandteil des Begriffs „künstliche Intelligenz" und wird heute kaum noch verwendet.

## 9.2 Spracherkennung

Grundlage der Spracherkennung und auch der Sprachsynthese ist ein Verfahren, das Sie schon in Kapitel 7 kennengelernt haben: Die Fouriertransformation und die inverse Fouriertransformation. Natürlich ist die Fouriertransformation selbst kein Bestandteil der KI, sie liefert aber die Daten, um z. B. ein gesprochenes A zu erkennen. In der Tat sind die Spracherkennung und die Sprachsynthese inverse Prozesse, wobei die Sprachsynthese zuerst entwickelt wurde. Die ersten Sprachprogramme, wie z. B. der Sprachsynthesizer SAM (speech audio module), lieferten nicht so gute Ergebnisse. Dies lag aber vor allem an dem verwendeten Sprachmodell: Die einzelnen Laute der Stimme wurden hier durch Standard-Klangmuster zusammengesetzt, weil der Speicher des C64, für den SAM entwickelt wurde, sehr begrenzt war. Die erste wirklich gut klingende Stimme gab es für den Amiga in Form des Programms Deluxe Video, einem

Nachfolger des Programms Deluxe Paint V. Allerdings musste man die Stimme von einer separaten Diskette nachladen und ohne zusätzliches Speichermodul konnte man nicht einmal ein einziges Wort eingeben. Sie sehen an dieser Stelle wahrscheinlich schon, dass es bei der Sprachsynthese vor allem darauf ankommt, genug Speicher zu besitzen. Zum Glück ist dieses auf modernen PCs kein Problem mehr und Programme, die z. B. Blinden einen Text vorlesen können, gibt es inzwischen wie Sand am Meer.

Wie funktioniert nun die Spracherkennung in Algorithmenform? Betrachten wir dazu zunächst die Sprachsynthese. Für die Sprachsynthese müssen Sie zunächst einen Sprecher finden, der zumindest einen vorgegebenen Text flüssig ablesen kann. Noch besser ist sicherlich ein Schauspieler, der eine bestimmte Szene mit viel Leidenschaft zum Ausdruck bringt – dadurch wirkt die Betonung der Wörter natürlicher. Anschließend müssen Sie den Text in einzelne Wörter und diese Wörter anschließend in Phoneme zerlegen. Ein *Phonem* ist quasi der kleinstmögliche Teil eines gesprochenen Worts, wie z. B. der Laut „sch", „k" oder „ts". Manche Phoneme kommen nicht in allen Sprachen vor, z. B. das englische „th" oder manche asiatischen oder russischen Silben. Wenn Sie nun die einzelnen Phoneme beispielsweise als Rohdaten vorliegen haben, beginnt die eigentliche, oft zeitraubende Arbeit: Sie müssen mit sämtlichen Phonemen Fouriertransformationen durchführen und die Frequenzdaten (also den Output der Fouriertransformation) für jedes einzelne Phonem in einer Datenbank ablegen. Wenn Sie dann alle Phoneme zusammen haben, können Sie eine Software entwickeln, die die Frequenzdaten Ihrer Phoneme richtig skaliert und am Ende in der richtigen Weise zu einem gesprochenen Text zusammenmischt. Alternativ können Sie auch so vorgehen, wie schon in Kapitel 7 angedeutet, und ein Phonem-Lexikon anlegen. Auch dies ist natürlich alles andere als trivial.

Für die Spracherkennung müssen Sie dagegen in der umgekehrten Weise vorgehen und Ihr neuronales Netz mit den Frequenzspektren der einzelnen Phoneme trainieren. Je mehr Varianten Sie zur Verfügung haben, desto besser. Ein neuronales Netz, das Sprache erkennen soll, lernt also, Muster in den Frequenzspektren der einzelnen Phoneme zu unterscheiden. Ich werde nun ein Beispiel für die Erkennung der Vokale anführen, also der Phoneme A, E, I, O und U. An dieser Stelle kann ich Ihnen also nur einen Bruchteil von dem präsentieren, was Sie wirklich mit neuronalen Netzen anstellen können – Sie haben ja bereits im letzten Beispiel gesehen, wie schnell Ihre einfache Mustererkennung spürbar langsamer wird. Sie können aber dennoch ein Gefühl dafür bekommen, welch große Herausforderung die Entwicklung neuer KI-Algorithmen ist, die natürlich am Ende auf Servern läuft und so viel mehr Trainingsdaten zur Verfügung hat (in diesem Sinn ist die KI vor allem ein Sammeln von Daten, was viele Hacker und Sicherheitsexperten auch kritisieren).

Beginnen wir erst einmal mit dem Buchstaben A, der als Wave-Datei vorliegt und den Sie z. B. mit Audacity oder einem anderen Programm Ihrer Wahl aufgenommen haben. Ihr Headset liefert wahrscheinlich Audiodaten mit einer Samplerate von

44100 Hz im Format 16 Bit Stereo. Die Dateigröße für ein kurz gesprochenes A dürfte im Bereich von 10 kB liegen. Dies hört sich nicht viel an, wenn Sie jedoch einfach die Rohdaten an Ihr neuronales Netz übergeben, dürften Sie keinen großen Erfolg haben. Sie haben ja bereits gesehen, dass schon die Mustererkennung bei einer Zeichengröße von 25x25 Pixeln selbst Ihren Gaming-PC an seine Grenzen bringt und Sie etwa zwei Minuten benötigen, um ein einzelnes Zeichen zu lernen. Sie müssen Ihre Daten also komprimieren und ferner nur die wichtigsten Frequenzen betrachten, die in Ihrem gesprochenen A vorkommen. Zunächst speichern Sie hierfür das A so ab, dass es im Format 8 Bit Mono signed mit einer Samplerate von 11025 Hz vorliegt. Ferner sorgen Sie dafür, dass die Audiodatei genau 2048 Bytes groß ist. Anschließend speichern Sie Ihr A unter dem Dateinamen **A.snd** ab. Natürlich können Sie sich an dieser Stelle auch die entsprechenden Dateien bei Hanser unter *https://plus.hanser-fachbuch.de/* herunterladen. Diese Dateien habe ich übrigens mit der freien Sprachsynthese-Software „MBrola" generiert und nicht von einer fremden Quelle übernommen.

Nehmen wir nun wieder folgende Funktion aus Kapitel 7, die eine diskrete Fouriertransformation durchführt:

```
void DFT(float *S, float *XRe, float *XIm, int Len); // DFT=diskrete
Fouriertransformation
```

Im ersten Parameter stehen schlicht die Sample-Daten, die vorher in das Array **S** mit Werten vom Typ `float` konvertiert wurden. Dies sind bei der Datei **A.snd** Werte im Bereich -128 bis 127. Das Array **XRe** enthält nach Rückkehr der Funktion die reellen Anteile der Fourier-Koeffizienten und **XIm** enthält die imaginären Anteile. **Len** ist die Länge des zu bearbeitenden Datenblocks in Samples, also 4096. Nehmen wir nun an, Sie wollen das Array **S** der Länge 4096 mit den Daten aus der Datei **A.snd** füllen. Dann können Sie z. B. folgende Laderoutine verwenden:

```
signed char C; // Datenformat 8 Bit mono signed
float S[4096];
FILE *F;
F=fopen("A.snd","rb"); // Datei binär lesen
for (i=0; i<4096; i++)
{
    fread(&C,1,1,F); // signed char lesen
    S[i]=(float)C; // als float in das Array X schreiben
}
fclose(F);
```

Anschließend rufen Sie die diskrete Fouriertransformation mit folgenden Parametern auf:

```
float XRe[4096];
float XIm[4096];
DFT(S,XRe,XIm,4096);
```

Nun müssen Sie Ihr neuronales Netz mit dem Frequenzspektrum des gesprochenen A trainieren, das sich nun in Form von Fourier-Koeffizienten in den Arrays **XRe** und

**XIm** befindet. Wenn Sie sich jedoch die einzelnen Koeffizienten einmal in der Konsole ausgeben lassen, werden Sie sehen, dass dort alles andere als ein Muster zu erkennen ist. Die Lösung ist hier, die Frequenzen, die sich in den Realteilen der Fourier-Koeffizienten verbergen, in einem Histogramm anzuordnen. Ein *Histogramm* ist ein Array (meist durch die Variable **H** abgekürzt), das für sämtliche Werte eines bestimmten Signals die Häufigkeiten dieser Werte speichert. Meistens sind die Werte selbst in einer aufsteigenden Reihenfolge angeordnet und entsprechen der Position in einem Histogramm-Array. In den meisten Histogrammen für Frequenzdaten werden Frequenzbänder verwendet, die die einzelnen Werte zu Bereichen zusammenfassen. Im Fall des gesprochenen A müssen wir dies auch tun, da wir das neuronale Netz mit maximal 512 Werten füttern können, ohne das Lernen zu sehr zu verlangsamen. Normale Sprache (also kein Gesang) enthält Frequenzen zwischen 110 Hz und 440 Hz und einige Höhenanteile im Bereich zwischen 1 und 3 kHz. Um zu erreichen, dass das Netz auch Störungen in Form von Rauschen noch toleriert, bilden wir nun Frequenzen bis 512*20=10240 Hz auf ein Array mit 512 Werten vom Typ `int` ab. Dies können Sie durch die folgenden C++-Zeilen erreichen:

```
for (i=0; i<4096; i++)
{
    j=(int)(20*ABS(XRe[i])); // Skalierung der Absolutwerte in XRe um den Faktor 20
    if (j>=10240) { j=10240; }
    H[j/20]++; // Frequenzbänder mit einer Breite von 20 Hz benutzen
}
```

Ein Frequenzband ist also 20 Hz breit und das Histogramm-Array **H** enthält am Ende für jedes Frequenzband einen Häufigkeitszähler, der angibt, wie oft ein bestimmter Wert aus dem Array **XRe** in einem bestimmten Frequenzbereich gelegen hat. Die Frequenzen sind hierbei die Absolutwerte der Realanteile der Fourier-Koeffizienten, skaliert mit dem Faktor 20 (Erfahrungswert, der mit dem Oszilloskop gegengeprüft wurde). Ein letzter Schritt ist nun, die wirklich markanten Stellen in Ihrem gesprochenen A zu finden. Dies geht aber ganz einfach: Häufigkeiten, die unter 10 liegen, beruhen auf zufälligen Schwankungen und werden einfach gestrichen. Hierzu verwenden Sie einfach die folgende Schleife:

```
for (i=0; i<512; i++)
{
    if (H[i]<10) { H[i]=0; }
}
```

Für die Datei **A.snd** erhalten Sie nun das folgende Histogramm:

**036 045 044 036 034 047 049 044 046 047 036 031 048 038 038 039**

**048 046 055 043 044 038 026 041 033 025 028 028 036 028 032 034**

**025 028 035 032 017 023 025 015 025 025 017 019 039 027 018 023**

**025 017 000 024 014 016 023 018 012 000 015 014 018 012 020 017**

**000 015 013 011 010 000 000 010 016 014 014 000 000 013 000 018**

**013 012 000 000 011 017 017 000 000 016 010 000 000 013 000 000**

**000 012 000 000 013 000 000 000 000 000 010 012 000 000 000**

**000 010 000 000 000 000 000 000 000 000 018 000 000 000 000**

**000 000 000 000 000 000 000 000 000 000 000 000 000 000 000**

**000 000 000 000 000 013 000 000 000 000 010 000 000 000 000**

**000 000 011 000 000 000 000 000 000 000 000 000 000 000 000**

**000 000 000 000 000 000 000 000 000 000 000 000 000 000 000**

**000 000 000 000 000 000 000 000 000 000 000 000 000 000 000**

**000 000 000 000 000 000 000 000 000 000 000 000 013 000 000**

**(ab hier sind sämtliche Werte 0)**

Die Summe sämtlicher Häufigkeiten in **H** ist 2246 und genau diese Zahl wird später benutzt, um ein gesprochenes A von den anderen Vokalen zu unterscheiden. Sehen Sie sich nun Listing 9.3 an, das Ihnen anhand der Dateien **A.snd**, **E.snd**, **E2.snd**, **I.snd**, **O.snd** und **U.snd** erlaubt, gesprochene Vokale voneinander zu unterscheiden. **E2.snd** ist ein leicht anders gesprochenes E, das Sie verwenden können, um die Güte Ihres neuronalen Netzes zu testen.

**Listing 9.3** Spracherkennung.cpp

```
#include<stdio.h>
#include<stdlib.h>
#include<math.h>
#include<string.h>

struct Neuron_t
{
    float Wert;
    float Schwellwert;
    float Skalierungsfaktor;
    bool Feuer;
};

float ABS(float V)
{
    if (V<0) { return -V; }
    else { return V; }
}

void DFT(float *S, float *XRe, float *XIm, int Len)
{
        int i, k, n;
        for (k = 0; k < Len; k++)
    {
            XRe[k] = 0;
            XIm[k] = 0;
            for (n = 0; n < Len; n++)
        {
                XRe[k]=(XRe[k]+S[n]*cos(2*3.141592*k*n/Len));
```

```
                XIm[k]=(XIm[k]-S[n]*sin(2*3.141592*k*n/ Len));
            }
        }
}

float Run(Neuron_t NeuronArray[3][512], int *Eingabe, int n)
{
    int i=0,j=0;
    float Sum=0.0;
    for (i=0; i<n; i++) { NeuronArray[0][i].Wert=Eingabe[i]; } // Eingabe an erste Schicht übertragen
    for (i=0; i<n; i++) // Alle n Neuronen durchgehen
    {
        NeuronArray[1][i].Wert=0.0; // Neuron n der 2. Schicht neu initialisieren
        for (j=0; j<n; j++) // Neuron n der Schicht 1 mit allen Neuronen der Schicht 2 verknüpfen
        {
            if (i!=j) // Neuron n selbst nicht summieren
            {
                NeuronArray[1][i].Wert+=NeuronArray[0][j].Wert;
            }
        }
        NeuronArray[1][i].Wert*=NeuronArray[1][i].Skalierungsfaktor; // Ausgabe skalieren
        if (NeuronArray[1][i].Wert>=NeuronArray[1][i].Schwellwert) // Neuron n der 3. Schicht feuert
        {
            NeuronArray[1][i].Feuer=true;
            NeuronArray[2][i].Wert=NeuronArray[1][i].Wert; // Bei Feuer Signal direkt weiterleiten
        }
        else // Neuron n der 3. Schicht feuert nicht
        {
            NeuronArray[1][i].Feuer=false;
            NeuronArray[2][i].Feuer=false;
            NeuronArray[2][i].Wert=0.0;
        }
        Sum+=NeuronArray[2][i].Wert; // Ausgänge der Ausgabeschicht aufsummieren
    }
    return Sum; // Summe der Ausgabeschicht zurückgeben
}

void AusgabeSchwellwerte(Neuron_t NeuronArray[3][512], int n, int S)
{
    int i,j;
    j=0;
    for (i=0; i<n; i++)
    {
        printf("%.2f\t",NeuronArray[S][i].Schwellwert);
        j++; if (j==32) { j=0; printf("\n"); } // 32 Werte pro Zeile
    }
}

void AusgabeOutput(Neuron_t NeuronArray[3][512], int n)
{
    int i,j;
    j=0;
```

```
    for (i=0; i<n; i++)
    {
        printf("%03d ",(int)NeuronArray[2][i].Wert);
        j++; if (j==32) { j=0; printf("\n"); } // 32 Werte pro Zeile
    }
}

float Lerne(Neuron_t NeuronArray[3][512], int *Eingabe, int n, int m)
{
    int i=0,j=0;
    float Sum=0;
    bool geaendert=true;
    Sum=Run(NeuronArray,Eingabe,n); // Erzeugen der Eingabewerte
    for (j=0; j<m; j++)
    {
        for (i=0; i<n; i++) // Alle n Neuronen der Eingabeschicht scannen
        {
            if ((int)NeuronArray[2][i].Wert>Eingabe[i]) // Ausgabe über dem Soll
            {
                NeuronArray[1][i].Schwellwert+=0.01;
                geaendert=true;
            }
            else if ((int)NeuronArray[2][i].Wert<Eingabe[i]) // Ausgabe über dem Soll
            {
                NeuronArray[1][i].Schwellwert-=0.01;
                geaendert=true;
            }
        }
        Sum=Run(NeuronArray,Eingabe,n); // Aktualisierung der Werte
    }
    return Sum;
}

float InvOut(Neuron_t NeuronArray[3][512], int n)
{
    int i=0;
    float Max=0.0;
    float Sum=0;
    for (i=0; i<512; i++)
    {
        if(NeuronArray[2][i].Wert>Max) { Max=NeuronArray[2][i].Wert; }
    }
    for (i=0; i<512; i++)
    {
        NeuronArray[2][i].Wert=Max-NeuronArray[2][i].Wert;
        Sum+=NeuronArray[2][i].Wert;
    }
    return Sum;
}

void FileDFT(char *FileName, float *S, float *XRe, float *XIm, int L)
{
    int i;
    signed char C;
    FILE *F;
    F=fopen(FileName,"rb");
```

```
    for (i=0; i<L; i++)
    {
        fread(&C,1,1,F);
        S[i]=(float)C;
    }
    fclose(F);
    DFT(S,XRe,XIm,L);
}

int Histo(int *H, float *XRe, int SW)
{
    int i,j,SU;
    for (i=0; i<512; i++) { H[i]=0; } // Histogramm leeren
    for (i=0; i<4096; i++)
    {
        j=(int)(20*ABS(XRe[i])); // Skalierung um den Faktor 20
        if (j>=10240) { j=10240; }
        H[j/20]++; // Frequenzbänder mit einer Breite von 20 Hz benutzen
    }
    j=0; SU=0;
    for (i=0; i<512; i++)
    {
        if (H[i]<SW) { H[i]=0; }
        SU+=H[i];
    }
    return SU;
}

int main(void)
{
    int i,j,SU;
    signed char C;
    char Dateiname[20];
    float Sum=0;
    float S[4096];
    float XRe[4096];
    float XIm[496];
    int H[512]={0};
    Neuron_t NeuronArray[3][512];
    for (int i=0; i<512; i++)
    {
        NeuronArray[1][i].Schwellwert=0; // Bei S=0 anfangen
        NeuronArray[1][i].Skalierungsfaktor=1; // Eingaben nicht skalieren
        NeuronArray[2][i].Skalierungsfaktor=1; // Ausgaben nicht skalieren
    }
    // Lerne Buchstaben A
    printf("Lerne A...\n");
    FileDFT("A.snd",S,XRe,XIm,4096);
    SU=Histo(H,XRe,10); printf("Summe Histogrammwerte:%d\n",SU);
    Lerne(NeuronArray,H,512,10000);
    // Lerne Buchstaben E
    printf("Lerne E...\n");
    FileDFT("E.snd",S,XRe,XIm,4096);
    SU=Histo(H,XRe,10); printf("Summe Histogrammwerte:%d\n",SU);
    Lerne(NeuronArray,H,512,10000);
    // Lerne Buchstaben I
    printf("Lerne I...\n");
```

```
184     FileDFT("I.snd",S,XRe,XIm,4096);
185     SU=Histo(H,XRe,10); printf("Summe Histogrammwerte:%d\n",SU);
186     Lerne(NeuronArray,H,512,10000);
187     // Lerne Buchstaben O
188     printf("Lerne O...\n");
189     FileDFT("O.snd",S,XRe,XIm,4096);
190     SU=Histo(H,XRe,10); printf("Summe Histogrammwerte:%d\n",SU);
191     Lerne(NeuronArray,H,512,10000);
192     // Lerne Buchstaben U
193     printf("Lerne U...\n");
194     FileDFT("U.snd",S,XRe,XIm,4096);
195     SU=Histo(H,XRe,10); printf("Summe Histogrammwerte:%d\n",SU);
196     Lerne(NeuronArray,H,512,10000);
197     Dateiname[0]=0;
198     do
199     {
200         printf("Audiodatei checken (e=Ende):");
201         scanf("%s",Dateiname);
202         if (strcmp(Dateiname,"e")!=0)
203         {
204             FileDFT(Dateiname,S,XRe,XIm,4096);
205             SU=Histo(H,XRe,10);
206             Run(NeuronArray,H,512); Sum=InvOut(NeuronArray,512);
207             printf("Summe Output:%ld\n",(long int)Sum);
208         }
209     }
210     while (strcmp(Dateiname,"e")!=0);
211     return 0;
212 }
```

Die Spracherkennung nutzt wieder die Struktur `Neuron_t`, die Sie schon aus den vorigen Beispielen kennen. Auch die Funktion `DFT()` kennen Sie schon aus Kapitel 7. Für die Erstellung der Frequenzspektren benötigen Sie jedoch zusätzlich die Funktion `ABS()`, die den Absolutwert einer Zahl zurückgibt. Da die Funktion `abs()` (kleingeschrieben) nicht bei allen Compilern in den Mathematik-Libs enthalten ist, habe ich eine eigene Funktion für den Absolutwert erstellt. Die Funktion `Run()` (die Zeilen **031–061**) musste jedoch etwas abgeändert werden, um auch andere Werte als 0 und 1 in der Ausgabeschicht zu unterstützen. `Run()` geht, wie in den vorigen Beispielen auch, die zweite Schicht Schritt für Schritt durch und nimmt dabei an, dass alle Neuronen mit allen anderen Neuronen verbunden sind. Auch hier feuert ein Neuron, wenn die Summe aller Eingangssignale den Schwellwert überschreitet. In den Zeilen **047–051** wird jedoch festgelegt, dass ein feuerndes Neuron das Eingangssignal direkt weiterleitet und hierbei weder verstärkt noch abschwächt. Deshalb sind auch andere Werte als 0 und 1 in der Ausgabeschicht erlaubt. Dies ist deshalb nötig, weil für die korrekte Spracherkennung auch die Stärke einer Frequenz und nicht nur das grobe Verteilungsmuster der Frequenzen in einem Audiosignal benötigt werden.

Die Funktion `AusgabeSchwellwerte()` (die Zeilen **062–071**) hat sich nicht wesentlich geändert, außer dass hier 32 Werte in einer Zeile angezeigt werden, statt 25. Im Fall der Funktion `AusgabeOutput()` ist dies auch so. Die Funktion `Lerne()` (die Zeilen **082–106**) hat sich auch nicht geändert, ihr wurde jedoch die Funktion `InvOut` (die

Zeilen **107–122**) zur Seite gestellt, mit der Sie die Werte in den Neuronen der Ausgabeschicht invertieren können. Was bedeutet dies nun konkret? Wenn Sie mit einem neuronalen Netz, in dem sämtliche Neuronen mit allen anderen Neuronen verbunden sind, ein Frequenzspektrum lernen und sich nachher die unveränderten Werte in der Ausgabeschicht anschauen, werden Sie feststellen, dass die Ausgabe das wirkliche Histogramm der Frequenzen, die Sie dem Netz zum Lernen angeboten haben, nicht abbildet. Im Gegenteil sind dort, wo eine bestimmte Frequenz im Histogramm nicht vorkommt, die Werte am höchsten. Um dieses Problem zu beheben, benötigen Sie die Funktion `InvOut()` (die Zeilen **107–122**). `InvOut()` ermittelt zunächst einmal in einer `for`-Schleife (die Zeilen **112–115**) das Maximum **Max** aller Neuronenwerte in der Ausgabeschicht. Anschließend wird in einer weiteren `for`-Schleife (die Zeilen **116–120**) der Wert jedes Neurons in der Ausgabeschicht durch `Max-Wert` ersetzt. Jetzt werden die Histogramme in der Eingabeschicht 1:1 abgebildet. Nun benötigen Sie noch eine Funktion, die eine Fouriertransformation einer bestimmten Audiodatei vornimmt. Dies leistet die Funktion `FileDFT()` (die Zeilen **123–136**). `FileDFT()` bekommt fünf Parameter übergeben. Der erste Parameter ist der Dateiname, den `FileDFT()` für das Öffnen der Audiodatei mit `fopen()` benötigt (Zeile **128**). In einer `for`-Schleife werden anschließend die Sample-Daten Byte für Byte ausgelesen, die Länge der Datei wurde vorher durch den Parameter **L** übergeben. Die einzelnen Sample-Bytes werden im Array **S** (Signalarray) abgelegt, jedoch nicht als Bytes, sondern als Zahlen vom Typ `float`. Dies ist wichtig, weil die Funktion `DFT()`, die am Ende die Fouriertransformation der Sample-Bytes durchführt, nur mit Zahlen vom Typ `float` funktioniert. `DFT()` benötigt aber zusätzlich noch zwei weitere Informationen, nämlich zwei Zeiger auf die Arrays, in denen das Ergebnis der Fouriertransformation abgelegt werden soll. Dies ist einmal das Array **XRe** für den Realteil und einmal **XIm** für den Imaginärteil der komplexen Zahlen, die die Fouriertransformation erzeugt.

Die Frequenz-Histogramme werden durch die Funktion `Histo()` (die Zeilen **137–154**) erzeugt. `Histo()` bekommt drei Parameter übergeben. Der erste Parameter ist ein Zeiger auf ein `int`-Array (Variable `int *H`), das in diesem Fall 512 Häufigkeitsangaben speichern kann. Der zweite Parameter ist ein Zeiger auf das Array mit den Realteilen des Arrays, das die Funktion `DFT()` vorher erzeugt hat. In den Realteilen der komplexen Zahlen, die die Fouriertransformation erzeugt, verbergen sich die einzelnen Frequenzen, die in Ihrem Signal enthalten sind – die Frequenz ist hier proportional zum Absolutbetrag des Realteils. Der Phasenwinkel, um den eine bestimmte Frequenz verschoben ist und die im Imaginärteil der komplexen Zahlen steckt, die die Fouriertransformation erzeugt, interessieren uns für das Histogramm nicht. `Histo()` setzt nun in Zeile **140** zunächst sämtliche Häufigkeitsangaben in **H** auf 0, danach folgt die `for`-Schleife, die das Histogramm erzeugt (die Zeilen **141–146**). Hierbei werden 4096 Realanteile von 4096 komplexen Zahlen auf ein Array abgebildet, das nur 512 Werte enthält. Die Formel in Zeile **143**, die die Realanteile mit dem Faktor 20 multipliziert, ist übrigens reines Erfahrungswissen und hat nichts mit einem bestimmten Algorithmus zu tun. Ich habe eben im Laufe meines Lebens schon so viele Fouriertransformationen gemacht, dass ich die Skalierung von Histogrammdaten einfach im Gefühl habe. Leider ist dies so: Vieles bei den neuronalen Netzen ist Trial and Error und beruht nicht auf einem Algorithmus, der sämtliche Problemfelder abdeckt.

Das Hauptprogramm tut nun Folgendes: Es liest nacheinander die Dateien **A.snd**, **E.snd**, **I.snd**, **O.snd** und **U.snd** ein, erzeugt daraus Frequenzhistogramme und lässt ein neuronales Netz mit 3 Schichten und 512 Neuronen pro Schicht diese Histogramme lernen. Für jeden Lernvorgang werden 10 000 Lernschritte veranschlagt. Wenn dann Ihr neuronales Netz auf fünf Phoneme trainiert wurde, können Sie den Dateinamen einer Audiodatei (Format 8 Bit mono signed) in der Konsole eingeben und Ihr trainiertes neuronales Netz auf das Frequenzhistogramm dieser Datei anwenden. In diesem Beispiel wird stets nur die Summe der Neuronen der Ausgabeschicht angegeben. Wenn Sie z. B. **A.snd** als Dateinamen angeben, gibt Ihr neuronales Netz in korrekter Weise die Summe 2246 aus. Dies ist der Beweis dafür, dass Ihr Netz das Phonem A erfolgreich gelernt hat. Das Hauptprogramm gibt in der Konsole z. B. den folgenden Text aus:

```
Lerne A...
Summe Histogrammwerte:2246
Lerne E...
Summe Histogrammwerte:1985
Lerne I...
Summe Histogrammwerte:2226
Lerne O...
Summe Histogrammwerte:2899
Lerne U...
Summe Histogrammwerte:2920
Audiodatei checken (e=Ende):A.snd
Summe Output:2246
Audiodatei checken (e=Ende):E.snd
Summe Output:1985
Audiodatei checken (e=Ende):I.snd
Summe Output:2226
Audiodatei checken (e=Ende):O.snd
Summe Output:2899
Audiodatei checken (e=Ende):U.snd
Summe Output:2920
Audiodatei checken (e=Ende):E2.snd
Summe Output:2168
Audiodatei checken (e=Ende):e
```

Das leicht veränderte E liegt noch sehr gut im Bereich des idealen E und unterscheidet sich auch noch etwas vom A. Wenn Sie jedoch noch mehr Phoneme lernen wollen, könnte es eng werden und die Frequenzbereiche der einzelnen Phoneme könnten sich überlagern. In diesem Fall müssen Sie die Anzahl der Neuronen pro Schicht erhöhen oder sogar mehr Schichten zur Verfügung stellen. All dies kostet jedoch Rechenzeit, bei 1024 Neuronen statt 512 steigt die Lerndauer eines einzelnen Phonems schon auf etwa eine Stunde. Bei 4096 Neuronen in der Lernschicht können Sie nur noch ein einzelnes Phonem pro Tag lernen. Wenn Sie natürlich eine professionelle Spracherkennung entwickeln wollen und dafür auch ein paar Monate Zeit haben, dann lohnt sich unter Umständen dieser Aufwand. Natürlich benötigen Sie dann sehr viele Trainingsdaten. Die Spracherkennung von Google tut z. B. genau dies: Sie analysiert mittels sehr großer Server quasi alles, was ein Benutzer an Sprache von sich gibt. Genau deshalb ist die Spracherkennung von Google quasi die beste Spracherkennung, die es zurzeit gibt. Der Nachteil einer solchen Vorgehensweise liegt hier auf der Hand: Es ist nicht immer gewährleistet, dass die gespeicherten Daten nicht in falsche Hände geraten.

# 10 Kryptographische Algorithmen

Kryptographie wird immer wichtiger und das moderne Internet würde nicht ohne sie auskommen. Schon ein Login bei Facebook oder in Ihr E-Mail-Postfach verwendet komplexe Algorithmen, um die sichere Übertragung der Passwörter oder Nutzerdaten zu gewährleisten. Es ist deshalb nicht weiter verwunderlich, wenn auch Sie in Ihrem Studium irgendwann auf kryptographische Algorithmen stoßen bzw. von diesen in Ihren Vorlesungen hören. Immer öfter werden auch konkrete Verfahren direkt besprochen, wie z. B. Methoden zum sicheren Schlüsselaustausch oder die AES-Blockchiffre. Aber auch später im Beruf werden Sie mit hoher Wahrscheinlichkeit irgendwann einmal kryptographische Verfahren programmieren oder zumindest in Form spezieller Bibliotheken verwenden müssen.

Ein separates Kapitel über kryptographische Algorithmen halte ich deswegen nicht nur für wünschenswert, sondern für unabdingbar. Wenn Sife nämlich nicht ungefähr verstanden haben, wie diese Algorithmen arbeiten, werden Sie es später bei der Verwendung der Bibliotheken, die diese Algorithmen beinhalten, sehr schwer haben. Mehr noch: Beim Thema Kryptographie müssen Sie stets auf dem neuesten Stand sein, mehr als in den anderen Bereichen der IT. Denn es gibt leider kein Verfahren, das sich nicht auch angreifen lässt. Deswegen sind besonders die Verfahren für die sichere Passwortübertragung oder aber auch die Verfahren, um Texte sicher zu verschlüsseln, Dauerbaustellen. Daran wird sich auch in Zukunft nur wenig ändern, ein Grund mehr, um immer up to date zu sein.

## 10.1 Historische Chiffren

Ich werde mit sehr einfachen Verschlüsselungsalgorithmen beginnen und mich danach gewissermaßen hocharbeiten. Wenn Sie dann mit mir die Spitze des Bergs erreicht haben, dann können Sie sich sicherlich noch kein Experte nennen, aber Sie können mit Ihrem Wissen zumindest im Berufsalltag bestehen. Die letzten Worte hören sich sicherlich hart an und ich habe auch lange überlegt, ob ich Ihnen das schwierige Thema Verschlüsselungsverfahren überhaupt zumuten soll. Ich habe mich dann aber doch dazu entschieden, dies zu tun. Fangen wir nun mit einem ganz einfachen Verfahren an, das schon die Römer verwendet haben.

### 10.1.1 Die Caesar-Chiffre

Schon Julius Caesar machte seine Botschaften für seine Heerführer unleserlich und zwar so, dass nur der Empfänger die Botschaften verstehen konnte. Wenn dann Spione oder Soldaten feindlicher Truppen die Boten abfingen, konnten die Feinde zwar die Zettel mit den Botschaften konfiszieren (Papier gab es damals bereits), aber die Texte nicht lesen. Manche Boten sollen sogar in die Irrenanstalt gekommen sein, weil sie wirres Zeug sprachen oder schrieben. Nein, die Boten waren nicht verrückt, sondern verwendeten einfach die später nach Caesar benannte Verschlüsselungsmethode: die Caesar-Chiffre. Mit dieser Verschlüsselungsmethode, eine der einfachsten Chiffren, will ich nun beginnen. Vorher muss ich aber noch einige Begriffe erklären, z. B. den Begriff Chiffre. Verschlüsselungsmethoden werden oft auch als *Chiffre* bezeichnet. Ursprünglich ist eine Chiffre ein Verfahren, um Buchstaben oder Wörter durch andere Buchstaben oder Wörter zu ersetzen bzw. einzelne Wörter mit speziellen Bedeutungen zu versehen. Ein einfaches Beispiel hierfür ist die Gaunersprache, die z. B. die Worte „töten“ oder „stehlen“ nicht direkt benutzt, sondern hierfür eigene Worte erfindet. Caesars Chiffre dagegen ersetzt einen Buchstaben einfach durch einen anderen Buchstaben, der im Alphabet eine oder mehrere Positionen weiter steht. So kann bei einer Caesar-Chiffre z. B. der Buchstabe A durch den Buchstaben B ersetzt werden und der Buchstabe B durch C. Wie viele Positionen das ursprüngliche Zeichen vor dem Buchstaben in der Chiffre steht, musste Caesar natürlich vorher mündlich mit seinen Heerführern ausmachen. Hierzu wurden dann spezielle geheime Treffen in Räumen des Palasts abgehalten, die nur Caesar und natürlich seine Heerführer kannten. In diesen Räumen wurde dann das Geheimnis ausgetauscht, mit dem die nächsten Botschaften unleserlich gemacht wurden: die Zahl, die angab, um wie viele Positionen ein Zeichen verschoben werden sollte. Auch bei modernen Verschlüsselungsmethoden wird noch immer der Begriff „Geheimnis“ oder das englische Pendant „secret“ verwendet. Bei modernen Verfahren ist das Geheimnis im Allgemeinen ein Schlüssel. Ein *Schlüssel* ist immer eine bestimmte Bit- oder Zahlenfolge, die benötigt wird, um eine Nachricht zu lesen, die mit einem bestimmten Verschlüsselungsalgorithmus codiert wurde. Ein Verschlüsselungsverfahren wird oft auch als *kryptographischer Algorithmus* bezeichnet und die Wissenschaft, die sich mit der Verschlüsselung von Nachrichten befasst, heißt Kryptographie.

Im Endeffekt haben Sie nun schon alles zusammen, um die Caesar-Chiffre in ein Programm umzusetzen. Sie müssen nur vorher festlegen, um wie viele Positionen Sie einen Buchstaben verschieben wollen. Nehmen wir hierzu willkürlich die Zahl 5 und legen außerdem fest, dass in Ihrem ursprünglichen Text nur Großbuchstaben vorkommen können, die zwischen A und Z liegen (also keine Umlaute). Der ursprüngliche Text, der sogenannte *Klartext*, der die unverschlüsselte Botschaft enthält, soll in folgendem String abgelegt werden:

```
char *P="MORGEN FRUEH NEHMEN WIR MIRACULIX GEFANGEN";
```

**P** ist hier die Abkürzung für das englische Wort „plaintext“, der verschlüsselte Text wird oft mit **C** (chiffretext) abgekürzt. Der Schlüssel selbst wird in der Variablen **K** („key“) abgelegt und ist im Fall der Caesar-Chiffre einfach durch die folgende Variable definiert:

```
int K=5;
```

Nun muss Caesar die Botschaft nur noch an seine Truppen überbringen und dazu benutzt er die schöne Alice. Eine schöne Römerin werden die Gallier bestimmt nicht abfangen und anschließend verhören. Alice muss nun die verschlüsselte Botschaft nur noch an den Truppenführer Bob überbringen. Es ist in diesem Fall egal, ob Alice das Geheimnis (also die Zahl 5) kennt und ob sie den verschlüsselten Text lesen kann (es ist sogar am besten, wenn Alice das Geheimnis gar nicht kennt). Es ist nur wichtig, dass Bob den korrekten Zettel erhält und dass er (und am besten nur er) die Zahl 5 kennt.

Aber wie hat Caesar nun seine Botschaft verschlüsselt? Dies geschieht Buchstabe für Buchstabe. So wird das M am Anfang durch R (M+5) ersetzt und das O durch T (O+5). Was ist aber beispielsweise mit dem X im Wort „MIRACULIX“? In diesem Fall gilt die Regel, dass ab dem Buchstaben Z die Zählung wieder bei A beginnt. So wird also das X durch ein C ersetzt. Wenn Sie nun für A die Zahl 1 und für Z die Zahl 26 einsetzen, erhalten Sie in C++ folgende Modulo-Funktion für die Caesar-Chiffre:

```
C[i]=(P[i]+5)%26;
```

Hierbei ist **i** der Positionszähler, der auf die Array-Elemente von **C** und **P** an der Position **i** zugreift. Am Ende sieht Caesars verschlüsselte Botschaft so aus:

**RTWLJS KWZJM SJMRJS BNW RNWFHZQNC LJKFSLJS**

Wenn Sie nun fortfahren, das Caesar-Verfahren in ein C++-Programm umzusetzen, haben Sie das Glück, dass der Ausgabe-Zeichensatz den ASCII-Code verwendet, bei dem sämtliche Großbuchstaben des Alphabets aufsteigende Zahlenwerte erhalten. Das A bekommt hierbei den Wert 65 zugewiesen, das Z den Wert 90. Mit dem ASCII-

Code können Sie also nun in einer sehr einfachen Weise eine Caesar-Chiffre umsetzen, beispielsweise, indem Sie folgende Schleife verwenden:

```
for (i=0; i<L; i++) // L ist die Länge des Textes P
{
    C[i]=((P[i]-'A')+K)%26;
    C[i]=C[i]+'A';
}
```

Sie gehen also sämtliche Buchstaben des Textes **P** in einer Schleife durch. Im ersten Schleifenschritt subtrahieren Sie erst einmal den ASCII-Wert für den Buchstaben A von dem aktuellen Buchstaben `P[i]` und addieren hinterher den Wert für **K** (dieser ist 5). Zusätzlich wenden Sie noch eine Modulo-Operation an, um z. B. die Zahlenreihe „YZABC“ beim Buchstaben X zu erhalten. Damit **C** am Ende wieder lesbaren ASCII-Text enthält, muss im zweiten Schleifenschritt der ASCII-Wert für das A addiert werden. Wie erhalten Sie aber nun die Länge **L**? Ganz einfach durch folgende Zeile:

```
L=strlen(P); // Mit #include<string.h> vorher die String-Bibliothek einbinden
```

Sehen Sie sich nun Listing 10.1 an, das die Caesar-Verschlüsselung als Algorithmus umsetzt.

**Listing 10.1** Caesar.cpp

```
#include<stdio.h>
#include<string.h>

int main(void)
{
    char P[256];
    char C[256];
    int i,K,L;
    printf("Klartext:"); fgets(P,256,stdin); // Leerzeichen mit einlesen
    printf("Schlüssel:"); scanf("%d",&K); // Hier nur die Zahl K einlesen
    L=strlen(P); // Länge von P ermitteln mit strlen()
    for (i=0; i<L; i++) // L ist die Länge des Textes P
    {
        if ((P[i]>='A')&&(P[i]<='Z')) // Nur Großbuchstaben verschlüsseln
        {
            C[i]=((P[i]-'A')+K)%26; // Caesar-Chiffre-Algorithmus
            C[i]=C[i]+'A'; // Für C wieder lesbaren Text erzeugen
        }
        else
        {
            C[i]=P[i]; // Nicht verschlüsselte Zeichen direkt nach C übernehmen
        }
    }
    C[i]=0; // Strings immer mit 0 abschließen!
    printf("%s\n",C); // Ausgabe Chiffre-Text
    return 0;
}
```

In den Zeilen **05** und **06** wird erst einmal der maximale Umfang des zu verschlüsselnden Textes auf 256 Zeichen festgelegt – es werden also für **P** und **C** Arrays fester Größe benutzt. Sie können natürlich diese Zeilen auch durch `malloc()`-Befehle ersetzen, wenn Sie den Speicher lieber dynamisch anlegen wollen. In den Zeilen **08** und **09** werden danach Klartext und Schlüssel eingelesen. Der Schlüssel ist bei der Caesar-Chiffre einfach eine positive Zahl, die angibt, um wie viele Positionen ein Zeichen verschoben wird. Die `for`-Schleife in den Zeilen **11–22**, die die Verschlüsselung ausführt, leistet aber in diesem Beispiel etwas mehr, als in den Zeilen **15** und **16** den Hauptalgorithmus auszuführen. So wird z. B. in einer `if`-Abfrage (die Zeilen **13–17**) festgestellt, ob das zuletzt eingelesene Zeichen aus **P** wirklich ein Großbuchstabe ist. Nur diese Zeichen werden verschlüsselt, der Rest (z. B. Leerzeichen, Kommata und Punkte) werden 1:1 nach **C** übertragen. In diesem Beispiel sind auch in **P** nur Großbuchstaben zugelassen, kleine Buchstaben werden nicht verschlüsselt. Für `K=5` gibt das Programm folgenden Text in der Konsole aus:

**Klartext:MORGEN FRUEH NEHMEN WIR MIRACULIX GEFANGEN**

**Schlüssel:5**

**RTWLJS KWZJM SJMRJS BNW RNWFHZQNC LJKFSLJS**

Caesar hat also seine Botschaft erfolgreich verschlüsselt und auch die schöne Alice macht sich auf den Weg in das Römerlager, in dem Bob seine Nachricht erhalten soll. Nur führt der Weg von Alice leider an dem gallischen Dorf vorbei, in dem auch Asterix und Obelix leben. Und wie es der Zufall will, trifft Alice auch direkt auf Asterix. Asterix ist am Anfang auch ganz begeistert von der schönen Römerin, aber am Ende traut er den Römern dann doch nicht so recht. Ist Alice am Ende doch nur eine Spionin, die den Galliern den Kopf verdrehen soll, damit kein Verdacht auf sie selbst fällt? Es hilft alles nichts, Asterix führt Alice zu Miraculix, damit er diese gründlich untersucht – angeblich auf verdächtige Zauber. Und natürlich findet Miraculix dann auch den Zettel mit der chiffrierten Botschaft. Oder vielmehr wirft Miraculix einen flüchtigen Blick auf den Zettel und da er ein schlauer Druide ist, hat er auch keine Probleme damit, sich die Zeichen sofort einzuprägen. Alice selbst sagt er natürlich nichts davon, dass er sich ihren geheimen Zettel eingeprägt hat, und schickt sie weiter auf den Weg zum Römerlager. Das, was Miraculix in diesem Fall ausgeführt hat, nennt man einen *Man-In-The-Middle-Angriff*. Bei dieser Art Angriff hängt sich ein Lauscher, der oft mit E (eavesdropper) abgekürzt wird, in die Nachrichtenübermittlung zwischen dem Sender A und dem Empfänger B ein, um die übermittelte Nachricht mitzulesen. Anschließend versucht E, die Nachricht zu entschlüsseln.

Miraculix hat sich die seltsamen Zeichen aufgeschrieben und geht mit dieser Kopie zu dem schlauen Asterix. Nachdem Asterix einige Minuten lang auf den Zettel gestarrt hat, sagt er ernst:

> „Miraculix, Du musst morgen selbst Zaubertrank trinken, die Römer wollen diesmal Dich gefangen nehmen.“

Natürlich bekommen die Römer auch diesmal Haue, als sie am nächsten Morgen vor dem gallischen Dorf auftauchen. Die Frage ist nun, wie es der schlaue Asterix so schnell geschafft hat, die geheime Caesar-Botschaft zu entschlüsseln. Die Antwort ist, dass die Caesar-Chiffre einfach durch Ausprobieren aller denkbaren Möglichkeiten gebrochen werden kann. Hiervon gibt es genau 26, denn Sie haben 26 Zahlen zur Verfügung, die Sie zu den einzelnen Buchstabenwerten von **P** addieren können, um auf den Text **C** zu kommen. Sie müssen nun nur noch ein C++-Programm erstellen, dass so lange von den ASCII-Werten in **C** die Zahl 1 subtrahiert, bis ein sinnvoller Text in der Konsole ausgegeben wird. Sehen Sie sich nun Listing 10.2 an, das genau dies leistet.

**Listing 10.2** CaesarDechiffre.cpp

```
01 #include<stdio.h>
02 #include<string.h>
03 #include<stdlib.h>
04 #include"mykeyboard.h" // für getch()

05 int main(void)
06 {
07     char C[256];
08     int i,j,K,L,T;
09     printf("Chiffretext:"); fgets(C,256,stdin); // Leerzeichen und newline mit
einlesen
10     L=strlen(C); // Länge von C ermitteln mit strlen()
11     do
12     {
13         for (i=0; i<L; i++) // L ist die Länge des Textes P
14         {
15             if ((C[i]>='A')&&(C[i]<='Z')) // Nur Großbuchstaben verändern
16             {
17                 C[i]=C[i]-1; // Immer 1 abziehen
18                 if (C[i]<'A') { C[i]='Z'; }
19             }
20         }
21         printf("%s",C); // Zwischenausgabe C
22         printf("Weiter mit w\n");
23         T=getch();
24     }
25     while (T=='w');
26     return 0;
27 }
```

Um Caesars Botschaft zu entschlüsseln, müssen Sie einfach das Programm „Caesar-Dechiffre“ ausführen und den verschlüsselten Text „RTWLJS KWZJM SJMRJS BNW RNWFHZQNC LJKFSLJS“ in der Konsole eingeben. Dabei leistet Listing 10.2 fast genau dasselbe wie Listing 10.1. In den Zeilen **13**–**20** wird wieder die Hauptschleife für die Caesar-Chiffre ausgeführt. Anders als bei der Verschlüsselung muss jedoch bei der Entschlüsselung in jedem Durchlauf jeweils der Wert 1 von `C[i]` subtrahiert werden (Zeile **17**) und jedes Ergebnis eines Durchlaufs muss in der Konsole ausgegeben werden. Solange Sie nun die Taste w betätigen, wird jeweils der Wert 1 von jedem ASCII-Zeichen in dem String **C** subtrahiert, und wenn ein einzelnes Zeichen vorher den

Buchstaben A enthält, wird daraus anschließend wieder ein Z. Die einzelnen Zwischenschritte werden jeweils in der Konsole angezeigt. Im Fall des Beispieltextes gibt das Programm Folgendes aus:

**Chiffretext:RTWLJS KWZJM SJMRJS BNW RNWFHZQNC LJKFSLJS**

**QSVKIR JVYIL RILQIR AMV QMVEGYPMB KIJERKIR**

**Weiter mit w**

**PRUJHQ IUXHK QHKPHQ ZLU PLUDFXOLA JHIDQJHQ**

**Weiter mit w**

**OQTIGP HTWGJ PGJOGP YKT OKTCEWNKZ IGHCPIGP**

**Weiter mit w**

**NPSHFO GSVFI OFINFO XJS NJSBDVMJY HFGBOHFO**

**Weiter mit w**

**MORGEN FRUEH NEHMEN WIR MIRACULIX GEFANGEN**

**Weiter mit w**

**(Hier wird das Programm beendet, wenn Sie nicht die Taste w betätigen)**

Selbstverständlich kann nur ein Mensch erkennen, ob ein Text einen Sinn ergibt, und deshalb konnte Caesar seine Verschlüsselungsmethode auch sehr lange erfolgreich verwenden. Allerdings galt dies nur so lange, bis der Gegner erkannte, dass man nur sehr wenige Möglichkeiten durchprobieren muss, um die ursprüngliche Botschaft zu rekonstruieren. In unserem Beispiel war dies Asterix, aber wahrscheinlich waren es in Wirklichkeit Mathematiker aus Griechenland oder Ägypten, die den einfachen Mechanismus hinter Caesars Chiffre durchschauten.

Vielleicht stellen Sie sich nun die Frage, ob Caesar seine Verschlüsselungsmethode hätte verbessern können. Leider kam Caesar selbst nicht drauf und ging am Ende dazu über, seine Botschaften in mehrere Teile zu zerschneiden. Dafür benötigte er natürlich mehrere Boten und jeder Bote bekam nur bestimmte Zeichen der verschlüsselten Nachricht. Wenn Sie z. B. zwei Boten haben, bekommt der erste Bote nur die Zeichen an der ungeraden Position, der zweite Bote nur die Zeichen an der geraden Position. Leider ist hierbei das Risiko sehr groß, denn der Gegner muss nur einen der zwei Boten gefangen nehmen und die Nachricht kann nicht mehr korrekt überbracht werden.

### 10.1.2 Die Vigenère-Verschlüsselung

Kann man also im Endeffekt die Caesar-Verschlüsselung nicht optimieren? Caesar selbst fand wirklich keine Lösung und erst die im 16. Jahrhundert entstandene Vigenère-Verschlüsselung (nach dem Mathematiker Blaise de Vigenère) löste das Problem des viel zu kleinen Schlüsselraums. Der Begriff *Schlüsselraum* bezeichnet hierbei die Anzahl verschiedener Schlüssel, die von einem kryptographischen Algorithmus überhaupt verwendet werden können. Vigenère entwickelte für die Erweiterung des Schlüsselraums folgenden Trick: Anstatt für jeden Buchstaben immer den gleichen Wert hinzuzuaddieren, verwendete er verschiedene Zahlen. Oft werden für die Vigenère-Verschlüsselung separate Worte verwendet (in Großbuchstaben geschrieben), die angeben, wie groß der zu addierende Wert an einer bestimmten Stelle sein muss. Nehmen wir z. B. als Schlüssel das Wort „CAESAR“, und als Klartext wieder den Text „MORGEN FRUEH NEHMEN WIR MIRACULIX GEFANGEN“. Hätte Caesar damals schon die Vigenère-Verschlüsselung gekannt, hätte er das C, das die Zahl 3 darstellt, für das erste Zeichen und das A, das die Zahl 1 darstellt, für das zweite Zeichen verwendet. Ist die Länge des Schlüssels kleiner als die Länge des Klartextes, wird der Schlüssel einfach mehrfach wiederholt. Die folgende Tabelle veranschaulicht dieses Prinzip:

| | | | | | | | | | | | | | | | | | | | | | | |
|---|---|---|---|---|---|---|---|---|---|---|---|---|---|---|---|---|---|---|---|---|---|---|
| M | O | R | G | E | N | | F | R | U | E | H | | N | E | H | M | E | N | | W | I | R |
| C | A | E | S | A | R | | C | A | E | S | A | | R | C | A | E | S | A | | R | C | A |

| | | | | | | | | | | | | | | | | |
|---|---|---|---|---|---|---|---|---|---|---|---|---|---|---|---|---|
| M | I | R | A | C | U | L | I | X | | G | E | F | A | N | G | E | N |
| E | S | A | R | C | A | E | A | S | | A | R | C | A | E | S | A | R |

Bei der Vigenère-Verschlüsselung beträgt nun die Anzahl der Möglichkeiten, einen beliebigen Schlüssel der Länge 6 über einen Text zu legen, schon 26*26*26*26*26*26= 308 915 776. Auch der schlaue Asterix kann diese große Anzahl an Möglichkeiten kaum in ein paar Minuten im Kopf durchprobieren. Da es im 16. Jahrhundert noch keine Computer gab, galt die Vigenère-Verschlüsselung damals als sicher, und wahrscheinlich war sie das unter den damaligen Umständen auch.

Wir wollen nun Listing 10.1 so abwandeln, dass es eine Vigenère-Verschlüsselung ausführt. Dies ist nicht weiter schwierig, denn Sie müssen nur die Schleife, die die Caesar-Verschlüsselung ausführt, wie folgt abwandeln:

```
int i,j,k,L;
j=0; // Start bei Position 0 im Schlüssel K
char *K="CAESAR"; // Der Vigenere-Schlüssel selbst, der Klartext ist wieder in P
char *P="MORGEN FRUEH NEHMEN WIR MIRACULIX GEFANGEN";
L=strlen(P); // Länge von P ermitteln
k=strlen(K); // Länge des Vigenere-Schlüssels ist in k (klein geschrieben)
for (i=0; i<L; i++) // L ist die Länge des Textes P
{
    if ((P[i]>='A')&&(P[i]<='Z')) // Nur Großbuchstaben verschlüsseln
    {
        C[i]=((P[i]-'A')+K[j])%26; // Vigenere-Chiffre-Algorithmus
        C[i]=C[i]+'A'; // Für C wieder lesbaren Text erzeugen
        j++; // Nächste Position im Schlüssel K bestimmen
        if (j==k) { j=0; } // K wiederholt sich ab dem 7. Zeichen
    }
}
```

Vielleicht wundern Sie sich an dieser Stelle, warum ich so verwirrende Variablennamen verwende und z. B. die klein geschriebene Variable **k** die Länge des Schlüssels enthält, der im Array **K** (großgeschrieben) enthalten ist. Die Antwort ist, dass sich diese entsprechenden Namen inzwischen in der Kryptographie eingebürgert haben und Sie im Laufe des Studiums immer wieder auf diese verwirrenden Namensgebungen in fremden Programmen treffen. Wahrscheinlich ist es das Beste, sich frühzeitig daran zu gewöhnen. Kommen wir nun zu Listing 10.3, das die Caesar-Chiffre zur Vigenère-Verschlüsselung erweitert.

**Listing 10.3** Vigenere.cpp

```
01 #include<stdio.h>
02 #include<string.h>

03 int main(void)
04 {
05     char P[256];
06     char C[256];
07     char K[256];
08     int i,j,k,L;
09     printf("Klartext:"); fgets(P,256,stdin); // Leerzeichen bei P mit einlesen
10     printf("Schlüssel:"); scanf("%s",K); // Leerzeichen bei K nicht mit einlesen
11     L=strlen(P); // Länge von P ermitteln
12     k=strlen(K); // Länge von k ermitteln
13     j=0; // j auf 0 setzen
14     for (i=0; i<L; i++) // L ist die Länge des Textes P
15     {
16         if ((P[i]>='A')&&(P[i]<='Z')) // Nur Großbuchstaben verschlüsseln
17         {
18             C[i]=((P[i]-'A')+K[j])%26; // Caesar-Chiffre-Algorithmus
19             C[i]=C[i]+'A'; // Für C wieder lesbaren Text erzeugen
20             j++;
21             if (j==k) { j=0; } // Schlüssel K dauernd wiederholen
22         }
23         else
24         {
25             C[i]=P[i]; // Nicht verschlüsselte Zeichen direkt nach C übernehmen
26         }
27     }
28     C[i]=0; // Strings immer mit 0 abschließen!
29     printf("%s\n",C); // Ausgabe Chiffre-Text
30     return 0;
31 }
```

Listing 10.3 fügt Listing 10.1 zusätzlich zu dem nun aus mehreren Zeichen bestehenden Schlüssel **K** nur noch drei zusätzliche Zeilen hinzu, die Zeilen **19 – 21**. Anstatt einfach einen konstanten Wert zu den einzelnen Buchstabenwerten zu addieren, werden die einzelnen Buchstaben des Schlüssels **K** zur Hilfe genommen. Die Modulo-Operation muss allerdings auch hier benutzt werden, damit z. B. aus dem Z keine Buchstaben werden, die außerhalb des gültigen Bereichs liegen. Der Positionszähler für die Buchstaben in **K** ist hier **j** und die Länge des Schlüssels ist wieder **k**. Zeile **21** bewirkt also nur, dass ab **j=k** der Schlüssel wieder von vorne benutzt wird. Das Programm gibt nun in der Konsole folgenden Text aus:

**Klartext:MORGEN FRUEH NEHMEN WIR MIRACULIX GEFANGEN**

**Schlüssel:CAESAR**

**BBILRR UELJU RTUDJA AXE DNEERHCNK KTSRSTIC**

Im 16. Jahrhundert galt der im letzten Listing vorgestellte Algorithmus als sicher und einfach, zumindest für Mathematiker. Dies änderte sich, als man feststellte, dass besonders bei Schlüsseln, die viel kürzer sind als der Text, an den Schnittpunkten, an denen der Schlüssel von vorn beginnt, Zeichen doppelt oder dreifach vorkommen. Mit diesen Informationen kann man z. B. leicht die Schlüssellänge ermitteln und hat am Ende nur noch verschiedene Caesar-Alphabete zu knacken, deren Anzahl der Schlüssellänge entspricht. Am Anfang musste man auch für die einfache Caesar-Verschlüsselung noch sehr viele Varianten durchprobieren. Dies änderte sich jedoch schlagartig, als die Statistik große Fortschritte machte und feststellte, dass in einer beliebigen Sprache die Buchstaben in einem Text nicht gleich oft vorkommen. Im Deutschen ist z. B. der Buchstabe e am häufigsten vertreten, dann kommt der Buchstabe a und dann der Buchstabe i (Alltagssprache). Je nach Textart kann die Häufigkeitsverteilung natürlich variieren, z. B. ist in Standardtexten wie Romanen die Reihenfolge e, n, i, s, r, a – diese wird auch bei Wikipedia angegeben. Durch eine Häufigkeitsanalyse (und natürlich durch Kenntnis der Textart) der einzelnen Buchstaben kann man also die durchzuspielenden Möglichkeiten auch bei der Caesar-Chiffre sehr stark reduzieren und (wenn man dann die Schlüssellänge kennt) auch bei der Vigenère-Verschlüsselung schneller an sein Ziel gelangen.

Was geschieht aber, wenn Sie einen rein zufälligen Schlüssel wählen, der genauso lang ist wie der Text und der sich auch niemals wiederholt? Und was geschieht ferner, wenn Sie diesen rein zufälligen Schlüssel auch nur einmal verwenden? In diesem Fall haben Sie in der Tat ein absolut sicheres Verschlüsselungsverfahren gewählt, das man auch als One Time Pad bezeichnet. Ein *One Time Pad* verwendet für jeden Klartext einen eigenen, rein zufälligen Schlüssel von der Länge des gesamten Textes. Leider ist ein One Time Pad sehr unpraktikabel, denn Sie müssen für jede neue Nachricht auch immer einen neuen Schlüssel generieren, den der Empfänger der Nachricht auch immer sofort vernichten muss, wenn er den Originaltext wiederhergestellt hat. Sobald Sie einen Schlüssel mehrmals verwenden oder der Empfänger vergisst, einen Schlüssel zu vernichten, ist die Sicherheit nicht mehr gewährleistet. Ein weiteres Problem ist das Erzeugen zufälliger Muster durch spezielle Algorithmen, die auch als Zufallsgeneratoren bezeichnet werden. Zufallsgeneratoren können nur Zahlenfolgen erzeugen, die zufällig aussehen, es aber nicht sind. Sobald Sie die Anfangsbedingungen kennen oder sogar festlegen können, können Sie die Werte vorhersagen. Ein populäres Beispiel ist an dieser Stelle die C-Funktion `rand()`, die eine Zufallszahl vom Typ `long int` zurückliefert. Mit `srand()` können Sie zusätzlich den Startwert (den sogenannten Seed) des Zufallszahlengenerators ändern. Dies führt dann zu folgendem absurden Verhalten: Mit den folgenden C++-Anweisungen können Sie `rand()` dazu veranlassen, immer dieselben zehn Zahlen auszugeben:

```
srand(0); // Zufallszahlengenerator auf 0 setzen
for (int i=0; i<10; i++) { printf("%ld\n",rand()%100); } // Zufallszahlen zwischen 0
und 99 ausgeben
```

Echter Zufall sieht anders aus, denn dieser liefert eben keine vorhersagbaren Werte. Nun können Sie sich natürlich fragen, ob denn Algorithmen überhaupt zufällige Werte liefern können, aber wenn Sie die Definition von Algorithmen kennen (oder noch einmal im ersten Kapitel nachlesen), werden Sie feststellen, dass dies in der Tat nicht möglich ist: Ein Algorithmus muss stets reproduzierbare, eindeutige Ergebnisse liefern, also kann er auch keinen Zufall erzeugen.

### 10.1.3 Die Enigma

Ein OTP ist wie gesagt nicht sehr praktikabel, selbst, wenn Sie echte Zufallszahlen erzeugen könnten. Vielleicht haben wir aber eine Möglichkeit, sehr nah an das OTP heranzukommen, zumindest so nah, dass unser Algorithmus sicher genug für den alltäglichen Gebrauch ist? Vielleicht können wir ja die Vigenère-Verschlüsselung optimieren, genauso, wie wir es im Fall der Caesar-Chiffre getan haben, und dadurch erreichen, dass wir mit kürzeren Schlüsseln auskommen? Im Endeffekt ist die moderne Kryptographie der Versuch, mit technischen Mitteln genau dies zu erreichen. Der erste Schritt in diese Richtung war der Versuch, die Vigenère-Verschlüsselung durch zusätzliche technische Mittel zu verkomplizieren. Dies führte zu den Rotor-Chiffriermaschinen. Bei einer *Rotor-Chiffriermaschine* wird ein Buchstabe nicht einmal, sondern gleich mehrmals ersetzt. Die Ersetzung geschieht dadurch, dass ein Buchstabe (der z. B. auf einer mechanischen Schreibmaschine getippt wird) durch eine elektrische Leitung codiert wird, die anschließend durch mehrere Walzen geleitet wird. Die Walzen sind intern so verdrahtet, dass z. B. die erste Leitung auf die vierte Leitung führt und so ein A durch ein D ersetzt wird. In der nächsten Walze wird dann das D z. B. durch ein Z ersetzt. Auf diese Weise erhalten Sie für zwei Walzen schon zwei Ersetzungen pro Buchstabe und bei drei Walzen schon drei Ersetzungen. Wenn Sie dann noch bedenken, dass die Walzen nach jedem Ersetzungsschritt rotieren, werden Sie schnell erkennen, dass es bei den Rotor-Chiffriermaschinen tausendmal mehr Möglichkeiten gibt als bei einer schlichten Vigenère-Verschlüsselung.

Da die letzten Aussagen sehr theoretisch sind, möchte ich Ihnen nun die Arbeitsweise einer der berühmtesten Rotor-Chiffriermaschinen der Geschichte vorstellen: der legendären Enigma. Erfinder der Enigma war Arthur Scherbius (1878 – 1929), ein promovierter Elektroingenieur und erfolgreicher Unternehmer. Man schätzt (so der entsprechende Vermerk auf Wikipedia), dass etwa 40 000 Maschinen hergestellt wurden, die Enigma war also damals ein voller Erfolg. Was machte jedoch die Enigma so erfolgreich? Wahrscheinlich war es die Kombination aus etwas relativ Einfachem (Rotor-Chiffriermaschinen gab es schon lange vor Scherbius) mit einigen neuen, bahnbrechenden Ideen. Die Enigma besteht nämlich im Wesentlichen nur aus wenigen Teilen: der Tastatur zur Buchstabeneingabe, einem Walzensatz von austauschbaren Walzen und einem Glühlampenfeld zur Anzeige des Ergebnisses. Der Walzensatz leistet hierbei die Hauptarbeit bei der Verschlüsselung. In die Enigma von dem einfachsten Typ (Baujahr 1923), der hier simuliert werden soll, können drei Walzen eingesetzt werden. Die drei Walzen sind nebeneinander unabhängig drehbar angeordnet. Jede Walze weist auf beiden Seiten 26 elektrische Kontakte auf. Jeder Kontakt ist einem der 26 Großbuchstaben des Alphabets zugeordnet. Jeweils ein Kontakt auf der einen Seite einer Walze ist durch einen isolierten Draht im Inneren der Walze mit einem Kontakt auf der anderen Seite der Walze verbunden. Insgesamt sind so, für jede Walze unterschiedlich, alle 26 Kontakte auf der einen Seite einer Walze paarweise und unregelmäßig mit den 26 Kontakten auf der anderen Seite elektrisch verbunden. Drückt man eine Buchstabentaste, so fließt elektrischer Strom über die gedrückte Taste durch den Walzensatz. So gesehen ist die Enigma nichts Neues. Die wirklich bahnbrechende Idee ist die Umkehrwalze. Am Ende fließt der Strom nämlich noch einmal durch eine Umkehrwalze (den sogenannten Reflektor), der den Strom noch einmal in der umgekehrten Richtung zurückleitet. Auch die Umkehrwalze kann ausgetauscht werden, sie rotiert nur nicht, sondern leitet den Strom nur zurück. Erst, wenn der Strom durch die gesamte Maschine geflossen ist, leuchtet auf dem Glühlampenfeld das Ergebnis der Verschlüsselung eines Buchstabens auf. Die Möglichkeiten, die es für die Ersetzung eines einzigen Buchstabens gibt, gehen in die Milliarden, und so galt die Enigma dann im zweiten Weltkrieg auch als eine sichere Möglichkeit, Nachrichten zu übertragen.

Der Reflektor hat in meinem Studium übrigens für viel Verwirrung gesorgt, denn ich ging am Anfang fälschlicherweise davon aus, dass der Reflektor einfach nur den Stromkreis schließt. Dies ist nicht der Fall, denn der Reflektor ist eine normale statische Walze, die den Strom noch einmal in der umgekehrten Richtung durch die Maschine leitet. Der Schlüsselraum wird dadurch noch einmal stark erweitert. Für viel Verwirrung hat natürlich auch gesorgt, dass es von der Enigma im Laufe der Zeit verschiedene Modelle gab. So gab es für sensible Bereiche des Militärs z. B. Maschinen mit ganz anderen Walzen und ferner gab es Modelle mit einer normalen Stromversorgung und Modelle, die auch draußen an der Front funktionierten und eine Batterie enthielten. Ferner gab es Modelle, bei denen auch die gedrückten Tasten direkt aufleuchteten (vor allem bei den portablen Modellen), und Modelle, bei denen nur der verschlüsselte Buchstabe auf einem separaten Glühlampenfeld angezeigt wurde. Ferner wurde die ursprüngliche Enigma I sehr schnell von den Engländern geknackt und deshalb musste diese laufend erweitert werden. Die bekannteste Erweiterung ist sicherlich die folgende: Auf dem Hin- und Rückweg fließt der Strom zusätzlich durch ein Steckbrett, auf dem man die einzelnen Buchstaben noch einmal separat mit anderen Buchstaben verbinden kann. Eine Verbindung von zwei Buchstabenbuchsen durch ein Kabel bewirkt dann eine Vertauschung dieser Buchstaben. Die Anordnung der Stecker wurde alle acht Stunden geändert und die Anordnung der Stecker wurde dann natürlich auch verschlüsselt übertragen. Schließlich wurde aber auch die erweiterte Enigma durch Alan Turing und sein Team in Bletchley Park geknackt und man ging dazu über, fünf Walzen zu verwenden, von denen jeweils drei Walzen in die Maschine eingesetzt werden konnten. Ferner verwendete man immer neue Kniffe, die den Schlüsselraum immer mehr erweitern sollten. Einige Neuerungen, die zwischen 1930 und 1942 eingeführt wurden, sind:

- Die rotierenden Walzen erhalten unterschiedliche Umschaltpunkte, die die Walze links von ihnen ebenfalls um genau einen Buchstaben rotieren lassen
- Zusätzlich zu der Umkehrwalze gibt es noch eine statische Eintrittswalze, bei der auch noch zusätzliche Ersetzungen stattfinden können
- Es können auch mehr als 3 rotierende Walzen und unterschiedliche Umkehrwalzen benutzt werden
- Die Startposition der Walzen (die sogenannte Nullstellung) kann durch zusätzliche Ringe z. B. von A auf E eingestellt werden
- Mehrere Enigmas können zu einer einzigen Einheit zusammengeschaltet werden – vor Allem die Schweizer haben mit dieser Möglchkeit experimentiert

Wir wollen nun die einfachste Enigma-Variante (Baujahr 1923) mit einem C++-Programm simulieren. Anders, als Sie vielleicht denken, ist dies nicht so schwierig, wenn man ein wenig nachdenkt. Was mir im Studium am meisten Kopfzerbrechen gemacht hat, war die Simulation der Walzendrehung. Schließlich fand ich eine einfache Lösung, die ich Ihnen nun präsentiere. Dazu müssen Sie natürlich erst einmal die Verdrahtung der Walzen kennen. Ich nehme nun an, dass Ihre Enigma eine Version mit fünf Walzen und drei Umkehrwalzen (U1-U3) ist, die wie folgt verdrahtet sind:

```
    A B C D E F G H I J K L M N O P Q R S T U V W X Y Z
1   E K M F L G D Q V Z N T O W Y H X U S P A I B R C J
2   A J D K S I R U X B L H W T M C Q G Z N P Y F V O E
3   B D F H J L C P R T X V Z N Y E I W G A K M U S Q O
4   E S O V P Z J A Y Q U I R H X L N F T G K D C M W B
5   V Z B R G I T Y U P S D N H L X A W M J Q O F E C K
U1  E J M Z A L Y X V B W F C R Q U O N T S P I K H G D
U2  Y R U H Q S L D P X N G O K M I E B F Z C W V J A T
U3  F V P J I A O Y E D R Z X W G C T K U Q S B N M H L
```

In der Tabelle, die die Verdrahtung der Walzen darstellt, stehen die 26 Buchstabentasten, in den Zeilen 2 – 9 stehen die Buchstaben, durch die der entsprechende Buchstabe von der entsprechenden Walze ersetzt wird. So wird z. B. das A durch die erste Walze durch das E ersetzt, weil dort der erste Eingang mit dem fünften Eingang verbunden ist. Durch die zweite Walze dagegen würde das A durch sich selbst ersetzt und nicht geändert (dass sich einige Zeichen nicht ändern, ist in diesem Fall gewollt). Sie können nun immer drei der fünf Walzen und eine der drei Umkehrwalzen in beliebiger

Reihenfolge in die Enigma einsetzen. Ich wähle im Folgenden die Walzen 1 bis 3 und die erste Umkehrwalze.

Der Verschlüsselungsalgorithmus der Enigma ist also relativ einfach: Sie müssen nur die gedrückte Taste zuerst in der zweite Zeile suchen und für diese Taste in der zweiten Zeile nachschauen, durch was der Buchstabe auf der Taste ersetzt wird. Im Falle der A-Taste gelangen Sie so zu dem E in der zweiten Zeile der Tabelle. Nun müssen Sie in der dritten Zeile die fünfte Spalte suchen, die dem E entspricht, und stellen fest, dass Ihr E durch die zweite Walze durch ein S ersetzt wird. Nehmen wir nun an, dass in die Maschine die ersten drei Walzen nacheinander eingesetzt werden. Wenn Sie auf diese Weise die ersten drei Spalten der Tabelle durchgehen, erhalten Sie für den ersten Durchlauf (Hinweg) das Ersetzungsschema „ESG". Am Ende führt der Strom durch die Umkehrwalze, die das G durch ein Y ersetzt und anschließend den Strom auf dem umgekehrten Weg zurückleitet. Um den Rückweg zu simulieren, können Sie jedoch nicht einfach das gleiche Schema nehmen wie beim Hinweg. Dies liegt daran, dass Sie in der Ersetzungstabelle nur eine Richtung codiert haben, nämlich die Richtung hin zur Umkehrwalze. Für die Rückrichtung müssen Sie also für die einzelnen Zeilen erst das entsprechende Zeichen suchen (dies ist nun für die dritte Walze das Y) und dann schauen, an welcher Position das Y in der zweiten Zeile steht. Dies ist Position 15, was einem O entspricht. Mit diesem O müssen Sie nun für die zweite Walze weitermachen: Sie suchen das O und gelangen zur Position 25, was dem Y entspricht. Dieses Y wird dann von der ersten Walze wieder durch ein O ersetzt. Für den gesamten Durchlauf durch die Maschine erhalten Sie also die Ersetzungsfolge „ESGYOYO", das A wird also zum O.

Der Ersetzungsalgorithmus ist in C++ also relativ einfach umzusetzen, denn Ihr Programm muss nur die Buchstaben der oben angegebenen Tabelle in einem Array ablegen und für einen bestimmten Eingabebuchstaben dieses Array Zeile für Zeile durchgehen, einmal mit einer aufsteigenden und einmal mit einer absteigenden Zeilennummer. Das Einzige, dass Sie dabei beachten müssen, ist, dass der Ersetzungsalgorithmus in Ihrem C++-Programm für den Hinweg ein anderer ist als für den Rückweg. Leider rotieren die einzelnen Walzen in jedem Schritt und sind auch selten so eingestellt, dass sich der Eingang für das A direkt an der ersten Position befindet. Sie können nämlich mit drei Ringen die Startposition der Rotoren einstellen. Ferner dreht sich die erste Walze stetig, das heißt, es wird schon nach dem ersten Tastendruck das A nicht mehr durch ein O ersetzt. Sie können nun dieses Verhalten simulieren, indem Sie die Stellung der einzelnen Rotoren als Spalten-Offset ablegen. Wenn z. B. der erste Rotor auf die erste Position gedreht wird, dann entspricht die Taste A nicht mehr der ersten, sondern der zweiten Spalte in Ihrer Ersetzungstabelle. Das Z würde dann allerdings auf die Position 1 abgebildet und so durch ein E ersetzt. Vielleicht ahnen Sie an dieser Stelle schon, dass Sie bei den Rotoren um eine zusätzliche Modulo-Operation nicht herumkommen. Ich wähle hierbei wieder die einfachste Variante, und nehme an, dass der Umschltpunkt stets auf dem Buchstaben Z liegt.

Dies bedeutet, dass z. B. auch die zweite Walze rotiert, wenn die erste Walze von der Position 26 (Buchstabe Z) auf die Position 1 (Buchstabe A) umschlägt.

Nun fehlt nur noch das Steckbrett, aber dies funktioniert im Endeffekt wie eine statische Walze, bei der erst einmal sämtliche Buchstaben auf sich selbst abgebildet werden. Steckt man nun einen Stecker in das Steckbrett und verbindet z. B. A mit Z, so wird in der entsprechenden Ersetzungstabelle die erste mit der 26. Spalte vertauscht. Auf dem Hinweg würde also durch das Steckbrett ein A durch ein Z und auf dem Rückweg ein Z durch ein A ersetzt. In Listing 10.4 wird nun eine vollständige Simulation einer Enigma Baujahr 1923 implementiert. Leider konnte ich nicht herausfinden (weder in dem Buch über die Enigma noch im Internet), ob auch das Drücken der Leertaste eine Rotation der ersten Walze bewirkt. In dem entsprechenden Programm habe ich deshalb eine entsprechende Abfrage eingebaut, mit der Sie bestimmen können, ob das Drücken der Leertaste eine Rotation bewirken soll oder nicht.

**Listing 10.4** Enigma.cpp

```
#include<stdio.h>
#include<ctype.h>
#include<stdlib.h>
#include<string.h>
#include"mykeyboard.h"

const char Walze[9][27]=
{
    /* Stecker: */ "ABCDEFGHIJKLMNOPQRSTUVWXYZ", // Das Steckbrett funktioniert wie eine statische Walze
    /* Walze 1: */ "EKMFLGDQVZNTOWYHXUSPAIBRCJ",
    /* Walze 2: */ "AJDKSIRUXBLHWTMCQGZNPYFVOE",
    /* Walze 3: */ "BDFHJLCPRTXVZNYEIWGAKMUSQO",
    /* Walze 4: */ "ESOVPZJAYQUIRHXLNFTGKDCMWB",
    /* Walze 5: */ "VZBRGITYUPSDNHLXAWMJQOFECK",
    /* Umkehr1: */ "EJMZALYXVBWFCRQUONTSPIKHGD",
    /* Umkehr2: */ "YRUHQSLDPXNGOKMIEBFZCWVJAT",
    /* Umkehr3: */ "FVPJIAOYEDRZXWGCTKUQSBNMHL"
};

char Enigma[5][27];
int Rotor[5]={0,0,0,0,0}; // Rotor 0 (Steckbrett) und 4 (UKW) rotieren nicht

void Tausche(char *A, int P1, int P2) // Array-Ringtausch tauscht Element an Position P1 mit Element an Position P2
{
    char Tmp;
    Tmp=A[P1]; A[P1]=A[P2]; A[P2]=Tmp;
}

void Rotiere()
{
    int i;
    Rotor[1]++; // "Kilometerzähler" rotiert immer eine Position weiter
    for (i=1; i<=2; i++)
```

```
    {
        if (Rotor[i]==26) { Rotor[i]=0; Rotor[i+1]++; } // Überläufe prüfen und unter Umständen Werte korrigieren
    }
    if (Rotor[3]==26) { Rotor[1]=0; Rotor[2]=0; Rotor[3]=0; } // Rotor 3-Überlauf? dann alle Zähler auf 0 zurücksetzen
}

char Chiffriere(char C)
{
    int i,j;
    for (i=0; i<=4; i++) // Hinweg:Steckbrett->W1->W2->W3->UKW
    {
        C-='A';
        C=Enigma[i][(C+Rotor[i])%26];
    }
    for (i=3; i>=0; i--) // Rückweg:W3->W2->W1->Steckbrett
    {
        j=0;
        while (Enigma[i][(j+Rotor[i])%26]!=C) { j++; }
        C=j+'A';
    }
    return C;
}

int main(void)
{
    int i,j,k,C,L,W1,W2,W3,UKW,R1,R2,R3,LStatus; // Hilfsvariablen
    char Steckbrett[27];
    printf("*** Enigma-Setup ***\n");
    printf("Status Leertaste (0=keine Rotorbewegung bei Leertaste):"); scanf("%d",&LStatus);
    strcpy(Enigma[0],Walze[0]); // Steckbrett initialisieren
    printf("1.) Initialisierung des Steckbretts\n");
    printf("Bitte eine Sequenz von Zeichenpaaren eingeben, z.B. AEFZ.\n");
    printf("Dies würde bedeuten, dass A mit E und F mit Z verbunden wird.\n");
    printf("Die Folge AA bewirkt hier, dass das Steckbrett keine Stecker enthält\n");
    printf("Initialisierungssequenz Steckbrett:");
    scanf("%s",&Steckbrett); // Dies ist ein Buchstabenfolge aus Buchstabenpaaren
    L=strlen(Steckbrett);
    if ((L%2)==1) { L--; }// L muss durch 2 teilbar sein;
    for (i=0; i<L; i+=2) // Alle Paare durchgehen
    {
        Tausche(Enigma[0],toupper(Steckbrett[i])-'A',toupper(Steckbrett[i+1])-'A'); // Ringtausch
    }
    printf("2.) Einsetzen der Walzen\n");
    do
    {
        printf("Zuerst einzusetzende Walze (1-5):"); scanf("%d",&W1);
        printf("Als zweite einzusetzende Walze (1-5):"); scanf("%d",&W2);
        printf("Als dritte einzusetzende Walze (1-5):"); scanf("%d",&W3);
        printf("Umkehrwalze (1-3):"); scanf("%d",&UKW);
        if ((W1==W2)||(W2==W3)||(W1==W3)||(W1>5)||(W2>5)||(W3>5)||(W1<0)||(W2<0)||(W3<0)||(UKW<0)||(UKW>3))
        {
```

```
079             printf("Fehler bei der Walzenkonfiguration, bitte Eingaben wiederholen\n");
080         }
081     }
082     while ((W1==W2)||(W2==W3)||(W1==W3)||(W1>5)||(W2>5)||(W3>5)||(W1<0)||(W2<0)||(W3<0));
083     strcpy(Enigma[1],Walze[W1]); // Walze 1 einsetzen (in das Array Enigma kopieren)
084     strcpy(Enigma[2],Walze[W2]); // Walze 2 einsetzen (in das Array Enigma kopieren)
085     strcpy(Enigma[3],Walze[W3]); // Walze 3 einsetzen (in das Array Enigma kopieren)
086     strcpy(Enigma[4],Walze[5+UKW]); // Reflektor einsetzen (in das Array Enigma kopieren)
087     printf("3.) Einstellung der Rotoren-Ringe (Buchstaben A-Z)\n");
088     R1=getch();
089     do
090     {
091         printf("Ring 1:"); R1=toupper(getch()); printf("%c\n",R1); R1-='A';
092              printf("Ring 2:"); R2=toupper(getch()); printf("%c\n",R2); R2-='A';
093         printf("Ring 3:"); R3=toupper(getch()); printf("%c\n",R3); R3-='A';
094         if ((R1<0)||(R2<0)||(R3<0)||(R1>25)||(R2>25)||(R3>25))
095         {
096             printf("Fehler bei der Konfiguration der Ringe, bitte Eingaben wiederholen\n");
097         }
098     }
099     while ((R1<0)||(R2<0)||(R3<0)||(R1>25)||(R2>25)||(R3>25));
100     Rotor[1]=R1; Rotor[2]=R2; Rotor[3]=R3; // Stellring bestimmt den Rotoren-Offset
101     do
102     {
103         C=toupper(getch()); // Alle Tastendrücke in Großbuchstaben wandeln
104         if (C!=13)
105         {
106             if (C!=' ') // Keine Leertaste? Dann Buchstaben verschlüsseln
107             {
108                 printf("%c",Chiffriere(C)); Rotiere(); // Hier stets rotieren
109             }
110             else
111             {
112                 printf(" "); // Leertaste unverschlüsselt ausgeben
113                 if (LStatus!=0) { Rotiere(); } // Hier nur rotieren, wenn der Benutzer dies zulässt
114             }
115         }
116     }
117     while (C!='\n');
118     printf("\nDas Programm wurde beendet.\n");
119     return 0;
120 }
```

Die verfügbaren Walzen werden in den Zeilen **006** – **017** in dem globalen Array **Walze** als Großbuchstaben in 26 Spalten und neun Zeilen abgelegt. Jeder Zeile entspricht hierbei eine Walze, die Spalteneinträge geben für jeden Buchstaben die jeweilige Ersetzung an. Jedem Buchstabenwert entspricht hier eine Spalte, das heißt, das A wird auf Spalte 0 und das Z auf Spalte 25 abgebildet. Die Enigma in dieser Simulation besitzt genau ein Steckbrett, das im Array **Walze** Zeile 0 entspricht. Das Steckbrett funktioniert also wie eine nicht rotierende Walze, die im ungesteckten Zustand jedes Zeichen auf sich selbst abbildet. In Zeile 1 – 5 des Arrays befinden sich dann die fünf Walzen, von denen Sie für die Verschlüsselung genau drei benutzen können, und drei Umkehrwalzen, von denen Sie für die Verschlüsselung genau eine benutzen können. In Programmzeile **018** und **019** werden nun die Arrays definiert, die am Ende für die Verschlüsselung selbst verwendet werden. Dies ist einmal das Array **Enigma** und einmal das Array **Rotor**. In das Array **Enigma** werden die Walzen aus dem Array **Walze** hineinkopiert, die Sie am Ende wirklich verwenden wollen. Dafür bietet das Hauptprogramm eine Konfigurationsroutine an (die Zeilen **053** – **100**). Diese Routine fragt nicht nur ab, welche der fünf Walzen und welchen Reflektor Sie einsetzen wollen, sondern kopiert auch die Anfangseinstellung der Ringe in das Array **Rotor**. Die Ringe dienen dazu, die Rotoren an den Walzen auf eine bestimmte Ausgangsstellung zu drehen, die ebenfalls durch Buchstaben gekennzeichnet ist. Wenn Sie z. B. den ersten Ring auf B, den zweiten Ring auf C und den dritten Ring auf D drehen, dann ist der erste Rotor beim Start bereits auf Position 2. Der zweite Rotor ist entsprechend auf Position 3 und der dritte Rotor auf Position 4 eingestellt.

Kommen wir nun zur Simulation des Steckbretts. Wenn Sie beispielsweise auf diesem A mit Z verbinden, dann wird A zu Z. Auf dem Rückweg wird dann wieder Z zu A. Dieses Verhalten können Sie simulieren, indem Sie eine normale Walze definieren, bei der sämtliche Buchstaben auf sich selbst abgebildet werden. Wenn Sie nun A und Z durch Stecker verbinden, wird einfach in der entsprechenden Ersetzungszeile (`Walze[0]-Walze[25]`) Spalte 0 mit Spalte 25 vertauscht. Deshalb benötigen Sie zusätzlich die Ringtausch-Funktion in den Zeilen **020** – **024**.

Das Hauptprogramm führt nach der Konfiguration der Enigma für jedes Zeichen, das Sie auf der Tastatur eingeben, eine Wandlung in einen Großbuchstaben und anschließend die Funktion `Chiffriere()` (die Zeilen **035** – **050**) aus. `Chiffriere()` bekommt als Parameter das Zeichen **C** übergeben. Der Rückgabewert ist auch vom Typ `char` und enthält das verschlüsselte Zeichen. Die Funktion `Chiffriere()` führt zwei Schleifen aus. Die erste Schleife (die Zeilen **038** – **042**) durchläuft das Array **Enigma** (also das fertig konfigurierte Walzen-Array) von `Enigma[0]-Enigma[4]`. Innerhalb der Schleife wird das Zeichen **C** nun zunächst in Zeile **040** in einen Wert zwischen 0 und 26 umgewandelt. Das Zeichen **C** selbst dient anschließend als Spaltenindex, um das Zeichen auszuwählen, durch das **C** ersetzt wird. Da in den Spalten selbst ASCII-Zeichen stehen, müssen Sie **C** nur einmal umwandeln. Fehlt nur noch das Verhalten des Rotors. Dieser verschiebt aber eigentlich nur die Bedeutung der Array-Spalten. Wenn z. B. der Rotor auf der zweiten Position steht, dann wird das A auf die zweite Spalte abgebildet, das Z aber wieder auf die erste Spalte. Dies entspricht dann der Modulo-Operation `(C+Rotor[i])%26)`. Da die vierte Walze statisch ist (also nicht rotiert), entspricht diese der Umkehrwalze und Sie müssen diese nicht separat behandeln. Die zweite Schleife (die Zeilen **043** – **048**) simuliert den Rückweg durch die Walzen `i=3` bis `i=1`. Innerhalb der Schleife wird dazu zunächst der Spaltenzähler **j** verwendet, der zunächst auf 0 gesetzt wird. Anschließend wird diejenige Spalte `Enigma[i][j]` gesucht, in der das zuletzt verwendete Zeichen **C** steht. Das Zeichen **C** wird anschließend durch die Spaltennummer ersetzt, in der es steht. Auch hier kann natürlich die Spalte, die für das A steht, durch den Rotor verschoben sein. Dieses Verhalten wird in Zeile **046** durch die Modulo-Operation `(j+Rotor[i])%26)` erreicht. Nachdem für **C** sämtliche Ersetzungen vorgenommen wurden, wird auch genau dieses Zeichen von der Funktion zurückgegeben.

Das Hauptprogramm liest einzelne Zeichen von der Tastatur ein, verschlüsselt diese und gibt sie anschließend als Großbuchstaben aus. Allerdings ruft auch das Hauptprogramm die Funktion `Rotiere()` (die Zeilen **025 – 034**) auf. Dies ist deshalb nötig, weil es eine Option gibt, mit der Sie dem ersten Rotor verbieten können, auch bei Eingabe eines Leerzeichens zu rotieren. Der erste Rotor ist im Endeffekt der Rotor, der die Initialzündung für die Weiterdrehung der anderen Rotoren auslöst. Schlägt Rotor 1 von Position 26 auf Position 0 um, so wird in dem entsprechenden Array wieder der Wert 0 benutzt, und Rotor 1 rotiert um genau eine Position weiter. Gleiches gilt für die anderen beiden Rotoren. Wenn irgendwann Rotor 3 umschlägt, werden auch Rotor 1 und 2 wieder auf 0 gesetzt, und Sie erhalten den Ausgangszustand {0,0,0} (entspricht der Ring-Einstellung {A,A,A}).

Nehmen wir nun an, Caesar hätte durch ein Wurmloch im Raum-Zeit-Gefüge eine Enigma erhalten und außerdem eine Anleitung, wie man sie bedient. Angenommen, Caesar steckt auf dem Steckbrett seinen eigenen Namen (verbindet also C mit A, E mit S und A zusätzlich noch mit R). Anschließend setzt er die drei ersten Walzen und den zweiten Reflektor in die Enigma ein. Mit den drei Ringen, die sich an den Rotoren befinden, stellt Caesar dann die Anfangseinstellung „GIC“ ein, dies sind die Anfangsbuchstaben seines Namens „Gaius Iulius Caesar“. Nun überreicht Caesar Alice die Botschaft „NKAHBR JDEXT JHLODB VKX XZQWOPESF RLESWLZC“ und teilt seinen Heerführern vorher noch die Enigma-Grundeinstellung mündlich mit, bevor er einem von ihnen die Wundermaschine überreicht. Natürlich ist diese Maschine eine von den Versionen, die eine interne Batterie enthält und die einige Zeit lang ohne Strom auskommt (den hatte Caesar ja noch nicht). Entschlüsseln wir nun die Botschaft, die Caesar an seine Heerführer schickt mit dem letzten Listing. Dieses würde dann folgenden Text in der Konsole ausgeben:

***** Enigma-Setup *****

**Status Leertaste (0=keine Rotorbewegung bei Leertaste):0**

**1.) Initialisierung des Steckbretts**

**Bitte eine Sequenz von Zeichenpaaren eingeben, z. B. AEFZ.**

**Dies würde bedeuten, dass A mit E und F mit Z verbunden wird.**

**Die Folge AA bewirkt hier, dass das Steckbrett keine Stecker enthält**

**Initialisierungssequenz Steckbrett:CAESAR**

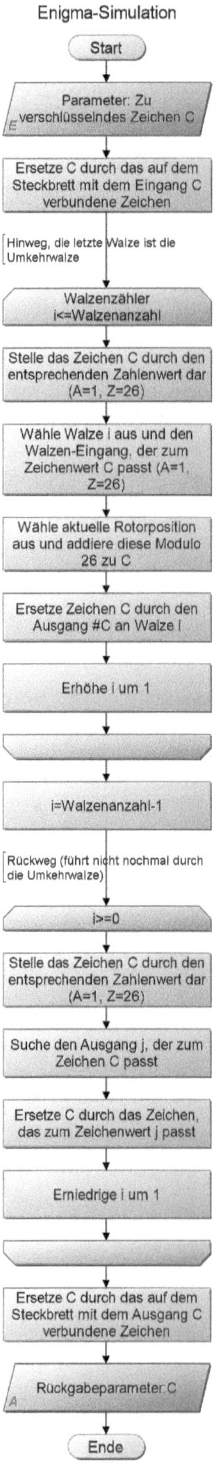


**Bild 10.1**
Programmablaufplan der Enigma-Simulation

**2.) Einsetzen der Walzen**

**Zuerst einzusetzende Walze (1–5):1**

**Als zweite einzusetzende Walze (1–5):2**

**Als dritte einzusetzende Walze (1–5):3**

**Umkehrwalze (1–3):2**

**3.) Einstellung der Rotoren-Ringe (Buchstaben A-Z)**

**Ring 1:G**

**Ring 2:I**

**Ring 3:C**

**MORGEN FRUEH NEHMEN WIR MIRACULIX GEFANGEN**

Nur gut, dass die alten Asterix-Comics noch keine Science-Fiction-Geschichten enthalten und deshalb keine Wurmlöcher vorkommen können. Sonst hätte Caesar mit der Enigma sicherlich die Gallier besiegen können. Zum Glück ist dem nicht so und die Römer bekommen auch weiterhin einen auf die Mütze. Nur Obelix bekommt immer noch keinen Zaubertrank, auch wenn er sich dies noch so wünscht.

## 10.2 Sichere Schlüsselübertragung

Sie kennen nun die Grundlagen der allerersten Verschlüsselungsmethoden und ebenso ihre Schwächen. Bei der Enigma muss man jede Nachricht Zeichen für Zeichen abtippen und wenn man bei der Grundeinstellung nur eine einzige Position falsch einstellt, kann die Nachricht nicht mehr entschlüsselt werden. Auch beim sicheren One Time Pad verhält es sich nicht anders, wenn sogar noch schlimmer: Der Schlüssel ist genauso lang wie die Nachricht und wenn von diesem nur ein einziges Zeichen fehlt, kann die Nachricht nicht mehr vollständig rekonstruiert werden. Ferner ist die Verschlüsselung sowohl mit der Enigma als auch mit dem One Time Pad nicht für lange Nachrichten geeignet. Man benötigte also zumindest für die einzelnen Zeichen eine schnellere Methode, die zur Not auch von einem Computer ausgeführt werden kann (und die natürlich jederzeit wieder rückgängig gemacht werden kann). Diese Funktion gibt es tatsächlich in Form der logischen Operation XOR. Verknüpft man nämlich einen ASCII-Wert A mit einer Zufallszahl Z<=0<=255, so kippen in A sämtliche Bits an den Stellen um, an denen bei Z eine 1 steht (man sagt auch, die Bits werden invertiert). Nach Anwenden der XOR-Verknüpfung kann man den ursprünglichen Wert für A nur noch durch Raten finden. Wendet man dagegen dieselbe Verknüpfung noch einmal an, so werden die invertierten Bits wiederum invertiert und man erhält wieder den ursprünglichen Wert für A. XOR ist eine logische Funktion, die praktisch von jedem Prozessor direkt ausgeführt werden kann, deshalb ist sie auch Bestandteil vieler moderner Kryptographie-Algorithmen. Eine weitere Funktion, die ein Prozessor sehr schnell ausführen kann, ist die Modulo-Funktion, also die Ermittlung des Rests einer Division. Im letzten Beispiel haben Sie den Modulo-Operator ja schon benutzt, um die Rotoren zu simulieren. Der Modulo funktioniert im Endeffekt wie ein Glücksrad, das sich endlos im Kreis dreht. Wenn Sie z. B. einen aufsteigenden Zähler Modulo 10 nehmen, dann wiederholt sich laufend die Zahlenfolge „0,1,2,3,4,5,6,7,8,9". Mit zusätzlichen mathematischen Funktionen und Bitverschiebungen können Sie nun die Zahlenfolge „0,1,2,3,4,5,6,7,8,9" noch komplizierter und chaotischer machen und diese (zumindest, wenn Sie nicht wissen, bei welchem Zählerstand Sie angefangen haben) wie Zufall aussehen lassen. Die Betonung liegt hier natürlich wieder auf dem Wort „aussehen", denn ein Algorithmus kann eigentlich nicht wirklich Zufall erzeugen.

## 10.2.1 Verwenden der Modulo-Operation

Da Abschnitt 10.2 sehr theoretisch war, will ich nun ein einfaches Beispiel anführen, das die Funktion XOR (in C++ durch den Operator ^ dargestellt) und den Modulo (in C++ durch den Operator % dargestellt) verwendet. Das nächste Beispiel ist wieder historischer Natur, denn die hierin verwendeten Verfahren sind nicht unbrechbar. Nachdem die XOR-Funktion entdeckt worden war, versuchte man, möglichst lange XOR-Schlüssel über den Text zu legen. Wenn der Schlüssel dann so lang ist wie der Text und wirklich zufällige Zeichenfolgen enthält, erhält man ein OTP und die Verschlüsselung ist absolut sicher. Am Anfang ist man auch genau so vorgegangen und hat z. B. den Geheimagenten im Kreml Köfferchen mitgegeben, in denen OTP-Schlüssel versteckt waren. Die Agenten haben dann den Ministern, die die verschlüsselten Botschaften erhalten sollten, diese Köfferchen überreicht und die Nachrichten selbst anschließend per Modem über die Telefonleitung geschickt (Modems gibt es seit den 60ern). Die Amerikaner haben es übrigens genauso gemacht, aber irgendwann festgestellt, dass es besser wäre, Geheimdokumente nicht in einem Köfferchen mit sich herumzutragen.

Eine andere Möglichkeit wäre, den Schlüssel selbst per Modem zu schicken, aber dann kann die Schlüsselübertragung abgehört werden. Wie soll man also einen Schlüssel austauschen, ohne den Schlüssel selbst zu schicken? In dem nächsten Beispiel wird hierzu der Schlüssel selbst verschlüsselt und der Schlüssel selbst ist eine lange Zufallszahl. Diese Zufallszahl wird als 16 einzelne ASCII-Zeichen dargestellt, die einen Wert zwischen 0 und 255 haben. Wir wollen nun so tun, als wäre unsere lange Zufallszahl die Öffnungsfolge für einen kleinen Tresor und in diesem Tresor liegt ein Zettel mit der Nachricht (es ist hier übrigens unerheblich, ob die Nachricht selbst verschlüsselt wurde). Der Tresor geht natürlich nur dann auf, wenn jedes der Rädchen mit jeweils 256 Zahlen (0 – 255) an genau der richtigen Position steht. Wie lasse ich einem Empfänger nun die Nachricht zukommen, ohne dass jemand von außen den

Tresor öffnet? Das Erste, was ich tue, ist, dass ich am Tresor die Öffnungszahlenfolge einstelle. Anschließend drehe ich an jedem der 16 Rädchen genau 16-mal, und zwar rein zufällig. Natürlich schreibe ich mir jede Drehung, die ich gemacht habe, akribisch auf. Anschließend schicke ich den Tresor an den Empfänger (der Tresor sollte also möglichst klein sein). Der Empfänger des Tresors macht danach dasselbe wie ich und dreht seinerseits die Rädchen zufällig weiter. Selbstverständlich verhalten sich die Rädchen am Tresor wie Glücksräder und schlagen auch mehrmals von 255 auf 0 um, dies ist aber unerheblich, solange die einzelnen Veränderungen genauestens notiert werden. Wenn der Empfänger des Tresores fertig ist, schickt er den Tresor wieder an den Sender zurück, der nun seine eigenen Drehungen rückgängig macht, indem er die zuvor notierten Drehungen rückwärts ausführt. Anschließend wird der Tresor zum letzten Mal verschickt, an den endgültigen Empfänger. Wenn dieser nun auch seine Drehungen rückgängig macht, erhält er wieder die Zahlenfolge, um den Tresor zu öffnen. Selbstverständlich hat der Empfänger auf diese Weise nicht nur die Nachricht erhalten, sondern auch den Schlüssel zum Öffnen des Tresors.

Nehmen wir nun an, dass die Positionen der einzelnen Drehrädchen durch 256 Zahlen dargestellt werden können und dass die Öffnungskombination folgenden ASCII-Zeichen entspricht:

```
unsigned char K[16]="SESAM ÖFFNE DICH";
```

Ich nehme hier also die ASCII-Codierung und nehme auch an, dass Ihr Zeichensatz 256 Symbole enthält. Dies ist wichtig, denn das nächste Beispiel funktioniert nicht, wenn Sie z. B. den Datentyp `signed char` verwenden. Die Modulo-Operation muss hier wirklich mit vorzeichenlosen Zahlen durchgeführt werden. Verschlüsseln wir nun das erste Zeichen. Hierzu müssen 16 Zufallszahlen zwischen 0 und 255 generiert und in einem Array abgelegt werden. Da Sie 16 Buchstaben verschlüsseln müssen, benötigen Sie folgendes Array:

```
unsigned char A[16][16]; // Zugriff=[z][s]=Zeile, Spalte
```

Nehmen wir nun an, **i** enthält den Buchstabenzähler für **K** (**K** ist der Schlüssel, der die Öffnungsfolge für den Tresor enthält) und **j** ist der Zähler für die nächste `for`-Schleife. Dann generieren Sie den an den Empfänger B zu sendenden, veränderten Schlüssel **K** auf die folgende Weise:

```
printf("Bitte eine beliebige Taste drücken\n");
getch();
srand(clock());
// 16*16 Zufallszahlen erzeugen
for (i=0; i<16; i++)
{
    for (j=0; j<16; j++)
    {
        A[i][j]=rand()%256;
    }
}
```

```
// K verschlüsseln
for (i=0; i<16; i++)
{
    for (j=0; j<16; j++)
    {
        K[i]=K[i]+A[i][j];
    }
}
```

Der Trick ist hier, dass eine Addition bei vorzeichenlosen Werten wie eine Modulo-Operation wirkt und dass deshalb `K[i]` wie ein Glücksrad dauernd von 255 auf 0 umschlägt. Wann dies passiert, hängt von den Zufallszahlen im Array **A** ab und Sie können deshalb auch den Endzustand von **K** nicht vorhersagen. Dem Zufall wird hier übrigens etwas nachgeholfen, indem das Programm am Anfang auf eine Taste wartet. Erst, wenn der Benutzer eine undefinierte Zeit benötigt hat, um die Anweisung zu lesen und anschließend eine Taste zu drücken, führt er diese Anweisung auch aus. Wie lange der Benutzer bis zum Tastendruck benötigt, hängt teilweise vom Zufall ab. Deshalb wird nach dem Tastendruck auch der Wert der Uhr zur Initialisierung des Zufallsgenerators benutzt, und nicht z. B. einfach 0 oder 4711.

Nehmen wir nun an, Sie hätten für das Array A folgende Zufallszahlen erzeugt (Hex):

```
52 2c 4e 1b 36 9b c5 a4 2c 07 a4 5e 20 a4 01 2c
da f5 a5 8d fc f9 2a 67 3c 91 53 16 e3 35 ac b5
86 d8 62 ab 04 18 65 7a c1 ab bc c4 21 06 28 9f
48 4f fc 1a 10 85 3c 0f 4a ed f5 2c 39 c1 dc 3d
4c 14 2a bc 1c 09 b7 9b a6 35 55 50 ca 51 70 22
03 24 e3 b3 68 b0 1d ce e4 9c 74 73 b2 e1 c9 21
1c b9 5e 63 74 c4 f4 9e 53 7d 28 19 11 dd 0f 4d
85 4d 11 6f fe d2 03 3c 81 74 89 04 45 ef aa fa
6d 9d b4 bb 05 a3 53 1c 3f 5b ec 38 ef 02 40 ba
44 a3 3e 68 c8 43 28 f0 9b 4e ea f7 ec 42 b8 60
b8 9a e6 d9 c7 fd 0c ac e4 a7 5a c5 5c 18 38 ff
b9 fd 23 b3 c0 5b c4 83 a8 02 52 63 9d 31 29 ea
75 86 ab d8 b2 2a 57 e7 b8 3a 29 d7 4f 78 31 b4
5c 32 77 6a dc 73 0e 8c 21 69 76 61 51 16 37 31
1c 3b bc ce bd 82 6d 65 34 ea 11 86 c2 78 62 72
a5 1c f2 a5 15 e1 3e a4 7e 59 10 09 00 48 1a cc
```

Dadurch ergibt sich nun das folgende Array für K (Hex):

```
9a 7b 93 39 37 c4 91 01 7f 0e 27 4e 7a d1 f8 96
```

**K** sieht nun schon recht zufällig aus und ein Angreifer kann nur noch sehr schwer den Satz „SESAM ÖFFNE DICH" dahinter erkennen. Der Empfänger bekommt nun den Schlüssel **K** geschickt und macht mit diesem Schlüssel dasselbe: Er generiert 16*16 Zufallszahlen in seinem Array **B** und verschlüsselt damit noch einmal den empfangenen Schlüssel **K**. Bildlich gesehen haben wir also nun eine Kiste mit zwei Schlössern, nämlich einen vom Sender und einem vom Empfänger. Sehen wir uns nun an, welche Daten der Empfänger für **B** generiert hat (Hex):

```
08 15 47 c3 2d 55 2f db da 96 70 7d c4 36 4d e2
b4 43 3a 2c d3 39 c9 3f 39 fb d6 de b1 13 f4 0a
cf 2e 16 98 35 d3 82 11 22 63 f3 cf 3b 57 0d 55
9e b5 07 ee 25 d3 93 89 f7 4f 12 d4 55 4f f6 98
a3 f6 76 55 b6 27 79 1e 5d 7d bd b7 32 8b 47 ec
a2 50 10 34 3b fe ee 87 35 ed c0 7d 44 da de a8
9d 64 c0 33 47 c8 ec bb a4 dc 26 6d 3f 4a d4 62
d8 0f af 37 ad 34 b0 f1 0b cb 3a 0f 16 2c 84 f1
d5 71 4a 69 81 30 b4 9f 0e 78 86 2a fb 0e 8a 6c
57 e9 3b 2e 14 eb b3 7d 90 e2 d6 c4 61 bf c0 2b
61 15 6d 2f fb d5 a7 82 b4 48 35 25 fd 4e 42 c4
38 d5 0b 52 08 9c cd e5 dd 2a ee d4 c0 09 6a 0e
5c 48 81 be 4e 30 9f 1d ae 46 8c 97 de 81 d4 21
92 cc 79 da 20 bf d8 e0 0a 9a d9 75 c9 83 5b 53
dc 02 de 4c 11 b9 73 27 13 68 e1 b6 35 20 19 3c
7e c6 dc fe f5 cc ab 27 2e 2c ef e1 15 a5 69 b1
```

Der Schlüssel K enthält nun die folgenden Bytes (Hex):

```
d3 96 14 f3 4d ab 0d 26 b1 fd d9 18 02 05 20 45
```

Der ursprüngliche Sender bekommt nun den Schlüssel **K** geschickt und macht mit seinem Array **A** seine eigenen Schritte rückgängig. Dazu muss er nur die Schleife zum Verschlüsseln wie folgt abändern:

```
for (i=0; i<16; i++)
{
    for (j=15; j>=0; j--) // rückwärts zählen
    {
        K[i]=K[i]-A[i][j];
    }
}
```

Auch die Subtraktion bewirkt bei vorzeichenlosen Zahlen ein Umschlagen der Zahlenwerte, diesmal aber von 0 auf 255 – das Glücksrad dreht sich also in die entgegengesetzte Richtung. Natürlich kommt nun für **K** immer noch nicht wieder „SESAM ÖFFNE DICH" heraus, sondern folgender Schlüssel (Hex):

```
K={0x8c,0x60,0xd4,0xfb,0x63,0x07,0x52,0x6b,0x78,0x3d ,0xf7,0xea,0xcc,0x7d,0x6b,0xf7};
```

dies geschieht erst, wenn **K** noch einmal an den endgültigen Empfänger zurückschickt wird. Erst dieser kann sämtliche Verschlüsselungsschritte rückgängig machen und bekommt am Ende folgende Zahlenfolge heraus (Hex):

```
K={0x53,0x45,0x53,0x41,0x4d,0x20,0xd6,0x46,0x46,0x4e,0x45,0x20,0x44,0x49,0x43,0x48};
```

Dies entspricht dann der ASCII-Zeichenfolge „SESAM ÖFFNE DICH". Kommen wir nun zu Listing 10.5, das unseren ersten Versuch implementiert, einen Schlüssel sicher zwischen A und B auszutauschen.

**Listing 10.5** Schluesselaustausch1.cpp

```
#include<stdio.h>
#include<stdlib.h> // für rand() und srand()
#include<string.h> // für strcpy
#include<time.h> // für clock()
#include"mykeyboard.h" // für getch()

unsigned char A[16][16];
unsigned char B[16][16];
unsigned char K[17];

void Init(unsigned char A[16][16])
{
    int i,j;
    for (i=0; i<16; i++)
    {
        for (j=0; j<16; j++)
        {
            A[i][j]=rand()%256; // Array mit Zufallszahlen füllen
        }
    }
}

void SchluesselAusgabeHex(unsigned char *K)
{
    int i;
    for (i=0; i<16; i++) { printf("%02x ",K[i]); }
}

void SchluesselAusgabeText(unsigned char *K)
{
    int i;
    for (i=0; i<16; i++) { printf("%c",K[i]); }
}
void Chiffre(unsigned char A[16][16], unsigned char *K)
{
    int i,j;
    for (i=0; i<16; i++)
    {
        for (j=0; j<16; j++)
        {
            K[i]=K[i]+A[i][j]; // Dreht das "Glücksrad" vor
        }
    }
}

void DeChiffre(unsigned char A[16][16], unsigned char *K)
{
    int i,j;
    for (i=0; i<16; i++)
    {
        for (j=15; j>=0; j--)
        {
            K[i]=K[i]-A[i][j]; // Dreht das "Glücksrad" zurück
        }
```

```
50      }
51  }
52  int main(void)
53  {
54      int i,j;
55      printf("Bitte eine Taste drücken\n"); getch();
56      srand(clock()); Init(A); Init(B);
57      printf("Schlüssel:"); fgets((char *)K,17,stdin);
58      printf("A->B:");
59      Chiffre(A,K); SchluesselAusgabeHex(K); SchluesselAusgabeText(K);
printf("\n");
60      printf("B->A:");
61      Chiffre(B,K); SchluesselAusgabeHex(K); SchluesselAusgabeText(K);
printf("\n");
62      printf("A->B:");
63      DeChiffre(A,K); SchluesselAusgabeHex(K); SchluesselAusgabeText(K);
printf("\n");
64      DeChiffre(B,K);
65      printf("Von B empfangener Schlüssel:");
66      SchluesselAusgabeText(K); printf("\n");
67      return 0;
68  }
```

In den Zeilen **06 – 08** werden erst einmal die Hilfsarrays **A** und **B** sowie das Array für den Schlüssel **K** definiert. Hierbei muss **K** 17 Zeichen umfassen, da im Hauptprogramm die Funktion `strcpy()` benutzt wird, um den vorher in der Konsole eingetippten Schlüssel nach **K** zu kopieren. Hierbei schließt `strcpy()` sämtliche Strings mit einem Null-Zeichen ab, deshalb müssen Sie an dieser Stelle etwas aufpassen und auch für das Null-Zeichen Speicher anlegen. Die Funktion `Init()` (die Zeilen **09 – 19**) ist nun dazu da, ein Array der Größe 16x16 mit Zufallszahlen zu füllen. Hierzu benutzen Sie die Funktion `rand()` (Zeile **16**) und initialisieren den Zufallsgenerator im Hauptprogramm beim Programmstart. Dies geschieht wieder dadurch, dass Sie aufgefordert werden, eine Taste zu drücken. Direkt danach wird `srand()` mit dem Wert für die Computeruhr initialisiert. Auf diese Weise erhalten Sie ein etwas zufälligeres Verhalten, als allein durch die Funktion `rand()` – natürlich ist `rand()` nicht komplett sicher, es eignet sich aber gut für dieses einfache Beispiel. Die Funktionen `SchluesselAusgabeHex()` und `SchluesselAusgabeText()` müssen wahrscheinlich an dieser Stelle nicht ausführlich erklärt werden, denn diese Funktionen geben nur den Schlüssel **K** entweder als Hexadezimalwerte oder als ASCII-Text aus.

Die Hauptarbeit leisten die Funktionen `Chiffre()` (die Zeilen **30 – 40**) und `DeChiffre()` (die Zeilen **41 – 51**). Beide Funktionen bekommen ein Array der festen Größe 16x16 vom Typ `unsigned char[][]` übergeben. Dies ist in diesem Fall entweder das Verschlüsselungs-Array **A** oder das Verschlüsselungs-Array **B**. `Chiffre()` geht nun das übergebene Verschlüsselungs-Array Zeile für Zeile durch (Zähler **i**) und addiert den Wert in sämtlichen Spalten (Zähler **j**) der Zeile **i** zu `K[i]`. Durch den Typ `unsigned char` wird hier quasi eine Modulo-Operation gleich mit ausgeführt. Das Array **A** wird hier übrigens in der Form [Zeile][Spalte] adressiert. Es ist an dieser Stelle unerheblich, ob

Sie sämtliche Spalten einer bestimmten Zeile oder sämtliche Zeilen einer bestimmten Spalte addieren. Der Algorithmus funktioniert mit beiden Varianten. Wichtig ist nur, dass Sender und Empfänger die Zeichen in der richtigen Reihenfolge übermitteln und beide die gleiche Verschlüsselungsvariante benutzen. Die Funktion `DeChiffre()` entspricht fast der Funktion `Chiffre()`, außer dass diese die Zahlen in den Spalten rückwärts durchläuft und diese Werte von `K[i]` subtrahiert, anstatt sie zu addieren.

Kommen wir nun zum Hauptprogramm (die Zeilen **52–68**). Dieses funktioniert nur, wenn die Operationen `Init()`, `Chiffre()` und `DeChiffre()` in der richtigen Reihenfolge ausgeführt werden. Zunächst werden Sie in Zeile **55** dazu aufgefordert, eine beliebige Taste zu drücken. Wie lange Sie dazu benötigen, um die Meldung zu lesen und der Aufforderung nachzukommen, eine Taste zu drücken, unterliegt dem Zufall. Wenn Sie eine Taste betätigt haben, wird der Zufallsgenerator mit dem Wert für `clock()` initialisiert. Nach Initialisierung des Zufallsgenerators wird `Init()` mit **A** und **B** aufgerufen, um **A** und **B** mit Zufallswerten zwischen 0 und 255 zu füllen. In Zeile **57** wird **K** zunächst mit `fgets()` von der Konsole so eingelesen, dass der Schlüssel auch Leerzeichen enthalten kann. Groß-/Kleinschreibung spielt hier übrigens keine Rolle. Wenn Sie z. B. den Schlüssel „SESAM ÖFFNE DICH" eintippen, wird so getan, als ob dieser Schlüssel zunächst nur dem Sender A bekannt ist. Der von A an B zu übermittelnde Schlüssel wird in den Zeilen **58** und **59** durch die Funktion `Chiffre()` ermittelt, der als Parameter das Array **A** sowie der Schlüssel **K** übergeben werden. **K** wird in diesem Fall direkt verändert, ein Angreifer kann also nicht feststellen, welchen Ausgangszustand **K** besitzt, sondern nur die Übertragung mitschneiden. Nun erhält der Empfänger B den veränderten Schlüssel **K**. Auch B kann noch nicht feststellen, was der ursprüngliche Inhalt von **K** ist, sondern nur das empfangene Array **K** mit dem Array **B** verschlüsseln. Dies geschieht in den Zeilen **60** und **61**. Das Resultat wird nun wieder zurück an A gesendet. Auch diese Übertragung kann mitgeschnitten werden, allerdings kann ein Angreifer nicht durch einfache arithmetische Operationen (z. B. indem er die Differenz zwischen den Bytes der einzelnen Versionen von **K** berechnet) darauf schließen, welche Schritte A oder B unternommen haben. Im letzten Schritt macht A seine Verschlüsselung rückgängig, indem er `DeChiffre()` aufruft und das Resultat an B sendet. Dies geschieht in den Zeilen **62** und **63**. Wenn B ebenfalls seine Schritte rückgängig macht, dann zeigt das „Glücksrad" wieder die Ausgangszahlenfolge an, die dem Text „SESAM ÖFFNE DICH" entspricht.

Wie verhält es sich mit der Sicherheit dies hier vorgestellten Schlüsselaustauschs? Anscheinend ist diese gegeben, denn es gibt anscheinend keine Möglichkeit, auf eine einfache Weise von den gesendeten Bytes (die ein Angreifer jederzeit abfangen kann) auf den ursprünglichen Schlüssel zu schließen. Versuchen Sie es ruhig und subtrahieren Sie z. B. die Bytes der einzelnen gesendeten Varianten von K voneinander. Es scheint wirklich so zu sein, dass man zumindest durch primitive mathematische Operationen wie +, – oder den Modulo nichts bewirken kann. Leider trügt hier der Schein, weshalb es ja auch so schwierig ist, sichere Schlüsselaustauschverfahren zu entwickeln. Das, was in dem letzten Beispiel für die Verschlüsselung verwendet wurde, ist nur eine einfache Zahlenreihe, die dadurch entsteht, dass auf eine Ausgangszahlenfolge immer wieder die gleiche mathematische Operation angewendet wird. Nehmen wir beispielsweise den ersten Buchstaben des Schlüssels, das „S". Dieser wird durch den Wert 83 codiert. Nehmen wir nun beispielsweise die Zufallsfolge

**{86,212,156,57,117,92,57,151,65,65,227,178,121,66,89,73}**

und addieren sämtliche Zahlen in dieser Folge schrittweise zu dem Wert 83, beachten aber, dass wir stets 256 abziehen müssen, wenn die Summe 255 überschreitet. Hierdurch bekommen wir eine neue Zahlenfolge, die beschreibt, an welcher Position sich das Glücksrad in den einzelnen Schritten befindet. Genau dies ist die Zahlenfolge, die für den hier vorgestellten Verschlüsselungsalgorithmus entsteht, und sie lässt sich beliebig fortsetzen. Aber ist dies wirklich der Fall? Kann es nicht sein, dass irgendwann einmal Wiederholungen auftreten und somit erkennbare Muster? Bei Folgen, die aus primitiven Operationen wie dem Modulo oder den Grundrechenarten bestehen, ist dies sogar sehr oft der Fall, besonders, wenn man mit kleinen Zahlenwerten arbeitet. Besonders kritisch ist auch, dass sich oft gar nicht feststellen lässt, ob eine bestimmte Zahlenfolge Muster erzeugt, und wenn dies dann nach einiger Zeit auffällt, dann ist ein erfolgreicher Angriff meist schon geschehen. Auch der im letzten Beispiel verwendete Zufallsgenerator `rand()` ist ein Schwachpunkt, denn dieser erzeugt in der Tat sehr gut erkennbare Muster, die schon nach 30 Werten vorhersagbar werden. Sie benötigen also für den sicheren Schlüsselaustausch bessere Verfahren, als das aus dem letzten Beispiel. Ich werde Ihnen nun mehrere solcher Verfahren vorstellen.

### 10.2.2 Verwenden des RSA-Algorithmus

Leider sind wir inzwischen an einer Stelle angekommen, die vielen Studenten Schwierigkeiten bereitet: Wir kommen mit den bisherigen Grundlagen nicht mehr weiter und müssen uns ganz speziellen mathematischen Fragestellungen widmen. Zum Beispiel taucht hier plötzlich wieder der Begriff „Berechenbarkeit" auf. Nur geht es in diesem Fall darum, Funktionen zu finden, die eben nicht oder nur sehr schwer berechenbar sind – und das am besten auch nur für den Angreifer. Es gibt einige solcher Funktionen, die in eine Richtung einfach zu berechnen sind, in die andere aber nicht. Ein Beispiel für eine solche Funktion ist der Logarithmus von a zur Basis b ($c=\log(a)_b$). Dieser kann mit jedem relativ modernen Taschenrechner berechnet werden, aber wenn Sie z. B. die Basis b nicht kennen, können Sie nicht so einfach feststellen, wie Sie auf das Ergebnis c gekommen sind. Wenn Sie dann noch zusätzlich zu dem Logarithmus weitere Funktionen mit hinzunehmen, wie z. B. den Modulo, wird die Sache noch viel schwieriger. Dies gilt aber leider nur, wenn Sie für a und b Zahlen bestimmter Zahlengruppen einsetzen oder aber das Ergebnis bestimmter mathematischer Funktionen. Eine beliebte Zahlengruppe sind hier z. B. Primzahlen, eine beliebte mathematische Funktionsgruppe sind hier die elliptischen Kurven. Eine weitere Maßnahme, um relativ sichere Verschlüsselungen zu erreichen, ist das Verwenden sehr langer Zahlen. Sehr lang heißt hier, dass a und b mindestens 256 Bits (also 32 ASCII-Zeichen) lang sein sollten.

Wie können Sie aber nun mit dem Wissen aus Abschnitt 10.2.1 einen Schlüssel oder Text abhörsicher übermitteln? Hierzu benötigen Sie erst einmal eine Falltürfunktion. Eine *Falltürfunktion* ist eine mathematische Funktion, die nur in eine Richtung einfach zu berechnen ist, deren Umkehrung aber kaum noch gelingt. So ist z. B. die Faktorisierung eines Produkts zweier Primzahlen a und b nur noch sehr schwer berechenbar, wenn man nur das Produkt kennt. Sind a und b zusätzlich noch sehr lang (enthalten also z. B. 256 Bits), kann man die Faktorisierung im Endeffekt nicht mehr berechnen. Nun müssen Sie nur noch die Falltürfunktion (also das Produkt von zwei Primzahlen) so einsetzen, wie im letzten Beispiel. Allerdings gibt es nun zwei Schlüssel, nämlich einen öffentlichen und einen privaten Schlüssel. Wenn man den öffentlichen Schlüssel besitzt, kann man Nachrichten nur verschlüsseln, besitzt man allerdings beide Schlüssel (und das tut normalerweise nur ein einziger Empfänger), dann kann man die Nachrichten auch lesen. Nun wird die sichere Übertragung zumindest von Texten einfach: B (Bob) betrachtet seinen Text als sehr lange Zahl, generiert auf diese Weise eine Nachricht, verschlüsselt diese mit dem öffentlichen Schlüssel von A (Alice) und sendet Alice das Ergebnis. Alice entschlüsselt die Nachricht mit ihrem privaten Schlüssel und kann nun Bobs Nachricht lesen. Wenn nun E (die Eavesdropperin Eve) die Nachrichtenübermittlung zwischen Bob und Alice abfängt, kann sie ohne den privaten Schlüssel, den nur Alice besitzt, nichts mit der Nachricht anfangen. Auch die Rekonstruktion der Nachrichten von Bob an Alice aus dem öffentlichen Schlüssel ist nicht möglich.

Ein Verfahren, wie es in Abschnitt 10.2.1 angedeutet wurde, benutzt einen öffentlichen Schlüssel, um Nachrichten zu chiffrieren, deshalb wird es auch als *Public-Key-Verfahren* bezeichnet. Wir wollen uns nun als Beispiel für ein Public-Key-Verfahren den RSA-Algorithmus ansehen und anschließend mit diesem Algorithmus auf sicherem Wege eine Nachricht übermitteln. Da RSA mit langen Ganzzahlen arbeitet, sollten Sie sich an dieser Stelle noch einmal das zweite Kapitel ansehen, vor allem die Listings, mit denen Sie beliebig lange Zahlen addieren, subtrahieren, multiplizieren und dividieren können. Diese Algorithmen werden nun sehr ausgiebig verwendet, allerdings mit einer kleinen Änderung: Die Subtraktion wird aus der Addition abgeleitet. Dies hat den einfachen Grund, dass viele RSA-Algorithmen für Nachrichten nur Zeichenketten vom Typ `unsigned char*` benutzen, die sie dann als sehr lange vorzeichenlose Zahlen betrachten. Die Tatsache, dass hierbei Überläufe entstehen können, wird bewusst zugelassen und ist sogar teilweise Teil einiger Sicherheitskonzepte.

Wie funktioniert aber nun RSA? Zunächst muss Bob einen öffentlichen Schlüssel erzeugen, den er auch allen Teilnehmern im Netzwerk zugänglich macht. Der öffentliche Schlüssel ist ein Zahlenpaar, nennen wir dieses nun {a,M} (das M steht für das

Wort „RSA-Modul"). Der private Schlüssel ist ebenfalls ein Zahlenpaar, nennen wir es {b,M}. Die Zahlen a, b und M müssen nun so gewählt werden, dass sie bestimmten Kriterien entsprechen. Zunächst einmal muss das Modul für den privaten und öffentlichen Schlüssel gleich sein. Ferner müssen a, b und M so gewählt werden, dass der GGT von allen drei Zahlen 1 ist und so das Produkt von a, b und M als Teiler nur a, b und M enthält. Es muss also folgende Aussage gelten:

a*b (mod M)≡1

Vielleicht ahnen Sie an dieser Stelle schon, dass a und b Primzahlen sein müssen. Um a, b und M zu bestimmen, wird nun folgender Algorithmus ausgeführt, den Sie auch im Internet sehr einfach finden können:

Zunächst werden zwei zufällige Primzahlen p und q erzeugt. Diese sollen die gleiche Größenordnung haben, aber nicht zu dicht beieinander liegen (so wären z. B. 11 und 13 nicht optimal). Anschließend wird das Modul M auf die folgende Weise berechnet:

M=p*q

Nun wird zusätzlich noch eine Zahl N berechnet, für die gilt:

N=(p-1)*(q-1)

Die Zahl a (also der erste Teil des öffentlichen Schlüssels) muss nun so gewählt werden, dass diese größer als 1 und kleiner als N ist, außerdem darf a kein Teiler von N sein. Normalerweise wählt man dazu a so lange zufällig aus dem Bereich zwischen 2 und N-1 aus, bis der euklidische Algorithmus für a und N einen GGT von 1 liefert. Anschließend wird b so bestimmt, dass a*b≡1 gilt. Auch dies kann mit einer erweiterten Form des Euklidischen Algorithmus erfolgen, dem erweiterten Euklidischen Algorithmus.

Um nun eine Nachricht zu verschlüsseln, wendet der Sender die folgende Formel an:

$C=P^a$ (mod M)

Hierbei ist C wieder der Chiffretext und P der Klartext. M ist hier das RSA-Modul, das sich nicht verändert.

Um eine Nachricht zu entschlüsseln, wendet der Empfänger die folgende Formel an:

$P=C^b$ (mod M)

Auch hier ist C wieder der Chiffretext und P der Klartext, M ist das RSA-Modul.

Die Sicherheit von RSA entsteht also aus der Tatsache, dass das Modul M ein Produkt zweier Primzahlen p und q ist, dass sich nicht so einfach faktorisieren lässt, wenn man den privaten Schlüssel b nicht kennt. Je länger p und q werden, desto sicherer wird RSA. Leider sind solche allgemeinen Aussagen wieder sehr theoretischer Natur, deshalb benötigen Sie auch hier praktische Beispiele. Eines dieser praktischen Beispiele, das auch in identischer Form immer wieder im Internet auftaucht und auch auf Wikipedia besprochen wird, ist das nun folgende Beispiel.

Zunächst müssen Sie hierfür den Exponenten a für Ihren öffentlichen Schlüssel wählen. Der Exponent a muss eine Primzahl sein, in diesem Beispiel wählen Sie 23. Nun müssen Sie die Zahlen p und q bestimmen und setzen in diesem Fall p=11 und q=13. Es ist also p-1=10 und q-1=12 und diese Zahlen sind teilerfremd zu a=23. Sie können also nun problemlos das RSA-Modul ausrechnen und dieses ist M=p*q =143. Damit bildet das Zahlenpaar {23,143} den öffentlichen Schlüssel. Nun müssen Sie die Zahl N wie folgt ausrechnen:

N=(p-1)* (q-1)=120

Nun muss noch Alice ihren privaten Schlüssel b ausrechnen. Dies tut sie, indem sie den öffentlichen Schlüssel von Bob empfängt und die Werte von a, M und N ausrechnet. Nun gilt:

a*b+k*N=1=GGT(a,N)

Konkret heißt dies, dass 23*b+k*120 =1= GGT(23 ,120) ist. Mit dem erweiterten Euklidischen Algorithmus berechnet man nun die Faktoren d=47 und k=-9 und somit ist das Zahlenpaar {47,143} der private Schlüssel von Alice.

Bob will nun eine geheime Nachricht in Form der Zahl 7 an Alice senden. Er benutzt den öffentlichen Schlüssel von Alice (das ist das Zahlenpaar {23,143}) und berechnet

$7^{23}$ (mod 143)=2

Das Chiffrat ist also C=2 und dies sendet Bob an Alice. Alice wendet ihren privaten Schlüssel auf die Zahl 2 an und erhält:

$2^{47}$ (mod 143)=7

Simsalabim! Die erste Hürde haben Sie nun genommen, denn Sie wissen jetzt, was der Trick beim RSA-Algorithmus ist: Mit dem erweiterten Euklidischen Algorithmus und zwei zufällig gewählten Primzahlen, die bestimmte Kriterien erfüllen müssen, können Sie eine Falltürfunktion erstellen, die es sämtlichen Teilnehmern in einem Netzwerk erlaubt, Nachrichten zu verschlüsseln (einfacher Hinweg), aber nur einem Teilnehmer erlaubt, die verschlüsselten Nachrichten zu lesen (schwieriger Rückweg). Wenn Sie sich nun vorstellen, dass die Primzahlen p und q sehr lang sind, werden Sie auch verstehen, dass Alice damit den Text „SESAM ÖFFNE DICH“ aus Listing 10.5 nun sicher an Bob schicken kann.

Trotzdem bleibt noch eine Hürde übrig, nämlich die Frage, wie Sie es schaffen, sehr lange Primzahlen zu finden, die z. B. 256 binäre Stellen (16 Bytes für den Text „SESAM ÖFFNE DICH“) besitzen? Vielleicht fragen Sie sich nun, ob Sie nicht z. B. das Primteiler-Programm so optimieren können, dass dieses bei einer sehr großen Zahl beginnt und nicht bei 3? Vielleicht können Sie ja gleich bei einer Dezimalzahl mit 40 Stellen anfangen (dies ist etwas mehr als $2^{128}$)? Leider ist ein solches Vorgehen nicht möglich, denn Sie können auf diese Weise nicht wissen, welche Teiler die Zahlen von 3 bis $1^{40}$ besitzen und ob diese nicht auch Teiler der Zahlen sind, die Sie ab dem Wert $10^{40}$ als Primzahlen identifizieren. Vielleicht fragen Sie sich nun, ob es denn überhaupt in einer praktikablen Zeit möglich ist, für eine sehr lange Zahl zu sagen, ob diese prim ist. Die

Antwort lautet hier schlicht „nein“. Das Primzahlproblem ist eines der mathematischen Probleme, die ab einer bestimmten Stellenanzahl von etwa 128 Binärstellen nicht mehr berechenbar ist, zumindest nicht mit Ihrem privaten PC. Ferner steigt die Komplexität exponentiell mit der Anzahl Stellen. Deshalb müssen Sie auch für den RSA-Algorithmus einen sogenannten Primzahltest benutzen. Ein *Primzahltest* ist ein statistischer Test, der eine sehr lange Zahl auf bestimmte Eigenschaften testet, die auf eine Primzahl hindeuten, bzw. die Eigenschaft, prim zu sein, ausschließen. Ein moderner Primzahltest muss also nicht sämtliche Teiler prüfen, sondern nur bestimmte Zahlenbereiche, und ist so um den Faktor 10 000 schneller als das Primteiler-Programm in Kapitel 2. Da ein Primzahltest nur statistische Methoden benutzt, besteht natürlich immer die Möglichkeit, dass gelegentlich Zahlen durch das Raster fallen und so als Primzahlen identifiziert werden, obwohl sie keine sind. In Kapitel 2 hatte ich schon angedeutet, dass es sich bei diesen Zahlen um sogenannte Pseudoprimzahlen handelt. *Pseudoprimzahlen* bestehen einen Primzahltest, ohne Primzahlen zu sein. Für eine relativ sichere Verwendung von RSA sollte die Wahrscheinlichkeit, für p und q Pseudoprimzahlen zu wählen, kleiner als 0,01 Promille sein. Dieses Kriterium erfüllt z. B. der Miller-Rabin-Algorithmus, den ich Ihnen nun erläutern möchte.

Der *Miller-Rabin-Algorithmus* (auch: Miller-Rabin-Test) funktioniert wie folgt:

Sei n eine ungerade Zahl (wenn n gerade ist, dann bricht der Test sofort mit der Meldung ab, dass n nicht prim ist). Anschließend prüft man, ob folgende Gleichung erfüllt ist:

$$n - 1 = d * 2^j$$

Diesen Test bestehen normalerweise nur Primzahlen, aber auch Pseudo-Primzahlen. Um die Wahrscheinlichkeit eines Irrtums noch einmal stark einzuschränken, wird (wenn n den ersten Test besteht) zusätzlich geprüft, ob n eine der folgenden Voraussetzungen erfüllt:

*1. Voraussetzung:*

$$a^d \equiv 1(mod\ n)$$

*2. Voraussetzung:*

$$a^{d*2^r} \equiv -1(mod\ n)$$

Nun fehlt nur noch eine Sache, nämlich das Berechnen der Exponenten. Hierbei können schon bei Variablen normaler Länge (also long int und long long int) sehr große Zahlen auftreten, die Sie dann auch mit den Algorithmen behandeln müssen, die ich Ihnen am Ende von Kapitel 2 vorgestellt habe. Leider können diese Algorithmen nur Grundrechenarten und den Modulo ausführen, aber keine beliebig langen Exponenten verarbeiten. Zum Glück ist die Lösung hier ganz einfach: Sie benutzen den Square-And-Multiply-Algorithmus (zu deutsch quadriere und multipliziere), den schon die Sumerer verwendet haben. *Square-And-Multiply* reduziert das Berechnen von $a^b$ auf die Operationen Quadrieren und Multiplizieren, wobei hier das Quadrieren auch auf eine Multiplikation von a mit sich selbst zurückgeführt werden kann. Der Algorithmus selbst ist sehr einfach. Wenn Sie eine beliebig lange Binärzahl x hoch einer beliebig langen Binärzahl b nehmen wollen, nehmen Sie erst einmal an, das Ergebnis e sei 1. Anschließend müssen Sie b Bit für Bit von hinten (MSB) nach vorne (LSB) in einer Schleife durchgehen. Innerhalb dieser Schleife multiplizieren Sie zuerst e mit sich selbst (quadrieren also e). Wenn das entsprechende Bit i von b gesetzt (=1) ist, dann multiplizieren Sie zusätzlich e mit x.

Alle Theorie ist natürlich grau, deshalb möchte ich Ihnen auch für RSA ein ausführbares Listing zur Verfügung stellen. Im Endeffekt habe ich für RSA nur den Abschnitt aus Kapitel 2 umgearbeitet, in dem es um das Rechnen mit beliebig langen Zahlen geht. Sie werden also einige Dinge wiedererkennen, z. B. die Ägyptische Multiplikation und die Ägyptische Division. Im nächsten Listing hat Sandy, das klügste Eichhörnchen in Bikini Bottom, eine Nachricht von einem heimlichen Verehrer bekommen, natürlich würde die Nachricht per RSA verschlüsselt. Nun möchte Sandy die Nachricht entschlüsseln, natürlich mit ihrem privaten RSA-Schlüssel. Betrachten Sie nun Listing 10.6, um nachzusehen, wer Sandy wirklich die Nachricht geschickt hat.

**Listing 10.6** RSA.cpp

```
#include<stdio.h>
#include<stdlib.h>
#include<string.h>

void PrintBigHex(unsigned char *Dst, long int Len, bool LF);
void PrintBigASC(unsigned char *Dst, long int Len, bool LF);
void InitBigHex(unsigned char *Dst, char *NumStr, long int Len);
void InitBigDec(unsigned char *Dst, char *NumStr, long int Len);
void ClearBig(unsigned char *Dst, long int Len);
void NotBig(unsigned char *Dst, unsigned char *Src, long int Len);
void ShiftBigLeft(unsigned char *Dst, long int Len);
void ShiftBigRight(unsigned char *Dst, long int Len);
void CopyBig(unsigned char *Dst, unsigned char *Src, long int Len);
bool IsMore(unsigned char *Src1, unsigned char *Src2, long int Len);
bool IsZero(unsigned char *Src, long int Len);
bool IsOne(unsigned char *Src, long int Len);
void AddBig(unsigned char *Dst, unsigned char *Src1, unsigned char *Src2, long
int Len);
void IncBig(unsigned char *Dst, long int Len);
void SubBig(unsigned char *Dst, unsigned char *Src1, unsigned char *Src2, long
int Len);
void MulBig(unsigned char *Dst, unsigned char *Src1, unsigned char *Src2, long
int Len);
void SquareBig(unsigned char *Dst, unsigned char *Src, long int Len);
void SquareBigDirect(unsigned char *Dst, long int Len);
void DivBig(unsigned char *Dst, unsigned char *Mod, unsigned char *Src, unsigned
char *Div, long int Len);
void ModExpBig(unsigned char *result, unsigned char *base, unsigned char
*exponent, unsigned char *modulus, long int Len);
void RSAEnc(unsigned char *c, unsigned char *m, unsigned char *e, unsigned char
*N, long int Len);
```

```
void RSADec(unsigned char *m, unsigned char *c, unsigned char *d, unsigned char *N, long int Len);

void InitBigHex(unsigned char *Dst, const char *NumStr, long int Len) // Zahleneingabe zur Basis 16
{
    long int i=0, j=0;
    unsigned char Byte=0;
    char HexByteStr[3]; // Hex-Zahl und 0-Zeichen
    ClearBig(Dst,Len); // Ausgabezahl am Anfang mit Nullen füllen (wichtig!)
    long int Pos=strlen(NumStr)-1; // Letzte Position der Eingabezeichenkette finden (->LSB first)
    while (Pos>0) // An der letzten Position steht der niedrigste Exponent (also 1)
    {
        HexByteStr[0]=NumStr[Pos-1]; HexByteStr[1]=NumStr[Pos]; // Hex-Ziffer sind immer 2 Zeichen
        HexByteStr[2]=0; // HexByteStr mit 0 abschließen
        Byte=strtol(HexByteStr,NULL,16); // strtol wandelt in diesem Fall eine Hex-Zeichenkette (z.B. "2e") in ein Byte
        Dst[i]=Byte; // Big- Zahlen werden Byte für Byte gespeichert
        i++; Pos-=2; // Bitte aufpassen: Die Anzahl der Ziffern in NumStr muss bei Hex durch 2 teilbar sein!
    }
}

void InitBigDec(unsigned char *Dst, const char *NumStr, long int Len) // Zahleneingabe zur Basis 10
{
    unsigned char NumDigit[512]; // Puffer für aktuelle Ziffer
    unsigned char Exponent[512]; // Puffer für aktuellen Exponenten
    unsigned char Temp[512]; // Zwischenspeicher 1
    unsigned char Temp2[512]; // Zwischenspeicher 2
    ClearBig(Dst,Len); // Ausgabezahl am Anfang mit Nullen füllen
    ClearBig(Exponent,Len); Exponent[0]=1; // Exponent mit 10^0=1 initialisieren
    ClearBig(NumDigit,Len); // Pufferspeicher für aktuelle Ziffer leeren (wichtig!)
    long int Pos=strlen(NumStr)-1; // Letzte Position finden
    while (Pos>=0)
    {
        if (NumStr[Pos]>'0') // Nullen ignorieren
        {
            NumDigit[0]=NumStr[Pos]-'0'; // Wenn man den ASCII-Wert für die Ziffer 0 abzieht, erhält man den Dezimalwert
            ClearBig(Temp,Len);
            ClearBig(Temp2,Len);
            // Zwischenrechnung:
            MulBig(Temp,Exponent,NumDigit,Len); // Wert der aktuellen Ziffer: NumDigit*Exponent
            AddBig(Temp2,Dst,Temp,Len); // Alter Wert+(NumDigit*Exponent)
            CopyBig(Dst,Temp2,Len); // Puffer aktualisieren
        }
        NumDigit[0]=10; ClearBig(Temp,Len);
        MulBig(Temp,Exponent,NumDigit,Len); // Exponent*10=nächste Stelle
        CopyBig(Exponent,Temp,Len); // Auch hier muss der Puffer zurückkopiert werden
```

```
        Pos--; // Ziffern rückwärts zählen
    }
}

void PrintBigHex(unsigned char *Dst, long int Len, bool LF)
{
    long int i=0;
    for (i=Len-1; i>=0; i--) { printf("%02x",Dst[i]); }
    if (LF==true) { printf("\n"); }
}

void PrintBigASC(unsigned char *Dst, long int Len, bool LF)
{
    long int i=0;
    for (i=Len-1; i>=0; i--)
    {
        if (Dst[i]!=0) { printf("%c",Dst[i]); }
    }
    if (LF==true) { printf("\n"); }
}

void ClearBig(unsigned char *Dst, long int Len)
{
    long int i=0;
    for (i=0; i<Len; i++) { Dst[i]=0; } // Clear füllt die gesamten Bytes mit Nullen auf
}

void NotBig(unsigned char *Dst, unsigned char *Src, long int Len)
{
    long int i=0;
    for (i=0; i<Len; i++)
    {
        Dst[i]=~Src[i]; // Not füllt die gesamten Bytes mit derem Komplement auf
    }
}

void ShiftBigLeft(unsigned char *Dst, long int Len)
{
    long int i=0;
    for (i=Len-1; i>=0; i--)
    {
        Dst[i]<<=1;
        if (i>0) { Dst[i]|=(Dst[i-1]>>7); }
    }
}

void ShiftBigRight(unsigned char *Dst, long int Len)
{
    long int i=0;
    for (i=0; i<Len; i++)
    {
        Dst[i]>>=1;
        if (i<Len-1) { Dst[i]|=(Dst[i+1]<<7); }
    }
}
```

```
void CopyBig(unsigned char *Dst, unsigned char *Src, long int Len)
{
    long int i=0;
    for (i=0; i<Len; i++)
    {
        Dst[i]=Src[i]; // Copy kopiert Big- Zahlen byteweise
    }
}
bool IsMore(unsigned char *Src1, unsigned char *Src2, long int Len) // Stellt
fest, ob Src1>Src2 ist
{
    unsigned char Buff[512];
    ClearBig(Buff,512); // Pufferspeicher bereitstellen
    SubBig(Buff,Src1,Src2,Len); // Src1-Src2 berechnen
    if ((Buff[Len-1]&0x80)==0x80) { return true; } // Src1-Src2 ist hier negativ
    else { return false; } // nur true zurückgeben, wenn das Ergebnis Src1-Src2
negativ ist
}
bool IsZero(unsigned char *Src, long int Len)
{
    bool Zero=true;
    long int i=0;
    while ((i<Len)&&(Zero==true))
    {
        if (Src[i]!=0) { Zero=false; } // Der Vergleich auf 0 ist einfach: Alle
Bytes sind 0
        i++;
    }
    return Zero;
}
bool IsOne(unsigned char *Src, long int Len)
{
    bool One=true;
    long int i=1;
    if (Src[0]!=1) { One=false; } // Ist die Zahl 1? Dann ist nur das erste
Byte=1
    while ((i<Len)&&(One==true))
    {
        if (Src[i]!=0) { One=false; }
        i++;
    }
    return One;
}
void AddBig(unsigned char *Dst, unsigned char *Src1, unsigned char *Src2, long
int Len)
{
    unsigned int CLo=0,CHi=0;
    long int i=0;
    ClearBig(Dst,Len); // Am Anfang Ausgabezahl löschen
    for (i=0; i<Len; i++) // Um Big Zahlen zu addieren, byteweise vorgehen
    {
        CLo=Src1[i]+Src2[i]+CHi; // Lo-Byte=Byte 1+Byte 2+Letzes Hi-Byte
(Anfangswert 0)
```

```
        // ->Wenn die Addition überläuft, befinden sich die Überlaufbits an Position 8 und 9
        Dst[i]=CLo; // Jetzt Lo-Byte in das entsprechende Ziel-Byte schreiben
        CHi=(CLo>>8); // Carry-Bit
    }
}

void IncBig(unsigned char *Dst, long int Len)
{
    // Inc addiert 1 zu Dst
    int CLo=0,CHi=0,Src1=0,Src2=0;
    long int i=0;
    for (i=0; i<Len; i++)
    {
        Src1=Dst[i]; // Bei dieser Addition ist Quelle=Ziel
        if (i==0) { Src2=1; } // Bei dem ersten Byte der zu addierenden Zahl steht eine 1
        else { Src2=0; } // ansonsten steht immer eine 0
        CLo=Src1+Src2+CHi;
        Dst[i]=CLo;
        CHi=(CLo>>8);
    }
}

void SubBig(unsigned char *Dst, unsigned char *Src1, unsigned char *Src2, long int Len)
{
    unsigned char BigBuff[512];
    ClearBig(BigBuff,Len); // Puffer löschen
    // Die Subtraktion kann durch Addition dargestellt werden: Src1-Src2=-Src2+Src1
    // Negative Zahlen (also -Src2) erhält man ganz einfach:
    NotBig(BigBuff,Src2,Len); // 1. Das Komplement bilden
    IncBig(BigBuff,Len); // 2. Das Ergebnis um 1 erhöhen
    AddBig(Dst,BigBuff,Src1,Len);
}

void MulBig(unsigned char *Dst, unsigned char *Src1, unsigned char *Src2, long int Len)
{
    // Diese Funktion verwendet die ägyptische Multiplikation
    // Hierfür benötigt man 3 Zwischenspeicher
    unsigned char BigBuff[512];
    unsigned char BigBuff2[512];
    unsigned char BigBuff3[512];
    ClearBig(BigBuff,Len);
    CopyBig(BigBuff2,Src1,Len);
    CopyBig(BigBuff3,Src2,Len);
    long int i=0, BitLen=8*Len; // Die Anzahl Schritte ist die Anzahl der Bits
    for (i=0; i<BitLen; i++)
    {
        if ((Src1[0]&0x01)==1) // LSB prüfen
        {
            AddBig(Dst,BigBuff,Src2,Len); // Zähle zu der aktuell auszugebenen Zahl den Faktor hinzu
            CopyBig(BigBuff,Dst,Len); // Dst puffern
        }
```

```
        ShiftBigLeft(Src2,Len); // Faktor12 mit 2 multiplizieren
        ShiftBigRight(Src1,Len); // Faktor 1 durch 2 dividieren
    }
    // Originalwerte wiederherstellen
    CopyBig(Src1,BigBuff2,Len);
    CopyBig(Src2,BigBuff3,Len);
}

void SquareBig(unsigned char *Dst, unsigned char *Src, long int Len) // a=b^2
{
    unsigned char Temp[512];
    CopyBig(Temp,Src,Len);
    MulBig(Dst,Src,Temp,Len); // A^2=A*A
}

void SquareBigDirect(unsigned char *Dst, long int Len) // a=a^2
{
    unsigned char Temp1[512];
    unsigned char Temp2[512];
    CopyBig(Temp1,Dst,Len); CopyBig(Temp2,Dst,Len); // Temp1=Temp2=A
    MulBig(Dst,Temp1,Temp2,Len); // A^2=A*A
}

void DivBig(unsigned char *Dst, unsigned char *Mod, unsigned char *Src, unsigned char *Div, long int Len)
{
    // Diese Funktion verwendet die ägyptische Division
    unsigned char Temp1[512];
    unsigned char Temp2[512];
    unsigned char Temp3[512];
    unsigned char Temp4[512];
    unsigned char Bit[512];
    long int Steps=0, i=0;
    ClearBig(Bit,Len);
    IncBig(Bit,Len); // Aktuelle Bitposition des Dividenden ist Bit 0
    CopyBig(Temp3,Src,Len);
    CopyBig(Temp4,Div,Len);
    while (IsMore(Src,Div,Len)==false)
    {
        ShiftBigLeft(Div,Len); // *2=Bitshift um 1 nach links
        ShiftBigLeft(Bit,Len); // Auch die aktuelle Bitposition muss mit verschoben werden!
        Steps++; // Dies ist die Anzahl der Schritte für die Ägyptische Division +1
    }
    ShiftBigRight(Div,Len);
    ShiftBigRight(Bit,Len);
    for (i=0; i<Steps; i++) // Anzahl Schritte=Anzahl Bits
    {
        if(IsMore(Src,Div,Len)==false) // In jedem Schritt schauen, ob Dividend>Rest
        {
            // Wenn ja, mache folgendes:
            SubBig(Temp1,Src,Div,Len); CopyBig(Src,Temp1,Len); // 1. Ziehe den aktuellen Dividenden vom verbleibenden Rest ab
            AddBig(Temp2,Dst,Bit,Len); CopyBig(Dst,Temp2,Len); // 2. Addiere zur auszugebenden Zahl den Wert des aktuellen Bits
```

```
        }
        // Nun aktualisiere den Dividenden
        ShiftBigRight(Bit,Len); ShiftBigRight(Div,Len);
    }
    CopyBig(Mod,Src,Len);
    CopyBig(Src,Temp3,Len);
    CopyBig(Div,Temp4,Len);
}

void ModExpBig(unsigned char *result, unsigned char *base, unsigned char
*exponent, unsigned char *modulus, long int Len)
{
    // Implementiert Square and multiply für RSA
    unsigned char Temp[512];
    unsigned char Mod[512];
    unsigned char Nul[512];
    unsigned char Eins[512];
    unsigned char Zwei[512];
    ClearBig(Temp,Len); ClearBig(Mod,Len); ClearBig(Nul,Len);
    InitBigHex(Eins,"01",Len);
    InitBigHex(Zwei,"02",Len);
    //result=1
    InitBigHex(result,"01",Len);
    //base:=base mod modulus
    ClearBig(Temp,Len); ClearBig(Mod,Len); DivBig(Temp,Mod,base,modulus,Len);
    CopyBig(base,Mod,Len);
    while (IsZero(exponent,Len)==false)
    {
        ClearBig(Temp,Len); ClearBig(Mod,Len);
DivBig(Temp,Mod,exponent,Zwei,Len);
        if (IsOne(Mod,Len)==true)
        {
           ClearBig(Temp,Len); ClearBig(Mod,Len); MulBig(Temp,result,base,Len);
           CopyBig(result,Temp,Len);
           ClearBig(Temp,Len); ClearBig(Mod,Len);
DivBig(Temp,Mod,result,modulus,Len);
           CopyBig(result,Mod,Len);
        }
        ShiftBigRight(exponent,Len);
        SquareBigDirect(base,Len);
        ClearBig(Temp,Len); ClearBig(Mod,Len); DivBig(Temp,Mod,base,modulus,Len);
        CopyBig(base,Mod,Len);
    }
}

void RSADec(unsigned char *m, unsigned char *c, unsigned char *d, unsigned char
*N, long int Len)
{
    // RSA-Entschlüsselung: m=c^d mod N
    ClearBig(m,Len);
    ModExpBig(m,c,d,N,Len);
}

int main(void)
{
    unsigned char d[32];
    unsigned char c[32];
```

```
309     unsigned char N[32];
310     unsigned char m[32];
311     printf("RSA-Entschlüsseung für Sandy:\n");
312     InitBigDec(d,"275723793111508729723973",32);
313     InitBigDec(c,"257172567241031680514456",32);
314     InitBigDec(N,"293153385354121198639879",32);
315     ClearBig(m,32);
316     printf("Verschlüsselte Nachricht:"); PrintBigHex(c,16,true);
317     printf("Privater Schlüssel:"); PrintBigHex(d,16,true);
318     printf("RSA-Modul:"); PrintBigHex(N,16,true);
319     RSADec(m,c,d,N,32);
320     printf("Nachricht (Hex):"); PrintBigHex(m,16,true);
321     printf("Die Nachricht hat geschickt:");
322     PrintBigASC(m,16,true);
323     return 0;
324 }
```

RSA betrachtet die zu verschlüsselnden Nachrichten als Byte-Ketten, die sehr lange Zahlen enthalten. Abgebildet werden diese langen Zahlen durch Strings vom Typ `unsigned char*`. Um mit diesen sehr langen Zahlen arbeiten zu können, habe ich die entsprechenden Programme aus Kapitel 2 für RSA angepasst. Leider kommt es hier zu Überschneidungen in der Art, dass z. B. einige Funktionen andere Funktionen verwenden müssen, die erst viel später im Quellcode definiert werden. Deshalb musste ich in den Zeilen **001–025** zusätzlich zu den benötigten Include-Dateien Prototyp-Definitionen sämtlicher Funktionen einfügen, die sehr lange Zahlen verarbeiten. Manchmal ist dies der einzige Weg, um ein Programm lauffähig zu bekommen. Ein Vorteil von Prototyp-Definitionen ist natürlich der, dass Sie Ihr RSA-Beispiel laufend erweitern können, z. B. um einen schnellen Primzahltest.

Um die langen Zahlen zu initialisieren, die für RSA benötigt werden, benötigen Sie einige Funktionen, die so ähnlich bereits in Kapitel 2 vorkamen. Die Funktion `InitBigHex()` (die Zeilen **026–041**) kennen Sie z. B. so ähnlich schon aus Kapitel 2: `InitBigHex()` schreibt in den String **Dst** eine sehr lange Hex-Zahl, die Sie als String übergeben, **Len** ist die maximale Länge von **Dst** in Bytes. Die Länge wird hier in die ersten vier Bytes von **Dst** geschrieben, ab dem fünften Byte beginnt dann die Zahl selbst. `InitBigDec()` (die Zeilen **042–069**) ist neu hinzugekommen, damit Sie auch lange Dezimalzahlen als String übergeben können. Die Parameter sind dieselben wie bei `InitBigHex()`, jedoch übergeben Sie in dem Parameter **NumStr** eine Zahl im Dezimalformat. `InitBigDec()` benötigt für die korrekte Arbeit mehrere Puffer, um eine lange Dezimalzahl zusammenzusetzen. Hierbei enthält der Puffer **NumDigit** nur Nullen, bis auf das fünfte Byte, in dem die zuletzt aus dem String **NumStr** gelesene Ziffer abgelegt wird. Der Puffer **Exponent** enthält zunächst die Zahl 1, danach wird dieser pro gelesener Ziffer mit 10 multipliziert. **Temp** und **Temp2** sind Zwischenspeicher, die dazu dienen, die nötigen Berechnungen auszuführen (der Puffer **Exponent** darf z. B. nicht beliebig verändert werden). Sämtliche Puffer können 512 Bytes aufnehmen, das heißt, dass die maximale Länge, die Sie für Ihre langen Zahlen benutzen können, 512 Bytes beträgt. Für dieses Listing ist dies mehr als genug und eine spätere Verwendung von `malloc()` anstatt Arrays mit konstanter Länge ist auch nicht weiter schwierig. Die weitere Vorgehensweise von `InitBigDec()` ist eigentlich ganz einfach: Der Positionszähler **Pos** wird erst einmal auf das Ende des Strings **NumStr** gesetzt (Zeile **051**). Danach werden die einzelnen Ziffern in **NumStr** von vorne nach hinten eingelesen. Immer, wenn die gelesene Ziffer nicht 0 ist, wird **Exponent** mit dieser Ziffer multipliziert und anschließend zum Ergebnis (das am Anfang 0 ist) addiert. Wenn die gelesene Ziffer 0 ist, passiert schlicht nichts. Die Zahl im Puffer **Exponent** dagegen wird in jedem Schritt mit 10 multipliziert.

Die Funktionen `PrintBigHex()` (die Zeilen **070–075**) und `PrintBigASC()` (die Zeilen **076–084**) sind nur Ausgabefunktionen für lange Zahlen, die nicht mehr ausgiebig erklärt werden müssen. `PrintBigHex()` gibt eine lange Zahl in Form von Bytes aus (Hexadezimalwerte), `PrintBigASC()` gibt eine lange Zahl als ASCII-String aus. `PrintBigASC()` wird am Ende dazu benötigt, die Textnachricht auszugeben, die Sandy erhalten hat. `ClearBig()` (die Zeilen **085–089**) löscht eine lange Zahl **Dst**, indem diese mit Null-Bytes beschrieben wird. `NotBig()` (die Zeilen **090–097**) dagegen invertiert eine lange Zahl **Dst**, indem sämtliche Bytes mittels NOT verknüpft werden. `ShiftBigLeft()` (die Zeilen **098–106**) verschiebt eine lange Zahl um ein Bit nach links, `ShiftBigRight()` **(107–115)** verschiebt eine lange Zahl um ein Bit nach rechts. `ShiftBigLeft()` und `ShiftBigRight()` arbeiten ähnlich, wie die Funktionen `ShiftStringLeft()` und `ShiftStringRight()` in Listing 10.7. Die letzte wichtige Hilfsfunktion ist `CopyBig()` (die Zeilen **116–123**). `CopyBig()` kopiert eine lange Zahl **Dst** in den Puffer **Src** und übernimmt dabei sämtliche Bytes, inklusive Längeninformationen. Die Funktionen `IsMore()`, `IsZero()`, `IsOne()`, `AddBig()`, `IncBig()`, `SubBig()` und `MulBig()` (die Zeilen **124–217**) kennen Sie bereits in ähnlicher Form aus Kapitel 2. `IsMore()` subtrahiert zwei lange Zahlen voneinander und gibt `true` zurück, wenn das Ergebnis nicht negativ ist (dann ist die erste als Parameter übergebene Zahl **Src1** größer als die als zweiter Parameter übergebene Zahl **Src2**). `IsZero()` stellt dagegen fest, ob die Zahl **Src** 0 ist, `IsOne()` stellt fest, ob die Zahl **Src** 1 ist. `AddBig()` und `SubBig()` addieren bzw. subtrahieren die einzelnen Bytes zweier Zahlen **Src1** und **Src2** mit Übertrag und speichern das Ergebnis im Ziel-String **Dst**. `MulBig()` dagegen führt eine Ägyptische Multiplikation mit **Src1** und **Src2** aus und speichert das Ergebnis im Ziel-String **Dst**. `SquareBig()` (die Zeilen **218–223**) und `SquareBigDirect()` (die Zeilen **224–230**) verwenden `MulBig()`, um eine Zahl mit sich selbst zu multiplizieren. `SquareBig()` verwendet hierzu das Ziel **Dst** und die Quelle **Src**, `SquareBigDirect()` führt die Quadrierung direkt mit **Dst** aus.

Die Funktion `DivBig()` (die Zeilen **231–266**) kennen Sie auch schon so ähnlich aus Kapitel 2 als Ägyptische Division. `DivBig()` verwendet die Äqyptische Division, um die lange Zahl **Src** durch den Dividenden **Div** zu teilen. Die Ägyptische Division hat aber noch einen ganz entscheidenden Vorteil: Wenn eine Division nicht ganz aufgeht, bleibt ein Rest stehen, der in diesem Fall in einem Puffer abgelegt wird, der in dem Parameter **Mod** (Modulo) übergeben wird. `DivBig()` kann also den Modulo nebenbei ermitteln und dies ist sehr wichtig für das RSA-Verfahren. Seien Sie an dieser Stelle bitte nicht irritiert, dass `DivBig()` mit so vielen Puffern herumhantiert, aber nur auf diese Weise lässt sich zusätzlich zum Ergebnis einer Division auch der Modulo berechnen.

Die Funktion, die am Ende den eigentlichen RSA-Algorithmus ausführt, ist `ModExpBig()` (die Zeilen **267–298**). ModExp bedeutet, dass hier eine Exponentiation einer langen Zahl mit einem Exponenten ausgeführt wird und quasi gleichzeitig das Ergebnis Modulo der Zahl **modulus** genommen wird. Weil Sie im Falle von sehr langen Zahlen die Werte 0, 1 und 2 nicht direkt zum Rechnen verwenden können und auch den Rest einer Division in einem Puffer ablegen müssen, werden in den Zeilen **270–274** erst einmal die Puffer **Temp**, **Mod** (enthält das Ergebnis der Modulo-Operation), **Nul** (enthält die Zahl 0), **Eins** (enthält die Zahl 1) und **Zwei** (enthält die Zahl 2) angelegt. Auch hier ist die maximale Länge der Zahlen, die Sie verarbeiten können, 512 Bytes. In Zeile **275** werden die Puffer zunächst gelöscht und anschließend in den Zeilen **276–281** mit den entsprechenden Werten gefüllt. Die lange Zahl **result** (das Ergebnis der Berechnungen), die Sie mit dem ersten Parameter übergeben haben, wird in der Initialisierungsphase erst einmal auf 1 gesetzt, **Temp** und **Mod** werden auf 0 gesetzt.

Für den Initialisierungsschritt muss `base=base mod modulus` berechnet werden. Dies geschieht in den Zeilen **281** und **282**. Hier sind deshalb zwei Schritte nötig, weil das Zwischenergebnis `base mod modulus` im Puffer **Temp** abgelegt werden muss, damit Sie es später nach **base** zurückkopieren können. In den Zeilen **284–297** wird eine modifizierte Variante des Square-And-Multiply-Algorithmus ausgeführt. Solange **exponent** noch nicht 0 ist (dies kann durch die Funktion `IsZero()` festgestellt werden), wird dieser durch 2 geteilt, der Rest der Division befindet sich danach im Puffer **Mod**. Wenn dieser Rest dann 1 ist, muss **result** mit **base** multipliziert werden. Direkt am Anfang steht in **base** $base^1$, später jedoch wird **base** in jedem Schritt durch `SquareBigDirect()` (Zeile **294**) mit sich selbst multipliziert. Dies führt dann dazu, dass im nächsten Schleifendurchlauf das nächste Bit von **exponent** die Wertigkeit $base^2$ hat. Nun haben Sie an dieser Stelle bereits einen Square-And-Multiply-Algorithmus für sehr lange Zahlen implementiert. Leider besteht immer noch das Problem, dass Sie mit sehr großen Exponenten arbeiten, die auch für Ihre BigNumbers zu viel zu langen Zahlen führen. Deshalb können Sie für den Ausdruck $a^b$ mod c die Modulo-Operation auch nicht zum Schluss ausführen, sondern müssen die Modulo-Operation nach jeder Multiply-Operation erneut ausführen. Hierzu dienen die Zeilen **290** und **291**, die den Modulo durch die Funktion `DivBig()` ermitteln und anschließend nach **result** zurückkopieren. Erst jetzt kann **exponent** erneut um 1 Bit nach rechts verschoben werden und **base** kann danach quadriert werden. Der durch die Modulo-Funktion ergänzte Square-And-Multiply-Algorithmus bricht ab, wenn **exponent** den Wert 0 hat. Das Hauptprogramm (die Zeilen **305–324**) initialisiert nun **d** (Sandys privater Schlüssel), **c** (verschlüsselte Nachricht), **N** (aus dem RSA-Modul und dem öffentlichen Schlüssel des Senders gebildete Zahl N) und **m** (Klartextnachricht) mit den Werten, die Sandys unbekannter Verehrer gesendet hat. Diese Werte werden anschließend in der Konsole ausgegeben. Nun wird die RSA-Entschlüsselung ausgeführt, die sich in der Funktion `RSADec()` (die Zeilen **299–304**) verbirgt. Wie Sie sehen, macht `RSADec()` wirklich nicht viel, außer den Ausdruck $m=c^d$ mod N auszurechnen. Das Ergebnis der Entschlüsselung, nämlich der Name des Absenders der verschlüsselten Nachricht, wird anschließend in der Konsole ausgegeben. Das Programm gibt hier die folgenden Zeilen aus:

**RSA-Entschlüsselung für Sandy:**

**Verschlüsselte Nachricht:00000000000036755a51730f7927d998**

**Privater Schlüssel:0000000000003a63044b5ba6f667fc45**

**RSA-Modul:0000000000003e13e07a225eeaab1b07**

**Nachricht (Hex):000000000000053706f6e6765626f62**

**Die Nachricht hat geschickt: Spongebob**

Wie Sie sehen, war es nur Spongebob, der aus Spaß eine verschlüsselte Nachricht an Sandy verschickt hat. War ja auch irgendwie klar, dass das alles nur ein Jux war. Typisch Spongebob!

### 10.2.3 Generieren von RSA-Schlüsseln

Leider sind wir inzwischen an einer Stelle angekommen, an der es nicht mehr weitergeht. Erstens war das letzte Listing sehr lang und kompliziert, und zweitens hat es auch ein zusätzliches, starkes Manko: Es arbeitet mit fest vorgegebenen Schlüsseln und kann auch keine neuen erstellen (übrigens habe ich mir die Schlüssel aus dem letzten Beispiel mit MATLAB erzeugen lassen). Dies ist aber auch kein Wunder: Es ist kaum möglich, mit den Basisalgorithmen, die ja hier eingehend benutzt werden, z. B. den Miller-Rabin-Test oder den erweiterten Euklidischen Algorithmus mit sehr langen Zahlen zu implementieren, ohne dass ständig Puffer hin und her kopiert werden müssen. Dies ist sehr fehleranfällig, und auch ich möchte Ihnen dies nicht zumuten. Aus diesem Grund war dann auch in der letzten Auflage an dieser Stelle der Punkt erreicht, an dem das Thema Public-Key-Verfahren beendet wurde. Natürlich waren einige Leser, sowie auch ich selbst, sehr frustriert über diese Tatsache. Mehr noch: In meinem eigenen Studium bin ich auch nicht viel weitergekommen, denn auch meine eigenen Skripte endeten mit solchen Beispielen, die feste Schlüssel benutzten. Der Trick war auch hier, dass die Professoren einfach ein Mathematikprogramm dazu benutzt haben, sich lange Primzahlen erzeugen zu lassen, und diese Mathematikprogramme hatten den Miller-Rabin-Test quasi fest eingebaut.

Dabei ist die Lösung eigentlich ganz einfach: Sie implementieren mit C++ eine neue Zahlenklasse vom Typ `big` und programmieren die entsprechenden Operatoren +, -, *, /, %, <, >, = und == selbst. Wenn Sie dies tun, dann können Sie mit der Zahlenklasse vom Typ `big` genauso rechnen, wie mit normalen Zahlen vom Typ `int` oder `long int-`

der Compiler setzt dann automatisch die korrekten Funktionen dafür ein. Die Zahlenklasse selbst definieren Sie einfach mit

```
class big
{
    private...
    // private Funktionen
    ...
    public...
    ...
    // von außen aufrufbare Funktionen
};
```

Die Funktionen, die in den private-Bereich kommen, kennen Sie schon: Dies sind die Basisalgorithmen für die Addition, Subtraktion, Multiplikation und Division beliebig langer Zahlen, gekapselt in einige private Klassenmethoden. Ferner gibt es einige Hilfsfunktionen, um z. B. eine Zahl zu initialisieren, als Text zu betrachten, ober aber um 1 Bit nach links oder rechts zu schieben. Die folgenden Funktionen habe ich nun im private-Bereich der Klasse big gekapselt, der nun so aussieht:

```
class big // Klasse für die Zahlengruppe der beliebig langen Zahlen
{
    private: // Funktionen, die von außen nicht aufrufbar sind
    ... hier sind die Funktionen, die die Klasse big intern verwendet
};
```

Folgende Funktionen werden innerhalb der Klasse big benutzt, um die von außen aufrufbaren Methoden zu implementieren:

```
void InitBigText(unsigned char *Dst, char *NumStr, long int Len);
```

InitBigText() kann dazu verwendet werden, einen Text als lange Zahl zu betrachten. Dies tun einige Verschlüsselungsverfahren, die auf diesen langen Zahlen dann mathematische Operationen anwenden. InitBigText() kopiert den String **NumString** 1:1 und fügt zusätzlich die Längeninformation **L** hinzu (**L** ist die Länge des Textes in Bytes). Intern (das heißt innerhalb der Klasse big) werden die eigentlichen Zahlen als Strings vom Typ unsigned char* mit zusätzlicher Längeninformation **L** abgelegt.

```
void InitBigHex(unsigned char *Dst, char *NumStr, long int Len);
```

InitBigHex() kann dazu verwendet werden, eine lange Zahl mit einem String zu initialisieren, der eine Hexadezimalzahl beschreibt. InitBigHex() kopiert den String **NumString** nicht 1:1, sondern wertet das entsprechende Zahlenformat in **NumStr** aus und konvertiert diesen in eine Hexadezimalzahl mit einer Länge von **L** Bytes.

```
void InitBigDec(unsigned char *Dst, char *NumStr, long int L);
```

InitBigDec() kann dazu verwendet werden, eine lange Zahl mit einem String zu initialisieren, der eine Dezimalzahl beschreibt. InitBigDec() kopiert den String **NumString** nicht 1:1, sondern wertet das entsprechende Zahlenformat in **NumStr** aus und konvertiert diesen in eine Dezimalzahl mit einer maximalen Länge von **L** Bytes.

```
void ClearBig(unsigned char *a, long int L);
```

ClearBig() initialisiert eine Zahl der Länge **L** mit Null-Bytes.

```
void CopyBig(unsigned char *a, unsigned char *b, long int L);
```

CopyBig() kopiert **b** nach **a**, die maximale Länge ist **L**.

```
void NotBig(unsigned char *a, long int Len);
```

NotBig() invertiert sämtliche Bits der Zahl **a**, die maximale Länge ist **L** Bytes.

```
void IncBig(unsigned char *a, long int Len);
```

IncBig() ist das Pendant zu a++, das für beliebig lange Zahlen extra definiert werden muss.

```
void ShiftBigLeft(unsigned char *a, long int Len);
```

ShiftBigLeft() ist das Pendant zu a<<=1, das für beliebig lange Zahlen extra definiert werden muss.

```
void ShiftBigRight(unsigned char *a, long int Len);
```

ShiftBigRight() ist das Pendant zu a>>=1, das für beliebig lange Zahlen extra definiert werden muss.

```
bool BigsEqual(unsigned char *a, unsigned char *b, long int Len);
```

BigsEqual() liefert true zurück, wenn **a** und **b** gleich groß sind.

```
void AddBig(unsigned char *a, unsigned char *b, long int L);
```

AddBig() führt die Operation a=a+b mit beliebig langen Zahlen aus, die auch hier wieder als Strings abgespeichert werden.

```
void SubBig(unsigned char *a, unsigned char *b, long int L);
```

SubBig() führt die Operation a=a-b mit beliebig langen Zahlen aus, die auch hier wieder als Strings abgespeichert werden.

```
void MulBig(unsigned char *a, unsigned char *b, long int L);
```

MulBig() führt die Operation a=a*b mit beliebig langen Zahlen aus, die auch hier wieder als Strings abgespeichert werden.

```
void DivBig(unsigned char *a, unsigned char *b, long int L);
```

`DivBig()` führt die Operation `a=a/b` mit beliebig langen Zahlen aus, die auch hier wieder als Strings abgespeichert werden.

```
bool IsZero(unsigned char *a, long int L);
```

`IsZero()` gibt true zurück, wenn **a** nur 0-Bytes enthält.

```
bool IsMore(unsigned char *a, unsigned char *b, long int L);
```

`IsMore()` gibt true zurück, wenn `a>b` ist.

```
bool IsLess(unsigned char *a, unsigned char *b, long int L);
```

`IsLess()` gibt true zurück, wenn `a<b` ist.

```
void ABSBig(unsigned char *a, long int Len);
```

`ABSBig()` entfernt das negative Vorzeichen von **a** und ersetzt dadurch **a** durch den Absolutbetrag.

```
void SquareBig(unsigned char *a, long int Len);
```

`SquareBig()` berechnet `a=sqr(a)` für lange Zahlen.

Wie Sie sehen, haben Sie bis jetzt nichts wirklich Neues angewendet und haben nur einige Funktionen aus Listing 10.6 in einer Klasse gekapselt. Ferner haben Sie auch einige neue Hilfsfunktionen erstellt, die die Arbeit mit langen Zahlen erleichtern. Auch dies ist nichts Neues. Das wirklich Neue kommt jetzt: Sie definieren im `public`-Bereich der Klasse `big` Operatoren, mit denen Sie z. B. den Ausdruck `a=a+b` direkt auswerten können. Nehmen wir hier als Beispiel den C++-Operator `+=`, der wie folgt definiert wird:

```
public: // Funktionen, die von außen aufrufbar sind

big& operator+=(const big &rhs) // += ruft AddBig() auf
{
    AddBig(this->N,rhs.N,this->Len);
    return *this; // Zeiger auf den linken Operator zurückgeben
}
```

Der Operator selbst macht eigentlich nicht viel: Er addiert eine Zahl von Typ `big` mittels der im `private`-Bereich stehenden Funktion `AddBig()` zu einer anderen Zahl vom Typ `big`, und gibt das Ergebnis als Zeiger vom Typ `big*` zurück. Hierzu wird der Address-Of-Operator benutzt. Der Compiler (genauer: der L-R-Parser des C++-Compilers) setzt an dieser Stelle automatisch die richtigen Zeiger und Variablentypen ein. Dies ist einmal die Variable **rhs**, die den Operanden rechts vom Operator `+=` kennzeichnet, und einmal die Variable **this**, die den Operanden links vom Operator `+=` bezeichnet (`this` ist quasi die Klasse, die den Operator aufruft). Die Zahl selbst befindet sich stets in dem zur Klasse `big` gehörenden Attribut **N**, das die Bytes der Zahl selbst als String vom Typ `unsigned char*` enthält. Nun müssen Sie zunächst innerhalb der Operator-Funktion die Klassenfunktion `AddBig()` aufrufen, und zwar mit den Parametern this->N (Bytewerte der Zahl links vom Operator +=), rhs.N (Bytewerte der Zahl rechts von Operator +=) und this->Len (Länge der Zahl rechts vom Operator +=). Wie Sie an dem Ausdruck

```
rhs.N
```

erkennen können, enthält **rhs** eine vollständige Kopie des rechten Operanden, denn Sie verwenden hier rhs.N und nicht die Zeigervariante rhs->N. Wenn Sie aber etwas nachdenken, werden Sie erkennen, dass das Ergebnis z. B. von

```
a+=b
```

nur dann korrekt zurückgegeben werden kann, wenn Sie die Möglichkeit haben, zunächst eine Kopie von **b** zu benutzen. Ansonsten wären **a** und **b** am Ende identisch und erhielten beide den Wert a+b.

Die Operatoren -=, *= und /= funktionieren auf dieselbe Weise:

```
big& operator-=(const big &rhs) // -=ruft SubBig() auf
{
    SubBig(this->N,rhs.N,this->Len);
    return *this; // Zeiger auf den linken Operator zurückgeben
}

big& operator*=(const big &rhs) // *= ruft MulBig() auf
{
    MulBig(this->N,rhs.N,this->Len);
    return *this; // Zeiger auf den linken Operator zurückgeben
}

big& operator%=(const big &rhs) // %= ruft ModBig() auf
{
    DivBig(this->N,rhs.N,this->Len,true);
    return *this; // Zeiger auf den linken Operator zurückgeben
}

big& operator/=(const big &rhs) // /= ruft DivBig() auf
{
    DivBig(this->N,rhs.N,this->Len,false);
    return *this; // Zeiger auf den linken Operators zurückgeben
}
```

Nun stellt sich noch die Frage, wie Sie z. B. den Ausdruck a=b auswerten, bei dem das Ergebnis von **a** nach **b** kopiert werden muss. Allein mit dem Operator += ist dies in der Tat nicht zu lösen, denn += ist eine Kombination des Operators + und einer Zuweisung durch den Operator =. Deshalb benötigen Sie zusätzlich die folgende Operator-Definition:

```
big& operator=(const big &rhs)
{
    CopyBig(this->N,rhs.N,this->Len);
    return *this; // Zeiger auf den linken Operators zurückgeben
}
```

Wie Sie sehen, benötigen Sie an genau dieser Stelle die Klassenmethode `CopyBig()`, die dafür sorgt, dass das Ergebnis auch stets an der richtigen Stelle (genauer: im Zeiger `*this`) landet. Für die Vergleichsoperatoren benötigen Sie dagegen nur die folgenden Wrapper-Funktionen, die intern die richtigen Klassenmethoden aufrufen:

```
bool operator==(const big& rhs)
{
    return BigsEqual(this->N,rhs.N,this->Len);
}

bool operator!=(const big& rhs)
{
    if (BigsEqual(this->N,rhs.N,this->Len)==false) { return true; }
    else { return false; }
}

bool operator>=(const big& rhs)
{
    return IsMore(this->N,rhs.N,this->Len);
}

bool operator<=(const big& rhs)
{
    return IsLess(this->N,rhs.N,this->Len);
}
```

Fehlen nur noch die Operatoren +, -, *, / und %, die Sie für den RSA-Algorithmus benötigen. Diese Operatoren werten im Gegensatz zu den bis jetzt definierten Operatoren nur den rechts vom Operator stehenden Operanden aus, und geben das Ergebnis an den links vom Operator stehenden Operanden zurück. Dieser Operand kann aber innerhalb eines komplexen Ausdrucks stehen, und deshalb enthält nun **lhs** eine Kopie, und **rhs** einen Zeiger. Die Operatoren tauschen also bei den Rechenoperationen zeitweilig ihre Rollen. Theoretisch sind solche Eskapaden bei der objektorientierten Programmierung nicht erlaubt, und die Adressierungsart der Operanden dürfen Sie schon gar nicht einfach so ändern. Leider kommen Sie mit diesen Beschränkungen auch nicht an Ihr Ziel- es sei denn, Sie verwenden z. B. für den Operator + das Schlüsselwort `friend`:

```
friend big operator+(big lhs, const big& rhs) // rechten Operator nicht verändern,
linker ist friend
{
    lhs += rhs;
    return lhs; // Ergebnis als Kopie zurückgeben (wichtig!)
}
```

Durch das Schlüsselwort `friend` erlauben Sie dem Compiler, den linken Operator **lhs** innerhalb der Klasse `big` zu benutzen und durch den Operator + zu verändern (also quasi **lhs** als Freund zu betrachten). Normalerweise dürften Sie dies an der Stelle nicht, aber Sie haben sich dazu entschieden, selbst die Kontrolle zu übernehmen, auch auf die Gefahr hin, dass man Ihr Programm von außen angreift, weil sich einer der Freunde plötzlich als Feind herausstellt. Das Schlüsselwort `friend` ist also immer ein Risiko, weshalb man auch sagt: „Wer zu viele solcher Freunde hat, braucht keine Feinde mehr“. Für die Klasse big benötigt man jedoch solche Freunde. Schauen wir uns nun die Definition der weiteren Operatoren an, die im Endeffekt nur die zuvor definierten Operatoren benutzen:

```
friend big operator-(big lhs, const big& rhs) // rechten Operator nicht verändern,
linker ist friend
{
    lhs -= rhs;
    return lhs; // Ergebnis als Kopie zurückgeben (wichtig!)
}

friend big operator*(big lhs, const big& rhs) // rechten Operator nicht verändern,
linker ist friend
{
    lhs *= rhs;
    return lhs; // Ergebnis als Kopie zurückgeben (wichtig!)
}

friend big operator%(big lhs, const big& rhs) // rechten Operator nicht verändern,
linker ist friend
{
    lhs %= rhs;
    return lhs; // Ergebnis als Kopie zurückgeben (wichtig!)
}

friend big operator/(big lhs, const big& rhs) // rechten Operator nicht verändern,
linker ist friend
{
    lhs /= rhs;
    return lhs; // Ergebnis als Kopie zurückgeben (wichtig!)
}

friend big operator>(big lhs, const big& rhs) // rechten Operator nicht verändern,
linker ist friend
{
    lhs >= rhs;
    return lhs; // Ergebnis als Kopie zurückgeben (wichtig!)
}

friend big operator<(big lhs, const big& rhs) // rechten Operator nicht verändern,
linker ist friend
{
    lhs <= rhs;
    return lhs; // Ergebnis als Kopie zurückgeben (wichtig!)
}
```

Von außen aufrufbare Methoden der Klasse big, die auch vorher im public-Bereich definiert werden müssen, muss es natürlich auch geben, denn sonst können Sie mit der Klasse big nicht arbeiten. Allerdings werden diese Methoden anders aufgerufen, z. B. so:

```
big a;
a.Init(64);
```

Mit den letzten zwei Zeilen definieren Sie eine Variable **a** vom Typ `big` (genauer: Sie legen ein Objekt der Klasse `big` im Speicher an) und initialisieren **a** auch automatisch mit 64 Null-Bytes. Alternativ zu `Init()` können Sie auch den Konstruktor verwenden, der die letzten zwei Zeilen in einer zusammenfasst:

```
big a(64);
```

Neben `Init()` und dem Konstruktor gibt es noch die folgenden zusätzlichen Methoden, die Sie von auch außen aus aufrufen können:

`long int big::GetLen()` gibt die Länge in Bytes zurück

`void big::abs()` ermittelt den Absolutbetrag

`void big::Random(long int L)` zieht eine Zufallszahl, die Länge ist **L** Bytes

`void big::ShiftLeft()` verschiebt sämtliche Bytes einer Zahl um 1 Bit nach links

`void big::ShiftRight()` verschiebt sämtliche Bytes einer Zahl um 1 Bit nach links

`void big::Inc()` erhöht eine Zahl um 1

`void big::OutputHex(long int L)` gibt eine Zahl als Hexadezimalzahl aus

`void big::OutputText()` gibt eine Zahl als ASCII-Text aus, inklusive Steuerzeichen

`void big::square()` quadriert eine Zahl

`bool big::LSBSet()` gibt true zurück, wenn das unterste Bit gesetzt ist

`bool big::MSBSet()` gibt true zurück, wenn das oberste Bit gesetzt ist

`bool big::Zero()` gibt true zurück, wenn eine Zahl 0 ist

`void big::InitDec(char *NumStr)` initialisiert eine Zahl als Dezimalzahl

`void big::InitHex(char *NumStr)` initialisiert eine Zahl als Hexadezimalzahl

`void big::InitASCII(char *NumStr)` initialisiert eine Zahl mit den Bytes eines Textes

Kommen wir nun zum nächsten Listing **RSA2.cpp**, das die Include-Datei **bigint.h** verwendet. Sie können sich **bigint.h** bei Hanser herunterladen, und müssen diese Datei nicht selbst per Hand erstellen.

```
// RSA2.cpp
#include<stdio.h>
#include"bigint.h"

void ModExp(big &result, big &base, big &exponent, big &modulus)
{
    // Implementiert square and multiply
    big Temp1,Temp2,Temp3,Mod,Null,Eins,Zwei;
    long int Len;
    Len=base.GetLen(); Temp1.Init(Len); Temp2.Init(Len); Temp3.Init(Len);
    Mod.Init(Len); Null.Init(Len);
    Temp1=base; Temp2=exponent; Temp3=modulus;
    Eins.Init(Len); Eins.InitHex((char *)"01");
    Zwei.Init(Len); Eins.InitHex((char *)"02");
    result.InitHex((char *)"01"); base=base%modulus;
    while (exponent.Zero()==false)
```

```
    {
        if (exponent.LSBSet()==true) { result=(result*base)%modulus; }
        exponent.ShiftRight();
        base=(base*base)%modulus;
    }
    base=Temp1; exponent=Temp2; modulus=Temp3;
}

void GCD(big &a, big &b, big &s, big &t) // erweiterter Euklid
{
    long int L=a.GetLen();
    big z,u,v,q,u1,v1,b1,Temp,at,bt;
    s.Init(L); t.Init(L); u.Init(L); v.Init(L); q.Init(L); u1.Init(L);
    v1.Init(L); b1.Init(L); z.Init(L);
    Temp.Init(L); at.Init(L); bt.Init(L); at=a; bt=b;
    s.InitDec((char *)"1"); //s = 1; // Initialisierung der Zeiger
    t.InitDec((char *)"0"); //t = 0;
    u.InitDec((char *)"0"); //u = 0; // Deklaration der lokalen Variablen
    v.InitDec((char *)"1"); //v = 1
    while (b.Zero()==false) //while (b != 0)
    {
         q=a; q=q/b;
        b1=b; // Variable zum Zwischenspeichern
        Temp=q; Temp=Temp*b; b=a; b=b-Temp;
        a=b1;
        u1=u; // Variable zum Zwischenspeichern
        Temp=q; Temp=Temp*u; u=s; u=u-Temp;
        s=u1;
        v1=v; // Variable zum Zwischenspeichern
        Temp=q; Temp=Temp*v; v=t; v=v-Temp;
        t=v1;
    }
    a=at; b=bt;
}

bool MRT (big &n, big &a) // Miller-Rabin-Test
{
    long int e=1,L=n.GetLen();
    big z; z.Init(L); z.InitDec((char *)"0");
    big o; o.Init(L); o.InitDec((char *)"1");
    big m; m.Init(L); m=n; m=m-o;
    big d; d.Init(L); d=m; d.ShiftRight();
    while (d.LSBSet()==false) { d.ShiftRight(); ++e; }
    big p,q; p.Init(L); q.Init(L); p=a; q=a;
    while (d.Zero()==false)
    {
        if (d.Zero()==false)
        {
            d.ShiftRight();
            q*=q; q%=n; // quadriere modular: q=q^2 mod n
            if (d.LSBSet()==true) { p=p*q; p=p%n; }
        }
    }
    // p=1 oder p=m -> n ist wahrscheinlich prim
    if (p==o) { return true; }
    if (p==m) { return true; }
    while (--e)
```

```
    {
        p*=p; p%=n;
        if (p==m) { return true; }
        if (p==o) { break; }
        if (p==z) { break; }
    }
    return false; // n ist nicht prim, wenn der Test druchläuft
}

void RandPrime(big &n, long int L) // Benutzt MRT uns setzt alle Quadratzahlen zwischen 2 und 36 ein
{
    bool M=false;
    long int LL=n.GetLen();
    big a; a.Init(LL);
    n.Random(L); if (n.LSBSet()==false) { n.Inc(); }
    while (M==false)
    {
        a.InitDec((char *)"2"); M=MRT(n,a);
        if (M==false) { a.InitDec((char *)"4"); M=MRT(n,a); }
        if (M==false) { a.InitDec((char *)"9"); M=MRT(n,a); }
        if (M==false) { a.InitDec((char *)"16"); M=MRT(n,a); }
        if (M==false) { a.InitDec((char *)"25"); M=MRT(n,a); }
        if (M==false) { a.InitDec((char *)"36"); M=MRT(n,a); }
        if (M==false) { n.Inc(); n.Inc(); }
    }
}

int main(void)
{
    printf("Bitte eine Taste drücken, um den Zufallsgenerator zu starten\n");
    getch(); srand(clock()); clrscr();
    big o(64); big p(64); big q(64); big r(64); big s(64); big N(64);
    big F(64); big e(64); big t(64); big d(64);
    big m(64); big c(64); o.InitDec((char *)"1");
    big mm(64); mm.InitHex((char *)"0123456789");
    while (m!=mm)
    {
        printf("Bitte warten, Alice generiert ihre Schlüssel.....\n");
        RandPrime(p,14); printf("p="); p.OutputHex(32);
        RandPrime(q,14); printf("q="); q.OutputHex(32);
        RandPrime(e,14); printf("Alices öffentlicher Schlüssel:\n");
        e.OutputHex(32);
        N=p; N=N*q; r=p-o; s=q-o; F=r; F=F*s;
        N.OutputHex(32);
        GCD(e,F,s,t); d=s;
        printf("Alices privater Schlüssel:\n"); d.OutputHex(32);
        m.InitHex((char *)"0123456789");
        ModExp(c,m,e,N); ModExp(m,c,d,N);
        if (m!=mm)
        {
            printf("p,q oder e ungültig, generiere neue Schlüssel...\n");
        }
    }
    m.InitASCII((char *)"IN BOBS GARTEN");
    printf("RSA-Nachricht von Bob an Alice:\n"); ModExp(c,m,e,N);
    c.OutputHex(32);
```

```
    printf("Alice trifft sich mit Bob:\n"); ModExp(m,c,d,N);
    m.OutputText();
    return 0;
}
```

Mit der Klasse `big`, sowie den Funktionen `ModeExp()`, `GCD()`, `MRT()` und `RandPrime()` bereitet die Erzeugung von neuen RSA-Schlüsseln, sowie der RSA-Algorithmus selbst kaum noch Probleme. Das letzte Listing, das die Klasse `big` in die Include-Datei **bigint.h** auslagert, ist deshalb auch nicht mehr schwer zu verstehen. Denken Sie aber vorher bitte daran, sich **bigint.h** bei Hanser herunterzuladen, sowie auch die Datei **mykeyboard.h** in das Verzeichnis zu kopieren, in dem sich auch **RSA2.cpp** befindet. Auf diese Weise müssen Sie die Dateien **bigint.h** und **mykeyboard.h** nicht per Hand neu erstellen und ersparen sich auf diese Weise viel Frust.

Das Programm gibt z. B. Folgendes in der Konsole aus:

**Bitte warten, Alice generiert ihre Schlüssel.....**

**p=000000000000000000000000000000000000d1471f382c9c990cef9b3f062461**

**q=000000000000000000000000000000000000258d41c8a1ab3d81a74d9e7df147**

**Alices öffentlicher Schlüssel:**

**000000000000000000000000000000000000103834d70c983e00a9a3c0a37f63**

**000000001eb2c176630a9301e69583ad42e03a6e30b56113d8506303e45067e7**

**Alices privater Schlüssel:**

**0000000005017de9e71f5f62d2f1a6c53bb273a73ab7be46f9fe36bb14a7f10b**

**RSA-Nachricht von Bob an Alice:**

**000000001d794e0964db32f5e433a4b6e408c2d85fe256677a34aec506688f99**

**Alice trifft sich mit Bob:**

**IN BOBS GARTEN**

### 10.2.4 Sicherer Schlüsselaustausch per Diffie-Hellman

Ein ähnliches Verfahren wie RSA ist der sichere Schlüsselaustausch mit dem Diffie-Hellman-Verfahren. Anders, als bei RSA, wird aber der ausgetauschte Schlüssel selbst (z. B. ein Sitzungsschlüssel, um die Kommunikation mit einem Server zu verschlüsseln) mit einer Blockchiffre wie AES verbunden. Wie AES genau funktioniert, wird in Abschnitt 10.3 noch ausführlich erläutert. Beim Diffie-Hellman-Verfahren geht es aber erst einmal nicht darum, Nachrichten direkt mit einem öffentlichen Schlüssel zu verschlüsseln, sondern darum, einen geheimen Sitzungsschlüssel **K** über einen Kanal auszutauschen, der auch abgehört werden kann. Natürlich darf hier der Sitzungsschlüssel niemals direkt in den versendeten Nachrichtenpaketen auftauchen, sondern muss von Sender und Empfänger berechnet werden. Diese Berechnung verwendet wie RSA Primzahlen.

Wie funktioniert aber nun das Diffie-Hellman-Verfahren? Dazu zunächst etwas Gruppentheorie. Keine Angst, ich liste jetzt keinen Beweis dafür auf, wie und warum das Diffie-Hellman-Verfahren funktioniert, auch, wenn es bestimmt Vorlesungen gibt, in denen genau das getan wird. Eine *Zahlengruppe* ist im Endeffekt nur eine bestimmte Klasse von Zahlen, die alle dieselben Eigenschaften haben. Die natürlichen Zahlen sind z. B. so eine Gruppe, die alle die Eigenschaft haben, keinen Kommaanteil zu haben und nicht <1 zu sein. Außerdem sind die natürlichen Zahlen abzählbar, das heißt, Sie können stets zu einer bestimmten Zahl die rechten Nachbarn auf dem Zahlenstrahl durch schlichtes Abzählen finden. Wenn Sie jetzt noch die Modulo-Operation mit hinzunehmen, dann erhalten Sie als neue Gruppe eine begrenzte Menge an Zahlen, die aber weiterhin alle dieselben Eigenschaften haben.

In einer Gruppe müssen aber auch bestimmte Rechenregeln gelten, damit Sie diese auch sinnvoll in Algorithmen einsetzen können. So muss es z. B. neutrale Elemente geben. Bei den natürlichen Zahlen ist dies bei der Multiplikation die Zahl 1 (1*x=x) und bei der Addition die Zahl 0 (x+0=x). Ferner müssen innerhalb der Gruppe mindestens die Operatoren +, -, * und / definiert und gültig sein. Die letzte wichtige Eigenschaft einer Zahlengruppe ist, dass es für jede Zahl ein inverses Element geben muss. Bei den natürlichen Zahlen ist dies für die Multiplikation nicht definiert, weil z. B. 1/3 (also das inverse Element von 3) keine Zahl ohne Kommaanteil ist. Für die Addition ist es aber definiert, und das inverse Element von 3 ist -3 (3+(-3)=0). Mit den natürlichen Zahlen allein kann man jedoch keine Schlüssel sicher übertragen, weil man z. B. den rechten Nachbar einer bestimmten Zahl leicht vorhersehen kann (nämlich durch schlichtes Abzählen). Für Das Diffie-Hellman-Verfahren verwendet man deshalb andere Zahlengruppen, bei denen nicht so leicht durch Abzählen der Nachfolger einer bestimmten Zahl bestimmt werden kann. Dies ist z. B. bei zyklischen Gruppen der Fall. Eine *zyklische Gruppe* ist eine Gruppe, deren Elemente als Potenz eines ihrer Elemente dargestellt werden können. So ist z. B. die schon bei RSA verwendete Gruppe

$$a^b mod\ c$$

eine zyklische Gruppe, bei der sich die Zahlen, wenn Sie stets den Nachfolger der vorigen Zahl a bei gegebenem b und c bestimmen, irgendwann wiederholen. Bei sehr kleinen Perioden ist eine zyklische Gruppe natürlich nicht dafür geeignet, sicher Schlüssel auszutauschen. Wenn Sie jedoch noch die Zahlengruppe der Primzahlen mit hinzunehmen, sieht die Sache ganz anders aus. Definieren wir nun die folgenden Variablen:

**a: privater Schlüssel von Alice**

**b: privater Schlüssel von Bob**

**p: eine öffentlich bekannte Primzahl**

**g: eine öffentlich bekannte natürliche Zahl kleiner als p**

**A: der öffentliche Schlüssel von Alice**

**B: der öffentliche Schlüssel von Bob**

**K: der gemeinsage geheime Sitzungsschlüssel für Alice und Bob**

Die beiden Kommunikationspartner Alice und Bob wollen nun über ein unsicheres Medium Nachrichten austauschen. Diese Nachrichten sollen später mit dem gemeinsamen Schlüssel **K** durch eine Blockchiffre verschlüsselt werden. Das Diffie-Hellman-Kommunikationsprotokoll sorgt hier dafür, dass Alice und Bob einen gemeinsamen Schlüssel **K** berechnen können, ohne dass z. B. die eifersüchtige Eavesdropperin Eve diesen erfahren könnte.

Der erste Schritt für Alice und Bob ist erst einmal, sich auf eine große Primzahl **p** zu einigen. Diese Zahl kann wie auch beim vorigen RSA-Beispiel durch die Funktion `RandPrime()` berechnet werden. Die Zahl **p** ist öffentlich und kann auch ruhig von Eve mitgelesen werden, während Alice diese Zahl an Bob sendet. Eine zweite Zahl, auf die sich Alice und Bob einigen müssen, ist eine natürliche Zahl **g**, die auch zufällig gewählt werden kann, z. B. durch die Klassenmethode `Random()`, die in **bigint.h** definiert wird. Die Zahl **g** muss kleiner sein, als **p**, aber dies können Sie einfach dadurch erreichen, dass Sie `Random()` eine kleinere Länge **L** übergeben, als `RandPrime()`. Die Zahl **g** muss an dieser Stelle nicht zwingend eine Primzahl sein, Sie können aber auch **g** prim machen. Auch die Zahl **g** ist öffentlich, **p** und **g** sind also ein öffentliches Schlüsselpaar, das auch oft durch die Mengenschreibweise {p,g} ausgedrückt wird.

Nach der Erzeugung von **p** und **g** muss nun der geheime Schlüssel erzeugt werden, den nur Alice und Bob kennen. Es gibt beim Diffie-Hellman-Verfahren also wie auch bei RSA öffentliche und private Schlüsselpaare. Hierzu erzeugt Alice eine geheime lange Zufallszahl **a** und Bob erzeugt eine geheime lange Zufallszahl **b**. Auch **a** und **b** dürfen durchaus prim sein, dies ist aber kein Kriterium für einen funktionsfähigen Algorithmus. Allerdings müssen auch **a** und **b** kleiner sein, als **p**.

Nach der Initialisierungsphase folgt nun der eigentliche Schlüsselaustausch, der so funktionieren muss, dass **a** und **b** nicht übertragen werden, auch nicht zwischen Alice oder Bob.

Zu diesem Zweck berechnet Alice mit ihrer geheimen Zahl a den öffentlichen Schlüssel durch die Formel

$$A = g^a \; mod \; p$$

Dies entspricht dem folgenden Aufruf der Funktion `ModExp()`:

```
ModExp(A,g,a,p);
```

Alice schickt nun **A** an Bob. Bob berechnet nun mit seiner geheimen Zahl **b** den öffentlichen Schlüssel **B** anhand der Formel

$$B = g^b \; mod \; p$$

Dies entspricht dem folgenden Aufruf der Funktion `ModExp()`:

```
ModExp(B,g,b,p);
```

Bob sendet nun **B** an Alice.

Aus **A** und **B** können nun sowohl Alice, als auch Bob den gemeinsamen geheimen Schlüssel **K** berechnen. Alice berechnet dazu **K** wie folgt:

$$K = B^a \, mod \; p$$

Dies entspricht dem folgenden Aufruf der Funktion `ModExp()`:

```
ModExp(K,B,a,p);
```

Bob berechnet mit dem von Alice erhaltenen **A** und seinem privaten Schlüssel **b** wie folgt:

$$K = A^b \, mod \; p$$

Dies entspricht dem folgenden Aufruf der Funktion `ModExp()`:

```
ModExp(K,A,b,p);
```

Sowohl Alice, als auch Bob erhalten nun beide die gleiche Zahl **K**, die niemals direkt ausgetauscht werden muss. Auch hier nützt es Eve nichts, wenn sie sogar **p**, **g**, **A** und **B** kennt- sie kann trotzdem nicht in einer vernünftigen Zeit **K** ausrechnen. Hier heißt „in einer vernünftigen Zeit" natürlich wieder „nicht in einer Zeit wie etwa ein paar Jahren und Jahrzehnten". Wer unendlich viel Zeit hat, der kann natürlich auch **K** raten, aber dies ist eben nicht sehr praktikabel. Wenn allerdings die Schlüssel zu kurz sind, dann ist auch das Diffie-Hellman-Verfahren nicht sicher.

Zurzeit wird für das Diffie-Hellman-Verfahren eine Schlüssellänge von mindestens 1024 Bit empfohlen, Standard ist sogar 2048 Bit. Diese Schlüssellänge kann auch nicht wesentlich verkürzt werden, wenn man die Zahlengruppe der Primzahlen verwendet. Natürlich gab und gibt es immer wieder Versuche, die Schlüssellänge zu verkürzen und dadurch die Nachrichtenübertragung zu beschleunigen. Viele zurzeit als sicher eingestuften Blockchiffren, mit denen die eigentlichen Nachrichten verschlüsselt werden, benutzen z. B. nur 16 oder 32 Byte lange Schlüssel. Eine Überlegung, die auch schon umgesetzt wurde, ist, statt 2048 Bits nur noch 160 oder 256 Bits zu benutzen, und auf die Zahlengruppe der elliptischen Kurven umzusteigen. Im Endeffekt kann aber das Diffie-Hellman-Verfahren mit jeder beliebigen Zahlengruppe ausgeführt werden, die zyklische Gruppen und den Modulo-Operator zulässt. Zurzeit kann nicht gesagt werden, ob das mit elliptischen Kurven arbeitende ECC-Diffie-Hellman-Verfahren sicherer ist, als das klassische mit Primzahlen und längeren Schlüsseln arbeitende Verfahren. Zu jedem neuen Verfahren gibt es natürlich immer Kritiker, auch zu dem ECC-Diffie-Hellman-Verfahren gibt es diese. Die Kritik bei den elliptischen Kurven ist, dass diese erkennbare Muster erzeugen können, wenn man für p und g die falschen Zahlen einsetzt. Dies ist aber noch genau so wenig bewiesen, wie die Aussage, dass es auch bei den Primzahlen erkennbare Muster gibt, wenn man diese in der richtigen Weise anordnet. Wahr ist sicherlich, dass sich die Primzahlen nach oben hin „ausdünnen", und es bei wachsenden Schlüsselgrößen immer schwieriger wird, die richtigen Zahlen auszuwählen. Deshalb halten viele Kritiker die alten Verfahren auch für unsicher, und setzen auf die moderne Variante, die elliptische Kurven verwendet. Ich selbst kann leider keine Aussage dazu machen, ob nun das alte oder neue Verfahren besser ist. Ich kann nur mit Sicherheit sagen, dass es auch in Zukunft zahlreiche Updates auch für das Diffie-Hellman-Verfahren geben wird. Natürlich gilt die letzte Aussage auch für RSA.

## 10.3 Blockchiffren

RSA, aber auch z. B. das sichere Schlüsselaustauschverfahren nach Diffie-Hellman werden als *asymmetrische Verschlüsselungsverfahren* bezeichnet. Das bedeutet, dass der Schlüssel zur Verschlüsselung ein anderer ist als der Schlüssel zur Entschlüsselung. Die Enigma oder die Vigenere-Chiffre dagegen benutzen *symmetrische Verschlüsselungsverfahren.* Das bedeutet, dass der Schlüssel zur Verschlüsselung identisch mit dem Schlüssel ist, der zur Entschlüsselung benutzt wird. Im Internet mit mehreren Millionen Netzwerkteilnehmern werden stets beide Verfahren parallel eingesetzt. Zunächst wird also ein geheimer Schlüssel durch ein asymmetrisches Verfahren von einem bestimmten Sender an einen bestimmten Empfänger verschickt. Anschließend wird dieser geheime Schlüssel dazu benutzt, sämtliche Nachrichten zwischen dem Sender und dem Empfänger zu verschlüsseln. Zu diesem Zweck werden dann meistens Blockchiffren verwendet. Blockchiffren sind kryptographische Algorithmen, die einen Klartext in Blöcke gleicher Länge einteilen und diese Blöcke dann verschlüsselt an einen Empfänger übertragen. Der zunächst verwendete Schlüssel wird hierbei auch oft mit der Zeit verändert, und zwar so, dass die Änderung vom Inhalt des vorher chiffrierten Blocks abhängt. Die einzelnen Blöcke sind also quasi miteinander verkettet, deshalb spricht man hier auch von *Cipher Block Chaining*, kurz CBC.

In gewisser Weise sind wir jetzt wieder an der Ausgangsposition angelangt, nämlich bei der Fragestellung, wie man einen Klartext sicher symmetrisch verschlüsseln kann, nachdem man den Schlüssel selbst sicher ausgetauscht hat. Denn das sicherste Schlüsselaustauschverfahren nützt sicherlich recht wenig, wenn man anschließend ein unsicheres Verfahren wie z. B. eine einfache XOR-Chiffre benutzt. Wir kommen also an einem sicheren symmetrischen Verschlüsselungsverfahren nicht vorbei. Inzwischen gibt es in diesem Bereich auch ein paar brauchbare Kandidaten. Ich kann natürlich hier nicht alle Verfahren behandeln, deshalb möchte ich mich auf den oft verwendeten AES-Algorithmus beschränken. AES ist eine Blockchiffre, die normalerweise Blöcke verwendet, die 128 Bit groß sind. Die Schlüssellänge ist meist auch 128 Bit, kann aber auch 192 oder 256 Bit betragen. AES und seine Arbeitsweise ist von den Amerikanern, die es entwickelt haben, und auch durch die NSA veröffentlicht worden. Deshalb kann auf verschiedenen Internetseiten nachgeschlagen werden, wie AES arbeitet. Ein guter Link, den ich auch selbst verwendet habe, ist z. B. *https://www.samiam.org/rijndael.html* (AES ist eine Version des Rijndael-Algorithmus, also bitte nicht wundern, wenn dieser Begriff im Link auftaucht).

Bevor Sie jedoch Textblöcke sicher mit AES verschlüsseln können, müssen noch ein paar Voraussetzungen erfüllt werden, die es einem Angreifer nicht mehr erlauben, Häufigkeitsanalysen mit den einzelnen Buchstaben durchzuführen. Sie erinnern sich sicherlich noch daran, dass man sämtliche bis jetzt behandelten symmetrischen Verfahren mit solchen statistischen Methoden brechen konnte. Die Frage ist nun, wie Sie die Häufigkeitsverteilung der normalen Buchstaben quasi glattbügeln können. Eine mögliche Methode ist wieder eine Art Substitution der Originalbuchstaben durch andere Zeichen, die den Text chaotisch erscheinen lassen. Eine solche Substitutionstabelle wird auch als *SBox* bezeichnet. Normalerweise enthält eine SBox für sämtliche ASCII-Zeichen genau eine Substitution und die dazu inverse SBox (InvSBox) enthält dann auch für sämtliche ASCII-Zeichen quasi den Rückweg für die Entschlüsselung. Sie können sich an dieser Stelle in der Tat ein riesiges Steckbrett für die Enigma vorstellen, das statt 26 nun 256 Eingänge enthält. Die Blockchiffre geht erst einmal durch das riesige Steckbrett in Form einer SBox und ersetzt sämtliche Zeichen des Klartext-Blocks durch andere Zeichen.

Die Frage ist nun, wie Sie eine möglichst zufällig aussehende SBox erstellen können, die es auch nicht mehr ermöglicht, mit den nun veränderten Zeichen eine Häufigkeitsanalyse auszuführen. Die einfachste Variante ist sicherlich, ein Array mit 256 Einträgen zu erstellen, das anschließend mit Zufallswerten gefüllt wird. Das einzige Kriterium ist hier, dass keine Zahl zweimal vorkommen darf, was Sie durch eine einfache Prüfschleife realisieren können: Solange ein Zufallswert schon in Ihrem Array SBox vorkommt, wird eine neue Zufallszahl ermittelt. Wenn Sie dann Ihre SBox gefüllt haben, können Sie in einfacher Weise die inverse SBox berechnen: Sie suchen sich dazu einfach zunächst den ersten Wert an der Position `i=0` aus dem Array **SBox** heraus und lesen diesen aus Ihrem Array aus. Angenommen, der Wert ist 42. Nun müssen Sie einfach an der Position 42 in Ihrem Array **InvSBox** den Wert 0 eintragen, `InvSBox[42]` bekommt also den Wert 0. Wenn Sie auf diese Weise sämtliche Indices des Arrays **SBox** in einer Schleife von `i=0` bis `i=255` durchgehen, erhalten Sie Ihre inverse SBox.

Vielleicht setzen Sie nun den letzten Abschnitt in ein C++-Programm um und sehen, dass Sie wirklich eine relativ chaotisch aussehende Zeichenkette erhalten, wenn Sie eine SBox mit Zufallswerten z. B. auf den Text „SESAM ÖFFNE DICH" anwenden. Leider hat Ihre Methode den Nachteil, dass sie nicht zu einem Standard werden kann, der auch veröffentlicht werden kann, denn dazu muss die SBox für sämtliche Teilnehmer im Netzwerk identisch sein. Okay, dann veröffentlichen Sie halt Ihre SBox (oder eine beliebige andere Zufallsfolge) als Standard. Aber ist dies allein ausreichend? Was ist, wenn Sie überhaupt nicht wissen, ob Ihre SBox die Kriterien erfüllt, die Sie sich ausmalen, nämlich die klassische Häufigkeitsanalyse der einzelnen Buchstaben zumindest zu erschweren (unmöglich wird diese auch durch eine SBox nicht). Ferner darf ein Angreifer wirklich keinen Nutzen aus der Veröffentlichung ziehen. Diese Regel bezeichnet man als Kerckhoffs Regel. *Kerckhoffs Regel* besagt, dass ein Verschlüsselungsverfahren auch dann sicher sein muss, wenn sämtliche Details zu diesem Verfahren offenliegen, inklusive Quellcode und Testergebnissen. Können Sie nun wirklich sicher sein, dass Ihre Zufalls-SBox Kerckhoffs Regel erfüllt? Die Antwort dürfte an dieser Stelle „nein" sein.

Was tun Sie aber nun, um eine relativ gute SBox zu erstellen? Die Antwort ist, dass Sie um einen mathematischen Algorithmus nicht herumkommen, der Ihnen Ergebnisse liefert, die Sie anschließend unter Beachtung von Kerckhoffs Regel veröffentlichen können. Diese SBox sieht dann bei AES wie folgt aus:

```
unsigned char SBox[256]=
{
0x63,0x7c,0x77,0x7b,0xf2,0x6b,0x6f,0xc5,0x30,0x01,0x67,0x2b,0xfe,0xd7,0xab,0x76,
0xca,0x82,0xc9,0x7d,0xfa,0x59,0x47,0xf0,0xad,0xd4,0xa2,0xaf,0x9c,0xa4,0x72,0xc0,
0xb7,0xfd,0x93,0x26,0x36,0x3f,0xf7,0xcc,0x34,0xa5,0xe5,0xf1,0x71,0xd8,0x31,0x15,
0x04,0xc7,0x23,0xc3,0x18,0x96,0x05,0x9a,0x07,0x12,0x80,0xe2,0xeb,0x27,0xb2,0x75,
0x09,0x83,0x2c,0x1a,0x1b,0x6e,0x5a,0xa0,0x52,0x3b,0xd6,0xb3,0x29,0xe3,0x2f,0x84,
0x53,0xd1,0x00,0xed,0x20,0xfc,0xb1,0x5b,0x6a,0xcb,0xbe,0x39,0x4a,0x4c,0x58,0xcf,
0xd0,0xef,0xaa,0xfb,0x43,0x4d,0x33,0x85,0x45,0xf9,0x02,0x7f,0x50,0x3c,0x9f,0xa8,
0x51,0xa3,0x40,0x8f,0x92,0x9d,0x38,0xf5,0xbc,0xb6,0xda,0x21,0x10,0xff,0xf3,0xd2,
0xcd,0x0c,0x13,0xec,0x5f,0x97,0x44,0x17,0xc4,0xa7,0x7e,0x3d,0x64,0x5d,0x19,0x73,
0x60,0x81,0x4f,0xdc,0x22,0x2a,0x90,0x88,0x46,0xee,0xb8,0x14,0xde,0x5e,0x0b,0xdb,
0xe0,0x32,0x3a,0x0a,0x49,0x06,0x24,0x5c,0xc2,0xd3,0xac,0x62,0x91,0x95,0xe4,0x79,
0xe7,0xc8,0x37,0x6d,0x8d,0xd5,0x4e,0xa9,0x6c,0x56,0xf4,0xea,0x65,0x7a,0xae,0x08,
0xba,0x78,0x25,0x2e,0x1c,0xa6,0xb4,0xc6,0xe8,0xdd,0x74,0x1f,0x4b,0xbd,0x8b,0x8a,
0x70,0x3e,0xb5,0x66,0x48,0x03,0xf6,0x0e,0x61,0x35,0x57,0xb9,0x86,0xc1,0x1d,0x9e,
0xe1,0xf8,0x98,0x11,0x69,0xd9,0x8e,0x94,0x9b,0x1e,0x87,0xe9,0xce,0x55,0x28,0xdf,
0x8c,0xa1,0x89,0x0d,0xbf,0xe6,0x42,0x68,0x41,0x99,0x2d,0x0f,0xb0,0x54,0xbb,0x16
};
```

Die Inverse S-Box sieht wie folgt aus:

```
unsigned char InvSBox[256]=
{
0x52,0x09,0x6a,0xd5,0x30,0x36,0xa5,0x38,0xbf,0x40,0xa3,0x9e,0x81,0xf3,0xd7,0xfb,
0x7c,0xe3,0x39,0x82,0x9b,0x2f,0xff,0x87,0x34,0x8e,0x43,0x44,0xc4,0xde,0xe9,0xcb,
0x54,0x7b,0x94,0x32,0xa6,0xc2,0x23,0x3d,0xee,0x4c,0x95,0x0b,0x42,0xfa,0xc3,0x4e,
0x08,0x2e,0xa1,0x66,0x28,0xd9,0x24,0xb2,0x76,0x5b,0xa2,0x49,0x6d,0x8b,0xd1,0x25,
0x72,0xf8,0xf6,0x64,0x86,0x68,0x98,0x16,0xd4,0xa4,0x5c,0xcc,0x,0x5d,0x65,0xb6,0x92,
0x6c,0x70,0x48,0x50,0xfd,0xed,0xb9,0xda,0x5e,0x15,0x46,0x57,0xa7,0x8d,0x9d,0x84,
0x90,0xd8,0xab,0x00,0x8c,0xbc,0xd3,0x0a,0xf7,0xe4,0x58,0x05,0xb8,0xb3,0x45,0x06,
0xd0,0x2c,0x1e,0x8f,0xca,0x3f,0x0f,0x02,0xc1,0xaf,0xbd,0x03,0x01,0x13,0x8a,0x6b,
0x3a,0x91,0x11,0x41,0x4f,0x67,0xdc,0xea,0x97,0xf2,0xcf,0xce,0xf0,0xb4,0xe6,0x73,
0x96,0xac,0x74,0x22,0xe7,0xad,0x35,0x85,0xe2,0xf9,0x37,0xe8,0x1c,0x75,0xdf,0x6e,
0x47,0xf1,0x1a,0x71,0x1d,0x29,0xc5,0x89,0x6f,0xb7,0x62,0x0e,0xaa,0x18,0xbe,0x1b,
0xfc,0x56,0x3e,0x4b,0xc6,0xd2,0x79,0x20,0x9a,0xdb,0xc0,0xfe,0x78,0xcd,0x5a,0xf4,
0x1f,0xdd,0xa8,0x33,0x88,0x07,0xc7,0x31,0xb1,0x12,0x10,0x59,0x27,0x80,0xec,0x5f,
0x60,0x51,0x7f,0xa9,0x19,0xb5,0x4a,0x0d,0x2d,0xe5,0x7a,0x9f,0x93,0xc9,0x9c,0xef,
0xa0,0xe0,0x3b,0x4d,0xae,0x2a,0xf5,0xb0,0xc8,0xeb,0xbb,0x3c,0x83,0x53,0x99,0x61,
0x17,0x2b,0x04,0x7e,0xba,0x77,0xd6,0x26,0xe1,0x69,0x14,0x63,0x55,0x21,0x0c,0x7d
};
```

Die inverse SBox erhalten Sie, indem Sie den entsprechenden Eintrag **j** aus der SBox an einer bestimmten Position (z. B. `SBox[i]` für `i=0`) heraussuchen (also `j=SBox[i]` setzen) und danach in das Array **InvSBox** an der Position **j** den Wert **i** eintragen (also `SBox[j]=i` setzen). Beispielsweise steht in der SBox an der Position `SBox[0]` der Wert 0x63. Deshalb steht im Array **InvSBox** an der Stelle `InvSBox[0x63]` der Wert 0. Die folgende einfache `for`-Schleife kann also die inverse SBox erzeugen:

```
for (i=0; i<256; i++)
{
    j=SBox[i];
    InvSBox[i]=j;
}
```

Wie ist die SBox selbst aber nun zustande gekommen? Natürlich durch einen Algorithmus. Diesen Algorithmus haben Joan Daemen und Vincent Rijmen entwickelt, und zwar unter der Bezeichnung Rijndael. Das Rjndael-Team benutzte für seinen Algorithmus ein bestimmtes Galois-Feld, nämlich GF($2^8$). Im Falle des Rijndael-Algorithmus ist das Galois-Feld ein Array mit 16*16 Einträgen, die Anzahl der Einträge kann also als Zweierpotenz ausgedrückt werden ($2^8$). Die SBox wird nun dadurch generiert, dass für jeden Eintrag im Galois-Feld ein bestimmter Algorithmus ausgeführt wird, der dann die SBox erzeugt, die ich hier angegeben habe. Sie stellen sich nun vielleicht die Frage, ob man nicht auch einen anderen Algorithmus verwenden könnte, um eine relativ gute SBox zu erzeugen. Dies ist natürlich möglich, aber die NSA, die in den 70er-Jahren ein paar Mathematiker und Informatiker damit beauftragt hatte, eine sichere Blockchiffre zu entwickeln (im Endeffekt als Nachfolger der schon direkt nach der Veröffentlichung als unsicher eingestuften DES-Verschlüsselung), hatte eben den Vorschlag von dem Rijndael-Team als den besten befunden. Im Endeffekt können Sie sich an dieser Stelle einen Wettbewerb vorstellen, in dem der beste Algorithmus gewinnt, und der Gewinner war das Rijndael-Team. Als AES dann zahlreiche Tests bestand, die diesen Algorithmus als sicher klassifizierten, wurde AES vom NIST (national institute for science and technology) zum Standard erklärt.

Sie sehen, an einigen Stellen ist die Kryptographie sehr theoretisch und vor allem mathematisch, was natürlich nicht unbedingt dazu führt, dass sie einfacher zu verstehen ist. Aus diesem Grund möchte ich dann auch bei AES ein lauffähiges Listing angeben, das einen Textblock mit diesem Algorithmus verschlüsselt. Zunächst muss ich Ihnen aber erklären, wie AES genau funktioniert und in welcher Weise er die SBox verwendet.

Der erste Schritt ist, die Schlüsselgröße festzulegen. Diese kann 128, 192 oder 256 Bit betragen. Ich wähle eine Größe von 16 Bytes (also 128 Bits) und setzte als Klartext wieder den Satz „SESAM ÖFFNE DICH“ ein, der aus 16 Zeichen bestehen muss (ich verschlüssele also genau einen Block).

Der zweite Schritt ist, den Klartext P in ein Array zu übertragen, das vier Zeilen und vier Spalten besitzt. In unserem Fall ist dies nun folgendes Array:

```
unsigned char P[4][4]=
{
"SESA",
"M ÖF",
"FNE ",
"DICH"
};
```

Der Schlüssel K soll wie folgt aussehen:

```
unsigned char K[4][4]=
{
"ALIC",
"E UN",
"D BO",
"B 21"
};
```

AES verschlüsselt den Textblock **P** mehrmals, in dem Fall, dass die Blockgröße 128 Bit beträgt, macht AES zehn Durchläufe. Man bezeichnet diese Durchläufe auch als Runden. Bevor AES in die einzelnen Runden eintritt, werden folgende Initialisierungsschritte ausgeführt:

- Schlüsselexpansion: Erzeugen von Rundenschlüsseln aus dem Originalschlüssel
- AddRoundKey: XOR-Verknüpfung des ersten Rundenschlüssels mit dem Datenblock

Nun werden r-1 Runden (in diesem Beispiel sind dies 9) ausgeführt, die jeweils Folgendes tun:

- SubBytes: Substitution der einzelnen Bytes in P mittels SBox
- ShiftRows: Verschieben (rotieren) bestimmter Zeilen nach links durch ein festgelegtes Schema
- MixColumns: Vermischen der Daten innerhalb der Spalten durch ein festgelegtes Schema
- AddRoundKey: XOR-Verknüpfung des Rundenschlüssels r (r ist die Rundennummer) mit dem Datenblock

In der Schlussrunde (in diesem Beispiel die zehnte Runde) führt noch einmal folgende Schritte aus:

- SubBytes: Substitution der einzelnen Bytes in P mittels SBox
- ShiftRows: Verschieben (rotieren) bestimmter Zeilen nach links durch ein festgelegtes Schema
- AddRoundKey: XOR-Verknüpfung des letzten Rundenschlüssels (in diesem Fall der zehnte Rundenschlüssel) mit dem Datenblock

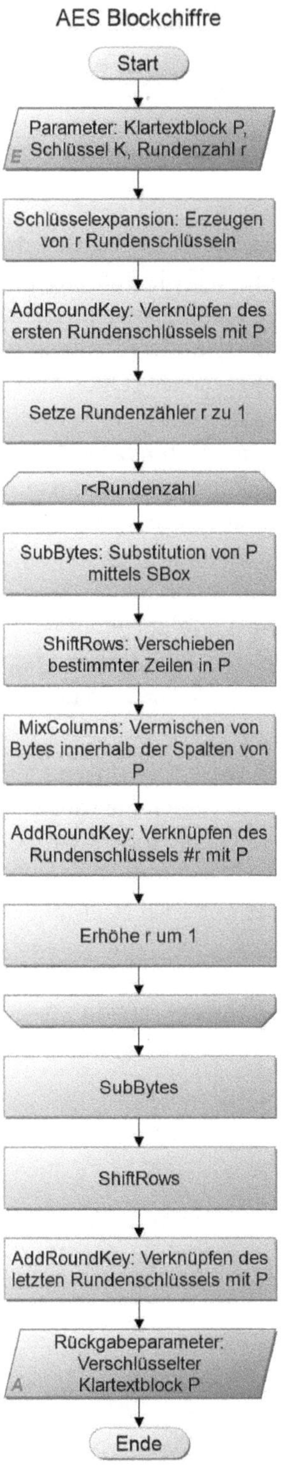


**Bild 10.2**
Programmablaufplan der AES-Blockchiffre

Für die Entschlüsselung werden die Runden rückwärts durchlaufen und für die SBox wird die inverse SBox eingesetzt. Damit Sie AES vollständig verstehen, werde ich die einzelnen Rundenfunktionen erläutern und diese anschließend in C++ implementieren.

### Schlüsselexpansion

AES bezeichnet die einzelnen Rundenschlüssel als Wörter und speichert diese in dem zweidimensionalen Array **W** vom Typ `unsigned long int W[]`. Die Bitbreite der Array-Einträge muss also mindestens 32 betragen, auch auf 32-Bit-Systemen. Da ich in diesem Beispiel eine Schlüssellänge von 16 Bytes gewählt habe, wird der Schlüssel **K** (das ist der Ausgangsschlüssel) in einem Array der Größe 4*4 gespeichert. Das Array mit dem Schlüssel benutzt also in diesem Beispiel genau wie der Klartext ein Array mit vier Zeilen und in diesem Beispiel auch mit vier Spalten. Um die Rundenschlüssel zu erzeugen, werden die einzelnen Bytes von **K** als 32-Bit-Worte aufgefasst, damit man mit diesen in einfacher Weise logische Bit-Operationen ausführen kann (wenn der Datentyp `long int` auf Ihrem System 64 Bit breit ist, werden einfach 32 Bits zu 0 gesetzt, was nicht weiter schlimm ist). Dies bedeutet konkret, dass durch diese Transformation in unserem Beispiel der Schlüssel **K** in vier 32-Bit-Worte aufgeteilt wird, und diese Worte werden dann zunächst in die Positionen `W[0]`-`W[3]` eingetragen. Wenn **N** die Anzahl der Worte im Schlüssel **K** ist, ist also die letzte Position, an der ein Wort eingetragen wurde, `W[N-1]`.

Sei nun `i=4` (dies ist die nächste freie Position, in der noch kein Wort in **W** eingetragen wurde). Die Schlüsselexpansion tut Folgendes: In einer Schleife werden die weiteren Wörter `W[i]` durch ein bitweises XOR von dem Wort `W[i-1]` und dem Wort `W[i-N]` berechnet. Vor der XOR-Verknüpfung wird allerdings `W[i-1]` für jedes **N**-te Wort noch nach links rotiert, byteweise durch die SBox substituiert und mit einer Konstanten verknüpft, die von dem Schleifenzähler **i** abhängt. Dies bedeutet, dass eine Rotation immer dann ausgeführt wird, wenn i mod **N**=0 ist. Falls zusätzlich `N<6` ist, wird noch eine weitere Substitution mittels einer zusätzlichen Lookup-Tabelle (RCON) ausgeführt. Dies führt uns zu folgenden Substitutionsregeln:

W[i]=W[i-N] XOR SBox[W[i-1]<<<8] XOR RCON[i] falls i mod N=0 und i<=6

W[i]=W[i-N] XOR SBox[W[i-1]] falls N>6 und i mod N=4

W[i]=W[i-N] XOR W[i-1] sonst

RCON ist eine Substitutionstabelle, die durch die folgende Funktion berechnet wird (r ist die aktuelle Runde und C[i] ist der entsprechende Array-Index in der RCON-Tabelle):

1 falls i=1

2*r[C[i-1]] falls i>1 und C[i]<0x80

2*r[C[i-1]] XOR 0x1b falls C[i]>=0x80

Für unser Beispiel erhalten wir auf diese Weise das folgende RCON-Array:

```
unsigned char RCON[10]={0x01,0x02,0x04,0x08,0x10,0x20,0x40,0x80,0x1b,0x36};
```

Machen Sie sich an dieser Stelle bitte klar, dass die RCON-Tabelle ein weiterer Schritt ist, die Entschlüsselung von AES zu erschweren und statistische Analysen nicht nur des Klartextes, sondern auch des Schlüssels zu vereiteln. Im Endeffekt gleicht eine Blockchiffre dem allseits bekannten Hütchenspiel, bei dem eine Murmel unter einen Becher getan wird. Anschließend werden die Becher mit einer hohen Geschwindigkeit vertauscht. Wenn Sie genug Runden und genug Becher zur Verfügung haben, wird niemand mehr in der Lage sein, den Becher mit der Murmel zu finden – es sei denn, er hat sich sämtliche Züge gemerkt bzw. kann diese rekonstruieren. Bei AES leistet diese Rekonstruktion der Schlüssel und die Tatsache, dass AES ein symmetrischer Algorithmus ist, den Sie von vorne nach hinten oder von hinten nach vorne durchlaufen können.

### AddRoundKey()

Die Funktion `AddRoundKey()` wird vor der ersten Runde und danach mit jedem Rundenschlüssel nach jeder Verschlüsselungsrunde ausgeführt. `AddRoundKey()` verknüpft den Datenblock **P**, der am Anfang den Klartext enthält, mit einem der Rundenschlüssel byteweise durch XOR. Bis hierhin ist AES ein einfacher XOR-Schlüssel, der dadurch verlängert wird, dass aus dem Hauptschlüssel mehrere Rundenschlüssel erzeugt werden. `AddRoundKey()` für sich alleine genommen ist weder sicher noch erzeugt diese Funktion zufällig aussehende Muster.

### SubBytes()

Die Funktion `SubBytes()` führt für jedes Byte im Datenblock **P** eine Substitution mittels SBox durch. Diese Substitution per SBox ist eine sehr einfache Operation, die ebenfalls für sich alleine genommen nicht sicher ist.

### ShiftRows()

`ShiftRows()` verschiebt die einzelnen Bytes in den einzelnen Zeilen von **P** um eine feste Anzahl Bytes nach links. Im Endeffekt wird hier eine Rotation durchgeführt und nach links herausgeschobene Zeichen werden rechts wieder hineingeschoben. Für eine Schlüssellänge von 16 Bytes wird die erste Zeile nicht rotiert, die zweite Zeile rotiert um eine Position, die dritte Zeile rotiert um zwei Positionen und die vierte Zeile um drei Positionen. Bei einer Schlüssellänge von 160 und 192 Bits ist dies genauso. Bei einer Schlüssellänge ab 224 Bit wird die erste Zeile nicht rotiert, die zweite Zeile rotiert um eine Position, die dritte Zeile rotiert um drei Positionen und die dritte Zeile um vier Positionen.

### MixColumns()

Die Funktion `MixColumns()` vermischt die Daten in den Spalten miteinander. Hierzu wird die Binärdarstellung eines Bytes als das folgende Polynom aufgefasst:

$$a_8x^8+a_7x^7+a_6x^6+a_5x^5+a_4x^4+a_3x^3+a_2x^2+a_1x^1+a_0x^0$$

Damit die Bits in den einzelnen Spalten auf eine optimale Weise miteinander vermischt werden, benutzt AES ein irreduzibles Polynom dieser Polynomschreibweise der Binärdarstellung eines Bytes. Dies bedeutet nichts anderes, als dass ein Polynom gewählt wird, das keine reellen Nullstellen besitzt. Wenn dies nicht der Fall wäre, dann würden sich bei der Vermischung Muster bilden, die man dann für einen Angriff benutzen könnte. AES benutzt folgendes Polynom:

$$a_4x^8+a_3x^4+a_2x^3+a_1x^1+1$$

Die folgenden Operationen, die von `MixColumns()` mit den einzelnen 32-Bit-Worten von **P** ausgeführt werden, werden nach jeder Multiplikation immer Modulo dieses Polynoms genommen und auf den Galois-Körper GF($2^8$) abgebildet:

$$b_0=(a_0*2)\text{ XOR }(a_1*3)\text{ XOR }(a_2*1)\text{ XOR }(a_3*1)$$

$$b_1=(a_0*1)\text{ XOR }(a_1*2)\text{ XOR }(a_2*3)\text{ XOR }(a_3*1)$$

$$b_2=(a_0*1)\text{ XOR }(a_1*1)\text{ XOR }(a_2*2)\text{ XOR }(a_3*3)$$

$$b_3=(a_0*3)\text{ XOR }(a_1*1)\text{ XOR }(a_2*1)\text{ XOR }(a_3*2)$$

Hierbei sind $a_0$-$a_3$ die 32-Bit-Werte in den alten Zeilen und $b_0$-$b_3$ die neuen 32-Bit-Werte in den neuen Zeilen. Die Anzahl der Zeilen ist stets 4. Die Ergebnisse der Multiplikationen werden auch hier auf den Galois-Körper GF($2^8$) abgebildet.

Kommen wir nun zu Listing 10.7, in dem ein Textblock **P** mit 16 Bytes („SESAM ÖFFNE DICH“) mit dem Schlüssel K („ALICE UND BOB 21“) durch AES-128 verschlüsselt wird.

**Listing 10.7** AES128.c

```
#include<stdio.h>

unsigned char RCON[10]={0x01,0x02,0x04,0x08,0x10,0x20,0x40,0x80,0x1b,0x36};

unsigned char SBox[256]=
{
0x63,0x7c,0x77,0x7b,0xf2,0x6b,0x6f,0xc5,0x30,0x01,0x67,0x2b,0xfe,0xd7,0xab,0x76,
0xca,0x82,0xc9,0x7d,0xfa,0x59,0x47,0xf0,0xad,0xd4,0xa2,0xaf,0x9c,0xa4,0x72,0xc0,
0xb7,0xfd,0x93,0x26,0x36,0x3f,0xf7,0xcc,0x34,0xa5,0xe5,0xf1,0x71,0xd8,0x31,0x15,
0x04,0xc7,0x23,0xc3,0x18,0x96,0x05,0x9a,0x07,0x12,0x80,0xe2,0xeb,0x27,0xb2,0x75,
0x09,0x83,0x2c,0x1a,0x1b,0x6e,0x5a,0xa0,0x52,0x3b,0xd6,0xb3,0x29,0xe3,0x2f,0x84,
0x53,0xd1,0x00,0xed,0x20,0xfc,0xb1,0x5b,0x6a,0xcb,0xbe,0x39,0x4a,0x4c,0x58,0xcf,
0xd0,0xef,0xaa,0xfb,0x43,0x4d,0x33,0x85,0x45,0xf9,0x02,0x7f,0x50,0x3c,0x9f,0xa8,
0x51,0xa3,0x40,0x8f,0x92,0x9d,0x38,0xf5,0xbc,0xb6,0xda,0x21,0x10,0xff,0xf3,0xd2,
0xcd,0x0c,0x13,0xec,0x5f,0x97,0x44,0x17,0xc4,0xa7,0x7e,0x3d,0x64,0x5d,0x19,0x73,
0x60,0x81,0x4f,0xdc,0x22,0x2a,0x90,0x88,0x46,0xee,0xb8,0x14,0xde,0x5e,0x0b,0xdb,
0xe0,0x32,0x3a,0x0a,0x49,0x06,0x24,0x5c,0xc2,0xd3,0xac,0x62,0x91,0x95,0xe4,0x79,
0xe7,0xc8,0x37,0x6d,0x8d,0xd5,0x4e,0xa9,0x6c,0x56,0xf4,0xea,0x65,0x7a,0xae,0x08,
0xba,0x78,0x25,0x2e,0x1c,0xa6,0xb4,0xc6,0xe8,0xdd,0x74,0x1f,0x4b,0xbd,0x8b,0x8a,
0x70,0x3e,0xb5,0x66,0x48,0x03,0xf6,0x0e,0x61,0x35,0x57,0xb9,0x86,0xc1,0x1d,0x9e,
```

```
0xe1,0xf8,0x98,0x11,0x69,0xd9,0x8e,0x94,0x9b,0x1e,0x87,0xe9,0xce,0x55,0x28,0xdf,
0x8c,0xa1,0x89,0x0d,0xbf,0xe6,0x42,0x68,0x41,0x99,0x2d,0x0f,0xb0,0x54,0xbb,0x16
};

unsigned char InvSBox[256]=
{
0x52,0x09,0x6a,0xd5,0x30,0x36,0xa5,0x38,0xbf,0x40,0xa3,0x9e,0x81,0xf3,0xd7,0xfb,
0x7c,0xe3,0x39,0x82,0x9b,0x2f,0xff,0x87,0x34,0x8e,0x43,0x44,0xc4,0xde,0xe9,0xcb,
0x54,0x7b,0x94,0x32,0xa6,0xc2,0x23,0x3d,0xee,0x4c,0x95,0x0b,0x42,0xfa,0xc3,0x4e,
0x08,0x2e,0xa1,0x66,0x28,0xd9,0x24,0xb2,0x76,0x5b,0xa2,0x49,0x6d,0x8b,0xd1,0x25,
0x72,0xf8,0xf6,0x64,0x86,0x68,0x98,0x16,0xd4,0xa4,0x5c,0xcc,0x5d,0x65,0xb6,0x92,
0x6c,0x70,0x48,0x50,0xfd,0xed,0xb9,0xda,0x5e,0x15,0x46,0x57,0xa7,0x8d,0x9d,0x84,
0x90,0xd8,0xab,0x00,0x8c,0xbc,0xd3,0x0a,0xf7,0xe4,0x58,0x05,0xb8,0xb3,0x45,0x06,
0xd0,0x2c,0x1e,0x8f,0xca,0x3f,0x0f,0x02,0xc1,0xaf,0xbd,0x03,0x01,0x13,0x8a,0x6b,
0x3a,0x91,0x11,0x41,0x4f,0x67,0xdc,0xea,0x97,0xf2,0xcf,0xce,0xf0,0xb4,0xe6,0x73,
0x96,0xac,0x74,0x22,0xe7,0xad,0x35,0x85,0xe2,0xf9,0x37,0xe8,0x1c,0x75,0xdf,0x6e,
0x47,0xf1,0x1a,0x71,0x1d,0x29,0xc5,0x89,0x6f,0xb7,0x62,0x0e,0xaa,0x18,0xbe,0x1b,
0xfc,0x56,0x3e,0x4b,0xc6,0xd2,0x79,0x20,0x9a,0xdb,0xc0,0xfe,0x78,0xcd,0x5a,0xf4,
0x1f,0xdd,0xa8,0x33,0x88,0x07,0xc7,0x31,0xb1,0x12,0x10,0x59,0x27,0x80,0xec,0x5f,
0x60,0x51,0x7f,0xa9,0x19,0xb5,0x4a,0x0d,0x2d,0xe5,0x7a,0x9f,0x93,0xc9,0x9c,0xef,
0xa0,0xe0,0x3b,0x4d,0xae,0x2a,0xf5,0xb0,0xc8,0xeb,0xbb,0x3c,0x83,0x53,0x99,0x61,
0x17,0x2b,0x04,0x7e,0xba,0x77,0xd6,0x26,0xe1,0x69,0x14,0x63,0x55,0x21,0x0c,0x7d
};

unsigned char Exp[256]=
{
0x01,0x03,0x05,0x0f,0x11,0x33,0x55,0xff,0x1a,0x2e,0x72,0x96,0xa1,0xf8,0x13,0x35,
0x5f,0xe1,0x38,0x48,0xd8,0x73,0x95,0xa4,0xf7,0x02,0x06,0x0a,0x1e,0x22,0x66,0xaa,
0xe5,0x34,0x5c,0xe4,0x37,0x59,0xeb,0x26,0x6a,0xbe,0xd9,0x70,0x90,0xab,0xe6,0x31,
0x53,0xf5,0x04,0x0c,0x14,0x3c,0x44,0xcc,0x4f,0xd1,0x68,0xb8,0xd3,0x6e,0xb2,0xcd,
0x4c,0xd4,0x67,0xa9,0xe0,0x3b,0x4d,0xd7,0x62,0xa6,0xf1,0x08,0x18,0x28,0x78,0x88,
0x83,0x9e,0xb9,0xd0,0x6b,0xbd,0xdc,0x7f,0x81,0x98,0xb3,0xce,0x49,0xdb,0x76,0x9a,
0xb5,0xc4,0x57,0xf9,0x10,0x30,0x50,0xf0,0x0b,0x1d,0x27,0x69,0xbb,0xd6,0x61,0xa3,
0xfe,0x19,0x2b,0x7d,0x87,0x92,0xad,0xec,0x2f,0x71,0x93,0xae,0xe9,0x20,0x60,0xa0,
0xfb,0x16,0x3a,0x4e,0xd2,0x6d,0xb7,0xc2,0x5d,0xe7,0x32,0x56,0xfa,0x15,0x3f,0x41,
0xc3,0x5e,0xe2,0x3d,0x47,0xc9,0x40,0xc0,0x5b,0xed,0x2c,0x74,0x9c,0xbf,0xda,0x75,
0x9f,0xba,0xd5,0x64,0xac,0xef,0x2a,0x7e,0x82,0x9d,0xbc,0xdf,0x7a,0x8e,0x89,0x80,
0x9b,0xb6,0xc1,0x58,0xe8,0x23,0x65,0xaf,0xea,0x25,0x6f,0xb1,0xc8,0x43,0xc5,0x54,
0xfc,0x1f,0x21,0x63,0xa5,0xf4,0x07,0x09,0x1b,0x2d,0x77,0x99,0xb0,0xcb,0x46,0xca,
0x45,0xcf,0x4a,0xde,0x79,0x8b,0x86,0x91,0xa8,0xe3,0x3e,0x42,0xc6,0x51,0xf3,0x0e,
0x12,0x36,0x5a,0xee,0x29,0x7b,0x8d,0x8c,0x8f,0x8a,0x85,0x94,0xa7,0xf2,0x0d,0x17,
0x39,0x4b,0xdd,0x7c,0x84,0x97,0xa2,0xfd,0x1c,0x24,0x6c,0xb4,0xc7,0x52,0xf6,0x01
};

unsigned char Log[256]=
{
0x00,0x00,0x19,0x01,0x32,0x02,0x1a,0xc6,0x4b,0xc7,0x1b,0x68,0x33,0xee,0xdf,0x03,
0x64,0x04,0xe0,0x0e,0x34,0x8d,0x81,0xef,0x4c,0x71,0x08,0xc8,0xf8,0x69,0x1c,0xc1,
0x7d,0xc2,0x1d,0xb5,0xf9,0xb9,0x27,0x6a,0x4d,0xe4,0xa6,0x72,0x9a,0xc9,0x09,0x78,
0x65,0x2f,0x8a,0x05,0x21,0x0f,0xe1,0x24,0x12,0xf0,0x82,0x45,0x35,0x93,0xda,0x8e,
0x96,0x8f,0xdb,0xbd,0x36,0xd0,0xce,0x94,0x13,0x5c,0xd2,0xf1,0x40,0x46,0x83,0x38,
0x66,0xdd,0xfd,0x30,0xbf,0x06,0x8b,0x62,0xb3,0x25,0xe2,0x98,0x22,0x88,0x91,0x10,
0x7e,0x6e,0x48,0xc3,0xa3,0xb6,0x1e,0x42,0x3a,0x6b,0x28,0x54,0xfa,0x85,0x3d,0xba,
0x2b,0x79,0x0a,0x15,0x9b,0x9f,0x5e,0xca,0x4e,0xd4,0xac,0xe5,0xf3,0x73,0xa7,0x57,
0xaf,0x58,0xa8,0x50,0xf4,0xea,0xd6,0x74,0x4f,0xae,0xe9,0xd5,0xe7,0xe6,0xad,0xe8,
0x2c,0xd7,0x75,0x7a,0xeb,0x16,0x0b,0xf5,0x59,0xcb,0x5f,0xb0,0x9c,0xa9,0x51,0xa0,
0x7f,0x0c,0xf6,0x6f,0x17,0xc4,0x49,0xec,0xd8,0x43,0x1f,0x2d,0xa4,0x76,0x7b,0xb7,
```

```
0xcc,0xbb,0x3e,0x5a,0xfb,0x60,0xb1,0x86,0x3b,0x52,0xa1,0x6c,0xaa,0x55,0x29,0x9d,
0x97,0xb2,0x87,0x90,0x61,0xbe,0xdc,0xfc,0xbc,0x95,0xcf,0xcd,0x37,0x3f,0x5b,0xd1,
0x53,0x39,0x84,0x3c,0x41,0xa2,0x6d,0x47,0x14,0x2a,0x9e,0x5d,0x56,0xf2,0xd3,0xab,
0x44,0x11,0x92,0xd9,0x23,0x20,0x2e,0x89,0xb4,0x7c,0xb8,0x26,0x77,0x99,0xe3,0xa5,
0x67,0x4a,0xed,0xde,0xc5,0x31,0xfe,0x18,0x0d,0x63,0x8c,0x80,0xc0,0xf7,0x70,0x07
};

void SetWord(void *S, unsigned long int Pos, unsigned long int Val)
{
    char *BOS=(char *)S+Pos;
    unsigned long int *NumArray=(unsigned long int *)BOS;
    NumArray[0]=Val;
}

unsigned long int GetWord(void *S, long int Pos)
{
    char *BOS=(char *)S+Pos;
    unsigned long int *NumArray=(unsigned long int *)BOS;
    return NumArray[0];
}

unsigned long int RotWordLeft(unsigned long int V, int Bits)
{
    V=V%32; // 32 Bits max
    V=(V<<Bits)||(V>>32-Bits);
    return V;
}

unsigned long int SubWord(unsigned long int V)
{
    unsigned char CTemp[4]; // Byte-Puffer für V
    CTemp[0]=V|0xff; CTemp[0]=SBox[CTemp[0]]; // 1. Byte von V mittels SBox ersetzen
    CTemp[1]=(V>>8)|0xff; CTemp[1]=SBox[CTemp[1]]; // 2. Byte von V mittels SBox ersetzen
    CTemp[2]=(V>>16)|0xff; CTemp[2]=SBox[CTemp[2]]; // 3. Byte von V mittels SBox ersetzen
    CTemp[3]=(V>>24)|0xff; CTemp[3]=SBox[CTemp[3]]; // 4. Byte von V mittels SBox ersetzen
    V=CTemp[0]; // 1. substituierte Byte nach V zurückschreiben
    V|=((unsigned long int)(CTemp[1]))<<8; // 2. substituierte Byte nach V zurückschreiben
    V|=((unsigned long int)(CTemp[2]))<<16; // 3. substituierte Byte nach V zurückschreiben
    V|=((unsigned long int)(CTemp[3]))<<24; // 4. substituierte Byte nach V zurückschreiben
    return V;
}

void ExpandKey(unsigned long int *W, unsigned char *K, int r, int L) // Schlüsselexpansion
{
    int i=4,N=L/4;
    W[0]=GetWord(K,0);
    W[1]=GetWord(K,4);
    W[2]=GetWord(K,8);
    W[3]=GetWord(K,12);
```

```
    for (i=4; i<=r; i++)
    {
        if ((i%N)==0) // zusätzliche Operation alle N Runden
        {
            if (i>6)
            {
                W[i]=W[i-N]^SubWord(W[i-1]);
            }
            else
            {
                W[i]=W[i-N]^SubWord(RotWordLeft(W[i-1],8)); // Rotation
                W[i]=W[i]^RCON[i]; // Verknüpfung mit RCON
            }
        }
        else // Operation für alle i!=i%N
        {
            W[i]=W[i-N]^W[i-1];
        }
    }
}

void AddRoundKey(unsigned char *P, unsigned long int *W, int r, int L)
{
    unsigned long int A,B;
    int i=0,N=L/4;
    B=GetWord(W,r); // Rundenschlüssel #r auswählen
    for (i=0; i<N; i++)
    {
        A=GetWord(P,4*i)^B; SetWord(P,4*i,A);
    }
}

void SubBytes(unsigned char *P)
{
    int i;
    for (i=0; i<16; i++)
    {
        P[i]=SBox[P[i]];
    }
}

void InvSubBytes(unsigned char *P)
{
    int i;
    for (i=0; i<16; i++)
    {
        P[i]=InvSBox[P[i]];
    }
}

void ShiftRows(unsigned char *P)
{
    unsigned char Temp[4];
    // Rotation 2. Zeile um 1 Position nach links
    Temp[0]=P[0+4]; Temp[1]=P[1+4]; Temp[2]=P[2+4]; Temp[3]=P[3+4];
    P[1+4]=Temp[0]; P[2+4]=Temp[1]; P[3+4]=Temp[2]; P[0+4]=Temp[3];
    // Rotation 3. Zeile um 2 Position nach links
```

```
    Temp[0]=P[0+8]; Temp[1]=P[1+8]; Temp[2]=P[2+8]; Temp[3]=P[3+8];
    P[2+8]=Temp[0]; P[3+8]=Temp[1]; P[0+8]=Temp[2]; P[1+8]=Temp[3];
    // Rotation 3. Zeile um 3 Positionen nach links
    Temp[0]=P[0+12]; Temp[1]=P[1+12]; Temp[2]=P[2+12]; Temp[3]=P[3+12];
    P[3+12]=Temp[0]; P[0+12]=Temp[1]; P[1+12]=Temp[2]; P[2+12]=Temp[3];
}

void InvShiftRows(unsigned char *P)
{
    unsigned char Temp[4];
    // Rotation 2. Zeile um 1 Position nach rechts
    Temp[0]=P[0+4]; Temp[1]=P[1+4]; Temp[2]=P[2+4]; Temp[3]=P[3+4];
    P[3+4]=Temp[0]; P[0+4]=Temp[1]; P[1+4]=Temp[2]; P[2+4]=Temp[3];
    // Rotation 3. Zeile um 2 Positionen nach rechts
    Temp[0]=P[0+8]; Temp[1]=P[1+8]; Temp[2]=P[2+8]; Temp[3]=P[3+8];
    P[2+8]=Temp[0]; P[3+8]=Temp[1]; P[0+8]=Temp[2]; P[1+8]=Temp[3];
    // Rotation 3. Zeile um 3 Positionen nach rechts
    Temp[0]=P[0+12]; Temp[1]=P[1+12]; Temp[2]=P[2+12]; Temp[3]=P[3+12];
    P[1+12]=Temp[0]; P[2+12]=Temp[1]; P[3+12]=Temp[2]; P[0+12]=Temp[3];
}

unsigned char GMul(unsigned char a, unsigned char b)
{
    if(a&&b)
    {
        return (Exp[(Log[a]+Log[b])%0xff])%0x11b;
    }
    else
    {
        return 0;
    }
}

void MixColumns(unsigned char *P)
{
    /* Matrix A=
    2 3 1 1
    1 2 3 1
    1 1 2 3
    3 1 1 2
    */
    unsigned int i,j;
    unsigned char T1,T2,T3,T4;
    //100011011=0x11b
    for (i=0; i<4; i++)
    {
        //b0=(a0*2) XOR (a1*3) XOR (a2*1) XOR (a3*1)
        T1=(GMul(P[i],2))^(GMul(P[i+4],3))^(GMul(P[i+8],1))^(GMul(P[i+12],1));
        //b1=(a0*1) XOR (a1*2) XOR (a2*3) XOR (a3*1)
        T2=(GMul(P[i],1))^(GMul(P[i+4],2))^(GMul(P[i+8],3))^(GMul(P[i+12],1));
        //b2=(a0*1) XOR (a1*1) XOR (a2*2) XOR (a3*3)
        T3=(GMul(P[i],1))^(GMul(P[i+4],1))^(GMul(P[i+8],2))^(GMul(P[i+12],3));
        //b3=(a0*3) XOR (a1*1) XOR (a2*1) XOR (a3*2)
        T4=(GMul(P[i],3))^(GMul(P[i+4],1))^(GMul(P[i+8],1))^(GMul(P[i+12],2));
        P[i]=T1; P[i+4]=T2; P[i+8]=T3; P[i+12]=T4;
    }
}
```

```
void InvMixColumns(unsigned char *P)
{
    /* Matrix INV(A)=
    E B D 9
    9 E B D
    D 9 E B
    B D 9 E
    */
    unsigned int i,j;
    unsigned char T1,T2,T3,T4;
    for (i=0; i<4; i++)
    {
       //b0=(a0*2) XOR (a1*3) XOR (a2*1) XOR (a3*1)
T1=(GMul(P[i],0xe))^(GMul(P[i+4],0xb))^(GMul(P[i+8],0xd))^(GMul(P[i+12],9));
       //b1=(a0*1) XOR (a1*2) XOR (a2*3) XOR (a3*1)
T2=(GMul(P[i],9))^(GMul(P[i+4],0xe))^(GMul(P[i+8],0xb))^(GMul(P[i+12],0xd));
        //b2=(a0*1) XOR (a1*1) XOR (a2*2) XOR (a3*3)
T3=(GMul(P[i],0xd))^(GMul(P[i+4],9))^(GMul(P[i+8],0xe))^(GMul(P[i+12],0xb));
       //b3=(a0*3) XOR (a1*1) XOR (a2*1) XOR (a3*2)
T4=(GMul(P[i],0xb))^(GMul(P[i+4],0xd))^(GMul(P[i+8],9))^(GMul(P[i+12],0xe));
        P[i]=T1; P[i+4]=T2; P[i+8]=T3; P[i+12]=T4;
    }
}

void Chiffre(unsigned char *P, unsigned char *K, int r)
{
    int i;
    unsigned long int W[11];
    ExpandKey(W,K,r,16);
    AddRoundKey(P,W,0,16);
    for (i=1; i<=r-1; i++)
    {
        SubBytes(P);
        ShiftRows(P);
        MixColumns(P);
        AddRoundKey(P,W,i,16);
    }
    SubBytes(P);
    ShiftRows(P);
    AddRoundKey(P,W,10,16);
}

void DeChiffre(unsigned char *P, unsigned char *K, int r)
{
    int i;
    unsigned long int W[11];
    ExpandKey(W,K,r,16);
    AddRoundKey(P,W,10,16);
    InvShiftRows(P);
    InvSubBytes(P);
    for (i=r-1; i>0; i--)
    {
        AddRoundKey(P,W,i,16);
```

```
275         InvMixColumns(P);
276         InvShiftRows(P);
277         InvSubBytes(P);
278     }
279     AddRoundKey(P,W,0,16);
280 }

281 int main(void)
282 {
283     int i,r;
284     unsigned char P[17]={"SESAM ÖFFNE DICH"};
285     unsigned char K[17]={"ALICE UND BOB 21"};
286     Chiffre(P,K,10);
287     for (i=0; i<16; i++) { printf("%02x ",P[i]); } printf("\n");
288     DeChiffre(P,K,10);
289     for (i=0; i<16; i++) { printf("%02x ",P[i]); } printf("\n");
290     return 0;
291 }
```

AES ist die Blockchiffre, die am öftesten im Internet verwendet wird, um den Datenverkehr zu verschlüsseln. Dies betrifft z. B. E-Mail-Postfächer, aber auch WLAN-Verbindungen. Der WLAN-Key, den Sie in Ihrem Router eintragen (WPA2), entspricht z. B. einem 128-Bit-AES-Schlüssel. Aus diesem Grund müssen Sie AES so implementieren, dass dies schnell genug ausgeführt wird, um den Netzverkehr nicht auszubremsen. Deshalb werden in Listing 10.7 sämtliche Berechnungen in Lookup-Tabellen ausgelagert. Dies betrifft nicht nur die RCON-Tabelle, die SBox oder die inverse SBox, sondern auch z. B. die Multiplikationsoperationen im Galois-Feld GF($2^8$). Anstatt also langsame Algorithmen auszuführen, um eine Multiplikation im GF($2^8$)-Zahlenraum durch eine Matrizenmultiplikation darzustellen, werden die Lookuptabellen **Exp** (Exponentiation im GF($2^8$)) und **Log** (Logarithmus im GF($2^8$)) verwendet, die diese aufwendige Operation auf ein schlichtes Nachschlagen in einer Tabelle reduzieren. Zeile **001 – 078** enthält deshalb nur die Definition von Tabellen, die ich Ihnen aber dennoch detailliert angeben möchte. Ich bin mir nämlich fast sicher, dass Sie diese Tabellen irgendwann wieder benötigen werden, und dann sind Sie dankbar dafür, dass Sie diese immer wieder abtippen können, wenn Sie keine anderen Informationen zur Hand haben.

Kommen wir nun zu einem wichtigen Design-Kriterium des AES-Algorithmus, nämlich die Betrachtung des Klartextes als ein Array mit 4*4 Einträgen. Die Daten stehen hier in vier Zeilen und die Zeilen haben jeweils vier Spalten. Leider liegt ein Text (und auch der Schlüssel) als String vor. Sie können den Text **P** und den Schlüssel **K** natürlich jetzt in ein Array der Größe 4*4 kopieren, aber dann bekommen Sie Schwierigkeiten mit der Funktion `AddRoundKey()`, die die einzelnen Zeilen von **K** als 32-Bit-Worte auffasst und mit diesen auch XOR-Verknüpfungen ausführt. Ich betrachte nun **P** und **K** weiterhin als String mit 16 Bytes, denn es ist wirklich nicht schwer, für Funktionen wie `SubBytes()` oder `ShiftRows()` die Position `P[i]` bzw. `K[i]` in Zeilen und Spalten umzurechnen. Für `AddRoundKey()` verwende ich dagegen zwei Hilfsfunktionen.

Die erste Hilfsfunktion ist SetWord() (die Zeilen **079–084**). SetWord() schreibt den Wert **Val** (value) vom Typ unsigned long int direkt in den String **S**, und zwar genau an der Position **Pos**, die Sie als zweiten Parameter angeben. Hierzu definieren Sie einen Hilfszeiger char *BOS (begin of string), den Sie genau um **Pos** Bytes nach hinten verschieben. Durch Typecasting und den Typ void* tun Sie anschließend so, als sei BOS ein Array vom Typ unsigned long int*, in das Sie einfach an Position 0 den Wert **Val** ablegen. Dies ist wirklich ein genialer Trick, denn der C++-Compiler merkt gar nicht, dass ich diesem an der Speicheradresse *S+Pos den Wert **Val** untergeschoben habe. Im Endeffekt ist SetWord() ein Angriff auf eine Sicherheitslücke in C++-Compilern, denn ich könnte in den String **S** genauso gut ein ausführbares Programm schreiben und dieses anschließend zur Ausführung bringen. Da SetWord() jedoch AES stark vereinfachen kann, habe ich es für dieses Listing verwendet. Die zweite Hilfsfunktion ist GetWord () (die Zeilen **085–090**). GetWord() macht genau das Gegenteil von SetWord(): Aus den String **S** wird durch denselben Trick (also durch Typecasting kombiniert mit void*) ein Wert vom Typ unsigned long int ab Position **Pos** aus dem String **S** ausgelesen. Auch durch diese Funktion wird AddRoundKey() sehr einfach zu programmieren, ist dann aber quasi eine Sicherheitslücke. Da diese Sicherheitslücke in vielen AES-Implementierungen vorkommt, hielt ich es für wichtig, diese an dieser Stelle auch aufzuführen. Zusätzlich zur Sicherheitslücke haben GetWord() und SetWord() noch einen weiteren Nachteil, nämlich die Tatsache, dass der Typ long int 64 Bit breit sein kann. In diesem Fall haben Sie ein Problem und müssen das Listing **AES.cpp** so anpassen, dass Sie für long int den Typ int einsetzen. Alternativ können Sie auch den Typ UINT32 auf folgende Weise definieren und statt long int benutzen:

```
typef long int UINT32; // für 32-Bit-Systeme
typedef int UINT32; // für 64-Bit-Systeme
```

Kommen wir nun zu den Funktionen, die für die einzelnen Verschlüsselungsfunktionen von AES wichtig sind. Die erste wichtige Funktion ist RotWordLeft() (die Zeilen **091–096**). RotWordLeft() rotiert den String **S** um eine bestimmte Anzahl an Bits nach links und verwendet hierfür zwei Bit-Shifts. Die Bits, die nach links herausgeschoben werden, werden rechts wieder reingeschoben. AES verwendet an dieser Stelle einen Links-Shift, um die Strings im Schlüssel **P** und **K** als lange Zahlen zu betrachten, bei denen das erste Zeichen auch dem LSB entspricht. Diese Betrachtungsweise entspricht der Network-Order. Die *Network-Order* ist die Reihenfolge, mit der Zahlenwerte im Internet übertragen werden. Die zweite wichtige Funktion, die von den einzelnen Verschlüsselungsfunktionen verwendet wird, ist SubWord() (die Zeilen **097–109**). SubWord() bekommt den Parameter **V** vom Typ unsigned long int übergeben (also ein AES-Wort) und betrachtet von diesem Wort die einzelnen Bytes. Die Reihenfolge ist auch hier wieder konform mit der Network-Order, also steht das erste Byte auch an der niedrigsten Speicheradresse. Um nun auf das erste Byte (Byte 0) von **V** zuzugreifen, wird V=V&0xff gesetzt. Dadurch werden die obersten Bytes (Byte 1–3) ausmaskiert und das unterste Byte kann danach an Position 0 im Puffer **CTemp** gespeichert werden. **CTemp** umfasst

4 Bytes und das erste Byte (Byte 0) von **V** wird in `CTemp[0]` gespeichert. Mit dem zweiten bis vierten Byte verfährt `SubWord()` ähnlich, nur muss Byte 2 vor der AND-Verknüpfung mit 0xff um 8, Byte 3 um 16 und Byte 4 um 24 Bits nach rechts verschoben werden. Jedes Byte in `CTemp[0]` bis `CTemp[3]` wird auch stets mittels SBox substituiert. Am Ende (die Zeilen **104–107**) muss dann das per `return` zurückgegebene Wort wieder aus den einzelnen Bytes zusammengesetzt werden. Die dritte wichtige Funktion, die für Verschlüsselungsrunden benötigt wird, ist `ExpandKey()` (die Zeilen **110–136**). `ExpandKey()` überträgt erst einmal in Zeile **112–116** die ersten vier 32-Bit-Wörter des als Parameter übergebenen Schlüssels **K** in das durch den ersten Parameter übergebene Wort-Array **W**. Anschließend wird für die Wörter 4-r in einer `for`-Schleife der Schlüssel-Expansions-Algorithmus ausgeführt (die Zeilen **117–135**). Normalerweise wird, wenn **i** der Rundenzähler ist, nur `W[i]` durch `W[i-N]^W[i-1]` ersetzt, es sei denn, **i** ist durch 4 teilbar. Ist dies der Fall, wird, falls **i** zusätzlich >6 ist, `W[i]` durch `W[i-N]^W[i-1]` ersetzt und der Wert `W[i-1]` wird vorher noch durch die SBox substituiert. Wenn i durch 4 teilbar ist, aber <6 ist, wird zusätzlich zu der Substitution von `W[i-1]` noch eine Rotation um 8 Bits nach links ausgeführt. Wenn i durch 4 teilbar ist, aber <6 ist, wird `W[i]` stets zusätzlich mit `RCON[i]` durch XOR verknüpft.

Kommen wir zu den Verschlüsselungsfunktionen selbst. Dies sind `AddRoundKey()`, `SubBytes()`, `ShiftRows()`, `MixColumns()` und deren inverse Gegenstücke `InvSubBytes()`, `InvShiftRows()` und `InvMixColumns()`.

`AddRoundKey()` (die Zeilen **137–146**) als XOR-Funktion hat kein inverses Gegenstück, da XOR invers zu sich selbst ist (eine zweimalige XOR-Verknüpfung eines Werts A mit B ergibt wieder A). `AddRoundKey()` bekommt vier Parameter übergeben, nämlich einmal den aktuellen Klartext **P**, das Array **W** mit den Rundenschlüsseln sowie die Rundenanzahl **r** und die Länge **L** des Schlüssels in Bytes. Aus dieser Länge wird in Zeile **140** die Länge **N** in 32-Bit-Worten berechnet. Als Nächstes wird in Zeile **141** durch die Funktion `GetWord()` der r. Rundenschlüssel aus dem Array **W** ausgewählt und in der temporären Variablen **B** angelegt. Anschließend wir eine `for`-Schleife (die Zeilen **142–145**) ausgeführt, die sämtliche **N** Wörter des Klartextes ausliest und durch XOR mit der temporären Variablen **B** verknüpft. Um die einzelnen 32-Bit-Wörter von **P** auszulesen, zu verändern und auch wieder nach **P** zurückzuschreiben, werden hier die Funktionen `GetWord()` und `SetWord()` benötigt. Wie diese Funktionen arbeiten, wurde schon ausführlich erläutert.

`SubBytes()` (die Zeilen **147–154**) führt eine ganz einfache Operation aus und ersetzt sämtliche Bytes von **P** mittels SBox. AES wendet also die Substitution mittels SBox sowohl mit 32-Bit-Wörtern als auch mit den einzelnen Bytes von **P** an. Im Gegensatz zu `AddRoundKey()` hat `SubBytes()` jedoch das inverse Gegenstück `InvSubBytes()` (die Zeilen **155–162**), das dieselbe Substitution mit den entsprechenden Einträgen im Array **InvSBox** ausführt.

`ShiftRows()` (die Zeilen **176–188**) erweitert die einfache XOR-Verknüpfung von **P** mit einem der Rundenschlüssel aus **W** durch eine Vertauschung der Bytes in den Spalten der einzelnen Zeilen von **P**. Anders als `AddRoundKey()` betrachtet `ShiftRows()` **P** jedoch als Byte-Array mit vier Zeilen und vier Spalten. Beachten Sie an dieser Stelle wieder unbedingt, dass der Klartextblock **P** durch AES direkt verändert wird und am Ende nicht mehr ohne Schlüssel rekonstruierbar ist. Sie können `ShiftRows()` und das inverse Gegenstück `InvShiftRows()` mit unterschiedlichen Methoden implementieren. Ich habe folgende Methode gewählt: Die einzelnen Bytes in den einzelnen Spalten werden in temporären Variablen gespeichert und anschließend an die richtige Position zurückgeschrieben. Alternativ hätte ich eine separate String-Funktion programmieren können, die einen String um eine bestimmte Anzahl Zeichen rotiert. Jedoch habe ich festgestellt, dass meine umständliche Variante sehr viel schneller ist. Dies bringt uns nun zu einem grundlegenden Problem, das bei Verschlüsselungsverfahren immer wieder auftaucht: Eine einfache Programmierung vs. Geschwindigkeit, die vor allem im Internet sehr wichtig ist. Es ist nicht immer einfach, hier einen guten Mittelweg zu finden.

Die Funktion, mit der die meisten Studenten Schwierigkeiten haben, ist `MixColumns()` (die Zeilen **200 – 223**). `MixColumns()` ist genau die Funktion, die AES erstens sicher macht und zweitens dafür sorgt, dass der Algorithmus invertierbar ist, also jederzeit rückgängig gemacht werden kann, wenn man den Schlüssel besitzt. Im Endeffekt führt `MixColumns()` nur eine Matrizenmultiplikation von **P** mit einer Matrize **A** durch, die folgende Elemente enthält (Zahlen in Hex):

$$\begin{matrix} 2 & 3 & 1 & 1 \\ 1 & 2 & 3 & 1 \\ 1 & 1 & 2 & 3 \\ 3 & 1 & 1 & 2 \end{matrix}$$

Eine Matrizenmultiplikation kennt wahrscheinlich jeder Student und es nicht sehr schwer, sie zu programmieren. Das, was an dieser Stelle Schwierigkeiten macht, ist, dass die einzelnen Multiplikationen in einem Galois-Feld der Ordnung $GF(2^8)$ stattfinden müssen. Diese Operation ist nicht trivial und auch viel zu langsam, wenn man sie direkt als Algorithmus programmiert. Deshalb habe ich separate Lookup-Tabellen für die Multiplikation im $GF(2^8)$ erstellt. Die Funktion GMul (die Zeilen **189 – 199**) führt nun eine Multiplikation der Byte-Werte **a** und **b** im Zahlenraum $GF(2^8)$ auf eine Exponentiation (Exp) und einen Logarithmus (Log) zurück. `GMul()` schlägt die einzelnen Werte hierfür in den entsprechenden Lookup-Tabellen nach. Stellen Sie sich an dieser Stelle am besten eine klassische Logarithmentabelle vor, in denen man früher, als es noch keine Taschenrechner gab, die entsprechenden Werte nachschlagen musste. `InvMixColumns()` funktioniert wir `MixColumns()`, nur wird **P** mit der Inversen von **A** multipliziert, die folgende Elemente enthält (Zahlen in Hex):

$$\begin{matrix} E & B & D & 9 \\ 9 & E & B & D \\ D & 9 & E & B \\ B & D & 9 & E \end{matrix}$$

Auch `InvMixColumns()` benutzt `GMul()`, um die Ergebnisse auszurechnen. Allerdings bestehen immer noch einige Schwierigkeiten, um `MixColumns()` und `InvMixColumns()` richtig umzusetzen. Die erste Schwierigkeit ist wieder, dass **P** als String vorliegt und auch so betrachtet werden muss. Deshalb müssen Sie sowohl bei `MixColumns()` als auch bei `InvMixColumns()` die Matrizenmultiplikation für die einzelnen Spalten sozusagen elementweise per Hand ausführen und die Ergebnisse auch anschließend elementweise wieder zurückschreiben. Dies erklärt dann auch die etwas eigenartige Code-Struktur dieser Funktionen.

**Das Programm gibt nun in der Konsole die folgenden Bytes aus:**

**11 0c b8 cc a6 d2 64 a7 cb 12 e2 bc 38 49 fd ab (verschlüsselter Text als Bytes)**

**53 45 53 41 4d 20 d6 46 46 4e 45 20 44 49 43 48 (entschlüsselter Text als Bytes)**

## 10.4 Hashing-Verfahren

Eng verwandt mit den Blockchiffren sind die kryptographischen Hashing-Verfahren. Eigentlich bedeutet der Begriff „hash" im deutschen „zerhacken". Dieser Begriff ist aber nicht ganz korrekt und ich selbst würde ihn mit „vermischen" übersetzten. Beim *Hashing* geht es darum, die einzelnen Bits oder Bytes eines Klartextblocks miteinander zu vertauschen oder bestimmte Bits durch die XOR-Funktion miteinander zu verknüpfen. Auch die SBox kommt manchmal zum Einsatz. Ziel der Hashing-Verfahren ist jedoch nicht, den Klartextblock **P** zu verschlüsseln. Ein *kryptographisches Hashing-Verfahren* macht einen Klartextblock **P** so unkenntlich, dass **P** nicht mehr aus dem Ergebnisblock **H** rekonstruierbar ist. Die Menge an Möglichkeiten, die für **P** infrage kommt, wird dazu auf eine viel kleinere Menge an Möglichkeiten abgebildet, die für **H** infrage kommt. Hashing verwendet also keine symmetrischen Funktionen, sondern Falltürfunktionen, die aber nicht dazu da sind, das Ergebnis zu verschlüsseln. Natürlich verwenden manche Hashing-Verfahren auch feste, eindeutige Schlüssel, die am Ende einen eindeutigen Block **H** erzeugen. Das Ergebnis wird aber nicht dazu verwendet, eine bestimmte Nachricht zu speichern. Vielmehr werden z. B. in einer Passwort-Datenbank nur die Hash-Werte der wichtigsten Nutzerdaten abgelegt. Ein bestimmter Nutzer generiert dazu auf seinem PC einen Hash-Wert und sendet diesen über das Internet an den Login-Server. Ein Angreifer kann in diesem Fall zwar den Hash-Wert abfangen, weiß aber nicht, welcher Benutzer sich hinter diesem Hash-Wert verbirgt. Der Begriff *Hash-Wert* und der Inhalt eines Hash-Blocks werden hier oft synonym benutzt.

### 10.4.1 Erweitertes XOR-Hashing

Wie Sie sehen, gehen Hashing und symmetrische Blockchiffren oft Hand in Hand und manche Verfahren sind sogar beides gleichzeitig. Wie berechnet man aber nun einen Hashwert **H** für den Klartext **P**? Nehmen wir dazu folgenden String mit Nutzerdaten:

```
unsigned char P[65]="Rene@Pinguin:Linux"; // Blocklänge ist 64 Bytes+Nullbyte
```

Nehmen wir an, die Länge das Hash-Blocks soll 16 Bytes betragen:

```
unsigned char H[16]; // Hashing-Verfahren rechnen oft mit vorzeichenlosen Zahlen
```

Das einfachste Hashing-Verfahren, das es gibt, ist der einfache XOR-Hash. Um diesen zu berechnen, wird erst einmal an den Klartextblock der String „ABCDEF...“ angehängt, und zwar so lange, bis der Klartextblock eine Länge von 64 Zeichen aufweist. Die Folge „ABCDEF...“ ist so beschaffen, dass diese sich nach dem Buchstaben Z wiederholt. Anschließend werden die ersten 16 Zeichen des Klartextbocks **P** nach **H** kopiert. Anschließend werden sämtliche Zeichen ab `P[16]` durch die folgende Schleife per XOR verknüpft:

```
for (i=16; i<BL; i++)
{
     H[i%HL]=H[i%HL]^P[i];
}
// HL=Hashlänge (16), BL=Blocklänge (64)
```

Genau wie die XOR-Chiffre gewährleistet der XOR-Hash nur eine rudimentäre Sicherheit, die gerade mal ausreicht, um eine Adressenliste vor den Blicken Neugieriger zu schützen. Echte Hacker finden den Klartext zu einem XOR-Hash jedoch in ein paar Sekunden. Dies liegt aber nicht an der XOR-Funktion selbst, sondern an der viel zu schwachen Vermischung der Bits mit dem hier vorgestellten Algorithmus. Es reicht eben nicht aus, nur einzelne Zeichen per XOR miteinander zu verknüpfen, sondern die verknüpften Bits müssen zusätzlich gegeneinander verschoben werden. Diese Verschiebung können Sie auf unterschiedliche Weisen erreichen. Die einfachste Variante, die über einen einfachen XOR-Hash hinausgeht, ist, **P** in einem Puffer **B** (vom englischen „buffer“) abzulegen und diesen Puffer um eine bestimmte Anzahl an Bit nach links oder rechts zu rotieren. Diesen rotierten Puffer verknüpfen Sie anschließend mit dem Klartext. Dabei können Sie auch mehrere Runden verwenden, was viele moderne Hashing-Algorithmen dann auch wirklich tun.

Wie rotieren Sie aber nun einen String? Für eine Zahl gibt es dafür spezielle Prozessorbefehle oder aber bestimmte Bibliotheken (z. B. ctype.h), Java hat den Rotationsbefehl sogar direkt in Form einer Klassenmethode integriert (Integer.Rotate()). Was ist aber mit einem String? Zum Glück ist die Rotation eines Strings nicht so schwer, denn Sie müssen nur die Bytes in den einzelnen Zeichen mit einem Bit-Schiebe-Befehl verknüpfen. Dabei müssen Sie aber beachten, dass Sie die Bits der Zeichen, die dem aktuellen Zeichen folgen, korrekt in das aktuelle Zeichen übertragen. Dies ist aber nicht so schwer, wie die folgende C++-Funktion zeigt.

```
void StringRotLeft(unsigned char *S) // Rotation um 1 Bit nach links
{
    unsigned char Temp;
    long int L=strlen(S);
    Temp=S[L-1]; // Zeichen an MSB sichern
    for (long int i=L-1; i>0; i--)
    {
        S[i]=(S[i]<<1)|(S[i-1]>>7); // Bit 7 von S[i-1] von unten in S[i]
hineinschieben
    }
    S[0]=(S[0]<<1)|(Temp>>7); // Oberstes Bit von Temp unten in S[0] hineinschieben
}
```

`StringRotLeft()` betrachtet einen String als sehr lange Zahl, bei der das erste Zeichen im String (`S[0]`) auch das LSB ist. Das letzte Zeichen steht also an der Position `S[L-1]`, wenn **L** die Länge des Strings ist. `StringRotLeft()` geht nun den String von hinten nach vorne durch und verschiebt jedes Byte im String um eine Position nach links. Allerdings reicht dies nicht aus, denn es muss stets das oberste Bit des nächsten Bytes in das aktuelle Byte kopiert werden. Dies gelingt übrigens nur dann korrekt, wenn der String vom Typ `unsigned char*` ist, ansonsten wird Bit 7 als Vorzeichenbit einer 8-Bit-Zahl betrachtet. Bei einer Bitrotation nach links müssen Sie immer das Bit, das an der höchsten Position steht, an der untersten Stelle wieder reinschieben. Hierzu dient die Variable **Temp**, die das MSB sichert und am Ende das oberste Bit des MSB unten wieder hineinschiebt. Sie erinnern sich wahrscheinlich noch: MSB bedeutet „most significant byte" und LSB „least significant byte".

Das Gegenstück zu StringRotLeft ist dann StringRotRight.

```
void StringRotRight(unsigned char *S) // Rotation um 1 Bit nach rechts
{
    unsigned char Temp;
    long int L=strlen(S);
    Temp=S[0]; // Zeichen an MSB sichern
    for (long int i=0; i<L-1; i++)
    {
        S[i]=(S[i]>>1)|(S[i+1]<<7); // Bit 1 von S[i+1] von oben in S[i]
hineinschieben
    }
    S[L-1]=S([L-1]>>1)|(Temp<<7); // Unterstes Bit von Temp oben in S[L-1]
hineinschieben
}
```

`StringRotRight()` betrachtet also ebenfalls einen String als sehr lange Zahl, bei der das erste Zeichen im String (`S[0]`) auch das LSB ist. Das letzte Zeichen ist also an der Position `S[L-1]`, wenn **L** die Länge des Strings ist. `StringRotRight()` geht den String von vorne nach hinten durch, und verschiebt jedes Byte im String um eine Position nach rechts. Allerdings reicht dies nicht aus, denn es muss stets das unterste Bit des nächsten Bytes in das aktuelle Byte kopiert werden. Dies gelingt auch hier nur dann korrekt, wenn der String vom Typ `unsigned char*` ist, ansonsten wird Bit 7 als Vorzeichen betrachtet. Bei einer Bitrotation nach rechts müssen Sie immer das Bit, das an der niedrigsten Position steht, an der obersten Stelle wieder reinschieben. Hierzu dient die Variable **Temp**, die das LSB sichert, und am Ende das unterste Bit des MSB oben wieder hineinschiebt. Auch an dieser Stelle bedeutet MSB „most significant byte" und LSB „least significant byte".

Wir wollen nun den XOR-Hash so durch die Funktion `StringRotLeft()` erweitern, dass dieser sehr viel sicherer wird. Hierzu verknüpfen wir die String-Rotation auf die folgende Weise mit der XOR-Funktion: Erst wird der in den Puffer **B** kopierte Klartext um ein Bit nach links rotiert. Anschließend wird ein Rotationszähler **r** um 1 erhöht. Immer, wenn dieser Zähler einen bestimmten Wert besitzt, wird der Klartext **P** mittels XOR mit dem Puffer **B** verknüpft. Um an dieser Stelle eine optimale Vermischung der einzelnen Bits zu erreichen, können Sie verschiedene Strategien benutzen, um zu bestimmen, bei welchen Werten für **r** (**r** ist hier wieder der Rundenzähler) eine XOR-Verknüpfung stattfindet. Eine mögliche Strategie, die ja auch schon AES verwendet hat, ist, die Binärdarstellung von **B** als Polynom zu betrachten. Wenn dieses Polynom keine Nullstellen besitzt, dann ist eine XOR-Verknüpfung von **P** mit **B** genau dann sinnvoll, wenn **r** als Potenz in dem entsprechenden Polynom auftaucht.

Die einfachste Variante ist in diesem Fall, bei allen Zählerständen von **r**, die einer Primzahl entsprechen, eine XOR-Verknüpfung von **P** mit **B** durchzuführen. Rotiert wird der Puffer **B** allerdings bei jeder Erhöhung von **r**. Der maximale Wert von **r** entspricht hier der Bitlänge des Hash-Blocks. Ich will nun der Einfachheit halber annehmen, dass **H** genau wie **P** 64 Bytes groß ist. In diesem Fall müssen wir folgende Primzahltabelle mit den Primzahlen zwischen 2 und 512 anlegen:

```
PrimTab[22]={2,3,7,13,23,31,47,61,79,97,113,139,167,193,223,251,283,317,359,397,439,
479};
```

Nun können Sie den XOR-Hash durch die folgende Schleife erweitern:

```
int r=0, j=0, L=64;
unsigned char B[64];
for (r=0; r<512; r++)
{
    StringRotLeft(B);
    if (r==PrimTab[j])
    {
        XORString(P,B,L); // Reihenfolge der Parameter: Ziel, Quelle
        j++; // nächsten Eintrag in der Primtabelle auswählen
    }
}
```

`XORString()` soll hier bedeuten, dass **P** byteweise mit **B** durch XOR verknüpft wird. `XORString()` muss aber hier die Blocklänge **L** als Parameter erhalten, weil die Strings auch Nullzeichen enthalten können. Es dürfte für Sie inzwischen ein Leichtes sein, die Funktionen `XORString()` zu implementieren.

Nun sieht das Ergebnis schon sehr chaotisch aus und Sie können nicht mehr so einfach von **H** auf **P** schließen. Sie haben im Endeffekt ein Hütchenspiel mit 64*8=512 Hütchen gespielt, unter denen auch nicht nur eine Murmel, sondern gleich mehre Murmeln liegen (eine Murmel entspricht hier einem gesetzten Bit). Nach 512 Runden und mehreren Umsortierungen durch die zusätzlichen XOR-Verknüpfungen können Sie nur noch sehr schwer zu der Ausgangsposition zurückfinden. In der Tat können Sie dies mit Ihrem privaten PC nicht mehr leisten, auch, wenn Ihr Prozessor 16 Kerne besitzt und Sie eine teure Gaming-Grafikkarte Ihr Eigen nennen. Leider gibt es aber auch Server und diese könnten hier innerhalb von ein paar Stunden durch aufwendige statistische Tests von **H** auf **P** schließen. Dies ist deshalb möglich, weil Sie für Ihren Schlüssel nicht den gesamten Zahlenraum ausgenutzt haben, den Ihnen die ASCII-Zeichen bieten. Sie können diese Sicherheitslücke nun durch zwei Maßnahmen stopfen: Entweder Sie füllen **P** mit Zufallszahlen oder Sie verwenden eine SBox.

Nun sind wir wieder bei der Frage, wie Sie eine sichere SBox erstellen können. Sie können nun an dieser Stelle einfach die SBox von AES verwenden. Leider ist die SBox von AES immer wieder dafür kritisiert worden, dass die Einträge darin durch einen relativ einfachen Algorithmus zustande kommen. Ich möchte deswegen nun eine andere Möglichkeit verwenden, nämlich die Zahl Pi in binärer Darstellung. Pi hat die Eigenschaft, normal zu sein. Bei einer *normalen Zahl* kommen hinter dem Komma sämtliche Dezimalziffern gleich häufig vor und die Ziffern verhalten sich auch wie bei einer echten Zufallsfolge. Da das Binärsystem nur eine Transformation des Dezimalsystems in ein anderes Zahlensystem ist, gilt auch im Binärsystem die Aussage, dass die Bitmuster der Zahl Pi einer echten Zufallsfolge entsprechen. Die Binärdarstellung von Pi erhalten Sie unter anderem durch den BPP-Algorithmus. Ich habe mir mit diesem Algorithmus etwa 10 000 Binärstellen als Bytes ausgeben lassen und in dem Array SBox der Größe 256 abgelegt. Ich habe jedoch immer, wenn ein Byte schon in der SBox enthalten war, das entsprechende Byte weggelassen und nicht noch einmal in die SBox übertragen. Auf diese Weise erhalten Sie die folgende SBox:

```
unsigned char SBox[256]=
{
0xba,0x3b,0xf0,0x50,0x7e,0xfb,0x2a,0x98,0xa1,0xf1,0x65,0x1d,0x39,0xae,0x01,0x76,
0x66,0xca,0x59,0x3e,0x82,0x43,0x0e,0x88,0x8c,0xee,0x86,0x19,0x45,0x6f,0x9f,0xb4,
0x7d,0x84,0xa5,0xc3,0x8b,0x5e,0xbe,0xe0,0x75,0xd8,0x85,0xc1,0x20,0x73,0x40,0x1a,
0x44,0x56,0x6a,0xa6,0x4e,0xd3,0xaa,0x62,0x36,0x3f,0x77,0x06,0x1b,0xfe,0xdf,0x72,
0x42,0x9b,0x02,0x3d,0x37,0xd0,0xd7,0x24,0x0a,0x12,0x48,0xdb,0x0f,0xea,0x49,0xc0,
0x07,0x53,0xc9,0x80,0x99,0x7b,0x25,0xd4,0x79,0xf6,0xe8,0xde,0xf7,0xe3,0xb6,0x4c,
0x97,0x6c,0xbd,0x04,0xa9,0x4f,0x60,0xc4,0x5c,0x9e,0xc2,0x63,0x68,0xaf,0xb5,0x13,
0xb2,0xeb,0x52,0xec,0x6d,0xfc,0x51,0x1f,0x30,0x95,0x2c,0xcc,0x81,0x09,0x33,0x4a,
0xfd,0x28,0x2e,0x4b,0xb3,0xcb,0xa8,0x57,0xc8,0x74,0xd2,0x0b,0x5f,0xb9,0x55,0x32,
0xd6,0x00,0xc6,0x67,0xa3,0x8e,0xe9,0xf8,0x22,0x3c,0x16,0x61,0x6b,0x15,0x2f,0x1e,
0xad,0x05,0xab,0xfa,0x23,0x87,0x31,0xbb,0xa0,0x17,0x69,0xd5,0xff,0xac,0x5b,0x27,
0xb0,0x58,0xe1,0x5d,0xb8,0x11,0x10,0x21,0x83,0x2d,0xd1,0x9a,0xe4,0xbc,0x90,0xdd,
0xf2,0xda,0xa4,0x41,0xce,0xef,0x2b,0x4d,0x91,0x71,0x93,0xc7,0x94,0xb7,0x8f,0xe2,
```

```
0x64,0x0d,0x1c,0xcf,0x18,0xe5,0xf3,0x89,0x7c,0xd9,0xa2,0x14,0xe6,0x54,0xf5,0x9d,
0x35,0xcd,0x0c,0x78,0x5a,0x7f,0xc5,0x26,0x03,0x47,0x29,0x08,0x96,0xe7,0xf9,0x34,
0x6e,0x7a,0x70,0xa7,0x9c,0xed,0xb1,0x3a,0x38,0xdc,0x46,0xbf,0xf4,0x8d,0x92,0x8a
};
```

Der BPP-Algorithmus ist nicht trivial und es würde an dieser Stelle auch dem Verständnis nicht gerade dienen, wenn ich diesen nun detailliert darstellen würde. Mir ist nur wichtig, dass Sie verstehen, dass eine SBox keine willkürlich gezogenen Zufallszahlen enthalten muss (dies wäre sogar kontraproduktiv), sondern vielmehr eine Zahlenfolge, die bestimmte Eigenschaften besitzt. Eine dieser Eigenschaften ist z. B., eine statistische Analyse zu erschweren. Die von Pi abgeleitete SBox hat unter anderem diese Eigenschaft. Leider ist es sehr schwer, dies zu beweisen. Es versteht sich von selbst, dass ich Ihnen diesen Beweis nicht zumuten kann.

Für ein Hashing-Verfahren benötigen Sie keine inverse SBox (diese benötigen Sie nur für eine symmetrische Chiffre). Sie müssen aber die originale SBox an der richtigen Stelle einsetzen. Wenn Sie den XOR-Hash noch einmal verkomplizieren wollen, ist es am besten, die SBox direkt in der Initialisierungsphase einzusetzen und danach in jeder Runde, in der auch die Funktion `XORString()` ausgeführt wird. Dies bedeutet, dass Sie erst einmal folgende Schleife ausführen müssen (**Z** sei hier der Ziel-String, der substituiert wird):

```
for (i=0; i<L; i++) { Z[i]=SBox[Z[i]]; }
```

Kapseln wir nun diese Schleife wie folgt in eine Funktion:

```
void SBoxSub(unsigned char *Z, int L) // Z=Zielstring
{
    int i;
    for (i=0; i<L; i++) { P[i]=SBox[P[i]]; }
}
```

Wir erhalten folgenden Algorithmus für die Berechnung des Hash-Werts (L=64):

```
SBoxSub(P,L); // Substitution von P mittels SBox
CopyString(B,P,L); // Kopiert B nach P
for (r=0; r<512; r++)
{
    StringRotLeft(B,L); // Rotation um 1 Bit
    if (r==PrimTab[j])
    {
        XORString(P,B,L);  // Reihenfolge der Parameter: Quelle, Ziel
        SBoxSub(B,L); // Substitution B mittels SBox
        j++; // nächsten Eintrag in der Primtabelle auswählen
    }
}
```

Listing 10.8 setzt den getunten XOR-Hash in ein lauffähiges C-Programm um, mit dem Sie die Login-Daten als Klartext **P** über die Tastatur eingeben können. Anschließend wird der Hash von **P** berechnet und als lange Hex-Zahl angezeigt.

**Listing 10.8** TunedXORHash.cpp

```
#include<stdio.h>
#include<string.h>

long int PrimTab[23]={2,3,7,13,23,31,47,61,79,97,113,139,167,193,223,251,283,317,359,397,439,479};

unsigned char SBox[256]=
{
0xba,0x3b,0xf0,0x50,0x7e,0xfb,0x2a,0x98,0xa1,0xf1,0x65,0x1d,0x39,0xae,0x01,0x76,
0x66,0xca,0x59,0x3e,0x82,0x43,0x0e,0x88,0x8c,0xee,0x86,0x19,0x45,0x6f,0x9f,0xb4,
0x7d,0x84,0xa5,0xc3,0x8b,0x5e,0xbe,0xe0,0x75,0xd8,0x85,0xc1,0x20,0x73,0x40,0x1a,
0x44,0x56,0x6a,0xa6,0x4e,0xd3,0xaa,0x62,0x36,0x3f,0x77,0x06,0x1b,0xfe,0xdf,0x72,
0x42,0x9b,0x02,0x3d,0x37,0xd0,0xd7,0x24,0x0a,0x12,0x48,0xdb,0x0f,0xea,0x49,0xc0,
0x07,0x53,0xc9,0x80,0x99,0x7b,0x25,0xd4,0x79,0xf6,0xe8,0xde,0xf7,0xe3,0xb6,0x4c,
0x97,0x6c,0xbd,0x04,0xa9,0x4f,0x60,0xc4,0x5c,0x9e,0xc2,0x63,0x68,0xaf,0xb5,0x13,
0xb2,0xeb,0x52,0xec,0x6d,0xfc,0x51,0x1f,0x30,0x95,0x2c,0xcc,0x81,0x09,0x33,0x4a,
0xfd,0x28,0x2e,0x4b,0xb3,0xcb,0xa8,0x57,0xc8,0x74,0xd2,0x0b,0x5f,0xb9,0x55,0x32,
0xd6,0x00,0xc6,0x67,0xa3,0x8e,0xe9,0xf8,0x22,0x3c,0x16,0x61,0x6b,0x15,0x2f,0x1e,
0xad,0x05,0xab,0xfa,0x23,0x87,0x31,0xbb,0xa0,0x17,0x69,0xd5,0xff,0xac,0x5b,0x27,
0xb0,0x58,0xe1,0x5d,0xb8,0x11,0x10,0x21,0x83,0x2d,0xd1,0x9a,0xe4,0xbc,0x90,0xdd,
0xf2,0xda,0xa4,0x41,0xce,0xef,0x2b,0x4d,0x91,0x71,0x93,0xc7,0x94,0xb7,0x8f,0xe2,
0x64,0x0d,0x1c,0xcf,0x18,0xe5,0xf3,0x89,0x7c,0xd9,0xa2,0x14,0xe6,0x54,0xf5,0x9d,
0x35,0xcd,0x0c,0x78,0x5a,0x7f,0xc5,0x26,0x03,0x47,0x29,0x08,0x96,0xe7,0xf9,0x34,
0x6e,0x7a,0x70,0xa7,0x9c,0xed,0xb1,0x3a,0x38,0xdc,0x46,0xbf,0xf4,0x8d,0x92,0x8a
};

void StringRotLeft(unsigned char *S, int L) // Rotation um 1 Bit nach links
{
    unsigned char Temp;
    Temp=S[L-1]; // Zeichen an MSB sichern
    for (long int i=L-1; i>0; i--)
    {
        S[i]=(S[i]<<1)|(S[i-1]>>7); // Bit 7 von S[i-1] von unten in S[i] hineinschieben
    }
    S[0]=(S[0]<<1)|(Temp>>7); // Oberstes Bit von Tmp unten in S[0] hineinschieben
}

void XORString(unsigned char *Z, unsigned char *Q, int L) // Verknüpft Z (Ziel) und Q (Quelle) durch XOR
{
    int i;
    for (i=0; i<L; i++)
    {
        Z[i]=Z[i]^Q[i];
    }
}
```

```
void CopyString(unsigned char *Z, unsigned char *Q, int L) // Kopiert Z (Ziel) nach Q (Quelle)
{
    int i;
    for (i=0; i<L; i++)
    {
        Z[i]=Q[i];
    }
}

void SaltString(unsigned char *Z, int L) // Z ab Position L mit SBox-Werten auffüllen
{
    int i,j;
    j=strlen(Z)-1;
    if (j>64) { j=64; }
    for (i=j; i<L; i++)
    {
        Z[i]=SBox[i];
    }
}

void ZeroEx(unsigned char *Z, int L) // Sämtliche Nullen in Z durch Binärwert 10101010 ersetzen
{
    int i;
    for (i=0; i<L; i++)
    {
        if (Z[i]==0) { Z[i]=0xaa; }
    }
}

void SBoxSub(unsigned char *Z, int L) // Sämtliche Zeichen in Z (Ziel) mittels SBox ersetzen
{
    int i;
    for (i=0; i<L; i++)
    {
        Z[i]=SBox[Z[i]];
    }
}

void StringOutHex(unsigned char *Q, int L) // Ausgabe String-Bytes als Hex-Werte (+newline)
{
    int i;
    for (i=0; i<L; i++)
    {
        printf("%02x",Q[i]);
    }
    printf("\n");
}

void CreateHash(char *P) // Ersetzt P durch den Hash-Block H(P)
{
    int r=0,j=0,L=64;
```

```
087     unsigned char B[64];
088     SaltString(P,L); // P mit Salz versehen
089     SBoxSub(P,L);
090     CopyString(B,P,L);
091     for (r=0; r<512; r++)
092     {
093         StringRotLeft(B,L); // In jedem Schritt String um 1 rotieren
094         if (r==PrimTab[j])
095         {
096             XORString(P,B,L); // Reihenfolge der Parameter: Ziel, Quelle
097             SBoxSub(B,L);
098             j++; // nächsten Eintrag in der Primtabelle auswählen
099         }
100     }
101     ZeroEx(P,L); // Am Ende noch einmal Nullen aus P entfernen
102 }
103 int main(void)
104 {
105     unsigned char P[65];
106     unsigned char User[65];
107     unsigned char Pass[65];
108     unsigned char OS[65];
109     printf("Benutzername:"); scanf("%s",&User);
110     printf("Passwort:"); scanf("%s",&Pass);
111     printf("Betriebssystem:"); scanf("%s",&OS);
112     strcpy(P,User); strcat(P,"@");
113     strcat(P,Pass); strcat(P,":");
114     strcat(P,OS);
115     printf("Login-Daten:%s\n",P);
116     CreateHash(P); printf("Hash-Wert:"); StringOutHex(P,64);
117     return 0;
118 }
```

Die Zeilen **001** – **022** brauche ich nicht mehr zu erklären, denn dort werden nur die nötigen Include-Dateien eingebunden und die SBox definiert. Die SBox sowie sämtliche Strings enthalten auch in Listing 10.8 wieder vorzeichenlose Zeichen. Dies ist deshalb nötig, weil die Zeichen selbst als vorzeichenloser Zeiger dienen, um den entsprechenden Eintrag in der SBox zu finden. Sie benötigen trotzdem noch einige Hilfsfunktionen, um das in Listing 10.8 angegebene Hashing-Verfahren benutzen zu können. Dies ist einmal die Funktion `StringRotLeft()` (die Zeilen **023** – **032**), die vorher schon ausführlich besprochen wurde, und ferner die Funktion `XORString()` (die Zeilen **033** – **040**). `XORString()` bekommt drei Parameter übergeben, nämlich den Ziel-String, den Quell-String und die Länge des Quell-Strings. Die Übergabe der Länge ist deshalb nötig, weil diese nicht durch die Funktion `strlen()` ermittelt werden kann. Dies gilt vor allem für den während des Hashings generierten Zwischenpuffer, der auch Null-Bytes enthalten kann. `XORString()` verknüpft den Ziel-String und den Quell-String byteweise durch XOR. Ich habe in dem gesamten Listing darauf geachtet, dass sämtliche String-Funktionen die Parameter in der Reihenfolge (Ziel,Quelle,Länge) bzw. (Ziel,Länge) verwenden. Dies gilt auch für `CopyString()` (die Zeilen **041** – **048**). Diese Funktion kopiert den Quellstring **Q** mit der Länge **L** Byteweise in den Zielstring **Z**.

Wenn Sie nun einen String mit Login-Informationen eingeben, kann es jedoch sein, dass dieser String kürzer ist als 64 Zeichen. Dies ist sogar normal, weil sich niemand komplizierte Passwörter merken kann. Wenn Sie diesen String jedoch hashen, dann haben Sie ab der Position `P[strlen(P)]` zufällige Bytes im Speicher stehen. Sie erinnern sich? C initialisiert den Speicher nicht, wenn es ein Array im Speicher anlegt. Sie können jetzt natürlich hergehen und Ihre Strings vor der Eingabe von Daten stets mit Null-Bytes auffüllen. Dies erzeugt dann aber in **P** viele Null-Bytes. Vielleicht denken Sie, dass dies ja nicht so schlimm ist, aber das Gegenteil ist der Fall. Die XOR-Verknüpfung von A mit 0 erzeugt nämlich wiederum A, das heißt dass Null-Bytes beim Hashen keine Änderung bewirken. Dadurch wird der Zahlenraum (das ist die Anzahl der Möglichkeiten, mit der Sie Ihre Bits in **P** neu anordnen können) von **H** reduziert, was eine große Sicherheitslücke bedeutet. Konkret heißt das: Wenn **P** zu kurz ist, enthält der Hash-Wert **H** später viele Bytes des Originaltextes und diese Bytes braucht man natürlich, wenn man dann **P** rekonstruieren will, nicht mehr zu testen. Dummerweise ist dies genau das, was viele Benutzer tun: Sie verwenden einfache, kurze Passwörter, weil sie diese sonst vergessen. Deshalb wird **P** vor dem Hashen mit Salz (salt) versehen. *Salz* (salt) nennt man in der Kryptographie Bytes, die zusätzlich zu der eigentlichen Information in einen Klartextblock geschrieben werden, um diesen bis zu der Länge **L** aufzufüllen. Hierbei dürfen die Bytes des Salzes keine Null-Bytes bzw. Zufallszahlen sein, sollten aber dennoch möglichst chaotisch aussehen. Das Salzen des Klartextblocks nach der Eingabe übernimmt die Funktion `SaltString()` (die Zeilen **049 – 058**). **SaltString()** ermittelt in Zeile **052** erst einmal die Länge des als Parameter **Z** übergebenen Strings durch `strlen()` und setzt den Zähler **j** auf `strlen(Z)-1`. Sie haben also nun zwei Längenvariablen: einmal die Länge des Klartextblocks und einmal die Länge des Klartext-Strings (hier **Z**) bis zu dem ersten Null-Byte. In einer Schleife wird dann jedes Zeichen an der Position **i** durch den entsprechenden SBox-Eintrag `SBox[i]` ersetzt. `SaltString()` schreibt also keine Zufallszahlen in einen String, sondern nimmt dafür die chaotisch aussehenden Einträge aus der SBox. An dieser Stelle ist es wirklich wichtig, dass Sie für das Salz reproduzierbare Werte verwenden, sonst erhalten Sie keinen eindeutigen Hash-Wert. **P** darf zwar nicht aus **H** ableitbar sein, aber derselbe Klartextblock muss dennoch einen eindeutigen Hash-Wert erzeugen.

Das Hashing selbst wurde in die Funktion `CreateHash()` (die Zeilen **084 – 102**) ausgelagert. **CreateHash()** bekommt nur den Klartext **P** als Parameter übergeben, weil die Blocklänge stets L=64 ist. Zunächst kopiert `CreateHash()` den Klartext **P** in den Zwischenpuffer **B**, nachdem **P** mit Salz versetzt und mittels SBox substituiert wurde. In den Zeilen **091 – 100** wird nun die `for`-Schleife ausgeführt, die die einzelnen Runden generiert. Es gibt 22 Runden und in jeder Runde wird der Klartext **P** mit dem um **r** Bits verschobenen Puffer B verknüpft, wobei **r** immer die nächsthöhere Primzahl ist. Am Ende jeder Runde wird **B** stets mittels SBox substituiert. **P** wird am Ende noch der Funktion ZeroEx() übergeben, die sämtliche Null-Bytes aus **P** entfernt. **P** wird also direkt durch den entsprechenden Hash-Wert ersetzt und kann danach auch als echter String mittels `printf()` ausgegeben werden.

Das Hauptprogramm (die Zeilen **103 – 118**) liest nun drei Login-Informationen von der Konsole ein, nämlich den Benutzernamen, das Passwort und das OS (Betriebssystem). Diese Informationen werden per `strcat()` zu einem String der Form [Benutzername]@[Passwort]:[Betriebssystem] verknüpft, der als Klartext **P** verwendet und anschließend gehasht wird. Der Hash-Wert wird am Ende als lange Hex-Zahl in der Konsole angezeigt. Die Ausgabe kann z. B. wie folgt aussehen:

**Benutzername:Rene**

**Passwort:Pinguin**

**Betriebssystem:Linux**

**Login-Daten:Rene@Pinguin:Linux**

**Hash-Wert:**

**8c19ce8cc9c23ca402672fa457623ca4d626b88a5147f142f49324fc576b6ef24**
**c3009395d3befffcd26def3aa4bd46ae43ffe559b687608998ebf0771aa96a3**

Ich gebe an dieser Stelle zu, dass ich noch keine Gelegenheit dazu hatte, das in dem letzten Listing vorgestellte Hashing-Verfahren auf Sicherheitslücken zu testen. Trotzdem schien es mir eine gute Vorbereitung auf den erprobten und auch oft verwendeten Algorithmus zu sein, den ich Ihnen nun vorstellen möchte, nämlich den SHA-Algorithmus. Der Begriff SHA ist eine Abkürzung für „secure hash algorithm“, auf deutsch „sicherer Hashing-Algorithmus“. Die erste Variante von SHA (SHA-1) erfüllte leider nicht das Kriterium, sicher zu sein, deshalb stelle ich Ihnen an dieser Stelle den Nachfolger SHA-2 vor. SHA-3 gibt es inzwischen auch schon, es wird aber noch nicht genügend oft verwendet, um in einem Buch über Algorithmen besprochen zu werden. Es ist aber abzusehen, dass SHA-2 in ein paar Jahren von SHA-3 abgelöst wird, und dann wird in der nächsten Auflage an dieser Stelle SHA-3 behandelt werden.

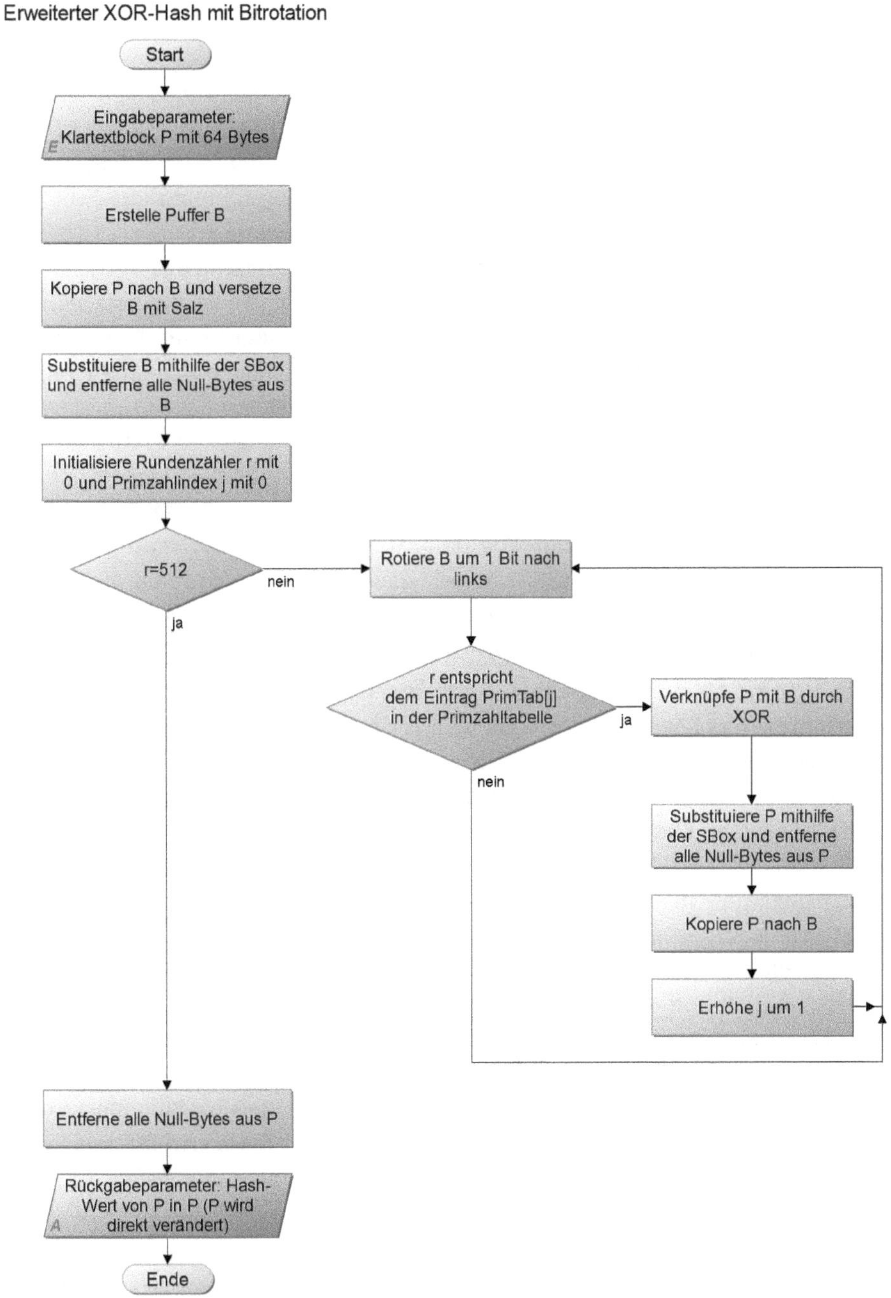


**Bild 10.3** Programmablaufplan der Berechnung des erweiterten XOR-Hashes

### 10.4.2 Der SHA-Algorithmus

In Listing 10.8 wurden keine Texte gehasht, die mehr als 64 Bytes lang sind. Das bedeutet, dass in Texten, die mehr als 64 Bytes enthalten, die einzelnen Textblöcke miteinander verknüpft werden müssen. Hierzu können Sie z. B. den Textblock $P_1$ jeweils durch XOR mit dem bereits gehashten Textblock $P_0$ verknüpfen und diese XOR-Verknüpfung anschließend erneut hashen, was auch einen neuen Hashwert H ergibt. Auf diese Weise bilden Sie natürlich eine viel größere Klartextmenge auf eine viel kleinere Menge an Hash-Werten ab, was dazu führt, dass teilweise unterschiedliche Klartexte denselben Hash-Wert besitzen. Dieses Szenario nennt man eine *Kollision* von Hash-Werten, die Abbildung einer Menge an Möglichkeiten auf eine kleinere Menge an Möglichkeiten nennt man *Kompression*. In dem letzten Beispiel müssen Sie die Kompression explizit herbeiführen, indem Sie z. B. die einzelnen Textblöcke entsprechend verknüpfen. Der SHA-2-Algorithmus dagegen enthält die Kompression bereits explizit in Form einer *Merkle-Damgård-Konstruktion*. Dieses Verfahren geht auf die Arbeiten von Ralph Merkle und Ivan Damgård zurück und wendet in mehreren Runden wiederholt eine bestimmte Kompressionsfunktion an. Ich muss diese Kompressionsfunktion an dieser Stelle nicht separat erläutern, denn dies wird dadurch gewährleistet, dass ich Ihnen nun SHA-2 ausführlich erkläre.

Im Gegensatz zu AES ist SHA-2 keine symmetrische Chiffre, sondern ein Kompressionsverfahren. Das bedeutet, dass nach dem Hashen eben kein eindeutiger Block C entsteht, der invertierbar ist, und aus dem man anschließend den Klartextblock P wiederherstellen kann. Dieses Verhalten ist bei allen Hashing-Verfahren gewollt, so auch bei SHA-2. Die Kompression besteht bei SHA aus einer Padding-Funktion, die einen Text-String durch Anhängen von Null-Bytes auf eine Länge von mindestens 64 Bytes bringt, und vier Kompressionsfunktionen, die in 64 Runden wiederholt ausgeführt werden. Anders als bei Blockchiffren, gibt es für die Kompressionsfunktionen keine Inversen. Das Padding wird im Gegensatz zu den anderen Funktionen nur am Anfang ausgeführt und tut Folgendes: Der als Parameter übergebene String **S** wird bei Bedarf auf 64 Bytes Länge mit Null-Bytes aufgefüllt. Im letzten Byte von **S** steht dann das Byte 64. Anschließend werden 32 Bytes des Strings **S** in den Klartextblock **P** kopiert und gehasht. SHA verarbeitet **S** nun Block für Block, die einzelnen Blöcke werden so miteinander verknüpft, dass der Hash-Wert stets 32 Bytes groß ist. Das heißt, dass der Klartext in Blöcken von 32 Bytes verarbeitet wird, aber mindestens 64 Bytes groß sein muss.

SHA verarbeitet den Klartext **P** in Blöcken zu je acht 32-Bit-Worten (=32 Bytes) und führt für jeden dieser Blöcke 64 Kompressionsrunden aus. Genau dieser Algorithmus wird als Merkle-Damgård-Konstruktion bezeichnet (bzw. als eine bestimmte Form davon). Nach der Kompression wird immer der komprimierte Block mit den Daten des vorigen Blocks verknüpft. Die vier Kompressionsfunktionen, die innerhalb jeder Runde ausgeführt werden, sind die folgenden:

**Ch(P)**

Nennen wir A, B, C, D, E, F, G und H das erste bis achte 32-Bit-Wort innerhalb des Klartextblocks **P**. Dann ist

Ch(P)=(P[E]&P[F])^(~P[E]&P[G])

^ ist die XOR-Funktion und ~ ist die bitweise Negation

**P** wird aus 32-Bit-Worten bestehend betrachtet und auch alle logischen Verknüpfungen werden mit 32-Bit-Worten ausgeführt. Der Rückgabeparameter ist vom Typ `unsigned long int`.

**Ma(P)**

Nennen wir A, B, C, D, E, F, G und H das erste bis achte 32-Bit-Wort innerhalb des Klartextblocks **P**. Dann ist

Ma(P)=(P[A]&P[B])^(P[A]&P[C])^(P[B]&P[C]);

**P** wird aus 32-Bit-Worten bestehend betrachtet, alle logischen Operationen und auch der Rückgabeparameter sind vom Typ `unsigned long int`.

**S0(P)**

Nennen wir A, B, C, D, E, F, G und H das erste bis achte 32-Bit-Wort innerhalb des Klartextblocks **P**. Dann ist

S0(0)=(P[A]>>>2)^(P[A]>>>13)^(P[A]>>>22)

>>> ist die bitweise Rotation um die angegebene Bitanzahl nach rechts.

**S1(P)**

Nennen wir A, B, C, D, E, F, G und H das erste bis achte 32-Bit-Wort innerhalb des Klartextblocks **P**. Dann ist

S1(P)=(P[E]>>>6)^(P[E]>>>11)^(P[E]>>>25)

>>> ist die bitweise Rotation um die angegebene Bitanzahl nach rechts.

Weil nach jeweils 64 Runden immer der vorige Block mit dem zuletzt gehashten Block verknüpft wird, gibt es für Block Nr. 0 keinen Vorgänger. Deshalb verwendet SHA einen Initialisierungsvektor (kurz IV). Der *Initialisierungsvektor* ist derjenige Block, der für die allererste Verknüpfung mit dem Vorgängerblock verwendet wird, wenn es noch keinen Vorgänger gibt. Bei SHA-2 besteht das Array **IV** aus den folgenden 32-Bit-Worten:

```
unsigned long int IV[8]=
{
0x6a09e667,
0xbb67ae85,
0x3c6ef372,
0xa54ff53a,
0x510e527f,
0x9b05688c,
0x1f83d9ab,
0x5be0cd19,
};
```

Der Initialisierungsvektor wird vom SHA-2-Standard fest vorgegeben.

Sehen Sie sich nun Listing 10.9 an, das das Gleiche tut wie Listing 10.8, nur mit einem SHA-2-Hash anstatt mit einem erweiterten XOR-Hash.

**Listing 10.9** SHA2.cpp

```
#include<stdio.h>
#include<string.h>

unsigned long int IV[8]=
{
    0x6a09e667,
    0xbb67ae85,
    0x3c6ef372,
    0xa54ff53a,
    0x510e527f,
    0x9b05688c,
    0x1f83d9ab,
    0x5be0cd19,
};

void Padding(char *S)
{
    int i=0, L=strlen(S);
    S[L]=0x80; // angehängtes Bit ist im MSB
    for (i=L+1; i<63; i++) { S[L]=0; } // Padding mit 0-Bits
    S[63]=64; // Im letzten Byte steht die Länge der Nachricht (hier 64=1 Block)
}

unsigned long int GetWord(void *S, long int Pos)
{
    char *BOS=(char *)S+Pos; // BOS=BeginOfString
   unsigned long int *NumArray=(unsigned long int *)BOS; // String als Array aus long ints betrachten
    return NumArray[0];
}

void SetWord(void *S, long int Pos, unsigned long int Val)
{
    char *BOS=(char *)S+Pos; // BOS=BeginOfString
    unsigned long int *NumArray=(unsigned long int *)BOS; // String als Array aus long ints betrachten
    NumArray[0]=Val;
}

unsigned long int RotWordRight(long int x, int w)
{
    w=w%32;
    return (((x>>w)&0x7fffffff)|(x<<(32-w)));
}

unsigned long int Ch(unsigned long int *P)
{
   int A=0,B=1,C=2,D=3,E=4,F=5,G=6,H=7;
   unsigned long int V=(P[E]&P[F])^(~P[E]&P[G]);
```

```
    return V;
}

unsigned long int Ma(unsigned long int *P)
{
    int A=0,B=1,C=2,D=3,E=4,F=5,G=6,H=7;
    unsigned long int V=(P[A]&P[B])^(P[A]&P[C])^(P[B]&P[C]);
    return V;
}

unsigned long int S0(unsigned long int *P)
{
    int A=0,B=1,C=2,D=3,E=4,F=5,G=6,H=7;
    unsigned long int
V=(RotWordRight(P[A],2))^(RotWordRight(P[A],13))^(RotWordRight(P[A],22));
    return V;
}

unsigned long int S1(unsigned long int *P)
{
    int A=0,B=1,C=2,D=3,E=4,F=5,G=6,H=7;
    unsigned long int
V=(RotWordRight(P[E],6))^(RotWordRight(P[E],11))^(RotWordRight(P[E],25));
    return V;
}

void SHAHash(char *HV, char *S, int L) // H=Hash Value, S=Textstring, L=Textlänge
{
     int A=0,B=1,C=2,D=3,E=4,F=5,G=6,H=7;
     int i=0, j=0, Pos=0, BlockNum=0;
     unsigned long int P[8]; // P=Plaintextblock mit 32 Bytes
     BlockNum=L/32; // 1 Block sind 32 Bytes
     if (strlen(S)<64) { Padding(S); } // Padding mit Null-Bytes, falls  zu kurz
ist
     for (j=0; j<BlockNum; j++) // S blockweise verarbeiten
     {
         // Daten nach P kopieren
         for (i=0; i<8; i++)
         {
             P[i]=GetWord(S,Pos);
             Pos+=4;
         }
         // Daten mit dem Initialisierungsvektor verknüpfen
         for (i=0; i<8; i++)
         {
             P[i]=P[i]^IV[i];
         }
        // Runden ausführen (=64)
        for (i=0; i<64; i++)
         {
             //Ch(E,F,G)=(E&F)^(~E&G)
             P[E]=Ch((unsigned long int *)P);
             P[F]=Ch((unsigned long int *)P);
             P[G]=Ch((unsigned long int *)P);
             // Ma(A,B,C)=(A&B)^(A&C)^(B&C)
             P[A]=Ma((unsigned long int *)P);
```

```
            P[B]=Ma((unsigned long int *)P);
            P[C]=Ma((unsigned long int *)P);
            //S0(A)=(A>>>2)^(A>>>13)^(A>>>22)
            P[A]=S0((unsigned long int *)P);
            //S1(E)=(E>>>6)^(E>>>11)^(E>>>25)
            P[E]=S1((unsigned long int *)P);
        }
        // CBC:Neuen Initialisierungsvektor aus den verschlüsselten Daten erzeugen
        for (int i=0; i<8; i++)
        {
            IV[i]=P[i];
        }
    }
    // Zum Schluss Hash-Wert nach HV kopieren
    for (int i=0; i<8; i++)
    {
        SetWord(HV,4*i,P[i]);
    }
}

int main(void)
{
    char Name[64]; // Benutzername
    char Passwort[64]; // Passwort
    char OS[64]; // Betriebssystem
    char PWDHash[32]; // Generierter Passwort-Hash
    char Login[64]; // Zusammengesetzte Login-Infos
    printf("Benutzername:"); scanf("%s",Name);
    printf("Passwort:"); scanf("%s",Passwort);
    printf("Betriebssystem:"); scanf("%s",OS);
    strcpy(Login,Name); // Benutzername nach Login kopieren
    strcat(Login,"@"); strcat(Login,Passwort); // @[Passwort] anhängen
    strcat(Login,":"); strcat(Login,OS); // :[OS] anhängen
    printf("Login-Daten:%s\n",Login); // Login-Daten ausgeben
    SHAHash(PWDHash,Login,64); // SHA2 ausführen und Hash erzeugen
    printf("Passwort-Hash:");
    // Hash-String ausgeben (kann Nullbytes enthalten)
    for (int i=0; i<32; i++) { printf("%02x",PWDHash[i]&0xff); }
    printf("\n");
    return 0;
}
```

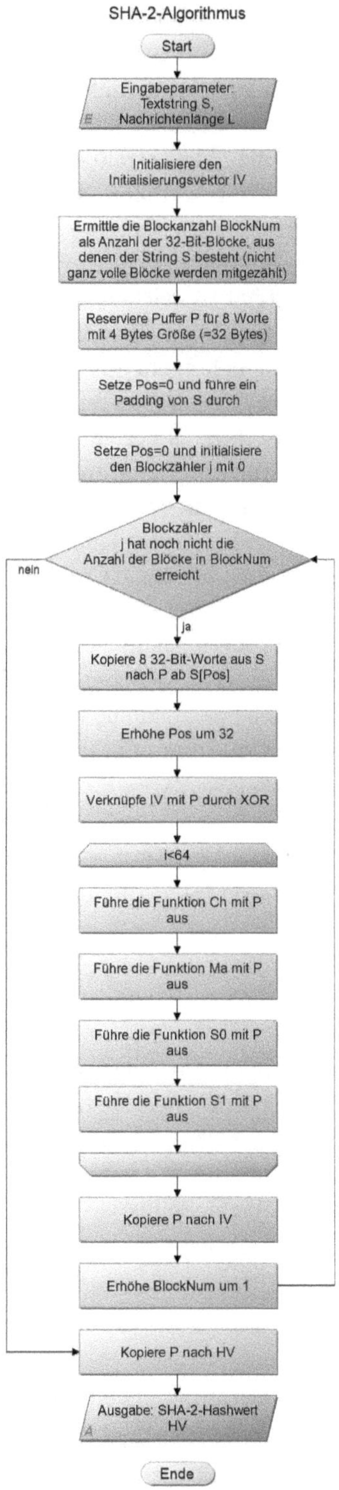


**Bild 10.4**
Programmablaufplan des SHA-Algorithmus

In den Zeilen **001–013** werden zunächst die nötigen Include-Dateien eingebunden sowie der Initialisierungsvektor definiert. Dieser wird hier mit **IV** abgekürzt. Zusätzlich zum **IV** benötigt SHA noch einige Hilfsfunktionen. Die erste Hilfsfunktion ist `Padding()` (die Zeilen **014–020**). `Padding()` bekommt als Parameter den Null-terminierten String **S** übergeben, von dem zunächst mit `strlen()` die Länge ermittelt wird (Zeile **016**). Anschließend wird **S** bis zum 63. Byte mit Null-Bytes aufgefüllt und in das 64. Byte wird der Wert 64 geschrieben. 64 ist die Nachrichtenlänge, in diesem Fall ist dies auch der maximal zulässige Wert. An dieser Stelle besteht ein kleines Problem, denn am Anfang wurde SHA nur für kurze Logins mit maximal 64 Zeichen benutzt. Inzwischen wird SHA in der zweiten Version jedoch auch für längere Nachrichten benutzt (z. B. Benutzer-Login-Profile) und ein Byte reicht dann nicht mehr aus, um die Länge zu speichern. Die Lösung ist dann entweder, das letzte Byte einfach mit 64 zu beschreiben oder die letzten vier Bytes für die Länge zu benutzen. Leider entspricht dies nicht dem Standard, weshalb es dann z. B. auch zu Inkompatibilitäten zwischen einzelnen Login-Routinen kommen kann. So verwendete z. B. Facebook für die erste Facebook-App die Variante mit dem Byte vom Wert 64 am Ende, Twitter jedoch die Variante mit den vier Längenbytes. Als Facebook dann Twitter übernahm und die beiden Server für Facebook und Twitter zusammengeführt wurden, waren einige Profile plötzlich ungültig und mussten neu angelegt werden. Inzwischen verwendet Facebook jedoch ein eigenes Hashing-Verfahren, das angeblich viel sicherer ist. Bis jetzt kann nicht entschieden werden, ob dies stimmt, denn geheim gehaltene Krypto-Algorithmen verstoßen gegen die Kerckhoff-Regel, was z. B. oft vom CCC kritisiert wird.

Zusätzlich zum Padding werden noch weitere Hilfsfunktionen benötigt. Dies sind zunächst wieder die Funktionen `GetWord()` und `SetWord()` (die Zeilen **021–032**), die auch schon in Listing 10.7 verwendet wurden. Auch bei Hashing-Verfahren werden Strings als aus 32-Bit-Worten bestehend betrachtet. Da `GetWord()` und `SetWord()` schon in Listing 10.7 erklärt wurden, muss ich dies an dieser Stelle nicht noch einmal tun. Zusätzlich zu `GetWord()` und `SetWord()` benötigen Sie noch die Funktion `RotWordRight()` (die Zeilen **033–037**). `RotWordRight()` rotiert die Zahl **x** von Typ `unsigned long int` um die Anzahl an Bits nach rechts, die Sie im zweiten Paramater durch die Variable **w** (width) angeben. Hierfür wird in Zeile **036** eine Kombination aus Links-Shift, Rechts-Shift und ODER-Verknüpfung angewendet. Die Bits, die Sie rechts herausschieben, wird links wieder hineingeschoben. Sie können jedoch keine Bit-Verschiebungen vornehmen, die mehr als 32 Bits umfassen, dafür sorgt die Modulo-Operation in Zeile **035**.

Die Funktion `Ch()` (die Zeilen **038–043**) setzt nun die erste Rundenfunktion von SHA in eine C-Funktion um. Da die Array-Indices von **P** mit Buchstaben bezeichnet werden, müssen in Zeile **040** für `P[A]` bis `P[H]` Hilfsvariablen definiert werden. `Ch()` verknüpft einige der Bytes in **P** durch UND (Zeile **041**).

Die Funktion `Ma()` (die Zeilen **044–049**) setzt die zweite Rundenfunktion von SHA in eine C-Funktion um. Da die Array-Indices von **P** mit Buchstaben bezeichnet werden, müssen auch in diesem Fall in Zeile **046** für `P[A]` bis `P[H]` Hilfsvariablen definiert werden. `Ma()` verknüpft einige der Bytes in **P** durch eine Kombination aus UND- und XOR-Operationen (Zeile **047**).

Die Funktion `S0()` (die Zeilen **050–055**) setzt die dritte Rundenfunktion von SHA in eine C-Funktion um. Auch hier müssen wieder die Array-Indices von **P** mit Buchstaben bezeichnet werden (Zeile **052**). `S0()` verwendet eine Kombination aus Bitrotationen und XOR-Verknüpfungen (Zeile **053**).

Die Funktion `S1()` (die Zeilen **056–061**) setzt die vierte Rundenfunktion von SHA in eine C-Funktion um. Da die Array-Indices von **P** mit Buchstaben bezeichnet werden, muss auch `S1()` in Zeile **058** für `P[A]` bis `P[H]` Hilfsvariablen definieren. `S1()` benutzt wie `S0()` eine Kombination aus Bitrotationen und XOR-Verknüpfungen (Zeile **059**).

Die Funktion `SHAHash()` (die Zeilen **062–109**) implementiert den Hauptalgorithmus von SHA-2. `SHAHash()` bekommt drei Parameter übergeben, nämlich einmal den String **HV** (hash value), der am Ende den Hash enthält, einmal den String **S**, der den Klartext als Null-terminierten String enthält, und die Länge **L** der Nachricht (in diesem Fall ist die Länge 64). `SHAHash()` paddet zunächst **S** und kopiert dann **S** in den Block-Puffer **P** (die Zeilen **072–076**). Anschließend wird **P** per XOR mit dem Initialisierungsvektor verknüpft und danach werden `Ch()`, `Ma()`, `S0()` und `S1()` jeweils hintereinander in 64 Runden ausgeführt (`for`-Schleife in Zeile **083–097**). Der SHA-2-Algorithmus verwendet stets das CBC-Verfahren (cipher block chaining) und leitet den neuen Initialisierungsvektor stets aus den Daten des verschlüsselten Blocks neu ab. Die geschieht einfach dadurch, dass **P** stets nach **IV** kopiert wird, nachdem ein Block gehasht wurde (die Zeilen **099–103**). Da ein Block 32 Bytes lang ist, müssen in diesem Fall zwei Blöcke verarbeitet werden, die Anzahl der Blöcke wurde vorher in Zeile **067** ermittelt. Erst, wenn sämtliche 32-Byte-Blöcke gehasht wurden, wird **P** in das Array **HV** kopiert, das Sie als ersten Parameter übergeben haben (`for`-Schleife in den Zeilen **105–108**).

Das Hauptprogramm (die Zeilen **110–130**) liest nun von der Tastatur drei Strings ein, nämlich den Benutzernamen, das Passwort und das Betriebssystem. Anschließend werden diese Daten zu einem einzigen String vereinigt und mittels SHA-2 gehasht. Das Programm gibt in der Konsole z. B. Folgendes aus:

**Benutzername:Rene**

**Passwort:Pinguin**

**Betriebssystem:Linux**

**Login-Daten:Rene@Pinguin:Linux**

**Passwort-Hash:f6de8b2bbba37a73bba37a73c15f8be2280580516b38e35d6b38e 35d53cde01b**

## 10.5 Erzeugen sicherer Pseudo-Zufallszahlen

Eine Sache haben wir bis jetzt leider noch nicht gelöst, nämlich die relativ sichere Erzeugung von Zahlenreihen, die zwar nicht zufällig sind, aber dennoch zufällig aussehen und nicht so leicht vorhergesagt werden können. Bis jetzt habe ich die in C integrierte Funktion `rand()`und die Computeruhr zum Initialisieren des Zufallsgenerators benutzt. Ein guter Hacker kann aber sehr leicht durch einen Seitenkanalangriff herausfinden, mit welchem Wert der Computeruhr der Zufallsgenerator initialisiert wurde. In einem *Seitenkanalangriff* (engl. side channel attack) versucht ein Hacker, den Stromverbrauch z. B. eines PCs zu messen. Es gibt sehr viele Apps für diesen Zweck, die sich unbemerkt installieren lassen, und oft sind solche Apps sogar direkt im System integriert. Hat der Hacker dann einmal den Zeitpunkt festgestellt, an dem z. B. der Stromverbrauch plötzlich in die Höhe schnellt (der Zufallsgenerator führt in unseren Beispiel-Listings direkt nach dem Tastendruck auswendige mathematische Operationen aus), so kann er auch leicht feststellen, mit welchen Werten der Computeruhr `srand()` aufgerufen wird. Welchen alternativen Weg können Sie aber nun gehen, um wirklich einigermaßen unvorhersagbare Pseudo-Zufallszahlen zu erzeugen? Hier gibt es mehrere Möglichkeiten.

#### 1.Verwendung eines XOR-Shifts

Ein *XOR-Shift* ist ein Algorithmus, der Bit-Shift-Operationen bzw. Bit-Rotations-Operationen mit der XOR-Funktion verknüpft. Der amerikanische Mathematiker George Marsaglia hat einen solchen Algorithmus vorgeschlagen, um einigermaßen gute Pseudo-Zufallszahlen zu erzeugen. Ausgangspunkt des Marsaglia-Algorithmus ist eine als Initialisierungsvektor dienende vorzeichenlose 32-Bit-Zahl **IV**, die erst einmal in die Variable **x** geschrieben wird. **IV** ist hier das, was bei `rand()` der Seed ist. **IV** darf nicht 0 sein und sollte mindestens 6 gesetzte Bits aufweisen, die nicht direkt nebeneinander liegen. Der Marsaglia-XOR-Shift führt pro Schritt die folgenden Operationen aus:

```
x^=x<<13;
x^=x>>17;
x^=x<<5;
(statt des Bit-Shifts können Sie auch die Rotationsfunktion <<< und >>> einsetzen)
```

Vor dem eigentlichen XOR-Shift bzw. der Rotation kann noch eine lineare Skalierung der Art x=x*a+b durchgeführt werden, die Konstanten sind beliebig wählbar, aber für jeden Schritt gleich. Der Vorteil des Marsaglia-XOR-Shifts ist, dass sich eine Zahlenfolge meistens erst nach $2^{32}$ Schritten wiederholt, der größte Nachteil ist allerdings die schlechte Skalierbarkeit des Algorithmus. Wenn Sie nämlich für a und b die falschen Werte einsetzen, dann wird der XOR-Shift gut vorhersagbar. Der bekannteste Hardware-Chip, der einen modifizierten XOR-Shift zur Erzeugung von Zufallszahlen einsetzte, war der SID-Soundchip im C64. Die Zufallszahlen wurden unter anderem dazu benutzt, die Wellenform „weißes Rauschen“ zu erzeugen. Übrigens liefert der SID sehr gute Pseudo-Zufallszahlen, diese sind aber trotzdem nicht absolut unvorhersehbar. Dies liegt unter anderem daran, dass der SID periodische Interrupts erzeugt, in die man dann ein eigenes Programm einschleusen kann, das den Seed immer wieder auf 0 zurücksetzt. Es gibt einige Spiele, wie z. B. das Raumschiff-Schießspiel Uridium, die durch einen derartigen Hack den Gegner immer wieder an derselben Stelle anzeigen.

### 2.Verwenden eines Hashing-Verfahrens

Eine andere Möglichkeit ist, erst einmal einen Puffer **B** durch eine unsichere Funktion wie `rand()` mit Pseudo-Zufallszahlen füllen zu lassen. Dabei ist es nicht wichtig, wie der Seed genau aussieht, dieser kann sogar 0 sein. Anschließend führen Sie mit diesem Puffer mehrmals ein Hashing-Verfahren wie SHA aus. Wenn Sie dann genug Durchläufe gemacht haben, generieren Sie für jede neue Zufallszahl, die Sie ziehen wollen, einen neuen Hash und komprimieren eventuell den Hash auf eine 32-Bit-Zahl bzw. auf die Größe, die Sie wünschen. Natürlich muss die Anzahl der Durchläufe in der Initialisierungsphase dem Zufall unterliegen und kann ggf. aus der Computeruhr abgeleitet werden. Am besten ist auch hier wieder, auf einen Tastendruck zu warten, nach dem Tastendruck aber erst einmal den Puffer **B** mittels `rand()` zu füllen. Erst danach wird der Inhalt der Computeruhr ausgelesen. Der Vorteil dieses Vorgehens ist, dass der Stromverbrauch schon ansteigt, bevor die eigentliche Initialisierung Ihres Zufallsgenerators erfolgt. Ein Hacker, der den Stromverbrauch analysiert, kann nun nicht mehr so einfach bestimmen, an welchem Zeitpunkt die Anzahl der Initialisierungsrunden ermittelt wird. Eine große Schwäche ist an dieser Stelle, dass es nicht möglich ist, in sehr kurzer Zeit sehr viele Zufallszahlen zu erzeugen, da Hashing-Verfahren relativ langsam arbeiten.

### 3.Verwenden einer geeigneten Zahlenreihe oder Funktion

Eine weitere Möglichkeit ist, eine mathematische Funktion zu verwenden, die chaotische Muster erzeugt, die sich nur schwer vorhersagen lassen – vorausgesetzt, Sie wissen nicht, an welcher Stelle der Zufallsgenerator anfängt, die Funktionswerte auszugeben. Ein guter Kandidat wäre hier die Zahl Pi, deren Nachkommastellen anscheinend wirklich keinem Muster folgen. Leider gibt es keine Methode, mit der sich die Nachkommastellen von Pi nacheinander in beliebiger Anzahl ausgeben lassen. Auch bei der Berechnung von Zahlen wie der Wurzel aus 2 oder e verhält es sich ähnlich: Sie können die Nachkommastellen nur durch ein Annäherungsverfahren bestimmen. Moderne kryptographische Algorithmen benutzen an dieser Stelle gerne elliptische Kurven, gepaart mit weiteren Operationen wie dem Modulo. Ob solche Verfahren jedoch Muster erzeugen, die man für einen Angriff nutzen kann, steht bis jetzt nicht fest. Ich persönlich glaube (aber das ist nur meine Meinung), dass elliptische Kurven verwertbare Muster erzeugen, weil sie im Endeffekt doch nur bestimmte Arten von Polynomen sind.

### 4.Verwenden spezieller Krypto-Hardware

Es gibt spezielle Krypto-Hardware, die Zufallszahlen erzeugt und die auch gegen Seitenkanalangriffe resistent ist. Dies wird dadurch gewährleistet, dass diese Hardware kaum Strom verbraucht, weil sie nicht mehr leisten muss, als einen bestimmten Algorithmus auszuführen. Die Ausgabe einer Zufallszahl wird hierbei durch spezielle Kommandos ausgelöst, die beim PC z. B. über eine USB-Leitung gesendet werden. Inzwischen ist zusätzliche Krypto-Hardware sogar Bestandteil moderner Prozessoren, in diesem Fall gibt es spezielle Prozessorbefehle, die eine Zufallszahl in ein bestimmtes Register schreiben. Krypto-Hardware hat leider auch Schattenseiten. So gibt es z. B. immer wieder Prozessor-Bugs, die dazu führen, dass die erzeugten Zufallszahlen doch vorhersehbar sind. Aber auch externe Zufallszahlengeneratoren in Form von USB-Geräten benötigen immer wieder Firmware-Updates, um neu entdeckte Sicherheitslücken zu schließen. Ferner kommt es auch auf die Güte der Hardware an, denn wenn Ihre Zusatzhardware doch nur einen einfachen XOR-Shift verwendet, dann können Sie diesen auch in einem C-Programm implementieren.

### 5.Verwenden von echten Zufallsprozessen

Echte Zufallsprozesse sind z. B. das thermische Rauschen auf einer stromlosen Leitung, der genaue Zeitpunkt (engl. timestamp), an dem sich einer von Millionen Internetbenutzern in sein Konto einloggt, oder auch radioaktive Zerfallsprozesse (denen man normale PC-Nutzer natürlich nicht aussetzen kann). Meistens hat man aber nicht genug Messdaten, um echte Zufallsprozesse zu verwenden bzw. mit in seinen Algorithmus einzubinden. Eine Lösung wäre hier, die Berechnung von Zufallszahlen dem Server zu überlassen und diese anschließend durch ein sicheres Schlüsselaustauschverfahren zu übertragen.

## 10.6 Übertragen von Nachrichten durch Quantenkryptographie

Sie haben nun die wichtigsten kryptographischen Algorithmen kennengelernt und wissen inzwischen, dass alle irgendwie angreifbar sind. Dies liegt einmal daran, dass Algorithmen die Ergebnisse stets berechnen und deshalb immer die Möglichkeit besteht, dass nach einiger Zeit eine Methode gefunden wird, die Verschlüsselung in einfacher Weise rückgängig zu machen. Zum anderen ist ein Nachrichtenübertragungskanal immer unsicher und kann stets abgehört werden. Allerdings ist es auch so, dass wenn es sichere Nachrichtenkanäle gäbe, eine Verschlüsselung überhaupt nicht mehr nötig wäre, bzw. sehr einfach: Der Schlüssel wird einfach auf einem separaten Schlüsselkanal übertragen und kann dann genauso lang sein wie der Klartext. Wir haben bereits gesehen, dass dieses Verfahren absolut sicher ist.

Sie denken vielleicht, dass es reine Illusion ist, einen absolut sicheren Nachrichtenkanal einzurichten, aber dem ist nicht so, wenn Sie die Nachrichten mit verschränkten Photonen übermitteln. Um Ihnen zu erläutern, was es damit auf sich hat, muss ich Ihnen ein paar Grundlagen der Quantentheorie erläutern. Keine Angst, so wild ist dies alles nicht, Sie benötigen an dieser Stelle keine komplizierten Formeln. Alles, was Sie an dieser Stelle wissen müssen, ist, dass in der Welt der kleinsten Teilchen sämtliche Vorgänge gequantelt sind. *Gequantelt* heißt nichts anderes, als dass sämtliche Abläufe in kleinste Zeitabschnitte zerteilt sind, die nicht unterschritten werden können. So wird z. B. Licht in Form von Photonen ausgesendet, also in Form von einzelnen Lichtteilchen. Ferner besitzen jedes Teilchen und jedes Atom bestimmte Energiezustände, die ebenfalls gequantelt sind. Zusätzlich zu dem Energieniveau besitzt jedes Teilchen eine Drehrichtung (einen Spin) und eventuell eine Ausrichtung der Rotationsachse im Raum. Bei Photonen ist dies ebenfalls so, deshalb können z. B. Lichtwellen um einen bestimmten Winkel gedreht werden. Es gibt viele organische Stoffe, die genau dies tun, das bekannteste Beispiel ist hier gewöhnlicher Haushaltszucker. Eine 1-molare Zuckerlösung dreht das Licht um 19,5 Grad nach links.

Stellen Sie sich nun vor, Sie hätten eine Lichtwelle erzeugt, die nicht gedreht ist und bei der die Rotationsachse sämtlicher Photonen direkt nach oben zeigt. Stellen Sie sich am besten an dieser Stelle eine Sinuskurve vor, bei der an manchen Punkten auf der y-Achse Photonen liegen, bei der die Rotationsachse direkt nach oben zeigt. Nehmen Sie nun zwei dieser Photonen heraus. Die Rotationsachse beider Photonen zeigt nun nach oben. Der nächste Schritt ist, diese beiden Photonen zu verschränken. Dies geschieht zurzeit noch am CERN durch riesige Magnete, durch starke Kühlung bis kurz vor dem absoluten Nullpunkt und andere technisch aufwendige Prozesse. Wenn die Photonen jedoch einmal miteinander verschränkt sind, dann zeigt die Rotationsachse des einen Photons direkt nach oben und die Rotationsachse des anderen Photons direkt nach unten. Stellen Sie sich an dieser Stelle am besten zwei Vektoren A und B vor, von denen $A=(0,1)^T$ und $B=(0,-1)^T$ ist (das hochgestellte T bedeutet, dass der Vektor hier um 90 Grad gedreht geschrieben wird, um eine textbündige Ausrichtung zu erreichen). Wenn Sie nun die verschränkten Photonen voneinander trennen, bleiben diese verschränkt und beeinflussen sich auch über große Entfernungen gegenseitig. Wenn Sie also den Vektor A so drehen, dass danach $A=(0,-1)^T$ ist, dann ist automatisch $B=(0,1)^T$, und das ohne zeitliche Verzögerungen. Nehmen Sie nun an, dass $A=(0,1)^T$ einem gesetzten Bit und $A=(0,-1)^T$ einem gelöschten Bit entspricht, dann entspricht B genau dem Inversen von A. Sie können also auf diese Weise Nachrichten von A nach B übermitteln, indem Sie die Drehrichtung von A entsprechend dem Bitmuster ändern, das Sie übertragen wollen. Dies ist bereits gelungen: Es wurden z. B. auf diese Weise schon Nachriten von Calais nach Dover übertragen. Natürlich sind diese Art Versuche der Nachrichtenübermittlung noch sehr teuer und gelingen nur in Ausnahmefällen. Es ist aber durchaus vorstellbar, dass wir in zehn Jahren für unser Internet Lichtleiter kaufen müssen, die verschränkte Photonen zur Nachrichtenübermittlung verwenden. Sehr gute Kandidaten, um kabelförmige Lichtwellenleiter zu bauen, sind z. B. photonische Kristalle.

Wie die Lösung am Ende aussieht, ist heute noch nicht gewiss, gewiss ist aber, dass sie kommen wird. Was Sie von dieser Lösung haben, möchte ich Ihnen nun erklären. Verschränkte Photonen bilden nämlich ein Quantensystem, also ein zusammenhängendes Ganzes aus zwei Teilchen, bei dem der Zustand des einen Teilchens den Zustand des anderen Teilchens determiniert. Wenn nun ein Angreifer versucht, den Zustand von A zu ermitteln, dann muss dieser in irgendeiner Weise eine Messung durchführen, denn sonst können ja keine Informationen gesammelt werden. In der Quantenwelt ist es aber nicht wie in der alltäglichen Welt und es gilt dort, dass jede Messung das gemessene Quantensystem verändert und diese Veränderung kann dann der Empfänger feststellen. Im Fall der verschränkten Photonen kollabiert das System durch eine zusätzliche Messung durch einen Angreifer zum Zustand $A=B=(0,0)^T$. Da dieser Zustand, der aus einer Überlagerung von A, B und E zustande kommt (E ist hier wieder die Lauscherin Eve), nicht definiert ist, kann man mit Sicherheit davon ausgehen, dass jemand mithört, wenn dieser Zustand auftritt. Eine mögliche Strategie, den Angreifer loszuwerden, wäre, mehrere Übertragungskanäle einzurichten und den Kanal immer dann zu wechseln, wenn der Zustand $A=B=(0,0)^T$ auftritt.

Nehmen wir nun wieder den Tresoröffnungsschlüssel „SESAM ÖFFNE DICH" und übertragen diesen durch verschränkte Photonen von A (Alice) nach B (Bob). Dazu müssen wir den Schlüssel zunächst wieder in einzelne Bytes aufteilen. Wie erhalten also wieder folgendes Array:

```
unsigned char K[16]=
{0x53,0x45,0x53,0x41,0x4d,0x20,0xd6,0x46,0x46,0x4e,0x45,0x20,0x44,0x49,0x43,0x48};
```

Dieses Array soll nun zeichenweise übertragen werden. Ferner soll am Anfang der Nachricht eine Sequenz von vier wechselnden Bitfolgen {1,0} gesendet werden, damit der Empfänger daraus die Übertragungsgeschwindigkeit des Senders ableiten kann. Um eine Nachricht an Bob zu schicken, muss Alice also erst einmal ein Byte mit dem Wert $10101010_2$=0xaa senden. Dies entspricht folgenden Zuständen für das Photon a (hier wird das Photon a nun klein geschrieben, um es von Alice (groß A) zu unterscheiden):

$$a=\{[0,-1]^T,[0,1]^T,[0,-1]^T,[0,1]^T,[0,-1]^T,[0,1]^T,[0,-1]^T,[0,1]^T\}$$

Durch die Bitfolge a={0,1,0,1,0,1,0,1} kommt also die Bitfolge {1,0,1,0,1,0,1,0} bei Bob an. Für die Übermittlung der Nachricht muss also $[0,-1]^T$ für das gesetzte und $[0,1]^T$ für ein ungesetztes Bit verwendet werden.

Die Zeichen der wirklichen Nachricht werden nun genau so codiert wie das Synchronisations-Byte, und wenn keine Fehler auftreten, kommt die Nachricht auch korrekt bei Bob an. Nehmen wir nun an, Eve möchte die Nachricht mithören. Dazu startet sie direkt nach der Synchronisationssequenz eine Messung, um den Zustand von a festzustellen. Dadurch kollabiert jedoch das Quantensystem zu $(0,0)^T$ und Bob empfängt nur noch folgende Nachricht:

1,0,1,0,1,0,1,0,U,U,U,U,... // U=unbestimmter Quantenzustand

Bob wechselt nun den Kanal, da er weiß, dass seine Übertragung mitgehört wird. Leider kommen dadurch die Informationen, die Alice ihm senden will, nicht mehr bei ihm an. Wie soll er dies Alice aber mitteilen? Dies ist eine der großen, zurzeit noch ungelösten Fragen der Quantenkryptographie, denn wenn Alice überprüfen will, ob das, was sie sendet, tatsächlich bei Bob ankommt, müsste sie die Rolle von Eve übernehmen. Die Konsequenz wäre die gleiche wie bei einem Angriff durch Eve: Das Quantensystem kollabiert durch die zusätzliche Messung zu $(0,0)^T$. Dies ist auch im Fall von Bob so, aber wenn er das empfangene Bit einmal gemessen hat, dann kann er dies sofort danach in seinem Empfangspuffer ablegen. Selbstverständlich habe ich die Abläufe in Bezug auf die Nachrichtenübertragung mit verschränkten Photonen sehr vereinfacht dargestellt. Wenn Sie aber nun Begriffe wie Quantenkryptographie hören, werden Sie nicht mehr vollständig auf dem Schlauch stehen.

# 11 Graphen

Im dritten Kapitel habe ich zusammen mit den rekursiven Algorithmen das Thema Graphen schon angeschnitten. Der rekursive Algorithmus, der dazu benutzt wurde, den Ausgang zu finden, war das Backtracking. Mit Graphen können Sie jedoch noch viel mehr machen. Sie können z. B. nicht nur den Ausgang aus einem Labyrinth finden, sondern auch die Lösung, die am schnellsten ans Ziel führt. Dies kann der kürzeste, der schnellste, aber auch der einfachste Weg sein. Was Graphen sind, wurde auch schon angesprochen, nun soll dieses Wissen in einem separaten Kapitel vertieft werden. Genau wie das Thema Kryptographie wird das Thema Graphen immer wichtiger, vor allem, weil die Entwicklung moderner Navigationsgeräte oder KI-Algorithmen ohne sie nicht denkbar wäre. Aber auch moderne Multitasking-Betriebssysteme kommen ohne einen speziellen Graphen-Typ, die Petri-Netze, nicht aus.

Wir wollen aber einfach anfangen und uns noch einmal in Erinnerung rufen, woraus Graphen bestehen. Die wichtigsten Bestandteile sind die Knoten. Ein *Knoten* ist der Teil in einem Graphen, der die eigentlichen Informationen enthält. Dies können z. B. Städte sein, die in einem Netzwerk aus Straßen verbunden sind, aber auch Abzweige in einem durch Gänge verbundenen Höhlenlabyrinth. Jeder Knoten kann durch einen oder mehrere Kanten verbunden werden. Eine *Kante* ist in einem Graph eine Linie, die einen oder mehrere Knoten miteinander verbindet. Kanten können *gerichtet* sein, also nur eine bestimmte Richtung zulassen, in der sie passiert werden können, oder *ungerichtet*, das heißt, sie können in beliebiger Richtung passiert werden. Im dritten Kapitel, in dem es unter anderem darum ging, den Ausgang aus einem Labyrinth zu finden, war dies auch so: Sämtliche Knoten (Abzweigstellen) waren durch Kanten (Höhlengänge) verbunden und jede Abzweigstelle stellte auch eine bestimmte Höhle dar, in die bestimmte Gänge hineinführten und bestimmte Gänge hinausführten. Jede Höhle besaß auch eine bestimmte Nummer, dies war dann sozusagen die wichtigste Information, die in den einzelnen Knoten abgelegt wurde. Nun können aber nicht nur Knoten Informationen enthalten, sondern auch Kanten. An die einzelnen Kanten können nämlich Gewichte geschrieben werden. *Kantengewichte* können für alles Mögliche stehen und müssen stets interpretiert werden. So können z. B. in Ihrem Höhlensystem-Beispiel manche Gänge teilweise unter Wasser stehen und deshalb schwerer passierbar sein als andere. Vielleicht gibt es auch Gänge, die überhaupt nicht passierbar sind, weil sie z. B. komplett unter Wasser stehen oder durch einen Deckeneinsturz blockiert sind. Auch im Fall eines Straßennetzes ist dies so. Vielleicht können Sie auf einigen Strecken nur sehr langsam fahren oder Sie stecken gerade in einem Stau. Einige Autobahnen sind dann vielleicht sogar gesperrt. Kantengewichte können diese Informationen z. B. abbilden, indem an die Kanten die Durchschnittsgeschwindigkeit geschrieben wird, die Sie auf einem bestimmten Streckenabschnitt fahren können. Der Wert 0 würde dann bedeuten, dass die Strecke gesperrt ist. Im Fall des Höhlensystems können Sie vielleicht einen Schwierigkeitsgrad zwischen 1 und 10 angeben, 10 würde dann bedeuten, dass ein Gang nicht passierbar ist.

Im dritten Kapitel wurden all diese Dinge bereits angedeutet. Was aber ausgespart wurde, ist folgende Tatsache: Es gibt verschiedene Darstellungsformen und Typen von Graphen, die auch alle für ein bestimmtes Teilgebiet der Informatik verwendet werden. Die folgenden wichtigen Typen sollen in diesem Kapitel behandelt werden:

### 1. Darstellung eines Graphen als Adjazenzmatrix

Die Adjazenz- oder auch Nachbarschaftsmatrix wurde bereits im dritten Kapitel dafür verwendet, das Gängesystem zwischen den einzelnen Höhlen darzustellen. Die einzelnen n Knoten werden mit Nummern versehen und in den Zeilen einer nxn-Matrix dargestellt. In den Spalten, deren Nummer der Knotennummer entspricht, steht immer dann eine Zahl ungleich 0, wenn ein Knoten mit einem anderen Knoten verbunden ist. Diese Zahl kann nun zusätzliche Informationen enthalten, z. B. ein Gewicht, das angibt, wie gut ein Gang passierbar ist. Wenn Sie keine Gewichte verwenden wollen, dann ist die Adjazenzmatrix meist nur mit Nullen und Einsen gefüllt – man sagt dann auch, die Matrix ist *ungewichtet*.

### 2. Darstellung eines Graphen als verallgemeinerte Baumstruktur

Bäume kennen Sie wahrscheinlich bereits aus Kapitel 5 und Sie wissen, dass auch diese aus Kanten und Knoten bestehen. Dies liegt aber einfach daran, dass Bäume ein gewisser Typ von gerichtetem Graph sind. Wenn Sie nun die Knotenstruktur in einem Baum so erweitern, dass Sie jeden Knoten mit jedem anderen Knoten verbinden können, erhalten Sie einen allgemeinen Graphen, in dem es keine Ebenen mehr gibt, die Priorität gegenüber anderen Ebenen haben. Sie lösen hier also gewissermaßen die Top-down oder Bottom-up-Struktur auf und erhalten eine sehr viel flexiblere Struktur, mit der Sie z. B. auch ein Straßennetz darstellen können. Natürlich funktionieren in diesem Fall Ihre Traversionsalgorithmen für Bäume nicht mehr und Sie müssen andere Suchstrategien für Ihre Knoten benutzen.

**3. Darstellung eines Graphen als Petri-Netz (spezielle Form, die nur in der IT benutzt wird)**

Petri-Netze sind spezielle Graphen, die wichtige Informationen über in einem Betriebssystem laufende Prozesse abbilden. Prozesse müssen oft synchronisiert werden, um z. B. Daten miteinander auszutauschen. Diese Daten müssen immer gültig sein, deshalb darf z. B. Prozess A nicht aus einem Speicherbereich lesen, der gerade von Prozess B verändert wird. Petri-Netze benutzen gerichtete Kanten mit Gewichten und zwei Typen von Knoten: die durch Kreise dargestellten Stellen und die durch ein Rechteck dargestellten Transitionen. Die Stellen enthalten nun Marken, die von einem Prozess (dargestellt durch eine oder mehrere Transitionen) entfernt oder gesetzt werden können. Die Anzahl der entfernten oder gesetzten Marken wird hierbei durch die Kantengewichte zwischen den Stellen und Transitionen vorgegeben. In einem Petri-Netz geben die gerichteten Kanten oft einen bestimmten Programmfluss wieder, in dem z. B. Prozess B nur aus einem Speicherbereich lesen kann, wenn zuvor Prozess A eine bestimmte Marke gesetzt hat. Eine solche Marke wird auch als *Semaphore* bezeichnet.

Ich werde im weiteren Verlauf Beispiele für sämtliche oben aufgeführte Graphen-Typen angeben sowie Programmbeispiele, mit denen Sie die Graphen-Typen simulieren können. Das erste Beispiel ist nun eine Erweiterung des Höhlen-Beispiels aus Kapitel 3. Sie sollen nämlich die Möglichkeit erhalten, nicht nur irgendeinen Ausgang auf dem Labyrinth zu finden, sondern auch den Weg auszuwählen, der am leichtesten zu gehen ist.

## 11.1 Darstellung eines Graphen als Adjazenzmatrix

Nehmen wir erst einmal wieder das Höhlensystem aus Kapitel 3, in dem Sie feststecken, und zwar am zweiten Knoten:

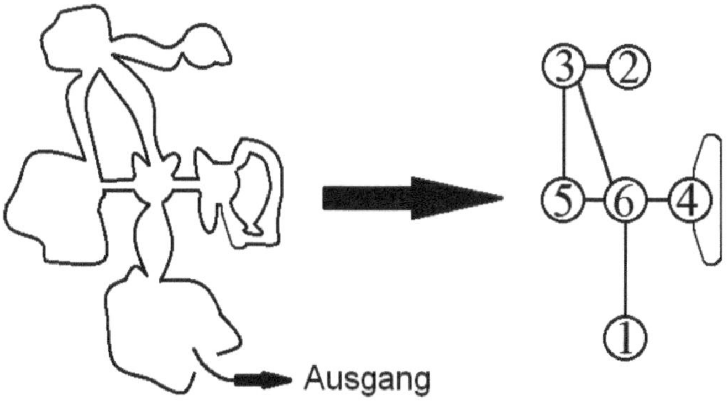


**Bild 11.1** Höhlensystem aus Kapitel 3 inklusive zugehörigem Graph

Bild 11.1 können Sie entnehmen, dass der Pfad zwischen Höhle 3 und Höhle 2 in eine Sackgasse führt, und in genau diese sind Sie hineingeraten. Leider hat sich die Situation im Vergleich zum Kapitel 3 dramatisch geändert: An der Erdoberfläche hat ein starker Regen eingesetzt und einige Gänge stehen schon teilweise unter Wasser, wie z. B. die Verbindung zwischen Höhle 3 und Höhle 6. Der Kreispfad, der Höhle 4 mit sich selbst verbindet, ist fast unpassierbar, weil Ihnen das Wasser dort schon bis zum Hals steht. Da eine Katastrophe bevorsteht, müssen Sie nicht nur irgendwie den Ausgang finden, sondern auch möglichst sicher dort hingelangen. Vielleicht überlegen Sie sich an dieser Stelle, ob man nicht die Adjazenzmatrix aus Kapitel 3 so abändern kann, dass diese auch die Passierbarkeit der einzelnen Gänge abbilden kann. Vielleicht können Sie den Backtracking-Algorithmus auch so tunen, dass er wirklich den einfachsten Weg zum Ausgang findet. Sie haben Glück: Dies geht wirklich mit folgender Strategie: Sie erstellen zwei Matrizen A und B. A enthält wieder die Verbindungen zwischen den Knoten und B enthält die Gewichte der Kanten zwischen den einzelnen Knoten. Ihr Backtracking-Algorithmus benutzt anschließend beide Matrizen und bestimmt für den Weg zum Ausgang zusätzlich die Summe der Gewichte sämtlicher passierter Kanten. Es führen drei Pfade zum Ausgang, nämlich der Pfad über die Knoten {2,3,5,6,1}, der Pfad {2,3,6,1} und der Pfad {2,3,6,4,4,1}. Allerdings müssen Sie den Pfad {2,3,6,4,4,6,1} ebenfalls möglichst meiden: Dieser führt zwar über Umwege auch zum Ausgang, aber leider ist der Kreispfad, der Höhle 4 mit sich selbst verbindet, inzwischen sehr gefährlich, weil Ihnen dort das Wasser schon bis zum Hals steht. Ihr Algorithmus sollte also erkennen, dass Sie sich auf dem Pfad {2,3,6,4,4,1} wahrscheinlich umbringen werden, und diesen dann auch nicht vorschlagen. Wie lösen Sie aber nun dieses Problem? Die Lösung sind hier wieder die Kantengewichte: Ihr Algorithmus wird so lange wiederholt ausgeführt, bis er keine neuen Pfade mehr findet, und für jeden Lösungspfad wird die Summe der Gewichte sämtlicher Kanten berechnet, die Sie passiert haben. Am Ende wird der Weg vorgeschlagen, der der kleinsten Summe der Kantengewichte entspricht. Wenn Sie dann die Kantengewichte richtig gesetzt haben, sollte Ihr Algorithmus auch den sichersten Weg liefern.

Stellen wir nun die beiden Matrizen A und B zusammen. Die Verknüpfungsdaten von A stehen für die einzelnen Knoten in den einzelnen Spalten einer bestimmten Zeile und beschreiben sämtliche Knoten, mit denen der betreffende Knoten verknüpft ist. Immer, wenn in einer Spalte eine Zahl steht, die nicht 0 ist, so bedeutet dies, dass der Knoten, der durch die Zeile beschrieben wird, mit dem Knoten verbunden ist, der durch die betreffende Spaltennummer bestimmt wird. Wie in Kapitel 3 auch, habe ich in die einzelnen Zellen immer die Knotennummer geschrieben, mit der ein bestimmter Knoten verknüpft ist. So steht z. B. in Zeile 1 in der 6. Spalte auch die Zahl 6 (Zeile 0 und Spalte 0 werden hier nicht benutzt). Eigentlich ist diese Information überflüssig, es lässt sich aber auf diese Weise der Lösungspfad einfacher erstellen. Ich erstelle nun das Array `A[7][7]` und benutze Zeile 0 und Spalte 0 nicht, weil dies das Programm, dass ich Ihnen später vorstelle, übersichtlicher macht. Sehen Sie sich nun die Adjazenzmatrix an, die die Verknüpfung der Gänge unseres Höhlensystems beschreibt:

```
int A[7][7]=
{
0,0,0,0,0,0,0,
0,0,0,0,0,0,6,
0,0,0,3,0,0,0,
0,0,2,0,0,5,6,
0,0,0,0,4,0,6,
0,0,0,3,0,0,6,
0,1,0,3,4,5,0
};
```

Zeile 0 und Spalte 0 werden nicht verwendet und enthalten nur Nullen. Zeile 1 beschreibt den Knoten 1, der nur mit Knoten 6 verbunden ist. Deshalb steht in Zeile 1 an Position 6 die Zahl 6. Knoten 2 ist mit Knoten 3 verbunden, deshalb steht in Zeile 2 an Position 3 die Zahl 3. Knoten 3 ist aber natürlich auch mit Knoten 2 verbunden, deshalb steht in Zeile 3 an Position 2 die Zahl 2. Knoten 3 ist mit Knoten 2, 5 und 6 verbunden (Zeile 3), Knoten 4 ist mit sich selbst und Knoten 6 verbunden (Zeile 4). Knoten 5 ist mit Knoten 3 und 6 verbunden (Zeile 5) und Knoten 6 mit Knoten 1, 3, 4 und 5 verbunden (Zeile 6).

Kommen wir nun zu der veränderten Situation, nämlich den teilweise schwer passierbaren Gängen. Bild 11.2 stellt diese Situation nun einmal als Landkarte und einmal als Graph mit gewichteten Kanten dar:

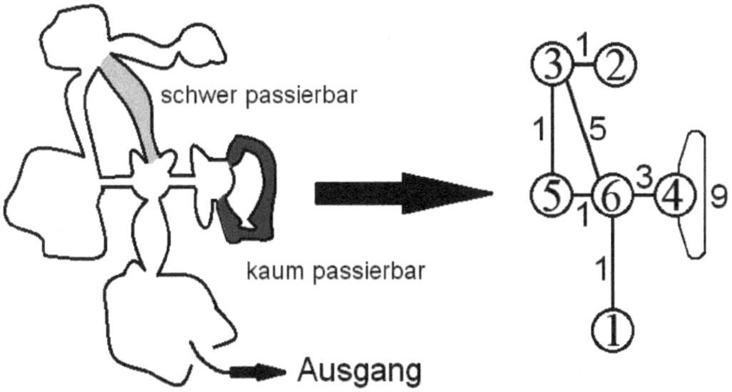


**Bild 11.2** Teilweise passierbares Höhlensystem und dazugehöriger Graph mit Kantengewichten

Dies führt uns zu dem Array B mit folgenden Kantengewichten:

```
int B[7][7]=
{
0,0,0,0,0,0,0,
0,0,0,0,0,0,1,
0,0,0,1,0,0,0,
```

```
0,0,1,0,0,1,5,
0,0,0,0,9,0,3,
0,0,0,1,0,0,1,
0,1,0,5,3,1,0
};
```

Wie im Kapitel 3 auch, benötigen Sie an dieser Stelle wieder Wegmarken, die Sie genau dann setzen können, wenn Sie einen Knoten schon besucht haben. Dies verhindert, dass Ihr Backtracking- Algorithmus einen Weg doppelt geht bzw. im Kreis läuft. Das Array `Marke[7][7]`, das Werte vom Typ `bool` enthält, die genau dann auf `true` gesetzt werden, wenn der entsprechende Knoten im Array **A** schon überprüft wurde, leistet genau dies.

Wie funktioniert nun Ihr Backtracking-Algorithmus in der veränderten Umgebung? Die Antwort ist, dass sich an dem wesentlichen Kern im Vergleich zu Kapitel 3 nicht viel ändert. Um die einzelnen Zielknoten zu überprüfen, die mit einem bestimmten Startknoten verknüpft sind, müssen Sie auch in diesem Beispiel zunächst einmal die betreffende Zeile auswählen (am Anfang ist dies die zweite Zeile). Anschließend durchlaufen Sie in einer Schleife sämtliche Spalten, die der Zeile zugeordnet sind, die den vorher ausgewählten Knoten beschreibt. In dieser Schleife ruft sich der Suchalgorithmus selbst wieder auf und zwar für jeden Spalteneintrag einmal. Sei nun **i** die i-te Zeile von **A** und **j** die j-te Spalte von **A**. Sei **k** ein Zähler, der in diesem Beispiel von 1 bis 6 zählt, und **j** eine beliebige festgehaltene Spalte, die am Anfang 2 ist. Dann sieht der Hauptalgorithmus so aus:

```
for (int k=0; k<=6; k++) { SucheAusgang(j,k); } // j ist fest vorgegeben
```

Die Funktion `SucheAusgang()`, in die der Hauptalgorithmus eingebettet ist, bekommt zwei Parameter übergeben, nämlich **i** und **j**. Der Parameter **i** beschreibt hierbei den Startknoten und **j** einen Knoten, der genau im nächsten Schritt erreicht werden kann. Die Funktion `SucheAusgang()` untersucht für jeden Knoten, der mit dem Knoten **j** verknüpft ist, ob dieser der Zielknoten ist. Dies geschieht rekursiv, das heißt, es wird versucht, das Ausgangsproblem in kleinere Teile zu zerlegen. Sie wenden also auch hier einen Teile-und-herrsche-Algorithmus an, wie schon in Kapitel 3. Der einzige Unterschied in diesem Beispiel ist, dass die Funktion `SucheAusgang()` nicht sofort endet, wenn der Ausgang einmal gefunden wurde, sondern erst dann, wenn für sämtliche Gänge Marken gesetzt wurden. Die Marken werden wieder auf dieselbe Weise gesetzt wie in Kapitel 3: Innerhalb der Funktion `SucheKnoten()` wird zunächst überprüft, ob ein gewählter Teilpfad eine Sackgasse ist oder aber zur Lösung führt. Eine Sackgasse ist dann erreicht, wenn entweder `Adj[j][i]=0` ist (in diesem Fall führt der Pfad von Knoten **i** nach Knoten **j** ins Nichts) oder der entsprechende Knoten vorher schon untersucht wurde (`Marke[i][j]==true`). Auf diese Weise erhalten Sie die folgende Ausstiegsbedingung aus der Rekursion:

```
if ((Adj[i][j]==0)||(Marke[i][j])==true) { return; }
```

Wenn die erste Ausstiegsbedingung nicht zutrifft, muss zunächst einmal `Marke[i][j]` auf `true` gesetzt werden, um den gerade überprüften Knoten als bereits getestet zu markieren. Anschließend müssen Sie die zweite Ausstiegsbedingung überprüfen, die in Kapitel 3 erfüllt war, wenn Knoten 1 erreicht wurde:

```
if(Adj[i][j]==1) { AusgangGefunden=true; STOP; }
```

Diese Abbruchbedingung ist aber nun nicht mehr anwendbar, weil Sie auf diese Weise sofort den Pfad {2,3,6,1} als Lösung finden würden und schon nicht mehr z. B. die viel bessere (weil einfachere) Lösung {2,3,5,6,1}. Sie haben also ein kleines Problem, denn Ihr Backtracking-Algorithmus leistet zurzeit noch nicht mehr als der Algorithmus in Kapitel 3. Sie können wieder nur irgendeinen Ausgang finden, womöglich den, der Sie direkt ins Verderben führt. Deshalb habe ich den Algorithmus so abgewandelt, dass dieser eine Wort-Case-Abschätzung darüber macht, wie viele Marken maximal gesetzt werden können. In diesem Beispiel sind es 7*7=49 Marken, die dann erreicht würden, wenn sämtliche Höhlen mit allen anderen Höhlen verbunden wären, inklusive mit sich selbst. Der Suchalgorithmus macht also 49 Schritte und endet mit einer Pfadliste, die viel mehr Pfade enthält als Sie benötigen. Das Hauptprogramm extrahiert anschließend den kürzesten Pfad aus der Pfadliste.

Eine zweite wichtige Sache, die Ihr alter Algorithmus noch nicht beherrscht, ist das Auswerten von Kantengewichten. Sie können die Sache mit den Kantengewichten auf zwei Arten umsetzen. Die erste Möglichkeit ist, das Array **Marken** vom Typ `bool[7][7]` durch ein Array vom Typ `int[7][7]` zu ersetzen. In dieses Array schreiben Sie das Kantengewicht des zuletzt besuchten Knotens anstatt des Werts `true`. Leider hat dieses Vorgehen den Nachteil, dass Sie trotzdem anhand des Arrays **Marken** nicht genau feststellen können, welcher Pfad nun zur Lösung geführt hat. Deswegen habe ich die zweite Möglichkeit gewählt, nämlich das Hauptprogramm mit der Berechnung der Summen der Kantengewichte der einzelnen Pfade zu beauftragen. Ferner unterscheide ich zwischen Lösungspfaden (L-Pfaden) und Teilpfaden (T-Pfad) und gebe auch zusätzlich in der Konsole an, zu welcher Kategorie der gefundene Pfad gehört. Ein L-Pfad entsteht immer dann, wenn die Höhle, die als Erstes im Pfad auftaucht, eine Verbindung zu Höhle 3 hat. (Der Schritt von 2 nach 3 ist immer der erste Schritt auf einem Lösungspfad.) Ein T-Pfad entsteht immer dann, wenn die Höhle, die als Erstes im Pfad auftaucht, keine Verbindung zu Höhle 3 hat. So ist z. B. der Pfad {2,3,6,4,4,1} (auch, wenn er Kreispfade enthält) ein L-Pfad, weil Höhle 6 mit Höhle 3 verbunden ist, der Pfad {4,4,1} ist allerdings ein T-Pfad, weil er Teil des L-Pfads {2,3,6,4,4,1} ist. Selbstverständlich werden T-Pfade vom Hauptprogramm nicht mit in die Bewertung der besten Lösung aufgenommen, indem sie einfach ignoriert werden. Sehen Sie sich nun Listing 11.1 an, dass nicht nur irgendeinen, sondern auch den besten Pfad findet.

**Listing 11.1** GewichtetesBacktracking.cpp

```
#include<stdio.h>
#include<stdlib.h>

int AnzMarken=0;
bool Marke[7][7]={false};

int A[7][7]=
{
0,0,0,0,0,0,0,
0,0,0,0,0,0,6,
0,0,0,3,0,0,0,
0,0,2,0,0,5,6,
0,0,0,0,4,0,6,
0,0,0,3,0,0,6,
0,1,0,3,4,5,0
};

int B[7][7]=
{
0,0,0,0,0,0,0,
0,0,0,0,0,0,1,
0,0,0,1,0,0,0,
0,0,1,0,0,1,5,
0,0,0,0,9,0,3,
0,0,0,1,0,0,1,
0,1,0,5,3,1,0
};

int Pfad[1000]={0}; // Pfadarray
int Cnt=0,CntReset=0,Start=0; // Puffer für FindeAusgang
bool Init=false;
bool SuchEnde=false; // Ende der Suche nach einer bestimmten Anzahl Schritten

void FindeAusgang(int i, int j) // auf Weg von i nach j
{
    int k;
    if (Init==false) { Init=true; Start=i; } // Startpunkt in Pfad setzen
    if (SuchEnde==false)
    {
        if ((A[i][j]==0)||(Marke[i][j])==true) { return; }
        printf("Überprufe Pfad %d->%d\n",i,A[i][j]);
        if ((i==Start)||(j==Start))
        {
            printf("Pfad wird zurückgesetzt auf Position %d\n",CntReset);
            Cnt=CntReset; // Pfadliste nicht komplett löschen
        }
        else
        {
            if (i!=A[i][j])
            {
                printf("Hinzugefügt zu Pfad:%d->%d\n",i,A[i][j]);
                Pfad[Cnt]=i; Pfad[Cnt+1]=A[i][j]; // Pfad hat immer das Format
Start->Ziel
                Cnt+=2;
            }
```

```
        }
        if(A[i][j]==1) { CntReset=Cnt; } // Ausgang gefunden? Dann Resetpunkt aktualisieren
        else { Marke[i][j]=true; AnzMarken++; }
        if (AnzMarken==13) { SuchEnde=true; } // Maximal 7x7 Schritte sind möglich
        for (k=1; k<=6; k++) { FindeAusgang(j,k); } // Hauptalgorithmus
        Marke[i][j]=false;
    }
}

int main(void)
{
    bool LPfad;
    int i,j,G,GI,Min,GMin,Tmp;
    Cnt=2; CntReset=2; Pfad[0]=0; Pfad[1]=2; j=1; Tmp=0;
    FindeAusgang(2,3);
    printf("Gefundene Pfade:\n#1:");
    GI=B[2][3]; Start=Pfad[2]; // Start=3, Gewicht von Pfad 2-3 wird ignoriert
    G=GI; Min=0; GMin=32767;
    for (i=0; i<=Cnt-2; i+=2)
    {
        if (Tmp==0) // Erster Punkt im Pfad ist bei Tmp=0
        {
            Tmp=Pfad[i+1]; // Ersten Punkt im Pfad nach Tmp sichern
            if (A[Tmp][Start]!=0) { LPfad=true; } // LPfad:Erster Punkt ist mit Start verbunden
            else { LPfad=false; } // TPfad:Erster Punkt ist nicht mit Start verbunden
        }
        printf("%d ",Pfad[i+1]); // Pfadpunkt ausgeben
        G+=B[Pfad[i]][Pfad[i+1]]; // Gewicht addieren
        if (Pfad[i+2]==0) { printf("(T)"); LPfad=false; }
        if (Pfad[i+1]==1)
        {
            if (LPfad==true)
            {
                printf("(L)");
                if (G<GMin) { GMin=G; Min=j; } // Lösungspfad? Dann bestimmen, ob es der beste Pfad ist
            }
            if (LPfad==false)
            {
                printf("(T)"); // Teilpfad ignorieren, doch aber "(T)" ausgeben
            }
            Tmp=0; G=GI; j++;
            printf("\n#%d:",j); // Nummer für den nächsten Pfad ausgeben
        }
    }
    printf("\n");
    printf("Der beste Pfad ist Pfad #%d\n",Min);
    return 0;
}
```

In den Zeilen **05–24** wird zusätzlich zu der Adjazenzmatrix **A** noch eine Matrix **B** definiert, die die Kantengewichte für die Verbindungen zwischen den 6 Höhlen enthält. Hierbei entspricht **B** der Matrix **A**, außer dass für die Verbindungsdaten, die in den Spalten stehen, Kantengewichte anstatt Höhlennummern verwendet werden. So enthält z. B. `B[1][6]` nicht die Zahl 6 (Höhle 1 ist mit Höhle 6 verbunden), wie es bei `A[1][6]` der Fall ist, sondern das Kantengewicht 1 (der Gang zwischen Höhle 6 und Höhle 1 ist sehr leicht passierbar). Natürlich steht in diesem Fall auch in `B[6][1]` der Wert 1, weil beide Richtungen gleich einfach sind. Wie Sie sehen, könnten Sie an dieser Stelle auch eine viel komplexere Situation abbilden, z. B. ein Gefälle zwischen Höhle 6 und Höhle 5, das nur in Richtung der Höhle 5 gut passierbar ist (Schwierigkeitsstufe 1), umgekehrt aber nicht (Schwierigkeitsstufe 10). In diesem Fall würde der Suchalgorithmus die Lösung {2,3,5,6,1} bevorzugen, auch wenn der Pfad zwischen Höhle 3 und Höhle 6 nicht so gut passierbar ist.

Die Funktion `FindeAusgang()` (die Zeilen **29–57**) leistet auch in diesem Beispiel (wie auch in Kapitel 3) die Hauptarbeit. Wie auch in Kapitel 3, arbeitet `FindeAusgang()` rekursiv und wird erst einmal mit dem Schritt von Höhle 2 nach Höhle 3 aufgerufen. Dieser Schritt wird durch die Parameter **i** (Start) und **j** (Ziel) abgebildet und der Startpunkt **i** wird auch in Zeile **32** in der Variablen **Start** zwischengespeichert. Wenn es nun zufällig so sein sollte, dass die maximale Anzahl an Suchschritten schon ausgeführt wurde (was am Anfang nicht der Fall ist), dann kehrt `FindeAusgang()` unverzüglich zurück und die Suche ist damit beendet. Wenn die Suche jedoch noch nicht beendet ist, wird in Zeile **35** erst einmal überprüft, ob der Pfad von **i** nach **j** oder der Pfad von **j** nach **i** schon markiert ist. Ist dies der Fall, kehrt `FindeAusgang()` auch in diesem Fall zurück, da der entsprechende Pfad, der durch die Parameter **i** und **j** übergeben wurde, schon durchsucht wurde. Wenn jedoch `FindeAusgang()` nicht zurückkehrt, wird in Zeile **36** eine entsprechende Meldung ausgegeben, welcher Pfad nun überprüft wird. Wenn im nächsten Schritt **i** oder **j** mit **Start** übereinstimmt, dann sind Sie im Kreis gelaufen, ohne den Ausgang zu finden. Der Pfad wird dann zurückgesetzt, indem die aktuelle Position **Cnt** in der Pfadliste auf den Zähler **CntReset** zurückgesetzt wird (Zeile **40**). **CntReset** ist am Anfang 0 und **Cnt** ist der Array-Index, der die Position in der Pfadliste bestimmt, an der die nächsten Pfadinformationen eingetragen werden. **CntReset** wird nun immer dann aktualisiert, wenn Höhle 1 im Pfad auftaucht, denn dann haben Sie eine Lösung gefunden. Diese Lösung muss natürlich nach Rücksetzen des Pfads in Zeile **40** erhalten bleiben, weshalb dann auch in Zeile **51**, in der festgestellt wird, ob nun Höhle 1 im Pfad auftaucht, **CntReset** auf **Cnt** gesetzt wird. Wenn jedoch **i** nicht gleich **j** ist, dann muss der zuletzt gewählte Pfad in die Pfadliste aufgenommen werden (else-Block in den Zeilen **42–50**). Eine Pfadinformation, die den zuletzt gegangenen Schritt darstellt, ist hierbei immer ein Tupel der Form {Starthöhle,Zielhöhle}.

Nun kann es aber auch sein, dass keine der Abbruchbedingungen zutrifft und weder **i=j** ist noch ein bestimmter Gang bereits markiert ist. In diesem Fall wird `FindeAusgang()`

mit dem aktuellen Ziel **j** für jede mögliche Zielhöhle erneut rekursiv aufgerufen (Zeile **54**). In den meisten Fällen wird der rekursive Aufruf von `FindeAusgang()` zurückkehren, ohne eine Lösung zu finden, manchmal aber eben doch nicht und es wird dann auf dem Stack eine neue Instanz von `FindeAusgang()` angelegt. Erst, wenn alle Instanzen von `FindeAusgang()` zurückkehren, ohne eine Lösung zu finden, kehrt auch die erste Instanz erfolglos zurück. Vorher muss jedoch in Zeile **55** noch die entsprechende Markierung `Marke[i][j]` auf `false` gesetzt werden. Der rekursive Suchalgorithmus entspricht in diesem Beispiel also exakt demjenigen in Kapitel 3. Der wirkliche Unterschied liegt im Hauptprogramm (die Zeilen **58–95**).

Das Hauptprogramm initialisiert zunächst in Zeile **62** die Pfadliste so, dass der Startpunkt der Schritt von Höhle 2 nach Höhle 3 ist. Anschließend wird in Zeile **63** `FindeAusgang()` mit den Parametern 2 und 3 aufgerufen. `FindeAusgang()` erstellt aber nun eine Pfadliste, die viel mehr Pfade enthält als nur die erst beste Lösung. Diese Pfade enthalten dann auch Teilpfade, die z. B. als Startpunkte Höhle 6 enthalten, die mit Höhle 3 verbunden ist. Dies ist z. B. schon beim ersten Pfad der Fall, der die Einträge 6 und 1 enthält. Dies ist z. B. eine mögliche Lösung, wenn man den ersten Schritt mit hinzuzählt (Pfad{2,3,6,1}). Diesen Pfad müssen Sie aber aus der Pfadliste extrahieren, die `FindeAusgang()` erstellt hat. Hierzu dient die globale Variable **Cnt**, in der `FindeAusgang()` die Anzahl der Einträge ablegt, die sich im Array **Pfad** befinden. Dieses Array müssen Sie nun in einer `for`-Schleife (die Zeilen **67–92**) durchgehen und in jedem Schleifendurchlauf immer zwei Elemente extrahieren, nämlich `Pfad[i]` und `Pfad[i+1]`. Wenn Sie dann am Anfang eines neuen Pfads sind, der eventuell eine Lösung enthält (die temporäre Variable **Temp** ist in diesem Fall 0), dann übertragen Sie den Zielpunkt des Pfads nach **Temp** (Zeile **71**) und stellen anschließend fest, ob dieser Zielpunkt, der stets einer bestimmten Höhle entspricht, mit Höhle 3 verbunden ist (diese steht in der globalen Variablen **Start**). Wenn dies der Fall ist, wird **LPfad** auf `true` gesetzt, ansonsten auf `false`. In den Zeilen **75** und **76** wird anschließend der Pfadpunkt `Pfad[i+1]` ausgegeben und das entsprechende Gewicht der Kante, die von `Pfad[i]` zu `Pfad[i+1]` führt, zu dem aktuellen Wert **G** addiert. **G** hat am Anfang immer den Wert **GI** (G Init), der dem Gewicht des Gangs zwischen Höhle 2 und Höhle 3 entspricht. Wenn ein neuer Pfad gewählt wird, der eine Lösung sein könnte, dann wird **G** stets auf **GI** zurückgesetzt. Nun kann es im Laufe der Ausgabe der einzelnen Stationen eines Pfads dazu kommen, dass einer der Punkte Höhle 1 ist. Dies wird in einer entsprechenden `if`-Abfrage überprüft (die Zeilen **78–91**). Wenn nun **LPfad** `true` ist, dann haben Sie eine Lösung gefunden, und Sie können überprüfen, ob die Summe der Kantengewichte in **G** kleiner ist als das aktuelle Minimum **GMin**. Wenn dies der Fall ist, dann wird **GMin** gleich **G** gesetzt und **Min** wird auf `j+1` gesetzt. Ein leerer Teilpfad entsteht immer dann, wenn die Suche am Ende angekommen ist und die `if`-Abftrage `if (Pfad[i+2]==0)` in Zeile **077** wahr ist. Auch in diesem Fall muss `LPfad=false` gesetzt werden, denn sonst würde am Ende ein leerer Teilpfad als Lösung angegeben.

**Min** enthält also immer die Nummer des Pfads, der dem einfachsten Pfad entspricht. Wenn **LPfad** allerdings `false` ist, dann wird der entsprechende Pfad ignoriert und anstatt des Textes „(L)" wird der Text „(T)" ausgegeben. Der Zähler **j** wird für jeden neuen Pfad um 1 erhöht, aber nicht in jedem Fall wird `Min=j` gesetzt. Auf diese Weise entspricht **Min** stets der Pfadnummer mit dem bis jetzt kleinsten Aufwand. Wenn das Hauptprogramm endet, gibt es in Zeile **93** den besten Weg von Höhle 2 nach Höhle 1 aus, wenn die gesamte Pfadliste im Array **Pfad** abgearbeitet wurde. Dabei werden alle geprüften Pfade vorher in der Konsole ausgegeben und es kann geschehen, dass Pfade doppelt geprüft werden.

Der Suchalgorithmus macht stets 49 Schritte, dies ist die maximale Anzahl Marken, die es in dem Array **Marken** geben kann. Da es aber in Wirklichkeit nur 13 Marken gibt, laufen Sie quasi noch mehrmals hin und her, nachdem schon Pfad #4 die korrekte Lösung {2,3,5,6,1} enthält. Deshalb werden auch teilweise Teilpfade gefunden, die aber anschließend verworfen werden. Dies ist auch bei Pfad #12 der Fall, der nicht einmal den Ausgang (Höhle 1) enthält. Deshalb ist auch Pfad #12 weder eine Lösung (L) noch eine Teillösung (T).

Sie werden an dieser Stelle (oder vielleicht schon vorher) festgestellt haben, dass Sie in Listing 11.1 keinen optimalen Algorithmus implementieren, der einfach viel zu viele Schritte macht, und der auch sehr viele Pfade findet, die am Ende keine Lösungen sind. Dies liegt vor allem daran, dass ich folgende Worst-Case-Abschätzung gemacht habe: B ist an sämtlichen Positionen mit Marken besetzt und die Anzahl der Marken entspricht der Anzahl der Elemente in der Matrix B (also 49). Sie haben allerdings nur 13 Marken in Benutzung. Sie könnten nun hergehen und in Zeile **53** nicht den Wert **49** für den maximalen Wert des Markenzählers einsetzen, sondern 13. In diesem Fall wird aber Folgendes in der Konsole ausgegeben:

**Gefundene Pfade:**

**#1:6 1 (L)**

**#2:6 1 (L)**

**#3:4 6 1 (T)**

**#4:**

**Der beste Pfad ist Pfad #4**

Diese Ausgabe ist offensichtlich falsch, denn ein leerer Pfad kann nicht einmal eine Teillösung sein, wie es z. B. Pfad #3 ist. Wo verbirgt sich hier der Fehler? Die Antwort ist, dass Sie einem klassischen Denkfehler zum Opfer fallen, der den besten Programmierern passieren kann: Sie setzen die Anzahl der gesetzten Marken mit der Anzahl der ausgeführten Suchschritte gleich. Nur setzt `SucheAusgang()` nicht immer neue Marken, deshalb müssen Sie ja auch den Worst-Case-Fall annehmen, dass sämtliche Einträge in **B** auf `true` gesetzt werden müssen. Wenn Sie nun tatsächlich sämtliche Marken verwenden, die möglich sind (in diesem Fall ist jede Höhle mit jeder anderen Höhle verbunden), müssen Sie sogar 7*7*7=343 Durchläufe als Wort-Case-Szenario annehmen. Wenn Sie sich nun fragen, woher ich meine Werte nehme, kann ich Ihnen nur sagen, dass dies Erfahrungswissen ist und nichts mit irgendwelchen Formeln zu tun hat, die Sie in einem guten Mathematikbuch nachschlagen können. Dies ist auch der größte Nachteil bei der Verwendung von Adjazenzmatrixen zum Finden des kürzesten Wegs: Die Matrizen müssen oft in aufwendiger Weise per Hand skaliert werden. Wenn Sie sich nun vorstellen, Sie wollten eine Navigationssoftware für Ihr Smartphone entwickeln, bei der Sie 10 000 Städte und Straßen speichern müssen, werden Sie begreifen, dass man an dieser Stelle Hilfe von Google und Co benötigt.

## 11.2 Darstellung eines Graphen als verallgemeinerte Baumstruktur

Neben dem Szenario aus Abschnitt 11.1 gibt es noch ein anderes Szenario: Nicht der Computer steuert die Suche eines Wegs, sondern der Benutzer. In diesem Fall benötigen Sie keinen komplexen Backtracking-Algorithmus, weil Sie ja selbst der Algorithmus sind. Nehmen wir z. B. an, Sie befinden sich in Ihrer Wohnung. Dort kennen Sie sämtliche Räume und wissen, wie diese miteinander verknüpft sind. Die Steuerung ist für Sie in diesem Fall kein Problem und den Weg zur Haustür finden Sie in einer Minute. Auch wissen Sie, welche Pfade garantiert nicht benutzbar sind. Sie wissen z. B., dass Sie nicht vom Bad direkt in die Garage gehen können, wo der Rasenmäher steht. Wenn Sie nun Ihre Wohnung durch ein Computerprogramm abbilden wollen, können Sie durchaus auch eine andere Datenstruktur nehmen als eine Matrix: Sie können eine normale Baumstruktur nehmen, so wie sie in Kapitel 5 über Bäume behandelt wurde, und anschließend verallgemeinern.

Wie stellen Sie aber einen Graphen als Baum dar, wo doch in einem Baum immer nur Knoten mit anderen Knoten auf einer tieferen Ebene verbunden werden? Auch besitzt ein Baum eine Wurzel, die Sie stets zuerst aufrufen müssen, wenn Sie die Navigation durch den Baum beginnen wollen? Wie kann man dieses Vorgehen verallgemeinern und die Suche an einer beliebigen Stelle starten? Sie können auf die folgende Weise die Knotendefinition für einen Baum so verallgemeinern, dass daraus Knoten für beliebige Graphen werden:

```
struct Knoten_t
{
    long int Nummer;
    char Bezeichnung[100];
    Knoten_t *Nachbarn;
};
```

Jeder Knoten bekommt eine eindeutige Nummer und eine möglichst eindeutige Bezeichnung, die in diesem Fall 100 Zeichen umfassen kann. Wenn Sie beliebig lange Namen verwenden wollen, müssen Sie **Bezeichnung** als `char*` definieren und den

Speicher für diesen Eintrag mit malloc() reservieren, bevor Sie einen String hineinschreiben. Kommen wir nun zu den Kanten, die ein Knoten besitzen kann. Wie realisieren Sie die Kanten, die auch Gewichte haben können? Hier haben Sie mehrere Möglichkeiten. Sie können z. B. die Kantengewichte als Attribut in dem Knoten speichern, zu dem die Kante hinführt. Die Nachbarn realisieren Sie als Zeiger auf den Anker einer verketteten Liste. Dies bringt uns zu dem folgenden Strukturtyp für einen Knoten in einem Graphen:

```
struct Knoten
{
    long int Nummer;
    int Gewicht;
    char Bezeichnung[100];
    Knoten *Nachbarn;
};
```

Leider sind die Kanten in diesem Fall nicht gerichtet und Sie müssen eine gerichtete Kante durch die richtige Belegung der Liste **Nachbarn** abbilden. Wenn z. B. Knoten 1 mit Knoten 2 verbunden ist, aber nur die Richtung von Knoten 1 nach Knoten 2 zulässig ist, dann darf die Liste **Nachbarn** von Knoten 2 Knoten 1 nicht enthalten, die Liste **Nachbarn** von Knoten 1 muss aber Knoten 2 enthalten. Sie müssen also alle Kanten doppelt abbilden und das Gewicht, das die Knoten in der Liste **Nachbarn** haben, ist dann das Gewicht, das für eventuelle Berechnungen relevant ist. Sie können natürlich auch den umgekehrten Weg gehen und die Knoten durch eine Liste an Kanten verbinden. In diesem Fall müssen Sie die folgenden strukturierten Datentypen erstellen:

```
struct Kante
{
    int Gewicht;
    Knoten *Ref; // Referenzknoten als Zeiger
    Kante *Nachfolger; // für die verkettete Liste
};

struct Knoten
{
    long int Nummer;
    char Bezeichnung[100];
    Kante *Kanten;
    Kante *Listenkopf; // Für schnelles Anhängen am Ende der Liste
};
```

Sie definieren also eine Kantenliste anstatt einer Knotenliste. Dieses Vorgehen hat den Vorteil, dass Sie nun eine gerichtete Kante ganz einfach dadurch abbilden können, dass Sie diese nur in die Kantenliste des von dem betreffenden Knoten wegführenden Knotens aufnehmen müssen, die Kante selbst enthält dann einen Zeiger auf den Knoten, zu dem die Kante führt.

**Aber halt!** Haben Sie hier nicht eine Definition erstellt, in der die Definition einer Kante die Definition eines Knotens voraussetzt, die es aber noch gar nicht geben kann? Dies ist richtig, deshalb müssen Sie bei manchen Compilern folgende Prototyp-Definition an den Anfang stellen:

```
struct Knoten;
struct Kante;
```

Selbstverständlich müssen Sie die Prototyp-Definitionen irgendwann auflösen, denn sonst erhalten Sie einen Compilerfehler der Art „TYPE NAME EXPECTED IN DECLARATION OF KANTE“.

Ich werde Ihnen nun für die Erstellung des Graphen unter Verwendung der hier aufgeführten Knoten- und Kantendefinition ein C++-Beispiel angeben. Dazu nehmen wir wieder das Beispiel der Wohnung. Angenommen, die Räume Ihrer Wohnung sind auf die folgende Weise verknüpft:

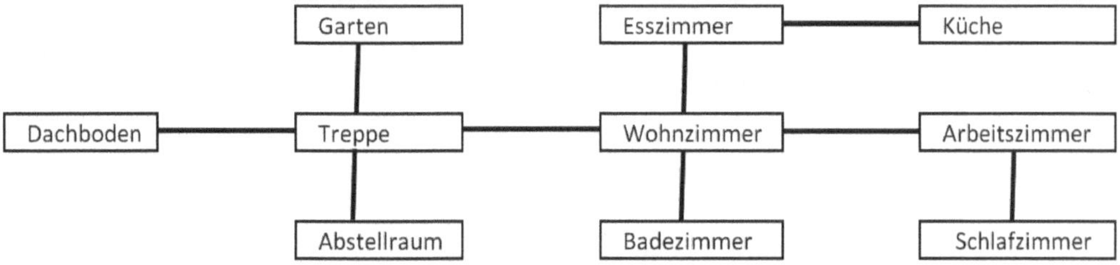


**Bild 11.3** Verknüpfungsgraph für die einzelnen Räume

In Bild 11.3 sind die Knoten durch Rechtecke dargestellt, es gibt jedoch auch die Möglichkeit, Knoten durch Kreise darzustellen. Diese Darstellungsform wird vor allem von Mathematikern gewählt. Welche Art der Darstellung Sie verwenden, bleibt im Endeffekt Ihnen überlassen. Sie sollten nur wissen, dass es beide Varianten gibt, und sich nicht wundern, wenn Sie in einem Mathematikbuch plötzlich auf eine andere Darstellungsform stoßen.

Sie haben verschiedene Möglichkeiten, die Räume im Speicher anzulegen. Sie können z. B. in der folgenden Weise eine verkettete Liste anlegen:

```
Knoten *Graph=new Knoten;
```

Da Sie ja sowieso schon eine Funktion programmieren müssen, die eine verkettete Liste verwendet, um die einzelnen Kanten Ihrer Knoten zu speichern, kann dies eine gute Idee sein. In diesem Fall haben Sie aber das Problem, dass Sie nicht in einfacher Weise auf einen beliebigen Raum zugreifen können. In diesem Fall müssten Sie die entsprechende Nummer bzw. Bezeichnung in Ihrer verketteten Liste suchen. Die Alternative, die ich im Folgenden verwenden werde, ist, ein Array mit der Bezeichnung **Graph** anzulegen und in diesem Array die einzelnen Räume als Knoten abzulegen. Jeder Knoten bekommt eine eindeutige Nummer. Die fertige Raumkarte sieht also nun so aus:

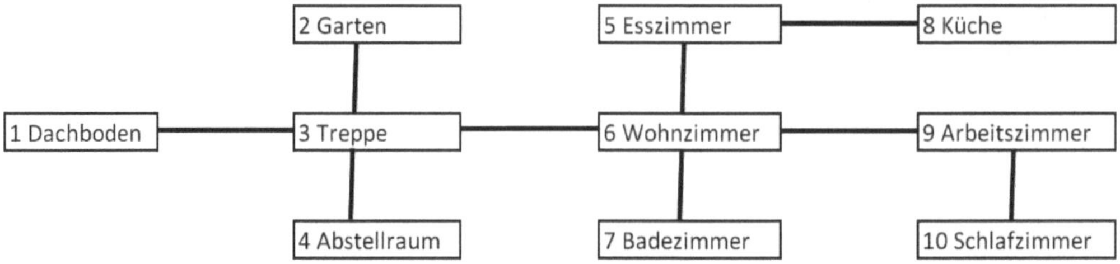


**Bild 11.4** Verknüpfungsgraph mit Raumnummern

Die Anzahl der verwendeten Knoten in dem Array Graph ist also 10. Ich werde an dieser Stelle den Knoten `Graph[0]` nicht belegen, damit die Raumnummern stets bei 1 anfangen. Ein Raum mit der Nummer 0 ist also ungültig und gleichbedeutend mit „kein Durchgang". Sie können nun den ersten Raum einfach durch das Array-Element `Graph[1]` ansprechen und müssen sich nicht damit herumschlagen, dass Array-Indices bei 0 und nicht bei 1 anfangen. Um einen Raum zu initialisieren (z. B. Raum 1), können Sie z. B. folgende Anweisungen benutzen:

```
Graph[1].Nummer=1;
strcpy(Graph[1].Bezeichnung,"Dachboden");
Graph[1].Kanten=NULL; // Noch keine Kanten vorhanden
```

Erstellen wir nun die Verbindung zwischen Raum 1 (Dachboden) und Raum 3 (Treppe). Hierzu müssen wir zunächst noch Raum 3 definieren:

```
Graph[3].Nummer=3;
strcpy(Graph[3].Bezeichnung,"Treppe");
Graph[3].Kanten=NULL; // Noch keine Kanten vorhanden
```

Nun existiert eine ungerichtete Kante zwischen Raum 1 und Raum 3, also müssen Sie eine Verbindung zwischen Raum 1 und Raum 3 und eine Verbindung zwischen Raum 3 und Raum 1 definieren. Dies leisten die folgenden Anweisungen:

```
Kante *NeueKante;
NeueKante=new Kante;
NeueKante.Gewicht=1; // 1=Durchgang möglich, 0=kein Durchgang möglich
NeueKante.Ref=&Graph[3];
KanteZufuegen(&Graph[1],NeueKante); // Kante 1->3
NeueKante=new Kante;
NeueKante.Gewicht=1;  // 1=Durchgang möglich, 0=kein Durchgang möglich
NeueKante.Ref=&Graph[1];
KanteZufuegen(&Graph[3],NeueKante); // Kante 3->1
```

Sie müssen hier unbedingt beachten, dass die Funktion `KanteZufuegen()` den Knoten, dessen Kantenliste aktualisiert werden soll, als Zeiger übergeben bekommt, und Sie deshalb für die Übergabe eines Array-Elements als ersten Parameter den Address-Of-Operator benutzen müssen. Die einzelnen Array-Elemente im Array **Graph** dürfen Sie jedoch nicht in der Form `Graph[1]->Nummer=1` ansprechen, sondern Sie müssen hierfür die Struktur-Schreibweise `Graph[1].Nummer=1` verwenden. Dies ist deshalb so, weil C++ Arrays stets als Zeiger auf das erste Byte im Speicher ablegt und deshalb im

Speicher kein Unterschied zwischen *Graph und &Graph besteht. Es besteht aber dennoch ein Unterschied zwischen &Graph[1] und *Graph[1], denn für letzteren Zeiger gibt es keinen separaten Eintrag in der Variablentabelle.

Fehlt nur noch die Funktion KanteZufuegen():

```
void KanteZufuegen(Knoten *K, Kante *NeueKante)
{
    if (K->Kanten==NULL) // Kantenliste ist leer
    {
        NeueKante->Nachfolger=NULL;
        K->Kanten=NeueKante; K->Listenkopf=NeueKante;
    }
    else // Kantenliste ist nicht leer
    {
        NeueKante->Nachfolger=NULL;
        K->Listenkopf->Nachfolger=NeueKante;
        K->Listenkopf=NeueKante;
    }
}
```

KanteZufuegen() bekommt zwei Parameter übergeben, nämlich einmal einen Zeiger auf einen Knoten **K**, der durchaus auch die Adresse eines Array-Elements sein kann, und einen Zeiger auf die Kante, die zum Knoten **K** hinzugefügt werden soll. KanteZufuegen() legt hierzu eine einfache vorwärts verkettete Liste für die einzelnen Kanten an, die Kante **NeueKante** wird jeweils am Ende der Liste angehängt. Deshalb muss die Funktion KanteZufuegen() nur zwei Szenarien überprüfen. Im ersten Szenario ist die Knotenliste noch leer (der Listenanker zeigt auf NULL). In diesem Fall wird einfach der Listenanker aktualisiert und der Listenkopf auf den Listenanker gesetzt. Im zweiten Szenario gibt es bereits einen Listenanker. In diesem Fall wird einfach der Nachfolger des Listenkopfs das aktuelle Element und der Listenkopf wird am Ende auf das neue Element gesetzt. Der Nachfolger des neu hinzugefügten Elements ist hier immer NULL (Ende der Liste).

Wenn Sie etwas nachdenken, werden Sie erkennen, dass ich hier im Endeffekt durch die Funktion KanteZufuegen() eine Stack-Struktur mit einer verketteten Liste nachgebildet habe. Die Kanten, die Sie als Letztes zugefügt haben, befinden sich stets am Ende der Liste und können auch z. B. durch die Anweisung Kante=Graph[1].Listenkopf referenziert werden. Den Top Of Stack (TOS) können Sie durch die folgenden Anweisungen entfernen:

```
Kante=Graph[1].Listenkopf; // Zeiger auf den alten Listenkopf sichern
Graph[1].Listenkopf=Graph[1].Listenkopf->Vorgaenger; // alten Listenkopf aushängen
Graph[1].Listenkopf->Nachfolger=NULL; // Der Listenkopf hat keinen Nachfolger
delete(Kante); // alten Listenkopf aus dem Speicher entfernen
```

Kommen wir nun zum nächsten Beispiel. In diesem Beispiel sollen die einzelnen Räume aus Bild 11.4 durch ein Programm abgebildet werden. Der Steueralgorithmus ist in dem nächsten Beispiel ganz einfach und entspricht einem alten, textorientierten Adventure. Dem Spieler wird in der Konsole angezeigt, in welchem Raum er sich befindet und in welche Richtung er gehen kann, nämlich nach Norden, Süden, Westen oder Osten. Hierbei entspricht die Kante für den Norden dem ersten Listeneintrag in der Knotenliste (also quasi dem Listenanker), der Osten dem Nachfolger des Listenankers, der Süden dem Nachfolger des Listenelements für den Osten und der Westen dem letzten Listenelement in der Knotenliste. Dieses Vorgehen entspricht der sogenannten Moore-Umgebung, die für Algorithmen sehr oft benutzt wird. Die *Moore-Umgebung* bildet die Richtungen, in die man sich bewegen kann, auf die folgende Weise ab:

```
           0(Norden)
3(Westen)            1(Osten)
           2(Süden)
```

Im nächsten Beispiel werden stets vier Kanten für jeden Knoten angelegt und wenn eine Kante nicht benutzt wird, so wird der entsprechende Zeiger, der auf einen Knoten verweist, auf **NULL** gesetzt. Im Endeffekt könnten Sie statt der verketteten Liste auch für jeden Knoten ein Array mit vier Kanten für jede Himmelsrichtung anlegen, aber vielleicht kommen Sie ja später mal auf die Idee, mehr als vier Verknüpfungen für einen Raum anzulegen, weil Sie wirklich ein komplexes Adventure programmieren wollen. In diesem Fall ist wahrscheinlich die Hybridlösung mit dem Graphen als Array und den Kanten als Knotenlisten die flexibelste Lösung. Schauen Sie sich nun Listing 11.2 an, das ein kleines Textadventure (ohne Gegenstände in den Räumen) implementiert.

**Listing 11.2** Adventure.cpp

```
#include<stdio.h>
#include<stdlib.h>
#include<string.h>
#include"mykeyboard.h"

// Prototyp-Definitionen
struct Knoten;
struct Kante;

// Kanten und Knoten
struct Kante
{
    int Gewicht;
    Knoten *Ref;
    Kante *Nachfolger;
};

struct Knoten
{
    long int Nummer; // Ist der Array-Index
    char Bezeichnung[100]; // Raumname
    Knoten *Nachfolger;
    Kante *Kanten; // Anker auf Kantenliste
    Kante *Listenkopf;
};
```

```
// Graph
Knoten *Graph;
Kante *NeueKante;
// Himmelsrichtungen
const char *NSWO[4]=
{
"Norden",
"Osten",
"Süden",
"Westen"
};
// Raum-Namen
const char *N[11]=
{
"",
"Dachboden",
"Garten",
"Treppe",
"Abstellraum",
"Esszimmer",
"Wohnzimmer",
"Badezimmer",
"Küche",
"Arbeitszimmer",
"Schlafzimmer"
};
// Raum-Verknüpfungstabelle ist im Endeffekt eine Adjazenzmatrix
int V[11][4]=
{
0,0,0,0, // Nicht belegt (0)
0,3,0,0, // Dachboden (1)
0,0,3,0, // Garten (2)
2,6,4,1, // Treppe (3)
3,0,0,0, // Abstellraum (4)
0,8,6,0, // Esszimmer (5)
5,9,7,3, // Wohnzimmer (6)
6,0,0,0, // Badezimmer (7)
0,0,0,5, // Küche (8)
0,0,10,6, // Arbeitszimmer (9)
9,0,0,0, // Schlafzimmer (10)
};

void KanteZufuegen(Knoten *K, Kante *NeueKante)
{
    if (K->Kanten==NULL) // Kantenliste ist leer
    {
        NeueKante->Nachfolger=NULL;
        K->Kanten=NeueKante; K->Listenkopf=NeueKante;
    }
    else // Kantenliste ist nicht leer
    {
        NeueKante->Nachfolger=NULL;
        K->Listenkopf->Nachfolger=NeueKante;
        K->Listenkopf=NeueKante;
    }
}
```

```
int main(void)
{
    int i,j,Raum,Richtung;
    Graph=new Knoten[11];
    Kante *K;
    bool AuswahlGueltig;
    printf("Erzeuge Räume...\n");
    for (i=1; i<=10; i++)
    {
        Graph[i].Nummer=i; Graph[i].Kanten=NULL;
        strcpy(Graph[i].Bezeichnung,N[i]);
        printf("%s\n",Graph[i].Bezeichnung);
        for (j=0; j<4; j++)
        {
            NeueKante=new Kante;
            NeueKante->Gewicht=1;
            if (V[i][j]==0) { NeueKante->Ref=NULL; }
            else { NeueKante->Ref=&Graph[V[i][j]]; }
            KanteZufuegen(&Graph[i],NeueKante);
        }
    }
    printf("fertig.Eine beliebige Taste startet das Spiel.\n");
    getch();
    Raum=6; // Der Spieler startet im Wohnzimmer
    do
    {
        system("clear"); // Nach jedem Zug den Bildschirm löschen
        printf("Du bist in folgendem Raum:%s\n",Graph[Raum].Bezeichnung);
        printf("Ausgänge:"); K=Graph[Raum].Kanten;
        for (i=0; i<4; i++) // Ausgänge als Himmelsrichtungen auflisten
        {
            if (K->Ref!=NULL) { printf("%d=%s ",i,NSWO[i]); }
            K=K->Nachfolger;
        }
        printf("\n"); // Neue Zeile!
        AuswahlGueltig=false;
        do
        {
            printf("Wo hin willst Du gehen (4 beendet das Spiel)?");
            scanf("%d",&Richtung); // Moore-Umgebung abfragen
            if (Richtung!=4) // Spielzug nur erlaubt, wenn Richtung!=4
            {
                if ((Richtung<0)||(Richtung>4)) { printf("Auswahl ungültig!\n");
}
                else
                {
                    K=Graph[Raum].Kanten;
                    for (i=0; i<Richtung; i++) { K=K->Nachfolger; }
                    if (K->Ref==NULL) { printf("Auswahl ungültig!\n"); }
                    else { AuswahlGueltig=true; }
                }
            }
            else // Hier wurde 4 eingegeben
            {
                AuswahlGueltig=true; // Die Auswahl 4 ist gültig
            }
        }
```

```
134         while (AuswahlGueltig==false);
135         if (Richtung!=4) // Spielzug ausführen
136         {
137             clrscr();
138             Raum=K->Ref->Nummer;
139         }
140     }
141     while ((Richtung>=0)&&(Richtung<4));
142     printf("Das Programm wurde beendet.\n");
143     return 0;
144 }
```

In den Zeilen **001–063** habe ich zugegebenermaßen zahlreiche globale Variablen definiert. Es gibt Programmierer und auch Professoren, die dies als schlechten Programmierstil betrachten und gegebenenfalls sogar die entsprechenden Programme nicht bewerten, wenn sie globale Variablen enthalten. Wenn Sie selbst in dieser Situation sind, dass Sie keine globalen Variablen verwenden dürfen, dann müssen Sie eine separate Klasse `Graph` anlegen und die globalen Arrays als Attribute deklarieren. Da ich aber denke, dass es mittlerweile für Sie nicht mehr schwierig ist, Klassen statt globalen Variablen zu verwenden, habe ich mich dafür entschieden, die Beispiele möglichst einfach zu halten.

Unser Adventure verwendet nun Himmelsrichtungen, die der Spieler bei jedem Spielzug in der Konsole eingeben muss. Bei den ersten reinen Textadventures war dies oft so bzw. Sie mussten dann Kommandos wie „go south" eingeben. Die Namen für die Himmelsrichtungen stehen als Strings in dem Array **NSWO**. **NSWO** dient als Lookup-Tabelle, um die Moore-Richtung (Werte zwischen 0 und 3) in Strings umzuwandeln. Das Array **N** enthält nun die Namen der einzelnen Räume in Form einer statischen Liste. Diese statische Liste können Sie jedoch jederzeit durch eine dynamische Liste ersetzen, indem Sie für `char *N[11]` `char **N` einsetzen. Allerdings müssen Sie dann die entsprechenden Speicherbereiche für die Strings in der Liste **N** mittels `new` bzw. `malloc()` reservieren. Genauso verhält es sich mit der Tabelle `V[11][4]`, die die Verknüpfungsdaten zwischen den Räumen in Form einer Adjazenzmatrix enthält. Auch diese Tabelle könnten Sie als `int **V` deklarieren, aber dann müssten Sie die Verknüpfungsdaten irgendwoher holen, z. B. aus einer Datei. Viele Spiele gehen genau diesen Weg, damit Sie z. B. den Spielstand in einer Datei sichern können. Für dieses Beispiel ist dies aber nicht nötig, deshalb wandelt das Hauptprogramm quasi nur eine Adjazenzmatrix in eine verallgemeinerte Baumstruktur um. Ich gebe an dieser Stelle gerne zu, dass sich manche Mathematiker an dem Ausdruck „verallgemeinerte Baumstruktur" stoßen, weil sie der Ansicht sind, dass sich Bäume nicht verallgemeinern lassen. Lassen Sie sich am besten nicht verwirren oder in Diskussionen über mathematisch komplexe Themen hineinziehen. Wählen Sie immer den Weg, der auch am besten geeignet ist, um Ihre Ideen umzusetzen – es sein denn natürlich, im Praktikum ist ein bestimmter Weg vorgeschrieben.

Kommen wir nun zu der Funktion `KanteZufuegen()` (die Zeilen **064–077**), die dafür verwendet wird, den Graphen mit den verknüpften Räumen aufzubauen. `KanteZufuegen()`

bekommt zwei Parameter übergeben, nämlich einmal einen Zeiger auf einen Knoten **K**, und einen Zeiger auf eine neue Kante, die auch den Namen **NeueKante** erhält. Die Funktionsweise von `KanteZufuegen()` wurde bereits zuvor erläutert. Es gibt beim Einfügen einer neuen Kante in die Kantenliste eines Knotens nur zwei Szenarien: Entweder, die Knotenliste ist noch leer, oder nicht, dann wird die neue Kante am Ende der Knotenliste angehängt. Sie können also keine Kanten entfernen, außer vom Listenkopf oder vom Anker aus.

Das Hauptprogramm (die Zeilen **078–144**) hat nun die Aufgabe, das Spiel zu steuern, und so lange zu laufen, bis der Benutzer das Spiel per Hand beendet. Für die Steuerung von Spielen gibt es zwei Strategien, die beide gleich häufig verwendet werden. Die erste Strategie ist, möglichst viel Arbeit vom Hauptprogramm erledigen zu lassen und die Geschwindigkeit dadurch zu erhöhen, dass die meisten Steuerbefehle direkt ausgeführt werden. Die zweite Strategie ist, möglichst viele Unterfunktionen bereitzustellen (zur Not in einer separaten Klasse), die z. B. die Auswahl der Richtung oder das Wechseln des Raums regeln. Hierdurch kann die Komplexität des Hauptprogramms stark reduziert werden, was aber Geschwindigkeitseinbußen nach sich ziehen kann. Wenn Ihnen nun die zweite Strategie lieber ist, können Sie ja als kleine Übung versuchen, möglichst viele Teile des Hauptprogramms in Methoden der Klassen `Spiel` und `Raum` auszulagern (Sie werden sich wundern, wie wenig dann vom Hauptprogramm übrigbleibt). Dies betrifft z. B. die verschachtelte `for`-Schleife zum Erzeugen der Räume (die Zeilen **081–098**), die im Endeffekt nur ein neues Array **Graph** mit elf Knoten anlegt (Knoten 0 wird hier nicht benutzt) und anschließend in die Knoten die entsprechenden Raumdaten einträgt. Der Schleifenzähler **i** greift hier auf den Knoten `Graph[i]` zu und dient dazu, die Raumnummer auf **i** zu setzen, die Kantenliste auf `NULL` zu setzen und den entsprechenden Raumnamen aus `N[i]` nach `Graph[i].Bezeichnung` zu kopieren (die Zeilen **087–089**). Der Zähler **j** dient nun dazu, die entsprechende i. Zeile der Adjazenzmatrix V spaltenweise nach Werten zu durchsuchen, die von 0 abweichen (die Zeilen **090–097**). Falls dies der Fall ist `und` `V[i][j]` nicht 0 ist, wird eine Kante erzeugt, die als Referenz Raum Nr. `V[i][j]` besitzt. Falls `V[i][j]` jedoch 0 ist, so wird eine neue Kante erzeugt, bei der der Referenzknoten `NULL` ist. Kanten, die `NULL` als Referenzknoten haben, kriegen das Kantengewicht 0 zugewiesen, alle anderen Kanten kriegen das Kantengewicht 1 zugewiesen. Nach der Initialisierung der Räume wird der Benutzer aufgefordert, eine Taste zu drücken, und anschließend wird der Bildschirm gelöscht. Nun befinden Sie sich in Raum Nr. 6 und das Spiel wird gestartet.

Das Programm gibt in der Konsole z. B. Folgendes aus:

**Du bist in folgendem Raum:Wohnzimmer**

**Ausgänge:0=Norden 1=Osten 2=Süden 3=Westen**

**Wohin willst Du gehen (4 beendet das Spiel)?0**

**Du bist in folgendem Raum:Esszimmer**

**Ausgänge:1=Osten 2=Süden**

**Wohin willst Du gehen (4 beendet das Spiel)?1**

**Du bist in folgendem Raum:Küche**

**Ausgänge:3=Westen**

**Wohin willst Du gehen (4 beendet das Spiel)?3**

**Du bist in folgendem Raum:Esszimmer**

**Ausgänge:1=Osten 2=Süden**

**Wohin willst Du gehen (4 beendet das Spiel)?4**

**Das Programm wurde beendet.**

In dem letzten Beispiel haben Sie gesehen, dass eine Adjazenzmatrix und ein Graph, der durch eine verallgemeinerte Baumstruktur dargestellt wird, im Grunde genommen gleichwertig sind. Mehr noch: Beide haben die gleichen mathematischen Eigenschaften. Sie könnten also das letzte Beispiel auch mit einer Adjazenzmatrix umsetzen und die Verwaltung der Position des Spielers wäre nicht einmal so verschieden (im Endeffekt entspricht die aktuelle Position des Spielers nur einem Array-Eintrag in der Adjazenzmatrix). Leider gibt es keine allgemeinen Empfehlungen, wann Sie eine Adjazenzmatrix und wann eine Baumstruktur wählen sollten. Die Regel, die ich anwende, ist einfach die folgende: Ich wähle das Verfahren, das am besten zu dem passt, was ich erreichen möchte. Deshalb habe ich im letzten Beispiel die Baumstruktur gewählt, weil diese in einfacher Weise erweiterbar ist. Vielleicht komme ich ja, wenn ich in den Weihnachtsferien nicht viel zu tun haben sollte, auf die Idee, mein Adventure durch Gegenstände in den Räumen zu erweitern. Da man Gegenstände aufnehmen und auch woanders wieder ablegen kann, bilde ich diese dann auch durch verkettete Listen ab. Ich werde in diesem Fall froh darüber sein, dass ich für das letzte Beispiel die Baumstruktur verwendet habe. Diese kann man beliebig durch weitere Zeiger erweitern, z. B. durch Zeiger auf den Anker von Gegenstandlisten. Auch Monster haben bestimmte Eigenschaften und können sich in bestimmten Räumen aufhalten (bzw. diese sogar wechseln). Auch an dieser Stelle bin ich dann froh darüber, dass ich auch für die Monster nur Zeiger auf ein verkettete Monster-Liste in den Baum einfügen muss.

## 11.3 Eulerkreise

Ein Problem, das fast in sämtlichen Vorlesungen über Graphen behandelt wird, ist das folgende: Gibt es einen Algorithmus, mit dem Sie einen Pfad durch einen Graphen finden können, der erstens wieder genau zum Ausgangspunkt zurückführt und zweitens so beschaffen ist, dass er sämtliche Kanten genau einmal durchläuft? Diese Fragestellung ist so klassisch, dass sie sogar inzwischen auf Wikipedia unter

*https://de.wikipedia.org/wiki/Eulerkreisproblem*

detailliert erklärt wird. Die wichtigste Fragestellung für dieses Buch über Algorithmen ist natürlich: Gibt es eine Methode, um festzustellen, ob dies überhaupt möglich ist? Die Antwort muss hier natürlich sein, dass es diesen Algorithmus gibt und dass diejenigen Kreispfade, die jede Kante genau einmal durchlaufen, sogar einen Namen haben: Eulerkreis. Ein Eulerkreis wird in der Graphentheorie wie folgt definiert: Ein *Eulerkreis* ist ein Zyklus, der alle Kanten eines Graphen genau einmal durchläuft, wobei der Ausdruck *Zyklus* bedeutet, dass der Pfad in sich geschlossen ist und wieder zum Ausgangspfad zurückkehrt. Der Mathematiker Leonard Euler, nach dem die Eulerkreise benannt sind, hat sich hauptsächlich mit zyklischen Pfaden beschäftigt, es gibt inzwischen jedoch auch den Begriff des Eulerzugs. Ein *Eulerzug* ist lediglich ein Pfad in einem Graphen, bei dem jede Kante genau einmal durchlaufen wird, jedoch muss dieser Pfad nicht unbedingt zyklisch sein. Eulerzüge schließen Eulerkreise quasi mit ein, erlauben aber wegen der schwächeren Regeln auch zusätzliche Pfade, die in Eulers ursprünglicher Definition nicht enthalten sind.

Bevor ich mich mit der Mathematik der Eulerkreise beschäftige, muss natürlich noch geklärt werden, wozu diese überhaupt gut sind. Haben wir nicht in Abschnitt 11.1 schon den kürzesten Weg zwischen zwei Punkten mittels Backtracking ermittelt? Wenn es einen Pfad zwischen A und B gibt, der sämtliche Kanten nur einmal durchläuft, so muss dieser doch auch der kürzeste bzw. beste sein. Die letzte Aussage ist leider falsch, denn Eulerkreise und das Finden des kürzesten bzw. schnellsten Weges zwischen A und B sind ein verschiedenes Paar Schuhe. Beim Backtracking in Abschnitt 11.1 mussten Sie nämlich gar nicht sämtliche Kanten benutzen. Einen Eulerkreis oder Eulerzug, der sämtliche Höhlen passiert und dabei sämtliche Kanten nur einmal durchläuft, gibt es jedoch in Abschnitt 11.1 nicht und kann es auch gar nicht geben. Wenn Sie nämlich Höhle 4 erreichen wollen, müssen Sie Höhle 6 stets zweimal passieren und so auch die Kante, die Höhle 4 mit Höhle 6 verbindet. Wozu sind aber dann Eulerkreise gut? Stellen Sie sich hierzu vor, Sie müssten mit dem Auto eine bestimmte Strecke abfahren, müssten aber bei Ihrer Tour an bestimmten Punkten halten. Vielleicht müssen Sie an bestimmten Stellen Kunden bedienen oder diesen bestimmte Dinge liefern, z. B. Pizza, die jemand über Lieferheld bestellt hat. Sie wollen Ihre Tour natürlich möglichst so einrichten, dass Sie nicht unnötig viel Zeit oder Benzin verbrauchen, denn dies wäre erstens für Ihr Unternehmen ineffizient und zweitens auch nicht gut für das Klima. Eulerkreise haben also einen realen Bezug zur Realität und werden z. B. von Logistikunternehmen eingesetzt, um ihre Touren zu planen. Meistens werden dann noch zusätzlich (und hier schließt sich der Kreis zu Abschnitt 11.1) Backtracking-Algorithmen und KI eingesetzt.

Bevor Sie jedoch Ihre nächste Lieferheld-Tour planen können, benötigen Sie erst einmal einfachere Beispiele, die Ihnen die nötigen Grundlagen vermitteln. Das Beispiel, mit dem fast immer begonnen wird, ist das Haus des Nikolaus. Dieses kennen Sie wahrscheinlich schon aus dem Kindergarten:

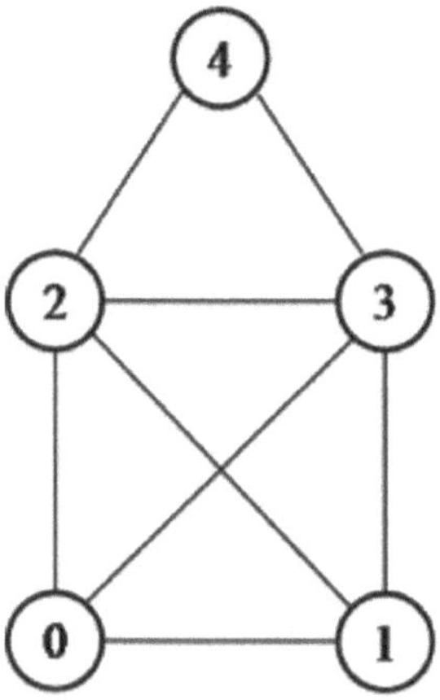


**Bild 11.5**
Haus des Nikolaus als Graph mit Knoten und Kanten

Ihre Aufgabe ist es, das Haus des Nikolaus so mit einem Buntstift abzufahren, dass Sie keinen Strich zweimal malen müssen. Wahrscheinlich haben Sie damals im Kindergarten so lange rumprobiert, bis Sie die Lösung gefunden haben, und diese Lösung dann einfach auswendig gelernt. Computer können dieses stupide Rumprobieren natürlich auch ausführen, vielleicht denken Sie an dieser Stelle nun wieder an einen rekursiven Algorithmus, der sich so lange selbst aufruft, bis die Lösung gefunden wurde. In diesem Fall haben Sie Recht: Die Lösung für das Finden von Eulerkreisen in Graphen, für die das möglich ist, ist ein rekursiver Algorithmus in Form eines Teile-und-herrsche-Verfahrens. Sie teilen also das große Problem, sämtliche Kanten zu durchlaufen, in kleinere Teilprobleme auf und hoffen, dass Sie diese Teilprobleme lösen können. Wenn dies nicht der Fall ist, teilen Sie das Teilproblem wiederum in kleinere Teile auf, so lange, bis Sie die Teilprobleme lösen können. Sie wenden hier also ein spezielles Backtracking-Verfahren an. Der Algorithmus, der dieses Verfahren umsetzt, führt die folgenden fünf Schritte aus:

1. Wähle einen Knoten 0 als Startknoten K aus.
2. Überprüfe alle Kanten von K. Wenn eine der Kanten mit einem weiteren Knoten verbunden ist, der noch nicht besucht wurde, verbuche dies als Erfolg und rufe den Algorithmus für den nächsten Zug rekursiv wieder auf.
3. Immer wenn acht Spielzüge gemacht worden sind, muss der Algorithmus aus der Rekursion zurückkehren. Wenn dann auch die Anzahl der erfolgreichen Spielzüge 8 ist, so wurde ein Lösungspfad gefunden.
4. Immer wenn acht Spielzüge gemacht worden sind, muss der Algorithmus aus der Rekursion zurückkehren. Wenn dann die Anzahl der erfolgreichen Spielzüge nicht 8 ist, so wurde ein Teilpfad gefunden.

Es soll nun ein C+-Programm vorgestellt werden, das die Lösung für das Haus vom Nikolaus findet. Eine weitere gute Erklärung und Lösung für diese beliebte Praktikumsaufgabe gibt es übrigens unter folgendem Link, den ich auch selbst benutzt habe:

*https://www.linux-related.de/index.html?/coding/alg_nikohaus.htm*

Vielleicht fragen Sie sich an dieser Stelle, warum nun plötzlich die Adjazenzmatrix wieder die beste Lösung ist und nicht die Darstellung des Graphen als verallgemeinerte Baumstruktur. Um die beste Darstellungsweise für einen Graphen zu finden, gibt es leider kein Patentrezept. Beim Haus des Nikolaus ist dies auch so und ich habe die einfachste Lösung (also das Programm mit dem kleinsten Codeumfang) einfach durch Internetrecherchen herausgefunden. Auch im Fall des Textadventures in Listing 11.2 ist es so, dass es kein Patentrezept gibt. Immer, wenn ich allerdings alleine die Adjazenzmatrix V dazu verwende, um die Verknüpfung der Räume darzustellen, gelingt es mir nicht mehr, zu meinem Adventure Gegenstände hinzuzufügen, ohne die gesamte Programmstruktur ändern zu müssen. Wenn ich allerdings weiter mit verketteten Listen arbeite, brauche ich den Strukturvariablen für die Räume nur einen Anker auf eine Gegenstandsliste hinzuzufügen. Kommen wir nun zum nächsten C-Listing, das das Haus von Nikolaus löst, indem es für den entsprechenden Graphen einen Eulerkreis ermittelt.

**Listing 11.3** Nikolaus.cpp

```
#include<stdio.h>
int Erfolge; // Zählt die Anzahl der erfolgreich besuchten Knoten
int Adj[5][5]= // Adjazenzmatrix für Nikolaus-Graph
{
0,1,1,1,0,
1,0,1,1,0,
1,1,0,1,1,
1,1,1,0,1,
0,0,1,1,0
};

void Nikolaus(int K, int n) // K=aktueller Knoten, n=Nummer des aktuellen Zuges 0<=n<=7
{
    int i;
    for(i=0; i<5; i++) // Checke alle 5 Kanten des Knotens K
    {
        if(Adj[K][i]==1) // Kante führt zu weiterem Knoten?
        {
            Erfolge++; // In  diesem Fall Zahl der Erfolge um 1 erhöhen
            if(n==7) // 7. Zug gemacht?
            {
                if (Erfolge>8) { printf("(L)\n"); } // L-Pfad
                else { printf("(T)\n"); } // T-Pfad
                Erfolge=0; // Erfolgszähler nach dem 8. Zug zurücksetzen
                return; // Rekursionsebene verlassen
            }
            printf("%02d ",i); // Alle Pfade in der Konsole ausgeben
```

```
27              Adj[K][i]=0; Adj[i][K]=0;
28              Nikolaus(i,n+1); // Backtracking mit n+1 ausführen
29              Adj[K][i]=1; Adj[i][K]=1;
30          }
31      }
32  }

33  int main(void)
34  {
35      int i,j;
36      Erfolge=0; // Erfolgszähler initialisieren
37      Nikolaus(0,0); // Lösungsalgorithmus aufrufen
38      return 0;
39  }
```

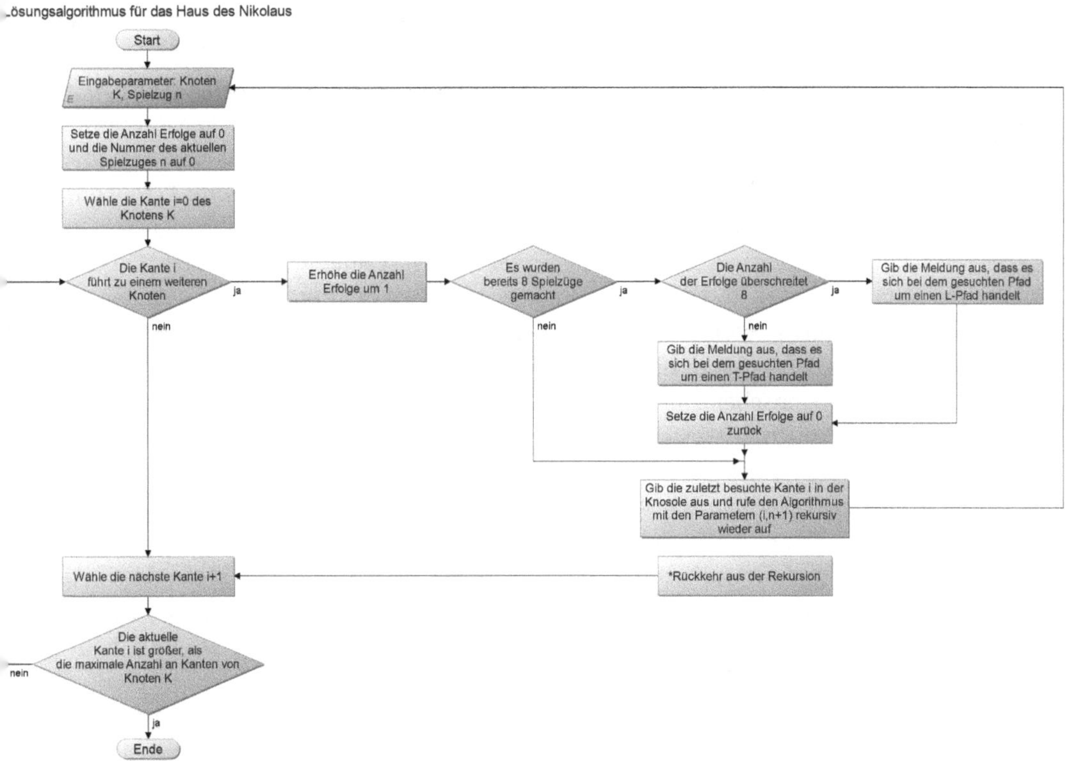


**Bild 11.6** Programmablaufplan für den Lösungsalgorithmus des Hauses vom Nikolaus

In den Zeilen **01 – 10** wird neben dem Einbinden von **stdio.h** auch die Adjazenzmatrix **Adj** definiert, die das Haus des Nikolaus als Graph beschreibt. Wie auch schon in Listing 11.1 stehen in den Zeilen die einzelnen Knoten und in den Spalten die Knoten, zu denen die Kanten führen, die in den Spalten stehen. Für das Haus des Nikolaus reicht es aus, die Adjazenzmatrix **Adj** nur mit Nullen und Einsen zu füllen und eine Eins immer dann zu setzen, wenn eine Verbindung zu dem Knoten existiert, der in der entsprechenden Spalte steht. So ist z. B. Knoten 4 mit Knoten 2 und 3 über eine Kante verbunden, deshalb werden sowohl `Adj[4][2]` als auch `Adj[4][3]` auf 1 gesetzt. Die Kanten werden also weder nummeriert, noch sind sie gewichtet, weil dies für den Lösungspfad unwichtig ist. Wichtig ist hier nur, dass ein Durchlauf, der jeweils acht Spielzüge ausmacht, acht Erfolge aufweist, die durch den Zähler **Erfolge** ermittelt werden. Ein Erfolg ist dann gegeben, wenn ein Knoten zu einem anderen Knoten führt, der nicht der Knoten selbst ist. Ein L-Pfad ist dann gegeben, wenn ein Durchlauf genau acht Erfolge enthält, ansonsten ist ein Pfad ein T-Pfad.

Das eigentliche Backtracking, das für das Haus des Nikolaus die Eulerpfade findet, leistet die Funktion `Nikolaus()` (die Zeilen **11–32**). Um die Suche nach den Eulerpfaden zu starten, müssen Sie `Nikolaus()` zwei Parameter übergeben, nämlich den Startknoten **K** und die Anzahl **n** der bis jetzt gemachten Spielzüge (am Anfang ist **n** 0). In einer `for`-Schleife (die Zeilen **14–31**) geht `Nikolaus()` nun die Spalten von `i=0` bis `i=4` in der Matrix **Adj** durch. Die Spalten entsprechen hierbei eventuellen Kanten, die vom Knoten **K** zum Knoten **i** führen. Wenn eine Kante existiert, die vom Knoten **K** zum Knoten **i** führt, und deshalb `Adj[K][i]` den Wert 1 hat (Zeile **18**) wird **Erfolg** um 1 erhöht. Dass **Erfolg** global ist, hat den Grund, dass dieser Zähler unabhängig von der aktuellen Rekursionsebene immer gültig sein muss. Wenn Sie z. B. `Nikolaus()` rekursiv aufrufen und dadurch z. B. für Knoten 4 zusätzlich Knoten 2 und 3 finden, die wirklich in einem Eulerpfad enthalten sein könnten, dann muss danach **Erfolg** auch den Wert 3 haben. Dies muss auch dann noch der Fall sein, wenn für Knoten 3 eine weitere Rekursionsebene nötig ist, um zusätzlich noch Knoten 0 und 1 zu überprüfen. Erst, wenn danach festgestellt wird, dass der Pfad {4,2,3,0,1,2,4} kein Eulerpfad ist, müssen sämtliche Rekursionen beendet werden und Erfolg muss dann den Wert 5 haben (ab dem sechsten Schritt passieren Sie die Kante zwischen Knoten 4 und 2 ein zweites Mal). Der erste Zug beginnt immer mit dem Startpunkt, deshalb ist **n** für den ersten Zug 0 und für den achten Zug 7. Wenn `n=7` ist, dann müssen Sie in der `if`-Abfrage in den Zeilen **19–25** überprüfen, ob Sie in dem letzten Durchlauf auch acht Erfolge hatten. Da in Zeile **18** stets die Anweisung `Erfolg++` ausgeführt wird, hatten Sie genau dann acht Erfolge in acht Spielzügen, wenn in Zeile **21** `Erfolge>8` ist. In diesem Fall haben Sie einen Eulerpfad gefunden, was dann auch gleichzeitig ein Lösungspfad (L-Pfad) ist. Anderenfalls (else-Zweig in Zeile **22**) wird angezeigt, dass die Lösung nur ein Teilpfad (T-Pfad) ist. Wenn `n=7` ist, kehrt `Nikolaus()` auf jeden Fall aus der Rekursion zurück und der Algorithmus fährt dann mit der Ausführung auf der nächsthöheren Ebene fort.

Wie kommt aber nun eine tiefere Rekursionsebene zustande, wann ruft sich `Nikolaus()` also selbst wieder auf? Dies geschieht genau dann, wenn in Zeile **16** `Adj[K][i]` den Wert 1 hat und so eine Kante existiert, die vom aktuellen Knoten **K** wegführt. Wenn dann noch keine acht Spielzüge gemacht wurden, dann wird in den Zeilen **26–28** eine neue Rekursionsebene erzeugt, indem Nikolaus mit den Parametern `Nikolaus(i,n+1)` aufgerufen wird. Dies führt dann dazu, dass für den Knoten **K** nun **i** (der Knoten, der von K wegführt) und für die Anzahl der Spielzüge `n+1` benutzt wird. Nun müssen Sie allerdings vermeiden, dass der aktuelle Knoten **K** auf der nächsttieferen Rekursionsebene mit in den Suchpfad aufgenommen wird. Deshalb entfernen Sie in Zeile **27** die Kante, die von dem Knoten **K** wegführt, mit der folgenden Anweisung:

```
Adj[K][i]=0; Adj[i][K]=0;
```

Nun erzeugen Sie die nächste Rekursionsebene mit

```
Nikolaus(i,n+1);
```

Wenn `Nikolaus()` dann irgendwann aus der Rekursion zurückkehrt, fährt der Algorithmus in Zeile **29** fort. Zeile **29** stellt dann den Zustand von **Adj** vor dem rekursiven Aufruf durch die folgende Anweisung wieder her:

```
Adj[K][i]=1; Adj[i][K]=1;
```

Leider kann man diesen Vorgang nicht so leicht durch einen Programmablaufplan abbilden und z. B. der PAP-Designer lässt es an dieser Stelle nicht zu, zwischen dem Anweisungsblock in Zeile **28** und dem Anweisungsblock in Zeile **29** eine Verbindung zu setzen. Zumindest geht dies nicht, wenn man die Rekursion als Programmrückfluss zum Anfang von `Nikolaus()` abbildet. Deshalb steht an der entsprechenden Stelle ein Sternchen mit dem Hinweis „Rückkehr aus der Rekursion". Dies schließt dann natürlich auch ein, dass man **Adj** im Endeffekt nicht verändern darf, und wenn man dies doch tut, muss man die Veränderung später rückgängig machen. Das Hauptprogramm (die Zeilen **33–39**) setzt nun den Zähler **Erfolg** auf 0 (Zeile **36**) und ruft anschließend `Nikolaus()` mit den Parametern `Nikolaus(0,0)` auf (Zeile **37**). Das Programm gibt anschließend in der Konsole Folgendes aus:

**01 02 00 03 01 02 04 03 (L)**

**04 02 03 (T)**

**03 00 02 04 03 (T)**

**01 04 02 00 03 (T)**

**04 03 00 02 03 (T)**

**01 02 00 03 (T)**

**03 00 02 01 03 04 02 (T)**

**04 03 02 (T)**

**02 00 03 04 02 (T)**

**01 04 03 00 02 (T)**

**04 02 00 03 02 (T)**

**01 03 00 02 (T)**

**02 01 00 03 01 02 04 03 (L)**

**04 02 03 (T)**

**03 00 01 02 04 03 00 (T)**

**04 02 03 00 (T)**

**03 00 01 02 04 03 (T)**

**03 04 02 (T)**

**01 00 03 04 02 (T)**

**02 04 03 00 (T)**

**04 02 01 00 03 (T)**

**03 00 (T)**

**04 03 00 01 02 03 (T)**

**03 02 (T)**

**01 00 03 02 (T)**

**02 03 00 (T)**

**02 01 00 03 (T)**

**03 00 (T)**

**03 01 00 02 01 03 04 02 (L)**

**04 03 02 (T)**

**02 00 01 03 04 02 00 (T)**

**04 03 02 00 (T)**

**02 00 01 02 04 03 (T)**

**03 04 02 (T)**

**01 00 02 04 03 (T)**

**03 04 02 00 (T)**

**04 03 01 00 02 (T)**

**02 00 (T)**

**04 02 00 01 02 03 (T)**

**03 02 (T)**

**01 00 02 03 (T)**

**03 02 00 (T)**

**03 01 00 02 (T)**

**02 00 (T)**

An der Konsolenausgabe können Sie gut sehen, dass der Lösungsalgorithmus viele Teilpfade findet, genau wie dies auch in Listing 11.1 der Fall war. Anders als in Listing 11.1 muss aber ein Pfad nicht extra markiert werden, weil dieser immer wieder zum Ausgangspunkt zurückführt. Deshalb reicht es auch aus, vor dem Eintritt in eine neue Rekursion die zuletzt besuchte Kante temporär aus dem Graphen zu entfernen und diese nach der Rückkehr aus der Rekursion wieder in den Graphen einzufügen. Der Stack sorgt in diesem Fall dafür, dass der Graph nach der Rückkehr aus einer Rekursion immer wieder in seinem ursprünglichen Zustand ist. Selbstverständlich zerstört dann der Algorithmus in Listing 11.3 die Adjazenzmatrix **Adj** genau dann, wenn der durch **Adj** beschriebene Graph keine zyklischen Pfade enthält. Die Funktion `Nikolaus()` wird in diesem Fall genau einmal aufgerufen, macht anschließend acht Spielzüge und meldet dann, dass es eine Lösung gibt. Diese Lösung ist aber deshalb keine, weil einige Knoten zweimal im Lösungspfad auftauchen.

Wie Sie an dem letzten Beispiel sehen, können Sie den Codeumfang beträchtlich reduzieren, wenn Sie die richtige Darstellungsform eines Graphen zusammen mit einem rekursiven Algorithmus verwenden, Ihren Code aber leider auch stark aufblähen oder sogar am Ziel vorbeilaufen, wenn Sie sich falsch entscheiden. In dem Fall des Textadventures in Listing 11.2 ist dies sicherlich auch der Fall: Wenn Sie für die Abbildung der Räume im Speicher alleine die Adjazenzmatrix **V** verwendet hätten, dann könnten Sie z. B. nicht in einer relativ einfachen Weise Gegenstände zu Ihrem Spiel hinzufügen, ohne die Programmstruktur grundlegend zu ändern. Im Fall des Hauses von Nikolaus ist dies umgekehrt: Wenn Sie die Adjazenzmatrix in eine allgemeine Baumstruktur konvertieren, benötigen Sie einen komplett anderen Backtracking-Algorithmus. Leider gibt es kein Patentrezept, mit dem Sie entscheiden können, wann Sie das eine und wann das andere Verfahren anwenden müssen.

Kommen wir nun zu einem ganz anderen Graphen-Typen, der im nächsten Abschnitt ausführlich behandelt wird: das Petri-Netz.

## 11.4 Petri-Netze

Ein weiterer Graphen-Typ, der in der Informatik immer wieder verwendet wird, ist das Petri-Netz. Petri-Netze haben im Gegensatz zu Abschnitt 11.1 und Abschnitt 11.2 nichts mit Straßennetzen, Höhlengängen oder dem Finden eines kürzesten Weges zu tun. *Petri-Netze* sind spezielle Graphen, die die Interaktion verschiedener Prozesse auf einem Computersystem simulieren. Was in Abschnitt 11.1 schon angedeutet wurde, soll nun vertieft werden. Am besten geeignet ist an dieser Stelle wahrscheinlich ein Beispiel.

### 11.4.1 Prozess-Synchronisation

Stellen Sie sich vor, Sie haben mit den Methoden aus Abschnitt 11.1 bzw. Abschnitt 11.2 ein Höhlensystem entwickelt. Dieses Höhlensystem ist so groß und so gut gelungen, dass es für ein Spiel benutzt werden kann. Also erschaffen Sie ein paar Monster, platzieren Sie in Ihren Höhlengängen und lassen den Spieler gegen die Monster antreten. Es ist in diesem Fall unerheblich, wie Sie das Spiel realisieren, ob in modernem 3D-Look oder in klassischer D&D-Manier. Es ist in diesem Fall nur wichtig, dass Sie und auch die Monster so intelligent sind, dass sie sich erstens frei bewegen können und dass diese zweitens in der Lage sind, das Höhlensystem zu verändern. So können Sie z. B. Türen aufbrechen, die vorher verschlossen waren, durch Sprengstoff Wände verschwinden lassen oder aber auch Gegenstände aufnehmen. Die Monster können dasselbe tun, z. B. indem diese in eine Deckenfalle tappen, die die Decke anschließend einstürzen lässt. Das Problem, das hierbei nun auftritt, ist das der Konsistenz. Sowohl Sie als auch die Monster können das Höhlensystem verändern und wenn eines der Monster das Höhlensystem verändern will und Sie wollen dies gleichzeitig tun, haben Sie und das Monster eventuell ganz verschiedene Pläne der Gänge. Ein weiteres Problem ist, dass sich die Monster selbstständig bewegen und es am Ende recht zufällige Muster gibt, nach denen eine Veränderung an Ihrem Höhlensystem auftritt. Sie ahnen es sicherlich schon, was an dieser Stelle die Lösung ist: Sie müssen Ihre eigenen Bewegungen (also der Klasse Spieler) mit den Bewegungen der Monster (also der Klasse Monster) durch ein Petri-Netz synchronisieren.

Was eine Klasse ist, kennen Sie sicherlich schon aus den vorigen Kapiteln oder aus einer Ihrer Vorlesung in Programmierung. Eine Klasse kapselt bestimmte Objekttypen zu einer Einheit, z. B. zur Klasse der Monster. Auch Sie gehören in diesem Fall zu einer Klasse, nämlich zur Klasse der Spieler. Petri-Netze bilden nun diese Klassen in Form von Prozessen ab. Das bedeutet, dass Sie und auch die Monster Aktionen ausführen können. In diesem Fall führen die Aktionen dazu, dass die Veränderung an Ihrem Höhlensystem synchronisiert werden müssen. Die Synchronisation geschieht folgendermaßen: Für jeden Prozess gibt es im Petri-Netz einen oder mehrere Graphen-Knoten, die als Transitionen bezeichnet werden und durch Rechtecke dargestellt werden. *Transitionen* sind die zentralen Schaltstellen in Ihrem Petri-Netz, die die Synchronisation der Prozesse steuern. Hierzu gibt es ein zweites Element, nämlich die *Stellen*, die durch einen runden Kreis dargestellt werden. Die Transitionen werden nun mit den Stellen durch gerichtete Kanten verbunden, hierbei dürfen nur Stellen mit Transitionen, nicht aber Transitionen untereinander verbunden werden. Eine Stelle kann nun im Inneren Marken enthalten. Durch diese Marken geschieht die Synchronisation. Immer, wenn ein Prozess (z. B. der Spieler) eine Aktion ausführen will (in diesem Fall ist dies die Aktualisierung des Höhlensystems), muss eine Marke von einer Stelle an eine entsprechende Transition abgegeben werden, die diese Marke dann nimmt und an eine zweite Stelle weiterreicht. Wenn dann ein zweiter Prozess (z. B. die Monster) das Höhlensystem aktualisieren will, muss dieser ebenfalls eine

Marke aufnehmen, die aber nun nicht mehr vorhanden ist. Dies führt dazu, dass die Monster auf die Marke warten müssen, um dann ihrerseits das Höhlensystem zu aktualisieren. Natürlich geht es dem Spieler nicht anders: Er muss immer dann warten, wenn die Monster den aktuellen Spielzug noch nicht abgeschlossen haben. Sehen Sie sich nun das zugehörige Petri-Netz an, das den Synchronisationsablauf zwischen Spieler und Monstern darstellt.

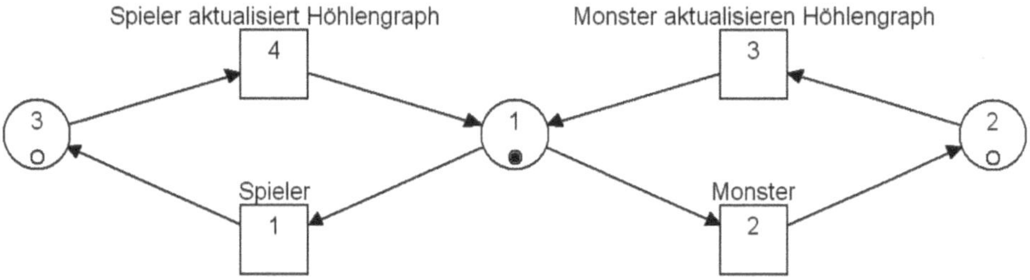


**Bild 11.7** Petri-Netz für das Synchronisationsproblem zwischen Spieler und Monstern

Die entscheidende Stelle in dem Petri-Netz in Bild 11.7 ist die Stelle mit der Nummer 1 (in einem Petri-Netz besitzen die Stellen und Transitionen Nummern). Über diese Stelle läuft die Synchronisation der Prozesse: Immer, wenn der Spieler einen Zug macht, entfernt er mittels der Transition 1 die Marke aus S1 (ich werde die Stellen im weiteren Verlauf mit S abkürzen), was dazu führt, dass T2 (ich werde die Transitionen im weiteren Verlauf mit T abkürzen) keine Marke mehr aufnehmen kann. Da die Transition T1 bzw. T2 nur dann schalten kann, wenn sie mindestens eine Marke aufnimmt, können die Monster keinen Spielzug machen, während der Spieler das Höhlensystem aktualisiert. Nun benötigt die Aktualisierung des Höhlensystems Zeit, weil z. B. eine Datenbank aufgefrischt werden muss. Diese Tatsache wird dadurch simuliert, dass T1 die aufgenommene Marke sofort an eine Stelle weiterreichen muss. In diesem Fall ist es S3. S3 führt über eine gerichtete Kante zu T4 und T4 benötigt eine gewisse Zeit, um zu schalten. Nehmen wir an, T4 benötigt zum Schalten 5 Millisekunden. Dann wird nach 5 Millisekunden die Marke wieder an S1 abgegeben und die Monster können nun das Höhlensystem aktualisieren. In diesem Fall müsste nun der Spieler auf eine Marke in S1 warten, bis er den nächsten Zug ausführen kann.

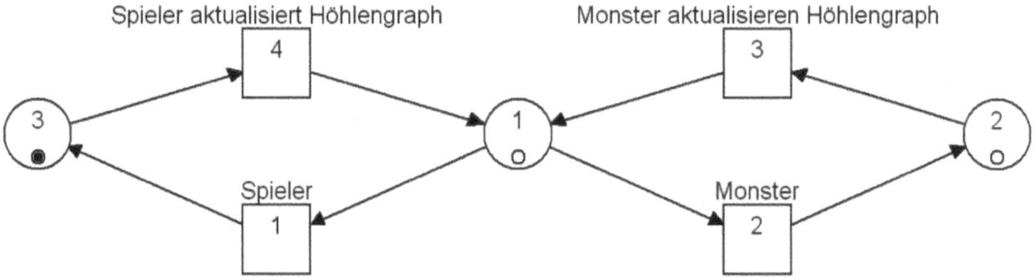


**Bild 11.8** Der Spieler hat einen Zug gemacht und dadurch die Marke aus S1 entfernt

Der Prozess, der die Monster steuert, kann also ebenfalls die Marke auf S1 nehmen, wenn diese vorhanden ist. Dadurch schaltet T2 und gibt die Marke an T3 wieder. Angenommen, T3 schaltet erst nach 10 Millisekunden, weil der Algorithmus, der die Monster steuert, länger benötigt als der Algorithmus, der den Spieler steuert. In dieser Zeit kann der Spieler, dargestellt durch T1, keinen Zug machen. Erst, wenn T3 die Marke wieder an S1 weiterleitet, besteht wieder die Ausgangskonfiguration.

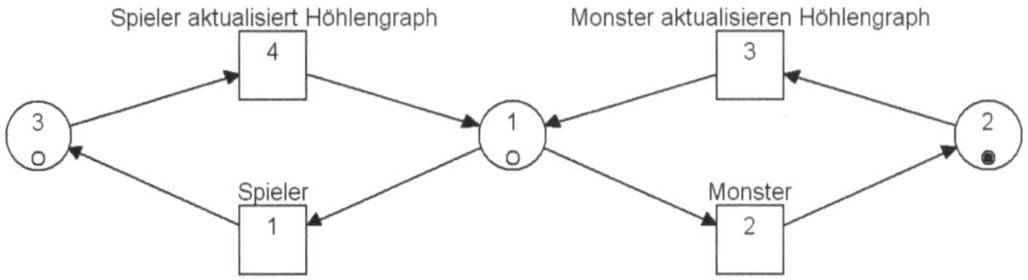


**Bild 11.9** Die Monster haben einen Spielzug gemacht, dadurch wurde die Marke aus S1 entfernt

Wie Sie sehen, werden in einem Petri-Netz Marken herumgereicht, die die Synchronisation steuern. Dabei kann ein Platz für eine Marke leer sein (weißer leerer Kreis) oder belegt sein (schwarz ausgefüllter Kreis). Wenn einzelne Stellen mehr Marken aufnehmen können als eine einzige, erscheinen in der entsprechenden Stelle mehrere zum Teil unausgefüllte Kreise. Dies ist in dem letzten Beispiel jedoch nicht der Fall. In dem letzten Beispiel wurden ebenfalls keine Gewichte an die Kanten geschrieben. Dies bedeutet, dass jede Kante das Gewicht 1 hat. In einem Petri-Netz besagt das Kantengewicht, wie viele Marken ein bestimmter Knoten mindestens an eine Transition abgeben muss, bzw. (bei wegführenden Kanten), wie viele Marken eine Transition setzen muss. Durch die Kantengewichte wird ein Petri-Netz sehr flexibel. Sie können dadurch z. B. die Wichtigkeit von Prozessen steuern. Angenommen, die Bewegung des Spielers soll als doppelt so wichtig erachtet werden wie die Bewegung der Monster, weil Sie dadurch den Spieler schneller steuern können. In diesem Fall schreiben Sie an die Kante zwischen S1 und T1 das Gewicht 1 und an die Kante zwischen S1 und T2 das Gewicht 2. Ferner sorgen Sie dafür, dass sich nun zwei Marken im Netz befinden. Der Prozess, der die Monster steuert, muss nun zwei Marken aufnehmen, um das Höhlensystem zu aktualisieren, der Prozess, der den Spieler steuert, nur eine Marke. Der Prozess, der die Spieler steuert, wird nun doppelt so oft ausgeführt wie der Prozess, der die Monster steuert. An dieser Stelle müssen Sie aber aufpassen, dass nach einer bestimmten Zeit sämtliche Prozesse zum Zug kommen, sonst kann Ihr Netz in einen Deadlock geraten. Ein *Deadlock* ist ein kritischer Zustand, in dem ein Petri-Netz quasi feststeckt und in dem sich keine Zustandsänderungen mehr ergeben können. Wenn z. B. sämtliche Monster gleichzeitig das Höhlensystem aktualisieren wollen, weil z. B. der Prozess, der sie steuert, vorher zu lange warten musste, kann dies dazu führen, dass sich nun der Spieler nicht mehr bewegen kann. Es ist nicht immer einfach, solche Deadlocks zu vermeiden.

### 11.4.2 Das Erzeuger-Verbraucher-Problem

Das Erzeuger-Verbraucher-Problem ist eigentlich in einem Satz beschrieben: Es gibt zwei Prozesse, der eine Prozess erzeugt Produkte, der andere Prozess nimmt diese Produkte vom Stapel und verbraucht sie. Wenn keine Produkte mehr auf dem Stapel sind, muss der Verbraucher-Prozess warten, wenn der Stapel voll ist, muss der Erzeuger-Prozess warten. In der Wirtschaft ist es nun normalerweise so, dass der Erzeuger möglichst viele Produkte erzeugen will, die dann auch möglichst schnell verbraucht werden. Auf diese Weise kann der Erzeuger seinen Gewinn maximieren – natürlich nur dann, wenn er möglichst viele Verbraucher davon überzeugen kann, seine Produkte zu konsumieren. Selbstverständlich darf der Stapel bzw. das Lager niemals ganz voll sein, denn dann entstehen zeitweise Deadlocks, in denen der Erzeuger nichts verkaufen kann. Das Lager darf aber auch nicht leer sein, denn auch dann kann nichts verkauft werden. Das Erzeuger-Verbraucher-Problem ist also deshalb ein wirkliches Problem, weil es nicht nur in der reinen Theorie vorkommt.

Das Erzeuger-Verbraucher-Problem ist nun nicht nur für die Wirtschaft oder Logistik interessant, sondern auch auf einige Bereiche der Informatik übertragbar. Stellen Sie sich hierfür folgendes Szenario vor: Über eine serielle Leitung werden einzelne Bits übertragen, die dann zusammengenommen eine Nachricht enthalten. Der Sender möchte nun sichergehen, dass auch wirklich alle Bits beim Empfänger ankommen. Deshalb wird ein gesendetes Bit erst einmal in einen Puffer übertragen und dort gespeichert. Der Sender kann dieses Bit später abholen. Nun muss aber gewährleistet werden, dass der Sender erst dann ein weiteres Bit sendet, wenn der Empfänger das letzte Bit abgeholt hat. Das folgende Petri-Netz stellt das Sender-Empfänger-Problem in Form eines Erzeuger-Verbraucher-Problems dar:

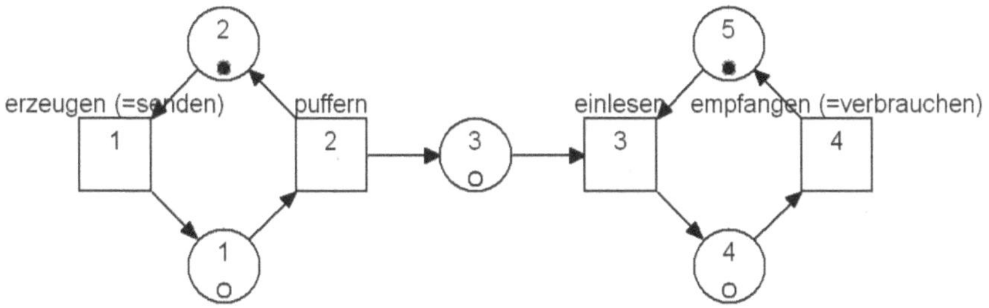


**Bild 11.10** Synchronisiertes Senden und Empfangen eines Bits als Petri-Netz

Das Petri-Netz in Bild 11.10 wird auch als synchronisiertes Senden und Empfangen bezeichnet, weil der Sender durch den Empfänger synchronisiert wird. Die Synchronisation geschieht hier durch die Verknüpfung des Senders (=Erzeuger von Bits) und Empfängers (=Verbraucher von Bits) über die Stelle S3. Erst, wenn Transition T1 schaltet und dadurch eine Marke in S1 setzt, kann die Transition T2 diese Marke nach S3 verschieben. Erst jetzt kann T3 schalten und das Bit (was nun verfügbar ist) vom Empfänger verarbeitet werden. Der Empfänger ist nun genauso organisiert wie der Sender: Er muss das Bit aus dem Puffer abholen und dabei eine Marke von S3 nach S4 verschieben. Erst jetzt kann der Sender das nächste Bit empfangen. Nun sind aber Sender und Empfänger in Einzelschritte unterteilte, zyklische Prozesse und müssen auch so dargestellt werden. Beim Sender wird dies dadurch erreicht, dass es eine zusätzliche Stelle S2 gibt, die erst dann eine Marke enthält, wenn der Puffer aktualisiert wurde (gesetzte Marke in S3). Ist dies geschehen, ist der Sender wieder sendebereit und quasi im ursprünglichen Zustand. Der Empfänger dagegen besitzt eine zusätzliche Stelle S5, die erst dann wieder eine Marke enthält, wenn das Bit aus dem Puffer abgeholt und irgendwo gespeichert (verbraucht) wurde. Ist S5 gesetzt, ist der Sender wieder in seinem ursprünglichen Zustand. Natürlich kann dann T3 erst wieder schalten und den Empfänger das nächste Bit abholen lassen, wenn die Marke in S3 wieder gesetzt ist.

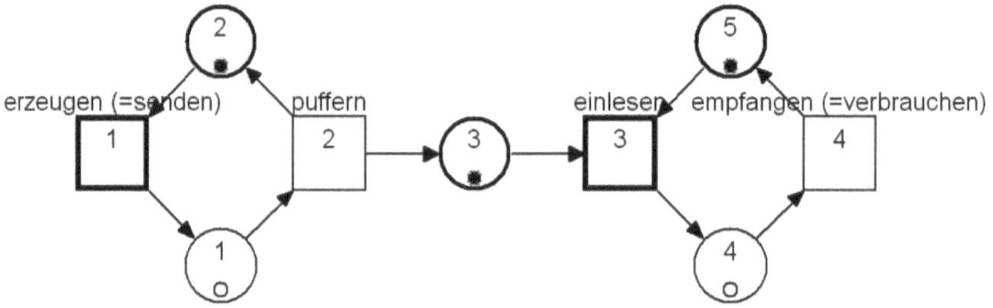


**Bild 11.11** Der Sender hat S3 gesetzt, der Empfänger kann jetzt das Bit abholen

Ist allerdings zusätzlich zu S3 eine Marke in S1 gesetzt, so enthält S2 keine Marken und T1 kann nicht schalten. In diesem Fall muss der Sender mit der Übertragung des nächsten Bits in den Puffer warten, bis der Empfänger den Puffer geleert hat. Der Empfänger synchronisiert also das Tempo des Senders und wenn dieser schneller sendet, als der Empfänger empfangen kann, muss der Sender häufige Wartepausen einlegen.

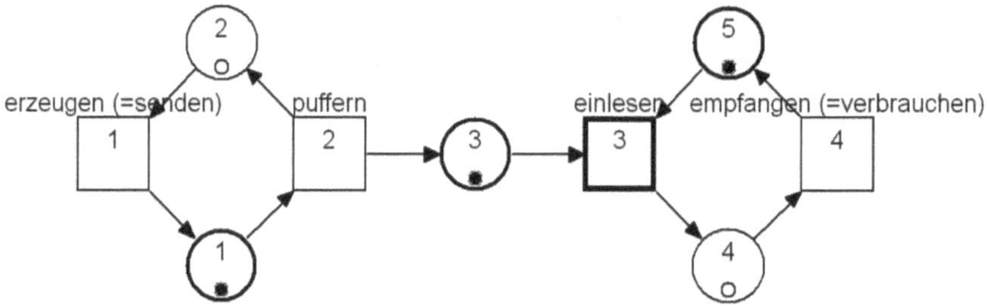


**Bild 11.12** Blockierter Sender: Der Empfänger hat das letzte Bit noch nicht abgeholt

Sind Sender und Empfänger direkt miteinander verbunden, wird die Synchronisation oft über eine spezielle Signalleitung realisiert. Die einfachste Form ist hier, eine separate CLK-Leitung (Abkürzung für clock) zu benutzen, die immer dann auf HIGH gelegt wird, wenn der Sender vorher ein Bit auf die Datenleitung gelegt hat (LOW=0, HIGH=1). CLK übernimmt quasi die Aufgabe von S3. Allerdings muss dann der Prozessor des Empfängers viel schneller sein als der des Senders, damit stets garantiert werden kann, dass der Sender das Bit bereits verarbeitet hat, wenn am Empfänger ein neues Bit bereitsteht.

Wenn allerdings Sender und Empfänger nicht direkt miteinander verbunden sind, können diese sich auch keine CLK-Leitung teilen. Man löst dieses Problem dadurch, dass man die Nachrichten in Pakete aufteilt, die auch spezielle Synchronisationsfunktionen haben können. Zusätzlich bekommt jedes Paket eine Nummer und jedes Gerät eine eindeutige Adresse. So können Sie Sender und Empfänger immer eindeutig identifizieren und zur Not auch über mehrere Zwischenstationen vom Sender zum Empfänger gelangen. Bei dem Internet-Protokoll TCP/IP ist dies beispielsweise auch so und die Zwischenstationen, die Router, kennt wahrscheinlich jeder. Dabei spielt es auch keine Rolle, ob das Überträgermedium ein Kabel, eine Funkverbindung oder was auch immer ist, weil die verschiedenen Pakettypen die CLK-Leitung ersetzen.

### 11.4.3 Das Philosophen-Problem von Dijkstra

Im Studium stehen manchmal Petri-Netze auch auf dem Lehrplan einiger Vorlesungen, die nicht direkt mit den Veranstaltungen „Algorithmen und Datenstrukturen“ zusammenhängen. Dies ist z. B. die Vorlesung „Rechnerstrukturen und Betriebssysteme“. Im Bereich Petri-Netze überschneiden sich deshalb einige Problemstellungen und diese werden dann oft in beiden Vorlesungen behandelt. Dies trifft auch auf das sogenannte Philosophenproblem zu, das zu Lehrzwecken von dem Holländer Dijkstra erfunden wurde, um seinen Studenten die Synchronisation von Prozessen zu demonstrieren. Das Philosophenproblem lautet wie folgt: An einem runden Esstisch sitzen fünf Philosophen, die alle zu Mittag essen wollen. Jeder Philosoph hat genau einen Teller, deshalb kann jeder einzelne Philosoph davon essen. Essen ist auch genug da, nur leider sind nicht genug Gabeln vorhanden. Jeder Philosoph benötigt zum Essen zwei Gabeln, die links und rechts neben ihm liegen. Nur muss ein Philosoph sich immer die rechte und linke Gabel mit jeweils einem anderen Philosophen teilen. Ein Philosoph besitzt nun zwei Zustände, nämlich essen und denken. Immer, wenn er mit dem Essen fertig ist (was eine Zeit lang dauert), geht er denken und legt natürlich die Gabeln wieder auf den Tisch. Diese Gabeln kann dann ein anderer Philosoph nehmen und damit essen. Ihre Aufgabe ist nun, das Philosophenproblem auf ein Petri-Netz abzubilden und ferner dafür zu sorgen, dass keiner der Philosophen verhungert. Dies passiert z. B., wenn das Netz in einen Deadlock gerät und dadurch am Ende keiner mehr essen kann. Eine mögliche Lösung wäre hier, die Zeit, die ein Philosoph isst oder denkt, durch eine Zufallszahl zu bestimmen (es ist übrigens nicht wichtig, ob Sie hier eine kryptographisch sichere Zufallszahl verwenden). Vielleicht denken Sie an dieser Stelle, dass es eigentlich ganz einfach sein muss, das Philosophenproblem durch einen geeigneten Graphen darzustellen, aber leider ist dem nicht so. Sie benötigen nämlich für jeden Philosophen ein eigenes Teilnetz, das auch oft als Subnetz oder Subgraph bezeichnet wird. Dies liegt daran, dass jeder Philosoph ein eigener Teilprozess ist, der mehrere Zustände besitzen kann, nämlich denken und essen. Diese Teilzustände müssen zunächst durch zwei separate Stellen und zwei separate Transitionen dargestellt werden.

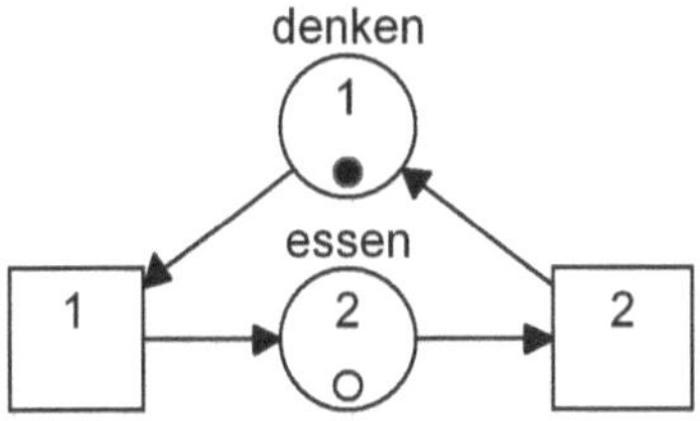


**Bild 11.13**
Subgraph für die zwei Hauptzustände eines Philosophen

Nun benötigt ein Philosoph aber noch zwei Gabeln zum Essen, er kann also nur dann eine Marke in S2 platzieren, wenn er sowohl die linke als auch die rechte Gabel aufnimmt. Dazu müssen Sie den Subgraph um die entsprechende Anzahl an Gabeln erweitern, die ein Philosoph dann nach dem Essen auch wieder ablegen kann.

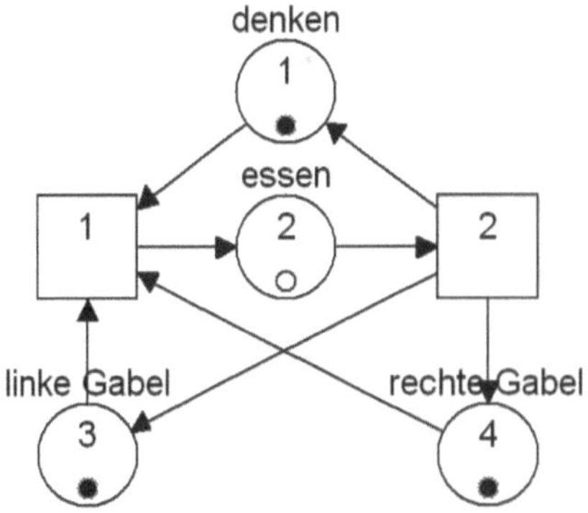


**Bild 11.14**
Durch zwei Gabeln erweiterter Subgraph für einen der fünf Philosophen

T1 ist nun die steuernde Transition. Wenn T1 von dem Zustand denken in den Zustand essen übergeht, verschiebt sie die Marke von S1 nach S2. Dies gelingt aber nicht immer, weil T1 mehrere Eingänge besitzt. T1 kann in diesem Fall nur schalten, wenn sämtliche Eingänge mindestens eine Marke aufnehmen können. Wenn der Philosoph alleine am Tisch säße, könnte T1 immer schalten und sowohl die Marke von S1 (Zustandswechsel) als auch die Marke von S3 (linke Gabel) und S4 (rechte Gabel) aufnehmen. Wenn aber ein anderer Philosoph schon eine Marke aus S3 oder S4 aufgenommen hat, kann T1 nicht schalten und der Philosoph kann nicht essen. In diesem Fall bleibt er im Zustand denken, weil die Marke nicht von S1 nach S2 verschoben werden kann. Normalerweise gibt es nun fünf Philosophen, deshalb müssen Sie deren Subnetze zu folgendem Netz verbinden:

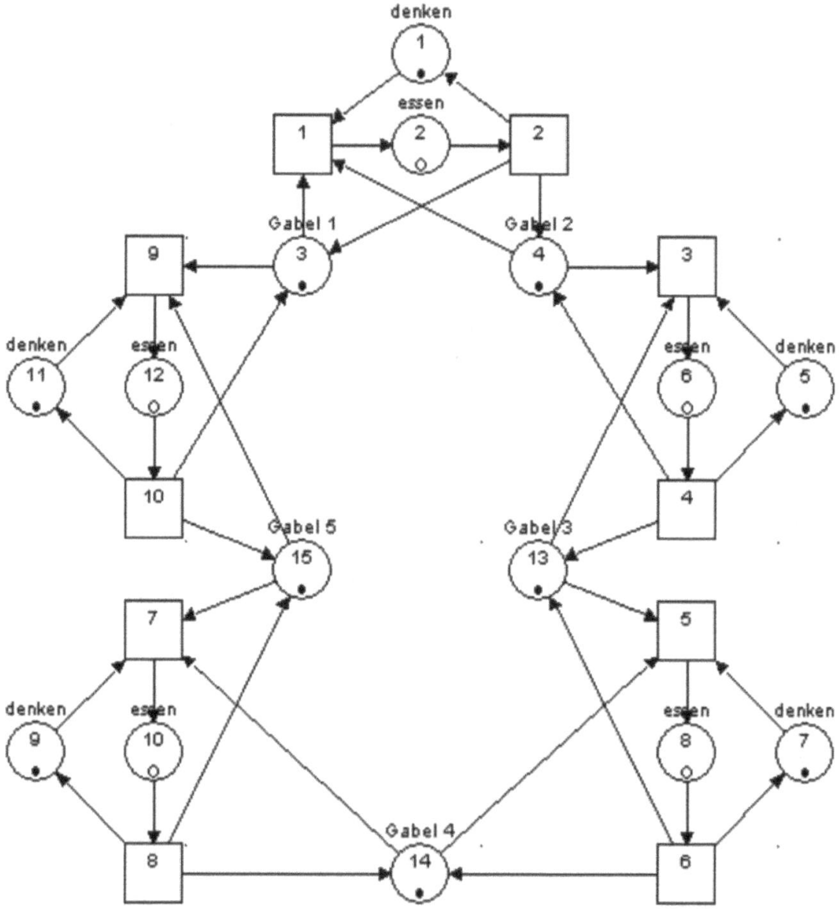


**Bild 11.15** Petri-Netz für das Philosophen-Problem

Wir fassen nun fünf Philosophen-Subnetze zu einem großen Netz zusammen. Es gibt fünf Gabeln, die jeweils durch eine Stelle mit einer Marke dargestellt werden. Jeder Philosoph tut weiterhin das Gleiche wie vorher: Er beginnt mit dem Denken und nach einiger Zeit versucht er, den Zustand in essen umzuändern. Beim ersten Philosophen leistet dies T1, die versucht, Gabel 1 (Marke in S3) und Gabel 4 (Marke in S4) aufzunehmen. Wenn das Essen beendet ist, wechselt T2 den Zustand wieder in denken und legt dabei die Gabeln ab (setzt die Marken in S3 und S4). Beim zweiten Philosophen bewirkt T3 die Zustandsänderung von denken zu essen, indem die Marken aus S4 (Gabel 2) und S13 (Gabel 3) entfernt werden. Wenn allerdings Philosoph 1 die zweite Gabel noch nicht abgelegt hat, muss Philosoph 2 auf den ersten Philosophen warten. Philosoph 3 benutzt nun seinerseits Gabel 3, die von T5 in Form einer Marke in S13 genommen wird, sowie Gabel 4, die einer gesetzten Marke in S14 entspricht. Nach dem Essen sorgt hier T6 dafür, dass die Gabeln wieder korrekt abgelegt werden. Philosoph 3 muss hierbei auf Philosoph 2 warten, wenn dieser gerade Gabel 3 zum Essen benutzt. Philosoph 4 benutzt Gabel 4 und 5 zum Essen, was dadurch simuliert wird, dass T7 die Marken von S14 und S15 entfernt. Nach dem Essen werden die entsprechenden Marken dann von T8 wieder gesetzt. Philosoph 4 muss eventuell auf Philosoph 3 warten, bis dieser Gabel 4 abgelegt hat. Der letzte Philosoph in der Runde (Philosoph 5) benutzt nun Gabel 5 und Gabel 1 zum Essen, was dadurch realisiert wird, dass T9 eine Marke aus S3 (entspricht Gabel 1) und S15 (entspricht Gabel 5) entfernt.

Ich möchte Ihnen nun zeigen, wie Sie das Philosophen-Problem mit Java-Threads simulieren können. Hierzu wird zusätzlich zu der IO-Klasse die Thread eingebunden, die Bestandteil des Language-Pakets (**java.lang**) ist.

**Listing 11.4** Philosophen.java

```
import java.io.*;
import java.lang.*;
class Philosoph
extends Thread
{
        int Nummer; // Nummer, die in der Konsole angezeigt wird
        int LinkeGabel; // 1-5
        int RechteGabel; // 1-5
        int Gabel[]; // Globales Gabel-Array
        private static int Zustand; // 1=denken, 2=essen
        private static long Denkzeit; // in ms
        private static long Esszeit; // in ms
        private static long DenkEnde;
        private static long EssEnde;
        private static long WartEnde; // Wartezeit bis zum Verhungern ist 1 Minute

        public Philosoph(long D, long E, int N, int L, int R, int G[])
        {
        Denkzeit=D; Esszeit=E; Nummer=N;
               Gabel=G; LinkeGabel=L; RechteGabel=R; // Referenz auf G, linke und rechte Gabel
               DenkEnde=System.currentTimeMillis()+D;
               Zustand=1; System.out.println("Philosoph #"+Nummer+" denkt");
```

```
		int i;
	}

	public void run()
	{
		while (true)
		{
			if(System.currentTimeMillis()>=DenkEnde) // Ende der Denkschleife startet die Essens-Schleife
			{
				System.out.println("Philosoph #"+Nummer+" geht zum Tisch");
				System.out.println("Philosoph #"+Nummer+" nimmt Gabeln "+LinkeGabel+" und "+RechteGabel+"...");
				if ((Gabel[LinkeGabel]==1)&&(Gabel[RechteGabel]==1)) // Beide Gabeln zum Essen benutzen
				{
					Gabel[LinkeGabel]=0; Gabel[RechteGabel]=0; // Gabeln nehmen (Marke löschen)
					System.out.println("Erfolg.");
					EssEnde=System.currentTimeMillis()+Esszeit;
				}
				else // Nur beide Gabel-Marken führen zum Erfolg, sonst warten
				{
					System.out.println("Misserfolg!");
					System.out.println("Philosoph #"+Nummer+" wartet auf Gabeln.");
					WartEnde=System.currentTimeMillis()+60000;
					// Warten, bis beide Gabel-Marken verfügbar sind
					while ((Gabel[LinkeGabel]!=1)||(Gabel[RechteGabel]!=1))
					{
						if (System.currentTimeMillis()>WartEnde)
						{
							System.out.println("Philosoph #"+Nummer+" ist verhungert.");
							while (true) { } // Tod durch Verhungern stoppt den Prozess
						}
					}
					EssEnde=System.currentTimeMillis()+Esszeit;
				}
				while (System.currentTimeMillis()<=EssEnde) { } // Essen ist nur eine Warteschleife
				Gabel[LinkeGabel]=1; Gabel[RechteGabel]=1; // Gablen wieder hinlegen
				System.out.println("Philosoph #"+Nummer+" denkt");
				DenkEnde=System.currentTimeMillis()+Denkzeit;
			}
		}
	}
}

public class Philosophen
{
	public static void main(String[] args) throws InterruptedException
```

```
65      {
66          int G[]=new int[6];
67          G[1]=1; G[2]=1; G[3]=1; G[4]=1; G[5]=1; // Gabeln hinlegen
68          // Threads erzeugen und starten (Strg+C bricht das Programm ab)
69          Thread P1=new Philosoph(5000,5000,1,1,2,G);
70          Thread P2=new Philosoph(5000,5000,2,2,3,G);
71          Thread P3=new Philosoph(5000,5000,3,3,4,G);
72          Thread P4=new Philosoph(5000,5000,4,4,5,G);
73          Thread P5=new Philosoph(5000,5000,5,5,1,G);
74          P1.start();
75          P2.start();
76          P3.start();
77          P4.start();
78          P5.start();
79      }
80  }
```

In den Zeilen **01** und **02** binden Sie die benötigten Bibliotheken ein und definieren danach in den Zeilen **03–61** die Klasse `Philosoph`. Die Klasse `Philosoph` besitzt verschiedene Attribute (die Zeilen **06–15**), um einen konkreten Philosophen zu charakterisieren. Jeder Philosoph hat eine eindeutige Nummer (Attribut **Nummer**) sowie die Gewohnheit, eine bestimmte Zeit zu denken (Attribut **Denkzeit**) und zu essen (**Esszeit**). Ein konkreter Philosoph ist ein Objekt, das von der Klasse `Thread` abgeleitet wird, also ein Java-Prozess. In diesem Beispiel gibt es fünf Philosophen, also gibt es auch fünf Prozesse, die unabhängig voneinander laufen. Um einen Prozess im Hintergrund laufen zu lassen, muss die Klasse `Philosoph` die Methode `run()` (die Zeilen **24–61**) implementieren, die in einer Schleife immer wieder folgende Dinge tut: Solange der Philosoph noch nicht mit Denken fertig ist, tut `run()` nichts, außer in Zeile **28** die Systemzeit mit der Methode `System.currentTimeMillis()` abzufragen. Wenn dann seit dem allerersten Aufruf von `System.currentTimeMillis()` in Zeile **20** die Anzahl an Millisekunden vergangen ist, die das Attribut **DenkZeit** angibt, geht der Philosoph zum Tisch, was auch in Zeile **30** in der Konsole angezeigt wird. Nun wird noch in Zeile **31** die Information ausgegeben, welche Gabel der Philosoph nimmt, um dies in Zeile **32** auch tatsächlich zu versuchen. Das Nehmen einer Gabel gelingt aber nur, wenn im Array **Gabel** an der entsprechenden Position der Wert 1 steht. Welche Gabeln ein Philosoph benutzen kann, ist in den Attributen **LinkeGabel** und **RechteGabel** gespeichert, die die Indices im Array Gabel enthalten, die ein Philosoph verändern kann. Die Gabeln werden genommen, indem `Gabel[LinkeGabel]` und `Gabel[RechteGabel]` zu 0 gesetzt werden. Da das Array **Gabel** vom Hauptprogramm beim Anlegen eines neuen Philosophen-Objekts per Referenz übergeben wird, sehen sämtliche Philosophen dasselbe Array **Gabel**. Wenn also Philosoph 1 Gabel 1 und Gabel 2 nimmt, ist Gabel 2 für den zweiten Philosophen nicht mehr verfügbar. Wenn das Aufnehmen der Gabeln jedoch Erfolg hatte, wird eine Erfolgsmeldung in der Konsole ausgegeben und der entsprechende Philosoph tritt in den Zustand essen über. Dieser Zustand entspricht einer simplen Warteschleife: In Zeile **52** wird die Variable **EssEnde** dadurch bestimmt, dass zu der Systemuhr `System.currentTimeMillis()` der Wert **Esszeit** addiert wird. Solange nun EssEnde< System.currentTimeMillis() ist, geschieht nichts (Zeile **54**). Nach dem Essen wird dann das Array **Gabel** an den Positionen **LinkeGabel** und **RechteGabel** mit dem Wert 1 gefüllt und der Variable **DenkEnde** wird der Inhalt von System.currentTimeMillis() zugewiesen, zuzüglich der Denkzeit, die der Philosoph benötigt, bevor er wieder zum Essen geht. Damit der Thread auch die richtigen Zeitparameter benutzt, müssen Sie diese vorher durch die Konstruktor-Methode des Objekts Philosoph (die Zeilen **16–23**) durch sechs Parameter festlegen. Die Reihenfolge ist hierbei: Denkzeit, Esszeit, Nummer des Philosophen, linke Gabelnummer (1-5), rechte Gabelnummer (1-5) und das verwendete Gabelarray vom Typ int[] mit sechs Elementen (Position 0 wird hier der Einfachheit halber nicht benutzt).

Was geschieht nun, wenn ein Philosoph Gabeln nehmen möchte, die ein anderer Philosoph bereits genommen hat? In diesem Fall ist entweder Gabel[LinkeGabel] oder Gabel[RechteGabel] 0, und es werden eine Misserfolgsmeldung (Zeile **40**) sowie eine Meldung ausgegeben, die anzeigt, dass der entsprechende Philosoph auf seine Gabeln wartet. Das Warten wird durch eine einfache while-Schleife realisiert, die so lange wartet, bis sowohl Gabel[LinkeGabel] als auch Gabel[RechteGabel] den Wert 1 haben. In diesem Fall werden die Gabeln aufgenommen, indem Gabel[LinkeGabel] und Gabel[RechteGabel] zu 0 gesetzt werden. Danach wird wieder die Variable **EssEnde** dadurch bestimmt, dass zu der Systemuhr der Wert **Esszeit** addiert wird. Solange EssEnde<System.currentTimeMillis() ist, geschieht wieder nichts (Zeile **54**). Nach dem Essen wird dann das Array **Gabel** wieder an den Positionen **LinkeGabel** und **RechteGabel** mit dem Wert 1 belegt und der Variable **DenkEnde** wird der Inhalt von System.currentTimeMillis() zugewiesen, zuzüglich der Zeit, die ein Philosoph normalerweise denkt.

Damit Ihr Programm nicht in einen Deadlock gerät, kann ein Philosoph auch verhungern, wenn er länger, als eine Minute auf seine Gabeln warten muss. Hierzu wird bei einem Misserfolg beim Nehmen der Gabeln in Zeile **42 WartEnde** auf die Systemuhr zuzüglich 60 000 Millisekunden gesetzt. Wenn diese Wartezeit überschritten ist, wird die Meldung ausgegeben, dass der entsprechende Philosoph verhungert ist (Zeile **48**), und danach der Prozess, der den Philosophen steuert, in eine Endlosschleife geschickt (Zeile **49**). Ein verhungerter Philosoph kann so natürlich auch keine Gabeln mehr aufnehmen und überlässt auf diese Weise den Überlebenden das Feld.

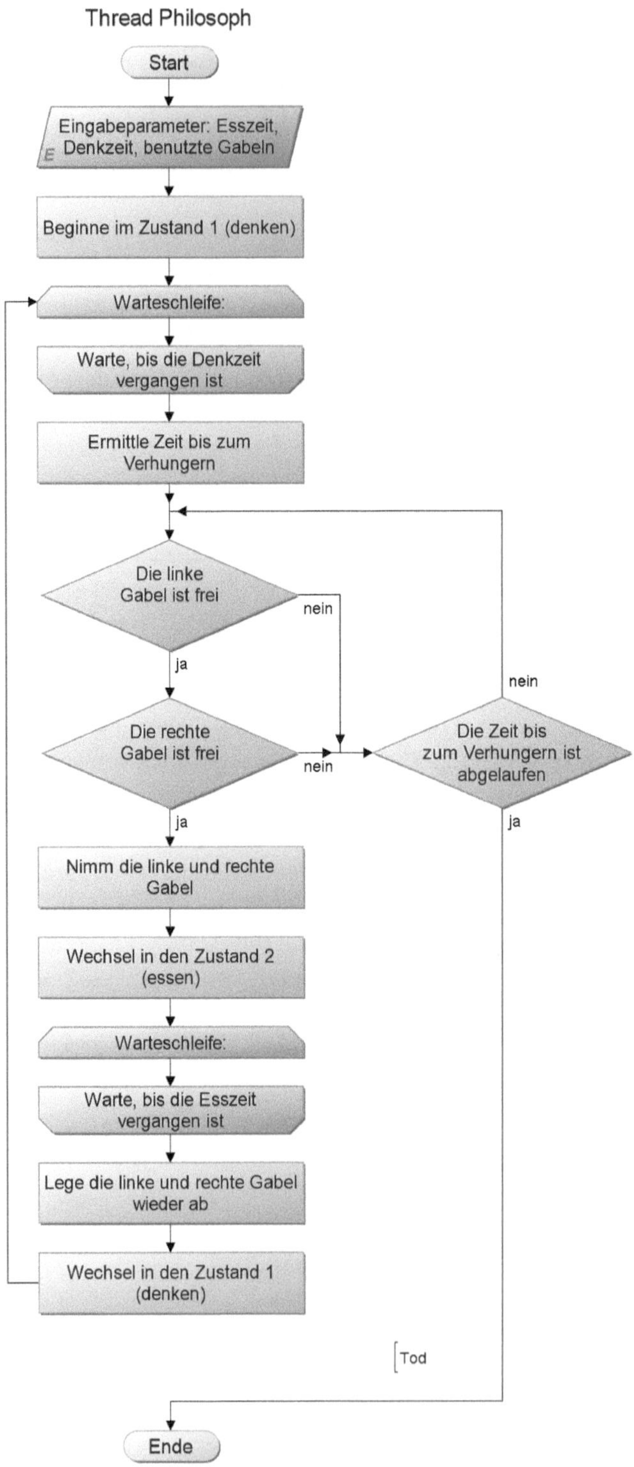


**Bild 11.16**
Programmablaufplan des Threads Philosoph()

Das Hauptprogramm (die Zeilen **62–80**) macht im Endeffekt nicht viel, außer fünf Philosophen-Threads anzulegen und zu starten. In Listing 11.4 werden jedem Philosophen fünf Sekunden Denkzeit und fünf Sekunden Esszeit eingeräumt. Da sämtliche Prozesse gleichzeitig starten, wird auch irgendwann einmal ein Philosoph verhungern, da er keine Gabeln mehr abbekommt. Das Programm gibt in der Konsole z. B. folgende Meldungen aus:

**/home/Rene/Kapitel 11/java Philosophen**

**Philosoph #1 geht zum Tisch**

**Philosoph #4 geht zum Tisch**

**Philosoph #3 geht zum Tisch**

**Philosoph #2 geht zum Tisch**

**Philosoph #5 geht zum Tisch**

**Philosoph #2 nimmt Gabeln 2 und 3...**

**Philosoph #3 nimmt Gabeln 3 und 4...**

**Misserfolg!**

**Philosoph #4 nimmt Gabeln 4 und 5...**

**Erfolg.**

**Philosoph #1 nimmt Gabeln 1 und 2...**

**Misserfolg!**

**Philosoph #1 wartet auf Gabeln.**

**Philosoph #3 wartet auf Gabeln.**

**Erfolg.**

**Philosoph #5 nimmt Gabeln 5 und 1...**

**Misserfolg!**

**Philosoph #5 wartet auf Gabeln.**

**Philosoph #2 denkt**

**Philosoph #4 denkt**

**Philosoph #2 geht zum Tisch**

**Philosoph #4 geht zum Tisch**

**Philosoph #4 nimmt Gabeln 4 und 5...**

**Philosoph #2 nimmt Gabeln 2 und 3...**

**Erfolg.**

**Erfolg.**

**Philosoph #4 denkt**

**Philosoph #2 denkt**

```
Philosoph #4 geht zum Tisch
Philosoph #4 nimmt Gabeln 4 und 5...
Philosoph #2 geht zum Tisch
Philosoph #2 nimmt Gabeln 2 und 3...
Erfolg.
Erfolg.
Philosoph #2 denkt
Philosoph #4 denkt
Philosoph #2 geht zum Tisch
Philosoph #2 nimmt Gabeln 2 und 3...
Erfolg.
Philosoph #4 geht zum Tisch
Philosoph #4 nimmt Gabeln 4 und 5...
Erfolg.
Philosoph #4 denkt
Philosoph #2 denkt
Philosoph #4 geht zum Tisch
Philosoph #4 nimmt Gabeln 4 und 5...
Erfolg.
Philosoph #2 geht zum Tisch
Philosoph #2 nimmt Gabeln 2 und 3...
Erfolg.
Philosoph #4 denkt
Philosoph #2 denkt
Philosoph #2 geht zum Tisch
Philosoph #2 nimmt Gabeln 2 und 3...
Philosoph #4 geht zum Tisch
Philosoph #4 nimmt Gabeln 4 und 5...
Erfolg.
Erfolg.
Philosoph #4 denkt
Philosoph #2 denkt
Philosoph #3 ist verhungert.
Philosoph #1 ist verhungert.
Philosoph #5 ist verhungert.
```

Wie Sie an der Ausgabe in der Konsole sehen können, verhungern Ihnen mit der Zeit drei der Philosophen, wenn die Zeit zum Denken und Essen bei allen Philosophen gleich lang ist. Eine Standardlösung, dies grundsätzlich zu verhindern, gibt es leider nicht. Sie können aber die Wahrscheinlichkeit dafür verringern, dass ein Philosoph verhungert, wenn Sie die Zeit zum Denken und Essen zufällig festlegen. Eine andere Möglichkeit wäre, eine Art Ungedulds-Funktion in das Programm einzubauen: Wenn ein Philosoph lange genug auf seine Gabeln gewartet hat, dann geht er wieder denken, und versucht es mit dem Essen später noch einmal. Eventuell hat er dann mehr Glück. Natürlich müssen Sie dann dafür sorgen, dass ein Philosoph erst verhungert, wenn er mehrmals vergeblich versucht hat, seine Gabeln zu bekommen.

Ich möchte Ihnen ein weiteres Listing vorstellen, das auch im Studium sehr oft als Erweiterung zu Listing 11.4 gesehen werden kann. In diesem erweiterten Philosophenprogramm kann ein Philosoph nicht verhungern, deshalb kann das Netz nach einiger Zeit in einen Deadlock geraten. Dies ist in diesem Fall gewollt, weil Sie den Ablauf grafisch in einem Fenster darstellen sollen. Die Philosophen werden also um einen kreisförmigen Tisch angeordnet und die Gabeln befinden sich dazwischen in Form von kleinen Kreisen. Die Klasse `Philosoph` bleibt hier fast in der ursprünglichen Form bestehen, allerdings muss die Klasse, die das Hauptprogramm enthält (hier `PhiloGraph`), von der Klasse `Frame` abgeleitet werden, damit Sie ein Fenster erhalten, in das Sie zeichnen können. Das Fenster sieht dann in diesem Fall so aus:

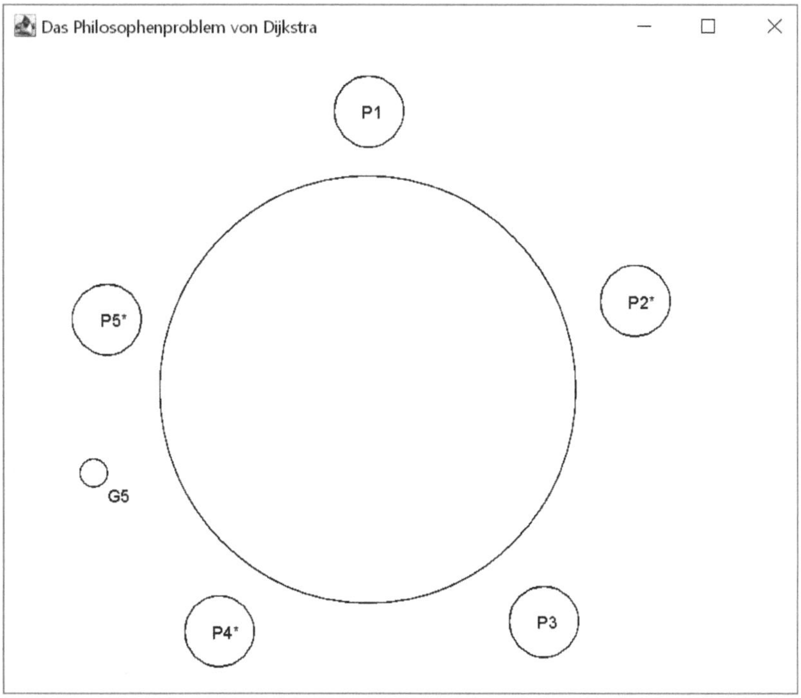


**Bild 11.17** Das Philosophenproblem grafisch dargestellt

Um ein Fenster darzustellen, haben Sie nun verschiedene Möglichkeiten. Sie können z. B. die Java-Swing-Bibliothek benutzen, mit der Sie sogar sehr komplexe grafische Oberflächen gestalten können. Für Listing 11.5 ist diese Vorgehensweise jedoch etwas überkandidelt, denn Sie müssen ja nur ein paar Kreise zeichnen. Deshalb verwendet das nächste Beispiel die AWT-Bibliothek, die für unsere Zwecke völlig ausreicht. Sehen Sie sich nun Listing 11.5 an.

**Listing 11.5** PhiloGraph.java

```
import java.awt.*;
import java.awt.event.*;

class Philosoph extends Thread
{
      int[] Gabel;
      int[] Zustand;
      int RechteGabel;
      int LinkeGabel;
      int Nummer;
      long Denkzeit; // in ms
      long Esszeit; // in ms
      long DenkEnde;
      long EssEnde;

      public Philosoph(long D, long E, int N, int L, int R, int G[], int Z[])
      {
            Denkzeit=D; Esszeit=E; Nummer=N;
            Zustand=Z; Gabel=G;
            LinkeGabel=L; RechteGabel=R; // Referenz auf G, linke und rechte Gabel
            Zustand[Nummer]=1;
            DenkEnde=System.currentTimeMillis()+Denkzeit;
            int i;
      }

      public void run()
      {
            while (true)
            {
                  while (System.currentTimeMillis()<DenkEnde) { }
                  Zustand[Nummer]=2; // warten=2
                  while ((Gabel[LinkeGabel]==0)||(Gabel[RechteGabel]==0)) { }
                  Gabel[LinkeGabel]=0; Gabel[RechteGabel]=0;
                  EssEnde=System.currentTimeMillis()+Esszeit;
                  Zustand[Nummer]=3; // essen=3
                  while (System.currentTimeMillis()<EssEnde) { }
                  Gabel[LinkeGabel]=1; Gabel[RechteGabel]=1;
                  DenkEnde=System.currentTimeMillis()+Denkzeit;
                  Zustand[Nummer]=1; // denken=1
            }
      }
}

public class PhiloGraph extends Frame
{
```

```
    static int Gabel[];
    static int Zustand[];
    public PhiloGraph()
    {
        setSize(600,600);
        setVisible(true);
        setTitle("Das Philosophenproblem von Dijkstra");
        Gabel=new int[6]; Zustand=new int[6];
        Gabel[1]=1; Gabel[2]=1; Gabel[3]=1; Gabel[4]=1; Gabel[5]=1;
        Zustand[1]=1; Zustand[2]=1; Zustand[3]=1; Zustand[4]=1; Zustand[5]=1;
        addWindowListener(new WindowAdapter()
        {
                public void windowClosing (WindowEvent e)
            {
                System.exit(0);
            }

        });

    }

    public void paint(Graphics g)
    {
        int i=0;
        double x1=0,y1=0,x2=0,y2=0,x3=0,y3=0,P=0;
        g.drawOval(120,120,300,300);
        for (i=0; i<5; i++)
        {
            if (Zustand[i+1]!=1)
            {
                P=(double)(i); P*=1.25; P+=3.125;
                x1=200*Math.sin(-P)+250;
                y1=200*Math.cos(-P)+250;
                g.drawOval((int)(x1),(int)(y1),50,50);
                if (Zustand[i+1]==2)
                {
                    g.drawString("P"+(i+1)+"*",(int)(x1+20), (int)(y1+30));
                }
                if (Zustand[i+1]==3)
                {
                        g.drawString("P"+(i+1),(int)(x1+20), (int)(y1+30));
                }
            }
        }
        for (i=0; i<5; i++)
        {
            if (Gabel[i+1]==1)
            {
                P=(double)(i); P*=1.25; P+=3.125-0.625;
                x1=200*Math.sin(-P)+250;
                y1=200*Math.cos(-P)+250;
                g.drawOval((int)(x1),(int)(y1),20,20);
                g.drawString("G"+(i+1),(int)(x1+20),(int)(y1+30));
            }
```

```
095         }
096
097     }
098     public static void main(String[] args)
099     {
100         int i;
101         long F=System.currentTimeMillis()+200; // 5 FPS
102         PhiloGraph PG=new PhiloGraph();
103         Thread P1=new Philosoph(5000,5000,1,1,2,Gabel,Zustand);
104         Thread P2=new Philosoph(6000,6000,2,2,3,Gabel,Zustand);
105         Thread P3=new Philosoph(7000,7000,3,3,4,Gabel,Zustand);
106         Thread P4=new Philosoph(8000,8000,4,4,5,Gabel,Zustand);
107         Thread P5=new Philosoph(9000,9000,5,1,5,Gabel,Zustand);
108         P1.start();
109         P2.start();
110         P3.start();
111         P4.start();
112         P5.start();
113         while (true)
114         {
115             if (System.currentTimeMillis()>F)
116             {
117                 PG.repaint();
118                 F=System.currentTimeMillis()+200;
119             }
120         }
121     }
122 }
```

Die Klasse `Philosoph` (die Zeilen **003–039**) hat sich nicht grundlegend geändert und muss nicht mehr ausführlich erklärt werden. Sie erstellen eine neue Instanz eines Philosophen-Objekts also auf die gleiche Weise wie in Listing 11.4: Sie übergeben zusammen mit der `new`-Anweisung die entsprechenden Parameter für die Denkzeit, die Esszeit, die Nummer, das Gabel-Array und den Index für die linke und rechte Gabel. Anschließend starten Sie mit der `start()`-Methode den entsprechenden Thread, den ein Philosoph immer wieder ausführen soll. Allerdings benötigen Sie für die Zeichenroutine des Hauptfensters den aktuellen Zustand des Philosophen, der dann in dem Array **Zustand** gespeichert wird. Dieses Array wird vom Hauptprogramm per Referenz über den Parameter **Z** übergeben und in Zeile **017** wird dann (genau, wie auch bei den Gabeln) `Zustand=Z` gesetzt, damit die Klasse `Philosoph` auf das Array **Zustand** zugreifen kann. Sie fragen sich an dieser Stelle vielleicht, ob es nicht besser wäre, für das Attribut **Zustand** Set- und Get-Funktionen zur Verfügung zu stellen und auf diese Weise den Zugriff von außen nur über diese Funktionen zuzulassen. Sicherlich ist dies das Mittel der Wahl und ich hatte dies am Anfang auch so programmiert. Leider wurde in diesem Fall die Zeichenroutine so langsam, dass die Philosophen-Prozesse kaum noch CPU-Leistung bekamen. Anscheinend verwendet Java nicht immer die Grafikbeschleunigung, um die Fenster aufzufrischen.

Anders als in Listing 11.5 hat ein Philosoph nun drei Zustände, nämlich denken (1), warten auf eine Gabel (2) und essen (3). Der Hauptthread, der in einer Endlosschleife läuft (die Zeilen **025–037**), startet also mit einer Warteschleife, die die Denkzeit abwartet (Zeile **027**). In dieser Zeit hat **Zustand** den Wert 1. Danach wird `Zustand=2` gesetzt (Zeile **028**) und anschließend versucht der Philosoph, die Gabel aufzunehmen. Gelingt dies nicht, verharrt er in Zustand 2, und erst, wenn die linke und rechte Gabel verfügbar sind, werden die beiden Gabeln aufgenommen. Anschließend wird die Warteschleife für das Essen ausgeführt (Zeile **033**). Nach dem Essen werden dann die Gabeln wieder abgelegt und **Zustand** hat danach wieder den Wert 1. Auch in Listing 11.5 ist also das Array **Gabel** das Array, das das Hauptprogramm angelegt hat, sämtliche Philosophen benutzen also das gleiche Array **Gabel**.

Die Klasse, die das eigentliche Programm ausführt, ist die Klasse `PhiloGraph`, die in den Zeilen **040–122** definiert wird. `PhiloGraph` ist von `Frame` abgeleitet, deshalb muss `PhiloGraph` einige Methoden implementieren, die der Steuerung von Fenstern dienen. In Listing 11.5 gibt es nur ein einziges Hauptfenster, aber Sie müssen für dieses trotzdem die Größe und die Titelleiste definieren. Dies geschieht dadurch, dass nach Erstellen des Hauptfensters in der `main()`-Methode die Methode `PhiloGraph()` aufgerufen wird. Diese Methode ist gewissermaßen der Konstruktor des Hauptfensters, der immer dann aufgerufen wird, wenn eine neue Instanz von `PhiloGraph` angelegt wird. `PhiloGraph()` setzt zunächst die Breite und Höhe des Hauptfensters auf 600*600 Pixel (Zeile **046**), macht das Fenster sichtbar (Zeile **047**) und setzt anschließend den Text in der Titelleiste (Zeile **048**). Anschließend werden die Arrays **Gabel** und **Zustand** initialisiert (die Zeilen **049–051**). Nachdem das Hauptfenster erstellt wurde, wird nun neben der Methode `PhiloGraph()` zusätzlich die Methode `paint ()` (die Zeilen **062–097**) aufgerufen, die dazu dient, den Grafikbereich des Fensters aufzufrischen. Die Methode `paint()` enthält die Routine, mit der die Philosophen und Gabeln im Fenster ausgegeben werden. Allerdings könnten Sie alleine mit `paint()` das Programm nicht beenden, weil Sie das Fenster mit dieser Methode nicht schließen können. Um das Fenster mit der Maus schließen zu können, müssen Sie einen Windows Listener definieren (die Zeilen **052–059**), der die Methode `windowClosing()` enthält (die Zeilen **054–057**). Die Methode `windowClosing()` wird immer dann aufgerufen, wenn Sie auf das Kreuz zum Schließen des Fensters klicken. In diesem Bespiel macht `windowClosing()` nicht viel, außer mit dem `exit()`-Befehl das Programm zu beenden (Zeile **056**).

Das Hauptprogramm (die Zeilen **098–122**) erstellt nun das Hauptfenster (Zeile **102**) und fünf Philosophen-Threads (die Zeilen **103–112**). Anschließend wird eine Endlosschleife (die Zeilen **113–121**) ausgeführt, die so lange läuft, bis Sie das Hauptfenster schließen. Das Hauptfenster wird alle 200 Millisekunden neu gezeichnet, also fünfmal in der Sekunde. Hierzu dient der Zähler **F**, der in Zeile **101** definiert wird und der genauso funktioniert wie die Warteschleifen, die die Philosophen-Threads ausführen: Immer, wenn **F** Millisekunden vergangen sind, wird das Fenster mit der `repaint()`-Anweisung neu gezeichnet (Zeile **117**), und anschließend wird die Warteschleife erneut ausgeführt. Währenddessen laufen die Philosophen-Threads natürlich weiter und können auch die Arrays **Gabel** und **Zustand** ändern. Deshalb verwendet die Methode `paint()` auch immer die aktuellen Arrays **Gabel** und **Zustand** und wenn einer dieser Arrays geändert wurde, ändert sich auch das von `paint()` ausgegebene Bild.

Wir wollen nun das Philosophen-Beispiel abschließen und uns eine weitere entscheidende Frage stellen: Müssen Sie ein Petri-Netz stets im Kopf durchspielen und schaffen Sie es in diesem Fall nur mit sehr viel Übung und Ausdauer, eines fernen Tages den vollständigen Überblick zu behalten? Oder hilft Ihnen in diesem Fall wirklich eine Simulation mit Java-Threads weiter? Vielleicht malen Sie sich auch das Philosophenproblem auf ein Blatt Papier und schieben die Marken anschließend per Hand hin und her. Die Marken sind in diesem Fall vielleicht Centstücke oder auch Chips aus irgendeinem Gesellschaftsspiel aus alten Tagen, das die letzten 20 Jahre im Schrank rumgelegen hat. Sie werden staunen, aber genauso habe ich es selbst in meinem Studium sogar in der Klausur gemacht: Ich habe Centstücke gesammelt und diese auf dem Aufgabenblatt hin und her geschoben. Anders konnte ich die Aufgabe nicht lösen. In Zeiten des Internets gibt es natürlich Simulationsprogramme für Petri-Netze. Das Programm, das ich selbst verwendet habe, um die Diagramme in diesem Kapitel zu erstellen, heißt Netlab und kann unter dem folgenden Link heruntergeladen werden:

*https://www.irt.rwth-aachen.de/cms/IRT/Studium/Downloads/~osru/Petrinetz-Tool-Netlab/*

Eine andere Alternative ist WinPetri, das aber inzwischen kostenpflichtig ist. Der Vorteil des kostenpflichtigen WinPetri ist allerdings, dass es im Gegensatz zu Netlab noch aktualisiert wird und auch auf Windows 11 noch lauffähig sein dürfte. Wahrscheinlich gibt es inzwischen zumindest für Linux noch sehr viele weitere Alternativen, auf dem Raspberry Pi ist ein solches Tool inzwischen sogar vorinstalliert. Obwohl also Simulatoren für Petri-Netze inzwischen nicht mehr schwer zu besorgen sind, möchte Ihnen trotzdem erklären, wie solche Programme intern arbeiten. Dies ist wirklich nicht schwer zu verstehen und mit ein paar Java-Kenntnissen können Sie sich sogar eine grafisch orientierte App programmieren. Alles, was Sie hierfür benötigen, ist ein klein wenig Matrizenrechnung, die Sie im Studium sicherlich bereits im ersten Semester durchnehmen.

### 11.4.4 Simulation von Petri-Netzen mit Inzidenzmatrizen

Sie wissen aus Abschnitt 11.1 bereits, dass sich Graphen als Matrizen darstellen lassen, in dem Beispiel mit den Höhlengängen war dies die Adjazenz- oder Nachbarschaftsmatrix. Im Fall der Petri-Netze heißen diese Matrizen Inzidenzmatrizen. Der Begriff „Inzidenz“ ist vom englischen Wort „incident“ abgeleitet und bedeutet so viel wie „Ereignis“ oder „Fall“. Dies ist auch der Grund, warum man beim Corona-Virus von Inzidenz spricht: Die Inzidenz gibt an, wie viele Krankheitsfälle es in einer Woche gegeben hat. Bei einem Petri-Netz tritt ein Ereignis dagegen immer dann ein, wenn eine Transition schaltet und dadurch Marken verschoben werden. Eine *Inzidenzmatrix* versucht nun, sämtliche Ereignisse, die in einem Petri-Netz auftreten können, durch Zustandsänderungen abzubilden. Die Inzidenzmatrix I ist bei Petri-Netzen wie folgt aufgebaut: In den Zeilen werden die einzelnen Stellen eingetragen, in den Spalten die Transitionen. Wenn n die Anzahl der Stellen ist und m die Anzahl der Transitionen, dann ist die Inzidenzmatrix I eine nxm-Matrix. Immer, wenn eine Transition T eine Marke in eine Stelle S hineinschiebt, dann wird in das Array `I[T][S]` ein positiver Wert hineingeschrieben, der der Anzahl der zu S hinzugefügten Marken entspricht. Immer, wenn eine Transition T Marken von einer Stelle S wegnimmt, dann wird in das Array `I[T][S]` ein negativer Wert hineingeschrieben, der der Anzahl der von S weggenommenen Marken entspricht. An den Stellen, an denen keine Verbindungen bestehen, wird I mit Nullen belegt. Jede Spalte entspricht also einem Vektor, der den Beitrag der entsprechenden Transition zu der Markenanzahl in der entsprechenden Stelle angibt. Der *Schaltvektor*, der die Zustandsänderung der Marken angibt, die durch eine bestimmte Transition erzeugt wird, ergibt sich nun durch eine Multiplikation der Inzidenzmatrix mit dem Vektor, der die entsprechende Transition darstellt. Für die erste Transition wäre dies ein Vektor, bei dem der erste Eintrag 1 ist, ($S=[1,0,\ldots,0]^T$), für die zweite Transition wäre dies ein Vektor, bei dem der zweite Eintrag 1 ist, ($S=[0,1,\ldots,0]^T$.) Wenn Sie nun den Schaltvektor ermittelt haben, wird dieser mit der entsprechenden Spalte in I multipliziert, die die Eingänge der entsprechenden Transition repräsentiert, und anschließend zum Markierungsvektor M addiert. Der Markierungsvektor enthält die Anzahl der Marken für alle Stellen und entscheidet auch darüber, ob eine Transition überhaupt schalten kann. Meistens wird diese Überprüfung in Form eines Simulationsprogramms vorgenommen, das dann auch die entsprechenden Transitionen verwaltet.

Sehen wir uns nun ein konkretes Beispiel an, damit Sie erkennen, dass die Sache mit der Inzidenzmatrix gar nicht so schwer ist. In dem nächsten Beispiel handelt es sich um die Simulation eines Ticketautomaten für Parktickets. Um das Beispiel möglichst einfach zu halten, gibt es nur eine Art von Münzen (z. B. 1-Euro-Münzen) und Sie benötigen auch nur eine einzige Münze, um ein Ticket zu kaufen. Diese Münze werfen Sie in den Münzeinwurf ein. Wenn die Münze ungültig ist, dann wird diese sofort wieder ausgeworfen und landet bei den ungültigen Münzen, deren Anzahl die Simulation an dieser Stelle erfassen soll. Wenn die Münze gültig ist, dann wird ein Rohticket aus einem Ticketbehälter entnommen und falls noch ein Rohticket vorhanden ist, wird dieses auch bedruckt und ausgegeben. Die vorher eingeworfene Münze landet am Ende in einem Münzbehälter für gültige Münzen, deren Anzahl (genau wie die Anzahl ungültiger Münzen) ebenfalls erfasst wird.

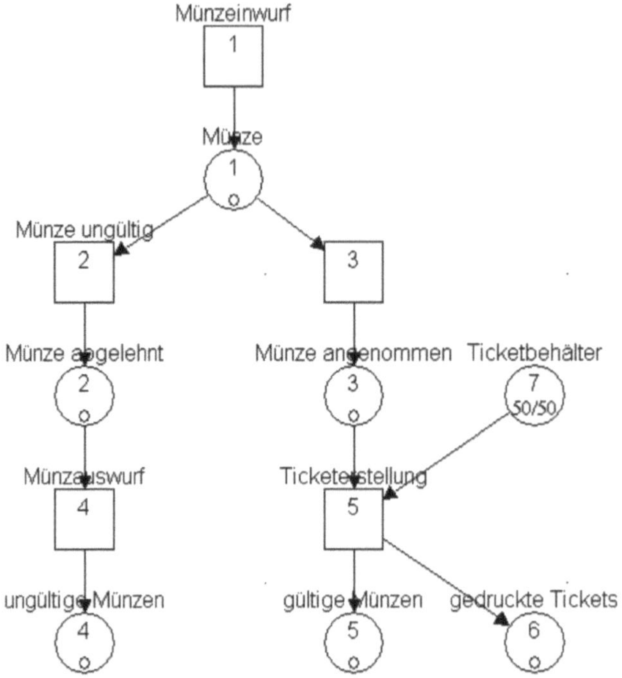


**Bild 11.18** Petri-Netz eines einfachen Ticketautomaten (Version 1)

Der Münzeinwurf wird durch Transition T1 dargestellt. T1 erzeugt immer eine Marke, wenn sie durch einen Benutzer aktiviert wird. Einer Marke in S1 entspricht auch eine neue Münze. Die Münze kann natürlich ungültig sein, z. B. wenn jemand statt eines Euros nur 10 Cent einwirft. In diesem Fall wird T2 aktiviert. T2 nimmt die Marke aus S1 auf und gibt sie an S2 weiter, was bedeutet, dass die Münze abgelehnt wurde. Wenn allerdings T3 schaltet, dann nimmt die Marke aus S1 (also die vorher eingeworfene Münze) den Weg der angenommenen Münzen. Während eine abgelehnte Münze über den Münzauswurf T4 in den Behälter mit den ungültigen Münzen gelangt, ist für angenommene Münzen T5 zuständig. T5 kann im Gegensatz zu T4 nur dann schalten, wenn sich erstens eine Marke in S3 befindet und zweitens noch Marken in S7 sind, was dem Behälter für Rohtickets entspricht. Die Ticketerstellung verbraucht also sowohl eine Münze als auch ein Rohticket, erst dann kann in S5 (Behälter für gültige Münzen) und S6 (gedruckte Tickets) jeweils eine Marke gesetzt werden. In diesem einfachen Beispiel fasst der Behälter für Rohtickets genau 50 Tickets. Sehen Sie sich nun die Einträge der Inzidenzmatrix I für den Ticketautomaten an:

```
    T1   T2   T3   T4   T5
S1 1    -1   -1    0    0
S2 0     1    0   -1    0
S3 0     0    1    0   -1
S4 0     0    0    1    0
S5 0     0    0    0    1
S6 0     0    0    0    1
S7 0     0    0    0   -1
```

An der Inzidenzmatrix können Sie direkt ablesen, dass z. B. T1 nur mit S1 verbunden ist und dass T1 eine Marke nach S1 verschiebt. T2 ist allerdings mit S1 und S2 verbunden und nimmt eine Marke aus S1 auf, während sie eine Marke in S2 hinzufügt. Genauso können Sie die anderen Verbindungen und Schaltvorgänge direkt ablesen. Wenn z. B. T3 schaltet, dann zieht sie von der Anzahl Marken in S1 den Wert 1 ab und addiert 1 zu der Anzahl Marken in S3. Wenn Sie also die einzelnen Schaltvorgänge durch einen Computeralgorithmus simulieren wollen, benötigen Sie zunächst die Anzahl an Marken, die jede Stelle am Anfang beinhaltet. Diese Informationen beinhaltet der Markierungsvektor M, der in diesem Beispiel direkt am Anfang $[0,0,0,0,0,0,0]^T$ ist. Mit der Inzidenzmatrix I und dem Markierungsvektor M können Sie in einfacher Weise die Markierung M‘ für den nächsten Schritt erstellen, indem Sie sämtliche Spalten in M durchgehen und jeweils nachschauen, ob die entsprechende Transition schaltet. Dies ist immer der Fall, wenn die Summe der noch verfügbaren Marken in den entsprechenden Stellen mit der geforderten Anzahl übereinstimmt. Wenn Sie auf diese Weise sämtliche Zustände, die M in den einzelnen Schritten annehmen kann, systematisch bestimmen, dann erhalten Sie den Erreichbarkeitsgraphen. Der Erreichbarkeitsgraph stellt sämtliche Zustände zeilenweise dar, die I für den Anfangsvektor M annehmen kann. Diese sieht in diesem Beispiel wie folgt aus:

```
M001:  0 (  0  0  0  0  0  0 50) ---t1---> M002:  1 (  1  0  0  0  0  0 50)
M002:  1 (  1  0  0  0  0  0 50) ---t2---> M003:  2 (  0  1  0  0  0  0 50)
                                 ---t3---> M004:  2 (  0  0  1  0  0  0 50)
M003:  2 (  0  1  0  0  0  0 50) ---t1---> M005:  3 (  1  1  0  0  0  0 50)
                                 ---t4---> M006:  3 (  0  0  0  1  0  0 50)
M004:  2 (  0  0  1  0  0  0 50) ---t1---> M007:  3 (  1  0  1  0  0  0 50)
                                 ---t5---> M008:  3 (  0  0  0  0  1  1 49)
M005:  3 (  1  1  0  0  0  0 50) ---t3---> M009:  4 (  0  1  1  0  0  0 50)
                                 ---t4---> M010:  4 (  1  0  0  1  0  0 50)
M006:  3 (  0  0  0  1  0  0 50) ---t1---> M010:  4 (  1  0  0  1  0  0 50)
M007:  3 (  1  0  1  0  0  0 50) ---t2---> M009:  4 (  0  1  1  0  0  0 50)
                                 ---t5---> M011:  4 (  1  0  0  0  1  1 49)
M008:  3 (  0  0  0  0  1  1 49) ---t1---> M011:  4 (  1  0  0  0  1  1 49)
M009:  4 (  0  1  1  0  0  0 50) ---t1---> M012:  5 (  1  1  1  0  0  0 50)
                                 ---t4---> M013:  5 (  0  0  1  1  0  0 50)
                                 ---t5---> M014:  5 (  0  1  0  0  1  1 49)
M010:  4 (  1  0  0  1  0  0 50) ---t2---> M015:  5 (  0  1  0  1  0  0 50)
                                 ---t3---> M013:  5 (  0  0  1  1  0  0 50)
M011:  4 (  1  0  0  0  1  1 49) ---t2---> M014:  5 (  0  1  0  0  1  1 49)
                                 ---t3---> M016:  5 (  0  0  1  0  1  1 49)
M012:  5 (  1  1  1  0  0  0 50) ---t4---> M017:  6 (  1  0  1  1  0  0 50)
                                 ---t5---> M018:  6 (  1  1  0  0  1  1 49)
```

```
M013:  5 ( 0 0 1 1 0 0 50) ---t1---> M017:  6 ( 1 0 1 1 0 0 50)
                           ---t5---> M019:  6 ( 0 0 0 1 1 1 49)
M014:  5 ( 0 1 0 0 1 1 49) ---t1---> M018:  6 ( 1 1 0 0 1 1 49)
                           ---t4---> M019:  6 ( 0 0 0 1 1 1 49)
M015:  5 ( 0 1 0 1 0 0 50) ---t1---> M020:  6 ( 1 1 0 1 0 0 50)
M016:  5 ( 0 0 1 0 1 1 49) ---t1---> M021:  6 ( 1 0 1 0 1 1 49)
M017:  6 ( 1 0 1 1 0 0 50) ---t2---> M022:  7 ( 0 1 1 1 0 0 50)
                           ---t5---> M023:  7 ( 1 0 0 1 1 1 49)
M018:  6 ( 1 1 0 0 1 1 49) ---t3---> M024:  7 ( 0 1 1 0 1 1 49)
                           ---t4---> M023:  7 ( 1 0 0 1 1 1 49)
M019:  6 ( 0 0 0 1 1 1 49) ---t1---> M023:  7 ( 1 0 0 1 1 1 49)
M020:  6 ( 1 1 0 1 0 0 50) ---t3---> M022:  7 ( 0 1 1 1 0 0 50)
M021:  6 ( 1 0 1 0 1 1 49) ---t2---> M024:  7 ( 0 1 1 0 1 1 49)
M022:  7 ( 0 1 1 1 0 0 50) ---t1---> M025:  8 ( 1 1 1 1 0 0 50)
                           ---t5---> M026:  8 ( 0 1 0 1 1 1 49)
M023:  7 ( 1 0 0 1 1 1 49) ---t2---> M026:  8 ( 0 1 0 1 1 1 49)
                           ---t3---> M027:  8 ( 0 0 1 1 1 1 49)
M024:  7 ( 0 1 1 0 1 1 49) ---t1---> M028:  8 ( 1 1 1 0 1 1 49)
                           ---t4---> M027:  8 ( 0 0 1 1 1 1 49)
M025:  8 ( 1 1 1 1 0 0 50) ---t5---> M029:  9 ( 1 1 0 1 1 1 49)
M026:  8 ( 0 1 0 1 1 1 49) ---t1---> M029:  9 ( 1 1 0 1 1 1 49)
M027:  8 ( 0 0 1 1 1 1 49) ---t1---> M030:  9 ( 1 0 1 1 1 1 49)
M028:  8 ( 1 1 1 0 1 1 49) ---t4---> M030:  9 ( 1 0 1 1 1 1 49)
M029:  9 ( 1 1 0 1 1 1 49) ---t3---> M031: 10 ( 0 1 1 1 1 1 49)
M030:  9 ( 1 0 1 1 1 1 49) ---t2---> M031: 10 ( 0 1 1 1 1 1 49)
M031: 10 ( 0 1 1 1 1 1 49) ---t1---> M032: 11 ( 1 1 1 1 1 1 49)
M032: 11 ( 1 1 1 1 1 1 49)
```

Im Erreichbarkeitsgraphen stellen Sie also sämtliche möglichen Markierungsvektoren und Folgevektoren dar, die durch I angenommen werden können. Wenn Markierungsvektoren doppelt auftauchen, werden diese natürlich nicht noch einmal aufgeführt. Sie fragen sich an dieser Stelle vielleicht, was Sie von einer solchen komplizierten Analyse haben, hinter der doch sicherlich auch ein komplexer rekursiver Algorithmus steckt. Um diese Frage zu beantworten, schauen Sie sich am besten noch einmal die Transition T5 an. T5 ist mit S3, aber auch mit S7 verbunden. Das heißt, es muss eine gültige Münze vorhanden sein UND der Ticketbehälter muss mindestens ein Rohticket enthalten. Das bedeutet Folgendes: Wenn der Ticketbehälter leer ist, dann kann T5 überhaupt nicht mehr schalten, die eingeworfene Münze wird verschluckt und es wird auch kein Ticket ausgegeben. Die Konsequenz ist, dass Ihr Netz in einen Deadlock gerät, der nur dadurch behoben werden kann, dass der Behälter mit den Rohtickets neu gefüllt wird. Diesen Deadlock können Sie in einfacher Weise am Erreichbarkeitsgraph ablesen, indem Sie den Eintrag „0010000->t5“ suchen. Diesen Eintrag gibt es offensichtlich nicht, woran Sie sofort erkennen können, dass es mit Ihrer Simulation ein Problem gibt.

Wie lösen Sie aber nun den Deadlock bei $M=[0,0,1,0,0,0,0]^T$ auf? Die Antwort ist, dass dies mit dem ursprünglichen Netz nicht geht. Sie müssen also eine zusätzliche Transition T6 zwischen S3 und S2 hinzufügen. T6 ist gewissermaßen eine Funktion, mit der ein Benutzer den Bezahlvorgang abbrechen und seine Münze wieder auswerfen kann.

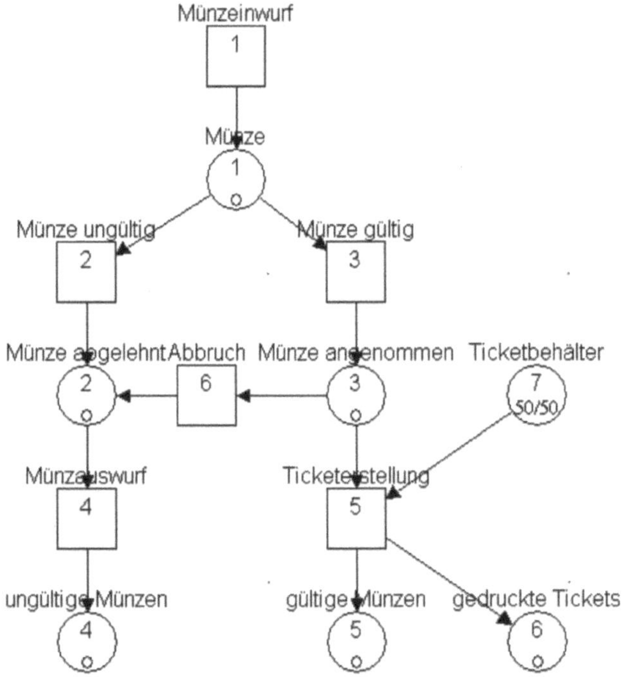


**Bild 11.19** Petri-Netz eines einfachen Ticketautomaten (Version 2)

Wenn ein Benutzer also T6 auslöst, dann wird die zuvor angenommene Münze in eine abgelehnte Münze umgewandelt. Der Münzauswurf gibt darauf die Münze wieder frei. Durch T6 ausgeworfene Münzen zählen allerdings als ungültige Münzen, was entweder gewollt sein oder wiederum als Fehler gelten kann. Es kommt hier darauf an, was Sie mit Ihrer Simulation zählen wollen und welche Art Statistik Sie anschließend aufstellen. Wenn Sie nur die Anzahl an Fehlern messen wollen, die im Laufe des Betriebs auftreten, dann ist der Graph in Bild 11.19 die richtige Version. Die Anzahl an verkauften Tickets entspricht in diesem Fall einfach der Anzahl der Marken in S6. Wenn Sie aber zusätzlich ermitteln wollen, wie oft der Benutzer das Programm aufgrund eines Fehlers abgebrochen hat, dann müssen Sie T6 noch mit einer zusätzlichen Stelle verbinden, die immer eine Marke erhält, wenn T6 schaltet. Dagegen kann nicht so einfach festgestellt werden, wie oft der Ticketbehälter leer war, da es in einem einfachen Petri-Netz keine Regel gibt, die besagt, dass eine Transition schalten soll, wenn eine bestimmte Stelle keine Marken enthält. Es gibt allerdings erweiterte Formen, die z. B. Testkanten zulassen, über die Sie bestimmen können, ob eine Stelle Marken enthält oder ob diese leer ist. Diese Art Variablen vom Typ `bool` sind aber in einfachen Standardnetzen nicht zulässig.

Zum Abschluss möchte ich Ihnen nun noch ein kleines C++-Programm vorstellen, das das Petri-Netz für den Ticketautomaten simuliert. Ausgangspunkt sind hier wieder die entsprechende Inzidenzmatrix I sowie der Markierungsvektor M, der am Anfang

$[0,0,0,0,0,0,0]^T$ ist. In dem nächsten Beispiel müssen Sie in jedem Schritt diejenige Transition aus einer Liste aller aktiven Transitionen auswählen, die als Nächstes schalten soll. Hierfür müssen Sie in der Konsole die entsprechende Nummer eingeben. Ich habe in einem separaten Namensarray dafür gesorgt, dass für jede Nummer auch immer der entsprechende Name angezeigt wird. Sehen Sie sich nun Listing 11.6 an.

**Listing 11.6** Ticketautomat.cpp

```
#include<stdio.h>

// Definition Inzidenzmatrix (Zeile 0 und Spalte 0 werden nicht benutzt)
int I[8][7]=
{
0, 0, 0, 0, 0, 0, 0,
0, 1,-1,-1, 0, 0, 0,
0, 0, 1, 0,-1, 0, 1,
0, 0, 0, 1, 0,-1,-1,
0, 0, 0, 0, 1, 0, 0,
0, 0, 0, 0, 0, 1, 0,
0, 0, 0, 0, 0, 1, 0,
0, 0, 0, 0, 0,-1, 0
};
// Definition Markierungsvektor
char *TN[7]={"","Münzeinwurf","Münze ungültig","Münze gültig","Münzauswurf","Ticket-Erstellung","Abbruch"};
int M[8]={0,0,0,0,0,0,0,0};
bool A[8]; // Aktivitätsvektor (nur für Hauptprogramm)
int TNum=6; // Anzahl Transitionen
int SNum=7; // Anzahl der Stellen
int NNum=7; // Lände des Markierungsvektors

bool Aktiv(int T) // stellt fest, ob eine Transition T aktiv ist
{
    bool A=true; // Erst einmal annehmen, T ist aktiv
    int i;
    for (i=1; i<=SNum; i++) // Alle Stellen durchgehen
    {
        if ((I[i][T]<0)&&(-I[i][T]>M[i])) { A=false; } // Nicht genug Marken? Dann A auf false setzen
    }
    return A;
}

void Schalte(int T) // Schaltet T, und setzt Marken in S1...SN
{
    int i;
    for (i=1; i<=SNum; i++) // Alle Stellen in der Spalte T durchgehen
    {
        if (I[i][T]!=0) { M[i]+=I[i][T]; } // M nur aktualisieren, wenn I[i][T] nicht 0 ist
    }
}
```

```
39 int main(void)
40 {
41     int i,Schalt,Tickets;
42     printf("Anzahl Rohtickets:"); scanf("%d",&Tickets);
43     M[7]=Tickets; // Rohtickets sind in S7
44     A[0]=true; // A[0] ist immer aktiv (Programmende)
45     do
46     {
47         printf("Aktive Transitionen:\n");
48         for (i=1; i<=TNum; i++)
49         {
50             A[i]=false; // A[i] vorerst löschen
51             if (Aktiv(i))
52             {
53                 printf("%d:%s ",i,TN[i]); // Nur aktive Transitionen anzeigen
54                 A[i]=true; // A aktualisieren
55             }
56         }
57         printf("\n");
58         do
59         {
60             printf("Schalte Transition (0 beendet das Programm):");
scanf("%d",&Schalt);
61             if (A[Schalt]==false) // Nur aktive Transitionen können schalten
62             {
63                 printf("Fehler:Transition %d ist nicht aktiv\n",Schalt);
64             }
65         }
66         while (A[Schalt]==false);
67         if (Schalt>0)
68         {
69             printf("M=");
70             Schalte(Schalt);
71             for (i=1; i<=NNum; i++) // nach dem Schalten stets M ausgeben
72             {
73                 printf("%02d ",M[i]);
74             }
75             printf("\n");
76         }
77         else
78         {
79             printf("Das Programm wurde durch den Benutzer beendet\n");
80         }
81     }
82     while (Schalt!=0); // Eine Eingabe von Schalt=0 beendet das Programm
83     return 0;
84 }
```

In den Zeilen **01–20** müssen einige Variablen definiert werden. Dies sind neben der Inzidenzmatrix **I** und dem Markierungsvektor **M** die Namen für die Transitionen (TN), der Aktivitätsvektor **A** sowie **TNum**, **SNum** und **NNum**. Der Aktivitätsvektor wird nur für das Hauptprogramm verwendet und gibt an, welche Transitionen zu einem bestimmten Zeitpunkt überhaupt schalten können. Nur diese Transitionen können Sie dann anschließend auswählen. **TNum** enthält die Anzahl der Transitionen im gesamten Netz, **SNum** enthält die Anzahl Stellen und **NNum** die Länge des

Markierungsvektors. Sie können also Ihr Programm durchaus so umschreiben, dass Sie mit `malloc()` die Größe der Inzidenzmatrix dynamisch festlegen und diese im Hauptprogramm initialisieren können.

Damit Sie im Hauptprogramm nur die Transitionen schalten können, die aktiv sind, benötigen Sie die Funktion `Aktiv()` (die Zeilen **21–30**). `Aktiv()` geht in einer Schleife (die Zeilen **25–28**) sämtliche Stellen der Transition durch, die Sie im Parameter **T** übergeben haben. Die Anzahl der Stellen wird durch **SNum** angegeben. Damit ein Zugriff auf die Inzidenzmatrix einfacher wird, werden Zeile 0 und Spalte 0 nicht verwendet und die Transitionsnummer entspricht genau dem Array-Index in `I`. Die Stellen für die Transition **T** befinden sich also in den einzelnen Zeilen der Spalte **T**. Um festzustellen, ob die Transition **T** aktiv ist, wird in Zeile **32** erst einmal angenommen, dass **T** wirklich aktiv ist. Wenn dann aber festgestellt wird, dass nicht genug Marken in den Stellen vorhanden sind, die mit **T** verbunden sind, dann wird die Aktivität auf `false` gesetzt. Nicht genug Marken sind genau dann vorhanden, wenn das Gewicht `I[i][T]` in der i. Spalte von **I** negativ ist (die Stelle führt zu **T** hin) und der Betrag von `I[i][T]` größer ist als der entsprechende Markierungsvektor `M[i]`. Hieraus ergibt sich der Ausdruck

```
if ((I[i][T]<0)&&(-I[i][T]>M[i])) { A=false; }
```

in Zeile **27**. Im Array **M** müssen also sämtliche Komponenten positiv oder 0 sein. Ist dies nicht der Fall, dann ist dies ein Hinweis auf einen Programmierfehler. Da **M** stets in der Konsole angezeigt wird, merken Sie sofort, wenn irgendetwas nicht stimmt. Die Funktion `Schalte()` (die Zeilen **31–38**) schaltet nun die Transition **T**, die Sie als Parameter übergeben. `Schalte()` überprüft in einer Schleife (die Zeilen **34–37**) die Gewichte sämtlicher Kanten zu sämtlichen Stellen. Wenn dann eine Kante zu **T** hinführt, dann ist das Gewicht in `I[i][T]` nicht 0 und so wird der entsprechende Wert zu `M[i]` addiert. Wenn Sie also für die Schaltfunktion nur eine einzige Transition wählen, dann wird die Matrizenmultiplikation von **I** mit dem Schaltvektor **S** zur simplen Addition. Diese Vereinfachung führt natürlich in diesem Beispiel dazu, dass immer nur eine Transition schalten kann, niemals mehrere gleichzeitig.

Das Hauptprogramm (die Zeilen **39–84**) wird nun entsprechend einfach. Nachdem in den Zeilen **41–43** die Anzahl Tickets abgefragt worden ist, die Sie in den Ticketbehälter legen wollen, wird dieser Wert in Zeile **43** nach `M[7]` übertragen (die Anzahl Marken, die sich in S7 befindet, entspricht der Zahl an verfügbaren Rohtickets). Das Hauptprogramm läuft nun so lange, bis Sie für die Transition, die als Nächstes schalten soll, den Wert 0 eingeben. Da es T0 nicht gibt, wird dieser Wert für die Beendigung des Programms benutzt. Bevor Sie jedoch einen Wert eingeben können, werden in einer Schleife (die Zeilen **48–56**) erst einmal in der Konsole sämtliche Transitionen ausgegeben, die zurzeit aktiv sind. Hierzu wird dann auch die Funktion `Aktiv()` benötigt. Zusätzlich zu der Transitionsnummer wird auch immer der Name mit ausgegeben. Wenn z. B. der Münzeinwurf aktiv ist, wird zusätzlich zu Nummer 1 auch der Name „Münzeinwurf" angezeigt. Zusätzlich wird auch immer `A[i]` mit `true` beschrieben, wenn die Transition $T_i$ aktiv ist (Zeile **54**), **i** entspricht hierbei der Nummer der aktiven Transition. Ansonsten wird `A[i]` auf `false` gesetzt. Die Abfrage, welche Transition der Benutzer schalten lassen will, erfolgt nun in einer Schleife (die Zeilen **58–65**). Diese Schleife läuft so lange, bis der eingegebene Wert auch tatsächlich einer aktiven Transition entspricht. Dieser Wert befindet sich anschließend in der Variablen **Schalt**. Sie können also keine Transition schalten lassen, die nicht aktiv ist. Wenn Sie einen Fehler machen und `A[Schalt]=false` ist, wird in Zeile **63** auch eine entsprechende Fehlermeldung ausgegeben. Wenn in Zeile **67** der Wert **Schalt** einer aktiven Transition entspricht und **Schalt** auch nicht 0 ist, so wird der Wert **Schalt** an die Funktion `Schalte()` übergeben. Anschließend wird der durch den Schaltvorgang veränderte Markierungsvektor **M** in der Konsole angezeigt (die Zeilen **71–74**). Nun beginnt die Abfrage, welche Transition als Nächstes schalten soll, von vorn, bis der Benutzer das Programm durch die Eingabe einer 0 beendet. Das Programm gibt in der Konsole z. B. Folgendes aus:

**Anzahl Rohtickets:1**

**Aktive Transitionen:**

**1:Münzeinwurf**

**Schalte Transition (0 beendet das Programm):1**

**M=01 00 00 00 00 00 01**

**Aktive Transitionen:**

**1:Münzeinwurf 2:Münze ungültig 3:Münze gültig**

**Schalte Transition (0 beendet das Programm):2**

**M=00 01 00 00 00 00 01**

**Aktive Transitionen:**

**1:Münzeinwurf 4:Münzauswurf**

**Schalte Transition (0 beendet das Programm):4**

**M=00 00 00 01 00 00 01**

**Aktive Transitionen:**

**1:Münzeinwurf**

**Schalte Transition (0 beendet das Programm):1**

**M=01 00 00 01 00 00 01**

**Aktive Transitionen:**

**1:Münzeinwurf 2:Münze ungültig 3:Münze gültig**

**Schalte Transition (0 beendet das Programm):3**

**M=00 00 01 01 00 00 01**

**Aktive Transitionen:**

**1:Münzeinwurf 5:Ticket-Erstellung 6:Abbruch**

```
Schalte Transition (0 beendet das Programm):5
M=00 00 00 01 01 01 00
Aktive Transitionen:
1:Münzeinwurf
Schalte Transition (0 beendet das Programm):1
M=01 00 00 01 01 01 00
Aktive Transitionen:
1:Münzeinwurf 2:Münze ungültig 3:Münze gültig
Schalte Transition (0 beendet das Programm):3
M=00 00 01 01 01 01 00
Aktive Transitionen:
1:Münzeinwurf 6:Abbruch
Schalte Transition (0 beendet das Programm):6
M=00 01 00 01 01 01 00
Aktive Transitionen:
1:Münzeinwurf 4:Münzauswurf
Schalte Transition (0 beendet das Programm):0
Das Programm wurde durch den Benutzer beendet
```

An den Ausgaben in der Konsole sehen Sie, dass ein Münzeinwurf immer möglich ist, aber ein Abbruch des Vorgangs durch den Benutzer nur dann erfolgen kann, wenn keine Rohtickets mehr im Ticketbehälter vorhanden sind. Auch die Funktion zum Drucken eines Tickets kann nur ausgeführt werden, wenn sämtliche Vorgänge bis dahin korrekt ablaufen. Allerdings kann eine beliebige Anzahl Münzen in den Automaten eingeworfen werden, auch dann, wenn noch gar keine Tickets gedruckt worden sind. In diesem Fall arbeitet der Automat sämtliche eingeworfenen Münzen der Reihe nach ab, die in diesem Fall als Marken in S1 zwischengespeichert werden. Wenn Sie stattdessen erreichen wollen, dass sich stets immer nur eine Münze im Automaten befindet, dann müssen Sie T5 (Ticketerstellung) und T4 (Münzauswurf) über eine weitere Stelle S8 mit T1 rückverbinden und S8 muss dann auch ganz zu Anfang eine Marke enthalten. Nur, wenn diese Marke gesetzt ist, kann eine neue Münze eingeworfen werden. Man sagt in diesem Fall auch, S8 ist eine Semaphore. Eine *Semaphore* ist gewissermaßen ein Signal, das anzeigt, dass ein bestimmter Vorgang beendet ist und dass das Programm nun mit der Arbeit fortfahren kann. Im Philosophenbeispiel sind die Semaphoren die Gabeln: Solange für einen Philosophen nicht sämtliche Semaphoren gesetzt sind (also sowohl die linke als auch die rechte Gabel neben ihm liegt), kann er nicht essen. Ticketautomaten müssen natürlich die Semaphoren auf andere Weise realisieren und blockieren z. B. den Münzschlitz mechanisch, solange der Benutzer noch kein Ticket gedruckt bzw. den Kauf storniert hat. Dies ist aber leider nicht immer so und so gibt es auch einige Ticketautomaten, die sich schlicht verschlucken, wenn Sie mehr als ein Ticket gleichzeitig kaufen wollen.

Ich möchte nun das Thema Graphen abschließen. Es folgt auch kein weiteres Kapitel mehr. Ich hoffe, ich habe in diesem Buch alles abgedeckt, was für Ihr Studium wichtig ist, und Ihnen so manches Praktikum erleichtert. Ich kann aber leider nicht ausschließen, dass das eine oder andere fehlt, denn vor allem die Entwicklung des Internets schreitet rasant voran. Vielleicht vermissen Sie an dieser Stelle dann auch das Thema Netzwerktechnologien, aber über dieses Thema kann ich zugegebenermaßen kein wirklich neues Buch schreiben. Das liegt einmal daran, dass der Markt in diesem Bereich inzwischen unüberschaubar groß ist, zum anderen liegt es daran, dass ich einfach nicht mit dem Internet groß geworden bin. Ich kann also schlicht nicht mit den Koryphäen auf diesem Gebiet mithalten, weil mir eben kein Router in die Wiege gelegt wurde. Mein Zugang zu dem damals in meinem Studium neuen Internet (um 1990) sah dann auch so aus: Mit einem selbstgebauten Modem und einem selbstgebastelten Betriebssystem, das von Diskette startete, musste ich mich in den Mailserver der FH einwählen, um zu einigen Kommilitonen und Professoren Kontakt aufnehmen zu können. Das damals noch neue Betriebssystem Linux konnte ich weder installieren noch bedienen, weil es niemanden gab, der mir dabei half. Also kaufte ich mir Hardwarebücher und programmierte meinen eigenen Mailclient – in Assembler! Weil ich Assembler liebe und diesen schon auf dem C64 angewendet habe, denke ich auch, dass ich ohne den C64 niemals programmieren gelernt hätte. Und dann gäbe es auch dieses Buch nicht. Deshalb möchte ich dieses Buch auch in C64-Manier beenden:

READY.

## 11.5 Übungen

**Übung 1**

Was ist eine Adjazenzmatrix und wie werden durch diese Graphen dargestellt? Was ist der Unterschied zwischen einer Adjazenzmatrix und einer Inzidenzmatrix, wie sie für Petri-Netze verwendet wird?

**Übung 2**

Was sind die hauptsächlichen Bestandteile von Graphen und wie sind diese untereinander verbunden? Gibt es auch verschiedene Graphentypen? Wenn ja, welche Typen sind speziell für die Informatik wichtig?

**Übung 3**

Erklären Sie in Worten (keine Graphen), was das Philosophenproblem ist und wie dieses mit einem Java-Programm simuliert werden kann (beschreiben Sie nur Ihr Vorgehen, keinen Programmcode). Überlegen Sie auch, welche Probleme bei der Simulation des Philosophenproblems auftreten können und wie diese gelöst werden können.

**Übung 4**

Wie können Sie entscheiden, ob ein Graph vollständig durchlaufen werden kann, ohne eine Kante zweimal zu passieren? Nennen Sie ein Beispiel für einen Graphen, wo dies möglich ist, bzw. skizzieren Sie diesen Graphen, wenn Ihnen eine bildliche Darstellungsweise lieber ist.

# Anhang: Lösung der Übungsaufgaben

## Anhang zu Kapitel 1 – „Einführung“

Gehen Sie bei den Übungen davon aus, dass sich der Lesekopf und nicht das Band bewegt und dass die erste Position auf dem Band 0 ist. Wenn Sie in Übung 3 die Turing-Simulation programmieren, benutzen Sie Zustand 999 als STOP-Anweisung und gehen Sie davon aus, dass eine negative Verschiebung (z. B. um -1 Felder) einer Verschiebung des Lesekopfs nach links entspricht. Entsprechend soll eine positive Verschiebung einer Verschiebung des Lesekopfs nach rechts entsprechen. Auf diese Weise sind Ihre Zustandstabellen kompatibel mit den Array-Indices in C.

**Übung 1**

*Geben Sie die Zustandstabelle einer Turing-Maschine an, mit der Sie eine binäre Zahl invertieren können. Das heißt, dass in dieser Zahl sämtliche Bits umgedreht werden und dass aus einer 1 eine 0 und aus einer 0 eine 1 wird. Die Ziffer 2 soll die Eingabe abschließen und dazu führen, dass die Maschine anhält.*

**Lösung zu Übung 1**

Die Turing-Maschine, die eine Binärzahl invertiert, besitzt folgende Zustandstabelle:

**Tabelle A.1** Zustandstabelle für die Turing-Maschine für Übung 1

| Zustand | Symbol | schreibe | Verschiebung Lesekopf | nächster Zustand |
|---|---|---|---|---|
| 0 | 1 | 0 | 1 rechts | 0 |
| 0 | 0 | 1 | 1 rechts | 0 |
| 0 | 2 | 2 | --- | STOP |

In Zustand 0, dem Startzustand, wird jede 1 durch eine 0 ersetzt und danach wird der Lesekopf um eine Position nach rechts bewegt. Außerdem wird jede 0 durch eine 1 ersetzt und anschließend wird der Lesekopf ebenfalls um eine Position nach rechts bewegt. Eine 2 wird dagegen durch sich selbst ersetzt und die Maschine hält an. Als Alternative können Sie in der dritten Zeile bei „schreibe" auch „---" eintragen.

**Übung 2**

*Geben Sie die Zustandstabelle einer Turing-Maschine an, mit der Sie zwei Wörter zu einem Wort vereinigen können. Aus „HAUS" und „TÜR" wird also „HAUSTÜR". Die zwei Wörter sollen vorher durch genau ein Leerzeichen getrennt sein und die Eingabedaten sollen durch eine 2 abgeschlossen werden. Die zwei Wörter sollen nur aus Großbuchstaben bestehen. Am Ende sollen die Wörter zu einem einzigen Wort vereinigt worden sein und durch eine 2 abgeschlossen werden. Verwenden Sie eine erweiterte Turing-Maschine, die einzelne Symbole auch in einem Puffer zwischenspeichern kann.*

**Lösung zu Übung 2**

Sie können hier zwei Tabellen als Lösung angeben. Die erste Tabelle enthält für Zustand 0 als Symbole jeden möglichen Buchstaben des Alphabets sowie Ä, Ö, Ü und ß. Für sämtliche dieser Symbole wird der Lesekopf einfach um eine Position nach rechts gerückt. Zusätzlich benötigen Sie noch das Leerzeichen, das ebenfalls den Lesekopf nach rechts rückt, aber zusätzlich in Zustand 1 wechselt. Für Zustand 1 benötigen Sie wiederum sämtliche Symbole, ein Lesen eines Symbols bewirkt dann aber, dass das entsprechende Symbol in den Puffer übertragen und anschließend gelöscht wird. Wenn in Zustand 1 eine 2 gelesen wird, wechselt die Maschine in Zustand 2. In diesem Zustand wird der Lesekopf so lange nach links bewegt, bis kein Leerzeichen mehr gefunden wird (Sie sind am Ende des ersten Worts angekommen). Nun wird der Lesekopf um eine Position nach rechts bewegt, der Puffer wird ausgegeben und die Maschine hält an. Die erste Tabelle ist sehr umfangreich. Dies liegt daran, dass Sie für jeden Zustand für jedes mögliche Symbol eine Aktion angeben müssen. Für die zweite Zustandstabelle, die als Lösung möglich ist, machen Sie die implizite Annahme, dass die Turing-Maschine immer dann nichts tun und anschließend den Lesekopf um eine Position nach rechts bewegen soll, wenn für ein Symbol keine Regel gefunden wird. In diesem Fall erhalten Sie die folgende Zustandstabelle:

**Tabelle A.2** Zustandstabelle der Turing-Maschine für Übung 2

| Zustand | Symbol | schreibe | Verschiebung Lesekopf | zusätzliche Aktion | nächster Zustand |
|---|---|---|---|---|---|
| 0 | Leerzeichen | --- | 1 rechts | --- | 1 |
| 1 | A | Leerzeichen | 1 rechts | speichere A in Puffer | 1 |
| 1 | B | Leerzeichen | 1 rechts | speichere B in Puffer | 1 |
| ... | ... | ... | ... | ... | ... |
| 1 | Z | Leerzeichen | 1 rechts | speichere Z in Puffer | 1 |
| 1 | Ä | Leerzeichen | 1 rechts | speichere Ä in Puffer | 1 |
| 1 | Ö | Leerzeichen | 1 rechts | speichere Ö in Puffer | 1 |
| 1 | Ü | Leerzeichen | 1 rechts | speichere Ü in Puffer | 1 |
| 1 | ß | Leerzeichen | 1 rechts | speichere ß in Puffer | 1 |
| 1 | 2 | Leerzeichen | 1 links | speichere 2 in Puffer | 2 |
| 2 | Leerzeichen | --- | 1 links | --- | 2 |
| 2 | A | --- | 1 rechts | Ausgabe Puffer | STOP |
| 2 | B | -- | 1 rechts | Ausgabe Puffer | STOP |
| 2 | ... | ... | ... | ... | ... |
| 2 | ß | --- | 1 rechts | Ausgabe Puffer | STOP |

Durch die implizite Annahme, dass die Turing-Maschine immer dann nichts tut und den Lesekopf nach rechts verschiebt, wenn keine passende Regel gefunden wurde, können Sie den Umfang der Zustandstabelle reduzieren. Allerdings müssen Sie auch in diesem Fall noch explizit angeben, wann welche Zeichen in den Puffer geschrieben werden und wann der Puffer wieder ausgegeben wird.

**Übung 3**

*Überlegen Sie sich, wie Sie in C ein Simulationsprogramm für eine einfache Turing-Maschine erstellen können, mit dem Sie Ihre Ergebnisse aus den Übungen überprüfen können. Verwenden Sie für die Zustandstabelle ein globales Array für maximal 1000 Einträge und für den aktuellen Zustand eine globale Variable.*

**Mögliche Lösung zu Übung 3**

**Listing A.1** Turingmaschine.cpp

```
#include<stdio.h>
#include<string.h> // für strlen()
#include"mykeyboard.h" // Für getch()

#define Zustand 0 // Zeile 0=Zustand (Startzustand=0)
#define Symbol 1 // Zeile 1=gelesenes Symbol
#define Schreibe 2 // Zeile 2=geschriebenes Symbol
#define Verschiebe 3 // Zeile 3=Verschiebung (positive Zahlen=rechts)
#define ZNeu 4 // Zeile 4=Zustandswechsel (muss positive Zahlen enthalten)

int ZTab[1000][5]; // Zustandstabelle mit maximal 1000 Einträgen
char Band[1000];
int Z; // aktueller Zustand
int Pos; // aktuelle Bandposition
int Ende; // Position des Bandendes

int main(void)
{
    bool Run;
    int i,j,V,S;
    printf("Simulation einer einfachen Turing-Maschine\n");
    printf("Geben Sie nun die Daten ein.\n");
    printf("Wenn Sie für den Zustand -1 eingeben, wird die Konfiguration beendet.\n");
    i=0; j=0; V=0;
    while (V!=-1) // -1 beendet die Konfiguration, 999 ist der STOP-Zustand
    {
        printf("Zustand:"); scanf("%d",&V);
        if (V!=-1) // Zustand ist nicht -1? Dann Daten einlesen
        {
            ZTab[i][Zustand]=V; fflush(stdin);
            printf("Symbol:"); scanf("%c",&V); ZTab[i][Symbol]=V; fflush(stdin);
            printf("Schreibe:"); scanf("%c",&V); ZTab[i][Schreibe]=V;
            printf("Verschiebung Lesekopf:"); scanf("%d",&V); ZTab[i][Verschiebe]=V;
            printf("Neuer Zustand (999=STOP):"); scanf("%d",&V); ZTab[i][ZNeu]=V;
            i++; // Hier steht die Größe der Zustandstabelle
        }
    }
    printf("Bandinhalt:"); scanf("%s",Band); // Symbole sind vom Typ char
    printf("Startposition:"); scanf("%d",&Pos); // Lesekopf positionieren
    printf("Starte Turingmaschine...\n");
    Ende=strlen(Band)-1; // Die Position des Lesekopfs kann niemals außerhalb des Strings Band liegen
    Run=true; // Well Run false ist, wurde die Maschine angehalten
    while (Run==true)
```

```
    {
        S=Band[Pos]; // Position 0 ist erste Position
        printf("Lese Symbol '%c' von Position %d\n",S,Pos);
        for (j=0; j<i; j++) // Symbol und Zustand Z in ZTab suchen
        {
            if ((ZTab[j][Symbol]==S)&&(ZTab[j][Zustand]==Z))
            {
                break; // Wenn S gefunden wird, aus der Schleife aussteigen
            }
        }
        if (j<i) // Wenn j<i ist, dann wurde das Symbol für Zustand Z gefunden
        {
            printf("Ersetze '%c' durch '%c'\n",ZTab[j][Symbol],ZTab[j][Schreibe]);
            Band[Pos]=ZTab[j][Schreibe]; Z=ZTab[j][ZNeu];
            if (ZTab[j][Verschiebe]>=0) // rechts=positive Werte
            {
                printf("Verschiebe Lesekopf um %d Felder nach rechts\n",ZTab[j][Verschiebe]);
            }
            else // links=negative Werte
            {
                printf("Verschiebe Lesekopf um %d Felder nach links\n",-ZTab[j][Verschiebe]);
            }
            Pos+=ZTab[j][Verschiebe];
            if (ZTab[j][ZNeu]==999) // Zustand 999=STOP
            {
                printf("STOP gefunden, Turing-Maschine wird angehalten.\n");
                Run=false;
            }
            else
            {
                printf("Wechsel in Zustand %d\n",ZTab[j][ZNeu]);
                Z=ZTab[j][ZNeu];
            }
        }
        else // Wenn keine Reel gilt, dann Lesekopf um 1 Feld weiter (rechts) schieben
        {
            printf("Kein Symbol '%c' für Zustand '%d', der Lesekopf wird nach rechts verschoben\n",S,Z);
            Pos++;
        }
        if ((Pos<0)||(Pos>Ende)) // Wenn Pos außerhalb des Strings Band ist, hält die Maschine an
        {
            printf("Der Lesekopf ist außerhalb des Bandes, die Turing-Maschine wird angehalten\n");
            Run=false;
        }
        else if (Band[Pos]==0) // Das Nullzeichen ist immer ein STOP-Zeichen
        {
            printf("Das Ende des Bandes wurde erreicht, die Turing-Maschine wird angehalten\n");
            Run=false;
        }
```

```
          printf("Bandinhalt:%s\n",Band);
          getch();
      }
      printf("Ausgabe Zustandstabelle:\n");
      for (j=0; j<i; j++)
      {
          printf("%d\t%c\t%c\t%d\t%d\n",ZTab[j][0],ZTab[j][1],ZTab[j][2],ZTab[j][3],ZTab[j][4],ZTab[j][5]);
      }
      getch();
      return 0;
}
```

Das hier angegebene Programm simuliert eine einfache Turing-Maschine, die keine zusätzlichen Aktionen ausführen kann, wie z. B. das Übertragen eines Symbols in einen Puffer. Die Zustandstabelle ist hier in einem Array gespeichert, das für maximal 1000 Bedingungen, die in den Zeilen stehen, folgende Spaten verwendet:

Spalte 0: Der Zustand, für den die Bedingung gilt

Spalte 1: Das Symbol, für das die Bedingung gilt

Spalte 2: Das Symbol, das geschrieben wird, wenn die Bedingung erfüllt ist

Spalte 3: Die Verschiebung des Lesekopfs (positive Zahlen=rechts)

Spalte 4: Der nächste Zustand, in den gewechselt werden soll

Wenn das Programm startet, müssen erst einmal sämtliche Einträge in die Zustandstabelle eingetragen werden, indem Sie die entsprechenden Daten über die Tastatur eintippen. Der Simulationsalgorithmus durchsucht danach sämtliche Zeilen in der Zustandstabelle und führt die entsprechende Aktion aus, wenn der aktuelle Zustand der Maschine und das Symbol unter dem Lesekopf mit den entsprechenden Einträgen in der Zustandstabelle übereinstimmen. Der Simulationsalgorithmus wird in einer Endlosschleife so lange ausgeführt, bis entweder der aktuelle Zustand 999 ist oder der Lesekopf außerhalb des hier endlichen Bandes platziert wird. Nach jedem Schritt wird auf einen Tastendruck gewartet, damit Sie die einzelnen Ausgaben in der Konsole in Ruhe lesen können.

## Anhang zu Kapitel 2 – „Basisalgorithmen"

### Übung 1

*Ergänzen Sie das letzte Programm durch eine Funktion, mit der sich auch beliebig lange Zahlen, die Sie vorher von der Tastatur im Dezimalformat eingelesen haben, in eine lange Binärzahl wandeln lassen. Gehen Sie wie folgt vor:*

1. *Initialisierung einer Zahl a mit dem Wert 1, einer Zahl b mit dem Wert 10 und der Ergebniszahl e mit dem Wert 0*

2. *Einlesen des nächsten Zeichens aus dem Eingabepuffer und Erzeugen einer langen Zahl zwischen 0 und 9 aus diesem Puffer. Der Puffer muss hierbei von hinten nach vorne durchlaufen werden.*
3. *Multiplikation der im letzten Schritt erzeugten Zahl mit a*
4. *Addition von c zur Ergebniszahl e*
5. *Multiplikation von a mit b (dadurch wird a=10*a)*

*Die Punkte 2–5 in der Liste werden so lange ausgeführt, bis entweder Enter gedrückt wird oder (bei Verwenden eines Eingabepuffers) der Eingabepuffer vollständig verarbeitet wurde.*

**Lösung zu Übung 1**

**Listing A.2** Funktion Str2NumDec

```
01 void Str2NumDec(char *e, char *Str)
02 {
03     long int i,L,Pos;
04     char a[256];
05     char b[256];
06     char c[256];
07     L=strlen(Str)-1;
08     Pos=L;
09     SetLen(a,251); Clear(a); SetLen(a,L); a[4]=1; // Setze a zu 1
10     SetLen(b,251); Clear(b); SetLen(b,L); b[4]=10; // Setze b zu 10
11     SetLen(c,251); Clear(c); SetLen(c,L); c[4]=0; // Setze c zu 0
12     SetLen(e,251); Clear(e); SetLen(e,L); e[4]=0; // Setze e zu 0
13     for (i=Pos; i>=0; i--)
14     {
15         Clear(c); // c löschen
16         c[4]=Str[i]-'0'; // nächste Ziffer in Buff nach c übertragen
17         Mul(c,a,false); // c=c*a
18         Add(e,c); // e=e+c
19         Mul(a,b,false); // a=a*10
20     }
21 }
```

Zunächst deklarieren Sie in den Zeilen **04** bis **06** die Puffer **a**, **b** und **c**. Hier wird vorausgesetzt, dass die Zahlen inklusive Längenbytes nicht mehr als 256 Bytes lang sind. Anschließend müssen Sie in Zeile **07** die Länge **L** des Eingabepuffers **Str** ermitteln. Anschließend setzen Sie den Positionszähler in Zeile **08** auf das letzte Zeichen von **Str**, denn dies ist die Ziffer mit der niedrigsten Zehnerpotenz. Nun müssen Sie in einer `for`-Schleife (die Zeilen **13–20**) die einzelnen Ziffern in **Str** von hinten nach vorne durchgehen, und zwar bis `Str[0]`. Innerhalb der `for`-Schleife werden nun die einzelnen Ziffern von **Str** erst einmal in Zeile **15** und **16** nach **c** übertragen und anschließend mit **a** multipliziert. Hierzu muss in Zeile **15 c** stets vorher gelöscht werden. Die Zahl **a** enthält immer die Zehnerpotenz der aktuellen Stelle in **Str**. Um das Ergebnis **e** schrittweise aufzubauen, wird deshalb in Zeile 18 `e=e+c` gesetzt und anschließend **a** mit 10 multipliziert. Der Wert 10 steht hierbei im Puffer **b**. Die Zehnerpotenz in **a** wird also am Ende der for-Schleife stets aktualisiert. Str2NumDec() liest das Ergebnis direkt in **e** ein und gibt keinen Wert zurück. Das heißt, dass Sie **e** vorher im Hauptprogramm so deklarieren müssen, dass auch der Speicher für **e** korrekt reserviert wird. Wenn Sie dies nicht tun, stürzt Str2NumDec() ab. Genauso führt Str2NumDec() keine Prüfung aus, die gewährleistet, dass in **Str** nur gültige Ziffern stehen. Auch negative Zahlen werden hier nicht beachtet.

**Übung 2**

*Ergänzen Sie Ihr Programm aus Übung 1 so, dass auch negative Dezimalzahlen in der richtigen Weise eingelesen werden können. Tipp: Bei negativen Zahlen kann der Betrag dadurch ermittelt werden, dass sämtliche Bits umgedreht und anschließend 1 addiert wird.*

**Lösung zu Übung 2**

Da das negative Vorzeichen, wenn es vorhanden ist, immer in Str[0] steht, ist eine mögliche Lösung, zunächst zu prüfen, ob dieses in Str[0] vorhanden ist. Wenn dies der Fall ist, dann wird Str[0] zu 0 gesetzt (hier wird die ASCII-0, nicht die Binär-0 verwendet) und ein Flag vom Typ bool wird auf true gesetzt. Ein positives Vorzeichen dagegen wird zu 0 gesetzt, ohne dass etwas Zusätzliches geschieht. Dieses Verhalten können Sie z. B. durch den folgenden C-Code erreichen:

```
bool negativ=false; // Erst einmal annehmen, die Zahl sei positiv
if (Str[0]=='+') { Str[0]='0'; } // positives Vorzeichen nur ersetzen
else if (Str[0]=='-') { Str[0]=0'; negativ=true; } // bei negativem Vorzeichen wird
negativ true
```

Am Ende der Funktion Str2NumDec() müssen Sie eine zusätzliche if-Anweisung einfügen, die immer dann, wenn **negativ** true ist, sämtliche Bits von **e** umdreht und anschließend 1 addiert. Wenn Sie eine zusätzliche Zahl **d** deklarieren, die den Wert 1 hat, können Sie am Ende von Str2NumDec() folgende Zeilen anhängen:

```
If (negativ==true)
{
    Invert(e); // e wird nun negativ, aber e ist um 1 zu klein
    Add(e,d); // d=1
}
```

# Anhang zu Kapitel 3 – „Rekursive Algorithmen“

**Übung 1**

*Erklären Sie, was bei einem Funktionsaufruf geschieht und wie es der Prozessor schafft, die lokalen Variablen zwischenzuspeichern.*

**Lösung zu Übung 1**

Vor einem Funktionsaufruf werden die **lokalen** Variablen, die innerhalb der aufrufenden Funktion deklariert wurden, **auf dem Stack zwischengespeichert**. Wenn die aufgerufene Funktion Parameter hat, werden auch diese zusätzlich auf dem Stack abgelegt. Wenn eine Funktion zurückkehrt, wird der Stack bereinigt und die lokalen Variablen der aufrufenden Funktion werden wiederhergestellt. Da der Prozessor auch Rücksprungadressen auf dem Stack ablegt, findet dieser stets zurück zu der Funktion, die eine andere Funktion aufgerufen hat. Natürlich können auf diese Weise Funktionen wieder Funktionen, und diese auch wieder Funktionen aufrufen, und zwar so oft, wie der Stapelspeicher ausreicht.

**Übung 2**

*Erläutern Sie, was die folgenden Begriffe bedeuten: TOS, Operand, Operator, Operatoren-Stack, Operanden-Stack. Erläutern Sie ferner, was ein Stack Overflow ist und warum dies einen sehr kritischen Zustand darstellt.*

**Lösung zu Übung 2**

*TOS* ist die Abkürzung für „top of stack“, der TOS ist also das Element, das als Letztes auf dem Stack abgelegt wurde. Wenn der Stack leer ist, dann gibt es keinen TOS bzw. der TOS zeigt auf `NULL`.

Ein *Operand* ist ein Zahlenwert bzw. eine Variable, **mit der gerechnet** wird, mit der also eine Operation ausgeführt werden kann. Ein *Operator* dagegen ist die Rechenoperation selbst, also wird ein Operator immer mit einem Operanden ausgeführt.

Der *Operanden-Stack* ist ein separater Stack, auf dem Operanden zwischengespeichert werden können. Meist werden in diesem Fall die Rechenoperationen direkt mit dem Operanden auf dem Stack ausgeführt. Der *Operatoren-Stack* ist ein separater Stack, auf dem Operatoren zwischengespeichert werden können. Meist werden in diesem Fall die Rechenoperationen direkt mit dem Operanden auf dem Stack ausgeführt, und die Operatoren selbst liegen ebenfalls auf dem Operatoren-Stack.

Ein *Stack-Overflow* ist ein kritischer Zustand, in dem kein neuer Stapelspeicher mehr angefordert werden kann, was dazu führt, dass der Stack **überläuft** (deshalb der Name). Dies kann auf verschiedene Weise geschehen, meistens läuft jedoch einfach das Prozessor-Register, das den Zeiger auf den Stapelspeicher enthält, von 0 nach 0xffffffff über (der Stack wächst meist nach unten). Wenn ein Stack-Overflow innerhalb einer Funktion geschieht, findet der Prozessor nicht wieder zurück zum Hauptprogramm. Ein Systemabsturz oder eine allgemeine Schutzverletzung ist dann die

Folge. Manchmal können sogar Hacker einen Stack-Overflow gezielt ausnutzen, um Schadcode einzuschleusen.

**Übung 3**

*Erklären Sie, welche kritischen Programmierfehler möglicherweise bei der Verwendung von Rekursionen auftreten können.*

**Lösung zu Übung 3**

Der Fehler, der bei Rekursionen am häufigsten gemacht wird, ist sicherlich das Definieren falscher Abbruchbedingungen für den Ausstieg aus der Rekursion. Wenn die falschen Abbruchbedingungen dazu führen, dass die Rekursion überhaupt nicht ausgeführt wird, ist ein fehlerhaftes Ergebnis die Folge. Wenn die fehlerhaften Abbruchbedingungen dazu führen, dass die Rekursion überhaupt nicht beendet, sondern immer wieder ausgeführt wird, ist ein Stack-Overflow die Folge. Ein Fehler, der auch immer wieder gemacht wird, ist das Verwenden fehlerhafter Rekursionsparameter für den Funktionsaufruf selbst. Ein gutes Beispiel ist hier z. B. die Funktion `Parse()` aus dem letzten Listing in Kapitel 3. Wenn Sie z. B. `Parse()` die Variable **Pos** nicht als Zeiger, sondern nur als temporäre Variable übergeben (also ohne Adress-Of-Operator), dann wird **Pos** in dem Moment nicht mehr richtig aktualisiert, in dem Sie in eine Rekursion einsteigen (z. B. durch eine geöffnete Klammer). In diesem Fall gerät Ihr Programm in eine Endlosschleife, weil niemals das Ende des auszuwertenden Ausdrucks erreicht wird.

**Übung 4**

*Nennen Sie drei Beispiele für Algorithmen, die nur rekursiv umgesetzt werden können bzw. die ohne Rekursion nur sehr schwer zu beherrschen sind.*

**Lösung zu Übung 4**

Ein erstes Beispiel wurde schon in der vorigen Aufgabe angedeutet, nämlich die Funktion `Parse()` aus dem letzten Listing in Kapitel 3. `Parse()` wertet einen mathematischen Ausdruck aus, der als String vorliegt, und liefert (falls dann der Ausdruck korrekt ist) ein Ergebnis vom Typ `float` zurück. Ein solcher Ausdrucks-Auswerter (expression evaluator) kann eigentlich nur rekursiv programmiert werden, zumindest, wenn der auszuwertende Ausdruck auch Klammern enthalten kann. Die meisten modernen Skriptsprachen verwenden rekursive Ausdrucks-Auswerter.

Ein zweites Beispiel sind Strategiespiele, wie z. B. die Türme von Hanoi, Schiebe-Puzzles oder auch der Rubiks-Würfel. Auch Schach gehört in diese Kategorie. Die Lösungsstrategien für Strategiespiele können am besten rekursiv programmiert werden, wobei es im Fall von Schach für eine einzige Partie schon so viele mögliche Varianten gibt, dass hier oft Supercomputer zum Einsatz kommen (zumindest, wenn man mit seinem Schachprogramm den Meister schlagen möchte).

Ein drittes Beispiel sind Suchstrategien, um z. B. die kürzeste Strecke zwischen A und B oder den Ausweg aus einem Irrgarten zu finden. Suchstrategien können sowohl iterativ als auch rekursiv umgesetzt werden. Meistens ist jedoch die rekursive Variante mit viel weniger Code-Zeilen umsetzbar, was die Fehleranfälligkeit stark reduziert. Deshalb nimmt man im Fall von Suchstrategien die iterative Variante, wenn wenig Speicher zur Verfügung steht. Bei den ersten Navigationsgeräten auf dem Markt war dies z. B. der Fall, die meisten modernen Geräte verwenden jedoch inzwischen rekursive Suchverfahren.

## Anhang zu Kapitel 4 – „Verkettete Listen"

**Übung 1**

*Erläutern Sie den Unterschied zwischen einer einfach verketteten Liste und einer doppelt verketteten Liste. Erklären Sie auch anhand eines kurzen Codebeispiels in C++, wie bei einer einfach verketteten Liste und einer doppelt verketteten Liste Elemente* **in der Mitte der Liste** *eingefügt werden können. Tipp: Skizzieren Sie den Ablauf am besten vorher auf ein Blatt Papier und erstellen Sie das Codefragment erst zum Schluss.*

**Lösung zu Übung 1**

Bei einer einfach verketteten Liste sind die einzelnen Elemente nur durch **einen einzigen Zeiger** verkettet. Diese Verkettung erfolgt **vorwärtsgerichtet**. Das bedeutet, dass jedes Element in einer einfach verketteten Liste nur einen **Nachfolger**, aber **keinen Vorgänger** besitzen kann. Deshalb kann eine einfach verkettete Liste auch nur von vorn nach hinten durchsucht werden. In einer doppelt verketteten Liste dagegen sind die einzelnen Elemente **durch zwei Zeiger** miteinander verbunden und können deswegen einen **Vorgänger und Nachfolger** besitzen.

Mit den folgenden C++Anweisungen können Sie ein Element in der Mitte einer einfach verketteten Liste einfügen (**Aktuell** ist ein Zeiger auf das Element, vor dem etwas eingefügt werden soll, und **Alt** ist ein Zeiger auf das Element, nach dem etwas eingefügt werden soll):

```
if (Aktuell!=NULL)
{
    Neu->Nachfolger=Aktuell;
    Alt->Nachfolger=Neu;
}
```

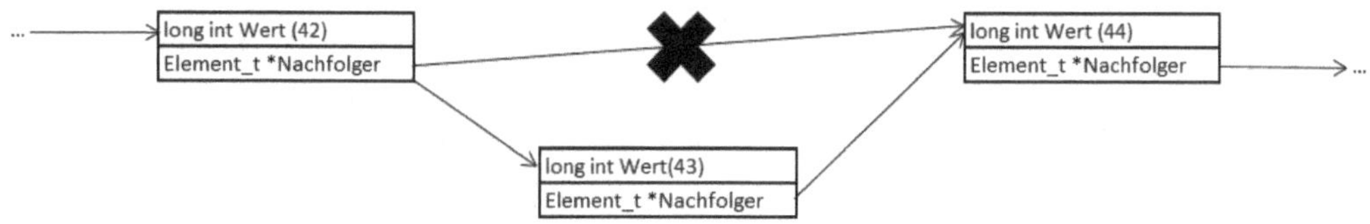


**Bild A.1** Einfügen eines neuen Elements in der Mitte einer einfach verketteten Liste

Das neue Element muss also direkt vor dem Element an der aktuellen Position eingefügt werden. Deshalb muss der Nachfolger des neuen Elements das aktuelle Element werden. Danach muss das neue Element noch adressierbar gemacht werden, weil ja der Zeiger **Nachfolger** noch auf **Aktuell** zeigt. Hierzu dient die Anweisung `Alt->Nachfolger=Neu`.

Mit den folgenden C++-Anweisungen können Sie ein Element in der Mitte einer doppelt verketteten Liste einfügen (**Aktuell** ist ein Zeiger auf das Element, vor dem etwas eingefügt werden soll, und **Alt** ist ein Zeiger auf das Element, nach dem etwas eingefügt werden soll):

```
Neu->Nachfolger=Aktuell;
Neu->Vorgaenger=Alt;
Alt->Nachfolger=Neu;
```

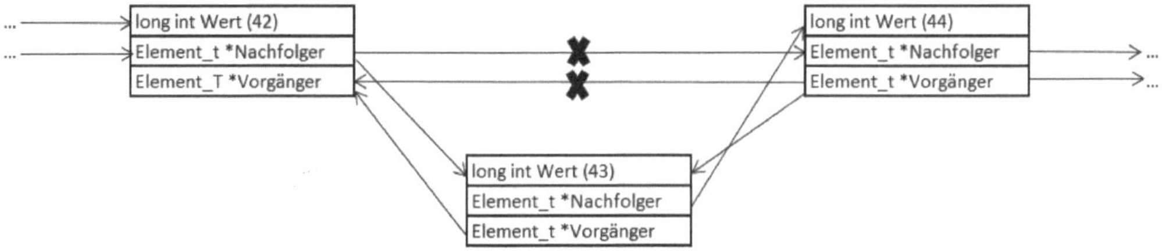


**Bild A.2** Einfügen eines neuen Elements in der Mitte einer doppelt verketteten Liste

In einer doppelt verketteten Liste ist `Aktuell->Vorgaenger` nicht `NULL` und `Aktuell->Nachfolger` nicht `NULL`. Sie müssen nun die Zeiger des Vorgänger- und des Nachfolgerelements **Aktuell** so umbiegen, dass das neue Element korrekt adressiert werden kann.

**Übung 2**

*Gibt es Unterschiede zwischen Blockchains und vorwärts verketteten Listen, und wenn ja, welche? Erläutern Sie ferner mit etwa 250 Worten, in welchen Bereichen Blockchains eingesetzt werden und in welchen Bereichen vorwärts verkettete Listen zum Einsatz kommen.*

**Lösung zu Übung 2**

Blockchains sind eine Variante vorwärts verketteter Listen, deshalb sind Blockchains und vorwärts verkettete Listen erst einmal dasselbe. Man kann auch sagen, Blockchains sind eine Unterkategorie vorwärts verketteter Listen. Die Unterschiede zwischen vorwärts verketteten Standardlisten und Blockchains liegen in den zusätzlichen (bzw. manchmal auch nicht vorhandenen) Funktionen, die Blockchains bieten. So werden bei Blockchains die einzelnen Elemente in der Liste oft durch kryptographische Algorithmen gegen absichtliche Veränderung von außen abgesichert und es können auch nur Elemente eingefügt, nicht aber entfernt werden. Wenn dann die einzelnen Elemente noch einen Zeitstempel besitzen, kann auch stets nachverfolgt werden, wann welche Aktionen stattgefunden haben. Da Blockchains auch direkt auf einem Datenträger erzeugt und verwaltet werden können, werden diese oft bei digitalen Währungen eingesetzt, z. B. beim digitalen Euro oder bei Bitcoin. Die vollständige Blockchain, die stets sämtliche bisher getätigte Transaktionen enthält, wird auf dem Datenträger gespeichert, auf dem auch die App zum Verwalten des eigenen Geldkontos installiert wird. Solche Apps werden auch als Wallets (digitale Portemonnaies) bezeichnet. Eine Wallet-App muss natürlich durch kryptographische Verfahren und andere Sicherheitsmaßnahmen stets dafür sorgen, dass jeder Benutzer die gleiche Blockchain verwendet. Im Gegensatz zu den Blockchains werden die vorwärts verketteten Standardlisten (also die Listen, die z. B. keine zusätzlichen kryptographischen Funktionen besitzen) dann auch viel öfter angewendet. Ein Beispiel sind z. B. einfache Personenlisten oder Listen mit Online-Spielern, die einfach nur zeitweise von vorne nach hinten durchsucht oder aktualisiert werden müssen. Ein anderes Beispiel sind einfache (oft ältere) Dateisysteme, die die Daten schlicht hintereinander ablegen und die einzelnen Blöcke miteinander verketten. Dies ist z. B. bei FAT32 der Fall.

**Übung 3**

*Überlegen Sie, welche Programmierfehler beim Einfügen von Elementen in eine doppelt verkettete Liste auftreten können. Beschreiben Sie diese mit 250 Worten, nicht mit Quellcode-Beispielen.*

**Lösung zu Übung 3**

Beim Einfügen von Elementen in eine doppelt verkettete Liste können mehrere Fehler auftreten, die von den Bedingungen des Ausgangszustands der Liste abhängen. Ein häufig gemachter Fehler ist, das Initialisieren des Ankers mit `NULL` zu vergessen. Hierdurch kann dann beim Einfügen von neuen Elementen eine leere Liste nicht erkannt werden und der Zugriff z. B. auf `Anker->Nachfolger` schlägt fehl. Ebenso kann es geschehen, dass man vergisst, den Nachfolger des letzten Elements auf `NULL` zu setzen, wodurch dann z. B. die Suchfunktion irgendwann auf ein nicht gültiges Speicherobjekt zeigen kann. Ferner können auch Fehler beim Einfügen von Elementen vor dem Anker auftreten, der häufigste Fehler ist hier sicherlich, den Anker am Ende nicht auf das Objekt zu setzen, das vor dem Anker eingefügt wurde. Der am häufigsten gemachte Fehler ist jedoch, beim Einfügen eines Elements in der Mitte der Liste die Zeiger des Vorgängers und Nachfolgers des einzufügenden Elements nicht richtig umzubiegen bzw. das einzufügende Element nicht korrekt adressierbar zu machen. Dies kann z. B. dadurch geschehen, dass man vergisst, auch für das neue Element einen Vorgänger und einen Nachfolger zu definieren. Auch das Einhängen des neuen Elements in die Liste wird oft vergessen, wodurch dies zwar im Speicher angelegt wird, anschließend aber nicht adressierbar ist. Ein anderer Standardfehler ist auch, `new`-Anweisungen wie `Neu=new Element_t` zu vergessen und dadurch zu versuchen, auf Objekte zuzugreifen, die noch nicht im Speicher angelegt wurden. Die Konsequenz ist dann eine allgemeine Schutzverletzung oder das sofortige Beenden des Programms durch das Betriebssystem. Wenn solche Dinge geschehen, dann ist fast immer eine fehlende `new`-Anweisung oder ein falsch verwendeter Zeiger die Ursache.

## Anhang zu Kapitel 5 – „Bäume"

**Übung 1**

*Erläutern Sie, was der Unterschied zwischen allgemeinen Bäumen und Binärbäumen ist und in welchen Bereichen man beide Varianten verwendet. Erläutern Sie auch kurz, welche Vor- und Nachteile beide Varianten haben.*

**Lösung zu Übung 1**

Allgemeine Bäume sind die universellste Form von Bäumen, in denen ein Knoten mit beliebig vielen Knoten einer tieferen Ebene verbunden sein kann. Man sagt an dieser Stelle auch, ein Knoten kann in allgemeinen Bäumen beliebig viele Kind-Knoten haben. Ein Beispiel für einen allgemeinen Baum ist der Artenstammbaum, den Sie in Kapitel 5 erstellt haben. In Binärbäumen kann im Gegensatz zu einem allgemeinen Baum ein Knoten maximal zwei Kind-Knoten haben, man spricht hier auch von rechtem und linkem Kind-Knoten. Der Vorteil von allgemeinen Bäumen gegenüber Binärbäumen ist also die Flexibilität und Universalität und die Anwendbarkeit in sehr vielen Bereichen. Der Nachteil von allgemeinen Bäumen ist allerdings die relativ komplizierte Verwaltung vor allem großer Baumstrukturen im Speicher sowie der grundsätzlichen Instabilität der rekursiven Suchverfahren in diesen Bäumen. Binärbäume versuchen diese Nachteile durch einen einfachen Aufbau zu umgehen, können jedoch nicht alle Bereiche abdecken, die allgemeine Bäume abdecken können. Binärbäume werden bevorzugt für schnelle Sortierverfahren verwendet (z. B. Treesort oder Heapsort), sofern genug Stapelspeicher für zahlreiche rekursive Aufrufe der Sortierfunktionen zur Verfügung steht.

**Übung 2**

*Was ist der Unterschied zwischen Knoten, Kanten und Blättern in einem Baum? Welche Begriffsüberschneidungen gibt es zwischen Bäumen und Graphen?*

**Lösung zu Übung 2**

Knoten sind in Bäumen die Strukturen, die die eigentlichen Daten enthalten, und die Kanten sind die Verbindungen zwischen den Knoten (z. B. über Zeiger). Blätter nennt man die Knoten, die keine weitere Verbindung zu anderen Knoten auf einer tieferen Ebene haben. Bäume sind also spezielle Graphen, nämlich gerichtete Graphen, in denen Sie von einem Knoten stets nur eine Ebene tiefer oder höher gelangen können. Im Gegensatz zu gerichteten Graphen in der allgemeinen Graphentheorie, wird bei Bäumen die Richtung, in der Sie den Baum durchsuchen können, nicht explizit an die Kanten geschrieben. Dies ist dann wohl der größte Unterschied zwischen dem Begriff Graph und Baum. Ein weiterer Unterschied zwischen Graphen und Bäumen kann darin bestehen, dass Graphen auch Schleifen enthalten können, die dann zu Kreispfaden führen.

**Übung 3**

*Was ist eine Wrapper-Funktion und wozu verwendet man diese? Warum lassen sich Wrapper-Funktionen nicht immer vermeiden?*

**Lösung zu Übung 3**

Eine Wrapper-Funktion ist eine Hilfsfunktion, die quasi den eigentlichen Algorithmus, den man ausführen möchte, in einer Hülle kapselt. Die Wrapper-Funktion ruft also den eigentlichen Algorithmus auf, bietet darüber hinaus aber oft noch zusätzliche Parameter an. Wrapper-Funktionen lassen sich vor allem bei rekursiven Algorithmen nicht immer vermeiden, vor allem dann nicht, wenn man bestimmte Startparameter benötigt. Dies kann z. B. der erste Schritt bei der Suche eines Ausgangs aus einem Irrgarten sein, aber auch der erste Spielzug bei den Türmen von Hanoi.

## Anhang zu Kapitel 6 – „Such- und Sortierverfahren"

**Übung 1**

*Sowohl Mergesort als auch Quicksort sind rekursive Algorithmen, die nach dem Teile-und-herrsche-Prinzip funktionieren und Ihr Sortierproblem in mehrere Teilprobleme aufteilen. Warum ist Quicksort jedoch so viel schneller als Mergesort? Erklären Sie diesen Sachverhalt mit etwa 250 Worten.*

**Lösung zu Übung 1**

Quicksort ist Mergesort in dem Punkt ähnlich, in dem das zu sortierende Array in kleinere Teilarrays aufgeteilt wird, die dann in sich sortiert werden. Genau wie Mergesort auch wird Quicksort meistens unter Verwendung des Teile-und-herrsche-Prinzips rekursiv programmiert. Mergesort hat jedoch den großen Nachteil, dass nach der Sortierung der Teilarrays diese Teilarrays wieder durch eine `Merge()`-Funktion zu größeren Arrays verbunden werden müssen. Dies zieht dann meistens weitere Sortierschritte mit einem einfacheren Sortierverfahren wie Bubblesort nach sich, was sehr viel Zeit kosten kann. Quicksort vermeidet diesen Schritt, indem es vorher in korrekter Weise eine Position auswählt, an der das zu sortierende Array geteilt werden kann. Dies geschieht hier, ohne dass nach dem Sortieren der Teilarrays diese wieder miteinander verbunden und erneut sortiert werden müssen. Die korrekte Position, an der das zu sortierende Array ggf. wiederholt geteilt wird, wird als Pivot-Element bezeichnet. Über die optimale Wahl des Pivot-Elements sind inzwischen ganze Bücher verfasst worden. Die einfachste Strategie ist, das Pivot-Element so zu wählen, dass sämtliche Array-Einträge, die vor dem Pivot-Element stehen, kleiner oder gleich dem Pivot-Element sind.

**Übung 2**

*Worin liegt der Unterschied zwischen einer rein naiven Textsuche und dem KMP-Algorithmus und welches Vorgehen macht diesen schneller als die rein naive Textsuche? Skizzieren Sie auch, worin die Grenzen liegen, die dem KMP-Algorithmus gesetzt sind.*

**Lösung zu Übung 2**

Der KMP-Algorithmus entspricht eigentlich der rein naiven Textsuche, erweitert diese aber durch eine Präfix-Tabelle, in der vorab gespeichert wird, welche Teile des gesuchten Worts wahrscheinlich am häufigsten im Text auftreten werden. Durch diese Vorverarbeitung kann dann die Suche durch Vermeidung überflüssiger Vergleiche zwischen dem gesuchten Muster **p** und Teilen des Textes **T** beschleunigt werden. Die Grenzen des KMP-Algorithmus liegen in dem Beschleunigungsfaktor von maximal 500 – 1000 Prozent unter günstigen Bedingungen, was die Computerentwicklung seit der Zeit, in der dieser Algorithmus erfunden wurde, inzwischen mehr als wettgemacht hat.

**Übung 3**

*Es wird manchmal gesagt, dass die Suche eines Musters* **p** *in einem Text* **T** *nicht wirklich beschleunigt werden kann. Erklären Sie mit etwa 250 Worten, was diese Aussage genau bedeutet. Erläutern Sie auch, inwieweit die Textsuche durch mehrere Threads beschleunigt werden kann.*

**Lösung zu Übung 3**

Wenn ein Muster **p** in einem Text **T** gesucht wird, ist das Hauptproblem, dass man vorher nicht wissen kann, an welcher Position **p** in **T** auftritt. Deshalb muss man stets den gesamten Text zeichenweise nach **p** durchsuchen. In diesem Fall hilft auch das Teile-und-herrsche-Prinzip nicht weiter, denn in diesem Fall müssen die einzelnen rekursiv aufgerufenen Kopien der Suchfunktion ihren Teilbereich zeichenweise scannen. Deshalb kann nur eine gute und schnelle Vorfilterung des Textes eine Beschleunigung der Suche bewirken. Allerdings ist der Beschleunigungsfaktor linear und ändert nichts an der Tatsache, dass die Laufzeit nach wie vor O(n) beträgt. Genau deshalb wird auch oft gesagt, dass sich die Mustersuche in einem Text nicht wesentlich beschleunigen lässt. Die letzte Aussage gilt allerdings nicht, wenn die Suche auf mehrere Threads aufgeteilt werden kann, die den Text **T** gleichzeitig nach dem Muster **p** durchsuchen. In diesem Fall führt eine größere Anzahl n von Threads zu einer geringeren Laufzeit. Allerdings gibt es eine obere Grenze für n, ab der sich die Laufzeit nicht mehr wesentlich verringert. Diese Grenze ist erreicht, wenn nicht mehr alle Threads auf verschiedenen Prozessorkernen laufen können. Allerdings ist auch bei mehreren Threads der Beschleunigungsfaktor für die Mustersuche linear und die Laufzeit ist nach wie vor O(n). Acht Threads durchsuchen den Text in 1/8 der Zeit, 16 Threads durchsuchen den Text in 1/16 der Zeit und 100 Threads in 1/100 der Zeit. Auch, wenn in diesem Fall die Beschleunigung spürbar wird, ist die Laufzeit O(n).

# Anhang zu Kapitel 7 – „Signalverarbeitung"

**Übung 1:**

*Erklären Sie, was ein Signal ist und wie dieses gemessen werden kann. Was müssen Sie beim Messen von Signalen beachten? Mit welchen elektronischen Bauteilen können Signale in Form digitaler Daten eingelesen und mit welchen elektronischen Bauteilen können Signale generiert werden?*

**Lösung zu Übung 1**

Ein Signal ist definiert als die **Änderung** einer bestimmten Größe **über die Zeit**. In der Informatik und der Elektrotechnik entspricht dies meistens der Änderung einer Spannung über die Zeit. Um ein Signal zu messen, gibt es verschiedene Messgeräte. Die einfachsten Messgeräte sind Multimeter, die allgemein in der Hand gehalten werden. Multimeter haben meist zwei Krokodilklemmen, um damit an einer bestimmten Stelle in einem Stromkreis eine Spannung abzugreifen. Quasi die Königsklasse sind Oszilloskope, die es auch oft erlauben, spezielle Messköpfe für die unterschiedlichsten Signaltypen anzuschließen. Beim Messen von Signalen müssen einige Dinge beachtet werden. Zunächst sollte ein Signal nicht in der Nähe der Stromquelle angegriffen werden, es sei denn, Sie wollen die Stabilität der Stromquelle selbst prüfen. Ferner sollte ein Signal möglichst direkt an der Signalquelle abgegriffen werden, um Störimpulse und Einstreuungen von außen zu vermeiden. Handys, WLAN-Router oder andere Quellen von Funksignalen sollten möglichst ausgeschaltet werden, unisolierte Kabelenden sollten nicht nur wegen ihrer Gefährlichkeit möglichst vermieden werden.

Signale lassen sich mit Analog/Digital-Wandlern (**ADC**s) in digitaler Form einlesen, dabei gibt es verschiedene Auflösungen, die man allgemein in Bits angibt. Ein 8-Bit-ADC kann beispielsweise ein Signal in 256 Abstufungen (Werte zwischen 0 und 255) einlesen, ein 10-Bit-ADC kann schon 1024 Abstufungen (Werte zwischen 0 und 1023) verwenden. Wenn man Signale generieren will, benötigt man einen Digital/Analog-Wandler (**DAC**). Ein **DAC** nimmt einen digitalen Wert entgegen und wandelt diesen Wert in eine Ausgabespannung um, die in einem bestimmten Bereich liegt. Dieser Bereich ist vom DAC-Baustein abhängig, beträgt aber meistens entweder 5V oder 3,3V. Für den Betrieb eines DAC benötigt man immer ein Programm, das einen Algorithmus ausführt, um ein ganz bestimmtes Signal zu erzeugen. DACs sind deshalb auch manchmal Bestandteil von Mikrocontrollern, wie dies z. B. beim ESP32 der Fall ist.

**Übung 2:**

*Erläutern Sie, welche primitiven Signalformen es bei Audiosignalen gibt und wie diese im Oszillogramm aussehen (Sie brauchen hier keine Bilder zu malen, Text genügt). Erläutern Sie auch, auf welche Weise diese Signaltypen generiert werden können (kein Programmcode, eine grobe Angabe des Verfahrens genügt hier)?*

**Lösung zu Übung 2**

Bei Audiosignalen werden folgende Signaltypen als grundlegend bzw. „primitiv“ betrachtet: Sägezahnsignal, Dreiecksignal, Rechtecksignal und Rauschsignal. Das Sägezahnsignal sieht im Oszillogramm aus, wie der Zahn einer Säge: Die Kurve steigt bis zu einem bestimmten Punkt linear an, um danach wieder steil bis zum Ausganspunkt abzufallen. Das Sägezahnsignal wiederholt sich danach periodisch. Das Sägezahnsignal kann einfach durch einen aufsteigenden Zähler zusammen mit der Modulo-Funktion generiert werden. Das Ergebnis des Modulos ist dann der Wert, der an den DAC weitergereicht wird (unter Umständen noch mit einer zusätzlichen Skalierung auf den maximalen Wertebereich des DAC). Das Dreiecksignal sieht im Oszillogramm aus wie ein Dreieck. Im Unterschied zum Sägezahnsignal fällt also die Kurve genauso linear wieder ab, wie sie vorher angestiegen ist. Auch das Sägezahnsignal ist periodisch und kann deshalb durch einen Zähler **Z** und eine Modulo-Funktion (z. B. `Z%4096`) generiert werden. Allerdings gibt es einen Zusatz: Ab einem bestimmten Zählerwert (z. B. ab 2048) werden die Bits des Zählers invertiert und das oberste Bit wird zu 0 gesetzt. Alternativ kann auch eine `if`-Anweisung verwendet werden, die für einen bestimmten Wertebereich von **Z** eine bestimmte Formel für den DAC-Ausgabe-Wert verwendet. Das Rechtecksignal sieht im Oszillogramm aus wie ein Rechteck und kann nur zwei Werte annehmen: $U_{min}$ (oft 0) und $U_{max}$ (oft 5 oder 3,3 V). Das Rechtecksignal springt also periodisch zwischen $U_{min}$ und $U_{max}$ hin und her, wobei der Anteil am gesamten Signal, in dem $U=U_{max}$ ist, als Signalbreite bezeichnet wird. Das Rechteck kann durch denselben Algorithmus generiert werden wie das Sägezahnsignal, also durch einen aufsteigenden Zähler zusammen mit der Modulo-Funktion. Allerdings hängt hier die Ausgabe von einem Schwellwert ab: Ist der Zähler kleiner als der Schwellwert, wird $U_{max}$ ausgegeben, ansonsten $U_{min}$. Nun gibt es noch das Rauschsignal. Das Rauchsignal wird einfach durch Ausgabe von Zufallszahlen an den DAC erzeugt. Genauso sieht auch in diesem Fall das Oszillogramm aus, nämlich chaotisch und unregelmäßig. Da es beim Rauschsignal keine wirkliche Frequenz gibt, entspricht die gehörte Tonhöhe dann auch nicht der Frequenz, mit der die Zufallszahlen erzeugt werden. Vielmehr fasst das Ohr (bzw. das träge Gehirn) in etwa 250 Zufallswerte eines Rauschsignals zu einer einzigen Welle zusammen.

**Übung 3:**

*Was ist eine Hüllkurve für Audiosignale und wie wird diese erzeugt? Welche vier Parameter kennzeichnen eine Hüllkurve?*

**Lösung zu Übung 3**

Eine Hüllkurve ist ein Algorithmus, der die Lautstärke eines Audiosignals noch vor der Ausgabe an den entsprechenden Ausgang über die Zeit verändert. Dieser Algorithmus wird durch eine Zustandsmaschine realisiert, die verschiedene Phasen durchläuft. In diesen Phasen wird die Lautstärke während einer bestimmten Zeitdauer auf einen bestimmten Wert abgesenkt. Die wichtigsten Parameter einer Standardhüllkurve sind die Anschwellzeit ab der Lautstärke 0 (Attack **A**), die Abschwellzeit auf einen bestimmten

Haltepegel (Decay **D**), der Haltepegel, der für eine bestimmte Zeitdauer gilt (Sustain **S**), und die Ausklingphase (Release **R**). Die Realisierung des Hüllkurven-Algorithmus kann entweder in Form eines Programms oder aber auch in Form von Hardware geschehen.

**Übung 4:**

*Was ist ein Signalfilter und was haben Signalfilter mit dem Thema Algorithmen zu tun?*

**Lösung zu Übung 4**

Ein Signalfilter ist ein Mechanismus, mit dem ein Signal in einer gewünschten Weise verändert werden kann. So kann ein Signalfilter (auch kurz Filter) z. B. bestimmte Frequenzen entfernen oder aber auch Störgeräusche wie Pops oder Klicks eliminieren. Ein Filter kann nun entweder durch eine elektronische Schaltung oder einen Algorithmus realisiert werden, der die Audiodaten in digitalisierter Form entgegennimmt.

## Anhang zu Kapitel 8 – „Grafische Bildverarbeitung"

**Übung 1**

*Was ist der Unterschied zwischen dem Mittelwert und dem Median? Weswegen ist der Mittelwert nicht so gut geeignet, um Störungen aus einem Bild zu entfernen, wie der Median?*

**Lösung zu Übung 1**

Der Median ist der mittlere Wert in einer **geordneten** Zahlenreihe, der Mittelwert ist die Summe aller Werte einer eventuell **ungeordneten** Zahlenreihe, dividiert durch die Anzahl der Werte. Deshalb ist der Mittelwert z. B. der RGB-Farbwerte von 3x3 Pixeln zwar geeignet, um Ausreißer zu eliminieren, aber alle anderen RGB-Farbwerte würden ebenfalls glattgebügelt. Die Konsequenz wäre ein sehr blasses Bild, das zwar keine Kratzer, aber dafür auch nur sehr blasse Farben enthält. Der Medianfilter dagegen erkennt die meisten Ausreißer, lässt aber das Farbspektrum weitgehend unberührt. Leider ist die Voraussetzung für die korrekte Verwendung von Medianfiltern sehr viel praktische Erfahrung.

**Übung 2**

*Erklären Sie, was der Begriff Binärisierung bedeutet und wie dieses Verfahren in Form eines Algorithmus umgesetzt wird.*

**Lösung zu Übung 2**

Binärisierung bedeutet, ein Bild in ein Schwarzweißbild umzuwandeln, das nur noch zwei Farben enthält. Die Pixel sind also am Ende binär und können nur noch voll Schwarz oder voll Weiß sein. Der Algorithmus für die Binärisierung ist sehr simpel: Für sämtliche Pixel im Bild wird zunächst der Grauwert der entsprechenden Farbe ermittelt, der dem Mittelwert aus den einzelnen Farbwerten für Rot, Grün und Blau entspricht. Anschließend wird dieser Grauwert mit einem Schwellwert verglichen (z. B. 128). Liegt dieser Grauwert unter dem Schwellwert, wird das entsprechende Pixel durch ein schwarzes Pixel ersetzt, ansonsten durch ein weißes Pixel.

**Übung 3**

*Kann ein Algorithmus die Kanten in einem Bild erkennen und ggf. sogar isoliert darstellen? Wenn es diesen Algorithmus gibt, wie funktioniert dieser?*

**Lösung zu Übung 3**

Wenn ein Bild binärisiert wurde, können Kanten durch Anwendung eines linearen Filters erkannt und auch korrekt dargestellt werden (in Form von weißen Linien auf schwarzem Grund). Es gibt drei verschiedene Kantenoperatoren, nämlich den horizontalen Operator, den vertikalen Operator und den Kreuzoperator. Der horizontale Operator kann durch folgende 3x3-Filtermaske definiert werden:

```
long int M[3][3]=
{
    0,0,0,
    0,-1,1,
    0,0,0
};
```

Der Vorteil dieses Operators ist, dass er in der horizontalen Ebene liegende Kanten sehr gut erkennt. Der Nachteil ist, dass er sehr schlecht Kanten erkennt, die in der vertikalen Ebene liegen. Der vertikale Operator kann durch folgende 3x3-Filtermaske definiert werden:

```
long int M[3][3]=
{
    0,0,0,
    0,-1,0,
    0,1,0
};
```

Der Vorteil dieses Operators ist, dass er in der vertikalen Ebene liegende Kanten sehr gut erkennt. Der Nachteil ist, dass er sehr schlecht Kanten erkennt, die in der horizontalen Ebene liegen. Der Kreuzoperator kann durch folgende 3x3-Filtermaske definiert werden:

```
long int M[3][3]=
{
    a,0,a,
    0,-a,0,
    a,0,a
};
```

Die Variable **a** ist der Schwellwert, der auch bei der Binärisierung verwendet wurde, um den Kreuzoperator für die anschließende Verwendung vorzubereiten. Der Kreuzoperator kann sowohl horizontale als auch vertikale Kanten erkennen, ist aber ungenauer als der horizontale oder vertikale Operator.

# Anhang zu Kapitel 11 – „Graphen"

**Übung 1**

*Was ist eine Adjazenzmatrix und wie werden durch diese Graphen dargestellt? Was ist der Unterschied zwischen einer Adjazenzmatrix und einer Inzidenzmatrix, wie sie für Petri-Netze verwendet wird?*

**Lösung zu Übung 1**

Eine Adjazenzmatrix ist eine sogenannte Nachbarschaftsmatrix, mit deren Hilfe die Knoten eines Graphen und die mit diesen Knoten verbundenen Nachbarknoten in Form einer Matrix dargestellt werden können. Zu diesem Zweck werden die einzelnen Knoten in den einzelnen Spalten dargestellt. Die Zeilen beschreiben dann sämtliche Knoten, mit denen der betreffende Knoten verknüpft ist. Immer, wenn in einer Spalte eine Zahl steht, die nicht 0 ist, so bedeutet dies, dass der Knoten, der durch die Zeile beschrieben wird, mit dem Knoten verbunden ist, der durch die betreffende Spaltennummer bestimmt wird. Eine Inzidenzmatrix dagegen ist eine bestimmte Form einer Graphen-Matrix, die speziell für Petri-Netze entwickelt wurde. Die Inzidenzmatrix beschreibt in einem Petri-Netz die Zustandsänderungen des Markierungsvektors, die die einzelnen Transitionen bei einem Schaltvorgang bewirken können.

**Übung 2**

*Was sind die hauptsächlichen Bestandteile von Graphen und wie sind diese untereinander verbunden? Gibt es auch verschiedene Graphen-Typen? Wenn ja, welche Typen sind speziell für die Informatik wichtig?*

**Lösung zu Übung 2**

Graphen bestehen aus Knoten und Kanten, dabei enthalten die Knoten die Informationen (z. B. Städtenamen, Raumnamen oder Markierungspunkte). Die Knoten sind durch die Kanten verbunden, dabei führt eine Kante entweder zu einem anderen Knoten oder aber auch zurück zu dem gleichen Knoten, von dem die Kante ausgeht (Kreispfade sind also erlaubt). Kanten können auch gerichtet sein, dann spricht man von einem gerichteten Graph. Es gibt verschiedene Graphen-Typen, nämlich den allgemeinen Graphen, der gerichtet oder ungerichtet sein kann, den Baum, der ein spezieller gerichteter Graph ist, und einige Graphen-Typen, die nur in der Informatik vorkommen. Einer dieser speziellen Graphen-Typen, der nur in der Informatik vorkommt, ist z. B. das Petri-Netz.

**Übung 3**

*Erklären Sie in Worten (keine Graphen), was das Philosophenproblem ist und wie dieses mit einem Java-Programm simuliert werden kann (beschreiben Sie nur Ihr Vorgehen, keinen Programmcode). Überlegen Sie auch, welche Probleme bei der Simulation des Philosophenproblems auftreten können und wie diese gelöst werden können.*

**Lösung zu Übung 3**

Das Philosophenproblem ist ein Problem, das der Holländer Dijkstra in einer seiner Vorlesungen als Übungsaufgabe für seine Studenten verwendet hat, um diesen die Synchronisation zwischen Prozessen zu veranschaulichen. Dieses Beispiel, das es später ähnlich wie Schrödingers Katze zu einer gewissen Berühmtheit gebracht hat, geht so: An einem runden Esstisch sitzen fünf Philosophen, die alle zu Mittag essen wollen. Jeder Philosoph hat genau einen Teller, deshalb kann jeder einzelne Philosoph davon essen. Essen ist auch genug da, nur leider sind nicht genug Gabeln vorhanden. Jeder Philosoph benötigt zum Essen zwei Gabeln, die links und rechts neben ihm liegen. Nur muss ein Philosoph sich immer die rechte und linke Gabel mit jeweils einem anderen Philosophen teilen. Ein Philosoph besitzt nun zwei Zustände, nämlich essen und denken. Immer, wenn er mit dem Essen fertig ist (was eine Zeit lang dauert), geht er denken und legt natürlich die Gabeln wieder auf den Tisch. Diese Gabeln kann dann ein anderer Philosoph nehmen und damit essen.

Um das Philosophenproblem mit einem Java-Programm zu simulieren, muss eine Klasse `Philosoph` erstellt werden, die von der Klasse `Thread` abgeleitet ist und die die Methode `run()` implementiert. Die Methode `run()` enthält nun eine Endlosschleife, die die einzelnen Philosophen abwechselnd in den Zustand denken und essen versetzt. Ein Philosoph kann aber nur dann essen, wenn er auch wirklich seine Gabeln aufnehmen kann. Um die Gabeln zu simulieren, ist es am besten, ein Array `Gabel` zu erstellen, das als globale Variable beim Erstellen der Klasse `Philosoph` an den Konstruktor übergeben wird. Dadurch müssen sich sämtliche Philosophen ein Gabel-Set teilen, was an dieser Stelle gewollt ist.

Bei der Simulation des Philosophenproblems durch ein Java-Programm können folgende Probleme auftreten:

- Weil sämtliche Philosophen-Threads besonders auf einem schnellen Betriebssystem quasi gleichzeitig angelegt werden, wollen sie auch alle gleichzeitig essen. Dies führt dazu, dass der letzte Philosoph (Philosoph Nr. 5) quasi verhungert, weil er niemals eine Gabel abbekommt. Die Lösung ist hier, die Ess- und Denkzeit per Zufall festzulegen.
- Wenn die Denkzeit und Esszeit bei allen Philosophen gleich lang ist, kann das Netz in einen Zustand geraten, an dem sich nichts mehr bewegt, weil keiner der Philosophen noch seine Gabeln aufnehmen kann. Diesen Zustand nennt man einen Deadlock. Wenn Sie das Programm so umgesetzt haben, dass Ihre Philosophen verhungern können, dann verhindern Sie den Deadlock, aber mit der Zeit verhungern Ihnen drei der Philosophen. Die Lösung ist hier wieder, die Denk- und Esszeit per Zufall festzulegen und vielleicht die einzelnen Threads auch zu unterschiedlichen Zeitpunkten zu starten.

**Übung 4**

*Wie können Sie entscheiden, ob ein Graph vollständig durchlaufen werden kann, ohne eine Kante zweimal zu passieren? Nennen Sie dann ein Beispiel für einen Graphen, wo dies möglich ist, bzw. skizzieren Sie diesen Graphen, wenn Ihnen eine bildliche Darstellungsweise lieber ist.*

**Lösung zu Übung 4**

Um zu entscheiden, ob es in einem Graphen eine Möglichkeit gibt, diesen zu durchlaufen, ohne eine Kante zweimal zu passieren, muss ein Eulerpfad gefunden werden. Um einen Eulerpfad zu finden, kann der Graph z. B. in eine Adjazenzmatrix überführt werden, die nur Nullen und Einsen enthält und nur die Verbindungen zwischen den Kanten beschreibt. Anschließend kann auf die Adjazenzmatrix ein spezieller Backtracking-Algorithmus zum Finden der Eulerpfade angewendet werden. Nicht sämtliche Graphen enthalten zyklische Pfade und auch nicht alle Graphen enthalten Eulerpfade. Ein Beispiel für einen Graphen, bei dem es Eulerpfade gibt (sogar mehrere davon), ist das bekannte Kinderspiel „Haus des Nikolaus". Dieses Haus kann mit einem Buntstift gezeichnet werden, ohne diesen abzusetzen.

# Index

## Q



## R



## S



## T



## U



## V



## W



## X



## Z